2021

国际统计年鉴

INTERNATIONAL STATISTICAL YEARBOOK

国家统计局 编

Compiled by National Bureau of Statistics of China

中国统计出版社
China Statistics Press

图书在版编目 (CIP) 数据

国际统计年鉴 . 2021 = International Statistical Yearbook 2021 : 汉英对照 / 国家统计局编 . -- 北京 : 中国统计出版社 , 2022.2
ISBN 978-7-5037-9779-8

Ⅰ . ①国 … Ⅱ . ①国 … Ⅲ . ①统计资料－世界－2021 －年鉴－汉、英 Ⅳ . ① C831-54

中国版本图书馆 CIP 数据核字 (2022) 第 019839 号

国际统计年鉴—2021

作　　者／ 国家统计局
责任编辑／ 郭　栋
封面设计／ 张　冰　李雪燕
出版发行／ 中国统计出版社有限公司
通信地址／ 北京市丰台区西三环南路甲 6 号　邮政编码 /100073
发行电话／ 邮购（010）63376909　书店（010）68783171
网　　址／ http://www.zgtjcbs.com/
印　　刷／ 河北鑫兆源印刷有限公司
经　　销／ 新华书店
开　　本／ 880 × 1230 毫米　1/16
字　　数／ 800 千字
印　　张／ 25.5
版　　别／ 2022 年 2 月第 1 版
版　　次／ 2022 年 2 月第 1 次印刷
定　　价／ 498.00 元　　Price: 498.00 yuan (RMB)

《国际统计年鉴－2021》

编委会和编辑出版人员

International Statistical Yearbook - **2021**

EDITORIAL BOARD AND EDITORIAL STAFF

编者说明

一、《国际统计年鉴-2021》是一部综合性的国际经济社会统计资料年刊，收录了世界200多个国家和地区的统计数据，并对其中40多个主要国家和地区的经济社会发展指标及国际组织发布的主要综合评价指标进行了更为详细的收集。

二、本年鉴包括17个部分：1.中国在世界的地位；2.自然资源和环境；3.国民经济核算；4.人口；5.就业人员和劳动报酬；6.投资环境；7.能源；8.财政和金融；9.价格指数；10.居民收支和贫困；11.农业；12.工业和建筑业；13.运输和通讯；14.对外贸易和旅游；15.国际收支和外债；16.教育、科技、文化和卫生；17.经济社会综合评价指标。

三、国外的大部分数据经过联合国等国际组织的调整，口径基本可比。

四、许多国家的最新数据是初步数或预计数。

五、中国数据除国土面积外，均未包括中国台湾地区、香港特别行政区和澳门特别行政区。

六、数据取自有关国际组织的数据库、光盘、年报、月报。每张表前均附有资料来源。

七、个别数据的合计项或相对数，因受进位的影响，不一定等于分项累计数。

八、本年鉴所跨年度内，一些国家的名称和疆域有所改变，除非特别注明，本年鉴中所列国家均为现国家名称及其疆域范围。

九、本年鉴中使用的符号含义如下："…"表示数据不够本表最小单位数；"空格"表示无该项数据或该项统计数据不详；"#"表示其中的主要项；"|"表示因统计口径调整，前后数据不可比。

Editorial Note

I. *International Statistical Yearbook 2021* is an annual comprehensive reference publication on international economic and social statistics. It contains data from as much as 200 countries, regions and territories over the world. More detailed information on the economic and social development of over 40 countries and main comprehensive evaluation indexes of international organizations are also included in the Yearbook.

II. The Yearbook contains the following 17 chapters: China in the World; Natural Resource and Environment; National Accounts; Population; Employment and Earnings; Investment Environment; Energy; Government Finance and Banking; Price Indices; Household Income and Expenditure and Poverty; Agriculture; Industry and Construction; Transportation and Communication; External Trade and Tourism; Balance of Payments and External Debts; Education, Science and Technology, Culture and Health; Main Comprehensive Indicators.

III. Data for most of the foreign countries or territories have been adjusted by international organizations such as the United Nations, and the scope and coverage is therefore comparable.

IV. The latest data for many countries are preliminary or estimated statistics.

V. All data of China do not cover Taiwan Province, Hong Kong SAR and Macao SAR except data for the surface area.

VI. The data are from the databases, CD-ROMs, yearbooks and monthly publications of international organizations. The sources of data are given at the top of each table in the Yearbook.

VII. Several aggregations or rates may not add up to the sum of the series because of rounding.

VIII. Unless otherwise indicated, the countries included in the Yearbook are the countries under their present names with the present territories, although the names or the boundaries may have changed during the period covered by the Yearbook.

IX. The meanings of the symbols used in the Yearbook are as following,

"…" indicates that the figure is not large enough to be measured with the smallest unit in the table;

"(blank)" indicates that data are not available;

"#" indicates the major items of the total;

"|" indicates that the data to the left are not comparable with those to the right because of the adjustment of scope and coverage.

目录

CONTENTS

一、中国在世界的地位
China in the World

二、自然资源和环境
Natural Resource and Environment

三、国民经济核算
National Accounts

四、人口
Population

五、就业人员和劳动报酬
Employment and Earnings

六、投资环境
Investment Environment

七、能源
Energy

八、财政和金融
Government Finance and Banking

九、价格指数
Price Indices

十、居民收支和贫困
Household Income and Expenditure and Poverty

十一、农业
Agriculture

十二、工业和建筑业
Industry and Construction

十三、运输和通讯
Transportation and Communication

十四、对外贸易和旅游
External Trade and Tourism

十五、国际收支和外债
Balance of Payments and External Debts

十六、教育、科技、文化和卫生
Education, Science and Technology, Culture and Health

十七、经济社会综合评价指标
Comprehensive Evaluation Indicators

附 录

Appendix

中国在世界的地位

China in the World

1-1　中国主要指标居世界的位次

Ranking of China in the World in Terms of Main Indicators

资料来源：联合国贸发会议数据库、世界贸易组织数据库、世界银行WDI数据库、国际货币基金组织数据库。
Source: UNCTAD Database,WTO Database,World Bank WDI Database,IMF Database.

指　　标	Indicator	1978	1980	1990	2000	2010	2019	2020
国土面积	Surface Area	4	4	4	4	4	4	4
人　口	Population	1	1	1	1	1	1	1
国内生产总值	GDP	11	12	11	6	2	2	2
人均国民总收入①	GNI per capita ①	175(188)	177(188)	178(200)	141(207)	120(215)	71(192)	63(186)
货物进出口贸易总额	Foreign Trade Total	29	26	16	8	2	1	1
出口额	Exports	31	30	15	7	1	1	1
进口额	Imports	29	22	18	8	2	2	2
外商直接投资	Foreign Direct Investment Inflows	128	55	12	8	2	2	2
对外直接投资	Foreign Direct Investment Outflows	45	63	22	33	5	4	1
外汇储备	Foreign Exchange Reserves	38	36	10	2	1	1	1

注：①括号中所列为参加排序的国家和地区数。
Note:①The number in the parentheses indicates the number of countries or territories the order based on.

1-2　中国主要指标占世界的比重

Major Indicators as Percentage of the World for China

资料来源：联合国贸发会议数据库、世界贸易组织数据库、世界银行WDI数据库、国际货币基金组织数据库、联合国FAO数据库。
Source: UNCTAD Database,WTO Database,World Bank WDI Database,IMF Database,FAO Database.

单位：%　　(%)

指　　标	Indicator	1978	1980	1990	2000	2010	2019	2020
国土面积	Surface Area	7.1	7.1	7.1	7.1	7.1	7.1	7.1
人　口	Population, Total	22.3	22.1	21.5	20.7	19.3	18.3	18.1
国内生产总值	GDP	1.7	1.7	1.6	3.5	8.3	16.3	17.4
货物进出口贸易总额	Foreign Trade Total	0.8	0.9	1.6	3.6	9.7	11.9	13.1
出口额	Exports	0.8	0.9	1.8	3.9	10.3	13.1	14.7
进口额	Imports	0.8	1.0	1.5	3.4	9.0	10.8	11.5
外商直接投资	Foreign Direct Investment Inflows		0.1	1.7	3.0	8.2	9.2	15.0
对外直接投资	Foreign Direct Investment Outflows			0.3	0.1	4.9	11.2	18.0
外汇储备	Foreign Exchange Reserves	0.5	0.6	3.3	7.7	30.1	25.8	25.0
稻谷产量	Rice Production	35.5	35.3	36.5	31.4	27.9	27.7	28.0
小麦产量	Wheat Production	12.1	12.5	16.6	17.0	18.0	17.4	17.6
玉米产量	Maize Production	14.2	15.8	20.0	17.9	20.8	22.7	22.4
大豆产量	Soybeans Production	10.0	9.8	10.1	9.6	5.7	4.7	5.5

1-3 中国农业主要产品产量居世界的位次
Ranking of China in the World in Terms of Major Agricultural Products

资料来源：联合国FAO数据库。
Source: FAO Database.

项　目	Item	1978	1980	1990	2000	2005	2010	2019	2020
谷物	Cereals	2	1	1	1	1	1	1	1
肉类①	Meat,Total①	3	3	2	1	1	1	1	1
籽棉	Seed Cotton	2	2	1	1	1	1	1	1
大豆	Soybeans	3	3	3	4	4	4	4	4
花生	Groundnuts,with Shell	2	2	2	1	1	1	1	1
油菜籽	Rapeseed	2	2	1	1	1	1	2	2
甘蔗	Sugar Cane	10	10	4	3	3	3	4	3
茶叶	Tea	2	2	2	2	1	1	1	1
水果	Fruit	6	8	1	1	1	1	1	1

注：①1990年以前为猪、牛、羊肉产量的位次。
Note: ①Data refer to pork,beef and mutton prior to 1990.

1-4 中国工业主要产品产量居世界位次
Ranking of China in the World in Terms of Major Industrial Products

资料来源：联合国统计月报数据库、联合国FAO数据库。
Source: UN Monthly Bulletin of Statistics Database,FAO Database.

项　目	Item	1978	1980	1990	2000	2005	2010	2019	2020
粗　钢	Crude Steel	5	5	4	1	1	1	1	1
煤	Coal	3	3	1	1	1	1	1	1
原　油	Crude Petroleum	8	6	5	5	5	4	6	6
发电量	Electricity	7	6	3	2	2	2	1	1
水　泥	Cement	4	4	1	1	1	1	1	1
化　肥	Fertilizer	3	3	3	1	1	1	1	1
棉　布	Woven Cotton Fabrics	1	1	1	2	2	1	1	1

自然资源和环境

Natural Resource and Environment

2-1 国土面积与人口密度
Surface Area and Population Density

资料来源：世界银行WDI数据库。
Source: World Bank WDI Database.
单位：万平方公里 (10 000 sq.km)

国家或地区	Country or Area	国土面积（万平方公里）Surface Area(10 000 sq.km)	人口密度（人/平方公里）Population Density(persons/sq.km)		
		2018	2010	2018	2019
世　界	**World**	**13454.3**	**53.3**	**58.4**	**59.0**
中　国	China	960.0	141.9	147.8	148.3
中国澳门	Macao SAR, China	…	18121.7	19198.6	19466.4
孟加拉国	Bangladesh	14.8	1133.7	1239.7	1252.6
文　莱	Brunei Darussalam	0.6	73.7	81.4	82.2
柬埔寨	Cambodia	18.1	81.1	92.1	93.4
印　度	India	298.0	415.1	454.9	459.6
印度尼西亚	Indonesia	191.7	133.5	142.6	144.1
伊　朗	Iran	174.5	45.3	50.2	50.9
以色列	Israel	2.2	352.3	410.5	418.4
日　本	Japan	37.8	351.4	347.1	346.4
哈萨克斯坦	Kazakhstan	272.5	6.0	6.8	6.9
韩　国	Korea, Rep.	10.0	509.8	529.2	530.2
老　挝	Lao PDR	23.7	27.1	30.6	31.1
马来西亚	Malaysia	33.0	85.9	96.0	97.2
蒙　古	Mongolia	156.4	1.8	2.0	2.1
缅　甸	Myanmar	67.7	77.5	82.3	82.8
巴基斯坦	Pakistan	79.6	232.8	275.3	280.9
菲律宾	Philippines	30.0	315.1	357.7	362.6
中国香港	Hong Kong SAR, China	0.1	6689.7	7096.2	7149.9
新加坡	Singapore	0.1	7231.8	7953.0	8044.5
斯里兰卡	Sri Lanka	6.6	323.1	350.3	352.4
泰　国	Thailand	51.3	131.5	135.9	136.3
越　南	Viet Nam	33.1	283.7	308.1	311.1
埃　及	Egypt	100.1	83.1	98.9	100.8
尼日利亚	Nigeria	92.4	174.0	215.1	220.7
南　非	South Africa	121.9	42.2	47.6	48.3
加拿大	Canada	988.0	3.8	4.1	4.2
墨西哥	Mexico	196.4	58.7	64.9	65.6
美　国	United States	983.2	33.8	35.7	35.9
阿根廷	Argentina	278.0	14.9	16.3	16.4
巴　西	Brazil	851.6	23.4	25.1	25.3
委内瑞拉	Venezuela	91.2	32.2	32.7	32.3
捷　克	Czech Rep.	7.9	135.6	137.7	138.2
法　国	France	54.9	118.8	122.5	122.8
德　国	Germany	35.8	234.6	237.3	237.8
意大利	Italy	30.2	201.5	202.9	200.6
荷　兰	Netherlands	4.2	492.6	511.8	515.1
波　兰	Poland	31.3	124.2	124.0	124.0
俄罗斯	Russia	1709.8	8.7	8.8	8.8
西班牙	Spain	50.6	93.2	93.7	94.3
土耳其	Turkey	78.5	94.0	107.0	108.4
乌克兰	Ukraine	60.4	79.2	77.0	76.6
英　国	United Kingdom	24.4	259.4	274.7	276.3
澳大利亚	Australia	774.1	2.9	3.2	3.3
新西兰	New Zealand	26.8	16.5	18.6	18.9

2-2 淡水资源
Freshwater

资料来源：世界银行WDI数据库。
Source: World Bank WDI Database.

国家和地区	Country or Area	可再生淡水资源（亿立方米）Renewable Internal Freshwater Resources (100 million cu.m.)			人均可再生淡水资源 Renewable Internal Freshwater Resources per Capita(cu.m.)		
		2007	2012	2017	2007	2012	2017
世　界	**World**	**433921.6**	**428091.6**	**428083.4**	**6575.9**	**6072.4**	**5732.0**
高收入国家	**High Income**	**106317.8**	**100187.8**	**100187.8**	**9693.4**	**8838.6**	**8587.5**
中等收入国家	**Middle Income**	**294406.9**	**294406.9**	**294398.8**	**5838.7**	**5507.4**	**5203.9**
低收入国家	**Low Income**	**25146.8**	**25446.8**	**25446.8**	**5817.4**	**4701.9**	**4137.9**
中　国	China	28130	28130	28130	2134.5	2082.6	2029.0
孟加拉国	Bangladesh	1050	1050	1050	736.0	695.3	657.5
文　莱	Brunei Darussalam	85	85	85	22668.7	21303.4	20024.5
柬埔寨	Cambodia	1206	1206	1206	8815.8	8159.4	7533.1
印　度	India	14460	14460	14460	1222.1	1142.4	1080.2
印度尼西亚	Indonesia	20190	20190	20190	8688.6	8126.3	7628.9
伊　朗	Iran	1285	1285	1285	1801.3	1701.1	1592.8
以色列	Israel	8	8	8	104.5	94.8	86.1
日　本	Japan	4300	4300	4300	3359.3	3369.1	3391.5
哈萨克斯坦	Kazakhstan	644	644	644	4155.9	3832.2	3567.5
韩　国	Korea, Rep.	649	649	649	1332.1	1291.8	1262.6
老　挝	Lao PDR	1904	1904	1904	32027.2	29544.4	27383.7
马来西亚	Malaysia	5800	5800	5800	21706.3	19953.1	18646.7
蒙　古	Mongolia	348	348	348	13416.5	12319.9	11176.1
缅　甸	Myanmar	10030	10030	10030	20213.0	19508.4	18788.9
巴基斯坦	Pakistan	550	550	550	327.8	293.7	264.5
菲律宾	Philippines	4790	4790	4790	5357.6	4927.3	4554.4
斯里兰卡	Sri Lanka	528	528	528	2661.0	2585.1	2462.2
泰　国	Thailand	2245	2245	2245	3392.2	3309.5	3243.8
越　南	Viet Nam	3594	3594	3594	4207.5	4002.1	3799.1
埃　及	Egypt	10	10	10	12.8	11.6	10.4
尼日利亚	Nigeria	2210	2210	2210	1510.2	1321.5	1157.8
南　非	South Africa	448	448	448	912.1	848.0	785.8
加拿大	Canada	28500	28500	28500	86655.0	82098.9	77985.4
墨西哥	Mexico	4090	4090	4090	3746.4	3487.6	3277.8
美　国	United States	28180	28180	28180	9354.9	8978.0	8667.5
阿根廷	Argentina	2920	2920	2920	7358.1	6996.8	6629.6
巴　西	Brazil	56610	56610	56610	29774.3	28406.2	27238.1
委内瑞拉	Venezuela	8050	8050	8050	29543.9	27417.5	27378.6
捷　克	Czech Rep.	132	132	132	1276.8	1251.1	1241.2
法　国	France	2000	2000	2000	3124.2	3046.0	2988.7
德　国	Germany	1070	1070	1070	1300.7	1330.4	1294.5
意大利	Italy	1825	1825	1825	3123.0	3065.2	3014.7
荷　兰	Netherlands	110	110	110	671.5	656.5	642.1
波　兰	Poland	536	536	536	1406.1	1408.2	1411.5
俄罗斯	Russia	43120	43120	43120	30195.0	30111.4	29841.5
西班牙	Spain	1112	1112	1112	2458.7	2377.4	2386.6
土耳其	Turkey	2270	2270	2270	3262.3	3040.8	2798.4
乌克兰	Ukraine	551	551	551	1184.7	1208.5	1229.1
英　国	United Kingdom	1450	1450	1450	2364.5	2276.3	2195.0
澳大利亚	Australia	4920	4920	4920	23622.5	21642.1	19998.5
新西兰	New Zealand	3270	3270	3270	77418.4	74181.6	67932.5

2-3 森林覆盖率
Forest Area (% of Land Area)

资料来源：世界银行WDI数据库。
Source: World Bank WDI Database.
单位：% (%)

国家或地区	Country or Area	2000	2010	2017	2018	2019	2020
世　界	**World**	**31.2**	**30.9**				
高收入国家	**High Income**	**28.8**	**29.0**	**29.2**	**29.2**	**29.3**	**29.3**
中等收入国家	**Middle Income**	**34.8**	**34.3**	**33.9**	**33.9**	**33.9**	**33.8**
低收入国家	**Low Income**	**22.6**	**21.3**	**20.8**	**20.7**	**20.6**	**20.4**
中　国	China	18.8	21.3	22.7	22.9	23.1	23.3
孟加拉国	Bangladesh	14.8	14.5	14.5	14.5	14.5	14.5
文　莱	Brunei Darussalam	75.3	72.1	72.1	72.1	72.1	72.1
柬埔寨	Cambodia	61.1	60.0	48.4	47.5	46.6	45.7
印　度	India	22.7	23.4	24.0	24.1	24.2	24.3
印度尼西亚	Indonesia	55.9	55.0	50.0	49.7	49.4	49.1
伊　朗	Iran	5.7	6.6	6.6	6.6	6.6	6.6
以色列	Israel	7.1	7.1	6.5	6.5	6.5	6.5
日　本	Japan	68.2	68.5	68.4	68.4	68.4	68.4
哈萨克斯坦	Kazakhstan	1.2	1.1	1.2	1.3	1.3	1.3
韩　国	Korea, Rep.	67.1	65.7	64.8	64.7	64.6	64.5
老　挝	Lao PDR	75.5	73.4	72.4	72.2	72.1	71.9
马来西亚	Malaysia	59.9	57.7	58.6	58.5	58.3	58.2
蒙　古	Mongolia	9.2	9.1	9.1	9.1	9.1	9.1
缅　甸	Myanmar	53.4	48.1	45.1	44.6	44.2	43.7
巴基斯坦	Pakistan	5.9	5.3	5.0	4.9	4.9	4.8
菲律宾	Philippines	24.5	22.9	23.8	23.9	24.0	24.1
新加坡	Singapore	25.4	25.3	22.7	22.5	22.2	22.0
斯里兰卡	Sri Lanka	34.5	33.5	34.3	34.3	34.2	34.2
泰　国	Thailand	37.2	39.3	39.1	39.0	39.0	38.9
越　南	Viet Nam	37.9	43.2	46.5	46.7	47.0	47.2
埃　及	Egypt	0.1	0.1	...	...	...	...
尼日利亚	Nigeria	27.3	25.5	24.3	24.1	23.9	23.7
南　非	South Africa	14.7	14.4	14.1	14.1	14.1	14.1
加拿大	Canada	38.8	38.7	38.7	38.7	38.7	38.7
墨西哥	Mexico	35.2	34.4	34.0	33.9	33.9	33.8
美　国	United States	33.1	33.7	33.9	33.9	33.9	33.9
阿根廷	Argentina	12.2	11.0	10.6	10.5	10.5	10.4
巴　西	Brazil	65.9	61.2	59.8	59.7	59.6	59.4
委内瑞拉	Venezuela	55.7	53.9	52.6	52.5	52.5	52.4
捷　克	Czech Rep.	34.1	34.4	34.6	34.6	34.7	34.7
法　国	France	27.9	30.0	31.1	31.2	31.4	31.5
德　国	Germany	32.5	32.7	32.7	32.7	32.7	32.7
意大利	Italy	28.5	30.7	32.0	31.8	31.9	32.1
荷　兰	Netherlands	10.6	11.1	10.9	10.9	10.9	11.0
波　兰	Poland	29.6	30.5	30.9	30.9	30.9	31.0
俄罗斯	Russia	49.4	49.8	49.8	49.8	49.8	49.8
西班牙	Spain	34.3	37.1	37.2	37.2	37.2	37.2
土耳其	Turkey	26.2	27.4	28.3	28.5	28.7	28.9
乌克兰	Ukraine	16.4	16.5	16.7	16.7	16.7	16.7
英　国	United Kingdom	12.2	12.6	13.1	13.1	13.2	13.2
澳大利亚	Australia	17.2	16.9	17.4	17.4	17.4	17.4
新西兰	New Zealand	37.4	37.4	37.4	37.4	37.5	37.6

2-4 二氧化碳排放量
CO_2 Emissions

资料来源：世界银行WDI数据库。
Source: World Bank WDI Database.
单位：百万吨 (million metric tons)

国家或地区	Country or Area	二氧化碳排放总量（百万吨） CO_2 Emissions (million metric tons)			人均二氧化碳排放量（吨） CO_2 Emissions per Capita (ton)		
		2000	2010	2018	2000	2010	2018
世　界	**World**	**23311.8**	**31031.8**	**34041.1**	**3.8**	**4.5**	**4.5**
中　国	China	3344.1	8470.6	10313.5	2.6	6.3	7.4
中国香港	Hong Kong SAR, China	40.4	40.3		6.1	5.7	
中国澳门	Macao SAR, China	1.6	1.2		3.8	2.3	
孟加拉国	Bangladesh	21.7	50.6	82.8	0.2	0.3	0.5
文　莱	Brunei Darussalam	4.4	6.9	7.1	13.3	17.7	16.6
柬埔寨	Cambodia	2.0	4.9	11.2	0.2	0.3	0.7
印　度	India	940.2	1665.3	2434.5	0.9	1.3	1.8
印度尼西亚	Indonesia	280.2	416.9	583.1	1.3	1.7	2.2
伊　朗	Iran	340.8	550.9	629.3	5.2	7.5	7.7
以色列	Israel	57.0	70.5	62.0	9.1	9.2	7.0
日　本	Japan	1183.0	1156.1	1106.2	9.3	9.0	8.7
哈萨克斯坦	Kazakhstan	114.7	223.6	220.5	7.7	13.7	12.1
韩　国	Korea, Rep.	455.7	574.3	630.9	9.7	11.6	12.2
老　挝	Lao PDR	0.9	2.9	18.8	0.2	0.5	2.7
马来西亚	Malaysia	121.7	199.1	239.6	5.2	7.1	7.6
蒙　古	Mongolia	9.0	14.3	21.3	3.8	5.3	6.7
缅　甸	Myanmar	9.6	8.3	32.5	0.2	0.2	0.6
巴基斯坦	Pakistan	98.4	140.6	208.4	0.7	0.8	1.0
菲律宾	Philippines	73.2	83.6	142.2	0.9	0.9	1.3
新加坡	Singapore	42.6	42.4	47.4	10.6	8.4	8.4
斯里兰卡	Sri Lanka	10.9	13.1	21.6	0.6	0.6	1.0
泰　国	Thailand	163.1	235.5	257.9	2.6	3.5	3.7
越　南	Viet Nam	50.3	149.4	257.9	0.6	1.7	2.7
埃　及	Egypt	112.9	196.5	246.3	1.6	2.4	2.5
尼日利亚	Nigeria	76.1	90.7	130.7	0.6	0.6	0.7
南　非	South Africa	284.7	425.1	433.3	6.3	8.3	7.5
加拿大	Canada	515.0	535.0	574.4	16.8	15.7	15.5
墨西哥	Mexico	384.5	468.9	472.1	3.9	4.1	3.7
美　国	United States	5776.4	5392.9	4981.3	20.5	17.4	15.2
阿根廷	Argentina	131.9	168.1	177.4	3.6	4.1	4.0
巴　西	Brazil	312.7	397.7	427.7	1.8	2.0	2.0
委内瑞拉	Venezuela	134.4	171.4	138.2	5.6	6.0	4.8
捷　克	Czech Rep.	123.2	113.9	102.5	12.0	10.9	9.6
法　国	France	373.2	347.9	310.0	6.1	5.4	4.6
德　国	Germany	830.1	772.9	709.5	10.1	9.5	8.6
意大利	Italy	436.3	405.3	324.9	7.7	6.8	5.4
荷　兰	Netherlands	162.3	171.2	151.2	10.2	10.3	8.8
波　兰	Poland	295.7	313.7	312.7	7.7	8.2	8.2
俄罗斯	Russia	1489.5	1583.2	1607.6	10.2	11.1	11.1
西班牙	Spain	293.3	273.3	258.3	7.2	5.9	5.5
土耳其	Turkey	216.6	297.1	413.0	3.4	4.1	5.0
乌克兰	Ukraine	297.4	269.5	185.4	6.0	5.9	4.2
英　国	United Kingdom	530.1	481.8	358.8	9.0	7.7	5.4
澳大利亚	Australia	338.8	387.4	386.6	17.7	17.6	15.5
新西兰	New Zealand	29.5	31.1	32.2	7.6	7.2	6.6

2-5 空气中不足2.5微米的颗粒物含量
PM2.5 Air Pollution, Mean Annual Exposure

资料来源：世界银行WDI数据库。
Source: World Bank WDI Database.
单位：微克/立方米 (micrograms per cubic meter)

国家或地区	Country or Area	2000	2010	2015	2016	2017
世　界	**World**	**45.9**	**50.3**	**47.2**	**45.2**	**45.5**
中　国	China	60.7	69.5	59.1	52.2	52.7
孟加拉国	Bangladesh	63.0	70.8	67.0	60.1	60.8
文　莱	Brunei Darussalam	6.9	7.4	6.5	5.9	5.9
柬埔寨	Cambodia	30.0	31.3	26.8	25.2	25.6
印　度	India	84.2	95.8	89.3	89.7	90.9
印度尼西亚	Indonesia	17.9	18.2	16.6	16.4	16.5
伊　朗	Iran	38.4	38.7	39.6	38.8	39.0
以色列	Israel	24.5	24.0	22.8	20.8	21.4
日　本	Japan	14.2	14.1	12.7	11.6	11.7
哈萨克斯坦	Kazakhstan	15.9	15.9	14.4	13.1	13.8
韩　国	Korea, Rep.	29.8	29.8	28.2	25.1	25.0
老　挝	Lao PDR	27.5	31.7	26.1	25.8	25.1
马来西亚	Malaysia	18.1	18.6	17.4	15.8	16.0
蒙　古	Mongolia	39.0	43.3	42.5	38.2	40.1
缅　甸	Myanmar	39.4	44.1	38.5	36.0	35.6
巴基斯坦	Pakistan	61.1	68.0	60.1	58.6	58.3
菲律宾	Philippines	22.2	23.6	19.6	18.2	18.1
新加坡	Singapore	19.3	20.6	20.7	18.8	19.1
斯里兰卡	Sri Lanka	30.9	31.0	25.3	14.0	11.1
泰　国	Thailand	31.0	31.6	27.3	26.3	26.3
越　南	Viet Nam	36.2	39.4	32.5	30.2	29.6
埃　及	Egypt	73.3	77.4	88.2	88.1	87.0
尼日利亚	Nigeria	67.6	52.6	75.4	71.4	71.8
南　非	South Africa	26.7	27.1	26.1	25.1	25.1
加拿大	Canada	8.3	8.4	7.2	6.5	6.4
墨西哥	Mexico	26.8	26.4	22.1	20.7	20.9
美　国	United States	9.5	9.4	8.1	7.4	7.4
阿根廷	Argentina	16.8	16.9	14.6	13.8	13.3
巴　西	Brazil	15.8	16.0	13.6	12.7	12.7
委内瑞拉	Venezuela	21.6	21.7	18.3	16.8	17.0
捷　克	Czech Rep.	20.4	20.7	17.4	16.1	16.1
法　国	France	14.7	14.8	12.7	11.9	11.8
德　国	Germany	14.9	15.2	12.8	11.9	12.0
意大利	Italy	19.8	19.0	17.9	16.5	16.8
荷　兰	Netherlands	14.9	15.2	12.9	12.0	12.0
波　兰	Poland	25.8	27.2	22.7	21.0	20.9
俄罗斯	Russia	19.1	19.5	17.0	16.2	16.2
西班牙	Spain	11.8	11.3	10.4	9.7	9.7
土耳其	Turkey	42.7	43.8	45.4	44.5	44.3
乌克兰	Ukraine	24.2	23.5	21.2	20.6	20.3
英　国	United Kingdom	12.6	12.3	10.8	10.5	10.5
澳大利亚	Australia	10.8	10.6	9.3	8.6	8.6
新西兰	New Zealand	7.2	7.2	6.3	6.0	6.0

2-6 国家保护区面积和濒危物种(2018年)
National Protected Areas and Threatened Species(2018)

资料来源：世界银行WDI数据库。
Source: World Bank WDI Database.

国家或地区	Country or Area	国家保护区 National Protected		濒危物种(种) Threatened Species(number)			
		陆地保护区面积占陆地面积比重 Terrestrial protected areas (% of total land area)	海洋保护区面积占领海面积比重 Marine protected areas (% of territorial waters)	哺乳动物 Mammal	鸟类 Birds	鱼类 Fish	高植株植物 Higher Plants
中　国	China	15.4	5.4	73	96	136	593
中国香港	Hong Kong SAR,China	41.9		4	21	15	10
中国澳门	Macao SAR, China				4	9	
孟加拉国	Bangladesh	4.6	5.4	37	36	29	23
文　莱	Brunei Darussalam	46.9	0.2	33	31	14	127
柬埔寨	Cambodia	26.0	0.2	39	31	48	37
印　度	India	6.0	0.2	93	93	227	396
印度尼西亚	Indonesia	12.2	3.1	191	160	166	458
伊　朗	Iran	8.6	0.8	18	28	47	7
以色列	Israel	19.9	0.0	15	18	50	23
日　本	Japan	29.4	8.2	29	49	77	50
哈萨克斯坦	Kazakhstan	3.3	1.0	16	27	14	14
韩　国	Korea, Rep.	11.7	1.6	12	33	28	31
老　挝	Lao PDR	16.7		45	29	55	56
马来西亚	Malaysia	19.1	1.5	71	63	87	727
蒙　古	Mongolia	17.7		11	24	2	
缅　甸	Myanmar	6.4	2.3	49	56	53	61
巴基斯坦	Pakistan	12.3	0.8	25	33	46	12
菲律宾	Philippines	15.3	1.2	38	93	91	254
新加坡	Singapore	5.6	0.0	14	22	29	62
斯里兰卡	Sri Lanka	29.9	0.1	30	16	57	297
泰　国	Thailand	18.8	1.9	59	62	106	159
越　南	Viet Nam	7.6	0.6	56	52	83	231
埃　及	Egypt	13.1	5.0	18	14	58	8
尼日利亚	Nigeria	13.9	0.0	31	21	74	205
南　非	South Africa	8.0	12.1	30	54	121	153
加拿大	Canada	9.7	0.9	18	24	44	18
墨西哥	Mexico	14.5	21.8	96	71	181	484
美　国	United States	13.0	41.1	40	91	251	510
阿根廷	Argentina	8.8	3.8	38	52	42	70
巴　西	Brazil	29.4	26.6	80	175	93	558
委内瑞拉	Venezuela	54.1	3.5	35	52	45	86
捷　克	Czech Rep.	22.2		3	9	2	26
法　国	France	25.8	45.0	9	16	53	47
德　国	Germany	37.8	45.4	5	11	24	36
意大利	Italy	21.5	8.8	8	17	52	102
荷　兰	Netherlands	11.2	26.7	3	10	15	1
波　兰	Poland	39.7	22.6	4	11	8	11
俄罗斯	Russia	9.7	3.0	34	57	39	56
西班牙	Spain	28.1	8.4	17	19	83	247
土耳其	Turkey	0.2	0.1	19	20	131	113
乌克兰	Ukraine	4.0	3.4	11	17	24	22
英　国	United Kingdom	28.7	28.9	5	11	48	42
澳大利亚	Australia	19.3	40.6	63	52	125	108
新西兰	New Zealand	32.5	30.4	9	69	38	21

主要统计指标解释

国土面积 是一个国家包括陆地面积和内陆水域在内的总面积，不包括离岸的领海面积。

人口密度 是特定年份每一平方公里国土面积上的人口数量。

可再生淡水资源 指国内可再生的淡水资源流量，包括国内江河水流量、降水补给的地下水量。

森林消失面积 是指林区永久转换作其他用途，包括农业，畜牧，定居点和基础设施。但不包括为重新种植而砍伐的林区或为薪材、酸雨和森林火灾而减少的林区。

国家级保护区 指总面积或部分面积不少于 1000 公顷的全部或部分被保护区域：限制公众进入的科学保护地、国家公园、自然遗址、自然保护区、野生动植物栖息地、受保护的陆地景观及为可持续使用的管理的区域。不包括海洋保护地区、未分类地区、海滨地区和地方或省法律法规保护地。

濒危物种 是国际自然与自然资源保护联合会划分的有灭绝危险的、脆弱的、稀少的、不确定的、脱离危险的或未充分认知的物种。

高等植物 形态上有根、茎、叶分化，又称茎叶体植物（仅指开花植物）。

Explanatory Notes on Main Statistical Indicators

Surface Area is a country total area including land area and inland water bodies, but excluding offshore territorial waters.

Population Density is number of persons in the total population for a given year per square kilometre of total surface area.

Renewable Internal Freshwater Resources Flows refer to internal renewable resources (internal river flows and groundwater from rainfall) in the country.

Deforested Area is the permanent conversion of natural forest area to other uses, including agriculture, ranching, settlements, and infrastructure. Deforested areas do not include areas logged but intended for regeneration or areas degraded by fuel-wood gathering, acid precipitation, or forest fires.

National Protected Areas are totally or partially protected areas of at least 1,000 hectares that are designated as scientific reserves with limited public access, national parks, natural monuments, nature reserves or wildlife sanctuaries, protected landscapes, and areas managed mainly for sustainable use. Marine areas, unclassified areas, and littoral (intertidal) areas are excluded. The data also do not include sites protected under local or provincial law.

Threatened Species are the number of species classified by the IUCN as endangered, vulnerable, rare, indeterminate, out of danger, or insufficiently known.

Higher Plants are native vascular plant species (flowering plants only).

国民经济核算

National Accounts

3-1 国内生产总值(现价美元)
GDP (current US$)

资料来源：世界银行WDI数据库。
Source: World Bank WDI Database.
单位：亿美元 (100 million USD)

国家或地区	Country or Area	2000	2005	2010	2015	2019	2020
世　界	**World**	**337035**	**475709**	**661646**	**750274**	**874367**	**845780**
高收入国家	**High Income**	**276879**	**376916**	**454646**	**480199**	**549782**	**533994**
中等收入国家	**Middle Income**	**57950**	**95758**	**199863**	**263332**	**317096**	**304331**
中等偏下收入国家	**Lower Middle Income**	**14980**	**25406**	**51872**	**64398**	**77299**	**73288**
中等偏上收入国家	**Upper Middle Income**	**42970**	**70352**	**147990**	**198934**	**239797**	**231049**
中低收入国家	**Low and Middle Income**	**59006**	**97346**	**203058**	**267484**	**321574**	**308891**
东亚和太平洋	**East Asia and Pacific**	**17323**	**31067**	**78717**	**132785**	**171451**	**174430**
欧洲和中亚	**Europe and Central Asia**	**6997**	**16859**	**31113**	**30948**	**34916**	**32177**
拉丁美洲和加勒比	**Latin America and Caribbean**	**19808**	**24485**	**45473**	**46531**	**48416**	**40078**
中东和北非国家	**Middle East and North Africa**	**4531**	**6706**	**13288**	**13708**	**13107**	**11655**
南　亚	**South Asia**	**6304**	**10506**	**20608**	**27002**	**35969**	**33515**
撒哈拉以南非洲	**Sub-Saharan Africa**	**4005**	**7715**	**13846**	**16515**	**17705**	**16865**
低收入国家	**Low Income**	**1054**	**1593**	**3213**	**4169**	**4459**	**4583**
最不发达地区	**Least Developed Countries**	**2153**	**3441**	**6930**	**9541**	**11339**	**11327**
重债穷国	**Heavily Indebted Poor Countries**	**1700**	**2591**	**4991**	**6677**	**7919**	**8038**
中　国	China	12113	22860	60872	110616	142799	147227
中国香港	Hong Kong SAR, China	1717	1816	2286	3094	3630	3466
中国澳门	Macao SAR, China	68	122	282	451	552	
阿富汗	Afghanistan		62	159	199	193	198
阿尔巴尼亚	Albania	35	81	119	114	153	148
阿尔及利亚	Algeria	548	1032	1612	1660	1712	1452
安道尔	Andorra	14	32	34	28	32	
安哥拉	Angola	91	370	838	1162	894	623
安提瓜和巴布达	Antigua and Barbuda	8	10	11	13	17	14
阿根廷	Argentina	2842	1987	4236	5947	4454	3831
亚美尼亚	Armenia	19	49	93	106	137	126
阿鲁巴岛	Aruba	19	23	24	30		
澳大利亚	Australia	4152	6934	11461	13517	13966	13309
奥地利	Austria	1968	3160	3919	3818	4451	4309
阿塞拜疆	Azerbaijan	53	132	529	531	482	426
巴　林	Bahrain	91	160	257	311	385	
孟加拉国	Bangladesh	534	694	1153	1951	3026	3242
巴巴多斯	Barbados	31	38	45	47	52	44
白俄罗斯	Belarus	127	302	572	565	644	603
比利时	Belgium	2362	3856	4810	4621	5333	5153
伯利兹	Belize	8	11	14	17	20	18
贝　宁	Benin	35	66	95	114	144	157
百慕大	Bermuda	35	49	66	67	75	
不　丹	Bhutan	4	8	15	20	25	24
玻利维亚	Bolivia	84	95	196	330	409	367
波　黑	Bosnia and Herzegovinian	55	112	172	162	202	198
博茨瓦纳	Botswana	58	99	128	144	184	158
巴　西	Brazil	6554	8916	22089	18022	18778	14447
文　莱	Brunei Darussalam	60	95	137	129	135	120
保加利亚	Bulgaria	132	299	504	506	686	691
布基纳法索	Burkina Faso	30	61	101	118	160	174
布隆迪	Burundi	9	11	20	31	30	33
柬埔寨	Cambodia	37	63	112	180	271	253
喀麦隆	Cameroon	101	180	262	309	390	398
加拿大	Canada	7448	11731	16173	15565	17416	16440
佛得角	Cape Verde	5	10	17	16	20	17
中　非	Central African Rep.	9	13	21	17	22	23

3-1 续表 1 continued

单位：亿美元 (100 million USD)

国家或地区	Country or Area	2000	2005	2010	2015	2019	2020
乍　得	Chad	14	66	107	110	113	101
海峡群岛	Channel Islands	64	88				
智　利	Chile	779	1230	2185	2439	2794	2529
哥伦比亚	Colombia	999	1456	2866	2935	3234	2713
科摩罗	Comoros	4	7	9	10	12	12
刚果(金)	Congo, Dem. Rep.	191	120	216	379	504	499
刚果(布)	Congo, Rep.	32	66	131	119	127	109
哥斯达黎加	Costa Rica	150	200	377	564	640	615
科特迪瓦	Cote D'Ivoire	107	171	249	458	585	613
克罗地亚	Croatia	216	454	599	495	608	560
古　巴	Cuba	306	426	643	871	1031	
塞浦路斯	Cyprus	100	184	257	198	249	238
捷　克	Czech Rep.	618	1371	2091	1880	2525	2453
丹　麦	Denmark	1642	2645	3220	3027	3476	3561
吉布提	Djibouti	6	7	11	24	33	34
多米尼克	Dominica	3	4	5	5	6	5
多米尼加	Dominican Rep.	243	358	539	712	889	788
厄瓜多尔	Ecuador	183	415	696	993	1081	988
埃　及	Egypt	998	896	2190	3294	3031	3631
萨尔瓦多	El Salvador	118	147	184	234	269	246
赤道几内亚	Equatorial Guinea	10	82	163	132	114	100
厄立特里亚	Eritrea	7	11	16			
爱沙尼亚	Estonia	57	141	195	229	310	307
埃塞俄比亚	Ethiopia	82	124	299	646	959	1076
法罗群岛	Faeroe Islands	11	17	23	25	31	
斐　济	Fiji	17	30	31	47	55	44
芬　兰	Finland	1257	2048	2492	2344	2688	2698
法　国	France	13622	21961	26426	24382	27289	26303
法属波立尼西亚	French Polynesia	34					
加　蓬	Gabon	51	96	144	144	169	156
冈比亚	Gambia	8	10	15	14	18	19
格鲁吉亚	Georgia	31	64	122	150	175	159
德　国	Germany	19431	28458	33964	33562	38883	38464
加　纳	Ghana	50	107	322	475	672	724
希　腊	Greece	1301	2478	2968	1953	2053	1894
格陵兰	Greenland	11	18	25	25		
关　岛	Guam		42	49	58	63	
危地马拉	Guatemala	193	268	407	622	770	776
几内亚	Guinea	30	29	69	88	135	157
几内亚比绍	Guinea-Bissau	4	6	8	10	14	14
圭亚那	Guyana	7	8	34	43	52	55
海　地	Haiti	69	70	117	149	143	134
洪都拉斯	Honduras	72	98	158	210	251	238
匈牙利	Hungary	472	1130	1319	1251	1635	1550
冰　岛	Iceland	90	169	138	175	249	217
印　度	India	4684	8204	16756	21036	28705	26230
印度尼西亚	Indonesia	1650	2859	7551	8609	11191	10584
伊　朗	Iran	1096	2265	4868	3850	2582	1917
伊拉克	Iraq	484	500	1385	1668	2224	1672
爱尔兰	Ireland	1000	2118	2217	2915	3991	4259
马恩岛	Isle of Man	16	30	59	71		
以色列	Israel	1327	1427	2340	3001	3947	4020
意大利	Italy	11438	18575	21340	18359	20049	18864
牙买加	Jamaica	90	112	132	142	158	138
日　本	Japan	49684	48315	57591	44449	51488	49754

3-1 续表 2 continued

单位：亿美元 (100 million USD)

国家或地区	Country or Area	2000	2005	2010	2015	2019	2020
约旦	Jordan	85	126	271	386	445	437
哈萨克斯坦	Kazakhstan	183	571	1480	1844	1817	1698
肯尼亚	Kenya	127	187	400	640	955	988
基里巴斯	Kiribati	1	1	2	2	2	2
韩国	Korea, Rep.	5762	9349	11441	14658	16467	16305
科威特	Kuwait	377	808	1154	1146	1362	
吉尔吉斯斯坦	Kyrgyzstan	14	25	48	67	89	77
老挝	Lao PDR	17	27	71	144	182	191
拉脱维亚	Latvia	79	170	239	272	341	335
黎巴嫩	Lebanon	173	215	384	499	520	334
莱索托	Lesotho	9	17	22	24	24	18
利比里亚	Liberia	9	9	20	32	31	30
利比亚	Libya	383	473	748	278	521	254
列支敦士登	Liechtenstein	25	37	51	63		
立陶宛	Lithuania	115	261	371	414	546	559
卢森堡	Luxemburg	213	373	532	577	711	733
马达加斯加	Madagascar	46	59	100	113	142	137
马拉维	Malawi	17	37	70	64	109	120
马来西亚	Malaysia	938	1435	2550	3014	3647	3367
马尔代夫	Maldives	6	12	26	41	56	40
马里	Mali	30	62	107	131	173	174
马耳他	Malta	41	64	90	111	152	146
马绍尔群岛	Marshall Islands	1	1	2	2	2	
毛里塔尼亚	Mauritania	18	29	56	62	76	78
毛里求斯	Mauritius	47	65	100	117	140	109
墨西哥	Mexico	7079	8775	10578	11719	12689	10762
密克罗尼西亚	Micronesia, Fed.	2	3	3	3	4	
摩尔多瓦	Moldova	13	30	70	77	120	119
摩纳哥	Monaco	26	42	54	63	74	
蒙古	Mongolia	11	25	72	117	140	131
黑山	Montenegro	10	23	41	41	55	48
摩洛哥	Morocco	389	623	932	1012	1197	1129
莫桑比克	Mozambique	57	85	111	160	153	140
缅甸	Myanmar	47	106	515	603	798	762
纳米比亚	Namibia	39	72	114	113	126	107
瑙鲁	Nauru			...	1	1	
尼泊尔	Nepal	55	81	160	244	342	337
荷兰	Netherlands	4164	6851	8466	7653	9102	9139
新喀里多尼亚	New Caledonia	27					
新西兰	New Zealand	526	1147	1465	1781	2129	2109
尼加拉瓜	Nicaragua	51	63	88	128	126	126
尼日尔	Niger	22	44	79	97	129	137
尼日利亚	Nigeria	694	1761	3615	4868	4481	4323
北马其顿	North Macedonia	38	63	94	101	125	123
挪威	Norway	1712	3089	4288	3858	4055	3625
阿曼	Oman	195	311	569	684	763	
巴基斯坦	Pakistan	820	1201	1772	2706	2782	2637
帕劳	Palau	1	2	2	3	3	
巴拿马	Panama	123	164	294	541	668	529
巴布亚新几内亚	Papua New Guinea	35	49	143	217	248	236
巴拉圭	Paraguay	89	107	272	362	379	353
秘鲁	Peru	517	761	1475	1898	2285	2020
菲律宾	Philippines	837	1074	2084	3064	3768	3615
波兰	Poland	1722	3061	4798	4778	5959	5942
葡萄牙	Portugal	1183	1972	2379	1993	2395	2312

3-1 续表 3 continued

单位：亿美元 (100 million USD)

国家或地区	Country or Area	2000	2005	2010	2015	2019	2020
波多黎各	Puerto Rico	617	839	984	1034	1049	1031
卡 塔 尔	Qatar	178	445	1251	1617	1758	1464
罗马尼亚	Romania	373	985	1663	1777	2497	2487
俄 罗 斯	Russia	2597	7640	15249	13635	16874	14835
卢 旺 达	Rwanda	21	29	61	85	104	103
圣基茨和尼维斯	Saint Kitts and Nevis	4	5	8	9	10	9
圣卢西亚	Saint Lucia	9	11	15	18	21	17
圣文森特和格林纳丁斯	Saint Vincent and the Grenadines	4	6	7	8	8	8
萨 摩 亚	Samoa	3	5	7	8	9	8
圣马力诺	San Marino	10	18	19	14	16	
圣多美和普林西比	Sao Tome and Principe		1	2	3	4	5
沙特阿拉伯	Saudi Arabia	1895	3285	5282	6543	7930	7001
塞内加尔	Senegal	60	111	161	178	233	249
塞尔维亚	Serbia	69	277	418	397	515	530
塞 舌 尔	Seychelles	6	9	10	14	16	11
塞拉利昂	Sierra Leone	6	17	26	42	41	39
新 加 坡	Singapore	961	1278	2398	3080	3744	3400
斯洛伐克	Slovakia	292	628	903	885	1051	1046
斯洛文尼亚	Slovenia	203	362	482	431	542	536
所罗门群岛	Solomon Islands	4	5	8	13	16	16
南 非	South Africa	1364	2578	3753	3176	3514	3019
西 班 牙	Spain	5969	11533	14207	11951	13930	12815
斯里兰卡	Sri Lanka	163	244	567	806	840	807
苏 丹	Sudan	123	265	656	645	323	261
苏 里 南	Suriname	9	18	44	51	42	38
斯威士兰	Swaziland	17	32	44	41	45	40
瑞 典	Sweden	2628	3922	4958	5051	5339	5411
瑞 士	Switzerland	2798	4205	6034	7021	7318	7522
叙 利 亚	Syrian Arab Republic	193	289				
塔吉克斯坦	Tajikistan	9	23	56	83	83	82
坦桑尼亚	Tanzania	134	184	320	474	611	624
泰 国	Thailand	1264	1893	3411	4013	5443	5018
巴 哈 马	The Bahamas	81	98	101	117	136	113
东 帝 汶	Timor-Leste	4	5	9	16	20	18
多 哥	Togo	15	23	34	42	72	76
汤 加	Tonga	2	3	4	4	5	
特立尼达和多巴哥	Trinidad And Tobago	82	160	222	250	232	215
突 尼 斯	Tunisia	215	323	441	432	392	392
土 耳 其	Turkey	2743	5063	7770	8643	7614	7201
土库曼斯坦	Turkmenistan	29	81	226	358	452	
图 瓦 卢	Tuvalu	...	...	...	...	...	...
乌 干 达	Uganda	62	92	266	322	352	374
乌 克 兰	Ukraine	313	861	1360	910	1539	1556
阿 联 酋	United Arab Emirates	1043	1806	2898	3581	4211	
英 国	United Kingdom	16582	25328	24816	29328	28308	27077
美 国	United States	102523	130366	149921	182383	214332	209366
乌 拉 圭	Uruguay	228	174	403	533	612	536
乌兹别克斯坦	Uzbekistan	138	143	467	818	577	577
瓦努阿图	Vanuatu	3	4	7	7	9	9
委内瑞拉	Venezuela	1171	1455	3932			
越 南	Viet Nam	312	576	1159	1932	2619	2712
约旦河西岸和加沙	West Bank and Gaza	43	51	97	140	171	156
也 门	Yemen	97	167	309	424		
赞 比 亚	Zambia	36	83	203	213	233	193
津巴布韦	Zimbabwe	67	58	120	200	169	168

3-2 人均国内生产总值(现价美元)
GDP per Capita(current US$)

资料来源：世界银行WDI数据库。
Source: World Bank WDI Database.
单位：美元 (USD)

国家或地区	Country or Area	2000	2005	2010	2015	2019	2020
世 界	**World**	**5512**	**7305**	**9559**	**10223**	**11395**	**10909**
高收入国家	**High Income**	**25761**	**33913**	**39391**	**40444**	**45407**	**43953**
中等收入国家	**Middle Income**	**1252**	**1943**	**3825**	**4755**	**5480**	**5207**
中等偏下收入国家	**Lower Middle Income**	**613**	**955**	**1802**	**2075**	**2353**	**2200**
中等偏上收入国家	**Upper Middle Income**	**1968**	**3102**	**6307**	**8173**	**9589**	**9192**
中低收入国家	**Low and Middle Income**	**1177**	**1811**	**3538**	**4369**	**4998**	**4745**
东亚和太平洋	**East Asia and Pacific**	**954**	**1639**	**4004**	**6515**	**8189**	**8286**
欧洲和中亚	**Europe and Central Asia**	**1787**	**4301**	**7816**	**7546**	**8338**	**7657**
拉丁美洲和加勒比	**Latin America and Caribbean**	**4198**	**4856**	**8504**	**8241**	**8213**	**6733**
中东和北非国家	**Middle East and North Africa**	**1622**	**2200**	**3993**	**3766**	**3366**	**2942**
南 亚	**South Asia**	**453**	**692**	**1257**	**1543**	**1959**	**1805**
撒哈拉以南非洲	**Sub-Saharan Africa**	**602**	**1017**	**1593**	**1659**	**1600**	**1485**
低收入国家	**Low Income**	**272**	**357**	**625**	**714**	**688**	**689**
最不发达地区	**Least Developed Countries**	**328**	**462**	**828**	**1014**	**1097**	**1071**
重债穷国	**Heavily Indebted Poor Countries**	**360**	**477**	**800**	**930**	**988**	**976**
中 国	China	959	1753	4550	8067	10217	10500
中国香港	Hong Kong SAR, China	25757	26650	32550	42432	48354	46324
中国澳门	Macao SAR, China	15836	25183	52473	74839	86118	
阿富汗	Afghanistan		242	543	578	507	509
阿尔巴尼亚	Albania	1127	2674	4094	3953	5356	5215
阿尔及利亚	Algeria	1765	3113	4481	4178	3976	3310
安道尔	Andorra	21854	40064	40850	35771	40897	
安哥拉	Angola	557	1902	3588	4167	2810	1896
安提瓜和巴布达	Antigua and Barbuda	10872	12558	13049	14285	17113	14450
阿根廷	Argentina	7708	5110	10386	13789	9912	8442
亚美尼亚	Armenia	623	1644	3218	3607	4623	4267
阿鲁巴岛	Aruba	20618	23301	23514	28397		
澳大利亚	Australia	21679	33999	52022	56756	55057	51812
奥地利	Austria	24564	38403	46858	44178	50122	48328
阿塞拜疆	Azerbaijan	655	1578	5844	5500	4806	4214
巴 林	Bahrain	13636	17959	20722	22634	23443	
孟加拉国	Bangladesh	418	499	781	1248	1856	1969
巴巴多斯	Barbados	11268	13823	16056	16525	18148	15191
白俄罗斯	Belarus	1276	3126	6029	5949	6839	6411
比利时	Belgium	23042	36796	44142	40992	46414	44594
伯利兹	Belize	3364	3885	4271	4770	5079	4436
贝 宁	Benin	513	823	1037	1077	1220	1291
百慕大	Bermuda	56284	75882	101875	102006	117098	
不 丹	Bhutan	718	1228	2258	2753	3316	3122
玻利维亚	Bolivia	998	1034	1955	3036	3552	3143
波 黑	Bosnia and Herzegovinian	1468	2981	4636	4727	6120	6032
博茨瓦纳	Botswana	3522	5513	6435	6800	7971	6711
巴 西	Brazil	3750	4790	11286	8814	8897	6797
文 莱	Brunei Darussalam	18013	26105	35271	31164	31086	27466
保加利亚	Bulgaria	1621	3900	6812	7056	9828	9976
布基纳法索	Burkina Faso	256	458	648	653	787	831
布隆迪	Burundi	136	152	234	306	261	274
柬埔寨	Cambodia	301	474	786	1163	1643	1513
喀麦隆	Cameroon	652	1012	1287	1328	1507	1499
加拿大	Canada	24271	36383	47562	43596	46327	43258
佛得角	Cape Verde	1259	2099	3378	3043	3604	3064
中 非	Central African Rep.	251	331	488	377	468	477
乍 得	Chad	166	659	893	776	710	614
海峡群岛	Channel Islands	43383	58199				

3-2 续表 1 continued

单位：美元 (USD)

国家或地区	Country or Area	2000	2005	2010	2015	2019	2020
智利	Chile	5075	7599	12808	13574	14742	13232
哥伦比亚	Colombia	2520	3414	6337	6176	6425	5333
科摩罗	Comoros	647	1069	1316	1243	1370	1403
刚果(金)	Congo, Dem. Rep.	405	218	334	497	581	557
刚果(布)	Congo, Rep.	1032	1835	3074	2448	2359	1973
哥斯达黎加	Costa Rica	3789	4676	8227	11643	12670	12077
科特迪瓦	Cote D'Ivoire	653	931	1213	1973	2276	2326
克罗地亚	Croatia	4842	10528	13949	11782	14944	13828
古巴	Cuba	2747	3787	5730	7694	9100	
塞浦路斯	Cyprus	14388	24959	31024	23408	28288	26624
捷克	Czech Rep.	6029	13431	19960	17830	23660	22932
丹麦	Denmark	30744	48800	58041	53255	59776	61063
吉布提	Djibouti	768	905	1343	2659	3415	3426
多米尼克	Dominica	4788	5161	6967	7597	8002	6527
多米尼加	Dominican Rep.	2869	3933	5555	6922	8282	7268
厄瓜多尔	Ecuador	1445	3002	4634	6124	6223	5600
埃及	Egypt	1450	1186	2646	3563	3019	3548
萨尔瓦多	El Salvador	2002	2429	2983	3706	4168	3799
赤道几内亚	Equatorial Guinea	1726	10963	17289	11283	8420	7143
厄立特里亚	Eritrea	308	389	501			
爱沙尼亚	Estonia	4071	10413	14663	17395	23397	23027
埃塞俄比亚	Ethiopia	124	162	342	641	856	936
法罗群岛	Faroe Islands	22652	36199	48541	52400	64225	
斐济	Fiji	2069	3628	3653	5391	6176	4882
芬兰	Finland	24285	39040	46460	42785	48678	48773
法国	France	22364	34760	40638	36638	40579	39030
法属波立尼西亚	French Polynesia	14324					
加蓬	Gabon	4136	6891	8849	7385	7767	7006
冈比亚	Gambia	594	666	861	661	778	787
格鲁吉亚	Georgia	750	1643	3233	4014	4698	4279
德国	Germany	23636	34507	41532	41087	46795	46208
加纳	Ghana	258	493	1299	1706	2210	2329
希腊	Greece	12043	22552	26691	18050	19151	17676
格陵兰	Greenland	19004	32490	43988	44536		
关岛	Guam		26596	31040	35829	37724	
危地马拉	Guatemala	1664	2069	2853	3995	4639	4603
几内亚	Guinea	363	322	672	769	1058	1194
几内亚比绍	Guinea-Bissau	309	436	558	603	749	728
圭亚那	Guyana	954	1106	4581	5577	6610	6956
海地	Haiti	812	767	1172	1389	1272	1177
洪都拉斯	Honduras	1093	1308	1904	2302	2574	2406
匈牙利	Hungary	4624	11201	13192	12707	16733	15899
冰岛	Iceland	32096	56795	43237	52952	68941	59270
印度	India	443	715	1358	1606	2101	1901
印度尼西亚	Indonesia	780	1263	3122	3332	4135	3870
伊朗	Iran	1670	3246	6600	4904	3115	2283
伊拉克	Iraq	2058	1856	4657	4688	5658	4157
爱尔兰	Ireland	26269	50914	48608	61988	80887	85268
马恩岛	Isle of Man	20323	37767	69767	85127		
以色列	Israel	21101	20586	30694	35814	43589	43611
意大利	Italy	20088	32043	36001	30230	33567	31676
牙买加	Jamaica	3392	4104	4704	4908	5369	4665
日本	Japan	39169	37813	44968	34961	40778	39539
约旦	Jordan	1652	2183	3737	4164	4405	4283
哈萨克斯坦	Kazakhstan	1229	3771	9070	10511	9813	9056
肯尼亚	Kenya	397	512	952	1337	1817	1838
基里巴斯	Kiribati	797	1215	1517	1543	1655	1671

3-2 续表 2 continued

单位：美元 (USD)

国家或地区	Country or Area	2000	2005	2010	2015	2019	2020
韩　国	Korea, Rep.	12257	19403	23087	28732	31846	31489
科威特	Kuwait	18440	35591	38577	29870	32373	
吉尔吉斯斯坦	Kyrgyzstan	280	477	880	1121	1374	1174
老　挝	Lao PDR	325	476	1141	2135	2545	2630
拉脱维亚	Latvia	3358	7575	11380	13775	17794	17620
黎巴嫩	Lebanon	4492	4575	7762	7645	7584	4891
莱索托	Lesotho	436	843	1120	1146	1113	861
利比里亚	Liberia	307	295	513	710	622	583
利比亚	Libya	7143	8163	12065	4338	7686	3699
列支敦士登	Liechtenstein	74854	105399	141193	167313		
立陶宛	Lithuania	3293	7855	11988	14258	19555	19998
卢森堡	Luxemburg	48736	80290	104965	101376	114685	115874
马达加斯加	Madagascar	294	320	472	467	526	495
马拉维	Malawi	156	290	479	381	583	625
马来西亚	Malaysia	4044	5587	9041	9955	11414	10402
马尔代夫	Maldives	2235	3640	7077	9033	10626	7456
马　里	Mali	271	489	710	751	879	859
马耳他	Malta	10432	15888	21799	24922	30186	27885
马绍尔群岛	Marshall Islands	2273	2471	2846	3200	4073	
毛里塔尼亚	Mauritania	677	971	1611	1524	1679	1673
毛里求斯	Mauritius	3929	5283	8000	9260	11098	8623
墨西哥	Mexico	7158	8278	9271	9617	9946	8347
密克罗尼西亚	Micronesia, Fed.	2172	2358	2885	2907	3585	
摩尔多瓦	Moldova	441	1035	2438	2732	4494	4551
摩纳哥	Monaco	82365	124197	150738	165990	190513	
蒙　古	Mongolia	474	999	2643	3919	4340	4007
黑　山	Montenegro	1627	3675	6688	6517	8911	7686
摩洛哥	Morocco	1335	2018	2840	2875	3230	3009
莫桑比克	Mozambique	319	417	472	590	504	449
缅　甸	Myanmar	100	216	1018	1144	1477	1400
纳米比亚	Namibia	2186	3740	5395	4897	5037	4211
瑙鲁	Nauru			4752	8365	10983	
尼泊尔	Nepal	229	316	592	902	1195	1155
荷　兰	Netherlands	26149	41979	50950	45175	52476	52397
新喀里多尼亚	New Caledonia	12580					
新西兰	New Zealand	13641	27751	33677	38631	42755	41478
尼加拉瓜	Nicaragua	1007	1162	1504	2050	1927	1905
尼日尔	Niger	198	322	477	484	554	565
尼日利亚	Nigeria	568	1268	2280	2687	2230	2097
北马其顿	North Macedonia	1855	3037	4545	4843	6022	5888
挪　威	Norway	38131	66810	87694	74356	75826	67390
阿　曼	Oman	8601	12377	18713	16033	15343	
巴基斯坦	Pakistan	576	749	987	1357	1285	1194
帕　劳	Palau	7658	9627	10357	15876	14908	
巴拿马	Panama	4060	4917	8082	13630	15728	12269
巴布亚新几内亚	Papua New Guinea	602	749	1949	2679	2829	2637
巴拉圭	Paraguay	1664	1844	4359	5414	5381	4950
秘　鲁	Peru	1956	2729	5082	6229	7028	6127
菲律宾	Philippines	1073	1244	2217	3001	3485	3299
波　兰	Poland	4501	8022	12613	12578	15695	15656
葡萄牙	Portugal	11498	18773	22499	19242	23285	22437
波多黎各	Puerto Rico	16192	21959	26436	29763	32851	32291
卡塔尔	Qatar	29976	51456	67403	63039	62088	50805
罗马尼亚	Romania	1660	4618	8214	8969	12890	12896
俄罗斯	Russia	1772	5323	10675	9313	11498	10127
卢旺达	Rwanda	261	332	610	751	820	798
圣基茨和尼维斯	Saint Kitts and Nevis	9566	11679	15510	18029	19773	17436

3-2 续表 3 continued

单位：美元 (USD)

国家或地区	Country or Area	2000	2005	2010	2015	2019	2020
圣卢西亚	Saint Lucia	5950	6949	8540	10094	11611	9276
圣文森特和格林纳丁斯	Saint Vincent and the Grenadines	3676	5070	6292	6922	7457	7298
萨摩亚	Samoa	1542	2590	3566	4074	4324	4067
圣马力诺	San Marino	36604	60901	60255	42663	47731	
圣多美和普林西比	Sao Tome and Principe		867	1090	1585	1988	2158
沙特阿拉伯	Saudi Arabia	9171	13791	19263	20628	23140	20110
塞内加尔	Senegal	617	998	1272	1219	1430	1488
塞尔维亚	Serbia	915	3720	5735	5589	7412	7666
塞舌尔	Seychelles	7579	11093	10805	14745	16199	11425
塞拉利昂	Sierra Leone	139	292	402	588	528	485
新加坡	Singapore	23852	29961	47237	55647	65641	59798
斯洛伐克	Slovakia	5413	11686	16751	16311	19273	19157
斯洛文尼亚	Slovenia	10201	18099	23510	20882	25943	25517
所罗门群岛	Solomon Islands	1018	1015	1604	2167	2344	2258
南非	South Africa	3032	5384	7329	5735	6001	5091
西班牙	Spain	14713	26419	30503	25732	29555	27063
斯里兰卡	Sri Lanka	870	1249	2800	3844	3852	3682
苏丹	Sudan	366	689	1490	1657	753	595
苏里南	Suriname	2012	3591	8256	9168	7261	6491
斯威士兰	Swaziland	1729	3084	4168	3680	3895	3415
瑞典	Sweden	29625	43437	52869	51545	51939	52259
瑞士	Switzerland	38952	56547	77117	84776	85335	87097
叙利亚	Syrian Arab Republic	1178	1572				
塔吉克斯坦	Tajikistan	138	341	750	978	891	859
坦桑尼亚	Tanzania	411	493	743	948	1086	1076
泰国	Thailand	2008	2894	5076	5840	7817	7189
巴哈马	The Bahamas	27098	30279	28444	31296	34863	28608
东帝汶	Timor-Leste	415	465	806	1333	1561	1381
多哥	Togo	303	407	534	571	893	915
汤加	Tonga	2091	2594	3528	4336	4903	
特立尼达和多巴哥	Trinidad And Tobago	6435	12327	16683	18214	16637	15384
突尼斯	Tunisia	2212	3193	4142	3862	3352	3320
土耳其	Turkey	4337	7456	10743	11006	9127	8538
土库曼斯坦	Turkmenistan	643	1704	4439	6433	7612	
图瓦卢	Tuvalu	1463	2185	3025	3198	4056	4143
乌干达	Uganda	262	334	819	844	794	817
乌克兰	Ukraine	636	1827	2965	2125	3663	3727
阿联酋	United Arab Emirates	33291	39365	33893	38663	43103	
英国	United Kingdom	28156	41933	39537	45039	42354	40285
美国	United States	36335	44115	48467	56863	65280	63544
乌拉圭	Uruguay	6875	5227	11992	15614	17688	15438
乌兹别克斯坦	Uzbekistan	558	547	1634	2615	1719	1686
瓦努阿图	Vanuatu	1471	1887	2839	2696	3102	2783
委内瑞拉	Venezuela	4842	5505	13825			
越南	Viet Nam	390	687	1318	2085	2715	2786
约旦河西岸和加沙	West Bank and Gaza	1476	1544	2557	3272	3657	3240
也门	Yemen	554	833	1335	1602		
赞比亚	Zambia	346	703	1489	1338	1305	1051
津巴布韦	Zimbabwe	563	477	948	1445	1156	1128

3-3 人均国民总收入(现价美元)
GNI per Capita, Atlas method (current US$)

资料来源：世界银行WDI数据库。
Source: World Bank WDI Database.
单位：美元 (USD)

国家或地区	Country or Area	2000	2005	2010	2015	2019	2020
世　界	**World**	**5493**	**7354**	**9417**	**10647**	**11527**	**11057**
高收入国家	**High Income**	**25888**	**34762**	**39847**	**42331**	**46038**	**44413**
中等收入国家	**Middle Income**	**1207**	**1823**	**3551**	**4914**	**5523**	**5308**
中等偏下收入国家	**Lower Middle Income**	**588**	**918**	**1657**	**2119**	**2361**	**2201**
中等偏上收入国家	**Upper Middle Income**	**1899**	**2885**	**5875**	**8478**	**9677**	**9426**
中低收入国家	**Low and Middle Income**	**1130**	**1699**	**3285**	**4510**	**5036**	**4835**
东亚和太平洋	**East Asia and Pacific**	**3832**	**5000**	**7336**	**9824**	**11700**	**11659**
欧洲和中亚	**Europe and Central Asia**	**12566**	**19235**	**24544**	**24681**	**25217**	**23919**
拉丁美洲和加勒比	**Latin America and Caribbean**	**4152**	**4582**	**8049**	**9127**	**8718**	**7585**
中东和北非国家	**Middle East and North Africa**	**2847**	**4051**	**6826**	**7918**	**7374**	**6855**
南　亚	**South Asia**	**445**	**688**	**1147**	**1526**	**1996**	**1821**
撒哈拉以南非洲	**Sub-Saharan Africa**	**556**	**903**	**1450**	**1718**	**1562**	**1480**
低收入国家	**Low Income**	**221**	**324**	**585**	**682**	**688**	**680**
最不发达地区	**Least Developed Countries**	**298**	**439**	**788**	**1010**	**1113**	**1078**
重债穷国	**Heavily Indebted Poor Countries**	**329**	**455**	**771**	**934**	**982**	**959**
中　国	China	940	1760	4340	7940	10390	10610
中国香港	Hong Kong SAR, China	26930	28890	33620	41180	50480	48630
中国澳门	Macao SAR, China	14720	23950	45260	62090	75610	
阿富汗	Afghanistan			510	600	530	500
阿尔巴尼亚	Albania	1100	2620	4360	4390	5220	5210
阿尔及利亚	Algeria	1590	2710	4480	4850	4010	3550
安道尔	Andorra						
安哥拉	Angola	360	1370	3230	4520	2970	2230
安提瓜和巴布达	Antigua and Barbuda	10100	12420	12690	12850	16160	14250
阿根廷	Argentina	7470	4260	9270	12570	11130	8930
亚美尼亚	Armenia	660	1540	3470	4010	4680	4220
澳大利亚	Australia	21120	30310	46630	60500	55100	53730
奥地利	Austria	26790	38720	49610	47450	51390	48020
阿塞拜疆	Azerbaijan	610	1270	5370	6570	4490	4450
巴　林	Bahrain	10940	16550	18970	22580	22170	
孟加拉国	Bangladesh	440	550	800	1220	1940	2010
巴巴多斯	Barbados	10780	13240	15540	15740	17380	14460
白俄罗斯	Belarus	1380	2810	6150	6710	6370	6330
比利时	Belgium	25860	37730	46950	45540	47960	45180
伯利兹	Belize	3150	3620	3880	4400	4700	3970
贝　宁	Benin	480	820	1080	1180	1250	1280
百慕大	Bermuda			103480	101120	117740	
不　丹	Bhutan	700	1200	2040	2520	3140	2860
玻利维亚	Bolivia	980	1020	1780	2960	3520	3200
波　黑	Bosnia and Herzegovinian	1490	3180	4960	5210	6180	6090
博茨瓦纳	Botswana	3170	4930	5610	6840	7660	6640
巴　西	Brazil	3930	4000	9650	10190	9270	7850
文　莱	Brunei Darussalam	14680	23090	33300	38850	32230	
保加利亚	Bulgaria	1660	3800	6940	7450	9570	9540
布基纳法索	Burkina Faso	270	460	650	700	780	790
布隆迪	Burundi	130	140	220	260	280	270
柬埔寨	Cambodia	300	460	750	1060	1530	1490
喀麦隆	Cameroon	660	1010	1330	1440	1500	1500
加拿大	Canada	22620	34810	44490	47590	46460	43530
佛得角	Cape Verde	1410	2160	3400	3210	3630	3060
中　非	Central African Rep.	260	340	510	400	520	510
乍　得	Chad	180	470	910	880	700	660
海峡群岛	Channel Islands	42510	56280				
智　利	Chile	5060	6210	10750	14130	14990	13470
哥伦比亚	Colombia	2340	3000	5620	7330	6580	5780

3-3 续表 1 continued

单位：美元 (USD)

国家或地区	Country or Area	2000	2005	2010	2015	2019	2020
科摩罗	Comoros	730	1090	1380	1380	1400	1450
刚果(金)	Congo, Dem. Rep.	130	200	320	460	530	550
刚果(布)	Congo, Rep.	570	1120	2750	3090	1810	1830
哥斯达黎加	Costa Rica	3570	4640	7260	10700	12070	11460
科特迪瓦	Cote D'Ivoire	650	930	1190	1660	2290	2280
克罗地亚	Croatia	5210	10150	14090	12970	14990	14190
古巴	Cuba	2620	3960	5610	7230		
塞浦路斯	Cyprus	14180	23990	32040	25980	27930	26110
捷克	Czech Rep.	6340	12480	19400	18370	22110	22070
丹麦	Denmark	32580	49610	61220	60510	63420	63070
吉布提	Djibouti				2730	3310	3320
多米尼克	Dominica	4220	5050	6730	6910	7870	6870
多米尼加	Dominican Rep.	2680	3040	5330	6580	8100	7260
厄瓜多尔	Ecuador	1550	2880	4390	5970	6100	5530
埃及	Egypt	1420	1220	2370	3340	2690	3000
萨尔瓦多	El Salvador	1900	2420	2880	3440	3990	3650
赤道几内亚	Equatorial Guinea	770	3890	9970	10850	6280	5810
厄立特里亚	Eritrea	300	390	510			
爱沙尼亚	Estonia	4170	9730	14710	18700	23250	23370
埃塞俄比亚	Ethiopia	130	160	380	600	850	890
斐济	Fiji	2230	3570	3650	5100	5800	4720
芬兰	Finland	26450	40170	49600	47150	49950	49700
法国	France	24970	35870	43850	41100	42270	39400
法属波立尼西亚	French Polynesia	15770					
加蓬	Gabon	3100	5520	7850	7970	7170	6970
冈比亚	Gambia	620	520	890	620	750	750
格鲁吉亚	Georgia	790	1520	3210	4410	4690	4290
德国	Germany	26150	35710	44550	45750	48550	47060
加纳	Ghana	340	460	1240	1950	2210	2230
希腊	Greece			27530	20140	19690	18080
格陵兰	Greenland	20290	30920				
格林纳达	Grenada	4610	6650	6940	7750	9830	8740
危地马拉	Guatemala	1670	2000	2730	3700	4610	4490
几内亚	Guinea	400	360	690	760	950	1020
几内亚比绍	Guinea-Bissau	210	430	580	640	800	760
圭亚那	Guyana	890	1090	4510	5470	6630	6600
海地	Haiti	550	700	1120	1390	1330	1250
洪都拉斯	Honduras	1020	1290	1740	2060	2390	2200
匈牙利	Hungary	4620	10360	13260	13250	16530	16010
冰岛	Iceland	31540	50520	36270	49940	72900	62420
印度	India	440	710	1220	1600	2120	1900
印度尼西亚	Indonesia	580	1220	2530	3430	4050	3870
伊朗	Iran	1760	2960	6250	5370	3640	2870
爱尔兰	Ireland	24080	44550	44820	50370	62950	64150
马恩岛	Isle of Man	21880	39600	71570	83990		
以色列	Israel	19160	21440	29750	36060	43390	42600
意大利	Italy	21890	32430	37850	32980	34830	32200
牙买加	Jamaica	3240	3800	4390	4700	5260	4620
日本	Japan	36210	40610	43430	38850	41570	40540
约旦	Jordan	1670	2340	3520	3950	4410	4310
哈萨克斯坦	Kazakhstan	1270	2930	7440	11380	8820	8680
肯尼亚	Kenya	410	510	960	1290	1750	1760
基里巴斯	Kiribati	1330	1700	2050	3470	3340	3010
韩国	Korea, Rep.	11030	18520	22290	28720	33790	32860
科威特	Kuwait	17980	35220	42490	41820	36290	
吉尔吉斯斯坦	Kyrgyzstan	280	450	850	1180	1240	1160

3-3 续表 2 continued

单位：美元 (USD)

国家或地区	Country or Area	2000	2005	2010	2015	2019	2020
老　挝	Lao PDR	280	460	1000	1970	2490	2480
拉脱维亚	Latvia	3320	7380	12620	15100	17730	17590
黎巴嫩	Lebanon	4600	4890	7470	7280	7420	5510
莱索托	Lesotho	580	1020	1270	1310	1290	1100
利比里亚	Liberia		250	460	630	580	530
利比亚	Libya		6860	12380	5690	7640	4850
列支敦士登	Liechtenstein	78870	92710				
立陶宛	Lithuania	3210	7580	12570	15180	19000	19410
卢森堡	Luxemburg	46460	73810	78220	72470	73830	73500
马达加斯加	Madagascar	290	340	470	490	510	480
马拉维	Malawi	160	300	450	350	550	580
马来西亚	Malaysia	3460	5270	8260	10680	11230	10580
马尔代夫	Maldives	2070	3460	5960	7650	9670	6830
马　里	Mali	280	460	700	800	870	830
马耳他	Malta	11400	15660	21370	25230	28340	25370
马绍尔群岛	Marshall Islands	2960	3440	3550	4250	5010	
毛里塔尼亚	Mauritania	730	940	1500	1640	1660	1640
毛里求斯	Mauritius	3900	5600	8080	10700	12900	10230
墨西哥	Mexico	6210	8050	9040	10160	9480	8480
密克罗尼西亚	Micronesia, Fed.	2210	2560	2900	3490	4010	
摩尔多瓦	Moldova	490	1120	2380	3300	4580	4570
蒙　古	Mongolia	470	900	2000	3820	3790	3670
黑　山	Montenegro		3660	6920	7260	9070	7900
摩洛哥	Morocco	1390	2070	2930	3020	3200	2980
莫桑比克	Mozambique	320	400	520	640	490	460
缅　甸	Myanmar		230	900	1160	1360	1260
纳米比亚	Namibia	2240	3530	4500	5310	5180	4520
尼泊尔	Nepal	230	310	540	890	1230	1190
荷　兰	Netherlands	28810	42050	53910	49820	53180	51060
新喀里多尼亚	New Caledonia	14020					
新西兰	New Zealand	14080	25440	29680	40650	42870	41330
尼加拉瓜	Nicaragua	960	1160	1460	1890	1900	1850
尼日尔	Niger	220	330	520	560	600	540
尼日利亚	Nigeria	470	1030	2140	2820	2030	2000
北马其顿	North Macedonia	1910	2990	4710	5110	5840	5720
挪　威	Norway	36540	63830	88490	92910	81620	78180
阿　曼	Oman	7070	10690	17600	17450	14150	
巴基斯坦	Pakistan	480	740	970	1260	1410	1280
帕　劳	Palau		10350	11400	15860	16500	
巴拿马	Panama	3910	4790	7260	12200	14900	11880
巴布亚新几内亚	Papua New Guinea	570	650	1740	2860	2750	2660
巴拉圭	Paraguay	1440	1520	4070	5640	5510	5140
秘　鲁	Peru	1970	2540	4410	6340	6790	6010
菲律宾	Philippines	1150	1380	2370	3380	3850	3430
波　兰	Poland	4670	7340	12740	13310	15350	15270
葡萄牙	Portugal	12170	18580	22960	20440	23150	22000
波多黎各	Puerto Rico	10550	14750	16920	19420	22060	21740
卡塔尔	Qatar		38260	63620	73440	61180	56210
罗马尼亚	Romania	1710	3880	8640	9600	12610	12570
俄罗斯	Russia	1710	4450	9980	11780	11250	10690
卢旺达	Rwanda	280	320	600	750	830	780
圣基茨和尼维斯	Saint Kitts and Nevis	9120	11640	14690	16410	19130	17400
圣卢西亚	Saint Lucia	5250	6230	8170	8740	11080	8790
圣文森特和格林纳丁斯	Saint Vincent and the Grenadines	3470	4960	6090	6560	7460	7340
萨摩亚	Samoa		2320	3240	3960	4200	4070

3-3 续表 3 continued

单位：美元 (USD)

国家或地区	Country or Area	2000	2005	2010	2015	2019	2020
圣多美和普林西比	Sao Tome and Principe		820	1130	1650	1950	2070
沙特阿拉伯	Saudi Arabia	8150	12650	18750	23710	22840	21930
塞内加尔	Senegal	670	990	1330	1320	1430	1430
塞尔维亚	Serbia	1610	3830	6220	5960	7030	7400
塞舌尔	Seychelles	7290	11140	10220	14020	15930	12720
塞拉利昂	Sierra Leone	140	290	420	550	540	490
新加坡	Singapore	23680	28820	44930	53160	58390	54920
斯洛伐克	Slovakia	5530	11350	17430	17670	19200	18700
斯洛文尼亚	Slovenia	11270	18310	24540	22250	25930	24800
所罗门群岛	Solomon Islands	980	980	1470	2130	2370	2300
索马里	Somalia				290	320	310
南非	South Africa	3070	4990	6190	6050	6040	5410
西班牙	Spain	15770	25870	31880	28430	30340	27320
斯里兰卡	Sri Lanka	870	1210	2410	3760	4010	3720
苏丹	Sudan	340	600	1320	1540	820	650
苏里南	Suriname	1970	3320	7620	8890	6340	5510
斯威士兰	Swaziland	1670	3080	3460	3800	3670	3580
瑞典	Sweden	31610	45770	54630	58420	56410	54060
瑞士	Switzerland	44680	63080	79850	88750	87960	84310
叙利亚	Syrian Arab Republic	970	1510				
塔吉克斯坦	Tajikistan	170	380	920	1260	1070	1060
坦桑尼亚	Tanzania	410	500	720	980	1100	1080
泰国	Thailand	1980	2790	4580	5710	7260	7050
巴哈马	The Bahamas	26360	30570	28370	28400	33460	27780
东帝汶	Timor-Leste		930	2850	2200	2020	1830
多哥	Togo	310	400	560	640	920	920
汤加	Tonga	2080	2410	3370	4440	5000	
特立尼达和多巴哥	Trinidad And Tobago	5400	11190	16460	18910	16580	15410
突尼斯	Tunisia	2270	3160	4130	3960	3340	3100
土耳其	Turkey	4320	6820	10490	12030	9690	9050
土库曼斯坦	Turkmenistan	600	1590	4070	7030	7220	
图瓦卢	Tuvalu		3630	4400	5440	5620	5820
乌干达	Uganda	270	310	680	830	780	800
乌克兰	Ukraine	700	1540	2980	2650	3370	3540
阿联酋	United Arab Emirates	31400	37500	33400	42860	43470	
英国	United Kingdom	29230	42740	41740	44340	42130	38950
美国	United States	35960	46190	48990	56740	65910	64530
乌拉圭	Uruguay	7060	4720	10440	15620	17740	15830
乌兹别克斯坦	Uzbekistan	630	530	1390	2600	1800	1670
瓦努阿图	Vanuatu	1430	1780	2600	2780	3360	2780
委内瑞拉	Venezuela	4120	4980	11810			
越南	Viet Nam	410	630	1250	1970	2590	2660
约旦河西岸和加沙	West Bank and Gaza	1550	1780	2510	3670	4270	3710
也门	Yemen	430	700	1200	1200		
赞比亚	Zambia	330	560	1340	1580	1430	1190
津巴布韦	Zimbabwe	510	460	630	1280	1200	1090

3-4 按购买力平价法计算的国民经济核算主要指标(2020年)
Main Economic Indicators of National Accounts Based on PPP(2020)

资料来源：世界银行WDI数据库。
Source: World Bank WDI Database.

国家或地区	Country or Area	国内生产总值(现价亿国际元) GDP(100 million international$)	人均国内生产总值(现价国际元) GDP per Capita (current price international$)	国民总收入(现价亿国际元) GNI(100 million international$)	人均国民总收入(现价国际元) GNI per capita (current price iternational$)
世　界	**World**	**1322776**	**17062**	**1317060**	**16988**
高收入国家	**High Income**	**615495**	**50661**	**619841**	**51019**
中等收入国家	**Middle Income**	**690291**	**11811**	**680562**	**11645**
中等偏下收入国家	**Lower Middle Income**	**236205**	**7092**	**233381**	**7007**
中等偏上收入国家	**Upper Middle Income**	**453818**	**18054**	**446916**	**17779**
中低收入国家	**Low and Middle Income**	**703469**	**10807**	**693394**	**10652**
东亚和太平洋	**East Asia and Pacific**	**434383**	**18468**	**433479**	**18430**
欧洲和中亚	**Europe and Central Asia**	**327812**	**35497**	**325017**	**35194**
拉丁美洲和加勒比	**Latin America and Caribbean**	**102319**	**15686**	**99001**	**15178**
中东和北非国家	**Middle East and North Africa**	**74450**	**16026**	**74430**	**16022**
南　亚	**South Asia**	**113256**	**6099**	**112495**	**6058**
撒哈拉以南非洲	**Sub-Saharan Africa**	**43464**	**3826**	**42110**	**3707**
低收入国家	**Low Income**	**13663**	**2054**	**13283**	**1997**
最不发达地区	**Least Developed Countries**	**32726**	**3095**	**32439**	**3068**
重债穷国	**Heavily Indebted Poor Countries**	**21965**	**2667**	**21392**	**2598**
中　国	China	242734	17312	241101	17200
中国香港	Hong Kong SAR, China	4432	59238	4677	62510
中国澳门	Macao SAR, China	375	57807		
孟加拉国	Bangladesh	8371	5083	8750	5310
文　莱	Brunei Darussalam	287	65662		
柬埔寨	Cambodia	739	4422	710	4250
印　度	India	89070	6454	88232	6390
印度尼西亚	Indonesia	33024	12073	32134	11750
伊　朗	Iran	11017	13116	11046	13150
以色列	Israel	3858	41855	3867	41960
日　本	Japan	51660	41053	53539	42550
哈萨克斯坦	Kazakhstan	5013	26729	4572	24380
韩　国	Korea, Rep.	22330	43124	22514	43480
老　挝	Lao PDR	599	8234	566	7790
马来西亚	Malaysia	9026	27887	8859	27370
蒙　古	Mongolia	397	12101	358	10930
缅　甸	Myanmar	2608	4794	2531	4650
巴基斯坦	Pakistan	10772	4877	10540	4770
菲律宾	Philippines	9194	8390	9902	9040
新加坡	Singapore	5602	98526	4917	86480
斯里兰卡	Sri Lanka	2899	13225	2820	12870
泰　国	Thailand	12729	18236	12373	17730
越　南	Viet Nam	8420	8651	7978	8200
埃　及	Egypt	12902	12608	12499	12210
尼日利亚	Nigeria	10692	5187	10302	5000
南　非	South Africa	7174	12096	7038	11870
加拿大	Canada	18277	48091	18081	47580
墨西哥	Mexico	24282	18833	23430	18170
美　国	United States	209366	63544	212876	64610
阿根廷	Argentina	9424	20768	9172	20210
巴　西	Brazil	31536	14836	30932	14550
捷　克	Czech Rep.	4499	42049	4342	40580
法　国	France	31480	46712	31908	47350
德　国	Germany	45169	54264	46022	55290
意大利	Italy	24917	41840	25175	42270
荷　兰	Netherlands	10349	59334	10169	58300
波　兰	Poland	13004	34265	12608	33220
俄罗斯	Russia	41331	28213	40361	27550
西班牙	Spain	18156	38343	18235	38510
土耳其	Turkey	23716	28119	23430	27780
乌克兰	Ukraine	5451	13057	5535	13260
英　国	United Kingdom	30191	44916	29750	44260
澳大利亚	Australia	13490	52518	13209	51420
新西兰	New Zealand	2250	44252	2176	42800

3-5 国内生产总值增长率
GDP Growth (annual %)

资料来源：世界银行WDI数据库。
Source: World Bank WDI Database.
单位：%

(%)

国家或地区	Country or Area	2000	2005	2010	2015	2019	2020
世　界	**World**	**4.5**	**4.1**	**4.5**	**3.2**	**2.6**	**-3.4**
高收入国家	**High Income**	**4.1**	**3.0**	**3.0**	**2.5**	**1.7**	**-4.6**
中等收入国家	**Middle Income**	**5.8**	**7.3**	**7.8**	**4.5**	**4.0**	**-1.4**
中等偏下收入国家	**Lower Middle Income**	**4.4**	**6.2**	**6.6**	**5.1**	**3.5**	**-3.9**
中等偏上收入国家	**Upper Middle Income**	**6.4**	**7.7**	**8.3**	**4.3**	**4.1**	**-0.6**
中低收入国家	**Low and Middle Income**	**5.8**	**7.3**	**7.8**	**4.4**	**4.0**	**-1.4**
东亚和太平洋	**East Asia and Pacific**	**5.4**	**5.9**	**7.6**	**4.7**	**4.0**	**-0.4**
欧洲和中亚	**Europe and Central Asia**	**4.2**	**2.7**	**2.6**	**2.1**	**1.7**	**-5.6**
拉丁美洲和加勒比	**Latin America and Caribbean**	**3.6**	**4.0**	**6.4**	**0.5**	**0.8**	**-6.6**
中东和北非国家	**Middle East and North Africa**	**6.7**	**4.9**	**5.0**	**2.4**	**0.8**	**-3.4**
南　亚	**South Asia**	**4.1**	**7.5**	**7.5**	**7.4**	**4.0**	**-6.2**
撒哈拉以南非洲	**Sub-Saharan Africa**	**3.3**	**6.3**	**5.9**	**2.9**	**2.6**	**-2.0**
低收入国家	**Low Income**	**3.1**	**7.0**	**7.1**	**-0.3**	**4.5**	**1.2**
最不发达地区	**Least Developed Countries**	**4.1**	**7.9**	**6.2**	**2.6**	**4.7**	**-0.2**
重债穷国	**Heavily Indebted Poor Countries**	**2.5**	**5.9**	**5.8**	**4.8**	**4.3**	**0.4**
中　国	China	8.5	11.4	10.6	7.0	5.9	2.3
中国香港	Hong Kong SAR, China	7.7	7.4	6.8	2.4	-1.7	-6.1
中国澳门	Macao SAR, China	5.7	8.1	25.1	-21.5	-2.6	-56.3
阿富汗	Afghanistan		11.2	14.4	1.5	3.9	-1.9
阿尔巴尼亚	Albania	7.0	5.5	3.7	2.2	2.2	-3.3
阿尔及利亚	Algeria	3.8	5.9	3.6	3.7	0.8	-5.5
安道尔	Andorra	3.5	5.4	-2.0	1.4	2.0	-12.0
安哥拉	Angola	3.1	15.0	4.4	0.9	-0.6	-4.0
安提瓜和巴布达	Antigua and Barbuda	6.2	6.5	-7.8	3.8	3.4	-16.0
阿根廷	Argentina	-0.8	8.9	10.1	2.7	-2.1	-9.9
亚美尼亚	Armenia	5.9	13.9	2.2	3.2	7.6	-7.6
澳大利亚	Australia	3.9	3.2	2.1	2.2	2.2	-0.3
奥地利	Austria	3.4	2.2	1.8	1.0	1.4	-6.3
阿塞拜疆	Azerbaijan	11.1	28.0	4.8	1.0	2.5	-4.3
巴　林	Bahrain	5.3	6.8	4.3	2.5	2.0	-5.8
孟加拉国	Bangladesh	5.3	6.5	5.6	6.6	8.2	2.4
巴巴多斯	Barbados	4.4	4.0	-2.3	2.4	-0.1	-17.6
白俄罗斯	Belarus	5.8	9.4	7.8	-3.8	1.4	-0.9
比利时	Belgium	3.7	2.3	2.9	2.0	1.8	-6.3
伯利兹	Belize	13.0	1.9	3.0	2.6	1.8	-14.0
贝　宁	Benin	5.9	1.7	2.1	1.8	6.9	3.8
百慕大	Bermuda	9.3	1.7	-2.5	0.8	0.5	
不　丹	Bhutan	3.4	7.3	11.9	6.6	5.5	-6.8
玻利维亚	Bolivia	2.5	4.4	4.1	4.9	2.2	-7.8
波　黑	Bosnia and Herzegovinian	5.5	8.8	0.9	3.1	2.8	-4.3
博茨瓦纳	Botswana	2.0	4.6	8.6	-1.7	3.0	-7.9
巴　西	Brazil	4.4	3.2	7.5	-3.5	1.4	-4.1
文　莱	Brunei Darussalam	2.8	0.4	2.6	-0.4	3.9	1.2
保加利亚	Bulgaria	4.8	7.2	0.6	4.0	3.7	-4.2
布基纳法索	Burkina Faso	1.9	8.7	8.4	3.9	5.7	2.0
布隆迪	Burundi	-0.9	0.9	5.1	-3.9	1.8	0.3
柬埔寨	Cambodia	10.0	13.3	6.0	7.1	7.1	-3.1
喀麦隆	Cameroon	3.6	2.0	3.4	5.7	3.7	0.7
加拿大	Canada	4.9	5.0	3.1	0.7	1.9	-5.3
佛得角	Cape Verde	14.3	6.9	1.5	1.0	5.7	-14.8
中　非	Central African Rep.	-2.5	0.9	4.6	4.3	3.0	...
乍　得	Chad	-0.9	17.3	13.6	2.8	3.2	-0.9
海峡群岛	Channel Islands	5.8	1.4				

3-5 续表 1 continued

单位：% (%)

国家或地区	Country or Area	2000	2005	2010	2015	2019	2020
智　利	Chile	5.3	5.7	5.8	2.3	0.9	-5.8
哥伦比亚	Colombia	2.9	4.8	4.5	3.0	3.3	-6.8
科摩罗	Comoros	10.8	2.8	3.8	1.1	2.0	4.9
刚果(金)	Congo, Dem. Rep.	-6.9	6.1	7.1	6.9	4.4	0.8
刚果(布)	Congo, Rep.	7.6	7.8	9.9	-3.6	0.2	-7.9
哥斯达黎加	Costa Rica	3.9	4.0	5.4	3.7	2.2	-4.5
科特迪瓦	Cote D'Ivoire	-2.1	1.7	2.0	8.8	6.2	1.8
克罗地亚	Croatia	2.9	4.3	-1.3	2.4	2.9	-8.4
古　巴	Cuba	5.9	11.2	2.4	4.4	-0.2	
塞浦路斯	Cyprus	6.0	4.9	2.0	3.2	3.1	-5.1
捷　克	Czech Rep.	4.0	6.6	2.4	5.4	3.0	-5.8
丹　麦	Denmark	3.7	2.3	1.9	2.3	2.1	-2.1
吉布提	Djibouti				7.7	7.8	0.5
多米尼克	Dominica	2.3	0.7	0.7	-2.7	3.5	-16.7
多米尼加	Dominican Rep.	4.7	9.4	8.3	6.9	5.1	-6.7
厄瓜多尔	Ecuador	1.1	5.3	3.5	0.1	...	-7.8
埃　及	Egypt	6.4	4.5	5.1	4.4	5.6	3.6
萨尔瓦多	El Salvador	1.1	2.7	2.1	2.4	2.6	-7.9
赤道几内亚	Equatorial Guinea	18.2	16.7	-8.9	-9.1	-6.0	-4.9
厄立特里亚	Eritrea	-3.1	2.6	2.2			
爱沙尼亚	Estonia	10.1	9.5	2.4	1.9	4.1	-3.0
埃塞俄比亚	Ethiopia	6.1	11.8	12.6	10.4	8.4	6.1
斐　济	Fiji	-1.7	0.7	3.0	4.5	-0.4	-19.0
芬　兰	Finland	5.8	2.8	3.2	0.5	1.3	-2.9
法　国	France	3.9	1.7	1.9	1.1	1.8	-7.9
法属波立尼西亚	French Polynesia	4.0					
加　蓬	Gabon	-1.9	2.7	7.1	3.9	3.9	-1.3
冈比亚	Gambia	5.5	-2.4	5.9	4.1	6.1	...
格鲁吉亚	Georgia	1.8	9.6	6.2	3.0	5.0	-6.2
德　国	Germany	2.9	0.7	4.2	1.5	1.1	-4.6
加　纳	Ghana	3.7	5.9	7.9	2.1	6.5	0.4
希　腊	Greece	3.9	0.6	-5.5	-0.4	1.9	-8.2
格陵兰	Greenland	7.1	5.0	1.7	-2.5		
格林纳达	Grenada	4.9	13.3	-0.5	6.4	2.0	-11.2
危地马拉	Guatemala	3.6	3.3	2.9	4.1	3.9	-1.5
几内亚	Guinea	2.5	3.0	4.8	3.8	5.6	7.0
几内亚比绍	Guinea-Bissau	5.4	4.3	4.6	6.1	4.5	-2.4
圭亚那	Guyana	-1.4	-2.0	3.8	0.7	5.4	43.5
海　地	Haiti	0.9	3.6	-3.8	1.6	-1.7	-3.4
洪都拉斯	Honduras	7.3	6.1	3.7	3.8	2.7	-9.0
匈牙利	Hungary	4.5	4.2	1.1	3.8	4.6	-5.0
冰　岛	Iceland	5.0	6.1	-2.8	4.4	2.4	-6.5
印　度	India	3.8	7.9	8.5	8.0	4.0	-8.0
印度尼西亚	Indonesia	4.9	5.7	6.2	4.9	5.0	-2.1
伊　朗	Iran	5.8	3.2	5.8	-1.3	-6.8	1.7
爱尔兰	Ireland	9.4	5.7	1.8	25.2	4.9	5.9
马恩岛	Isle of Man	5.3	5.9	3.4	-0.4		
以色列	Israel	7.5	3.8	5.6	2.2	3.5	-2.4
意大利	Italy	3.8	0.8	1.7	0.8	0.3	-8.9
牙买加	Jamaica	0.9	0.9	-1.5	0.9	0.9	-10.2
日　本	Japan	2.8	1.8	4.1	1.6	0.3	-5.8
约　旦	Jordan	4.2	8.1	2.3	2.5	2.0	-1.6
哈萨克斯坦	Kazakhstan	9.8	9.7	7.3	1.2	4.5	-2.6
肯尼亚	Kenya	0.6	5.9	8.4	5.7	5.4	-0.3
基里巴斯	Kiribati	6.3	5.0	-0.9	10.4	2.2	2.5
韩　国	Korea, Rep.	9.1	4.3	6.8	2.8	2.0	-1.0

3-5 续表 2 continued

单位：% (%)

国家或地区	Country or Area	2000	2005	2010	2015	2019	2020
科威特	Kuwait	4.7	10.6	-2.4	0.6	0.4	
吉尔吉斯斯坦	Kyrgyzstan	5.4	-0.2	-0.5	3.9	4.6	-8.6
老挝	Lao PDR	5.8	7.1	8.5	7.3	5.5	0.4
拉脱维亚	Latvia	5.7	10.7	-4.4	4.0	2.0	-3.6
黎巴嫩	Lebanon	1.3	2.7	8.0	0.2	-6.7	-20.3
莱索托	Lesotho	3.9	3.5	5.3	3.1	-0.4	-11.1
利比里亚	Liberia		5.3	6.1	...	-2.3	-2.9
利比亚	Libya	3.7	11.9	5.0	-8.9	2.5	-31.3
列支敦士登	Liechtenstein	3.2	4.8				
立陶宛	Lithuania	3.7	7.7	1.7	2.0	4.3	-0.9
卢森堡	Luxemburg	8.2	3.2	4.9	4.3	2.3	-1.3
马达加斯加	Madagascar	4.5	4.8	0.6	3.1	4.4	-4.2
马拉维	Malawi	1.6	3.3	6.9	2.8	5.7	0.8
马来西亚	Malaysia	8.9	5.3	7.4	5.1	4.3	-5.6
马尔代夫	Maldives	3.8	-13.1	7.3	2.9	7.0	-32.0
马里	Mali	-0.1	6.5	5.3	6.2	4.8	-1.6
马耳他	Malta	19.7	3.4	5.5	9.6	5.5	-7.0
马绍尔群岛	Marshall Islands	1.4	2.4	6.7	1.6	6.5	
毛里塔尼亚	Mauritania	-3.9	8.6	2.6	5.4	5.9	-1.5
毛里求斯	Mauritius	8.2	1.8	4.4	3.6	3.0	-14.9
墨西哥	Mexico	4.9	2.3	5.1	3.3	-0.1	-8.2
密克罗尼西亚	Micronesia, Fed.	4.8	2.0	2.3	4.6	1.2	
摩尔多瓦	Moldova	2.1	7.5	7.1	-0.3	3.6	-7.0
摩纳哥	Monaco	3.9	1.9	2.1	4.9	7.5	
蒙古	Mongolia	1.1	7.3	6.4	2.4	5.2	-5.3
黑山	Montenegro	3.1	4.2	2.7	3.4	4.1	-15.2
摩洛哥	Morocco	1.9	3.3	3.8	4.5	2.5	-7.1
莫桑比克	Mozambique	1.2	6.6	6.5	6.7	2.3	-1.3
缅甸	Myanmar	13.7	13.6	9.6	7.0	1.7	-10.0
纳米比亚	Namibia	3.5	2.5	6.0	4.3	-0.6	-8.0
尼泊尔	Nepal	6.2	3.5	4.8	4.0	6.7	-2.1
荷兰	Netherlands	4.2	2.1	1.3	2.0	2.0	-3.8
新喀里多尼亚	New Caledonia	2.1					
新西兰	New Zealand	2.9	3.3	1.5	3.7	1.6	1.0
尼加拉瓜	Nicaragua	4.1	4.3	4.4	4.8	-3.7	-2.0
尼日尔	Niger	-1.2	7.3	8.6	4.4	5.9	1.5
尼日利亚	Nigeria	5.0	6.4	8.0	2.7	2.2	-1.8
北马其顿	North Macedonia	4.5	4.7	3.4	3.9	3.2	-4.5
挪威	Norway	3.2	2.6	0.7	2.0	0.9	-0.8
阿曼	Oman	6.6	2.5	1.7	4.6	-0.8	
巴基斯坦	Pakistan	4.3	6.5	1.6	4.7	1.0	0.5
帕劳	Palau		4.0	0.2	7.5	-4.2	
巴拿马	Panama	2.7	7.2	5.8	5.7	3.0	-17.9
巴布亚新几内亚	Papua New Guinea	-2.5	6.3	10.1	6.6	5.9	-3.9
巴拉圭	Paraguay	-2.3	2.1	11.1	3.0	-0.4	-1.0
秘鲁	Peru	2.7	6.3	8.3	3.3	2.2	-11.1
菲律宾	Philippines	4.4	4.9	7.3	6.3	6.1	-9.6
波兰	Poland	4.6	3.5	3.7	4.2	4.5	-2.7
葡萄牙	Portugal	3.8	0.8	1.7	1.8	2.5	-7.6
波多黎各	Puerto Rico	3.3	-2.0	-0.4	-1.0	1.5	-3.9
卡塔尔	Qatar		7.5	19.6	4.8	0.8	-3.7
罗马尼亚	Romania	2.5	4.7	-3.9	3.0	4.1	-3.9
俄罗斯	Russia	10.0	6.4	4.5	-2.0	2.0	-3.0
卢旺达	Rwanda	8.4	9.4	7.3	8.9	9.5	-3.4
圣基茨和尼维斯	Saint Kitts and Nevis	10.0	9.7	-0.6	1.0	2.1	-10.7
圣卢西亚	Saint Lucia	...	-0.4	1.6	-1.4	1.7	-20.2

3-5 续表 3 continued

单位：% (%)

国家或地区	Country or Area	2000	2005	2010	2015	2019	2020
圣文森特和格林纳丁斯	Saint Vincent and the Grenadines	1.6	2.5	-3.4	1.3	0.5	-2.7
萨摩亚	Samoa	6.9	4.2	0.5	4.3	3.6	-2.7
圣马力诺	San Marino	2.2	2.4	-5.5	2.3	2.4	
圣多美和普林西比	Sao Tome and Principe		7.1	6.7	3.9	2.2	3.1
沙特阿拉伯	Saudi Arabia	5.6	5.6	5.0	4.1	0.3	-4.1
塞内加尔	Senegal	3.9	4.3	3.4	6.4	4.4	0.9
塞尔维亚	Serbia	6.1	5.5	0.7	1.8	4.2	-1.0
塞舌尔	Seychelles	1.5	9.0	6.0	4.9	1.6	-10.7
塞拉利昂	Sierra Leone	6.7	4.5	5.3	-20.6	5.6	-2.2
新加坡	Singapore	9.0	7.4	14.5	3.0	1.3	-5.4
斯洛伐克	Slovakia	1.2	6.6	5.9	4.8	2.5	-4.8
斯洛文尼亚	Slovenia	3.7	3.8	1.3	2.2	3.3	-4.2
所罗门群岛	Solomon Islands	-14.3	5.5	8.6	1.4	1.2	-4.3
索马里	Somalia				3.5	2.9	-1.5
南非	South Africa	4.2	5.3	3.0	1.2	0.2	-7.0
西班牙	Spain	5.2	3.7	0.2	3.8	2.1	-10.8
斯里兰卡	Sri Lanka	6.0	6.2	8.0	5.0	2.3	-3.6
苏丹	Sudan	6.3	7.5	3.5	4.0	-1.3	-1.6
苏里南	Suriname	2.1	4.5	5.2	-3.4	1.1	-14.5
斯威士兰	Swaziland	1.8	6.0	3.8	2.2	2.2	-1.6
瑞典	Sweden	4.8	2.9	6.0	4.5	2.0	-2.8
瑞士	Switzerland	4.0	2.9	3.3	1.7	1.2	-2.4
叙利亚	Syrian Arab Republic	2.7	6.2				
塔吉克斯坦	Tajikistan	8.3	6.7	6.5	6.0	7.4	4.5
坦桑尼亚	Tanzania	4.5	7.5	6.3	6.2	5.8	2.0
泰国	Thailand	4.5	4.2	7.5	3.1	2.3	-6.1
巴哈马	The Bahamas	4.1	3.4	1.5	0.2	1.2	-16.3
东帝汶	Timor-Leste		3.0	9.5	2.9	18.7	-8.7
多哥	Togo	-0.8	-4.7	6.1	5.7	5.5	1.8
汤加	Tonga	0.9	0.1	0.8	1.2	0.7	
特立尼达和多巴哥	Trinidad And Tobago	6.9	6.2	3.3	1.5	-1.2	-7.8
突尼斯	Tunisia	4.7	3.5	3.5	1.2	1.0	-8.6
土耳其	Turkey	6.9	9.0	8.4	6.1	0.9	1.8
土库曼斯坦	Turkmenistan	5.5	13.0	9.2	6.5	6.3	..
图瓦卢	Tuvalu	-1.0	-3.8	-2.7	9.1	9.8	4.4
乌干达	Uganda	3.1	6.3	5.6	5.2	6.8	2.9
乌克兰	Ukraine	5.9	3.0	3.8	-9.8	3.2	-4.0
阿联酋	United Arab Emirates	10.9	4.9	1.6	5.1	1.7	
英国	United Kingdom	3.5	3.0	2.1	2.4	1.4	-9.8
美国	United States	4.1	3.5	2.6	3.1	2.2	-3.5
乌拉圭	Uruguay	-1.9	7.5	7.8	0.4	0.4	-5.9
乌兹别克斯坦	Uzbekistan	3.8	7.0	7.6	7.4	5.8	1.6
瓦努阿图	Vanuatu	5.9	5.3	1.3	0.4	3.3	-9.2
委内瑞拉	Venezuela	3.7	10.3	-1.5			
越南	Viet Nam	6.8	7.5	6.4	6.7	7.0	2.9
约旦河西岸和加沙	West Bank and Gaza	-8.6	11.3	5.8	3.7	1.4	-11.5
也门	Yemen	6.2	5.6	7.7	-28.0		
赞比亚	Zambia	3.9	7.2	10.3	2.9	1.4	-3.0
津巴布韦	Zimbabwe	-3.1	-5.7	19.7	1.8	-8.1	-8.0

3-6 人均国内生产总值增长率
GDP per Capita Growth (annual %)

资料来源：世界银行WDI数据库。
Source: World Bank WDI Database.
单位：% (%)

国家或地区	Country or Area	2000	2005	2010	2015	2019	2020
世　界	**World**	**3.1**	**2.8**	**3.2**	**2.0**	**1.5**	**-4.4**
高收入国家	**High Income**	**3.5**	**2.2**	**2.3**	**1.9**	**1.3**	**-5.0**
中等收入国家	**Middle Income**	**4.4**	**6.0**	**6.6**	**3.3**	**2.9**	**-2.4**
中等偏下收入国家	**Lower Middle Income**	**2.6**	**4.4**	**4.9**	**3.6**	**2.1**	**-5.2**
中等偏上收入国家	**Upper Middle Income**	**5.4**	**6.9**	**7.5**	**3.5**	**3.5**	**-1.2**
中低收入国家	**Low and Middle Income**	**4.3**	**5.8**	**6.4**	**3.1**	**2.7**	**-2.6**
东亚和太平洋	**East Asia and Pacific**	**4.4**	**5.1**	**6.9**	**4.0**	**3.5**	**-0.9**
欧洲和中亚	**Europe and Central Asia**	**4.1**	**2.4**	**2.2**	**1.6**	**1.4**	**-5.9**
拉丁美洲和加勒比	**Latin America and Caribbean**	**2.1**	**2.7**	**5.3**	**-0.5**	**-0.1**	**-7.5**
中东和北非国家	**Middle East and North Africa**	**4.7**	**2.8**	**2.9**	**0.5**	**-0.9**	**-5.0**
南　亚	**South Asia**	**2.2**	**5.7**	**5.9**	**6.0**	**2.8**	**-7.3**
撒哈拉以南非洲	**Sub-Saharan Africa**	**0.6**	**3.5**	**3.0**	**0.2**	**-0.1**	**-4.5**
低收入国家	**Low Income**	**0.3**	**4.0**	**4.3**	**-2.8**	**1.8**	**-1.4**
最不发达地区	**Least Developed Countries**	**1.6**	**5.3**	**3.8**	**0.3**	**2.3**	**-2.4**
重债穷国	**Heavily Indebted Poor Countries**	**-0.3**	**2.9**	**2.9**	**1.9**	**1.5**	**-2.2**
中　国	China	7.6	10.7	10.1	6.5	5.6	2.0
中国香港	Hong Kong SAR, China	6.7	6.9	6.0	1.5	-2.4	-5.8
中国澳门	Macao SAR, China	3.4	5.6	22.4	-23.0	-4.0	-56.9
阿富汗	Afghanistan		7.2	11.3	-1.6	1.5	-4.2
阿尔巴尼亚	Albania	7.6	6.1	4.2	2.5	2.6	-2.8
阿尔及利亚	Algeria	2.4	4.4	1.7	1.6	-1.1	-7.2
安道尔	Andorra	1.9	1.9	-2.0	3.0	1.8	-12.1
安哥拉	Angola	-0.3	11.0	0.6	-2.5	-3.8	-7.1
安提瓜和巴布达	Antigua and Barbuda	4.3	5.0	-9.2	2.7	2.5	-16.7
阿根廷	Argentina	-1.9	7.7	9.3	1.6	-3.1	-10.8
亚美尼亚	Armenia	6.6	14.6	2.6	2.7	7.4	-7.8
澳大利亚	Australia	2.7	1.9	0.5	0.7	0.6	-1.5
奥地利	Austria	3.1	1.5	1.6	-0.1	1.0	-6.7
阿塞拜疆	Azerbaijan	10.2	26.7	3.5	-0.1	1.6	-5.1
巴　林	Bahrain	0.9	-0.4	-0.4	-0.2	-2.5	-9.2
孟加拉国	Bangladesh	3.3	5.0	4.4	5.4	7.0	1.4
巴巴多斯	Barbados	4.0	3.6	-2.6	2.3	-0.2	-17.7
白俄罗斯	Belarus	6.3	10.1	8.0	-4.0	2.1	-0.7
比利时	Belgium	3.5	1.8	1.9	1.5	1.2	-6.8
伯利兹	Belize	9.2	-0.7	0.5	0.5	-0.1	-15.6
贝　宁	Benin	2.7	-1.2	-0.7	-1.0	4.0	1.1
百慕大	Bermuda	8.3	1.0	-1.7	0.6	0.5	
不　丹	Bhutan	1.1	5.6	10.8	5.3	4.3	-7.8
玻利维亚	Bolivia	0.5	2.6	2.4	3.3	0.8	-9.1
波　黑	Bosnia and Herzegovinian	5.3	8.7	1.7	4.7	3.5	-3.7
博茨瓦纳	Botswana	-0.1	2.6	6.7	-3.2	0.8	-9.8
巴　西	Brazil	2.9	2.0	6.5	-4.4	0.7	-4.7
文　莱	Brunei Darussalam	0.7	-1.2	1.3	-1.6	2.8	0.2
保加利亚	Bulgaria	5.3	8.0	1.2	4.7	4.4	-3.5
布基纳法索	Burkina Faso	-1.0	5.5	5.2	0.9	2.7	-0.8
布隆迪	Burundi	-2.6	-2.3	1.8	-6.9	-1.3	-2.7
柬埔寨	Cambodia	7.6	11.5	4.3	5.4	5.5	-4.5
喀麦隆	Cameroon	0.9	-0.7	0.6	2.9	1.1	-1.8
加拿大	Canada	3.9	4.0	1.9	-0.1	0.4	-6.3
佛得角	Cape Verde	12.2	5.4	0.2	-0.2	4.5	-15.7
中　非	Central African Rep.	-4.7	-1.1	3.5	3.7	1.3	-1.8
乍　得	Chad	-4.5	13.1	9.8	-0.5	0.2	-3.8
海峡群岛	Channel Islands	5.2	0.7				

3-6 续表 1 continued

单位：% (%)

国家或地区	Country or Area	2000	2005	2010	2015	2019	2020
智　利	Chile	4.1	4.6	4.8	1.1	-0.2	-6.6
哥伦比亚	Colombia	1.3	3.4	3.4	1.8	1.9	-7.8
科摩罗	Comoros	8.1	0.4	1.3	-1.2	-0.2	2.7
刚果(金)	Congo, Dem. Rep.	-9.3	2.8	3.6	3.4	1.1	-2.3
刚果(布)	Congo, Rep.	4.5	4.4	6.6	-5.9	-2.3	-10.2
哥斯达黎加	Costa Rica	1.9	2.5	4.1	2.5	1.2	-5.4
科特迪瓦	Cote D'Ivoire	-4.6	-0.4	-0.3	6.1	3.6	-0.7
克罗地亚	Croatia	3.9	4.2	-1.1	3.3	3.4	-8.0
古　巴	Cuba	5.5	11.1	2.4	4.3	-0.2	
塞浦路斯	Cyprus	4.8	3.4	-0.6	3.8	1.7	-6.4
捷　克	Czech Rep.	4.3	6.5	2.1	5.2	2.6	-6.0
丹　麦	Denmark	3.4	2.1	1.4	1.6	1.7	-2.3
吉布提	Djibouti				5.9	6.2	-1.0
多米尼克	Dominica	2.6	0.4	0.6	-2.8	3.2	-16.9
多米尼加	Dominican Rep.	3.1	8.0	7.0	5.7	4.0	-7.7
厄瓜多尔	Ecuador	-0.8	3.5	1.9	-1.5	-1.7	-9.2
埃　及	Egypt	4.3	2.6	3.1	2.1	3.5	1.6
萨尔瓦多	El Salvador	0.4	2.2	1.7	1.9	2.1	-8.4
赤道几内亚	Equatorial Guinea	13.5	11.7	-13.0	-12.7	-9.2	-8.1
厄立特里亚	Eritrea	-5.5	-1.3	0.6			
爱沙尼亚	Estonia	9.6	10.2	2.7	1.8	3.7	-3.3
埃塞俄比亚	Ethiopia	3.1	8.7	9.5	7.4	5.6	3.4
斐　济	Fiji	-2.3	0.2	2.2	4.2	-1.2	-19.6
芬　兰	Finland	5.6	2.4	2.7	0.2	1.2	-3.0
法　国	France	3.2	0.9	1.4	0.8	1.6	-8.1
法属波立尼西亚	French Polynesia	2.1					
加　蓬	Gabon	-4.2	…	3.4	0.5	1.4	-3.7
冈比亚	Gambia	2.3	-5.3	2.8	1.0	3.0	-2.9
格鲁吉亚	Georgia	3.8	10.3	7.0	2.9	5.2	-6.0
德　国	Germany	2.8	0.8	4.3	0.6	0.8	-4.7
加　纳	Ghana	1.2	3.3	5.2	-0.2	4.2	-1.7
希　腊	Greece	3.5	0.3	-5.6	0.2	2.0	-8.2
格陵兰	Greenland	6.9	4.9	0.7	-2.2		
格林纳达	Grenada	4.5	12.9	-0.9	5.8	1.5	-11.6
危地马拉	Guatemala	1.1	1.2	1.0	2.3	2.3	-3.0
几内亚	Guinea	0.2	0.9	2.5	1.3	2.7	4.0
几内亚比绍	Guinea-Bissau	3.3	1.8	2.0	3.4	2.0	-4.7
圭亚那	Guyana	-1.0	-2.0	3.5	0.2	4.8	42.8
海　地	Haiti	-0.9	1.9	-5.3	0.2	-2.9	-4.6
洪都拉斯	Honduras	4.4	3.5	1.7	2.0	1.0	-10.4
匈牙利	Hungary	4.8	4.5	1.4	4.1	4.7	-4.7
冰　岛	Iceland	3.6	4.5	-2.7	3.4	0.2	-8.0
印　度	India	2.0	6.2	7.0	6.8	3.0	-8.9
印度尼西亚	Indonesia	3.5	4.3	4.8	3.6	3.9	-3.1
伊　朗	Iran	4.5	2.0	4.6	-2.6	-8.0	0.4
爱尔兰	Ireland	8.0	3.5	1.2	24.0	3.5	4.6
马恩岛	Isle of Man	4.0	4.9	2.8	-0.1		
以色列	Israel	4.7	2.0	3.7	0.2	1.5	-4.2
意大利	Italy	3.7	0.3	1.4	0.9	1.5	-8.6
牙买加	Jamaica	…	0.3	-2.0	0.4	0.4	-10.6
日　本	Japan	2.6	1.8	4.1	1.7	0.5	-5.5
约　旦	Jordan	2.4	4.7	-2.9	-1.3	0.6	-2.5
哈萨克斯坦	Kazakhstan	10.1	8.7	5.8	-0.3	3.2	-3.9
肯尼亚	Kenya	-2.1	3.0	5.5	3.1	3.0	-2.5
基里巴斯	Kiribati	4.4	2.9	-2.9	8.9	0.7	1.0
韩　国	Korea, Rep.	8.2	4.1	6.3	2.3	1.8	-1.1

3-6 续表 2 continued

单位：% (%)

国家或地区	Country or Area	2000	2005	2010	2015	2019	2020
科威特	Kuwait	-0.1	7.2	-7.9	-3.2	-1.2	
吉尔吉斯斯坦	Kyrgyzstan	4.2	-1.3	-1.7	1.8	2.4	-10.5
老挝	Lao PDR	4.0	5.4	6.8	5.7	3.9	-1.0
拉脱维亚	Latvia	6.7	11.9	-2.4	4.9	2.7	-3.0
黎巴嫩	Lebanon	-1.2	-0.1	4.9	-4.0	-6.6	-19.9
莱索托	Lesotho	3.2	4.0	5.0	2.3	-1.2	-11.8
利比里亚	Liberia		2.6	2.4	-2.5	-4.6	-5.2
利比亚	Libya	2.1	10.2	3.9	-9.7	1.0	-32.2
列支敦士登	Liechtenstein	1.9	4.0				
立陶宛	Lithuania	4.4	9.5	3.8	3.0	4.6	-0.9
卢森堡	Luxemburg	6.8	1.6	3.0	1.9	0.3	-3.2
马达加斯加	Madagascar	1.2	1.7	-2.2	0.4	1.7	-6.7
马拉维	Malawi	-1.1	0.6	3.8	…	3.0	-1.8
马来西亚	Malaysia	6.4	3.3	5.6	3.7	2.9	-6.8
马尔代夫	Maldives	1.7	-15.4	3.6	-1.6	3.9	-33.2
马里	Mali	-2.8	3.1	2.0	3.1	1.7	-4.5
马耳他	Malta	18.9	2.7	5.0	7.0	1.5	-10.8
马绍尔群岛	Marshall Islands	0.7	0.9	6.5	1.2	5.8	
毛里塔尼亚	Mauritania	-6.4	5.5	-0.3	2.4	3.1	-4.1
毛里求斯	Mauritius	7.1	1.2	4.1	3.4	3.0	-14.9
墨西哥	Mexico	3.4	0.9	3.6	2.0	-1.1	-9.2
密克罗尼西亚	Micronesia, Fed.	5.2	2.5	2.3	3.2	0.2	
摩尔多瓦	Moldova	2.3	7.8	7.2	0.5	5.3	-5.4
摩纳哥	Monaco	2.9	0.9	1.0	3.8	6.7	
蒙古	Mongolia	0.3	6.0	4.6	0.4	3.4	-6.9
黑山	Montenegro	3.3	4.0	2.5	3.3	4.1	-15.1
摩洛哥	Morocco	0.7	2.1	2.5	3.1	1.2	-8.2
莫桑比克	Mozambique	-1.5	3.6	3.6	3.7	-0.6	-4.1
缅甸	Myanmar	12.4	12.7	8.9	6.2	1.1	-10.6
纳米比亚	Namibia	1.7	0.9	4.1	2.4	-2.4	-9.7
尼泊尔	Nepal	4.3	2.2	4.3	3.6	4.7	-3.9
荷兰	Netherlands	3.5	1.8	0.8	1.5	1.3	-4.3
新喀里多尼亚	New Caledonia	0.2					
新西兰	New Zealand	2.3	2.2	0.4	1.6	…	-1.1
尼加拉瓜	Nicaragua	2.5	2.9	3.0	3.4	-4.9	-3.1
尼日尔	Niger	-4.7	3.4	4.5	0.4	2.0	-2.3
尼日利亚	Nigeria	2.4	3.7	5.2	…	-0.4	-4.3
北马其顿	North Macedonia	4.0	4.6	3.3	3.8	3.1	-4.5
挪威	Norway	2.5	1.9	-0.5	1.0	0.2	-1.3
阿曼	Oman	5.9	-0.2	-3.8	-1.3	-3.7	
巴基斯坦	Pakistan	1.5	4.1	-0.6	2.6	-1.0	-1.4
帕劳	Palau		4.4	2.1	7.3	-4.7	
巴拿马	Panama	0.7	5.2	4.0	3.9	1.4	-19.2
巴布亚新几内亚	Papua New Guinea	-4.7	4.0	7.6	4.5	3.8	-5.7
巴拉圭	Paraguay	-4.3	0.5	9.6	1.6	-1.7	-2.2
秘鲁	Peru	1.2	5.4	7.5	2.0	0.6	-12.4
菲律宾	Philippines	2.2	3.0	5.6	4.7	4.7	-10.8
波兰	Poland	5.7	3.6	4.0	4.3	4.6	-2.7
葡萄牙	Portugal	3.1	0.6	1.7	2.2	2.5	-7.7
波多黎各	Puerto Rico	3.0	-1.8	0.1	0.7	1.5	-3.9
卡塔尔	Qatar		-6.4	6.6	0.4	-1.0	-5.3
罗马尼亚	Romania	2.6	5.3	-3.3	3.4	4.7	-3.4
俄罗斯	Russia	10.5	6.8	4.5	-2.2	2.1	-2.8
卢旺达	Rwanda	2.5	7.4	4.6	6.1	6.6	-5.8
圣基茨和尼维斯	Saint Kitts and Nevis	8.9	8.5	-1.4	0.2	1.3	-11.3
圣卢西亚	Saint Lucia	-1.1	-1.4	0.5	-1.8	1.2	-20.6

3-6 续表 3 continued

单位：% (%)

国家或地区	Country or Area	2000	2005	2010	2015	2019	2020
圣文森特和格林纳丁斯	Saint Vincent and the Grenadines	1.6	2.4	-3.3	1.1	0.1	-3.0
萨摩亚	Samoa	6.4	3.5	-0.3	3.6	3.1	-3.4
圣马力诺	San Marino	1.0	1.1	-6.7	1.3	2.1	
圣多美和普林西比	Sao Tome and Principe		4.6	4.0	2.0	0.3	1.2
沙特阿拉伯	Saudi Arabia	3.2	2.5	2.0	1.5	-1.3	-5.6
塞内加尔	Senegal	1.5	1.7	0.6	3.4	1.6	-1.8
塞尔维亚	Serbia	6.5	5.8	1.1	2.3	4.8	-0.4
塞舌尔	Seychelles	0.6	8.5	3.0	2.6	0.7	-11.5
塞拉利昂	Sierra Leone	3.8	0.6	3.0	-22.3	3.4	-4.2
新加坡	Singapore	7.2	4.9	12.5	1.8	0.2	-5.1
斯洛伐克	Slovakia	1.3	6.6	5.8	4.7	2.4	-4.8
斯洛文尼亚	Slovenia	3.4	3.6	0.9	2.1	2.5	-4.8
所罗门群岛	Solomon Islands	-16.6	3.0	6.0	-1.3	-1.4	-6.7
索马里	Somalia				0.7	...	-4.3
南非	South Africa	2.7	4.0	1.6	-0.3	-1.2	-8.1
西班牙	Spain	4.8	1.9	-0.3	3.9	1.4	-11.2
斯里兰卡	Sri Lanka	5.4	5.4	7.3	4.0	1.6	-4.1
苏丹	Sudan	3.4	4.5	0.8	1.5	-3.7	-3.9
苏里南	Suriname	0.9	3.3	4.0	-4.4	0.2	-15.3
斯威士兰	Swaziland	0.6	5.6	3.1	1.4	1.2	-2.7
瑞典	Sweden	4.6	2.4	5.1	3.4	1.0	-3.5
瑞士	Switzerland	3.4	2.2	2.2	0.5	0.5	-3.1
叙利亚	Syrian Arab Republic	0.3	3.1				
塔吉克斯坦	Tajikistan	6.6	4.7	4.2	3.5	4.9	2.1
坦桑尼亚	Tanzania	2.0	4.5	3.3	3.0	2.7	-0.9
泰国	Thailand	3.4	3.5	7.0	2.7	2.0	-6.3
巴哈马	The Bahamas	2.8	1.5	...	-0.7	0.2	-17.1
东帝汶	Timor-Leste		0.6	7.5	1.0	16.4	-10.5
多哥	Togo	-3.7	-7.1	3.3	3.1	2.9	-0.7
汤加	Tonga	0.4	-0.6	0.7	1.4	-0.5	
特立尼达和多巴哥	Trinidad And Tobago	6.6	5.7	2.8	0.9	-1.6	-8.1
突尼斯	Tunisia	3.7	2.6	2.4	0.1	-0.1	-9.6
土耳其	Turkey	5.3	7.6	6.9	4.3	-0.4	0.7
土库曼斯坦	Turkmenistan	4.3	11.8	7.5	4.6	4.7	
图瓦卢	Tuvalu	-1.5	-5.0	-3.7	7.9	8.3	3.2
乌干达	Uganda	0.1	3.0	2.3	1.6	3.1	-0.5
乌克兰	Ukraine	7.0	3.8	4.2	-9.4	3.8	-3.4
阿联酋	United Arab Emirates	4.9	-7.0	-5.9	4.6	0.2	
英国	United Kingdom	3.1	2.3	1.3	1.6	0.8	-10.3
美国	United States	3.0	2.6	1.7	2.3	1.7	-3.8
乌拉圭	Uruguay	-2.3	7.5	7.5	...	...	-6.2
乌兹别克斯坦	Uzbekistan	2.4	5.7	4.6	5.6	3.8	-0.3
瓦努阿图	Vanuatu	3.8	2.7	-1.3	-2.3	0.8	-11.4
委内瑞拉	Venezuela	1.7	8.5	-2.9			
越南	Viet Nam	5.6	6.6	5.4	5.6	6.0	2.0
约旦河西岸和加沙	West Bank and Gaza	-10.9	8.5	3.1	1.4	-1.2	-13.6
也门	Yemen	3.2	2.6	4.7	-29.8		
赞比亚	Zambia	1.2	4.5	7.1	-0.2	-1.5	-5.8
津巴布韦	Zimbabwe	-3.5	-6.2	18.1	0.1	-9.4	-9.3

3-7 资本形成率
Gross Capital Formation (% of GDP)

资料来源：世界银行WDI数据库。
Source: World Bank WDI Database.
单位：%　　(%)

国家或地区	Country or Area	2000	2005	2010	2015	2019	2020
世　界	**World**	**25.0**	**26.0**	**25.7**	**25.7**	**25.9**	**22.2**
高收入国家	**High Income**	**24.1**	**23.3**	**21.1**	**22.2**	**22.7**	**21.8**
中等收入国家	**Middle Income**	**26.8**	**31.0**	**34.5**	**32.2**	**31.9**	
中等偏下收入国家	**Lower Middle Income**	**25.1**	**29.7**	**31.4**	**28.7**	**29.5**	**28.0**
中等偏上收入国家	**Upper Middle Income**	**27.4**	**31.4**	**35.4**	**33.3**	**32.7**	
中低收入国家	**Low and Middle Income**	**26.7**	**30.8**	**34.3**	**32.1**	**31.8**	
东亚和太平洋	**East Asia and Pacific**	**30.5**	**33.3**	**35.9**	**34.5**	**34.5**	
欧洲和中亚	**Europe and Central Asia**	**22.6**	**22.2**	**21.3**	**21.2**	**22.5**	**22.2**
拉丁美洲和加勒比	**Latin America and Caribbean**	**20.1**	**19.4**	**21.6**	**20.1**	**18.3**	**17.0**
中东和北非国家	**Middle East and North Africa**	**22.8**	**24.3**	**28.2**	**28.9**	**28.8**	
南　亚	**South Asia**	**25.6**	**34.8**	**36.6**	**30.3**	**29.3**	**27.3**
撒哈拉以南非洲	**Sub-Saharan Africa**	**23.4**	**22.0**	**20.7**	**22.8**	**23.5**	**22.7**
低收入国家	**Low Income**	**15.6**	**16.6**	**19.7**	**24.3**	**25.4**	
最不发达地区	**Least Developed Countries**	**20.5**	**22.3**	**24.5**	**28.6**	**28.0**	**26.4**
重债穷国	**Heavily Indebted Poor Countries**	**17.4**	**19.7**	**21.3**	**27.7**	**26.3**	
中　国	China	33.6	40.3	46.6	43.2	43.3	
中国香港	Hong Kong SAR, China	27.6	21.1	23.9	21.5	18.2	19.0
中国澳门	Macao SAR, China	10.4	25.5	13.2	25.3	14.1	27.6
孟加拉国	Bangladesh	23.8	25.8	26.2	28.9	31.6	31.5
文　莱	Brunei Darussalam	13.1	11.4	23.7	35.2	38.7	40.6
柬埔寨	Cambodia	17.5	20.2	17.4	22.5	24.2	25.5
印　度	India	26.7	38.1	40.2	32.1	30.7	28.4
印度尼西亚	Indonesia	22.2	25.1	32.9	34.1	33.8	32.4
伊　朗	Iran	35.1	38.7	40.3	34.0	40.7	41.0
以色列	Israel	22.9	20.7	19.0	19.8	21.5	22.4
日　本	Japan	28.4	26.1	22.6	25.2	25.8	
哈萨克斯坦	Kazakhstan	18.1	31.0	25.4	27.9	27.6	
韩　国	Korea, Rep.	32.9	32.5	32.6	29.5	31.3	31.6
老　挝	Lao PDR	13.4	34.1	27.5	31.6		
马来西亚	Malaysia	26.9	22.4	23.4	25.4	21.0	19.7
蒙　古	Mongolia	29.0	37.5	42.1	26.4	39.5	24.6
缅　甸	Myanmar			23.2	33.3	29.2	31.1
巴基斯坦	Pakistan	17.6	17.7	15.8	15.7	15.6	15.4
菲律宾	Philippines	15.7	18.6	20.4	21.3	26.4	17.4
新加坡	Singapore	35.2	21.5	27.7	25.4	24.7	22.6
斯里兰卡	Sri Lanka	28.0	26.8	30.4	31.2	26.8	25.2
泰　国	Thailand	22.3	30.4	25.4	22.4	23.7	23.9
越　南	Viet Nam	29.6	33.8	35.7	27.7	26.8	26.7
埃　及	Egypt	19.6	18.0	19.5	14.3	18.2	13.8
尼日利亚	Nigeria	34.1	26.2	17.6	15.5	25.4	29.4
南　非	South Africa	16.4	18.3	19.5	20.9	17.6	12.4
加拿大	Canada	20.6	22.6	23.5	23.8	23.0	22.1
墨西哥	Mexico	23.0	21.6	22.8	23.3	21.1	19.2
美　国	United States	23.7	23.4	18.7	21.2	21.3	21.1
阿根廷	Argentina	17.5	18.9	17.7	17.1	14.6	13.8
巴　西	Brazil	18.9	17.2	21.8	17.4	15.4	15.4
委内瑞拉	Venezuela	24.2	23.0	22.0			
捷　克	Czech Rep.	31.9	29.6	27.4	28.0	27.6	25.9
法　国	France	22.5	22.5	21.9	22.7	24.4	23.8
德　国	Germany	24.5	19.5	20.1	19.7	22.1	21.1
意大利	Italy	20.9	21.2	20.6	17.1	18.0	17.5
荷　兰	Netherlands	22.6	20.5	20.2	22.5	22.1	21.7
波　兰	Poland	24.6	19.9	21.5	20.6	19.7	17.3
俄罗斯	Russia	18.7	20.1	22.6	22.1	22.8	24.0
西班牙	Spain	26.6	29.4	22.3	19.0	20.9	20.7
土耳其	Turkey	23.7	26.8	26.8	28.2	24.8	31.8
乌克兰	Ukraine	19.6	26.3	20.9	15.9	14.9	7.5
英　国	United Kingdom	18.5	17.7	16.3	17.7	18.3	17.0
澳大利亚	Australia	26.3	27.6	26.9	26.3	23.2	22.3
新西兰	New Zealand	22.0	25.4	20.2	23.3	23.5	

3-8 居民消费率

Households and NPISHs Final Consumption Expenditure (% of GDP)

资料来源：
Source:
单位：%

国家或地区	Country or Area	2000	2005	2010	2015	2019	2020
中　　国	China	46.7	39.6	34.3	37.8	39.2	
中国香港	Hong Kong SAR, China	58.6	57.5	61.4	66.4	69.4	66.5
中国澳门	Macao SAR, China	46.4	32.3	23.7	26.5	25.0	48.1
孟加拉国	Bangladesh	75.0	73.8	74.1	72.4	69.0	68.8
文　　莱	Brunei Darussalam	24.8	22.5	14.7	19.8	20.5	24.1
柬 埔 寨	Cambodia	88.8	84.3	81.3	76.8	69.5	71.1
印　　度	India	63.7	57.4	54.7	59.0	60.5	59.1
印度尼西亚	Indonesia	61.7	64.4	56.2	57.5	57.9	59.0
伊　　朗	Iran	49.7	41.2	42.9	50.3	49.7	49.6
以 色 列	Israel	52.8	55.2	56.8	54.6	54.5	50.1
日　　本	Japan	53.7	54.8	56.9	55.8	54.5	
哈萨克斯坦	Kazakhstan	61.9	49.9	45.4	53.7	52.3	
韩　　国	Korea, Rep.	54.5	52.3	50.4	48.5	48.5	46.5
老　　挝	Lao PDR	87.6	71.6	74.6	71.2		
马来西亚	Malaysia	43.8	44.2	48.1	54.0	59.8	60.9
蒙　　古	Mongolia	75.1	55.2	55.2	59.1	54.7	57.3
缅　　甸	Myanmar			56.5	55.2		
巴基斯坦	Pakistan	75.5	78.4	79.7	79.8	82.9	78.5
菲 律 宾	Philippines	71.7	74.0	70.2	72.5	73.2	75.1
新 加 坡	Singapore	41.9	39.8	36.3	37.2	35.6	33.0
斯里兰卡	Sri Lanka	71.5	69.0	68.5	67.4	69.8	70.7
泰　　国	Thailand	54.1	55.8	52.2	51.3	49.7	52.9
越　　南	Viet Nam	66.5	65.5	66.6	68.0	68.2	68.4
埃　　及	Egypt	75.9	71.6	74.6	82.4	82.4	85.8
尼日利亚	Nigeria	40.7	60.3	67.2	78.6	74.6	69.6
南　　非	South Africa	63.1	62.0	59.0	59.8	60.2	59.9
加 拿 大	Canada	54.5	54.3	57.0	57.8	57.8	57.4
墨 西 哥	Mexico	67.9	68.6	65.3	65.4	64.9	63.7
美　　国	United States	66.0	67.3	68.4	67.2	67.3	67.1
阿 根 廷	Argentina	69.3	63.0	64.2	65.9	64.6	63.6
巴　　西	Brazil	64.6	60.5	60.2	64.0	64.8	62.7
委内瑞拉	Venezuela	51.7	46.8	55.9			
捷　　克	Czech Rep.	50.4	47.8	49.0	47.2	46.8	45.6
法　　国	France	53.9	54.4	55.4	54.0	53.6	53.1
德　　国	Germany	56.3	56.5	55.1	53.0	51.9	50.7
意 大 利	Italy	60.5	59.3	60.7	60.8	60.0	57.9
荷　　兰	Netherlands	50.3	48.8	45.4	45.0	43.5	41.9
波　　兰	Poland	63.8	63.1	61.5	58.6	57.5	56.9
俄 罗 斯	Russia	46.2	49.9	51.5	52.7	51.2	49.5
西 班 牙	Spain	59.6	58.1	58.1	58.5	57.3	56.0
土 耳 其	Turkey	66.9	63.4	62.7	60.0	56.9	56.7
乌 克 兰	Ukraine	54.3	57.9	63.8	67.8	74.4	74.3
英　　国	United Kingdom	66.5	65.0	64.0	64.3	64.0	60.8
澳大利亚	Australia	58.1	57.6	56.2	57.2	55.3	53.7
新 西 兰	New Zealand	57.9	58.1	57.8	57.4	57.5	

3-9 国内生产总值产业构成
Composition of GDP by Industry

资料来源：世界银行WDI数据库。
Source: World Bank WDI Database.

单位：% (%)

国家或地区	Country or Area	农业增加值占国内生产总值比重 Agriculture, Forestry, and Fishing, Value Added (% of GDP)		工业增加值占国内生产总值比重 Industry (including Construction), Value Added (% of GDP)		服务业增加值占国内生产总值比重 Services, Value Added (% of GDP)	
		2000	2020	2000	2020	2000	2020
世　界	World	5.8	3.9①	30.1	26.2①	58.6	64.3①
高收入国家	High Income	1.8	1.2①	26.2	22.7①	65.9	70.1①
中等收入国家	Middle Income	12.9	9.0	37.2	31.6	45.5	54.6
中等偏下收入国家	Lower Middle Income	19.1	16.4	32.2	28.4	42.9	49.4
中等偏上收入国家	Upper Middle Income	10.9	6.7	38.8	32.6	46.3	56.3
中低收入国家	Low and Middle Income	13.1	9.2	37.0	31.5	45.4	54.4
东亚和太平洋	East Asia and Pacific	14.8	8.4	44.4	37.3	40.3	53.9
欧洲和中亚	Europe and Central Asia	9.1	5.6	31.5	29.1	49.1	54.7
拉丁美洲和加勒比	Latin America and Caribbean	5.6	5.8	27.1	22.7	58.1	60.5
中东和北非国家	Middle East and North Africa	9.9	11.0	44.0	31.7	42.2	54.4
南　亚	South Asia	22.2	18.1	26.0	23.0	44.2	50.4
撒哈拉以南非洲	Sub-Saharan Africa	19.1	17.7	31.2	28.3	44.9	48.0
低收入国家	Low Income	33.4	27.6	20.9	23.9	39.6	40.8
最不发达地区	Least Developed Countries	27.3	19.5	27.6	29.6	40.8	44.9
重债穷国	Heavily Indebted Poor Countries	28.3	22.7	22.2	26.7	42.7	43.1
中　国	China	14.7	7.7	45.5	37.8	39.8	54.5
中国香港	Hong Kong SAR, China	0.1	0.1①	12.1	6.3①	83.8	90.0①
中国澳门	Macao SAR, China			11.5	4.2①	80.7	94.0①
孟加拉国	Bangladesh	22.7	12.6	22.3	28.8	50.6	54.6
文　莱	Brunei Darussalam	1.0	1.2	63.7	59.1	35.3	41.5
柬埔寨	Cambodia	35.9	22.8	21.9	34.7	37.1	36.2
印　度	India	21.6	18.3	27.3	23.2	42.7	49.3
印度尼西亚	Indonesia	15.7	13.7	42.0	38.3	33.4	44.4
伊　朗	Iran	9.1	12.8	40.3	30.6	51.4	57.0
以色列	Israel	1.3	1.1①	23.3	18.5①	65.0	71.2①
日　本	Japan	1.5	1.0①	32.5	28.7①	66.0	69.3①
哈萨克斯坦	Kazakhstan	8.1	5.3	37.8	33.1	48.4	55.8
韩　国	Korea, Rep.	3.9	1.8	34.8	32.8	51.6	57.0
老　挝	Lao PDR	33.6	16.2	16.5	32.1	42.2	40.6
马来西亚	Malaysia	8.6	8.2	48.3	35.9	46.3	54.8
蒙　古	Mongolia	27.4	12.1	22.2	38.3	39.2	40.0
缅　甸	Myanmar	57.2	22.8	9.7	35.8	..	41.4
巴基斯坦	Pakistan	25.6	22.7	17.5	17.7	50.3	52.8
菲律宾	Philippines	13.9	10.2	35.0	28.4	51.1	61.4
新加坡	Singapore	0.1	0.0	32.5	24.4	60.7	70.9
斯里兰卡	Sri Lanka	19.9	8.4	27.3	26.2	52.8	59.7
泰　国	Thailand	8.5	8.6	36.7	33.1	54.8	58.3
越　南	Viet Nam	24.5	14.9	36.7	33.7	38.7	41.6
埃　及	Egypt	15.5	11.5	30.8	31.8	46.5	51.7
尼日利亚	Nigeria	21.4	24.1	33.8	28.2	43.8	46.4
南　非	South Africa	3.0	2.4	29.1	25.2	59.1	61.4
加拿大	Canada	2.1	1.9③	29.5	24.0③	61.3	67.1③
墨西哥	Mexico	3.3	3.9	34.2	29.6	57.8	60.0
美　国	United States	1.2	0.9①	22.5	18.2①	72.8	77.3①
阿根廷	Argentina	4.7	6.8	26.0	22.5	63.5	54.3
巴　西	Brazil	4.8	5.9	23.0	17.7	58.3	62.9
委内瑞拉	Venezuela	3.9	..	46.4	..	43.1	..
捷　克	Czech Rep.	3.3	1.9	33.5	30.8	54.4	58.3
法　国	France	2.1	1.6	21.3	16.4	66.3	71.2
德　国	Germany	1.0	0.7	27.7	26.5	61.5	63.4
意大利	Italy	2.6	2.0	24.3	21.5	62.7	66.8
荷　兰	Netherlands	2.3	1.6	21.7	17.8	65.7	69.8
波　兰	Poland	3.1	2.4	28.8	28.2	56.8	57.5
俄罗斯	Russia	5.8	3.7	33.9	30.0	49.7	56.3
西班牙	Spain	3.7	3.1	28.0	20.4	59.2	67.8
土耳其	Turkey	10.0	6.6	26.8	27.8	52.8	54.6
乌克兰	Ukraine	14.5	9.3	30.8	20.9	39.5	55.6
英　国	United Kingdom	0.9	0.6	23.1	16.9	65.7	72.8
澳大利亚	Australia	3.1	1.9	24.6	25.7	64.3	66.0
新西兰	New Zealand	7.8	5.7②	23.6	25.7②	61.8	65.5②

注：①2019年数据。②2018年数据。③2017年数据。
Note:①Data refer to 2019.②Data refer to 2018.③Data refer to 2017.

3-10 生产法国内生产总值
Gross Domestic Product by Production Approach

资料来源：联合国NAEMA数据库。
Source: UN NAEMA Database.
单位：亿美元 (100 million USD)

国家或地区	Country or Area	2000	2005	2010	2018	2019
中　国	**China**					
按当年价格计算	at Current Prices					
增加值总额	Total Value Added	12113	22860	60872	138949	143429
农业、狩猎业、林业和渔业	Agriculture, Hunting, Forestry, Fishing	1805	2736	5852	10211	10649
采掘、制造、电、煤气和水供应业	Mining, Manufacturing, Utilities	4863	9514	24390	45510	45902
制造业	Manufacturing		7337	19250	39576	40042
建筑业	Construction	668	1269	4026	9899	10264
批发、零售贸易、旅馆和饭店业	Wholesale, Retail Trade, Restaurants and Hotels	1245	2216	6442	15935	16485
运输、仓储和通讯业	Transport, Storage and Communication	744	1302	2774	6097	6196
其他服务业	Other Activities	2787	5822	17387	51297	53934
按2015年价格计算	at Constant Prices of 2015					
增加值总额	Total Value Added	28047	44445	75578	134575	143518
农业、狩猎业、林业和渔业	Agriculture, Hunting, Forestry, Fishing	5292	6418	7824	10728	11129
采掘、制造、电、煤气和水供应业	Mining, Manufacturing, Utilities	8787	14762	25881	44938	47480
制造业	Manufacturing		11964	22390	38698	40882
建筑业	Construction	1495	2443	4934	8999	9503
批发、零售贸易、旅馆和饭店业	Wholesale, Retail Trade, Restaurants and Hotels	2583	4134	8234	15924	17104
运输、仓储和通讯业	Transport, Storage and Communication	1505	2370	3539	6213	6653
其他服务业	Other Activities	8571	14450	25129	48189	52277
中国香港	**Hong Kong SAR, China**					
按当年价格计算	at Current Prices					
增加值总额	Total Value Added	1647	1772	2236	3445	3507
农业、狩猎业、林业和渔业	Agriculture, Hunting, Forestry, Fishing	1	1	1	2	2
采掘、制造、电、煤气和水供应业	Mining, Manufacturing, Utilities	127	103	84	81	83
制造业	Manufacturing	79	51	39	35	36
建筑业	Construction	80	50	73	154	148
批发、零售贸易、旅馆和饭店业	Wholesale, Retail Trade, Restaurants and Hotels	404	511	605	850	813
运输、仓储和通讯业	Transport, Storage and Communication	180	207	248	319	329
其他服务业	Other Activities	854	899	1226	2039	2132
按2015年价格计算	at Constant Prices of 2015					
增加值总额	Total Value Added	1813	2169	2601	3267	3248
农业、狩猎业、林业和渔业	Agriculture, Hunting, Forestry, Fishing	3	3	2	2	2
采掘、制造、电、煤气和水供应业	Mining, Manufacturing, Utilities	91	83	81	80	80
制造业	Manufacturing	52	39	35	35	35
建筑业	Construction	109	84	88	149	140
批发、零售贸易、旅馆和饭店业	Wholesale, Retail Trade, Restaurants and Hotels	370	531	681	853	797
运输、仓储和通讯业	Transport, Storage and Communication	165	216	249	332	334
其他服务业	Other Activities	1069	1249	1498	1852	1891

3-10 续表 1 continued

单位：亿美元 (100 million USD)

国家或地区	Country or Area	2000	2005	2010	2018	2019
中国澳门	**Macao SAR, China**					
按当年价格计算	at Current Prices					
增加值总额	Total Value Added	54	89	184	389	385
农业、狩猎业、林业和渔业	Agriculture, Hunting, Forestry, Fishing					
采掘、制造、电、煤气和水供应业	Mining, Manufacturing, Utilities	6	5	3	6	7
制造业	Manufacturing	5	4	2	3	3
建筑业	Construction	1	8	10	16	21
批发、零售贸易、旅馆和饭店业	Wholesale, Retail Trade, Restaurants and Hotels	5	9	26	63	60
运输、仓储和通讯业	Transport, Storage and Communication	4	4	7	14	14
其他服务业	Other Activities	38	63	138	289	283
按2015年价格计算	at Constant Prices of 2015					
增加值总额	Total Value Added	117	184	266	364	381
农业、狩猎业、林业和渔业	Agriculture, Hunting, Forestry, Fishing					
采掘、制造、电、煤气和水供应业	Mining, Manufacturing, Utilities	14	11	4	6	6
制造业	Manufacturing	12	9	3	3	3
建筑业	Construction	3	16	16	14	11
批发、零售贸易、旅馆和饭店业	Wholesale, Retail Trade, Restaurants and Hotels	11	18	34	65	72
运输、仓储和通讯业	Transport, Storage and Communication	6	6	7	14	15
其他服务业	Other Activities	85	132	205	269	281
孟加拉国	**Bangladesh**					
按当年价格计算	at Current Prices					
增加值总额	Total Value Added	439	553	1093	2550	2865
农业、狩猎业、林业和渔业	Agriculture, Hunting, Forestry, Fishing	112	111	195	353	382
采掘、制造、电、煤气和水供应业	Mining, Manufacturing, Utilities	77	105	215	566	660
制造业	Manufacturing	67	91	185	484	570
建筑业	Construction	34	45	71	204	233
批发、零售贸易、旅馆和饭店业	Wholesale, Retail Trade, Restaurants and Hotels	59	82	163	362	412
运输、仓储和通讯业	Transport, Storage and Communication	38	60	116	245	268
其他服务业	Other Activities	119	149	334	821	911
按2015年价格计算	at Constant Prices of 2015					
增加值总额	Total Value Added	785	1016	1376	2331	2526
农业、狩猎业、林业和渔业	Agriculture, Hunting, Forestry, Fishing	166	188	242	317	329
采掘、制造、电、煤气和水供应业	Mining, Manufacturing, Utilities	116	163	242	534	605
制造业	Manufacturing	98	136	204	459	524
建筑业	Construction	45	68	95	181	199
批发、零售贸易、旅馆和饭店业	Wholesale, Retail Trade, Restaurants and Hotels	102	140	194	327	354
运输、仓储和通讯业	Transport, Storage and Communication	74	104	155	264	283
其他服务业	Other Activities	291	365	456	699	740

3-10 续表 2 continued

单位：亿美元 (100 million USD)

国家或地区	Country or Area	2000	2005	2010	2018	2019
文　莱	**Brunei Darussalam**					
按当年价格计算	at Current Prices					
增加值总额	Total Value Added	68	108	140	138	137
农业、狩猎业、林业和渔业	Agriculture, Hunting, Forestry, Fishing	1	1	1	1	1
采掘、制造、电、煤气和水供应业	Mining, Manufacturing, Utilities	43	76	92	82	81
制造业	Manufacturing	13	16	20	19	18
建筑业	Construction	1	2	2	3	3
批发、零售贸易、旅馆和饭店业	Wholesale, Retail Trade, Restaurants and Hotels	3	4	7	8	8
运输、仓储和通讯业	Transport, Storage and Communication	2	3	4	5	5
其他服务业	Other Activities	18	23	34	38	38
按2015年价格计算	at Constant Prices of 2015					
增加值总额	Total Value Added	127	137	132	130	135
农业、狩猎业、林业和渔业	Agriculture, Hunting, Forestry, Fishing	1	1	1	1	1
采掘、制造、电、煤气和水供应业	Mining, Manufacturing, Utilities	93	96	84	74	77
制造业	Manufacturing	19	21	19	20	21
建筑业	Construction	1	2	2	3	3
批发、零售贸易、旅馆和饭店业	Wholesale, Retail Trade, Restaurants and Hotels	4	5	6	8	8
运输、仓储和通讯业	Transport, Storage and Communication	3	3	4	5	5
其他服务业	Other Activities	23	27	34	38	39
柬埔寨	**Cambodia**					
按当年价格计算	at Current Prices					
增加值总额	Total Value Added	35	60	106	230	255
农业、狩猎业、林业和渔业	Agriculture, Hunting, Forestry, Fishing	13	19	38	54	56
采掘、制造、电、煤气和水供应业	Mining, Manufacturing, Utilities	6	12	18	46	51
制造业	Manufacturing	6	11	17	40	44
建筑业	Construction	2	4	7	33	42
批发、零售贸易、旅馆和饭店业	Wholesale, Retail Trade, Restaurants and Hotels	5	9	15	34	37
运输、仓储和通讯业	Transport, Storage and Communication	2	5	9	20	21
其他服务业	Other Activities	6	11	19	43	47
按2015年价格计算	at Constant Prices of 2015					
增加值总额	Total Value Added	57	89	120	208	222
农业、狩猎业、林业和渔业	Agriculture, Hunting, Forestry, Fishing	27	34	44	50	50
采掘、制造、电、煤气和水供应业	Mining, Manufacturing, Utilities	7	14	20	41	44
制造业	Manufacturing	7	13	18	36	38
建筑业	Construction	4	8	8	30	35
批发、零售贸易、旅馆和饭店业	Wholesale, Retail Trade, Restaurants and Hotels	9	12	18	31	32
运输、仓储和通讯业	Transport, Storage and Communication	5	8	10	18	20
其他服务业	Other Activities	9	16	22	39	41

3-10 续表 3 continued

单位：亿美元 (100 million USD)

国家或地区	Country or Area	2000	2005	2010	2018	2019
印　度	**India**					
按当年价格计算	at Current Prices					
增加值总额	Total Value Added	4189	7544	15492	25059	26199
农业、狩猎业、林业和渔业	Agriculture, Hunting, Forestry, Fishing	1004	1451	2843	4273	4639
采掘、制造、电、煤气和水供应业	Mining, Manufacturing, Utilities	986	1755	3746	5282	5601
制造业	Manufacturing	746	1316	2843	4045	4303
建筑业	Construction	277	677	1384	1965	2035
批发、零售贸易、旅馆和饭店业	Wholesale, Retail Trade, Restaurants and Hotels	395	799	1623	3031	3094
运输、仓储和通讯业	Transport, Storage and Communication	298	580	983	1563	1678
其他服务业	Other Activities	1229	2281	4913	8944	9151
按2015年价格计算	at Constant Prices of 2015					
增加值总额	Total Value Added	7524	10302	14394	23919	25670
农业、狩猎业、林业和渔业	Agriculture, Hunting, Forestry, Fishing	2281	2596	3033	4023	4148
采掘、制造、电、煤气和水供应业	Mining, Manufacturing, Utilities	1611	2188	3282	5232	5648
制造业	Manufacturing	1100	1524	2403	4071	4407
建筑业	Construction	503	829	1227	1822	1912
批发、零售贸易、旅馆和饭店业	Wholesale, Retail Trade, Restaurants and Hotels	686	1051	1480	2937	3227
运输、仓储和通讯业	Transport, Storage and Communication	352	624	905	1524	1617
其他服务业	Other Activities	2233	3125	4530	8351	9058
印度尼西亚	**Indonesia**					
按当年价格计算	at Current Prices					
增加值总额	Total Value Added	1726	3008	7352	10000	10732
农业、狩猎业、林业和渔业	Agriculture, Hunting, Forestry, Fishing	250	364	1052	1335	1423
采掘、制造、电、煤气和水供应业	Mining, Manufacturing, Utilities	650	1106	2540	3044	3156
制造业	Manufacturing	434	743	1664	2070	2205
建筑业	Construction	86	191	690	1097	1203
批发、零售贸易、旅馆和饭店业	Wholesale, Retail Trade, Restaurants and Hotels	340	567	1237	1647	1768
运输、仓储和通讯业	Transport, Storage and Communication	93	224	552	953	1066
其他服务业	Other Activities	307	556	1282	1924	2116
按2015年价格计算	at Constant Prices of 2015					
增加值总额	Total Value Added	3924	4902	6405	9587	10062
农业、狩猎业、林业和渔业	Agriculture, Hunting, Forestry, Fishing	674	790	948	1296	1343
采掘、制造、电、煤气和水供应业	Mining, Manufacturing, Utilities	1523	1773	2115	2844	2934
制造业	Manufacturing	915	1166	1413	2048	2126
建筑业	Construction	320	433	627	1048	1108
批发、零售贸易、旅馆和饭店业	Wholesale, Retail Trade, Restaurants and Hotels	597	782	1066	1605	1682
运输、仓储和通讯业	Transport, Storage and Communication	143	240	478	929	1004
其他服务业	Other Activities	651	871	1162	1870	2000

3-10 续表 4 continued

单位：亿美元 (100 million USD)

国家或地区	Country or Area	2000	2005	2010	2018	2019
伊　朗	**Iran**					
按当年价格计算	at Current Prices					
增加值总额	Total Value Added	1099	2358	5002	4571	5966
农业、狩猎业、林业和渔业	Agriculture, Hunting, Forestry, Fishing	96	147	319	456	584
采掘、制造、电、煤气和水供应业	Mining, Manufacturing, Utilities	378	998	1816	1319	1757
制造业	Manufacturing	180	341	628	558	724
建筑业	Construction	56	126	355	248	309
批发、零售贸易、旅馆和饭店业	Wholesale, Retail Trade, Restaurants and Hotels	181	278	572	596	773
运输、仓储和通讯业	Transport, Storage and Communication	82	192	501	474	611
其他服务业	Other Activities	307	617	1438	1479	1931
按2015年价格计算	at Constant Prices of 2015					
增加值总额	Total Value Added	2630	3399	4052	4752	5025
农业、狩猎业、林业和渔业	Agriculture, Hunting, Forestry, Fishing	248	326	327	464	484
采掘、制造、电、煤气和水供应业	Mining, Manufacturing, Utilities	903	1086	1259	1553	1732
制造业	Manufacturing	227	363	492	559	579
建筑业	Construction	167	238	317	195	180
批发、零售贸易、旅馆和饭店业	Wholesale, Retail Trade, Restaurants and Hotels	312	486	577	581	588
运输、仓储和通讯业	Transport, Storage and Communication	173	271	402	491	502
其他服务业	Other Activities	742	925	1089	1355	1382
以色列	**Israel**					
按当年价格计算	at Current Prices					
增加值总额	Total Value Added	1184	1272	2087	3347	3586
农业、狩猎业、林业和渔业	Agriculture, Hunting, Forestry, Fishing	17	23	36	42	42
采掘、制造、电、煤气和水供应业	Mining, Manufacturing, Utilities	244	247	381	503	521
制造业	Manufacturing	223	217	335	443	453
建筑业	Construction	64	60	112	216	229
批发、零售贸易、旅馆和饭店业	Wholesale, Retail Trade, Restaurants and Hotels	132	139	224	384	421
运输、仓储和通讯业	Transport, Storage and Communication	165	161	236	425	475
其他服务业	Other Activities	563	642	1098	1776	1898
按2015年价格计算	at Constant Prices of 2015					
增加值总额	Total Value Added	1670	1839	2268	2986	3096
农业、狩猎业、林业和渔业	Agriculture, Hunting, Forestry, Fishing	28	37	38	37	38
采掘、制造、电、煤气和水供应业	Mining, Manufacturing, Utilities	359	361	444	451	454
制造业	Manufacturing	327	323	381	391	392
建筑业	Construction	114	93	122	191	203
批发、零售贸易、旅馆和饭店业	Wholesale, Retail Trade, Restaurants and Hotels	138	175	248	364	381
运输、仓储和通讯业	Transport, Storage and Communication	129	155	219	381	402
其他服务业	Other Activities	903	1017	1197	1561	1619

3-10 续表 5 continued

单位：亿美元 (100 million USD)

国家或地区	Country or Area	2000	2005	2010	2018	2019
日 本	**Japan**					
按当年价格计算	at Current Prices					
增加值总额	Total Value Added	48951	47692	56862	49362	50545
农业、狩猎业、林业和渔业	Agriculture, Hunting, Forestry, Fishing	751	535	628	614	593
采掘、制造、电、煤气和水供应业	Mining, Manufacturing, Utilities	12650	11713	13481	11592	11779
制造业	Manufacturing	11025	10293	11875	10280	10450
建筑业	Construction	3361	2648	2732	2813	2850
批发、零售贸易、旅馆和饭店业	Wholesale, Retail Trade, Restaurants and Hotels	7926	8135	9334	8028	8346
运输、仓储和通讯业	Transport, Storage and Communication	4628	4762	5781	5007	5137
其他服务业	Other Activities	19636	19899	24905	21308	21841
按2015年价格计算	at Constant Prices of 2015					
增加值总额	Total Value Added	39918	42038	41571	45094	45572
农业、狩猎业、林业和渔业	Agriculture, Hunting, Forestry, Fishing	675	531	518	464	452
采掘、制造、电、煤气和水供应业	Mining, Manufacturing, Utilities	9016	9831	10072	10971	11234
制造业	Manufacturing	7507	8180	8557	9672	9921
建筑业	Construction	3123	2570	2068	2522	2566
批发、零售贸易、旅馆和饭店业	Wholesale, Retail Trade, Restaurants and Hotels	7051	7600	6851	7246	7230
运输、仓储和通讯业	Transport, Storage and Communication	3802	4268	4307	4555	4583
其他服务业	Other Activities	16298	17265	17776	19351	19530
哈萨克斯坦	**Kazakhstan**					
按当年价格计算	at Current Prices					
增加值总额	Total Value Added	172	548	1433	1674	1690
农业、狩猎业、林业和渔业	Agriculture, Hunting, Forestry, Fishing	15	36	67	79	81
采掘、制造、电、煤气和水供应业	Mining, Manufacturing, Utilities	60	170	487	505	500
制造业	Manufacturing	30	69	168	205	208
建筑业	Construction	9	45	114	95	100
批发、零售贸易、旅馆和饭店业	Wholesale, Retail Trade, Restaurants and Hotels	24	73	205	321	329
运输、仓储和通讯业	Transport, Storage and Communication	21	67	165	181	181
其他服务业	Other Activities	44	157	395	492	499
按2015年价格计算	at Constant Prices of 2015					
增加值总额	Total Value Added	622	1026	1380	1914	2002
农业、狩猎业、林业和渔业	Agriculture, Hunting, Forestry, Fishing	50	66	71	98	98
采掘、制造、电、煤气和水供应业	Mining, Manufacturing, Utilities	204	328	425	514	535
制造业	Manufacturing	84	131	163	214	226
建筑业	Construction	21	56	92	127	144
批发、零售贸易、旅馆和饭店业	Wholesale, Retail Trade, Restaurants and Hotels	89	150	212	364	388
运输、仓储和通讯业	Transport, Storage and Communication	59	97	141	233	245
其他服务业	Other Activities	191	320	429	578	593

3-10 续表 6 continued

单位: 亿美元 (100 million USD)

国家或地区	Country or Area	2000	2005	2010	2018	2019
韩 国	**Korea, Rep.**					
按当年价格计算	at Current Prices					
增加值总额	Total Value Added	5199	8475	10406	15779	15072
农业、狩猎业、林业和渔业	Agriculture, Hunting, Forestry, Fishing	222	245	245	301	267
采掘、制造、电、煤气和水供应业	Mining, Manufacturing, Utilities	1687	2638	3378	4933	4500
制造业	Manufacturing	1524	2406	3139	4594	4169
建筑业	Construction	316	555	525	939	906
批发、零售贸易、旅馆和饭店业	Wholesale, Retail Trade, Restaurants and Hotels	648	914	1144	1639	1547
运输、仓储和通讯业	Transport, Storage and Communication	474	817	875	1249	1223
其他服务业	Other Activities	1852	3306	4239	6717	6628
按2015年价格计算	at Constant Prices of 2015					
增加值总额	Total Value Added	7357	9370	11605	14702	15017
农业、狩猎业、林业和渔业	Agriculture, Hunting, Forestry, Fishing	239	237	273	284	290
采掘、制造、电、煤气和水供应业	Mining, Manufacturing, Utilities	2080	2842	3756	4674	4742
制造业	Manufacturing	1834	2520	3379	4275	4328
建筑业	Construction	574	693	673	811	791
批发、零售贸易、旅馆和饭店业	Wholesale, Retail Trade, Restaurants and Hotels	947	1033	1213	1525	1542
运输、仓储和通讯业	Transport, Storage and Communication	540	783	961	1253	1284
其他服务业	Other Activities	2976	3782	4729	6155	6367
老 挝	**Lao PDR**					
按当年价格计算	at Current Prices					
增加值总额	Total Value Added	17	27	68	161	167
农业、狩猎业、林业和渔业	Agriculture, Hunting, Forestry, Fishing	6	8	16	28	29
采掘、制造、电、煤气和水供应业	Mining, Manufacturing, Utilities	3	6	18	45	46
制造业	Manufacturing	2	3	8	14	14
建筑业	Construction	1	1	3	13	12
批发、零售贸易、旅馆和饭店业	Wholesale, Retail Trade, Restaurants and Hotels	3	5	11	27	28
运输、仓储和通讯业	Transport, Storage and Communication	1	1	3	5	6
其他服务业	Other Activities	4	6	17	43	47
按2015年价格计算	at Constant Prices of 2015					
增加值总额	Total Value Added	42	56	89	156	164
农业、狩猎业、林业和渔业	Agriculture, Hunting, Forestry, Fishing	16	18	22	27	27
采掘、制造、电、煤气和水供应业	Mining, Manufacturing, Utilities	6	11	22	41	44
制造业	Manufacturing	3	5	8	13	14
建筑业	Construction	1	2	4	13	12
批发、零售贸易、旅馆和饭店业	Wholesale, Retail Trade, Restaurants and Hotels	5	9	13	27	28
运输、仓储和通讯业	Transport, Storage and Communication	1	2	3	5	6
其他服务业	Other Activities	14	15	26	42	46

3-10 续表 7 continued

单位：亿美元 (100 million USD)

国家或地区	Country or Area	2000	2005	2010	2018	2019
马来西亚	**Malaysia**					
按当年价格计算	at Current Prices					
增加值总额	Total Value Added	968	1419	2526	3544	3606
农业、狩猎业、林业和渔业	Agriculture, Hunting, Forestry, Fishing	81	119	257	269	265
采掘、制造、电、煤气和水供应业	Mining, Manufacturing, Utilities	416	623	945	1200	1193
制造业	Manufacturing	289	395	598	772	782
建筑业	Construction	37	43	88	174	171
批发、零售贸易、旅馆和饭店业	Wholesale, Retail Trade, Restaurants and Hotels	126	197	418	713	749
运输、仓储和通讯业	Transport, Storage and Communication	66	96	213	330	345
其他服务业	Other Activities	243	341	606	858	882
按2015年价格计算	at Constant Prices of 2015					
增加值总额	Total Value Added	1498	1857	2301	3448	3599
农业、狩猎业、林业和渔业	Agriculture, Hunting, Forestry, Fishing	164	192	219	255	260
采掘、制造、电、煤气和水供应业	Mining, Manufacturing, Utilities	653	790	845	1138	1168
制造业	Manufacturing	372	467	531	781	810
建筑业	Construction	61	64	86	169	170
批发、零售贸易、旅馆和饭店业	Wholesale, Retail Trade, Restaurants and Hotels	214	274	410	698	748
运输、仓储和通讯业	Transport, Storage and Communication	105	138	187	331	354
其他服务业	Other Activities	302	398	555	857	900
蒙　古	**Mongolia**					
按当年价格计算	at Current Prices					
增加值总额	Total Value Added	12	27	65	117	123
农业、狩猎业、林业和渔业	Agriculture, Hunting, Forestry, Fishing	3	5	8	14	15
采掘、制造、电、煤气和水供应业	Mining, Manufacturing, Utilities	3	8	22	46	49
制造业	Manufacturing	1	2	5	12	13
建筑业	Construction	1	2	2	5	5
批发、零售贸易、旅馆和饭店业	Wholesale, Retail Trade, Restaurants and Hotels	2	3	9	14	14
运输、仓储和通讯业	Transport, Storage and Communication	1	3	7	8	9
其他服务业	Other Activities	3	5	16	30	31
按2015年价格计算	at Constant Prices of 2015					
增加值总额	Total Value Added	38	51	65	120	126
农业、狩猎业、林业和渔业	Agriculture, Hunting, Forestry, Fishing	8	8	9	18	19
采掘、制造、电、煤气和水供应业	Mining, Manufacturing, Utilities	10	15	18	34	35
制造业	Manufacturing	3	5	6	12	14
建筑业	Construction	1	3	2	6	6
批发、零售贸易、旅馆和饭店业	Wholesale, Retail Trade, Restaurants and Hotels	4	5	9	16	17
运输、仓储和通讯业	Transport, Storage and Communication	2	3	6	11	12
其他服务业	Other Activities	15	18	22	36	38

3-10 续表 8 continued

单位：亿美元 (100 million USD)

国家或地区	Country or Area	2000	2005	2010	2018	2019
缅　甸	**Myanmar**					
按当年价格计算	at Current Prices					
增加值总额	Total Value Added	85	139	438	736	768
农业、狩猎业、林业和渔业	Agriculture, Hunting, Forestry, Fishing	50	64	154	157	177
采掘、制造、电、煤气和水供应业	Mining, Manufacturing, Utilities	7	20	105	233	234
制造业	Manufacturing	6	18	84	182	184
建筑业	Construction	2	5	19	47	48
批发、零售贸易、旅馆和饭店业	Wholesale, Retail Trade, Restaurants and Hotels	20	29	85	151	155
运输、仓储和通讯业	Transport, Storage and Communication	5	17	56	97	102
其他服务业	Other Activities	2	5	19	51	52
按2015年价格计算	at Constant Prices of 2015					
增加值总额	Total Value Added	146	276	450	767	818
农业、狩猎业、林业和渔业	Agriculture, Hunting, Forestry, Fishing	73	117	153	171	171
采掘、制造、电、煤气和水供应业	Mining, Manufacturing, Utilities	20	52	113	228	247
制造业	Manufacturing	13	36	87	180	198
建筑业	Construction	4	11	22	48	53
批发、零售贸易、旅馆和饭店业	Wholesale, Retail Trade, Restaurants and Hotels	33	58	94	153	165
运输、仓储和通讯业	Transport, Storage and Communication	9	22	45	112	122
其他服务业	Other Activities	8	16	24	55	60
巴基斯坦	**Pakistan**					
按当年价格计算	at Current Prices					
增加值总额	Total Value Added	718	1099	1672	2658	2396
农业、狩猎业、林业和渔业	Agriculture, Hunting, Forestry, Fishing	210	269	406	649	552
采掘、制造、电、煤气和水供应业	Mining, Manufacturing, Utilities	112	206	309	448	431
制造业	Manufacturing	76	148	228	346	318
建筑业	Construction	17	27	36	63	54
批发、零售贸易、旅馆和饭店业	Wholesale, Retail Trade, Restaurants and Hotels	140	222	331	512	458
运输、仓储和通讯业	Transport, Storage and Communication	84	143	225	304	263
其他服务业	Other Activities	156	232	366	682	639
按2015年价格计算	at Constant Prices of 2015					
增加值总额	Total Value Added	1352	1728	2102	2947	3045
农业、狩猎业、林业和渔业	Agriculture, Hunting, Forestry, Fishing	434	482	560	677	682
采掘、制造、电、煤气和水供应业	Mining, Manufacturing, Utilities	215	323	380	519	534
制造业	Manufacturing	145	232	284	395	394
建筑业	Construction	31	35	49	71	65
批发、零售贸易、旅馆和饭店业	Wholesale, Retail Trade, Restaurants and Hotels	285	394	425	589	607
运输、仓储和通讯业	Transport, Storage and Communication	170	202	257	356	369
其他服务业	Other Activities	243	316	443	722	767

3-10 续表 9 continued

单位：亿美元 (100 million USD)

国家或地区	Country or Area	2000	2005	2010	2018	2019
菲 律 宾	**Philippines**					
按当年价格计算	at Current Prices					
增加值总额	Total Value Added	810	1030	1996	3309	3594
农业、狩猎业、林业和渔业	Agriculture, Hunting, Forestry, Fishing	113	131	246	307	300
采掘、制造、电、煤气和水供应业	Mining, Manufacturing, Utilities	233	300	529	763	800
制造业	Manufacturing	198	248	428	631	657
建筑业	Construction	46	49	122	256	290
批发、零售贸易、旅馆和饭店业	Wholesale, Retail Trade, Restaurants and Hotels	142	185	379	674	748
运输、仓储和通讯业	Transport, Storage and Communication	50	81	130	196	212
其他服务业	Other Activities	226	285	590	1113	1243
按2015年价格计算	at Constant Prices of 2015					
增加值总额	Total Value Added	1379	1726	2196	3547	3756
农业、狩猎业、林业和渔业	Agriculture, Hunting, Forestry, Fishing	209	249	277	311	316
采掘、制造、电、煤气和水供应业	Mining, Manufacturing, Utilities	349	429	519	855	890
制造业	Manufacturing	292	354	421	715	742
建筑业	Construction	89	86	142	269	290
批发、零售贸易、旅馆和饭店业	Wholesale, Retail Trade, Restaurants and Hotels	259	337	434	713	769
运输、仓储和通讯业	Transport, Storage and Communication	71	117	138	217	232
其他服务业	Other Activities	406	504	690	1186	1266
新 加 坡	**Singapore**					
按当年价格计算	at Current Prices					
增加值总额	Total Value Added	896	1221	2267	3536	3531
农业、狩猎业、林业和渔业	Agriculture, Hunting, Forestry, Fishing	1	1	1	1	1
采掘、制造、电、煤气和水供应业	Mining, Manufacturing, Utilities	264	365	533	817	781
制造业	Manufacturing	248	346	498	774	737
建筑业	Construction	48	36	106	126	130
批发、零售贸易、旅馆和饭店业	Wholesale, Retail Trade, Restaurants and Hotels	142	232	478	715	685
运输、仓储和通讯业	Transport, Storage and Communication	123	172	269	374	388
其他服务业	Other Activities	318	414	880	1503	1546
按2015年价格计算	at Constant Prices of 2015					
增加值总额	Total Value Added	1354	1696	2328	3232	3266
农业、狩猎业、林业和渔业	Agriculture, Hunting, Forestry, Fishing	1	1	1	1	1
采掘、制造、电、煤气和水供应业	Mining, Manufacturing, Utilities	324	399	558	725	716
制造业	Manufacturing	299	368	520	683	673
建筑业	Construction	68	52	110	134	138
批发、零售贸易、旅馆和饭店业	Wholesale, Retail Trade, Restaurants and Hotels	211	304	414	570	557
运输、仓储和通讯业	Transport, Storage and Communication	169	221	268	372	380
其他服务业	Other Activities	582	723	982	1429	1471

3-10 续表 10 continued

单位：亿美元 (100 million USD)

国家或地区	Country or Area	2000	2005	2010	2018	2019
斯里兰卡	**Sri Lanka**					
按当年价格计算	at Current Prices					
增加值总额	Total Value Added	140	248	509	810	782
农业、狩猎业、林业和渔业	Agriculture, Hunting, Forestry, Fishing	20	22	48	70	62
采掘、制造、电、煤气和水供应业	Mining, Manufacturing, Utilities	38	64	121	170	167
制造业	Manufacturing	33	55	102	140	137
建筑业	Construction	8	13	30	65	63
批发、零售贸易、旅馆和饭店业	Wholesale, Retail Trade, Restaurants and Hotels	23	41	70	108	105
运输、仓储和通讯业	Transport, Storage and Communication	17	28	62	107	104
其他服务业	Other Activities	34	80	178	290	281
按2015年价格计算	at Constant Prices of 2015					
增加值总额	Total Value Added	335	410	550	838	857
农业、狩猎业、林业和渔业	Agriculture, Hunting, Forestry, Fishing	41	41	54	67	68
采掘、制造、电、煤气和水供应业	Mining, Manufacturing, Utilities	82	95	130	178	182
制造业	Manufacturing	75	85	112	146	148
建筑业	Construction	19	23	34	67	70
批发、零售贸易、旅馆和饭店业	Wholesale, Retail Trade, Restaurants and Hotels	48	58	75	113	115
运输、仓储和通讯业	Transport, Storage and Communication	32	45	72	114	117
其他服务业	Other Activities	113	145	184	298	305
泰　国	**Thailand**					
按当年价格计算	at Current Prices					
增加值总额	Total Value Added	1264	1893	3411	4959	5388
农业、狩猎业、林业和渔业	Agriculture, Hunting, Forestry, Fishing	107	174	359	410	450
采掘、制造、电、煤气和水供应业	Mining, Manufacturing, Utilities	425	673	1266	1639	1771
制造业	Manufacturing	359	561	1055	1359	1469
建筑业	Construction	38	56	96	127	141
批发、零售贸易、旅馆和饭店业	Wholesale, Retail Trade, Restaurants and Hotels	260	331	577	1116	1133
运输、仓储和通讯业	Transport, Storage and Communication	110	158	262	378	425
其他服务业	Other Activities	323	501	852	1289	1467
按2015年价格计算	at Constant Prices of 2015					
增加值总额	Total Value Added	2183	2846	3428	4399	4539
农业、狩猎业、林业和渔业	Agriculture, Hunting, Forestry, Fishing	281	321	347	383	384
采掘、制造、电、煤气和水供应业	Mining, Manufacturing, Utilities	730	1001	1256	1444	1473
制造业	Manufacturing	610	835	1044	1200	1225
建筑业	Construction	65	84	94	119	125
批发、零售贸易、旅馆和饭店业	Wholesale, Retail Trade, Restaurants and Hotels	436	509	615	958	1022
运输、仓储和通讯业	Transport, Storage and Communication	131	189	241	333	343
其他服务业	Other Activities	580	776	899	1162	1191

3-10 续表 11 continued

单位：亿美元 (100 million USD)

国家或地区	Country or Area	2000	2005	2010	2018	2019
越　南	**Viet Nam**					
按当年价格计算	at Current Prices					
增加值总额	Total Value Added	341	576	1014	2208	2360
农业、狩猎业、林业和渔业	Agriculture, Hunting, Forestry, Fishing	77	111	213	360	366
采掘、制造、电、煤气和水供应业	Mining, Manufacturing, Utilities	99	186	301	696	748
制造业	Manufacturing	58	108	150	392	432
建筑业	Construction	17	34	71	143	156
批发、零售贸易、旅馆和饭店业	Wholesale, Retail Trade, Restaurants and Hotels	54	89	135	359	392
运输、仓储和通讯业	Transport, Storage and Communication	13	24	44	83	90
其他服务业	Other Activities	82	132	250	566	608
按2015年价格计算	at Constant Prices of 2015					
增加值总额	Total Value Added	785	1085	1289	2115	2265
农业、狩猎业、林业和渔业	Agriculture, Hunting, Forestry, Fishing	202	243	282	355	363
采掘、制造、电、煤气和水供应业	Mining, Manufacturing, Utilities	228	341	372	675	735
制造业	Manufacturing	86	149	167	383	426
建筑业	Construction	34	56	81	137	150
批发、零售贸易、旅馆和饭店业	Wholesale, Retail Trade, Restaurants and Hotels	122	177	180	339	366
运输、仓储和通讯业	Transport, Storage and Communication	23	32	48	82	90
其他服务业	Other Activities	181	239	327	524	557
埃　及	**Egypt**					
按当年价格计算	at Current Prices					
增加值总额	Total Value Added	898	898	2047	2440	3083
农业、狩猎业、林业和渔业	Agriculture, Hunting, Forestry, Fishing	124	129	286	280	351
采掘、制造、电、煤气和水供应业	Mining, Manufacturing, Utilities	257	294	674	729	939
制造业	Manufacturing	161	155	346	404	505
建筑业	Construction	42	37	94	145	191
批发、零售贸易、旅馆和饭店业	Wholesale, Retail Trade, Restaurants and Hotels	155	127	309	394	506
运输、仓储和通讯业	Transport, Storage and Communication	76	103	196	224	273
其他服务业	Other Activities	244	208	487	668	823
按2015年价格计算	at Constant Prices of 2015					
增加值总额	Total Value Added	1789	2128	2785	3596	3733
农业、狩猎业、林业和渔业	Agriculture, Hunting, Forestry, Fishing	220	265	313	397	410
采掘、制造、电、煤气和水供应业	Mining, Manufacturing, Utilities	608	719	978	1063	1080
制造业	Manufacturing	306	360	482	572	589
建筑业	Construction	69	74	117	208	228
批发、零售贸易、旅馆和饭店业	Wholesale, Retail Trade, Restaurants and Hotels	319	324	390	559	581
运输、仓储和通讯业	Transport, Storage and Communication	95	131	215	320	339
其他服务业	Other Activities	479	617	776	1045	1091

3-10 续表 12 continued

单位：亿美元 (100 million USD)

国家或地区	Country or Area	2000	2005	2010	2018	2019
尼日利亚	**Nigeria**					
按当年价格计算	at Current Prices					
增加值总额	Total Value Added	687	1743	3634	4174	4699
农业、狩猎业、林业和渔业	Agriculture, Hunting, Forestry, Fishing	148	460	868	894	1039
采掘、制造、电、煤气和水供应业	Mining, Manufacturing, Utilities	224	436	815	889	1006
制造业	Manufacturing	97	177	238	407	547
建筑业	Construction	11	61	105	197	293
批发、零售贸易、旅馆和饭店业	Wholesale, Retail Trade, Restaurants and Hotels	102	283	615	753	779
运输、仓储和通讯业	Transport, Storage and Communication	31	95	442	500	601
其他服务业	Other Activities	171	410	788	940	980
按2015年价格计算	at Constant Prices of 2015					
增加值总额	Total Value Added	1784	2720	3871	4948	5033
农业、狩猎业、林业和渔业	Agriculture, Hunting, Forestry, Fishing	310	609	835	1122	1125
采掘、制造、电、煤气和水供应业	Mining, Manufacturing, Utilities	615	760	731	771	789
制造业	Manufacturing	211	230	253	455	458
建筑业	Construction	44	58	106	175	179
批发、零售贸易、旅馆和饭店业	Wholesale, Retail Trade, Restaurants and Hotels	216	392	735	963	961
运输、仓储和通讯业	Transport, Storage and Communication	53	168	493	703	768
其他服务业	Other Activities	473	641	943	1206	1202
南　　非	**South Africa**					
按当年价格计算	at Current Prices					
增加值总额	Total Value Added	1262	2310	3408	3279	3131
农业、狩猎业、林业和渔业	Agriculture, Hunting, Forestry, Fishing	40	62	90	80	66
采掘、制造、电、煤气和水供应业	Mining, Manufacturing, Utilities	356	633	897	823	794
制造业	Manufacturing	235	419	490	433	414
建筑业	Construction	34	67	130	129	119
批发、零售贸易、旅馆和饭店业	Wholesale, Retail Trade, Restaurants and Hotels	190	327	506	493	474
运输、仓储和通讯业	Transport, Storage and Communication	132	251	313	322	306
其他服务业	Other Activities	511	971	1471	1432	1371
按2015年价格计算	at Constant Prices of 2015					
增加值总额	Total Value Added	1829	2192	2546	2918	2924
农业、狩猎业、林业和渔业	Agriculture, Hunting, Forestry, Fishing	50	53	61	69	64
采掘、制造、电、煤气和水供应业	Mining, Manufacturing, Utilities	594	669	684	711	702
制造业	Manufacturing	284	331	359	388	385
建筑业	Construction	46	67	103	116	113
批发、零售贸易、旅馆和饭店业	Wholesale, Retail Trade, Restaurants and Hotels	263	317	373	434	435
运输、仓储和通讯业	Transport, Storage and Communication	158	214	255	303	302
其他服务业	Other Activities	718	873	1072	1284	1308

3-10 续表 13 continued

单位：亿美元 (100 million USD)

国家或地区	Country or Area	2000	2005	2010	2018	2019
加 拿 大	**Canada**					
按当年价格计算	at Current Prices					
增加值总额	Total Value Added	6918	10925	15134	16057	16237
农业、狩猎业、林业和渔业	Agriculture, Hunting, Forestry, Fishing	156	220	241	316	318
采掘、制造、电、煤气和水供应业	Mining, Manufacturing, Utilities	1843	2769	3100	2856	2887
制造业	Manufacturing	1268	1569	1622	1704	1718
建筑业	Construction	344	632	1121	1262	1266
批发、零售贸易、旅馆和饭店业	Wholesale, Retail Trade, Restaurants and Hotels	854	1373	1902	2028	2058
运输、仓储和通讯业	Transport, Storage and Communication	528	849	1120	1228	1244
其他服务业	Other Activities	3194	5081	7649	8367	8465
按2015年价格计算	at Constant Prices of 2015					
增加值总额	Total Value Added	10666	12168	12975	15555	15824
农业、狩猎业、林业和渔业	Agriculture, Hunting, Forestry, Fishing	217	252	242	316	334
采掘、制造、电、煤气和水供应业	Mining, Manufacturing, Utilities	2480	2607	2331	2808	2799
制造业	Manufacturing	1734	1755	1433	1629	1625
建筑业	Construction	677	868	995	1176	1174
批发、零售贸易、旅馆和饭店业	Wholesale, Retail Trade, Restaurants and Hotels	1232	1465	1611	1946	1972
运输、仓储和通讯业	Transport, Storage and Communication	796	945	983	1229	1255
其他服务业	Other Activities	5164	5953	6811	8073	8292
墨 西 哥	**Mexico**					
按当年价格计算	at Current Prices					
增加值总额	Total Value Added	6749	8412	10149	11531	11978
农业、狩猎业、林业和渔业	Agriculture, Hunting, Forestry, Fishing	235	270	341	413	436
采掘、制造、电、煤气和水供应业	Mining, Manufacturing, Utilities	1921	2210	2613	2869	2954
制造业	Manufacturing	1353	1389	1656	2123	2188
建筑业	Construction	510	672	811	909	975
批发、零售贸易、旅馆和饭店业	Wholesale, Retail Trade, Restaurants and Hotels	1381	1640	1917	2607	2678
运输、仓储和通讯业	Transport, Storage and Communication	572	725	916	982	1007
其他服务业	Other Activities	2129	2895	3551	3750	3928
按2015年价格计算	at Constant Prices of 2015					
增加值总额	Total Value Added	8282	8883	9552	11806	11784
农业、狩猎业、林业和渔业	Agriculture, Hunting, Forestry, Fishing	284	304	337	410	418
采掘、制造、电、煤气和水供应业	Mining, Manufacturing, Utilities	2390	2490	2437	2675	2664
制造业	Manufacturing	1731	1722	1747	2148	2154
建筑业	Construction	677	698	769	864	810
批发、零售贸易、旅馆和饭店业	Wholesale, Retail Trade, Restaurants and Hotels	1689	1846	1940	2617	2624
运输、仓储和通讯业	Transport, Storage and Communication	596	662	761	1121	1113
其他服务业	Other Activities	2636	2876	3302	4122	4158

3-10 续表 14 continued

单位：亿美元 (100 million USD)

国家或地区	Country or Area	2000	2005	2010	2018	2019
美　国	**United States**					
按当年价格计算	at Current Prices					
增加值总额	Total Value Added	102522	130364	149919	206118	214336
农业、狩猎业、林业和渔业	Agriculture, Hunting, Forestry, Fishing	983	1283	1463	1786	1754
采掘、制造、电、煤气和水供应业	Mining, Manufacturing, Utilities	18670	21508	24294	30265	30531
制造业	Manufacturing	15502	16934	17970	23144	23458
建筑业	Construction	4613	6518	5251	8482	8927
批发、零售贸易、旅馆和饭店业	Wholesale, Retail Trade, Restaurants and Hotels	15956	19547	21439	29647	30931
运输、仓储和通讯业	Transport, Storage and Communication	9564	12159	14466	21244	22634
其他服务业	Other Activities	52736	69349	83006	114694	119559
按2015年价格计算	at Constant Prices of 2015					
增加值总额	Total Value Added	141571	158740	164217	195777	200545
农业、狩猎业、林业和渔业	Agriculture, Hunting, Forestry, Fishing	1298	1573	1556	1953	1955
采掘、制造、电、煤气和水供应业	Mining, Manufacturing, Utilities	21556	23406	24920	28797	29763
制造业	Manufacturing	17453	19627	20092	22588	23031
建筑业	Construction	9009	9026	6297	7646	7644
批发、零售贸易、旅馆和饭店业	Wholesale, Retail Trade, Restaurants and Hotels	21527	25066	23835	28558	28675
运输、仓储和通讯业	Transport, Storage and Communication	10412	12767	14876	21888	23200
其他服务业	Other Activities	78226	87291	92849	106875	109191
阿 根 廷	**Argentina**					
按当年价格计算	at Current Prices					
增加值总额	Total Value Added	2714	1706	3578	4395	3775
农业、狩猎业、林业和渔业	Agriculture, Hunting, Forestry, Fishing	125	159	304	317	324
采掘、制造、电、煤气和水供应业	Mining, Manufacturing, Utilities	587	504	891	983	868
制造业	Manufacturing	431	368	676	660	577
建筑业	Construction	115	71	186	211	172
批发、零售贸易、旅馆和饭店业	Wholesale, Retail Trade, Restaurants and Hotels	504	280	611	778	660
运输、仓储和通讯业	Transport, Storage and Communication	192	125	255	302	267
其他服务业	Other Activities	1192	567	1330	1804	1485
按2015年价格计算	at Constant Prices of 2015					
增加值总额	Total Value Added	3694	4052	5066	5294	5202
农业、狩猎业、林业和渔业	Agriculture, Hunting, Forestry, Fishing	235	291	316	280	335
采掘、制造、电、煤气和水供应业	Mining, Manufacturing, Utilities	870	984	1185	1110	1055
制造业	Manufacturing	626	721	901	841	789
建筑业	Construction	190	219	274	293	277
批发、零售贸易、旅馆和饭店业	Wholesale, Retail Trade, Restaurants and Hotels	663	707	950	966	899
运输、仓储和通讯业	Transport, Storage and Communication	171	212	307	356	353
其他服务业	Other Activities	1583	1603	2008	2346	2307

3-10 续表 15 continued

单位：亿美元 (100 million USD)

国家或地区	Country or Area	2000	2005	2010	2018	2019
巴　西	**Brazil**					
按当年价格计算	at Current Prices					
增加值总额	Total Value Added	5591	7570	18774	16132	15819
农业、狩猎业、林业和渔业	Agriculture, Hunting, Forestry, Fishing	305	415	909	833	820
采掘、制造、电、煤气和水供应业	Mining, Manufacturing, Utilities	1199	1808	3963	2560	2463
制造业	Manufacturing	904	1314	2810	1844	1744
建筑业	Construction	302	347	1176	858	848
批发、零售贸易、旅馆和饭店业	Wholesale, Retail Trade, Restaurants and Hotels	632	935	2765	2523	2466
运输、仓储和通讯业	Transport, Storage and Communication	345	609	1525	1259	1232
其他服务业	Other Activities	2807	3455	8436	8099	7990
按2015年价格计算	at Constant Prices of 2015					
增加值总额	Total Value Added	10504	11865	14758	15421	15587
农业、狩猎业、林业和渔业	Agriculture, Hunting, Forestry, Fishing	456	563	661	854	864
采掘、制造、电、煤气和水供应业	Mining, Manufacturing, Utilities	2076	2425	2759	2569	2592
制造业	Manufacturing	1633	1907	2114	1876	1878
建筑业	Construction	612	616	856	769	760
批发、零售贸易、旅馆和饭店业	Wholesale, Retail Trade, Restaurants and Hotels	1635	1850	2387	2380	2393
运输、仓储和通讯业	Transport, Storage and Communication	737	866	1070	1196	1207
其他服务业	Other Activities	4988	5545	7025	7653	7770
委内瑞拉	**Venezuela**					
按当年价格计算	at Current Prices					
增加值总额	Total Value Added	1122	1358	3739	1890	1256
农业、狩猎业、林业和渔业	Agriculture, Hunting, Forestry, Fishing	46	54	212	111	72
采掘、制造、电、煤气和水供应业	Mining, Manufacturing, Utilities	453	679	1587	513	359
制造业	Manufacturing	217	219	509	299	191
建筑业	Construction	90	94	319	156	106
批发、零售贸易、旅馆和饭店业	Wholesale, Retail Trade, Restaurants and Hotels	107	151	580	460	293
运输、仓储和通讯业	Transport, Storage and Communication	78	78	213	115	74
其他服务业	Other Activities	348	302	828	536	353
按2015年价格计算	at Constant Prices of 2015					
增加值总额	Total Value Added	2195	2524	3010	1958	1313
农业、狩猎业、林业和渔业	Agriculture, Hunting, Forestry, Fishing	196	224	245	105	67
采掘、制造、电、煤气和水供应业	Mining, Manufacturing, Utilities	743	777	760	589	423
制造业	Manufacturing	565	595	610	284	178
建筑业	Construction	187	177	286	148	99
批发、零售贸易、旅馆和饭店业	Wholesale, Retail Trade, Restaurants and Hotels	594	762	928	436	273
运输、仓储和通讯业	Transport, Storage and Communication	81	105	178	109	69
其他服务业	Other Activities	470	596	753	506	327

3-10 续表 16 continued

单位：亿美元 (100 million USD)

国家或地区	Country or Area	2000	2005	2010	2018	2019
白俄罗斯	**Belarus**					
按当年价格计算	at Current Prices					
增加值总额	Total Value Added	92	265	502	514	548
农业、狩猎业、林业和渔业	Agriculture, Hunting, Forestry, Fishing	13	26	51	40	43
采掘、制造、电、煤气和水供应业	Mining, Manufacturing, Utilities	32	96	149	156	162
制造业	Manufacturing	25	74	129	128	134
建筑业	Construction	7	21	54	32	35
批发、零售贸易、旅馆和饭店业	Wholesale, Retail Trade, Restaurants and Hotels	12	31	70	65	65
运输、仓储和通讯业	Transport, Storage and Communication	9	24	45	68	77
其他服务业	Other Activities	19	68	134	154	167
按2015年价格计算	at Constant Prices of 2015					
增加值总额	Total Value Added	253	332	465	504	511
农业、狩猎业、林业和渔业	Agriculture, Hunting, Forestry, Fishing	21	26	32	37	38
采掘、制造、电、煤气和水供应业	Mining, Manufacturing, Utilities	63	97	136	156	157
制造业	Manufacturing	43	74	112	131	132
建筑业	Construction	13	21	49	37	38
批发、零售贸易、旅馆和饭店业	Wholesale, Retail Trade, Restaurants and Hotels	20	35	57	75	75
运输、仓储和通讯业	Transport, Storage and Communication	26	33	43	65	67
其他服务业	Other Activities	102	114	146	134	135
捷　克	**Czech Rep.**					
按当年价格计算	at Current Prices					
增加值总额	Total Value Added	563	1240	1892	2243	2263
农业、狩猎业、林业和渔业	Agriculture, Hunting, Forestry, Fishing	20	31	32	48	48
采掘、制造、电、煤气和水供应业	Mining, Manufacturing, Utilities	172	378	560	666	661
制造业	Manufacturing	145	310	438	565	561
建筑业	Construction	35	83	133	125	127
批发、零售贸易、旅馆和饭店业	Wholesale, Retail Trade, Restaurants and Hotels	84	171	239	295	294
运输、仓储和通讯业	Transport, Storage and Communication	65	145	213	258	260
其他服务业	Other Activities	186	432	714	852	872
按2015年价格计算	at Constant Prices of 2015					
增加值总额	Total Value Added	1208	1411	1567	1888	1933
农业、狩猎业、林业和渔业	Agriculture, Hunting, Forestry, Fishing	40	49	38	44	46
采掘、制造、电、煤气和水供应业	Mining, Manufacturing, Utilities	323	407	498	607	621
制造业	Manufacturing	209	282	384	521	537
建筑业	Construction	76	91	99	93	91
批发、零售贸易、旅馆和饭店业	Wholesale, Retail Trade, Restaurants and Hotels	132	165	180	240	247
运输、仓储和通讯业	Transport, Storage and Communication	148	173	181	227	233
其他服务业	Other Activities	489	524	571	677	694

3-10 续表 17 continued

单位：亿美元 (100 million USD)

国家或地区	Country or Area	2000	2005	2010	2018	2019
法　国	**France**					
按当年价格计算	at Current Prices					
增加值总额	Total Value Added	12220	19724	23810	24792	24148
农业、狩猎业、林业和渔业	Agriculture, Hunting, Forestry, Fishing	286	369	424	460	434
采掘、制造、电、煤气和水供应业	Mining, Manufacturing, Utilities	2307	3235	3284	3373	3259
制造业	Manufacturing	1972	2690	2729	2758	2666
建筑业	Construction	593	1071	1432	1387	1394
批发、零售贸易、旅馆和饭店业	Wholesale, Retail Trade, Restaurants and Hotels	1661	2686	3137	3270	3161
运输、仓储和通讯业	Transport, Storage and Communication	1170	1944	2322	2428	2414
其他服务业	Other Activities	6203	10419	13211	13873	13487
按2015年价格计算	at Constant Prices of 2015					
增加值总额	Total Value Added	18377	19857	20705	22934	23281
农业、狩猎业、林业和渔业	Agriculture, Hunting, Forestry, Fishing	343	341	365	387	384
采掘、制造、电、煤气和水供应业	Mining, Manufacturing, Utilities	2897	3124	2960	3176	3178
制造业	Manufacturing	2286	2457	2399	2624	2630
建筑业	Construction	1261	1363	1321	1221	1253
批发、零售贸易、旅馆和饭店业	Wholesale, Retail Trade, Restaurants and Hotels	2397	2539	2598	3052	3102
运输、仓储和通讯业	Transport, Storage and Communication	1449	1717	1928	2280	2362
其他服务业	Other Activities	10023	10769	11529	12817	12999
德　国	**Germany**					
按当年价格计算	at Current Prices					
增加值总额	Total Value Added	17572	25811	30616	35804	34858
农业、狩猎业、林业和渔业	Agriculture, Hunting, Forestry, Fishing	193	207	273	263	279
采掘、制造、电、煤气和水供应业	Mining, Manufacturing, Utilities	4482	6499	7795	9099	8443
制造业	Manufacturing	3992	5711	6689	7960	7379
建筑业	Construction	903	1001	1323	1752	1867
批发、零售贸易、旅馆和饭店业	Wholesale, Retail Trade, Restaurants and Hotels	2061	3059	3438	4134	4069
运输、仓储和通讯业	Transport, Storage and Communication	1528	2342	2707	3288	3253
其他服务业	Other Activities	8404	12703	15079	17268	16947
按2015年价格计算	at Constant Prices of 2015					
增加值总额	Total Value Added	25798	26440	27928	32209	32336
农业、狩猎业、林业和渔业	Agriculture, Hunting, Forestry, Fishing	218	202	241	187	194
采掘、制造、电、煤气和水供应业	Mining, Manufacturing, Utilities	6184	6487	6915	8428	8128
制造业	Manufacturing	5394	5683	6052	7397	7142
建筑业	Construction	1634	1302	1338	1436	1486
批发、零售贸易、旅馆和饭店业	Wholesale, Retail Trade, Restaurants and Hotels	2737	3047	3012	3677	3780
运输、仓储和通讯业	Transport, Storage and Communication	1773	2042	2400	3073	3137
其他服务业	Other Activities	13257	13363	14023	15407	15611

3-10 续表 18 continued

单位：亿美元 (100 million USD)

国家或地区	Country or Area	2000	2005	2010	2018	2019
意 大 利	**Italy**					
按当年价格计算	at Current Prices					
增加值总额	Total Value Added	10249	16740	19197	18768	17953
农业、狩猎业、林业和渔业	Agriculture, Hunting, Forestry, Fishing	293	378	379	407	383
采掘、制造、电、煤气和水供应业	Mining, Manufacturing, Utilities	2283	3333	3586	3696	3518
制造业	Manufacturing	2010	2888	3037	3139	2980
建筑业	Construction	498	990	1080	792	766
批发、零售贸易、旅馆和饭店业	Wholesale, Retail Trade, Restaurants and Hotels	1695	2584	2853	2964	2837
运输、仓储和通讯业	Transport, Storage and Communication	946	1614	1851	1737	1688
其他服务业	Other Activities	4535	7842	9448	9172	8760
按2015年价格计算	at Constant Prices of 2015					
增加值总额	Total Value Added	16429	17212	16972	17155	17201
农业、狩猎业、林业和渔业	Agriculture, Hunting, Forestry, Fishing	383	362	365	371	365
采掘、制造、电、煤气和水供应业	Mining, Manufacturing, Utilities	3556	3555	3248	3390	3366
制造业	Manufacturing	2879	2875	2672	2864	2844
建筑业	Construction	985	1151	981	736	749
批发、零售贸易、旅馆和饭店业	Wholesale, Retail Trade, Restaurants and Hotels	2262	2308	2328	2657	2665
运输、仓储和通讯业	Transport, Storage and Communication	1377	1600	1640	1606	1631
其他服务业	Other Activities	7865	8235	8410	8396	8425
荷 兰	**Netherlands**					
按当年价格计算	at Current Prices					
增加值总额	Total Value Added	3739	6111	7606	8180	8084
农业、狩猎业、林业和渔业	Agriculture, Hunting, Forestry, Fishing	96	127	151	151	149
采掘、制造、电、煤气和水供应业	Mining, Manufacturing, Utilities	706	1108	1267	1243	1206
制造业	Manufacturing	556	843	886	1011	990
建筑业	Construction	199	332	400	384	400
批发、零售贸易、旅馆和饭店业	Wholesale, Retail Trade, Restaurants and Hotels	584	911	1078	1298	1288
运输、仓储和通讯业	Transport, Storage and Communication	351	602	711	798	785
其他服务业	Other Activities	1802	3030	3999	4305	4256
按2015年价格计算	at Constant Prices of 2015					
增加值总额	Total Value Added	5703	6074	6579	7380	7497
农业、狩猎业、林业和渔业	Agriculture, Hunting, Forestry, Fishing	109	114	124	134	136
采掘、制造、电、煤气和水供应业	Mining, Manufacturing, Utilities	993	1060	1091	1161	1160
制造业	Manufacturing	716	775	782	931	938
建筑业	Construction	323	315	304	358	376
批发、零售贸易、旅馆和饭店业	Wholesale, Retail Trade, Restaurants and Hotels	872	905	942	1167	1198
运输、仓储和通讯业	Transport, Storage and Communication	461	546	608	739	754
其他服务业	Other Activities	2945	3135	3510	3821	3873

3-10 续表 19 continued

单位: 亿美元 (100 million USD)

国家或地区	Country or Area	2000	2005	2010	2018	2019
波　兰	**Poland**					
按当年价格计算	at Current Prices					
增加值总额	Total Value Added	1529	2690	4222	5143	5237
农业、狩猎业、林业和渔业	Agriculture, Hunting, Forestry, Fishing	54	89	137	137	140
采掘、制造、电、煤气和水供应业	Mining, Manufacturing, Utilities	370	673	1030	1283	1292
制造业	Manufacturing	276	490	736	983	991
建筑业	Construction	125	204	355	393	375
批发、零售贸易、旅馆和饭店业	Wholesale, Retail Trade, Restaurants and Hotels	322	533	863	981	995
运输、仓储和通讯业	Transport, Storage and Communication	134	274	393	581	595
其他服务业	Other Activities	523	918	1444	1767	1840
按2015年价格计算	at Constant Prices of 2015					
增加值总额	Total Value Added	2598	2963	3678	4827	5043
农业、狩猎业、林业和渔业	Agriculture, Hunting, Forestry, Fishing	94	114	127	106	106
采掘、制造、电、煤气和水供应业	Mining, Manufacturing, Utilities	568	666	908	1239	1293
制造业	Manufacturing	302	406	645	954	1003
建筑业	Construction	227	217	281	371	356
批发、零售贸易、旅馆和饭店业	Wholesale, Retail Trade, Restaurants and Hotels	534	592	762	938	988
运输、仓储和通讯业	Transport, Storage and Communication	255	314	346	566	593
其他服务业	Other Activities	919	1061	1255	1606	1707
俄 罗 斯	**Russia**					
按当年价格计算	at Current Prices					
增加值总额	Total Value Added	2301	6612	13324	14808	15202
农业、狩猎业、林业和渔业	Agriculture, Hunting, Forestry, Fishing	145	325	510	522	595
采掘、制造、电、煤气和水供应业	Mining, Manufacturing, Utilities	766	2175	3777	4103	4030
制造业	Manufacturing	523	1224	1997	2040	2059
建筑业	Construction	151	352	857	1212	1155
批发、零售贸易、旅馆和饭店业	Wholesale, Retail Trade, Restaurants and Hotels	546	1336	2774	2480	2603
运输、仓储和通讯业	Transport, Storage and Communication	204	658	1183	1109	1166
其他服务业	Other Activities	490	1766	4223	5382	5653
按2015年价格计算	at Constant Prices of 2015					
增加值总额	Total Value Added	7307	9511	11429	12769	12949
农业、狩猎业、林业和渔业	Agriculture, Hunting, Forestry, Fishing	380	430	424	536	539
采掘、制造、电、煤气和水供应业	Mining, Manufacturing, Utilities	2287	3049	3111	3384	3449
制造业	Manufacturing	1159	1548	1610	1799	1833
建筑业	Construction	427	658	830	934	953
批发、零售贸易、旅馆和饭店业	Wholesale, Retail Trade, Restaurants and Hotels	933	1421	1971	2189	2215
运输、仓储和通讯业	Transport, Storage and Communication	542	728	850	976	987
其他服务业	Other Activities	2779	3265	4247	4752	4810

3-10 续表 20 continued

单位：亿美元 (100 million USD)

国家或地区	Country or Area	2000	2005	2010	2018	2019
西班牙	**Spain**					
按当年价格计算	at Current Prices					
增加值总额	Total Value Added	5426	10352	13052	12870	12639
农业、狩猎业、林业和渔业	Agriculture, Hunting, Forestry, Fishing	224	319	345	393	364
采掘、制造、电、煤气和水供应业	Mining, Manufacturing, Utilities	1121	1902	2131	2075	2041
制造业	Manufacturing	969	1581	1619	1583	1555
建筑业	Construction	549	1231	1160	787	813
批发、零售贸易、旅馆和饭店业	Wholesale, Retail Trade, Restaurants and Hotels	1033	1890	2339	2440	2380
运输、仓储和通讯业	Transport, Storage and Communication	498	895	1100	1078	1070
其他服务业	Other Activities	2002	4114	5977	6097	5971
按2015年价格计算	at Constant Prices of 2015					
增加值总额	Total Value Added	8779	10245	10935	11783	12037
农业、狩猎业、林业和渔业	Agriculture, Hunting, Forestry, Fishing	290	262	293	355	347
采掘、制造、电、煤气和水供应业	Mining, Manufacturing, Utilities	1775	1960	1891	1927	1960
制造业	Manufacturing	1451	1551	1379	1461	1479
建筑业	Construction	901	1069	858	690	720
批发、零售贸易、旅馆和饭店业	Wholesale, Retail Trade, Restaurants and Hotels	1642	1849	1943	2201	2248
运输、仓储和通讯业	Transport, Storage and Communication	715	796	860	1036	1077
其他服务业	Other Activities	3456	4307	5091	5575	5685
土耳其	**Turkey**					
按当年价格计算	at Current Prices					
增加值总额	Total Value Added	2457	4428	6837	6978	6859
农业、狩猎业、林业和渔业	Agriculture, Hunting, Forestry, Fishing	275	464	697	450	489
采掘、制造、电、煤气和水供应业	Mining, Manufacturing, Utilities	590	998	1433	1734	1659
制造业	Manufacturing	513	856	1170	1482	1392
建筑业	Construction	145	280	470	554	411
批发、零售贸易、旅馆和饭店业	Wholesale, Retail Trade, Restaurants and Hotels	397	730	1043	1194	1204
运输、仓储和通讯业	Transport, Storage and Communication	310	634	823	850	850
其他服务业	Other Activities	740	1322	2372	2196	2246
按2015年价格计算	at Constant Prices of 2015					
增加值总额	Total Value Added	3754	4663	5406	8774	8880
农业、狩猎业、林业和渔业	Agriculture, Hunting, Forestry, Fishing	409	447	499	619	643
采掘、制造、电、煤气和水供应业	Mining, Manufacturing, Utilities	788	991	1159	1974	1961
制造业	Manufacturing	629	819	956	1659	1621
建筑业	Construction	213	317	412	790	722
批发、零售贸易、旅馆和饭店业	Wholesale, Retail Trade, Restaurants and Hotels	598	737	825	1483	1504
运输、仓储和通讯业	Transport, Storage and Communication	439	625	647	1070	1095
其他服务业	Other Activities	1294	1531	1852	2834	2942

3-10 续表 21 continued

单位: 亿美元 (100 million USD)

国家或地区	Country or Area	2000	2005	2010	2018	2019
乌 克 兰	**Ukraine**					
按当年价格计算	at Current Prices					
增加值总额	Total Value Added	276	789	1203	1110	1323
农业、狩猎业、林业和渔业	Agriculture, Hunting, Forestry, Fishing	45	79	101	133	139
采掘、制造、电、煤气和水供应业	Mining, Manufacturing, Utilities	91	235	308	275	306
制造业	Manufacturing	56	165	180	151	167
建筑业	Construction	11	35	45	30	41
批发、零售贸易、旅馆和饭店业	Wholesale, Retail Trade, Restaurants and Hotels	29	114	207	183	216
运输、仓储和通讯业	Transport, Storage and Communication	38	100	146	135	173
其他服务业	Other Activities	62	227	396	354	447
按2015年价格计算	at Constant Prices of 2015					
增加值总额	Total Value Added	581	861	866	838	866
农业、狩猎业、林业和渔业	Agriculture, Hunting, Forestry, Fishing	68	82	87	123	125
采掘、制造、电、煤气和水供应业	Mining, Manufacturing, Utilities	184	258	245	185	184
制造业	Manufacturing	104	170	154	119	120
建筑业	Construction	46	68	35	28	34
批发、零售贸易、旅馆和饭店业	Wholesale, Retail Trade, Restaurants and Hotels	72	139	166	147	152
运输、仓储和通讯业	Transport, Storage and Communication	54	83	96	108	113
其他服务业	Other Activities	154	227	230	251	263
英 国	**United Kingdom**					
按当年价格计算	at Current Prices					
增加值总额	Total Value Added	14868	22804	22350	25484	25236
农业、狩猎业、林业和渔业	Agriculture, Hunting, Forestry, Fishing	142	140	151	163	166
采掘、制造、电、煤气和水供应业	Mining, Manufacturing, Utilities	2932	3683	3438	3535	3387
制造业	Manufacturing	2234	2684	2364	2563	2455
建筑业	Construction	906	1461	1275	1644	1656
批发、零售贸易、旅馆和饭店业	Wholesale, Retail Trade, Restaurants and Hotels	2139	3190	3049	3412	3445
运输、仓储和通讯业	Transport, Storage and Communication	1571	2341	2298	2705	2728
其他服务业	Other Activities	7178	11990	12139	14025	13855
按2015年价格计算	at Constant Prices of 2015					
增加值总额	Total Value Added	20326	23169	23689	27376	27757
农业、狩猎业、林业和渔业	Agriculture, Hunting, Forestry, Fishing	167	179	162	184	195
采掘、制造、电、煤气和水供应业	Mining, Manufacturing, Utilities	4156	3989	3777	3862	3815
制造业	Manufacturing	2867	2802	2681	2847	2798
建筑业	Construction	1412	1636	1545	1853	1886
批发、零售贸易、旅馆和饭店业	Wholesale, Retail Trade, Restaurants and Hotels	2600	2999	3005	3740	3888
运输、仓储和通讯业	Transport, Storage and Communication	1908	2334	2350	2924	3017
其他服务业	Other Activities	10125	12060	12857	14824	14969

3-10 续表 22 continued

单位：亿美元 (100 million USD)

国家或地区	Country or Area	2000	2005	2010	2018	2019
澳大利亚	**Australia**					
按当年价格计算	at Current Prices					
增加值总额	Total Value Added	3733	7006	12143	13646	12922
农业、狩猎业、林业和渔业	Agriculture, Hunting, Forestry, Fishing	143	207	296	310	262
采掘、制造、电、煤气和水供应业	Mining, Manufacturing, Utilities	757	1437	2473	2625	2556
制造业	Manufacturing	450	752	955	823	789
建筑业	Construction	211	511	963	1079	989
批发、零售贸易、旅馆和饭店业	Wholesale, Retail Trade, Restaurants and Hotels	490	880	1426	1462	1364
运输、仓储和通讯业	Transport, Storage and Communication	340	610	980	991	925
其他服务业	Other Activities	1791	3360	6005	7180	6826
按2015年价格计算	at Constant Prices of 2015					
增加值总额	Total Value Added	7447	8773	10094	12522	12523
农业、狩猎业、林业和渔业	Agriculture, Hunting, Forestry, Fishing	262	285	315	287	264
采掘、制造、电、煤气和水供应业	Mining, Manufacturing, Utilities	1289	1362	1528	1914	1951
制造业	Manufacturing	763	811	818	766	753
建筑业	Construction	441	697	855	998	952
批发、零售贸易、旅馆和饭店业	Wholesale, Retail Trade, Restaurants and Hotels	878	1062	1178	1437	1391
运输、仓储和通讯业	Transport, Storage and Communication	568	700	824	1018	979
其他服务业	Other Activities	3968	4666	5405	6878	6983
新 西 兰	**New Zealand**					
按当年价格计算	at Current Prices					
增加值总额	Total Value Added	507	1064	1351	1901	1889
农业、狩猎业、林业和渔业	Agriculture, Hunting, Forestry, Fishing	42	52	97	110	115
采掘、制造、电、煤气和水供应业	Mining, Manufacturing, Utilities	105	213	235	299	292
制造业	Manufacturing	84	167	159	219	213
建筑业	Construction	23	61	76	129	130
批发、零售贸易、旅馆和饭店业	Wholesale, Retail Trade, Restaurants and Hotels	65	136	161	241	240
运输、仓储和通讯业	Transport, Storage and Communication	46	95	105	148	145
其他服务业	Other Activities	226	506	677	973	968
按2015年价格计算	at Constant Prices of 2015					
增加值总额	Total Value Added	1115	1344	1413	1784	1813
农业、狩猎业、林业和渔业	Agriculture, Hunting, Forestry, Fishing	69	77	64	81	82
采掘、制造、电、煤气和水供应业	Mining, Manufacturing, Utilities	240	268	259	282	290
制造业	Manufacturing	187	218	189	215	221
建筑业	Construction	58	80	82	126	126
批发、零售贸易、旅馆和饭店业	Wholesale, Retail Trade, Restaurants and Hotels	137	164	172	232	233
运输、仓储和通讯业	Transport, Storage and Communication	76	94	106	141	144
其他服务业	Other Activities	536	662	734	924	939

3-11 支出法国内生产总值
GDP by Expenditure Approach

资料来源：世界银行WDI数据库。
Source: World Bank WDI Database.

单位：亿美元 (100 million USD)

国家或地区	Country or Area	2000	2005	2010	2015	2019	2020
中　国	**China**						
按当年价格计算	at current price						
居民消费支出	Households and NPISHs Final Consumption Expenditure	5661	9049	20895	41783	56046	
政府消费支出	General Government Final Consumption Expenditure	2040	3383	8879	17940	23948	
资本形成总额	Gross Capital Formation	4067	9223	28339	47824	61762	
货物和服务出口	Exports of Goods and Services	2531	7733	16548	23621	26413	27233
货物和服务进口	Imports of Goods and Services	2243	6487	14324	20033	24763	23571
国内生产总值	Gross Domestic Product	12113	22860	60872	110616	142799	147227
按2015年价格计算	at constant price of 2015						
居民消费支出	Households and NPISHs Final Consumption Expenditure	10334	15370	25737	41783	57480	
政府消费支出	General Government Final Consumption Expenditure				17940		
资本形成总额	Gross Capital Formation	6945	15525	33582	47824	60536	63630
货物和服务出口	Exports of Goods and Services				23621		
货物和服务进口	Imports of Goods and Services				20033		
国内生产总值	Gross Domestic Product	27701	44205	75541	110616	142962	146251
中国香港	**Hong Kong SAR, China**						
按当年价格计算	at current price						
居民消费支出	Households and NPISHs Final Consumption Expenditure	1007	1044	1403	2055	2518	2305
政府消费支出	General Government Final Consumption Expenditure	161	168	203	298	395	441
资本形成总额	Gross Capital Formation	474	382	546	666	660	657
货物和服务出口	Exports of Goods and Services	2164	3222	4694	6061	6450	6126
货物和服务进口	Imports of Goods and Services	2088	3000	4560	5987	6393	6063
国内生产总值	Gross Domestic Product	1717	1816	2286	3094	3630	3466
按2015年价格计算	at constant price of 2015						
居民消费支出	Households and NPISHs Final Consumption Expenditure	1175	1288	1608	2055	2310	2081
政府消费支出	General Government Final Consumption Expenditure	207	229	257	298	348	376
资本形成总额	Gross Capital Formation				666		
货物和服务出口	Exports of Goods and Services	2505	3964	5218	6061	6282	5909
货物和服务进口	Imports of Goods and Services	2525	3744	5054	5987	6239	5855
国内生产总值	Gross Domestic Product	1795	2208	2676	3094	3317	3116
中国澳门	**Macao SAR, China**						
按当年价格计算	at current price						
居民消费支出	Households and NPISHs Final Consumption Expenditure	31	39	67	119	138	
政府消费支出	General Government Final Consumption Expenditure	8	12	23	44	56	
资本形成总额	Gross Capital Formation	7	31	37	114	78	
货物和服务出口	Exports of Goods and Services	60	103	247	354	454	
货物和服务进口	Imports of Goods and Services	40	63	92	180	173	
国内生产总值	Gross Domestic Product	68	122	282	451	552	
按2015年价格计算	at constant price of 2015						
居民消费支出	Households and NPISHs Final Consumption Expenditure	51	65	87	119	130	109
政府消费支出	General Government Final Consumption Expenditure	17	22	33	44	49	54
资本形成总额	Gross Capital Formation	17	60	52	114	72	62
货物和服务出口	Exports of Goods and Services	99	168	320	354	433	145
货物和服务进口	Imports of Goods and Services	49	80	100	180	172	153
国内生产总值	Gross Domestic Product	137	234	398	451	510	223

3-11 续表 1 continued

单位：亿美元 (100 million USD)

国家或地区	Country or Area	2000	2005	2010	2015	2019	2020
孟加拉国	**Bangladesh**						
按当年价格计算	at current price						
居民消费支出	Households and NPISHs Final Consumption Expenditure	400	512	854	1413	2087	2230
政府消费支出	General Government Final Consumption Expenditure	27	36	59	105	190	198
资本形成总额	Gross Capital Formation	127	179	303	564	955	1023
货物和服务出口	Exports of Goods and Services	66	100	185	338	464	395
货物和服务进口	Imports of Goods and Services	91	139	251	483	649	603
国内生产总值	Gross Domestic Product	534	694	1153	1951	3026	3242
按2015年价格计算	at constant price of 2015						
居民消费支出	Households and NPISHs Final Consumption Expenditure	695	861	1102	1413	1804	1851
政府消费支出	General Government Final Consumption Expenditure	39	59	77	105	155	154
资本形成总额	Gross Capital Formation	168	249	375	564	810	844
货物和服务出口	Exports of Goods and Services	49	148	226	338	405	339
货物和服务进口	Imports of Goods and Services	82	243	320	483	574	514
国内生产总值	Gross Domestic Product	835	1069	1436	1951	2615	2677
文　莱	**Brunei Darussalam**						
按当年价格计算	at current price						
居民消费支出	Households and NPISHs Final Consumption Expenditure	15	21	20	26	28	29
政府消费支出	General Government Final Consumption Expenditure	15	18	30	32	34	31
资本形成总额	Gross Capital Formation	8	11	32	46	52	49
货物和服务出口	Exports of Goods and Services	40	67	92	68	78	69
货物和服务进口	Imports of Goods and Services	21	26	38	49	68	64
国内生产总值	Gross Domestic Product	60	95	137	129	135	120
按2015年价格计算	at constant price of 2015						
居民消费支出	Households and NPISHs Final Consumption Expenditure	13	18	21	26	29	31
政府消费支出	General Government Final Consumption Expenditure	20	21	30	32	34	30
资本形成总额	Gross Capital Formation	18	23	31	46	54	49
货物和服务出口	Exports of Goods and Services	98	106	81	68	76	82
货物和服务进口	Imports of Goods and Services	29	33	43	49	74	72
国内生产总值	Gross Domestic Product	113	126	130	129	133	134
柬埔寨	**Cambodia**						
按当年价格计算	at current price						
居民消费支出	Households and NPISHs Final Consumption Expenditure	32	53	91	139	188	180
政府消费支出	General Government Final Consumption Expenditure	2	3	7	10	13	14
资本形成总额	Gross Capital Formation	6	13	20	41	66	64
货物和服务出口	Exports of Goods and Services	18	40	61	111	165	158
货物和服务进口	Imports of Goods and Services	23	46	67	119	169	162
国内生产总值	Gross Domestic Product	37	63	112	180	271	253
按2015年价格计算	at constant price of 2015						
居民消费支出	Households and NPISHs Final Consumption Expenditure	50	74	103	139	175	167
政府消费支出	General Government Final Consumption Expenditure	3	3	8	10	13	14
资本形成总额	Gross Capital Formation	8	16	23	41	62	60
货物和服务出口	Exports of Goods and Services	17	36	60	111	165	146
货物和服务进口	Imports of Goods and Services	19	39	65	119	175	160
国内生产总值	Gross Domestic Product	59	92	128	180	237	230

3-11 续表 2 continued

单位: 亿美元 (100 million USD)

国家或地区	Country or Area	2000	2005	2010	2015	2019	2020
印　度	**India**						
按当年价格计算	at current price						
居民消费支出	Households and NPISHs Final Consumption Expenditure	2986	4707	9170	12413	17362	15489
政府消费支出	General Government Final Consumption Expenditure	560	850	1844	2194	3223	3305
资本形成总额	Gross Capital Formation	1250	3124	6739	6756	8802	7455
货物和服务出口	Exports of Goods and Services	609	1608	3754	4168	5290	4741
货物和服务进口	Imports of Goods and Services	651	1837	4500	4651	6016	4825
国内生产总值	Gross Domestic Product	4684	8204	16756	21036	28705	26230
按2015年价格计算	at constant price of 2015						
居民消费支出	Households and NPISHs Final Consumption Expenditure	5172	6748	8892	12413	16187	14734
政府消费支出	General Government Final Consumption Expenditure	973	1155	1760	2194	2986	3073
资本形成总额	Gross Capital Formation	1721	3379	5738	6756	8714	7587
货物和服务出口	Exports of Goods and Services	884	1962	3264	4168	4970	4569
货物和服务进口	Imports of Goods and Services	1059	2248	4176	4651	6143	5061
国内生产总值	Gross Domestic Product	8005	10943	15359	21036	26956	24809
印度尼西亚	**Indonesia**						
按当年价格计算	at current price						
居民消费支出	Households and NPISHs Final Consumption Expenditure	1017	1840	4245	4946	6483	6241
政府消费支出	General Government Final Consumption Expenditure	108	232	680	839	986	983
资本形成总额	Gross Capital Formation	367	717	2483	2932	3780	3426
货物和服务出口	Exports of Goods and Services	676	974	1835	1822	2064	1817
货物和服务进口	Imports of Goods and Services	503	855	1692	1789	2127	1696
国内生产总值	Gross Domestic Product	1650	2859	7551	8609	11191	10584
按2015年价格计算	at constant price of 2015						
居民消费支出	Households and NPISHs Final Consumption Expenditure	2510	3057	3832	4946	6030	5869
政府消费支出	General Government Final Consumption Expenditure	309	458	669	839	926	944
资本形成总额	Gross Capital Formation	-5864	-5473	2188	2932	3614	3366
货物和服务出口	Exports of Goods and Services	803	1119	1516	1822	2060	1901
货物和服务进口	Imports of Goods and Services	752	1136	1476	1789	1959	1671
国内生产总值	Gross Domestic Product	3950	4976	6578	8609	10493	10276
以 色 列	**Israel**						
按当年价格计算	at current price						
居民消费支出	Households and NPISHs Final Consumption Expenditure	700	788	1329	1640	2149	2015
政府消费支出	General Government Final Consumption Expenditure	321	345	530	672	895	966
资本形成总额	Gross Capital Formation	304	295	444	595	848	900
货物和服务出口	Exports of Goods and Services	471	581	813	945	1174	1141
货物和服务进口	Imports of Goods and Services	472	583	769	851	1087	952
国内生产总值	Gross Domestic Product	1327	1427	2340	3001	3947	4020
按2015年价格计算	at constant price of 2015						
居民消费支出	Households and NPISHs Final Consumption Expenditure	964	1108	1363	1640	1940	1762
政府消费支出	General Government Final Consumption Expenditure	473	503	573	672	775	794
资本形成总额	Gross Capital Formation	380	348	433	595	786	794
货物和服务出口	Exports of Goods and Services	594	684	844	945	1108	1087
货物和服务进口	Imports of Goods and Services	580	622	727	851	1079	977
国内生产总值	Gross Domestic Product	1884	2065	2530	3001	3454	3370

3-11 续表 3 continued

单位：亿美元 (100 million USD)

国家或地区	Country or Area	2000	2005	2010	2015	2019	2020
日　本	**Japan**						
按当年价格计算	at current price						
居民消费支出	Households and NPISHs Final Consumption Expenditure	26665	26477	32751	24790	28036	
政府消费支出	General Government Final Consumption Expenditure	8222	8573	11059	8720	10207	
资本形成总额	Gross Capital Formation	14119	12587	13010	11186	13261	
货物和服务出口	Exports of Goods and Services	5199	6675	8592	7751	8941	
货物和服务进口	Imports of Goods and Services	4521	5998	7821	7997	8957	
国内生产总值	Gross Domestic Product	49684	48315	57591	44449	51488	49754
按2015年价格计算	at constant price of 2015						
居民消费支出	Households and NPISHs Final Consumption Expenditure	22070	23616	24075	24790	24936	
政府消费支出	General Government Final Consumption Expenditure	7027	7610	8033	8720	9127	
资本形成总额	Gross Capital Formation	12019	11664	9702	11186	11708	
货物和服务出口	Exports of Goods and Services	4320	5845	6811	7751	8589	
货物和服务进口	Imports of Goods and Services	5211	6316	6401	7997	8441	
国内生产总值	Gross Domestic Product	39868	42291	42189	44449	45913	43245
哈萨克斯坦	**Kazakhstan**						
按当年价格计算	at current price						
居民消费支出	Households and NPISHs Final Consumption Expenditure	113	285	672	990	950	
政府消费支出	General Government Final Consumption Expenditure	22	64	160	214	166	
资本形成总额	Gross Capital Formation	33	177	376	515	502	
货物和服务出口	Exports of Goods and Services	104	304	655	526	662	
货物和服务进口	Imports of Goods and Services	90	255	443	452	516	
国内生产总值	Gross Domestic Product	183	571	1480	1844	1817	1698
按2015年价格计算	at constant price of 2015						
居民消费支出	Households and NPISHs Final Consumption Expenditure	301	470	704	990	1143	
政府消费支出	General Government Final Consumption Expenditure	77	113	148	214	222	
资本形成总额	Gross Capital Formation	93	240	354	515	610	
货物和服务出口	Exports of Goods and Services	355	487	520	526	607	
货物和服务进口	Imports of Goods and Services	259	313	341	452	533	
国内生产总值	Gross Domestic Product	662	1084	1466	1844	2111	2056
韩　国	**Korea, Rep.**						
按当年价格计算	at current price						
居民消费支出	Households and NPISHs Final Consumption Expenditure	3140	4891	5770	7115	7995	7575
政府消费支出	General Government Final Consumption Expenditure	628	1202	1625	2211	2826	2963
资本形成总额	Gross Capital Formation	1895	3039	3724	4328	5162	5159
货物和服务出口	Exports of Goods and Services	1956	3299	5389	6301	6578	6016
货物和服务进口	Imports of Goods and Services	1853	3089	5068	5298	6101	5410
国内生产总值	Gross Domestic Product	5762	9349	11441	14658	16467	16305
按2015年价格计算	at constant price of 2015						
居民消费支出	Households and NPISHs Final Consumption Expenditure	4523	5458	6410	7115	7870	7482
政府消费支出	General Government Final Consumption Expenditure	1023	1343	1819	2211	2694	2827
资本形成总额	Gross Capital Formation	2703	3332	3866	4328	4911	4931
货物和服务出口	Exports of Goods and Services	1936	3180	4857	6301	6992	6820
货物和服务进口	Imports of Goods and Services	2049	3033	4292	5298	6130	5899
国内生产总值	Gross Domestic Product	7988	10212	12612	14658	16346	16189

3-11 续表 4 continued

单位：亿美元 (100 million USD)

国家或地区	Country or Area	2000	2005	2010	2015	2019	2020
老　挝	**Lao PDR**						
按当年价格计算	at current price						
居民消费支出	Households and NPISHs Final Consumption Expenditure	15	20	53	103		
政府消费支出	General Government Final Consumption Expenditure	1	2	8	22		
资本形成总额	Gross Capital Formation	2	9	20	45		
货物和服务出口	Exports of Goods and Services	5	8	25	49		
货物和服务进口	Imports of Goods and Services	7	12	35	75		
国内生产总值	Gross Domestic Product	17	27	71	144	182	191
按2015年价格计算	at constant price of 2015						
居民消费支出	Households and NPISHs Final Consumption Expenditure	31	50	75	103		
政府消费支出	General Government Final Consumption Expenditure	3	5	12	22		
资本形成总额	Gross Capital Formation	8	16	25	45		
货物和服务出口	Exports of Goods and Services	18	16	27	49		
货物和服务进口	Imports of Goods and Services	12	20	40	75		
国内生产总值	Gross Domestic Product	50	67	99	144	184	185
马来西亚	**Malaysia**						
按当年价格计算	at current price						
居民消费支出	Households and NPISHs Final Consumption Expenditure	410	634	1227	1626	2182	2050
政府消费支出	General Government Final Consumption Expenditure	95	165	321	394	426	438
资本形成总额	Gross Capital Formation	252	321	596	766	767	662
货物和服务出口	Exports of Goods and Services	1124	1620	2217	2093	2378	2070
货物和服务进口	Imports of Goods and Services	943	1306	1811	1866	2107	1853
国内生产总值	Gross Domestic Product	938	1435	2550	3014	3647	3367
按2015年价格计算	at constant price of 2015						
居民消费支出	Households and NPISHs Final Consumption Expenditure	605	839	1155	1626	2138	2046
政府消费支出	General Government Final Consumption Expenditure	135	218	284	394	443	461
资本形成总额	Gross Capital Formation	393	395	540	766	803	705
货物和服务出口	Exports of Goods and Services	1340	1739	1936	2093	2319	2116
货物和服务进口	Imports of Goods and Services	1019	1352	1600	1866	2064	1893
国内生产总值	Gross Domestic Product	1483	1869	2327	3014	3640	3436
蒙　古	**Mongolia**						
按当年价格计算	at current price						
居民消费支出	Households and NPISHs Final Consumption Expenditure	9	14	40	69	77	75
政府消费支出	General Government Final Consumption Expenditure	2	3	9	16	17	19
资本形成总额	Gross Capital Formation	3	9	30	31	55	32
货物和服务出口	Exports of Goods and Services	6	15	34	54	84	77
货物和服务进口	Imports of Goods and Services	8	16	41	52	93	72
国内生产总值	Gross Domestic Product	11	25	72	117	140	131
按2015年价格计算	at constant price of 2015						
居民消费支出	Households and NPISHs Final Consumption Expenditure			40	69	88	90
政府消费支出	General Government Final Consumption Expenditure			9	16	20	23
资本形成总额	Gross Capital Formation			31	31	66	38
货物和服务出口	Exports of Goods and Services			24	54	95	95
货物和服务进口	Imports of Goods and Services			30	52	118	108
国内生产总值	Gross Domestic Product	39	53	72	117	141	134

3-11 续表 5 continued

单位：亿美元 (100 million USD)

国家或地区	Country or Area	2000	2005	2010	2015	2019	2020
巴基斯坦	**Pakistan**						
按当年价格计算	at current price						
居民消费支出	Households and NPISHs Final Consumption Expenditure	619	941	1412	2158	2305	2071
政府消费支出	General Government Final Consumption Expenditure	66	90	183	297	327	346
资本形成总额	Gross Capital Formation	144	213	280	425	434	406
货物和服务出口	Exports of Goods and Services	99	172	239	287	282	253
货物和服务进口	Imports of Goods and Services	109	214	343	461	565	439
国内生产总值	Gross Domestic Product	820	1201	1772	2706	2782	2637
按2015年价格计算	at constant price of 2015						
居民消费支出	Households and NPISHs Final Consumption Expenditure	1221	1571	1770	2158	2755	2652
政府消费支出	General Government Final Consumption Expenditure	121	142	229	297	370	408
资本形成总额	Gross Capital Formation	263	335	367	425	490	491
货物和服务出口	Exports of Goods and Services	152	264	315	287	362	368
货物和服务进口	Imports of Goods and Services	300	449	475	461	796	708
国内生产总值	Gross Domestic Product	1465	1884	2223	2706	3221	3238
菲律宾	**Philippines**						
按当年价格计算	at current price						
居民消费支出	Households and NPISHs Final Consumption Expenditure	600	794	1463	2221	2759	2716
政府消费支出	General Government Final Consumption Expenditure	93	95	203	334	470	552
资本形成总额	Gross Capital Formation	131	199	426	654	995	628
货物和服务出口	Exports of Goods and Services	363	443	685	834	1070	911
货物和服务进口	Imports of Goods and Services	350	458	692	979	1525	1192
国内生产总值	Gross Domestic Product	837	1074	2084	3064	3768	3615
按2015年价格计算	at constant price of 2015						
居民消费支出	Households and NPISHs Final Consumption Expenditure	1078	1373	1653	2221	2823	2599
政府消费支出	General Government Final Consumption Expenditure	166	173	242	334	482	533
资本形成总额	Gross Capital Formation	223	290	438	654	1009	662
货物和服务出口	Exports of Goods and Services	383	515	639	834	1227	1027
货物和服务进口	Imports of Goods and Services	421	553	684	979	1571	1232
国内生产总值	Gross Domestic Product	1428	1794	2286	3064	3962	3583
新加坡	**Singapore**						
按当年价格计算	at current price						
居民消费支出	Households and NPISHs Final Consumption Expenditure	402	509	871	1144	1334	1122
政府消费支出	General Government Final Consumption Expenditure	101	126	232	314	386	422
资本形成总额	Gross Capital Formation	338	275	663	781	923	769
货物和服务出口	Exports of Goods and Services	1810	2878	4748	5494	6585	5992
货物和服务进口	Imports of Goods and Services	1691	2496	4117	4654	5527	4907
国内生产总值	Gross Domestic Product	961	1278	2398	3080	3744	3400
按2015年价格计算	at constant price of 2015						
居民消费支出	Households and NPISHs Final Consumption Expenditure	630	782	948	1144	1309	1124
政府消费支出	General Government Final Consumption Expenditure	162	189	255	314	358	403
资本形成总额	Gross Capital Formation				781		
货物和服务出口	Exports of Goods and Services	1983	3146	4358	5494	6341	6067
货物和服务进口	Imports of Goods and Services	1864	2756	3793	4654	5404	5021
国内生产总值	Gross Domestic Product	1405	1780	2471	3080	3489	3301

3-11 续表 6 continued

单位：亿美元 (100 million USD)

国家或地区	Country or Area	2000	2005	2010	2015	2019	2020
斯里兰卡	**Sri Lanka**						
按当年价格计算	at current price						
居民消费支出	Households and NPISHs Final Consumption Expenditure	117	168	388	543	586	571
政府消费支出	General Government Final Consumption Expenditure	17	32	48	72	79	84
资本形成总额	Gross Capital Formation	46	65	172	251	225	204
货物和服务出口	Exports of Goods and Services	64	79	111	169	194	134
货物和服务进口	Imports of Goods and Services	81	101	152	230	246	185
国内生产总值	Gross Domestic Product	163	244	567	806	840	807
按2015年价格计算	at constant price of 2015						
居民消费支出	Households and NPISHs Final Consumption Expenditure	247	307	402	543	647	627
政府消费支出	General Government Final Consumption Expenditure	35	39	60	72	75	78
资本形成总额	Gross Capital Formation	85	105	163	251	261	235
货物和服务出口	Exports of Goods and Services	104	124	132	169	195	176
货物和服务进口	Imports of Goods and Services	105	132	155	230	255	226
国内生产总值	Gross Domestic Product	361	439	598	806	921	888
泰　国	**Thailand**						
按当年价格计算	at current price						
居民消费支出	Households and NPISHs Final Consumption Expenditure	684	1057	1780	2060	2707	2653
政府消费支出	General Government Final Consumption Expenditure	172	258	539	687	881	888
资本形成总额	Gross Capital Formation	282	576	865	897	1292	1197
货物和服务出口	Exports of Goods and Services	820	1295	2268	2714	3238	2581
货物和服务进口	Imports of Goods and Services	714	1315	2073	2296	2729	2333
国内生产总值	Gross Domestic Product	1264	1893	3411	4013	5443	5018
按2015年价格计算	at constant price of 2015						
居民消费支出	Households and NPISHs Final Consumption Expenditure	1198	1619	1810	2060	2376	2353
政府消费支出	General Government Final Consumption Expenditure	329	412	578	687	735	740
资本形成总额	Gross Capital Formation				897		
货物和服务出口	Exports of Goods and Services	1250	1784	2296	2714	2941	2370
货物和服务进口	Imports of Goods and Services	1031	1725	2008	2296	2479	2150
国内生产总值	Gross Domestic Product	2215	2886	3470	4013	4608	4327
越　南	**Viet Nam**						
按当年价格计算	at current price						
居民消费支出	Households and NPISHs Final Consumption Expenditure	207	377	772	1313	1785	1854
政府消费支出	General Government Final Consumption Expenditure	20	31	69	122	169	184
资本形成总额	Gross Capital Formation	92	195	414	535	703	723
货物和服务出口	Exports of Goods and Services	168	367	835	1735	2797	2878
货物和服务进口	Imports of Goods and Services	179	386	930	1720	2714	2798
国内生产总值	Gross Domestic Product	312	576	1159	1932	2619	2712
按2015年价格计算	at constant price of 2015						
居民消费支出	Households and NPISHs Final Consumption Expenditure	503	702	986	1313	1742	1752
政府消费支出	General Government Final Consumption Expenditure	40	57	87	122	159	169
资本形成总额	Gross Capital Formation	150	258	448	535	752	783
货物和服务出口	Exports of Goods and Services	273	627	918	1735	2812	2952
货物和服务进口	Imports of Goods and Services	255	587	968	1720	2847	2942
国内生产总值	Gross Domestic Product	765	1067	1450	1932	2512	2585

3-11 续表 7 continued

单位：亿美元 (100 million USD)

国家或地区	Country or Area	2000	2005	2010	2015	2019	2020
埃　及	**Egypt**						
按当年价格计算	at current price						
居民消费支出	Households and NPISHs Final Consumption Expenditure	757	641	1633	2715	2496	3115
政府消费支出	General Government Final Consumption Expenditure	112	114	244	387	232	289
资本形成总额	Gross Capital Formation	195	161	427	471	552	502
货物和服务出口	Exports of Goods and Services	162	272	468	434	530	479
货物和服务进口	Imports of Goods and Services	228	292	582	713	780	754
国内生产总值	Gross Domestic Product	998	896	2190	3294	3031	3631
按2015年价格计算	at constant price of 2015						
居民消费支出	Households and NPISHs Final Consumption Expenditure	1413	1641	2173	2715	3018	3238
政府消费支出	General Government Final Consumption Expenditure	226	262	305	387	431	460
资本形成总额	Gross Capital Formation	249	282	451	471	762	602
货物和服务出口	Exports of Goods and Services	159	296	472	434	883	692
货物和服务进口	Imports of Goods and Services	249	371	584	713	1072	880
国内生产总值	Gross Domestic Product	1797	2138	2884	3294	3980	4122
南　非	**South Africa**						
按当年价格计算	at current price						
居民消费支出	Households and NPISHs Final Consumption Expenditure	861	1597	2215	1898	2117	1808
政府消费支出	General Government Final Consumption Expenditure	251	502	759	650	748	681
资本形成总额	Gross Capital Formation	223	472	732	664	618	375
货物和服务出口	Exports of Goods and Services	370	682	1074	958	1049	920
货物和服务进口	Imports of Goods and Services	331	688	1027	999	1031	771
国内生产总值	Gross Domestic Product	1364	2578	3753	3176	3514	3019
按2015年价格计算	at constant price of 2015						
居民消费支出	Households and NPISHs Final Consumption Expenditure	1130	1399	1661	1898	2005	1896
政府消费支出	General Government Final Consumption Expenditure	375	472	587	650	688	691
资本形成总额	Gross Capital Formation	293	442	544	664	603	414
货物和服务出口	Exports of Goods and Services	681	787	828	958	955	857
货物和服务进口	Imports of Goods and Services	439	642	778	999	997	832
国内生产总值	Gross Domestic Product	2026	2445	2848	3176	3264	3037
加 拿 大	**Canada**						
按当年价格计算	at current price						
居民消费支出	Households and NPISHs Final Consumption Expenditure	4062	6371	9219	8998	10060	9437
政府消费支出	General Government Final Consumption Expenditure	1423	2238	3473	3250	3629	3718
资本形成总额	Gross Capital Formation	1535	2655	3798	3708	4004	3630
货物和服务出口	Exports of Goods and Services	3293	4324	4717	4957	5559	4760
货物和服务进口	Imports of Goods and Services	2872	3860	5020	5341	5836	5098
国内生产总值	Gross Domestic Product	7448	11731	16173	15565	17416	16440
按2015年价格计算	at constant price of 2015						
居民消费支出	Households and NPISHs Final Consumption Expenditure	5887	6900	8015	8998	9929	9340
政府消费支出	General Government Final Consumption Expenditure	2454	2748	3150	3250	3545	3535
资本形成总额	Gross Capital Formation	2423	3174	3401	3708	3862	3453
货物和服务出口	Exports of Goods and Services	4330	4515	4083	4957	5356	4817
货物和服务进口	Imports of Goods and Services	3510	4128	4625	5341	5799	5150
国内生产总值	Gross Domestic Product	10470	12437	13995	15565	16901	16003

3-11 续表 8 continued

单位：亿美元 (100 million USD)

国家或地区	Country or Area	2000	2005	2010	2015	2019	2020
墨 西 哥	**Mexico**						
按当年价格计算	at current price						
居民消费支出	Households and NPISHs Final Consumption Expenditure	4809	6022	6913	7665	8233	6853
政府消费支出	General Government Final Consumption Expenditure	674	923	1245	1443	1441	1372
资本形成总额	Gross Capital Formation	1625	1899	2411	2732	2676	2068
货物和服务出口	Exports of Goods and Services	1799	2302	3141	4046	4927	4315
货物和服务进口	Imports of Goods and Services	1913	2431	3286	4285	4959	4078
国内生产总值	Gross Domestic Product	7079	8775	10578	11719	12689	10762
按2015年价格计算	at constant price of 2015						
居民消费支出	Households and NPISHs Final Consumption Expenditure	5672	6508	6789	7665	8458	7578
政府消费支出	General Government Final Consumption Expenditure	1153	1137	1289	1443	1513	1548
资本形成总额	Gross Capital Formation	1983	2037	2345	2732	2570	2107
货物和服务出口	Exports of Goods and Services	2125	2527	2999	4046	4696	4354
货物和服务进口	Imports of Goods and Services	2513	2901	3359	4285	4952	4221
国内生产总值	Gross Domestic Product	8764	9411	10130	11719	12544	11510
美 国	**United States**						
按当年价格计算	at current price						
居民消费支出	Households and NPISHs Final Consumption Expenditure	67672	87691	102603	122635	144287	140476
政府消费支出	General Government Final Consumption Expenditure	14376	19620	25110	26090	29739	30780
资本形成总额	Gross Capital Formation	24273	30480	28100	38598	45663	44194
货物和服务出口	Exports of Goods and Services	10961	13016	18572	22687	25197	21234
货物和服务进口	Imports of Goods and Services	14772	20415	23896	27949	31160	27746
国内生产总值	Gross Domestic Product	102523	130366	149921	182383	214332	209366
按2015年价格计算	at constant price of 2015						
居民消费支出	Households and NPISHs Final Consumption Expenditure	89358	104083	110499	122635	135352	130234
政府消费支出	General Government Final Consumption Expenditure	22448	25139	27618	26090	27437	27992
资本形成总额	Gross Capital Formation	29910	34211	29970	38598	43283	41570
货物和服务出口	Exports of Goods and Services	13134	14555	18975	22687	24358	21054
货物和服务进口	Imports of Goods and Services	17518	22008	23248	27949	31183	28398
国内生产总值	Gross Domestic Product	137382	156021	163201	182383	199745	192782
阿 根 廷	**Argentina**						
按当年价格计算	at current price						
居民消费支出	Households and NPISHs Final Consumption Expenditure	1970	1253	2721	3920	2878	2436
政府消费支出	General Government Final Consumption Expenditure	392	241	642	1076	703	620
资本形成总额	Gross Capital Formation	498	375	750	1015	649	528
货物和服务出口	Exports of Goods and Services	312	462	802	637	777	636
货物和服务进口	Imports of Goods and Services	331	344	679	701	677	532
国内生产总值	Gross Domestic Product	2842	1987	4236	5947	4454	3831
按2015年价格计算	at constant price of 2015						
居民消费支出	Households and NPISHs Final Consumption Expenditure	2455	2521	3450	3920	3700	3216
政府消费支出	General Government Final Consumption Expenditure	619	659	862	1076	1069	1019
资本形成总额	Gross Capital Formation	598	686	959	1015	830	737
货物和服务出口	Exports of Goods and Services	449	615	731	637	754	620
货物和服务进口	Imports of Goods and Services	392	376	626	701	663	543
国内生产总值	Gross Domestic Product	3956	4353	5527	5947	5712	5147

3-11 续表 9 continued

单位：亿美元 (100 million USD)

国家或地区	Country or Area	2000	2005	2010	2015	2019	2020
巴　西	**Brazil**						
按当年价格计算	at current price						
居民消费支出	Households and NPISHs Final Consumption Expenditure	4234	5395	13302	11528	12162	9061
政府消费支出	General Government Final Consumption Expenditure	1230	1684	4201	3564	3770	2961
资本形成总额	Gross Capital Formation	1239	1534	4816	3138	2892	2226
货物和服务出口	Exports of Goods and Services	668	1359	2400	2325	2649	2437
货物和服务进口	Imports of Goods and Services	816	1056	2630	2533	2695	2237
国内生产总值	Gross Domestic Product	6554	8916	22089	18022	18778	14447
按2015年价格计算	at constant price of 2015						
居民消费支出	Households and NPISHs Final Consumption Expenditure	7118	7843	10377	11528	11826	11181
政府消费支出	General Government Final Consumption Expenditure	2505	2873	3380	3564	3560	3393
资本形成总额	Gross Capital Formation	2038	2161	3342	3138	2923	2900
货物和服务出口	Exports of Goods and Services	1120	1815	2057	2325	2499	2455
货物和服务进口	Imports of Goods and Services	1190	1258	2559	2533	2640	2378
国内生产总值	Gross Domestic Product	11864	13685	17032	18022	18231	17491
委内瑞拉	**Venezuela**						
按当年价格计算	at current price						
居民消费支出	Households and NPISHs Final Consumption Expenditure	606	680	2198			
政府消费支出	General Government Final Consumption Expenditure	146	161	441			
资本形成总额	Gross Capital Formation	283	335	864			
货物和服务出口	Exports of Goods and Services	348	577	1122			
货物和服务进口	Imports of Goods and Services	212	298	692			
国内生产总值	Gross Domestic Product	1171	1455	3932			
按2015年价格计算	at constant price of 2015						
居民消费支出	Households and NPISHs Final Consumption Expenditure						
政府消费支出	General Government Final Consumption Expenditure						
资本形成总额	Gross Capital Formation						
货物和服务出口	Exports of Goods and Services						
货物和服务进口	Imports of Goods and Services						
国内生产总值	Gross Domestic Product						
捷　克	**Czech Rep.**						
按当年价格计算	at current price						
居民消费支出	Households and NPISHs Final Consumption Expenditure	312	656	1025	887	1182	1118
政府消费支出	General Government Final Consumption Expenditure	121	279	429	356	494	531
资本形成总额	Gross Capital Formation	198	405	572	526	697	637
货物和服务出口	Exports of Goods and Services	297	848	1370	1515	1866	1742
货物和服务进口	Imports of Goods and Services	309	816	1306	1403	1715	1574
国内生产总值	Gross Domestic Product	618	1371	2091	1880	2525	2453
按2015年价格计算	at constant price of 2015						
居民消费支出	Households and NPISHs Final Consumption Expenditure	629	748	840	887	1018	948
政府消费支出	General Government Final Consumption Expenditure	286	335	357	356	395	409
资本形成总额	Gross Capital Formation	351	429	465	526	605	544
货物和服务出口	Exports of Goods and Services	457	842	1151	1515	1783	1660
货物和服务进口	Imports of Goods and Services	455	822	1089	1403	1647	1534
国内生产总值	Gross Domestic Product	1263	1529	1729	1880	2156	2031

3-11 续表 10 continued

单位：亿美元 (100 million USD)

国家或地区	Country or Area	2000	2005	2010	2015	2019	2020
法　国	**France**						
按当年价格计算	at current price						
居民消费支出	Households and NPISHs Final Consumption Expenditure	7337	11946	14628	13178	14629	13977
政府消费支出	General Government Final Consumption Expenditure	3041	5066	6339	5805	6272	6594
资本形成总额	Gross Capital Formation	3063	4931	5800	5538	6649	6263
货物和服务出口	Exports of Goods and Services	3895	5937	7079	7459	8621	7332
货物和服务进口	Imports of Goods and Services	3714	5918	7420	7597	8882	7863
国内生产总值	Gross Domestic Product	13622	21961	26426	24382	27289	26303
按2015年价格计算	at constant price of 2015						
居民消费支出	Households and NPISHs Final Consumption Expenditure	10709	11876	12790	13178	13987	12999
政府消费支出	General Government Final Consumption Expenditure	4638	5031	5445	5805	6075	5881
资本形成总额	Gross Capital Formation	4694	5100	5018	5538	6295	5727
货物和服务出口	Exports of Goods and Services	5110	5829	6178	7459	8417	7086
货物和服务进口	Imports of Goods and Services	4742	5639	6297	7597	8620	7597
国内生产总值	Gross Domestic Product	20457	22239	23166	24382	26158	24103
德　国	**Germany**						
按当年价格计算	at current price						
居民消费支出	Households and NPISHs Final Consumption Expenditure	10940	16090	18717	17778	20183	19508
政府消费支出	General Government Final Consumption Expenditure	3701	5343	6644	6609	7894	8619
资本形成总额	Gross Capital Formation	4758	5545	6815	6626	8609	8135
货物和服务出口	Exports of Goods and Services	5994	10831	14457	15748	18129	16700
货物和服务进口	Imports of Goods and Services	5961	9351	12669	13199	15933	14498
国内生产总值	Gross Domestic Product	19431	28458	33964	33562	38883	38464
按2015年价格计算	at constant price of 2015						
居民消费支出	Households and NPISHs Final Consumption Expenditure	16036	16297	16635	17778	19028	17913
政府消费支出	General Government Final Consumption Expenditure	5324	5458	6090	6609	7267	7525
资本形成总额	Gross Capital Formation	6793	5803	6345	6626	7670	7182
货物和服务出口	Exports of Goods and Services	7754	10353	12655	15748	17507	15875
货物和服务进口	Imports of Goods and Services	7457	8840	10882	13199	15508	14177
国内生产总值	Gross Domestic Product	28343	29109	30867	33562	35989	34344
意 大 利	**Italy**						
按当年价格计算	at current price						
居民消费支出	Households and NPISHs Final Consumption Expenditure	6926	11018	12959	11157	12029	10932
政府消费支出	General Government Final Consumption Expenditure	2029	3643	4386	3508	3751	3941
资本形成总额	Gross Capital Formation	2387	3932	4392	3141	3611	3301
货物和服务出口	Exports of Goods and Services	2931	4570	5351	5456	6355	5563
货物和服务进口	Imports of Goods and Services	2834	4588	5747	4902	5696	4872
国内生产总值	Gross Domestic Product	11438	18575	21340	18359	20049	18864
按2015年价格计算	at constant price of 2015						
居民消费支出	Households and NPISHs Final Consumption Expenditure	11121	11531	11636	11157	11610	10366
政府消费支出	General Government Final Consumption Expenditure	3338	3663	3735	3508	3505	3560
资本形成总额	Gross Capital Formation	3835	4146	3864	3141	3488	3111
货物和服务出口	Exports of Goods and Services	4283	4616	4722	5456	6082	5245
货物和服务进口	Imports of Goods and Services	4142	4650	4951	4902	5554	4855
国内生产总值	Gross Domestic Product	18414	19272	18996	18359	19140	17442

3-11 续表 11 continued

单位：亿美元 (100 million USD)

国家或地区	Country or Area	2000	2005	2010	2015	2019	2020
荷　兰	**Netherlands**						
按当年价格计算	at current price						
居民消费支出	Households and NPISHs Final Consumption Expenditure	2096	3344	3848	3447	3958	3829
政府消费支出	General Government Final Consumption Expenditure	856	1526	2222	1912	2240	2372
资本形成总额	Gross Capital Formation	940	1401	1712	1720	2011	1987
货物和服务出口	Exports of Goods and Services	2750	4496	5909	6326	7513	7115
货物和服务进口	Imports of Goods and Services	2477	3917	5225	5752	6620	6164
国内生产总值	Gross Domestic Product	4164	6851	8466	7653	9102	9139
按2015年价格计算	at constant price of 2015						
居民消费支出	Households and NPISHs Final Consumption Expenditure	3253	3410	3437	3447	3669	3426
政府消费支出	General Government Final Consumption Expenditure	1405	1586	1932	1912	2044	2065
资本形成总额	Gross Capital Formation	1374	1363	1416	1720	1869	1767
货物和服务出口	Exports of Goods and Services	3698	4402	5063	6326	7287	6935
货物和服务进口	Imports of Goods and Services	3305	3887	4482	5752	6472	6114
国内生产总值	Gross Domestic Product	6440	6885	7373	7653	8399	8080
波　兰	**Poland**						
按当年价格计算	at current price						
居民消费支出	Households and NPISHs Final Consumption Expenditure	1099	1931	2950	2799	3429	3381
政府消费支出	General Government Final Consumption Expenditure	311	561	920	863	1073	1130
资本形成总额	Gross Capital Formation	423	609	1032	984	1177	1029
货物和服务出口	Exports of Goods and Services	468	1060	1914	2346	3309	3306
货物和服务进口	Imports of Goods and Services	580	1100	2018	2214	3029	2904
国内生产总值	Gross Domestic Product	1722	3061	4798	4778	5959	5942
按2015年价格计算	at constant price of 2015						
居民消费支出	Households and NPISHs Final Consumption Expenditure	1778	2029	2543	2799	3309	3207
政府消费支出	General Government Final Consumption Expenditure	566	666	807	863	993	1025
资本形成总额	Gross Capital Formation	559	566	818	984	1148	1001
货物和服务出口	Exports of Goods and Services	838	1190	1717	2346	3160	3142
货物和服务进口	Imports of Goods and Services	962	1181	1762	2214	2921	2846
国内生产总值	Gross Domestic Product	2815	3271	4131	4778	5690	5536
俄 罗 斯	**Russia**						
按当年价格计算	at current price						
居民消费支出	Households and NPISHs Final Consumption Expenditure	1200	3816	7851	7183	8634	7339
政府消费支出	General Government Final Consumption Expenditure	392	1289	2855	2422	3100	3072
资本形成总额	Gross Capital Formation	485	1534	3449	3020	3840	3559
货物和服务出口	Exports of Goods and Services	1144	2690	4455	3914	4815	3786
货物和服务进口	Imports of Goods and Services	624	1643	3224	2816	3528	3050
国内生产总值	Gross Domestic Product	2597	7640	15249	13635	16874	14835
按2015年价格计算	at constant price of 2015						
居民消费支出	Households and NPISHs Final Consumption Expenditure	2871	4561	6445	7183	7804	7138
政府消费支出	General Government Final Consumption Expenditure	2165	2336	2484	2422	2612	2717
资本形成总额	Gross Capital Formation	1572	2509	3018	3020	3244	3180
货物和服务出口	Exports of Goods and Services	1960	3020	3533	3914	4508	4315
货物和服务进口	Imports of Goods and Services	840	1927	2965	2816	3379	2974
国内生产总值	Gross Domestic Product	7804	10510	12507	13635	14592	14161

3-11 续表 12 continued

单位：亿美元 (100 million USD)

国家或地区	Country or Area	2000	2005	2010	2015	2019	2020
西 班 牙	**Spain**						
按当年价格计算	at current price						
居民消费支出	Households and NPISHs Final Consumption Expenditure	3558	6699	8253	6990	7989	7173
政府消费支出	General Government Final Consumption Expenditure	997	1999	2931	2328	2623	2801
资本形成总额	Gross Capital Formation	1590	3389	3169	2270	2910	2652
货物和服务出口	Exports of Goods and Services	1705	2881	3687	4019	4869	3924
货物和服务进口	Imports of Goods and Services	1881	3435	3833	3655	4461	3735
国内生产总值	Gross Domestic Product	5969	11533	14207	11951	13930	12815
按2015年价格计算	at constant price of 2015						
居民消费支出	Households and NPISHs Final Consumption Expenditure	5942	7057	7291	6990	7594	6683
政府消费支出	General Government Final Consumption Expenditure	1549	1963	2452	2328	2477	2559
资本形成总额	Gross Capital Formation	2303	2928	2448	2270	2722	2411
货物和服务出口	Exports of Goods and Services	2567	2978	3234	4019	4658	3719
货物和服务进口	Imports of Goods and Services	2717	3632	3487	3655	4214	3574
国内生产总值	Gross Domestic Product	9707	11409	11967	11951	13240	11807
土 耳 其	**Turkey**						
按当年价格计算	at current price						
居民消费支出	Households and NPISHs Final Consumption Expenditure	1836	3210	4870	5188	4331	4086
政府消费支出	General Government Final Consumption Expenditure	327	617	1156	1193	1182	1098
资本形成总额	Gross Capital Formation	651	1357	2079	2437	1888	2288
货物和服务出口	Exports of Goods and Services	545	1108	1647	2120	2493	2057
货物和服务进口	Imports of Goods and Services	616	1229	1981	2295	2280	2328
国内生产总值	Gross Domestic Product	2743	5063	7770	8643	7614	7201
按2015年价格计算	at constant price of 2015						
居民消费支出	Households and NPISHs Final Consumption Expenditure	2689	3285	3838	5188	5822	6008
政府消费支出	General Government Final Consumption Expenditure	605	711	955	1193	1527	1562
资本形成总额	Gross Capital Formation	1003	1539	1691	2437	2298	2825
货物和服务出口	Exports of Goods and Services	827	1228	1414	2120	2676	2264
货物和服务进口	Imports of Goods and Services	987	1521	1772	2295	2318	2491
国内生产总值	Gross Domestic Product	4138	5255	6142	8643	9975	10150
乌 克 兰	**Ukraine**						
按当年价格计算	at current price						
居民消费支出	Households and NPISHs Final Consumption Expenditure	170	498	867	617	1145	1156
政府消费支出	General Government Final Consumption Expenditure	65	149	264	172	289	300
资本形成总额	Gross Capital Formation	61	227	284	145	229	117
货物和服务出口	Exports of Goods and Services	195	419	640	479	634	607
货物和服务进口	Imports of Goods and Services	179	417	695	503	757	624
国内生产总值	Gross Domestic Product	313	861	1360	910	1539	1556
按2015年价格计算	at constant price of 2015						
居民消费支出	Households and NPISHs Final Consumption Expenditure	257	452	625	617	837	849
政府消费支出	General Government Final Consumption Expenditure	134	153	166	172	156	151
资本形成总额	Gross Capital Formation	200	279	209	145	188	101
货物和服务出口	Exports of Goods and Services	679	877	722	479	517	488
货物和服务进口	Imports of Goods and Services	414	631	670	503	673	608
国内生产总值	Gross Domestic Product	671	976	1022	910	1018	977

3-11 续表 13 continued

单位：亿美元 (100 million USD)

国家或地区	Country or Area	2000	2005	2010	2015	2019	2020
英　国	**United Kingdom**						
按当年价格计算	at current price						
居民消费支出	Households and NPISHs Final Consumption Expenditure	11027	16452	15885	18844	18129	16471
政府消费支出	General Government Final Consumption Expenditure	2787	5012	5371	5724	5401	6177
资本形成总额	Gross Capital Formation	3064	4480	4041	5192	5170	4593
货物和服务出口	Exports of Goods and Services	4178	6347	7010	7996	8798	7410
货物和服务进口	Imports of Goods and Services	4474	6965	7491	8428	9149	7507
国内生产总值	Gross Domestic Product	16582	25328	24816	29328	28308	27077
按2015年价格计算	at constant price of 2015						
居民消费支出	Households and NPISHs Final Consumption Expenditure	14387	16816	17140	18844	20207	18000
政府消费支出	General Government Final Consumption Expenditure	4198	5107	5448	5724	6096	5702
资本形成总额	Gross Capital Formation	3790	4235	4042	5192	5237	4557
货物和服务出口	Exports of Goods and Services	5557	6632	7130	7996	9159	7711
货物和服务进口	Imports of Goods and Services	5408	6991	7243	8428	9489	7799
国内生产总值	Gross Domestic Product	22644	25863	26535	29328	31154	28104
澳大利亚	**Australia**						
按当年价格计算	at current price						
居民消费支出	Households and NPISHs Final Consumption Expenditure	2411	3995	6439	7731	7721	7143
政府消费支出	General Government Final Consumption Expenditure	739	1218	2063	2441	2655	2696
资本形成总额	Gross Capital Formation	1092	1911	3078	3551	3240	2962
货物和服务出口	Exports of Goods and Services	807	1267	2271	2701	3367	3183
货物和服务进口	Imports of Goods and Services	897	1457	2389	2907	3017	2670
国内生产总值	Gross Domestic Product	4152	6934	11461	13517	13966	13309
按2015年价格计算	at constant price of 2015						
居民消费支出	Households and NPISHs Final Consumption Expenditure	4695	5705	6767	7731	8500	8247
政府消费支出	General Government Final Consumption Expenditure	1616	1880	2184	2441	2911	3103
资本形成总额	Gross Capital Formation				3551		
货物和服务出口	Exports of Goods and Services	1579	1796	2148	2701	3297	3235
货物和服务进口	Imports of Goods and Services	1166	1691	2395	2907	3272	3032
国内生产总值	Gross Domestic Product	8750	10258	11810	13517	14946	14904
新 西 兰	**New Zealand**						
按当年价格计算	at current price						
居民消费支出	Households and NPISHs Final Consumption Expenditure	305	666	847	1021	1225	
政府消费支出	General Government Final Consumption Expenditure	90	206	289	329	399	
资本形成总额	Gross Capital Formation	116	292	296	414	500	
货物和服务出口	Exports of Goods and Services	188	324	444	496	575	
货物和服务进口	Imports of Goods and Services	172	341	410	480	577	
国内生产总值	Gross Domestic Product	526	1147	1465	1781	2129	2109
按2015年价格计算	at constant price of 2015						
居民消费支出	Households and NPISHs Final Consumption Expenditure	624	788	866	1021	1226	
政府消费支出	General Government Final Consumption Expenditure	209	260	300	329	383	
资本形成总额	Gross Capital Formation	229	344	309	414	480	
货物和服务出口	Exports of Goods and Services	322	378	423	496	535	
货物和服务进口	Imports of Goods and Services	234	352	374	480	569	
国内生产总值	Gross Domestic Product	1191	1450	1540	1781	2007	2027

3-12 收入法国内生产总值
GDP by Income Approach

资料来源：经合组织ONE数据库。
Source: OECD ONE Database.
单位：亿美元 (100 million USD)

国家或地区	Country or Area	2000	2005	2010	2015	2019	2020
以色列	**Israel**						
劳动者报酬	Compensation of Employees	634	652	1054	1319	1782	
营业盈余和混合收入	Gross Operating Surplus and Gross Mixed Income	508	566	952	1268	1670	
税减产品补贴	Taxes Less Subsidies on Production and Imports	184	209	334	415	494	
收入法国内生产总值	Gross Domestic Product	1327	1427	2340	3001	3947	
日本	**Japan**						
劳动者报酬	Compensation of Employees	25032	23632	28599	21522	26308	
营业盈余和混合收入	Gross Operating Surplus and Gross Mixed Income	21548	21898	25516	19490	20910	
税减产品补贴	Taxes Less Subsidies on Production and Imports	3166	3147	3706	3434	4008	
统计误差	Statistical Discrepancy	-63	-363	-231	4	262	
收入法国内生产总值	Gross Domestic Product	49684	48315	57591	44449	51488	
韩国	**Korea, Rep.**						
劳动者报酬	Compensation of Employees	2392	4071	4864	6633	7838	7781
营业盈余和混合收入	Gross Operating Surplus and Gross Mixed Income	2761	4343	5434	6642	7094	6991
税减产品补贴	Taxes Less Subsidies on Production and Imports	612	933	1139	1385	1582	1607
收入法国内生产总值	Gross Domestic Product	5765	9347	11437	14660	16514	16379
加拿大	**Canada**						
劳动者报酬	Compensation of Employees	3716	5724	8132	8030	8850	8645
营业盈余和混合收入	Gross Operating Surplus and Gross Mixed Income	2864	4715	6291	5791	6648	6596
税减产品补贴	Taxes Less Subsidies on Production and Imports	873	1300	1737	1738	1924	1212
统计误差	Statistical Discrepancy	-7	-4	13	7	-2	1
收入法国内生产总值	Gross Domestic Product	7446	11735	16173	15565	17420	16454
墨西哥	**Mexico**						
劳动者报酬	Compensation of Employees	1998	2490	2945	3205	3371	3088
营业盈余和混合收入	Gross Operating Surplus and Gross Mixed Income	4734	5879	7146	7768	8507	7031
税减产品补贴	Taxes Less Subsidies on Production and Imports	347	405	486	745	816	752
收入法国内生产总值	Gross Domestic Product	7079	8775	10578	11719	12694	10871
美国	**United States**						
劳动者报酬	Compensation of Employees	58546	70777	79330	97095	114445	
营业盈余和混合收入	Gross Operating Surplus and Gross Mixed Income	38313	51301	59918	75481	85584	
税减产品补贴	Taxes Less Subsidies on Production and Imports	6627	8815	10073	12180	14175	
统计误差	Statistical Discrepancy	-963	-527	600	-2373	128	
收入法国内生产总值	Gross Domestic Product	102523	130366	149921	182383	214332	
捷克	**Czech Rep.**						
劳动者报酬	Compensation of Employees	243	556	859	769	1128	1129
营业盈余和混合收入	Gross Operating Surplus and Gross Mixed Income	324	694	1049	935	1164	1131
税减产品补贴	Taxes Less Subsidies on Production and Imports	51	122	184	176	233	193
收入法国内生产总值	Gross Domestic Product	618	1371	2091	1880	2525	2453
法国	**French**						
劳动者报酬	Compensation of Employees	6941	11236	13790	12664	13914	13645
营业盈余和混合收入	Gross Operating Surplus and Gross Mixed Income	4874	7776	9346	8553	9607	9136
税减产品补贴	Taxes Less Subsidies on Production and Imports	1841	2958	3315	3175	3768	3522
收入法国内生产总值	Gross Domestic Product	13656	21969	26452	24392	27289	26303

3-12 续表 1 continued

单位：亿美元 (100 million USD)

国家或地区	Country or Area	2000	2005	2010	2015	2019	2020
德　国	**Germany**						
劳动者报酬	Compensation of Employees	10348	14317	17150	17330	20742	21106
营业盈余和混合收入	Gross Operating Surplus and Gross Mixed Income	7361	11541	13569	12895	14332	14199
税减产品补贴	Taxes Less Subsidies on Production and Imports	1771	2611	3278	3351	3809	3159
收入法国内生产总值	Gross Domestic Product	19480	28469	33997	33576	38883	38464
意 大 利	**Italy**						
劳动者报酬	Compensation of Employees	4230	7082	8519	7229	8077	7689
营业盈余和混合收入	Gross Operating Surplus and Gross Mixed Income	5776	9159	10213	8708	9469	8983
税减产品补贴	Taxes Less Subsidies on Production and Imports	1461	2341	2629	2429	2547	2215
收入法国内生产总值	Gross Domestic Product	11467	18582	21361	18366	20094	18887
荷　兰	**Netherlands**						
劳动者报酬	Compensation of Employees	2094	3307	4132	3664	4353	4598
营业盈余和混合收入	Gross Operating Surplus and Gross Mixed Income	1668	2818	3525	3206	3744	3843
税减产品补贴	Taxes Less Subsidies on Production and Imports	413	729	817	785	1005	698
收入法国内生产总值	Gross Domestic Product	4175	6853	8474	7656	9102	9139
波　兰	**Poland**						
劳动者报酬	Compensation of Employees	709	1127	1812	1774	2339	2368
营业盈余和混合收入	Gross Operating Surplus and Gross Mixed Income	805	1548	2397	2446	2873	3021
税减产品补贴	Taxes Less Subsidies on Production and Imports	209	386	590	557	761	577
收入法国内生产总值	Gross Domestic Product	1722	3061	4798	4778	5973	5966
西 班 牙	**Spain**						
劳动者报酬	Compensation of Employees	2921	5412	6984	5469	6447	6212
营业盈余和混合收入	Gross Operating Surplus and Gross Mixed Income	2499	4902	6053	5244	6055	5442
税减产品补贴	Taxes Less Subsidies on Production and Imports	564	1222	1184	1244	1428	1161
收入法国内生产总值	Gross Domestic Product	5984	11537	14221	11956	13930	12815
土 耳 其	**Turky**						
劳动者报酬	Compensation of Employees	733	1258	2091	2514	2387	2117
营业盈余和混合收入	Gross Operating Surplus and Gross Mixed Income	1720	3178	4721	5126	4531	4385
税减产品补贴	Taxes Less Subsidies on Production and Imports	290	627	958	1003	692	699
收入法国内生产总值	Gross Domestic Product	2743	5063	7770	8643	7610	7201
英　国	**United Kingdom**						
劳动者报酬	Compensation of Employees	8097	12569	12504	14180	14005	14436
营业盈余和混合收入	Gross Operating Surplus and Gross Mixed Income	6560	10084	9573	11816	11401	11294
税减产品补贴	Taxes Less Subsidies on Production and Imports	1963	2795	2834	3570	3380	1708
收入法国内生产总值	Gross Domestic Product	16620	25448	24911	29566	28787	27642
澳大利亚	**Australia**						
劳动者报酬	Compensation of Employees	2009	3640	6132	6096	6631	6780
营业盈余和混合收入	Gross Operating Surplus and Gross Mixed Income	1617	3162	5634	5067	6156	6610
税减产品补贴	Taxes Less Subsidies on Production and Imports	469	822	1241	1291	983	831
收入法国内生产总值	Gross Domestic Product	4095	7625	13006	12454	13770	14225
新 西 兰	**New Zealand**						
劳动者报酬	Compensation of Employees	219	491	640	767	910	
营业盈余和混合收入	Gross Operating Surplus and Gross Mixed Income	260	516	646	780	966	
税减产品补贴	Taxes Less Subsidies on Production and Imports	65	140	179	234	253	
收入法国内生产总值	Gross Domestic Product	544	1147	1465	1781	2129	

3-13 三次产业对国内生产总值的贡献率
Share of the Contributions of the Three Strata of Industry to the Increase of GDP

资料来源：世界银行WDI数据库。
Source: World Bank WDI Database.

单位：% (%)

国家或地区	Country or Area	第一产业 Primary Industry		第二产业 Secondary Industry		第三产业 Tertiary Industry	
		2000	2020	2000	2020	2000	2020
中国	China	5.4	9.4	41.5	43.3	53.1	47.3
孟加拉国	Bangladesh	26.2	16.1	24.0	29.2	49.8	54.8
文莱	Brunei Darussalam	1.4	9.5	78.8	159.0	19.9	-68.5
柬埔寨	Cambodia	9.7	-3.3	57.0	17.2	33.2	86.0
印度	India	-0.1	-8.7	42.7	33.4	57.3	75.3
印度尼西亚	Indonesia	6.6	-14.3	57.2	72.7	36.3	41.6
伊朗	Iran	3.8	18.4	76.1	82.0	20.1	-0.4
以色列	Israel	1.2	3.5	29.5	12.4	69.3	84.1
日本	Japan	4.5		28.7		66.9	
哈萨克斯坦	Kazakhstan	-3.1	-16.8	56.2	-63.1	46.9	179.9
马来西亚	Malaysia	7.6	2.8	60.0	41.1	32.4	56.1
蒙古	Mongolia		-22.6		35.9		86.7
巴基斯坦	Pakistan	39.5	-132.7	6.2	160.2	54.3	72.4
菲律宾	Philippines	11.9	0.2	47.4	41.8	40.7	58.0
斯里兰卡	Sri Lanka	3.0	5.9	35.0	64.4	62.1	29.6
越南	Viet Nam	17.4	13.5	50.6	53.0	32.0	33.5
埃及	Egypt	-61.4	14.6	-304.0	7.6	465.4	77.8
尼日利亚	Nigeria	11.4	-28.4	63.3	67.6	25.3	60.8
南非	South Africa	2.8	-5.8	31.4	52.9	65.8	52.9
加拿大	Canada	0.8	-2.2	34.9	33.7	64.3	68.5
墨西哥	Mexico	0.6	0.2	33.0	36.7	66.4	63.1
美国	United States	3.7		26.7		69.6	
阿根廷	Argentina	24.5	7.0	104.8	26.6	-29.3	66.4
巴西	Brazil	3.2	-3.0	32.0	21.9	64.8	81.1
委内瑞拉	Venezuela	9.6		50.2		40.2	
捷克	Czech Rep.	2.1	-2.7	36.5	60.5	61.3	42.3
法国	France	-0.5	0.0	30.5	27.2	69.9	72.8
德国	Germany	-1.1	-0.2	40.9	45.7	60.2	54.6
意大利	Italy	-0.3	1.5	20.5	27.8	79.8	70.7
荷兰	Netherlands	0.5	-0.2	19.5	13.4	80.0	86.8
波兰	Poland	-0.1	-11.2	-8.1	65.4	108.2	45.8
俄罗斯	Russia	7.4	-0.3	46.3	43.2	46.3	57.1
西班牙	Spain	4.7	-1.1	29.8	21.4	65.5	79.8
土耳其	Turkey	10.4	37.7	27.3	25.2	62.3	37.1
乌克兰	Ukraine	16.6	39.5	58.7	22.7	24.7	37.8
英国	United Kingdom	1.6	0.6	12.3	22.6	86.1	76.7
新西兰	New Zealand	6.9		8.5		84.5	

3-14 资本形成总额、消费支出及净出口对国内生产总值增长的贡献率

Share of the Contributions of Gross Capital Formation,Final Consumption Expenditure and External Balance on Goods and Services to the Increase of GDP

资料来源：世界银行数据库。
Source: World Bank Database.
单位：% (%)

国家或地区	Country or Area	资本形成总额 Gross Capital Formation		消费支出 Final Consumption Expenditure		净出口 External Balance on Goods and Services	
		2000	2020	2000	2020	2000	2020
中　　国	China	21.1		76.5		2.4	
中国香港	Hong Kong SAR, China		6.1		98.6		-4.7
孟加拉国	Bangladesh		19.2		106.1		-25.3
文　　莱	Brunei Darussalam		-519.8		-179.3		799.1
柬 埔 寨	Cambodia		17.4		51.4		31.2
印度尼西亚	Indonesia		92.8		52.6		-45.4
以 色 列	Israel	5.3	-12.1	59.4	233.2	35.3	-121.1
日　　本	Japan	34.9	25.3	60.7	56.3	4.4	18.4
韩　　国	Korea, Rep.		-16.7		164.3		-47.6
马来西亚	Malaysia		47.1		36.6		16.3
菲 律 宾	Philippines		95.2		46.4		-41.5
斯里兰卡	Sri Lanka		89.4		51.9		-41.3
越　　南	Viet Nam		36.7		19.1		44.1
尼日利亚	Nigeria		64.7		-268.8		304.2
南　　非	South Africa		65.1		62.3		-27.4
加 拿 大	Canada	32.0	45.9	53.6	66.6	14.4	-12.5
墨 西 哥	Mexico		46.7		88.1		-34.8
美　　国	United States	31.6	25.3	86.9	67.0	-18.5	7.7
阿 根 廷	Argentina		16.3		86.1		-2.5
巴　　西	Brazil		3.9		122.0		-25.8
捷　　克	Czech Rep.	77.3	49.0	18.6	42.7	4.1	8.4
法　　国	France	47.1	27.6	59.0	57.5	-6.1	15.0
德　　国	Germany	28.1	29.9	44.3	51.8	27.6	18.3
意 大 利	Italy	31.3	23.4	60.8	68.6	7.9	8.0
荷　　兰	Netherlands	7.9	32.1	62.9	69.8	29.2	-1.9
波　　兰	Poland		94.6		31.0		-25.6
西 班 牙	Spain	31.9	21.7	67.0	57.6	1.1	20.7
乌 克 兰	Ukraine		180.0		-10.3		-69.7
英　　国	United Kingdom	9.0	21.6	88.2	86.2	2.8	-7.9
新 西 兰	New Zealand	-13.4	-1640.1	47.1	1989.4	66.3	-249.3

主要统计指标解释

国内生产总值 指生产活动总成果，等于所有常住单位创造的增加值的总和(包括产出价值中未包括的产品税，不包括各项产品补贴，不包括未计入产值的产品)。等于按购买者价格计算的货物和服务最终使用价值（不包括中间消费)减去进口的货物和服务价值，或等于常住生产单位初次收入分配的总和。计算国内生产总值不扣除折旧折的资产或自然资源的枯竭和退化。

按当年价格计算的国内生产总值 是按报告期价格计算的国内生产总值，即名义国内生产总值。

不变价格国内生产总值 指国内生产总值的物量水平。不变价格国内生产总值估计值等于按基期价格衡量的价值。理论上，价格和数量是价值量的两个组成部分，价格量中的基期价格可用当期价格替代。

按市场价格计算的国内生产总值 是按市场价格计算的所有居民生产者的增加值总和加上税减产品补贴。

支出法国内生产总值 指按购买者价格计算的总支出，包括最终消费支出，总固定资本形成，库存变动，耐用品及以离岸价计算的货物和服务出口，减去货物和服务的进口。

收入法国内生产总值 指雇员报酬加上生产税减补贴，加上混合收入和营业盈余。

生产法国内生产总值 是按基本价格计算的常住居民生产者增加值合计加上各种税减产品补贴。各行业增加值分类依据国际标准产业分类。

人均国内生产总值 指国内生产总值除以年中人口。数据用现价美元表示。

国民总收入 指国内生产总值减去生产税和进口税净额，减去支付给国外的雇员报酬和财产收入，加来自国外的雇员报酬和财产收入（即国内生产总值减去支付给非常住单位的初次收入，加上收到的非常住单位的初次收入）。按市场价格计算国民总收入的另一种方法是各部门所有初次收入的总和（国民总收入即国民生产总值，后者是以往国民核算中使用的概念）。为便于比较，用本币计算的国民总收入通常用官方汇率转换成以美元为单位，尽管官方汇率作为转换比率时被认为大大偏离国际交易实际采用比率。为平抑价格和汇率的波动，世界银行采用了特别的图表集法转换。图表集法用给定年份和其前两年的平均汇率作为转换因子，该转换因子根据该国及几个主要国家的通货膨胀率差异加以调整。到 2000 年为止，这些国家指法国、德国、日本、英国和美国等 5 个国家，2001 年开始，这些国家为欧元区、日本、英国和美国。

人均国民总收入 是用世界银行图表集法转换成美元计量的国民总收入除以年中人口，即原人均国民生产总值。

按购买力平价计算的人均国民总收入 指根据购买力平价计算的人均国民总收入。购买力平价国民总收入是用购买力平价比率转换成国际元计量的国民总收入。国民总收入中一国际元的购买力等于美国一美元购买力。

增加值总额 等于总产出减去中间消耗。用于衡量单个生产者、行业或部门生产活动对国内生产总值的贡献；增加值总额是国民核算账户（SNA）中初次收入形成的来源，因此被（从生产账户）结转到初次收入分配账户中进行反映。

按基本价格计算的增加值总额 等于按基本价格计算的总产出减去按购买者价格计算的中间消耗。基本价格等于生产者出售一个单位的货物和服务得到的收入，减去由此应付的税金，加上应收的补贴。基本价格作为生产或销售的价格单位，不包括生产者开具发票时单列的运输费用。

按要素成本计算的增加值总额 等于按市场价格计算的增加值总额减间接税与产品补贴。

按生产者价格计算的增加值总额 等于按生产者价格计算的总产出减去按购买者价格计算的中间消耗。

三次产业 根据《国际标准产业分类》(ISIC) 第三版划分。

第一产业，即农业，指《国际标准产业分类》第三版中第 1 类至第 5 类，包括林业、狩猎业、渔业、种植业和畜牧业。

第二产业，指《国际标准产业分类》第三版中第 10 类至第 45 类，包括制造业（第 15-37 类)。第二产业包括采掘业，制造业，电力、煤气和水的供应业以及建筑业。

第三产业，即服务业，指《国际标准产业分类》第三版中第 50 类至第 99 类。包括批发零售贸易业（包括旅馆和饭店业)、交通运输业以及政府、金融、专业服务和个人服务，例如教育、卫生、房地产服务；还包括估算的银行服务费、进口税和加工或调整数据时的统计误差。

资本形成总额 是固定资产形成总额、存货变动和贵重物品获得减处置的价值合计。

资本形成率 即投资率，指资本形成总额占国内生产总值的比重。

居民消费率 居民最终消费支出占国内生产总值的比重。居民最终消费支出是居民购买的所有商品和服务的市场价值。包括耐用商品（如汽车、洗衣机和家用计算机)；不包括购买住房支出，但包括自有住房的估算租金；还包括支付给政府的获得许可权的费用。居民消费支出包括服务于居民的非盈利机构的支出。

消费支出 是居民消费支出、政府消费支出之和。它包括资源利用与供给之间的统计误差。

政府消费支出 包括政府购买商品和服务的经常性支出（包括雇员报酬)，主要包括国家防卫和安全支出，但是不包括政府军队支出中属于政府资本形成部分。

营业盈余 指核算企业为借入或租赁金融资产或有形非生产性资产而支付利息、租金或类似支出以及企业拥有的金融资产或有形非生产性资产获得的利息、租金或类似收入前，企业生产方面的盈亏（居民拥有的非公司性企业营业盈余称为混合收入）。

Explanatory Notes on Main Statistical Indicators

Gross Domestic Product An aggregate measure of production equal to the sum of the gross values added of all resident institutional units engaged in production (plus any taxes, and minus any subsidies, on products not included in the value of their outputs). The sum of the final uses of goods and services (all uses except intermediate consumption) measured in purchasers' prices, less the value of imports of goods and services, or the sum of primary incomes distributed by resident producer units. It is calculated without making deductions for depreciation of fabricated assets or for depletion and degradation of natural resources.

Gross Domestic Product at Current Price is GDP at prices of the current reporting period. Also known as nominal GDP.

Gross Domestic Product at Constant Price refers to the volume level of GDP. Constant price estimates of GDP are obtained by expressing values in terms of a base period. In theory, the price and quantity components of a value are identified and the price in the base period is substituted for that in the current period. Two main methods are adopted in practice.

Expenditure-based GDP is total final expenditure at purchasers' prices (including final consumption expenditure, gross fixed capital formation, changes in inventories, valuables and f.o.b. value of exports of goods and services), less the f.o.b. value of imports of goods and services.

Income-based GDP is compensation of employees, plus taxes less subsidies on production and imports, plus gross mixed income, plus gross operating surplus.

Output-based GDP is the sum of the gross values added of all resident producers at basic prices, plus all taxes less subsidies on products. Describes the generation of gross value added by industrial classification of economic activities according to the International Standard Industrial Classification.

GDP at Market Prices is the sum of the gross values added of all resident producers at market prices, plus taxes less subsidies on imports.

GDP per capita is gross domestic product divided by midyear population. Data are in current U.S. dollars.

Gross National Income is GDP less net taxes on production and imports, less compensation of employees and property income payable to the rest of the world plus the corresponding items receivable from the rest of the world (in other words, GDP less primary incomes payable to non- resident units plus primary incomes receivable from non-resident units). An alternative approach to measuring GNI at market prices is as the aggregate value of the balances of gross primary incomes for all sectors (note that gross national income is identical to gross national product (GNP) as previously used in national accounts generally). GNI, calculated in national currency, is usually converted to U.S. dollars at official exchange rates for comparisons across economies, although an alternative rate is used when the official exchange rate is judged to diverge by an exceptionally large margin from the rate actually applied in international transactions. To smooth fluctuations in prices and exchange rates, a special Atlas method of conversion is used by the World Bank. This applies a conversion factor that averages the exchange rate for a given year and the two preceding years, adjusted for differences in rates of inflation between the country, and through 2000, the G-5 countries (France, Germany, Japan, the United Kingdom, and the United States). From 2001, these countries include the Euro area, Japan, the United Kingdom, and the United States.

GNI per Capita in PPP GNI per capita based on purchasing power parity (PPP). PPP GNI is gross national income (GNI) converted to international dollars using purchasing power parity rates. An international dollar has the same purchasing power over GNI as a U.S. dollar has in the United States.

Gross Value Added is the value of output less the value of intermediate consumption; it is a measure of the contribution to GDP made by an individual producer, industry or sector; gross value added is the source from which the primary incomes of the SNA are generated and is therefore carried forward into the primary distribution of income account.

Gross Value Added at Basic Prices Output valued at basic prices less intermediate consumption valued at purchasers prices. The basic price is the amount receivable by the producer from the purchaser for a unit of a good or service produced as output minus any tax payable, and plus any subsidy receivable, on that unit as a consequence of its production or sale; it excludes any transport charges invoiced separately by the producer.

Gross Value Added at Factor Cost is GVA at market prices less any indirect taxes plus any subsidies.

Gross Value Added at Producer Prices is output valued at producer prices less intermediate consumption valued at purchasers of prices.

Three Strata of Industry The origin is determined by the International Standard Industrial Classification (ISIC), revision 3.

Primary Industry named as agriculture, corresponds to ISIC divisions 1-5 and includes forestry, hunting, and fishing, as well as cultivation of crops and livestock production.

Secondary Industry corresponds to ISIC divisions 10-45 and includes manufacturing (ISIC divisions 15-37). It comprises value added in mining, manufacturing (also reported as a separate subgroup), electricity, gas and water supply, construction.

Tertiary Industry named as services, corresponds to ISIC divisions 50-99. They include value added in wholesale and retail trade (including hotels and restaurants), transport, and government, financial, professional, and personal services such as education, health care, and real estate services. Also included are imputed bank service charges, import duties, and any statistical discrepancies noted by national compilers as well as discrepancies arising from rescaling.

Gross Capital Formation is the total value of the gross fixed capital formation, changes in inventories and acquisitions less disposals of valuables.

Capital Formation Rate namely investment rate, refers to gross capital formation as percentage of gross domestic product.

Household Final Consumption Rate refers to household final consumption expenditure as percentage of gross domestic of product.

Household Final Consumption Expenditure is the market value of all goods and services, including durable products (such as cars, washing machines, and home computers), purchased by households. It excludes purchases of dwellings but includes imputed rent for owner-occupied dwellings. It also includes payments and fees to governments to obtain permits and licenses. Here, household consumption expenditure includes the expenditures of nonprofit institutions serving households, even when reported separately by the country.

Consumption Expenditure is the sum of household final consumption expenditure and general government final consumption expenditure. This estimate includes any statistical discrepancy in the use of resources relative to the supply of resources.

General Government Final Consumption Expenditure includes all government current expenditures for purchases of goods and services (including compensation of employees). It also includes most expenditure on national defense and security, but excludes government military expenditures that are part of government capital formation.

Operating Surplus measures the surplus or deficit accruing from production before taking account of any interest, rent or similar charges payable on financial or tangible non-produced assets borrowed or rented by the enterprise, or any interest, rent or similar receipts receivable on financial or tangible non-produced assets owned by the enterprise (for unincorporated enterprises owned by households, this component is called mixed income).

人　口

Population

4-1　年中人口
Mid-year Population

资料来源：世界银行WDI数据库。
Source: World Bank WDI Database.

国家或地区	Country or Area	年中人口（万人） Mid-year Population (10 000 persons)				增长率(%) Growth Rate(%)
		2000	2005	2010	2020	2020
世　界	**World**	**611433.3**	**651174.8**	**692187.7**	**775284.1**	**1.0**
高收入国家	**High Income**	**107482.0**	**111142.3**	**115419.5**	**121493.0**	**0.3**
中等收入国家	**Middle Income**	**462823.2**	**492719.7**	**522545.9**	**584432.5**	**1.0**
中低收入国家	**Low and Middle Income**	**501532.0**	**537389.3**	**573924.3**	**650947.4**	**1.2**
低收入国家	**Low Income**	**38708.8**	**44669.5**	**51378.3**	**66514.9**	**2.7**
中　国	China	126264.5	130372.0	133770.5	140211.2	0.3
中国香港	Hong Kong SAR, China	666.5	681.3	702.4	748.2	-0.3
中国澳门	Macao SAR, China	42.8	48.3	53.8	64.9	1.4
阿富汗	Afghanistan	2078.0	2565.4	2918.6	3892.8	2.3
阿尔巴尼亚	Albania	308.9	301.1	291.3	283.8	-0.6
阿尔及利亚	Algeria	3104.2	3315.0	3597.7	4385.1	1.8
美属萨摩亚	American Samoa	5.8	6.0	5.6	5.5	-0.2
安道尔	Andorra	6.5	7.9	8.4	7.7	0.2
安哥拉	Angola	1639.5	1943.4	2335.6	3286.6	3.2
安提瓜和巴布达	Antigua and Barbuda	7.6	8.1	8.8	9.8	0.8
阿根廷	Argentina	3687.1	3889.3	4078.8	4537.7	1.0
亚美尼亚	Armenia	307.0	298.1	287.7	296.3	0.2
阿鲁巴岛	Aruba	9.1	10.0	10.2	10.7	0.4
澳大利亚	Australia	1915.3	2039.5	2203.2	2568.7	1.3
奥地利	Austria	801.2	822.8	836.3	891.7	0.4
阿塞拜疆	Azerbaijan	804.9	839.2	905.4	1011.0	0.9
巴　林	Bahrain	66.5	88.9	124.1	170.2	3.6
孟加拉国	Bangladesh	12765.8	13903.6	14757.5	16468.9	1.0
巴巴多斯	Barbados	27.2	27.6	28.2	28.7	0.1
白俄罗斯	Belarus	998.0	966.4	949.1	939.9	-0.2
比利时	Belgium	1025.1	1047.9	1089.6	1155.6	0.6
伯利兹	Belize	24.7	28.4	32.2	39.8	1.8
贝　宁	Benin	686.6	798.2	919.9	1212.3	2.7
百慕大	Bermuda	6.2	6.4	6.5	6.4	0.0
不　丹	Bhutan	59.1	64.9	68.6	77.2	1.1
玻利维亚	Bolivia	841.8	923.2	1004.9	1167.3	1.4
波　黑	Bosnia and Herzegovinian	375.1	376.5	370.5	328.1	-0.6
博茨瓦纳	Botswana	164.3	179.9	198.7	235.2	2.1
巴　西	Brazil	17479.0	18612.7	19571.4	21255.9	0.7
文　莱	Brunei Darussalam	33.3	36.5	38.9	43.7	1.0
保加利亚	Bulgaria	817.0	765.9	739.6	692.7	-0.7
布基纳法索	Burkina Faso	1160.8	1342.2	1560.5	2090.3	2.8
布隆迪	Burundi	637.9	736.5	867.6	1189.1	3.1
柬埔寨	Cambodia	1215.5	1327.3	1431.2	1671.9	1.4
喀麦隆	Cameroon	1551.4	1773.3	2034.1	2654.6	2.6
加拿大	Canada	3068.6	3224.4	3400.5	3800.5	1.1
佛得角	Cape Verde	42.8	46.3	49.3	55.6	1.1
开曼群岛	Cayman Islands	4.2	4.9	5.7	6.6	1.2
中　非	Central African Rep.	364.0	403.8	438.7	483.0	1.8
乍　得	Chad	835.6	1009.7	1195.2	1642.6	3.0
海峡群岛	Channel Islands	14.8	15.2	16.0	17.4	0.9
智　利	Chile	1534.2	1618.3	1706.3	1911.6	0.9
哥伦比亚	Colombia	3963.0	4264.8	4522.3	5088.3	1.1
科摩罗	Comoros	54.2	61.2	69.0	87.0	2.2
刚果(金)	Congo, Dem. Rep.	4710.6	5478.6	6456.4	8956.1	3.1
刚果(布)	Congo, Rep.	312.7	362.3	427.4	551.8	2.5
哥斯达黎加	Costa Rica	396.2	428.6	457.7	509.4	0.9
科特迪瓦	Cote D'Ivoire	1645.5	1835.5	2053.3	2637.8	2.5
克罗地亚	Croatia	446.8	431.0	429.5	404.7	-0.4

4-1 续表 1 continued

国家或地区	Country or Area	年中人口（万人） Mid-year Population (10 000 persons)				增长率(%) Growth Rate(%)
		2000	2005	2010	2020	2020
古　巴	Cuba	1112.6	1126.2	1122.6	1132.7	-0.1
塞浦路斯	Cyprus	94.3	102.8	111.3	120.7	0.7
捷　克	Czech Rep.	1025.5	1021.1	1047.4	1069.9	0.3
丹　麦	Denmark	534.0	541.9	554.8	583.1	0.3
吉布提	Djibouti	71.8	78.3	84.0	98.8	1.5
多米尼克	Dominica	7.0	7.1	7.1	7.2	0.3
多米尼加	Dominican Rep.	847.1	909.7	969.5	1084.8	1.0
厄瓜多尔	Ecuador	1268.1	1382.6	1501.1	1764.3	1.5
埃　及	Egypt	6883.2	7552.4	8276.1	10233.4	1.9
萨尔瓦多	El Salvador	588.8	605.2	618.4	648.6	0.5
赤道几内亚	Equatorial Guinea	60.6	75.0	94.4	140.3	3.4
厄立特里亚	Eritrea	229.2	282.7	317.0		
爱沙尼亚	Estonia	139.7	135.5	133.1	133.1	0.3
埃塞俄比亚	Ethiopia	6622.5	7634.6	8764.0	11496.4	2.5
法罗群岛	Faeroe Islands	4.7	4.8	4.8	4.9	0.4
斐　济	Fiji	81.1	82.2	86.0	89.6	0.7
芬　兰	Finland	517.6	524.6	536.3	553.1	0.2
法　国	France	6091.3	6317.9	6502.8	6739.2	0.2
法属波立尼西亚	French Polynesia	24.1	25.9	26.6	28.1	0.6
加　蓬	Gabon	122.8	139.1	162.4	222.6	2.4
冈比亚	Gambia	131.8	154.4	179.3	241.7	2.9
格鲁吉亚	Georgia	407.7	390.2	378.7	371.4	-0.2
德　国	Germany	8221.2	8246.9	8177.7	8324.1	0.2
加　纳	Ghana	1927.9	2181.5	2478.0	3107.3	2.1
直布罗陀	Gibraltar	3.1	3.3	3.4	3.4	0.0
希　腊	Greece	1080.6	1098.7	1112.1	1071.6	-0.1
格陵兰	Greenland	5.6	5.7	5.7	5.6	0.3
格林纳达	Grenada	10.3	10.5	10.6	11.3	0.5
关　岛	Guam	15.5	15.8	15.9	16.9	0.9
危地马拉	Guatemala	1159.0	1294.8	1426.0	1685.8	1.5
几内亚	Guinea	824.1	911.0	1019.2	1313.3	2.8
几内亚比绍	Guinea-Bissau	120.1	134.5	152.3	196.8	2.4
圭亚那	Guyana	74.7	74.6	74.9	78.7	0.5
海　地	Haiti	846.4	919.5	994.9	1140.3	1.2
洪都拉斯	Honduras	657.5	745.9	831.7	990.5	1.6
匈牙利	Hungary	1021.1	1008.7	1000.0	975.0	-0.2
冰　岛	Iceland	28.1	29.7	31.8	36.6	1.6
印　度	India	105657.6	114761.0	123428.1	138000.4	1.0
印度尼西亚	Indonesia	21151.4	22628.9	24183.4	27352.4	1.1
伊　朗	Iran	6562.3	6976.2	7376.3	8399.3	1.3
伊拉克	Iraq	2349.8	2692.2	2974.2	4022.3	2.3
爱尔兰	Ireland	380.5	416.0	456.0	499.5	1.2
马恩岛	Isle of Man	7.7	8.0	8.5	8.5	0.5
以色列	Israel	628.9	693.0	762.4	921.7	1.8
意大利	Italy	5694.2	5796.9	5927.7	5955.4	-0.3
牙买加	Jamaica	265.5	274.0	281.0	296.1	0.4
日　本	Japan	12684.3	12777.3	12807.0	12583.6	-0.3
约　旦	Jordan	512.2	576.6	726.2	1020.3	1.0
哈萨克斯坦	Kazakhstan	1488.4	1514.7	1632.2	1875.4	1.3
肯尼亚	Kenya	3196.5	3662.5	4203.1	5377.1	2.3
基里巴斯	Kiribati	8.4	9.2	10.3	11.9	1.6
朝　鲜	Korea, Dem.	2292.9	2390.4	2454.9	2577.9	0.4
韩　国	Korea, Rep.	4700.8	4818.5	4955.4	5178.1	0.1
科威特	Kuwait	204.5	227.0	299.2	427.1	1.5
吉尔吉斯斯坦	Kyrgyzstan	489.8	516.3	544.8	659.2	2.1

4-1　续表 2　continued

国家或地区	Country or Area	年中人口（万人） Mid-year Population (10 000 persons)				增长率(%) Growth Rate(%)
		2000	2005	2010	2020	2020
老　挝	Lao PDR	532.4	575.2	624.9	727.6	1.5
拉脱维亚	Latvia	236.8	223.9	209.8	190.2	-0.6
黎巴嫩	Lebanon	384.3	469.9	495.3	682.5	-0.4
莱索托	Lesotho	203.3	199.6	199.6	214.2	0.8
利比里亚	Liberia	284.8	321.8	389.1	505.8	2.4
利比亚	Libya	535.8	579.9	619.8	687.1	1.4
列支敦士登	Liechtenstein	3.3	3.5	3.6	3.8	0.3
立陶宛	Lithuania	350.0	332.3	309.7	279.5	0.0
卢森堡	Luxemburg	43.6	46.5	50.7	63.2	2.0
马达加斯加	Madagascar	1576.7	1833.7	2115.2	2769.1	2.6
马拉维	Malawi	1114.9	1262.6	1454.0	1913.0	2.7
马来西亚	Malaysia	2319.4	2569.1	2820.8	3236.6	1.3
马尔代夫	Maldives	27.9	32.0	36.6	54.1	1.8
马　里	Mali	1094.6	1277.6	1504.9	2025.1	3.0
马耳他	Malta	39.0	40.4	41.5	52.5	4.1
马绍尔群岛	Marshall Islands	5.1	5.5	5.6	5.9	0.7
毛里塔尼亚	Mauritania	263.0	302.4	349.4	465.0	2.7
毛里求斯	Mauritius	118.7	122.8	125.0	126.6	0.0
墨西哥	Mexico	9890.0	10600.5	11409.3	12893.3	1.1
密克罗尼西亚	Micronesia, Fed.	10.7	10.6	10.3	11.5	1.1
摩尔多瓦	Moldova	292.4	288.8	286.1	261.8	-1.7
摩纳哥	Monaco	3.2	3.4	3.6	3.9	0.7
蒙　古	Mongolia	239.7	252.6	272.0	327.8	1.6
黑　山	Montenegro	60.5	61.4	61.9	62.2	0.0
摩洛哥	Morocco	2879.4	3045.6	3234.3	3691.1	1.2
莫桑比克	Mozambique	1771.2	2049.4	2353.2	3125.5	2.9
缅　甸	Myanmar	4672.0	4895.0	5060.1	5441.0	0.7
纳米比亚	Namibia	179.5	193.8	211.9	254.1	1.8
尼泊尔	Nepal	2394.1	2574.5	2701.3	2913.7	1.8
荷　兰	Netherlands	1592.6	1632.0	1661.5	1744.1	0.6
新喀里多尼亚	New Caledonia	21.3	23.2	25.0	27.2	0.2
新西兰	New Zealand	385.8	413.4	435.1	508.4	2.1
尼加拉瓜	Nicaragua	506.9	543.9	582.4	662.5	1.2
尼日尔	Niger	1133.2	1362.4	1646.4	2420.7	3.8
尼日利亚	Nigeria	12228.4	13886.5	15850.3	20614.0	2.5
北马其顿	North Macedonia	203.5	206.0	207.1	208.3	...
北马里亚纳群岛	Northern Mariana Islands	5.7	5.7	5.4	5.8	0.6
挪　威	Norway	449.1	462.3	488.9	537.9	0.6
阿　曼	Oman	226.8	251.1	304.1	510.7	2.6
巴基斯坦	Pakistan	14234.4	16030.4	17942.5	22089.2	2.0
帕　劳	Palau	1.9	2.0	1.8	1.8	0.5
巴拿马	Panama	303.0	333.0	364.3	431.5	1.6
巴布亚新几内亚	Papua New Guinea	584.8	649.5	731.1	894.7	1.9
巴拉圭	Paraguay	532.3	582.4	624.8	713.3	1.2
秘　鲁	Peru	2646.0	2786.6	2902.8	3297.2	1.4
菲律宾	Philippines	7799.2	8632.6	9396.7	10958.1	1.3
波　兰	Poland	3825.9	3816.5	3804.3	3795.1	0.0
葡萄牙	Portugal	1029.0	1050.3	1057.3	1030.6	0.2
波多黎各	Puerto Rico	381.1	382.1	372.2	319.4	0.0
卡塔尔	Qatar	59.2	86.5	185.6	288.1	1.7
罗马尼亚	Romania	2244.3	2132.0	2024.7	1928.6	-0.4
俄罗斯	Russia	14659.7	14351.9	14284.9	14410.4	-0.2
卢旺达	Rwanda	793.4	884.0	1003.9	1295.2	2.5

4-1 续表 3 continued

国家或地区	Country or Area	年中人口（万人） Mid-year Population(10 000 persons)				增长率(%) Growth Rate (%)
		2000	2005	2010	2020	2020
萨摩亚	Samoa	17.4	18.0	18.6	19.8	0.7
圣马力诺	San Marino	2.7	2.9	3.1	3.4	0.2
圣多美和普林西比	Sao Tome and Principe	14.2	15.7	18.0	21.9	1.9
沙特阿拉伯	Saudi Arabia	2066.4	2381.6	2742.1	3481.4	1.6
塞内加尔	Senegal	979.8	1109.0	1267.8	1674.4	2.7
塞尔维亚	Serbia	751.6	744.1	729.1	690.8	-0.5
塞舌尔	Seychelles	8.1	8.3	9.0	9.8	0.9
塞拉利昂	Sierra Leone	458.5	564.6	641.6	797.7	2.1
新加坡	Singapore	402.8	426.6	507.7	568.6	-0.3
斯洛伐克	Slovakia	538.9	537.3	539.1	545.9	0.1
斯洛文尼亚	Slovenia	198.9	200.0	204.9	210.0	0.6
所罗门群岛	Solomon Islands	41.3	47.0	52.8	68.7	2.5
索马里	Somalia	887.2	1044.7	1204.4	1589.3	2.9
南非	South Africa	4496.8	4788.1	5121.7	5930.9	1.3
西班牙	Spain	4056.8	4365.3	4657.7	4735.2	0.5
斯里兰卡	Sri Lanka	1877.8	1954.5	2026.2	2191.9	0.5
苏丹	Sudan	2727.5	3095.0	3454.5	4384.9	2.4
苏里南	Suriname	47.1	49.9	52.9	58.7	0.9
瑞典	Sweden	887.2	903.0	937.8	1035.3	0.7
瑞士	Switzerland	718.4	743.7	782.5	863.7	0.7
叙利亚	Syrian Arab Republic	1641.1	1836.1	2136.3	1750.1	2.5
塔吉克斯坦	Tajikistan	621.6	678.9	752.7	953.8	2.3
坦桑尼亚	Tanzania	3349.9	3845.0	4434.7	5973.4	2.9
泰国	Thailand	6295.3	6541.6	6719.5	6980.0	0.3
巴哈马	The Bahamas	29.8	32.5	35.5	39.3	1.0
东帝汶	Timor-Leste	88.4	99.5	109.4	131.8	1.9
多哥	Togo	492.4	561.2	642.2	827.9	2.4
汤加	Tonga	9.8	10.1	10.4	10.6	1.1
特立尼达和多巴哥	Trinidad And Tobago	126.7	129.6	132.8	139.9	0.3
突尼斯	Tunisia	970.8	1010.7	1063.5	1181.9	1.1
土耳其	Turkey	6324.0	6790.3	7232.7	8433.9	1.1
土库曼斯坦	Turkmenistan	451.6	475.5	508.7	603.1	1.5
特克斯和凯科斯群岛	Turks and Caicos Islands	2.0	2.8	3.3	3.9	1.4
图瓦卢	Tuvalu	0.9	1.0	1.1	1.2	1.2
乌干达	Uganda	2365.0	2768.5	3242.8	4574.1	3.3
乌克兰	Ukraine	4917.7	4710.5	4587.1	4413.5	-0.6
阿联酋	United Arab Emirates	313.4	458.8	855.0	989.0	1.2
英国	United Kingdom	5889.3	6040.1	6276.6	6721.5	0.6
美国	United States	28216.2	29551.7	30932.7	32948.4	0.4
美属维尔京群岛	Virgin Islands(US)	10.9	10.8	10.8	10.6	-0.4
乌拉圭	Uruguay	332.0	332.2	335.9	347.4	0.3
乌兹别克斯坦	Uzbekistan	2465.0	2616.7	2856.2	3423.2	1.9
瓦努阿图	Vanuatu	18.5	20.9	23.6	30.7	2.4
委内瑞拉	Venezuela	2419.2	2643.2	2844.0	2843.6	-0.3
越南	Viet Nam	7991.0	8383.3	8796.8	9733.9	0.9
约旦河西岸和加沙	West Bank and Gaza	292.2	332.0	378.6	480.3	2.5
也门	Yemen	1740.9	2010.7	2315.5	2982.6	2.3
赞比亚	Zambia	1041.6	1185.6	1360.6	1838.4	2.9
津巴布韦	Zimbabwe	1188.1	1207.7	1269.8	1486.3	1.5

4-2　女性人口比重
Population, Female (% of Total Population)

资料来源：世界银行WDI数据库。
Source: World Bank WDI Database.
单位：%　　(%)

国家和地区	Country or Area	2000	2005	2010	2015	2019	2020
世　界	**World**	**49.7**	**49.6**	**49.6**	**49.6**	**49.6**	**49.6**
中　国	China	48.7	48.6	48.6	48.6	48.7	48.7
中国香港	Hong Kong SAR, China	50.8	52.0	53.0	53.6	54.0	54.1
中国澳门	Macao SAR, China	52.1	52.5	52.0	52.0	52.0	51.9
孟加拉国	Bangladesh	48.6	48.8	49.2	49.3	49.4	49.4
文　莱	Brunei Darussalam	49.3	48.9	48.4	48.0	48.1	48.1
柬埔寨	Cambodia	51.4	51.5	51.3	51.2	51.2	51.2
印　度	India	48.0	48.0	48.0	48.0	48.0	48.0
印度尼西亚	Indonesia	50.0	49.8	49.6	49.6	49.6	49.7
伊　朗	Iran	49.1	49.1	49.6	49.4	49.5	49.5
以色列	Israel	50.7	50.7	50.6	50.4	50.3	50.2
日　本	Japan	50.9	51.0	51.1	51.1	51.2	51.2
哈萨克斯坦	Kazakhstan	51.9	51.8	51.7	51.6	51.5	51.5
韩　国	Korea, Rep.	49.8	49.8	49.9	49.9	49.9	49.9
老　挝	Lao PDR	50.2	50.5	50.4	49.8	49.8	49.8
马来西亚	Malaysia	49.0	48.7	48.4	48.5	48.6	48.6
蒙　古	Mongolia	50.1	50.2	50.4	50.6	50.7	50.7
缅　甸	Myanmar	51.6	51.6	51.8	51.8	51.8	51.8
巴基斯坦	Pakistan	48.4	48.4	48.5	48.5	48.5	48.5
菲律宾	Philippines	49.6	49.7	49.6	49.7	49.8	49.8
新加坡	Singapore	48.7	49.5	47.9	47.7	47.7	47.7
斯里兰卡	Sri Lanka	50.1	50.7	51.3	51.8	52.0	52.1
泰　国	Thailand	50.6	50.8	51.0	51.2	51.3	51.3
越　南	Viet Nam	50.5	50.5	50.3	50.2	50.1	50.1
埃　及	Egypt	49.7	49.6	49.5	49.5	49.5	49.5
尼日利亚	Nigeria	49.6	49.5	49.4	49.4	49.3	49.3
南　非	South Africa	50.7	50.7	50.7	50.6	50.7	50.7
加拿大	Canada	50.5	50.4	50.4	50.4	50.4	50.4
墨西哥	Mexico	50.9	51.1	51.1	51.1	51.1	51.1
美　国	United States	50.7	50.7	50.6	50.5	50.5	50.5
阿根廷	Argentina	51.5	51.4	51.3	51.3	51.2	51.2
巴　西	Brazil	50.5	50.6	50.7	50.8	50.8	50.9
委内瑞拉	Venezuela	49.8	49.9	50.1	50.3	50.7	50.8
捷　克	Czech Rep.	51.4	51.3	50.9	50.9	50.8	50.8
法　国	France	51.5	51.6	51.6	51.5	51.6	51.6
德　国	Germany	51.3	51.1	51.0	50.8	50.6	50.6
意大利	Italy	51.6	51.4	51.6	51.5	51.3	51.3
荷　兰	Netherlands	50.5	50.4	50.3	50.3	50.2	50.2
波　兰	Poland	51.5	51.6	51.7	51.5	51.5	51.5
俄罗斯	Russia	53.2	53.5	53.6	53.7	53.7	53.7
西班牙	Spain	50.9	50.7	50.6	50.9	50.9	50.9
土耳其	Turkey	50.8	50.8	50.8	50.8	50.6	50.6
乌克兰	Ukraine	53.5	53.6	53.8	53.7	53.7	53.7
英　国	United Kingdom	51.3	51.0	50.9	50.7	50.6	50.6
澳大利亚	Australia	50.1	50.1	50.0	50.2	50.2	50.2
新西兰	New Zealand	50.9	51.0	50.9	50.8	50.8	50.8

4-3 人口年龄构成和抚养比(2020年)
Age Composition and Dependency Ratio of Population(2020)

资料来源：世界银行WDI数据库。
Source: World Bank WDI Database.
单位：% (%)

国家和地区	Country or Area	年龄构成 Age Composition			抚养比 Age Dependency Ratio (% of Working-Age Population)
		0-14岁人口占比 Persons ages 14 and below	15-64岁人口占比 Persons ages 15 to 64	65岁以上人口占比 Persons ages 65 and above	
世　界	**World**	**25.5**	**65.2**	**9.3**	**54.6**
中　国	China	17.7	70.3	12.0	42.2
中国香港	Hong Kong SAR, China	12.7	69.1	18.2	44.7
中国澳门	Macao SAR, China	14.4	73.7	12.0	35.7
孟加拉国	Bangladesh	26.8	68.0	5.2	47.0
文　莱	Brunei Darussalam	22.3	72.1	5.6	38.7
柬埔寨	Cambodia	30.9	64.2	4.9	55.7
印　度	India	26.2	67.3	6.6	48.7
印度尼西亚	Indonesia	25.9	67.8	6.3	47.5
伊　朗	Iran	24.7	68.7	6.6	45.6
以色列	Israel	27.8	59.8	12.4	67.3
日　本	Japan	12.4	59.2	28.4	69.0
哈萨克斯坦	Kazakhstan	29.1	63.0	7.9	58.8
韩　国	Korea, Rep.	12.5	71.7	15.8	39.5
老　挝	Lao PDR	31.9	63.8	4.3	56.8
马来西亚	Malaysia	23.4	69.4	7.2	44.2
蒙　古	Mongolia	31.1	64.6	4.3	54.8
缅　甸	Myanmar	25.5	68.3	6.2	46.5
巴基斯坦	Pakistan	34.8	60.8	4.3	64.4
菲律宾	Philippines	30.0	64.4	5.5	55.2
新加坡	Singapore	12.3	74.3	13.4	34.5
斯里兰卡	Sri Lanka	23.7	65.1	11.2	53.7
泰　国	Thailand	16.6	70.5	13.0	41.9
越　南	Viet Nam	23.2	68.9	7.9	45.1
埃　及	Egypt	33.9	60.7	5.3	64.6
尼日利亚	Nigeria	43.5	53.8	2.7	86.0
南　非	South Africa	28.8	65.7	5.5	52.2
加拿大	Canada	15.8	66.1	18.1	51.2
墨西哥	Mexico	25.8	66.5	7.6	50.3
美　国	United States	18.4	65.0	16.6	53.9
阿根廷	Argentina	24.4	64.2	11.4	55.8
巴　西	Brazil	20.7	69.7	9.6	43.5
委内瑞拉	Venezuela	27.3	64.8	8.0	54.4
捷　克	Czech Rep.	15.8	64.1	20.1	56.0
法　国	France	17.7	61.6	20.8	62.4
德　国	Germany	14.0	64.4	21.7	55.4
意大利	Italy	13.0	63.7	23.3	57.0
荷　兰	Netherlands	15.7	64.3	20.0	55.6
波　兰	Poland	15.2	66.0	18.7	51.4
俄罗斯	Russia	18.4	66.1	15.5	51.2
西班牙	Spain	14.4	65.6	20.0	52.4
土耳其	Turkey	23.9	67.1	9.0	49.1
乌克兰	Ukraine	16.0	67.1	16.9	49.1
英　国	United Kingdom	17.7	63.7	18.7	57.1
澳大利亚	Australia	19.3	64.5	16.2	55.1
新西兰	New Zealand	19.4	64.2	16.4	55.8

4-4 人口粗出生率和死亡率
Crude Birth and Death Rate

资料来源：世界银行WDI数据库。
Source: World Bank WDI Database.
单位：‰ (‰)

国家和地区	Country or Area	粗出生率 Birth Rate, Crude			粗死亡率 Death Rate, Crude		
		2000	2010	2019	2000	2010	2019
世　界	**World**	**21.7**	**19.8**	**17.9**	**8.6**	**7.9**	**7.5**
中　国	China	14.0	11.9	10.5	6.5	7.1	7.1
中国香港	Hong Kong SAR, China	8.1	12.6	7.0	5.1	6.0	6.5
中国澳门	Macao SAR, China	8.9	10.1	10.9	3.9	3.7	4.0
孟加拉国	Bangladesh	27.5	21.1	17.9	6.9	5.7	5.5
文　莱	Brunei Darussalam	22.7	17.3	14.5	3.5	3.8	4.5
柬埔寨	Cambodia	28.1	25.5	22.0	9.4	6.5	6.0
印　度	India	26.4	21.1	17.6	8.7	7.5	7.3
印度尼西亚	Indonesia	21.8	20.8	17.7	7.5	6.7	6.5
伊　朗	Iran	17.7	18.2	18.4	5.1	4.9	4.8
以色列	Israel	21.7	21.8	20.1	6.0	5.2	5.1
日　本	Japan	9.4	8.5	7.0	7.7	9.5	11.1
哈萨克斯坦	Kazakhstan	14.9	22.5	21.7	10.1	9.0	7.2
韩　国	Korea, Rep.	13.5	9.4	5.9	5.2	5.1	5.7
老　挝	Lao PDR	32.0	26.9	23.1	9.8	7.4	6.4
马来西亚	Malaysia	22.0	17.3	16.6	4.5	4.6	5.2
蒙　古	Mongolia	19.3	24.7	23.4	7.7	6.6	6.3
缅　甸	Myanmar	24.6	19.8	17.4	9.9	8.9	8.2
巴基斯坦	Pakistan	34.7	30.1	27.8	8.9	7.6	6.9
菲律宾	Philippines	29.6	25.0	20.2	5.4	5.6	5.9
新加坡	Singapore	13.7	9.3	8.8	4.5	4.4	5.0
斯里兰卡	Sri Lanka	18.5	17.8	15.5	6.9	6.0	6.8
泰　国	Thailand	14.5	11.8	10.2	6.9	7.2	7.8
越　南	Viet Nam	17.4	17.3	16.5	5.7	5.8	6.4
埃　及	Egypt	26.0	27.3	25.7	6.5	6.2	5.8
尼日利亚	Nigeria	43.2	41.3	37.4	17.9	14.3	11.6
南　非	South Africa	22.9	23.3	20.1	12.1	12.1	9.4
加拿大	Canada	10.7	11.1	9.9	7.1	7.0	7.6
墨西哥	Mexico	23.9	20.0	17.3	4.7	5.3	6.1
美　国	United States	14.4	13.0	11.4	8.5	8.0	8.7
阿根廷	Argentina	19.5	18.2	16.8	7.8	7.7	7.6
巴　西	Brazil	20.1	15.3	13.7	6.2	6.0	6.5
委内瑞拉	Venezuela	23.8	20.8	17.6	5.1	5.6	7.1
捷　克	Czech Rep.	8.9	11.2	10.5	10.6	10.2	10.5
法　国	France	13.3	12.9	11.2	8.9	8.5	9.1
德　国	Germany	9.3	8.3	9.4	10.2	10.5	11.3
意大利	Italy	9.5	9.5	7.0	9.8	9.9	10.5
荷　兰	Netherlands	13.0	11.1	9.7	8.8	8.2	8.8
波　兰	Poland	9.9	10.9	9.9	9.6	9.9	10.8
俄罗斯	Russia	9.8	14.0	9.8	17.1	16.1	13.3
西班牙	Spain	9.8	10.4	7.6	8.9	8.2	8.8
土耳其	Turkey	21.7	17.9	15.8	6.5	5.7	5.4
乌克兰	Ukraine	7.8	10.8	8.1	15.4	15.2	14.7
英　国	United Kingdom	11.5	12.9	10.7	10.3	8.9	9.0
澳大利亚	Australia	13.0	13.7	12.1	6.7	6.5	6.7
新西兰	New Zealand	14.7	14.7	12.0	6.9	6.5	6.9

4-5 生殖健康(2019年)
Reproductive Health(2019)

资料来源：世界银行WDI数据库。
Source: World Bank WDI Database.

国家和地区	Country or Area	总和生育率 Fertility Rate, Total	少女生育率 (‰) Adolescent Fertility Rate (‰)	15-49岁妇女避孕普及率(%) Contraceptive Prevalence, any Methods (% of women ages 15-49)	产妇死亡率 (1/10 0000) Maternal Mortality Ratio (1/10 0000)①
世界	**World**	**2.4**	**41.6**	**59.7①**	**211**
中国	China	1.7	7.7	84.5①	29
中国香港	Hong Kong SAR, China	1.1	2.6	66.7①	
中国澳门	Macao SAR, China	1.2	2.2		
孟加拉国	Bangladesh	2.0	81.7	62.7	173
文莱	Brunei Darussalam	1.8	9.2		31
柬埔寨	Cambodia	2.5	51.3		160
印度	India	2.2	11.0	53.5②	145
印度尼西亚	Indonesia	2.3	46.4	55.5③	177
伊朗	Iran	2.1	40.8		16
以色列	Israel	3.0	8.8		3
日本	Japan	1.4	3.5		5
哈萨克斯坦	Kazakhstan	2.9	29.0	53.0③	10
韩国	Korea, Rep.	0.9	1.3	82.3③	11
老挝	Lao PDR	2.6	64.5	54.1①	185
马来西亚	Malaysia	2.0	13.5		29
蒙古	Mongolia	2.9	31.9	48.1③	45
缅甸	Myanmar	2.1	27.9	52.2②	250
巴基斯坦	Pakistan	3.5	37.6	34.0	140
菲律宾	Philippines	2.5	55.4	54.1①	121
新加坡	Singapore	1.1	3.5		8
斯里兰卡	Sri Lanka	2.2	20.5	64.6②	36
泰国	Thailand	1.5	44.5	73.0	37
越南	Viet Nam	2.1	27.4	76.5	43
埃及	Egypt	3.3	52.4		37
尼日利亚	Nigeria	5.3	103.6	16.6③	917
南非	South Africa	2.4	67.8	54.6②	119
加拿大	Canada	1.5	7.7		10
墨西哥	Mexico	2.1	58.5	73.1③	33
美国	United States	1.7	17.3	73.9	19
阿根廷	Argentina	2.2	62.3		39
巴西	Brazil	1.7	56.7		60
委内瑞拉	Venezuela	2.3	84.6		125
捷克	Czech Rep.	1.7	11.9		3
法国	France	1.9	4.7		8
德国	Germany	1.5	7.6	67.0③	7
意大利	Italy	1.3	5.0		2
荷兰	Netherlands	1.6	3.6		5
波兰	Poland	1.4	9.8		2
俄罗斯	Russia	1.5	18.5		17
西班牙	Spain	1.2	7.3	72.2③	4
土耳其	Turkey	2.1	24.6	69.8③	17
乌克兰	Ukraine	1.2	22.3		19
英国	United Kingdom	1.7	11.9		7
澳大利亚	Australia	1.7	10.9	66.9②	6
新西兰	New Zealand	1.7	17.9		9

注：①2017年数据。②2016年数据。③2018年数据。
Note:①Data refer to 2017.②Data refer to 2016.③Data refer to 2018.

4-6 婴儿死亡率和出生时预期寿命
Mortality Rate, Infant and Life Expectancy at Birth

资料来源：世界银行WDI数据库。
Source: World Bank WDI Database.
单位：‰ (‰)

国家或地区	Country or Area	婴儿死亡率(‰) Mortality Rate, Infant (‰)			出生时预期寿命(岁) Life Expectancy at Birth (years)		
		2000	2010	2019	2000	2010	2019
世　界	**World**	**52.8**	**37.0**	**28.2**	**67.5**	**70.6**	**72.7**
高收入国家	**High Income**	**6.8**	**5.1**	**4.3**	**77.6**	**79.8**	**80.9**
中低收入国家	**Low and Middle Income**	**57.9**	**40.4**	**30.6**	**65.4**	**68.7**	**71.2**
低收入国家	**Low Income**	**88.6**	**62.5**	**47.9**	**53.4**	**59.7**	**63.7**
中等收入国家	**Middle Income**	**52.8**	**36.3**	**26.9**	**66.4**	**69.6**	**72.1**
中等偏下收入国家	**Lower Middle Income**	**67.9**	**48.7**	**36.6**	**62.6**	**66.4**	**69.1**
中等偏上收入国家	**Upper Middle Income**	**29.9**	**17.1**	**11.3**	**70.6**	**73.5**	**75.9**
中　国	China	30.1	13.6	6.8	71.4	74.4	76.9
中国香港	Hong Kong SAR, China				80.9	83.0	85.1
中国澳门	Macao SAR, China				80.4	82.7	84.2
孟加拉国	Bangladesh	63.4	38.6	25.6	65.4	69.9	72.6
文　莱	Brunei Darussalam	8.2	7.9	9.6	72.8	74.7	75.9
柬埔寨	Cambodia	79.2	37.4	22.8	58.4	66.6	69.8
印　度	India	66.7	45.1	28.3	62.5	66.7	69.7
印度尼西亚	Indonesia	41.0	28.0	20.2	65.8	69.2	71.7
伊　朗	Iran	28.3	16.9	12.0	70.2	73.9	76.7
以色列	Israel	5.6	3.7	3.0	79.0	81.6	82.8
日　本	Japan	3.3	2.3	1.8	81.1	82.8	84.4
哈萨克斯坦	Kazakhstan	36.4	18.2	9.3	65.5	68.5	73.2
韩　国	Korea, Rep.	6.4	3.5	2.7	75.9	80.1	83.2
老　挝	Lao PDR	76.0	51.6	36.4	58.8	64.3	67.9
马来西亚	Malaysia	8.7	6.9	7.3	72.6	74.5	76.2
蒙　古	Mongolia	50.0	25.1	13.4	62.9	67.4	69.9
缅　甸	Myanmar	65.0	48.6	35.8	60.1	63.5	67.1
巴基斯坦	Pakistan	84.4	70.1	55.7	62.8	65.3	67.3
菲律宾	Philippines	28.7	24.8	21.6	68.8	69.8	71.2
新加坡	Singapore	3.0	2.2	2.1	78.0	81.5	83.5
斯里兰卡	Sri Lanka	14.2	10.0	6.1	71.3	75.4	77.0
泰　国	Thailand	18.7	11.7	7.7	70.6	74.2	77.2
越　南	Viet Nam	23.4	18.3	15.9	73.0	74.8	75.4
埃　及	Egypt	37.2	24.1	17.3	68.6	70.3	72.0
尼日利亚	Nigeria	110.0	84.6	74.2	46.3	50.9	54.7
南　非	South Africa	46.3	32.5	27.5	56.0	57.7	64.1
加拿大	Canada	5.3	4.9	4.2	79.1	81.2	82.0
墨西哥	Mexico	23.6	16.4	12.2	74.3	75.1	75.1
美　国	United States	7.1	6.2	5.6	76.6	78.5	78.8
阿根廷	Argentina	17.5	12.9	8.2	73.6	75.3	76.7
巴　西	Brazil	30.3	16.7	12.4	70.1	73.6	75.9
委内瑞拉	Venezuela	18.4	14.7	21.0	72.1	73.1	72.1
捷　克	Czech Rep.	4.5	2.7	2.5	75.0	77.4	79.1
法　国	France	4.4	3.6	3.8	79.1	81.7	82.6
德　国	Germany	4.4	3.5	3.2	77.9	80.0	80.9
意大利	Italy	4.7	3.4	2.7	79.8	82.0	83.2
荷　兰	Netherlands	5.1	3.7	3.5	78.0	80.7	82.0
波　兰	Poland	8.1	5.1	3.8	73.7	76.2	77.9
俄罗斯	Russia	16.5	8.9	4.9	65.5	68.8	73.1
西班牙	Spain	4.4	3.2	2.6	79.0	81.6	83.5
土耳其	Turkey	31.4	15.6	8.6	70.0	74.5	77.7
乌克兰	Ukraine	15.7	10.1	7.2	67.7	70.3	71.8
英　国	United Kingdom	5.6	4.4	3.7	77.7	80.4	81.2
澳大利亚	Australia	5.1	4.0	3.1	79.2	81.7	82.9
新西兰	New Zealand	6.1	5.1	3.9	78.6	80.7	81.7

4-7 结婚率与离婚率
Marriage Rate and Divorce Rate

资料来源：联合国人口统计数据库。
Source: UN Demographic Statistics Databas.
单位：‰

(‰)

国家或地区	Country or Area	结婚率 Marriages Rate			离婚率 Divorces Rate		
		2005	2010	2019	2005	2010	2019
中　国	China	6.3	9.3		1.4	2.0	
中国香港	Hong Kong SAR, China	6.3	7.5	5.9			
中国澳门	Macao SAR China	3.6	5.8	5.5	1.2	1.7	2.1
伊　朗	Iran	11.3	12.1	6.4	1.2	1.9	2.1
日　本	Japan	5.6	5.5	4.7	2.0	2.0	1.7
哈萨克斯坦	Kazakhstan	8.1	9.0	7.5	2.1	2.5	3.2
韩　国	Korea, Rep.	6.5	6.6	4.7	2.7	2.4	2.2
蒙　古	Mongolia	5.8	3.4	6.1	0.6	1.1	1.3
新加坡	Singapore	5.4	4.8	6.3	1.5	1.4	1.8
埃　及	Egypt	6.9	10.5	9.4	0.9	1.8	2.3
墨西哥	Mexico	5.6	5.0	4.0	0.7	0.8	1.3
美　国	United States	7.6	6.8	6.1	2.9	2.8	2.3
阿根廷	Argentina	3.4	3.0	2.7			
委内瑞拉	Venezuela	3.3	3.3				
白俄罗斯	Belarus	7.6	8.1	6.6	3.2	3.9	3.6
保加利亚	Bulgaria	4.4	3.3	4.2	1.9	1.5	1.6
捷　克	Czech Rep.	5.1	4.5	5.1	3.1	2.9	2.3
法　国	France	4.4	3.8		2.4	2.0	
德　国	Germany	4.7	4.7	5.0	2.4	2.3	1.8
意大利	Italy	4.3	3.7	3.1	0.8	0.9	1.4
荷　兰	Netherlands	4.4	4.5	3.7	2.0	2.0	1.7
波　兰	Poland	5.4	6.0	4.8	1.8	1.6	1.7
罗马尼亚	Romania	6.7	5.7	6.6	1.6	1.6	1.6
俄罗斯	Russia	7.4	8.5		4.2	4.5	
西班牙	Spain	4.7	3.6	3.5	1.7	2.2	1.9
土耳其	Turkey	9.4	8.1		1.4	1.6	
乌克兰	Ukraine	7.1	6.7	5.6	3.9	2.7	3.3
英　国	United Kingdom	4.7	4.5		2.6	2.1	
澳大利亚	Australia	5.4	5.5	4.5	2.6	2.3	1.9
新西兰	New Zealand	5.0	4.8	3.8	2.4	2.0	1.7

4-8 农村和城市人口比重
Rural and Urban Population (% of Total Population)

资料来源：世界银行WDI数据库。
Source: World Bank WDI Database.
单位：% (%)

国家或地区	Country or Area	农村人口 Rural Population 2005	2010	2020	城市人口 Urban Population 2005	2010	2020
世　界	**World**	**50.8**	**48.4**	**43.8**	**49.2**	**51.6**	**56.2**
高收入国家	**High Income**	**21.5**	**20.0**	**18.2**	**78.5**	**80.0**	**81.8**
中低收入国家	**Low and Middle Income**	**57.1**	**54.2**	**48.8**	**42.9**	**45.8**	**51.2**
低收入国家	**Low Income**	**71.5**	**69.9**	**66.5**	**28.5**	**30.1**	**33.5**
中等收入国家	**Middle Income**	**55.8**	**52.7**	**46.7**	**44.2**	**47.3**	**53.3**
中　国	China	57.5	50.8	38.6	42.5	49.2	61.4
中国香港	Hong Kong SAR, China				100.0	100.0	100.0
中国澳门	Macao SAR, China				100.0	100.0	100.0
孟加拉国	Bangladesh	73.2	69.5	61.8	26.8	30.5	38.2
文　莱	Brunei Darussalam	26.8	25.0	21.8	73.2	75.0	78.3
柬埔寨	Cambodia	80.8	79.7	75.8	19.2	20.3	24.2
印　度	India	70.8	69.1	65.1	29.2	30.9	34.9
印度尼西亚	Indonesia	54.1	50.1	43.4	45.9	49.9	56.6
伊　朗	Iran	32.4	29.4	24.1	67.6	70.6	75.9
以色列	Israel	8.5	8.2	7.4	91.5	91.8	92.6
日　本	Japan	14.0	9.2	8.2	86.0	90.8	91.8
哈萨克斯坦	Kazakhstan	43.5	43.2	42.3	56.5	56.8	57.7
韩　国	Korea, Rep.	18.7	18.1	18.6	81.3	81.9	81.4
老　挝	Lao PDR	72.8	69.9	63.7	27.2	30.1	36.3
马来西亚	Malaysia	33.4	29.1	22.8	66.6	70.9	77.2
蒙　古	Mongolia	37.5	32.4	31.3	62.5	67.6	68.7
缅　甸	Myanmar	72.1	71.1	68.9	27.9	28.9	31.1
巴基斯坦	Pakistan	66.0	65.0	62.8	34.0	35.0	37.2
菲律宾	Philippines	54.3	54.7	52.6	45.7	45.3	47.4
新加坡	Singapore				100.0	100.0	100.0
斯里兰卡	Sri Lanka	81.7	81.8	81.3	18.3	18.2	18.7
泰　国	Thailand	62.6	56.1	48.6	37.4	43.9	51.4
越　南	Viet Nam	72.7	69.6	62.7	27.3	30.4	37.3
埃　及	Egypt	57.0	57.0	57.2	43.0	43.0	42.8
尼日利亚	Nigeria	60.9	56.5	48.0	39.1	43.5	52.0
南　非	South Africa	40.5	37.8	32.6	59.5	62.2	67.4
加拿大	Canada	19.9	19.1	18.4	80.1	80.9	81.6
墨西哥	Mexico	23.7	22.2	19.3	76.3	77.8	80.7
美　国	United States	20.1	19.2	17.3	79.9	80.8	82.7
阿根廷	Argentina	10.0	9.2	7.9	90.0	90.8	92.1
巴　西	Brazil	17.2	15.7	12.9	82.8	84.3	87.1
委内瑞拉	Venezuela	12.0	11.9	11.7	88.0	88.1	88.3
捷　克	Czech Rep.	26.4	26.7	25.9	73.6	73.3	74.1
法　国	France	22.9	21.6	19.0	77.1	78.4	81.0
德　国	Germany	24.0	23.0	22.5	76.0	77.0	77.5
意大利	Italy	32.3	31.7	29.0	67.7	68.3	71.0
荷　兰	Netherlands	17.4	12.9	7.8	82.6	87.1	92.2
波　兰	Poland	38.5	39.1	40.0	61.5	60.9	60.0
俄罗斯	Russia	26.5	26.3	25.2	73.5	73.7	74.8
西班牙	Spain	22.7	21.6	19.2	77.3	78.4	80.8
土耳其	Turkey	32.2	29.2	23.9	67.8	70.8	76.1
乌克兰	Ukraine	32.2	31.4	30.4	67.8	68.6	69.6
英　国	United Kingdom	20.1	18.7	16.1	79.9	81.3	83.9
澳大利亚	Australia	15.4	14.8	13.8	84.6	85.2	86.2
新西兰	New Zealand	13.7	13.8	13.3	86.3	86.2	86.7

主要统计指标解释

人口　指实际具有的所有人口，无论其法律地位或公民身份均包括在内，不包括非永久居住在庇护地的难民，难民通常被认为是来源国的人口。人口用年中的估计值表示。

抚养比· 指 0 - 14 岁和 65 岁及以上被抚养人口与 15 - 64 岁劳动年龄人口之比。

（粗）出生率　指一年内活产数量与年中人口数之比。粗出生率减去粗死亡率为自然增长率，等于没有人口迁移情况下的自然增长率。

（粗）死亡率　指一年内死亡数量与年中人口数之比。粗出生率减去粗死亡率为自然增长率，等于没有人口迁移情况下的自然增长率。

总和生育率　是一个妇女活到育龄期结束，并按当前的特定年龄生育率生育孩子的话，她可能生育的孩子数量。

少女生育率　指每千名 15 - 19 岁妇女中生育的妇女人数。

避孕普及率　指采取了某种避孕措施的 15 - 49 岁已婚妇女或其性伙伴所占的百分比。

产妇死亡率　是每年每 10 万例活产中怀孕和分娩期间死亡的妇女人数。

婴儿死亡率　指某年里每千名活产婴儿生存至一周岁前死亡的比率。

出生时预期寿命　指一名新生儿如果其出生时各年龄组的死亡率在其终生保持不变的话，他可能存活的年数。

结婚率　指在一定时期（通常为一个日历年）、给定地域、给定年份内平均每千名年中人口中的结婚次数。

离婚率　指在一定时期（通常为一个日历年）、给定地域、给定年份内平均每千名年中人口中的离婚次数。

城市人口　指向联合国报告的各国定义为城市的区域内的年中人口。

Explanatory Notes on Main Statistical Indicators

Total population is based on the de facto definition of population, which counts all residents regardless of legal status or citizenship--except for refugees not permanently settled in the country of asylum, who are generally considered part of the population of their country of origin. The values shown are midyear estimates.

Age Dependency Ratio is the ratio of dependents--people younger than 15 or older than 64--to the working-age population--those ages 15-64.

Birth Rate, Crude is the number of live births occurring during the year, per 1,000 population estimated at midyear. Subtracting the crude death rate from the crude birth rate provides the rate of natural increase, which is equal to the population growth rate in the absence of migration.

Death Rate, Crude is the number of deaths occurring during the year, per 1,000 population estimated at midyear. Subtracting the crude death rate from the crude birth rate provides the rate of natural increase, which is equal to the population growth rate in the absence of migration.

Fertility Rate, Total is the number of children that would be born to a woman if she were to live to the end of her childbearing years and bear children in accordance with current age-specific fertility rates.

Adolescent Fertility Rate is the number of births per 1,000 women ages 15-19.

Contraceptive Prevalence Rate is the percentage of women who are practicing, or whose sexual partners are practicing, any form of contraception. It is usually measured for married women ages 15-49 only.

Maternal Mortality Ratio is the number of women who die during pregnancy and childbirth, per 100,000 live births.

Mortality Rate, Infant is the number of infants dying before reaching one year of age, per 1000 live births in a given year.

Life Expectancy at Birth is the number of years a newborn infant would live if prevailing patterns of mortality at the time of its birth were to stay the same throughout its life.

Crude Marriage Rate is the number of marriages occurring in a population during a given period of time, usually a calendar year, i.e., the number of marriages occurring among the population of a given geographical area during a given year per 1000 mid-year total population of the given geographical area during the same year.

Crude Divorce Rate is the number of divorces occurring in a population during a given period of time, usually a calendar year, i.e., the number of divorces occurring among the population of a given geographical area during a given year per 1000 mid-year total population of the given geographical area during the same year.

Urban Population is the midyear population of areas defined as urban in each country and reported to the United Nations.

就业人员和劳动报酬

Employment and Earnings

5-1 劳动参与率
Labor Force Participation Rate

资料来源：世界银行WDI数据库。
Source: World Bank WDI Database.
单位：万人 (10 000 persons)

国家或地区	Country or Area	劳动力人口（万人）Total Labor Force (10 000 persons)		劳动参与率（%15-64岁人口）Labor Force Participation Rate(% of total popultion ages 15-64)		女性劳动参与率（%15-64岁女性人口）Female Labor Force Participation Rate (% of total femal population ages 15-64)	
		2000	2020	2000	2019	2000	2019
世　界	**World**	**276180**	**338610**	**69.5**	**66.5**	**55.7**	**52.6**
中　国	China	73475	77095	82.6	75.9	76.9	68.6
中国香港	Hong Kong SAR, China	340	381	69.7	72.3	57.3	65.3
中国澳门	Macao SAR, China	22	39	71.4	78.2	62.1	72.5
孟加拉国	Bangladesh	4640	6723	58.9	61.5	27.7	38.5
文　莱	Brunei Darussalam	16	22	70.1	68.5	57.8	59.7
柬埔寨	Cambodia	559	916	81.4	84.9	80.1	80.5
印　度	India	39684	47169	59.7	52.1	32.0	22.3
印度尼西亚	Indonesia	9857	13462	69.0	70.2	52.8	56.0
伊　朗	Iran	1916	2681	45.4	48.0	14.6	18.9
以色列	Israel	277	414	69.6	72.2	62.2	69.6
日　本	Japan	6765	6868	72.6	79.8	59.5	72.8
哈萨克斯坦	Kazakhstan	770	878	77.2	76.6	73.1	71.8
韩　国	Korea, Rep.	2282	2835	64.3	69.1	52.2	60.1
老　挝	Lao PDR	241	383	83.4	81.4	83.5	80.5
马来西亚	Malaysia	954	1590	63.9	68.6	46.9	55.5
蒙　古	Mongolia	94	142	62.9	66.3	57.3	58.9
缅　甸	Myanmar	2287	2295	76.6	64.5	64.0	50.2
巴基斯坦	Pakistan	4219	7233	52.4	54.5	16.5	22.6
菲律宾	Philippines	3000	4372	63.8	62.3	49.0	49.1
新加坡	Singapore	216	347	70.6	77.4	56.8	69.7
斯里兰卡	Sri Lanka	783	855	60.6	57.5	40.4	37.6
泰　国	Thailand	3502	3848	77.9	74.2	70.9	66.8
越　南	Viet Nam	4192	5654	81.9	83.1	78.7	79.6
埃　及	Egypt	2004	2908	49.0	47.9	21.6	20.0
尼日利亚	Nigeria	4144	6224	60.1	56.7	55.4	49.3
南　非	South Africa	1646	2174	58.7	60.1	48.2	54.1
加拿大	Canada	1619	2046	76.2	79.0	70.4	75.6
墨西哥	Mexico	3899	5398	62.5	65.3	41.1	49.1
美　国	United States	14674	16516	76.4	73.1	69.9	67.9
阿根廷	Argentina	1631	1919	69.0	69.4	57.1	59.5
巴　西	Brazil	7850	9984	67.8	70.9	53.9	61.9
委内瑞拉	Venezuela	1014	1106	66.1	62.5	50.4	46.4
捷　克	Czech Rep.	515	538	71.2	76.9	63.6	70.0
法　国	France	2736	3003	68.6	71.8	62.3	68.3
德　国	Germany	4025	4338	71.6	79.1	63.5	74.7
意大利	Italy	2328	2508	59.8	65.8	46.2	56.5
荷　兰	Netherlands	816	939	74.9	80.9	65.6	76.6
波　兰	Poland	1732	1820	64.8	70.9	59.3	63.5
俄罗斯	Russia	7331	7190	71.0	74.0	66.4	69.0
西班牙	Spain	1828	2280	65.3	74.2	51.8	69.2
土耳其	Turkey	2142	3232	51.5	58.1	27.9	38.5
乌克兰	Ukraine	2322	1946	67.2	66.6	62.7	60.8
英　国	United Kingdom	2930	3474	75.2	78.0	67.7	73.6
澳大利亚	Australia	960	1345	74.0	78.5	65.3	73.8
新西兰	New Zealand	193	285	75.0	80.9	67.2	76.8

5-2 就业人数
Employment

资料来源：联合国ILO数据库。
Source: ILO Database.

单位：万人 (10 000 persons)

国家或地区	Country or Area	2000	2005	2010	2015	2018	2019	2020
中　国	China	72085	74647	76105	77451	77586	77471	
中国香港	Hong Kong SAR, China			347	377	387	385	366
中国澳门	Macao SAR, China	20	24	32	40	39	39	40
孟加拉国	Bangladesh			5408				
文　莱	Brunei Darussalam					20	22	
柬埔寨	Cambodia	515		796	863		788	
印　度	India	32704	36328	36967		36057	36505	40625
印度尼西亚	Indonesia	8984	9396	10781	11783	12668	13072	13004
伊　朗	Iran			2024	2168	2344	2405	2307
以色列	Israel	246	274	318	364	391	397	391
日　本	Japan	6446	6356	6194	6320	6664	6724	6676
哈萨克斯坦	Kazakhstan			811	862	866	876	873
韩　国	Korea, Rep.	2116	2283	2422	2635	2692	2723	2702
老　挝	Lao PDR			302				
马来西亚	Malaysia			1129	1407	1485	1507	1496
蒙　古	Mongolia			103	115	125	115	116
缅　甸	Myanmar				2179	2254	2204	
巴基斯坦	Pakistan			4939	5528	5979		
菲律宾	Philippines		3231	3603	3914	4116	4243	3938
新加坡	Singapore		165	196	215	220	223	222
斯里兰卡	Sri Lanka			770	783	802	818	
泰　国	Thailand			3804	3802	3786	3761	3768
越　南	Viet Nam			4949	5284	5425	5057	4976
埃　及	Egypt			2383	2478	2602	2612	2620
尼日利亚	Nigeria		4911		7185		4159	
南　非	South Africa	1036	1088	1394	1593	1661	1657	1525
加拿大	Canada	1476	1612	1696	1795	1866	1906	1806
墨西哥	Mexico	3759	4208	4612	5061	5372	5461	5092
美　国	United States	13689	14173	13906	14883	15576	15754	14779
阿根廷	Argentina		953	1053		1174	1204	1094
巴　西	Brazil		8323		9179	9141	9349	8569
委内瑞拉	Venezuela		1040	1201				
捷　克	Czech Rep.	468	476	489	504	529	530	524
法　国	France	2312	2498	2573	2644	2702	2713	2700
德　国	Germany	3632	3636	3799	4021	4191	4240	4172
意大利	Italy	2093	2241	2253	2246	2321	2336	2290
荷　兰	Netherlands	786	783	829	832	880	898	898
波　兰	Poland	1452	1412	1547	1608	1648	1646	1644
俄罗斯	Russia	6507	6834	6993	7232	7253	7193	7060
西班牙	Spain	1544	1921	1872	1787	1933	1978	1920
土耳其	Turkey	2158	2007	2259	2662	2873	2808	2681
乌克兰	Ukraine			2027	1644	1636	1667	1600
英　国	United Kingdom	2726	2874	2912	3120	3235	3269	
澳大利亚	Australia	890	988	1102	1177	1258	1287	1268
新西兰	New Zealand	180	208	215	237	265	270	273

5-3 按产业类型划分的就业构成
Composition of Employment by Industry

资料来源：世界银行WDI数据库。
Source: World Bank WDI Database.

单位：% (%)

国家或地区	Country or Area	农业 Agriculture 2000	2019	工业 Industry 2000	2019	服务业 Services 2000	2019
中　国	China	50.0	25.3	22.5	27.4	27.5	47.3
中国香港	Hong Kong SAR, China	0.3	0.2	20.3	11.1	79.4	88.8
中国澳门	Macao SAR, China	0.4	0.4	28.0	9.7	71.6	89.9
孟加拉国	Bangladesh	64.8	38.3	10.7	21.3	24.5	40.4
文　莱	Brunei Darussalam	1.2	2.0	22.5	20.8	76.3	77.3
柬 埔 寨	Cambodia	73.5	34.5	8.5	27.9	18.0	37.6
印　度	India	59.7	42.6	16.3	25.1	24.0	32.3
印度尼西亚	Indonesia	45.3	28.5	17.4	22.4	37.3	49.1
伊　朗	Iran	24.4	17.4	30.0	31.4	45.6	51.2
以 色 列	Israel	2.3	0.9	22.4	17.2	75.2	81.9
日　本	Japan	5.1	3.4	31.4	24.2	63.5	72.4
哈萨克斯坦	Kazakhstan	36.4	14.9	16.2	21.0	47.3	64.2
韩　国	Korea, Rep.	10.6	5.1	28.1	24.6	61.3	70.3
老　挝	Lao PDR	81.9	61.4	4.6	12.9	13.6	25.6
马来西亚	Malaysia	18.4	10.3	32.2	27.0	49.5	62.7
蒙　古	Mongolia	48.6	25.3	14.1	21.6	37.2	53.1
缅　甸	Myanmar	61.1	48.8	12.9	16.9	26.0	34.2
巴基斯坦	Pakistan	43.0	36.9	20.9	25.0	36.1	38.1
菲 律 宾	Philippines	37.1	22.9	15.9	19.1	47.0	58.0
新 加 坡	Singapore	0.2	0.0	28.0	15.6	71.9	84.4
斯里兰卡	Sri Lanka	41.0	25.0	23.6	27.9	35.4	47.2
泰　国	Thailand	48.8	31.4	19.0	22.8	32.2	45.7
越　南	Viet Nam	65.3	37.2	12.4	27.4	22.3	35.3
埃　及	Egypt	29.6	20.6	21.3	26.9	49.1	52.4
尼日利亚	Nigeria	48.8	35.0	12.4	12.0	38.9	53.0
南　非	South Africa	9.9	5.3	27.3	22.3	62.8	72.4
加 拿 大	Canada	2.5	1.5	23.3	19.3	74.2	79.2
墨 西 哥	Mexico	17.4	12.5	27.1	25.5	55.5	62.0
美　国	United States	1.6	1.4	24.4	19.9	73.9	78.7
阿 根 廷	Argentina	0.7	0.1	22.8	21.8	76.6	78.1
巴　西	Brazil	16.5	9.1	21.8	20.0	61.7	70.9
委内瑞拉	Venezuela	10.6	7.9	22.8	15.3	66.6	76.8
捷　克	Czech Rep.	5.2	2.7	40.0	37.3	54.8	60.1
法　国	France	4.1	2.5	26.3	20.4	69.6	77.0
德　国	Germany	2.6	1.2	33.5	27.2	63.8	71.6
意 大 利	Italy	5.2	3.9	31.8	25.9	63.0	70.2
荷　兰	Netherlands	3.3	2.1	21.6	16.1	75.1	81.8
波　兰	Poland	18.7	9.1	31.1	32.1	50.3	58.7
俄 罗 斯	Russia	14.5	5.8	29.2	26.8	56.3	67.4
西 班 牙	Spain	6.7	4.0	30.8	20.4	62.5	75.5
土 耳 其	Turkey	27.3	18.1	27.6	25.3	45.1	56.6
乌 克 兰	Ukraine	26.5	13.8	24.5	25.0	49.0	61.2
英　国	United Kingdom	1.5	1.0	25.2	18.1	73.3	80.8
澳大利亚	Australia	4.9	2.6	21.6	19.1	73.5	78.4
新 西 兰	New Zealand	8.7	5.8	23.3	19.3	68.0	74.9

5-4 按行业分类的就业人口
Employment by Economic Activity

资料来源：联合国ILO数据库。
Source: ILO Database.
单位：万人 (10 000 persons)

国家或地区	Country or Area	2010	2015	2017	2018	2019
中　国①	**China①**					
按第四版ISIC分类	Isic-Rev.4					
总　计	Total	13051.5	18062.5	17643.8	17258.2	17161.8
农、林、牧、渔业	Agriculture, Forestry, Animal Husbandry and Fishery	375.7	270.0	255.4	192.6	134.1
采矿业	Mining	562.0	545.8	455.4	414.4	367.7
制造业	Manufacturing	3637.2	5068.7	4635.5	4178.3	3832.0
电力、热力、燃气及水生产和供应业	Production and Supply of Electricity, Heat,Gas and Water	310.5	396.0	377.0	369.2	373.1
建筑业	Construction	1267.5	2796.0	2643.2	2710.9	2270.5
批发和零售业	Wholesale and Retail Trades	535.1	883.3	842.8	823.3	830.0
交通运输、仓储和邮政业	Transport,Storage and Post	631.1	854.4	843.9	819.0	815.5
住宿和餐饮业	Hotels and Catering Services	209.2	276.1	265.9	269.8	265.2
信息传输、软件和信息技术服务业	Information Transmission,Software and Information Technology	185.8	349.9	395.4	424.3	455.3
金融业	Financial Intermediation	470.1	606.8	688.8	699.3	826.1
房地产业	Real Estate	211.6	417.3	444.8	466.0	510.3
科技研究和技术服务业	Scientific Research and and Technical Services	292.3	410.6	420.4	411.5	434.3
公共管理、社会保障和社会组织	Public Management, Social Security and Social Organization	1428.5	1637.8	1725.6	1817.5	1989.8
教育	Education	1581.8	1736.5	1730.4	1735.6	1909.3
卫生和社会工作	Health and Social Service	632.5	841.6	897.9	912.4	1006.2
文化、体育和娱乐业	Culture, Sports and Entertainment	131.4	149.1	152.2	146.6	151.2
中国香港	**Hong Kong SAR, China**					
按第四版ISIC分类	Isic-Rev.4					
总　计	Total	347.3	375.0	379.4	380.0	378.8
农业、林业和渔业	Agriculture; Forestry and Fishing	0.8	0.7	0.7	0.7	0.6
采掘业	Mining and Quarrying	0.2	0.2	0.2	0.2	0.2
制造业	Manufacturing	16.7	13.5	12.1	11.4	10.8
公用事业	Utilities	1.2	1.3	1.3	1.4	1.4
建筑业	Construction	26.5	29.6	30.2	30.0	29.7
批发和零售贸易；机动车辆和摩托车的修理	Wholesale and Retail Trade; Repair of Motor Vehicles and Motorcycles	82.1	79.6	78.0	77.1	75.8
运输、储存和通讯	Transport; Storage and Communication	39.7	44.1	44.8	44.9	45.0
住宿和餐饮业	Accommodation and Food Service Activities	24.3	27.6	28.4	28.6	28.6
金融和保险业	Financial and Insurance Activities	21.1	23.4	23.3	23.2	23.0
房地产业、企业管理业	Real Estate; Business and Administrative Activities	41.1	49.4	51.1	51.7	51.9
公共行政和国防；强制性社会保障	Public Administration and Defence; Compulsory Social Security	15.5	17.0	17.4	17.6	17.7
教育	Education	29.3	33.1	34.2	34.6	35.0
卫生和社会福利业	Human Health and Social Work Activities	26.1	29.4	30.7	31.3	31.7
其他服务	Other Services	22.7	26.1	27.0	27.3	27.3

5-4 续表 1 continued

单位：万人 (10 000 persons)

国家或地区	Country or Area	2010	2015	2017	2018	2019
印度尼西亚	**Indonesia**					
按第四版ISIC分类	Isic-Rev.4					
总　计	Total	10915.1	11902.3	12419.4	12675.4	13087.6
农业、林业和渔业	Agriculture; Forestry and Fishing	4270.9	3933.0	3824.0	3756.2	3728.1
采掘业	Mining and Quarrying	123.7	137.9	157.3	168.4	166.0
制造业	Manufacturing	1361.3	1631.4	1752.1	1826.4	1890.7
公用事业	Utilities	22.4	49.6	51.3	55.1	55.4
建筑业	Construction	528.7	804.2	773.9	775.2	811.9
批发和零售贸易；机动车辆和摩托车的修理	Wholesale and Retail Trade; Repair of Motor Vehicles and Motorcycles	1832.1	2217.7	2403.6	2485.1	2631.8
运输、储存和通讯	Transport; Storage and Communication	579.3	525.0	579.2	604.7	642.8
住宿和餐饮业	Accommodation and Food Service Activities	432.3	521.9	590.0	629.3	687.8
金融和保险业	Financial and Insurance Activities	89.2	175.3	195.0	203.6	218.8
房地产业、企业管理业	Real Estate; Business and Administrative Activities	81.9	177.7	209.8	225.5	247.7
公共行政和国防；强制性社会保障	Public Administration and Defence; Compulsory Social Security	334.9	407.5	442.2	454.9	466.2
教育	Education	450.1	580.7	639.2	663.1	687.3
卫生和社会福利业	Human Health and Social Work Activities	103.8	152.1	167.8	174.1	180.3
其他服务	Other Services	704.6	588.3	634.0	654.0	672.8
伊　朗	**Iran**					
按第四版ISIC分类	Isic-Rev.4					
总　计	Total	2078.5	2255.5	2410.1	2442.2	2507.1
农业、林业和渔业	Agriculture; Forestry and Fishing	399.5	406.7	423.8	432.1	435.3
采掘业	Mining and Quarrying	11.2	16.0	19.5	20.0	20.0
制造业	Manufacturing	354.4	379.4	406.2	423.3	432.4
公用事业	Utilities	20.0	25.3	30.9	31.3	32.6
建筑业	Construction	283.7	312.9	315.6	307.8	302.1
批发和零售贸易；机动车辆和摩托车的修理	Wholesale and Retail Trade; Repair of Motor Vehicles and Motorcycles	325.3	336.7	381.8	382.9	398.2
运输、储存和通讯	Transport; Storage and Communication	213.9	245.4	251.7	251.8	262.1
住宿和餐饮业	Accommodation and Food Service Activities	24.7	29.8	35.2	38.1	40.9
金融和保险业	Financial and Insurance Activities	24.3	34.7	32.3	33.7	34.7
房地产业、企业管理业	Real Estate; Business and Administrative Activities	66.9	66.5	78.1	82.5	86.4
公共行政和国防；强制性社会保障	Public Administration and Defence; Compulsory Social Security	126.3	146.9	141.8	138.8	144.7
教育	Education	124.2	131.8	140.4	145.7	153.9
卫生和社会福利业	Human Health and Social Work Activities	49.5	63.2	76.2	75.9	80.7
其他服务	Other Services	54.5	60.0	76.7	78.3	82.9

5-4 续表 2 continued

单位：万人 (10 000 persons)

国家或地区	Country or Area	2010	2015	2017	2018	2019
以色列	**Israel**					
按第四版ISIC分类	Isic-Rev.4					
总计	Total	308.2	349.7	364.8	371.7	376.5
农业、林业和渔业	Agriculture; Forestry and Fishing	3.9	3.6	3.7	3.6	3.4
采掘业	Mining and Quarrying	0.4	0.3	0.2	0.3	0.3
制造业	Manufacturing	38.9	40.5	40.7	40.9	40.7
公用事业	Utilities	2.7	3.0	3.3	3.4	3.4
建筑业	Construction	13.8	17.6	19.1	19.7	20.4
批发和零售贸易；机动车辆和摩托车的修理	Wholesale and Retail Trade; Repair of Motor Vehicles and Motorcycles	36.7	41.0	42.0	42.3	42.5
运输、储存和通讯	Transport; Storage and Communication	27.0	32.5	34.0	34.8	35.5
住宿和餐饮业	Accommodation and Food Service Activities	12.9	15.1	16.0	16.5	16.9
金融和保险业	Financial and Insurance Activities	11.3	12.2	12.6	12.8	12.9
房地产业、企业管理业	Real Estate; Business and Administrative Activities	37.2	43.1	46.8	48.4	49.7
公共行政和国防；强制性社会保障	Public Administration and Defence; Compulsory Social Security	33.8	36.3	37.4	37.8	37.8
教育	Education	38.3	44.5	45.9	46.9	47.5
卫生和社会福利业	Human Health and Social Work Activities	31.5	38.4	39.9	40.9	41.7
其他服务	Other Services	19.9	21.6	23.1	23.5	23.8
日本	**Japan**					
按第四版ISIC分类	Isic-Rev.4					
总计	Total	6349.7	6453.3	6577.4	6707.2	6750.6
农业、林业和渔业	Agriculture; Forestry and Fishing	258.2	234.5	226.3	234.4	227.9
采掘业	Mining and Quarrying	2.0	1.8	3.0	3.1	2.9
制造业	Manufacturing	1074.8	1064.4	1077.3	1089.6	1090.3
公用事业	Utilities	35.9	31.2	29.7	28.8	27.8
建筑业	Construction	510.3	514.2	510.0	517.0	511.2
批发和零售贸易；机动车辆和摩托车的修理	Wholesale and Retail Trade; Repair of Motor Vehicles and Motorcycles	979.8	967.8	1073.3	1109.4	1111.3
运输、储存和通讯	Transport; Storage and Communication	506.8	513.8	568.4	597.6	600.9
住宿和餐饮业	Accommodation and Food Service Activities	356.2	342.3	380.0	418.5	425.7
金融和保险业	Financial and Insurance Activities	154.3	138.6	110.9	99.5	98.0
房地产业、企业管理业	Real Estate; Business and Administrative Activities	524.5	574.6	470.6	428.0	424.3
公共行政和国防；强制性社会保障	Public Administration and Defence; Compulsory Social Security	283.4	285.9	285.1	290.8	294.2
教育	Education	367.4	370.1	383.9	393.8	400.9
卫生和社会福利业	Human Health and Social Work Activities	834.1	958.3	993.1	1018.8	1050.7
其他服务	Other Services	461.9	455.9	465.9	477.9	484.5

5-4 续表 3 continued

单位：万人 (10 000 persons)

国家或地区	Country or Area	2010	2015	2017	2018	2019
哈萨克斯坦	**Kazakhstan**					
按第四版ISIC分类	Isic-Rev.4					
总　计	Total	818.3	868.1	858.3	861.7	864.3
农业、林业和渔业	Agriculture; Forestry and Fishing	231.4	156.4	142.1	135.9	128.4
采掘业	Mining and Quarrying	19.5	28.6	26.8	26.1	26.2
制造业	Manufacturing	57.0	55.7	56.0	57.3	58.5
公用事业	Utilities	19.1	24.9	26.1	27.0	27.1
建筑业	Construction	57.5	69.4	68.3	69.0	69.4
批发和零售贸易；机动车辆和摩托车的修理	Wholesale and Retail Trade; Repair of Motor Vehicles and Motorcycles	123.5	126.9	126.3	126.5	127.5
运输、储存和通讯	Transport; Storage and Communication	62.7	77.6	78.1	79.3	80.9
住宿和餐饮业	Accommodation and Food Service Activities	10.6	17.5	19.0	20.1	21.4
金融和保险业	Financial and Insurance Activities	10.6	19.6	19.8	20.5	20.9
房地产业、企业管理业	Real Estate; Business and Administrative Activities	45.9	55.4	56.5	58.0	59.8
公共行政和国防；强制性社会保障	Public Administration and Defence; Compulsory Social Security	38.0	47.3	48.1	49.0	49.5
教育	Education	82.3	101.7	102.6	103.7	104.3
卫生和社会福利业	Human Health and Social Work Activities	37.3	45.8	45.9	46.3	46.8
其他服务	Other Services	22.9	41.3	42.5	43.1	43.6
韩　国	**Korea,Rep.**					
按第四版ISIC分类	Isic-Rev.4					
总　计	Total	2433.4	2649.8	2696.9	2699.3	2721.4
农业、林业和渔业	Agriculture; Forestry and Fishing	160.6	138.7	132.8	134.8	139.9
采掘业	Mining and Quarrying	2.2	1.4	2.3	1.9	1.4
制造业	Manufacturing	412.9	464.8	459.7	453.4	443.1
公用事业	Utilities	14.7	18.6	18.8	19.7	20.3
建筑业	Construction	179.0	186.7	199.7	204.2	201.3
批发和零售贸易；机动车辆和摩托车的修理	Wholesale and Retail Trade; Repair of Motor Vehicles and Motorcycles	365.3	386.3	382.7	374.7	367.7
运输、储存和通讯	Transport; Storage and Communication	198.3	221.8	219.8	225.4	228.8
住宿和餐饮业	Accommodation and Food Service Activities	192.7	222.8	231.2	226.1	232.0
金融和保险业	Financial and Insurance Activities	83.0	80.7	80.0	84.6	80.5
房地产业、企业管理业	Real Estate; Business and Administrative Activities	245.9	287.4	302.7	295.3	303.2
公共行政和国防；强制性社会保障	Public Administration and Defence; Compulsory Social Security	98.2	95.7	106.6	111.7	107.9
教育	Education	183.3	185.8	192.6	186.2	189.9
卫生和社会福利业	Human Health and Social Work Activities	117.7	180.7	194.1	206.6	223.1
其他服务	Other Services	179.6	178.5	174.1	174.8	182.3

5-4 续表 4 continued

单位：万人 (10 000 persons)

国家或地区	Country or Area	2010	2015	2017	2018	2019
马来西亚	**Malaysia**					
按第四版ISIC分类	Isic-Rev.4					
总　计	Total	1187.0	1416.4	1463.8	1501.0	1525.8
农业、林业和渔业	Agriculture; Forestry and Fishing	157.9	176.7	165.1	159.3	156.6
采掘业	Mining and Quarrying	6.0	10.5	9.8	9.1	9.5
制造业	Manufacturing	201.0	233.9	254.1	254.0	255.9
公用事业	Utilities	12.1	13.5	14.5	16.0	16.1
建筑业	Construction	108.8	131.9	127.1	127.4	130.2
批发和零售贸易；机动车辆和摩托车的修理	Wholesale and Retail Trade; Repair of Motor Vehicles and Motorcycles	191.9	237.9	251.4	258.6	262.3
运输、储存和通讯	Transport; Storage and Communication	73.1	83.5	88.7	92.6	95.1
住宿和餐饮业	Accommodation and Food Service Activities	86.5	115.9	133.9	149.9	156.8
金融和保险业	Financial and Insurance Activities	32.5	35.7	37.4	34.4	35.7
房地产业、企业管理业	Real Estate; Business and Administrative Activities	68.9	107.2	112.1	123.3	129.9
公共行政和国防；强制性社会保障	Public Administration and Defence; Compulsory Social Security	81.8	75.7	75.1	73.1	72.1
教育	Education	81.8	90.5	89.2	100.7	102.0
卫生和社会福利业	Human Health and Social Work Activities	29.3	57.6	59.6	56.2	57.1
其他服务	Other Services	55.5	46.0	45.9	46.3	46.5
蒙　古	**Mongolia**					
按第四版ISIC分类	Isic-Rev.4					
总　计	Total	109.5	122.5	122.4	126.3	133.1
农业、林业和渔业	Agriculture; Forestry and Fishing	36.7	34.8	35.2	33.8	33.7
采掘业	Mining and Quarrying	3.6	4.5	5.1	5.9	6.8
制造业	Manufacturing	6.9	8.6	9.2	10.1	10.5
公用事业	Utilities	2.1	2.3	2.2	2.4	3.5
建筑业	Construction	5.2	9.4	7.0	7.9	8.1
批发和零售贸易；机动车辆和摩托车的修理	Wholesale and Retail Trade; Repair of Motor Vehicles and Motorcycles	15.5	19.0	20.2	21.2	18.6
运输、储存和通讯	Transport; Storage and Communication	9.6	9.4	8.6	9.0	8.7
住宿和餐饮业	Accommodation and Food Service Activities	2.9	4.0	3.6	3.7	4.2
金融和保险业	Financial and Insurance Activities	1.6	2.5	2.4	2.6	2.8
房地产业、企业管理业	Real Estate; Business and Administrative Activities	2.1	3.3	3.4	3.4	4.6
公共行政和国防；强制性社会保障	Public Administration and Defence; Compulsory Social Security	6.5	7.2	8.1	7.7	10.0
教育	Education	9.0	9.5	9.8	9.8	11.1
卫生和社会福利业	Human Health and Social Work Activities	4.3	4.1	4.0	4.9	5.1
其他服务	Other Services	3.5	3.7	3.6	4.1	5.5

5-4 续表 5 continued

单位：万人 (10 000 persons)

国家或地区	Country or Area	2010	2015	2017	2018	2019
菲 律 宾	**Philippines**					
按第四版ISIC分类	Isic-Rev.4					
总 计	Total	3718.6	4169.8	4191.0	4283.9	4411.6
农业、林业和渔业	Agriculture; Forestry and Fishing	1224.3	1217.1	1066.2	1040.7	1004.9
采掘业	Mining and Quarrying	22.1	25.1	21.1	21.5	19.0
制造业	Manufacturing	318.8	344.2	361.7	377.3	376.4
公用事业	Utilities	14.5	14.6	15.4	15.5	16.1
建筑业	Construction	229.1	291.2	367.5	402.3	428.3
批发和零售贸易；机动车辆和摩托车的修理	Wholesale and Retail Trade; Repair of Motor Vehicles and Motorcycles	686.8	787.6	820.8	832.1	883.5
运输、储存和通讯	Transport; Storage and Communication	286.9	339.8	366.2	377.2	398.2
住宿和餐饮业	Accommodation and Food Service Activities	137.1	183.9	180.8	179.8	200.1
金融和保险业	Financial and Insurance Activities	42.1	53.3	52.6	56.3	60.7
房地产业、企业管理业	Real Estate; Business and Administrative Activities	112.0	164.0	198.3	214.7	228.1
公共行政和国防；强制性社会保障	Public Administration and Defence; Compulsory Social Security	190.8	226.5	250.2	265.7	289.4
教育	Education	116.7	137.9	125.1	124.2	134.0
卫生和社会福利业	Human Health and Social Work Activities	43.0	53.0	50.3	53.7	56.7
其他服务	Other Services	294.3	331.6	314.6	322.9	316.2
新 加 坡	**Singapore**					
按第四版ISIC分类	Isic-Rev.4					
总 计	Total	291.2	335.5	340.7	343.7	347.7
农业、林业和渔业	Agriculture; Forestry and Fishing	0.3	0.3	0.2	0.2	0.1
采掘业	Mining and Quarrying	0.5	0.5	0.5	0.4	0.3
制造业	Manufacturing	44.7	37.2	36.1	35.6	35.4
公用事业	Utilities	3.3	3.4	2.9	2.7	1.7
建筑业	Construction	15.2	17.2	16.5	16.2	16.7
批发和零售贸易；机动车辆和摩托车的修理	Wholesale and Retail Trade; Repair of Motor Vehicles and Motorcycles	43.2	56.8	55.7	55.0	55.6
运输、储存和通讯	Transport; Storage and Communication	41.0	42.3	44.3	45.4	46.5
住宿和餐饮业	Accommodation and Food Service Activities	19.4	21.7	21.2	21.0	21.5
金融和保险业	Financial and Insurance Activities	20.6	26.1	29.0	30.6	30.9
房地产业、企业管理业	Real Estate; Business and Administrative Activities	38.8	52.0	53.5	54.3	56.1
公共行政和国防；强制性社会保障	Public Administration and Defence; Compulsory Social Security	30.1	36.2	36.8	37.0	37.1
教育	Education	13.1	15.7	16.2	16.5	16.6
卫生和社会福利业	Human Health and Social Work Activities	9.9	13.2	14.8	15.7	16.0
其他服务	Other Services	11.3	13.0	13.0	13.1	13.1

5-4 续表 6 continued

单位：万人 (10 000 persons)

国家或地区	Country or Area	2010	2015	2017	2018	2019
斯里兰卡	**Sri Lanka**					
按第四版ISIC分类	Isic-Rev.4					
总　计	Total	786.6	822.6	844.0	815.0	814.9
农业、林业和渔业	Agriculture; Forestry and Fishing	250.2	235.8	220.3	207.4	203.3
采掘业	Mining and Quarrying	7.5	6.4	6.4	6.4	6.7
制造业	Manufacturing	141.8	147.9	163.1	147.9	146.5
公用事业	Utilities	1.6	2.8	4.9	5.5	5.4
建筑业	Construction	50.1	54.9	65.2	68.1	68.8
批发和零售贸易；机动车辆和摩托车的修理	Wholesale and Retail Trade; Repair of Motor Vehicles and Motorcycles	113.1	111.3	119.1	116.5	117.9
运输、储存和通讯	Transport; Storage and Communication	52.2	56.0	59.5	57.4	58.1
住宿和餐饮业	Accommodation and Food Service Activities	15.7	21.3	21.6	24.2	25.4
金融和保险业	Financial and Insurance Activities	13.5	15.2	16.5	17.5	17.7
房地产业、企业管理业	Real Estate; Business and Administrative Activities	15.0	20.6	24.4	27.6	28.5
公共行政和国防；强制性社会保障	Public Administration and Defence; Compulsory Social Security	58.4	63.0	54.2	44.2	43.1
教育	Education	32.8	34.1	39.1	42.5	43.4
卫生和社会福利业	Human Health and Social Work Activities	12.6	14.4	15.5	14.3	14.6
其他服务	Other Services	22.1	39.0	34.1	35.4	35.5
泰　国	**Thailand**					
按第四版ISIC分类	Isic-Rev.4					
总　计	Total	3869.7	3868.5	3817.1	3861.0	3837.1
农业、林业和渔业	Agriculture; Forestry and Fishing	1479.9	1248.8	1200.8	1240.8	1205.7
采掘业	Mining and Quarrying	4.1	8.1	6.6	7.5	6.2
制造业	Manufacturing	544.2	656.7	622.4	638.2	624.9
公用事业	Utilities	10.9	19.1	23.0	19.4	22.0
建筑业	Construction	239.7	232.2	220.1	215.4	223.3
批发和零售贸易；机动车辆和摩托车的修理	Wholesale and Retail Trade; Repair of Motor Vehicles and Motorcycles	634.5	628.4	644.1	640.1	637.2
运输、储存和通讯	Transport; Storage and Communication	112.7	148.3	148.0	148.8	152.6
住宿和餐饮业	Accommodation and Food Service Activities	270.0	269.0	283.1	288.3	290.9
金融和保险业	Financial and Insurance Activities	37.3	54.9	53.5	51.1	52.6
房地产业、企业管理业	Real Estate; Business and Administrative Activities	77.8	113.4	117.7	115.3	120.7
公共行政和国防；强制性社会保障	Public Administration and Defence; Compulsory Social Security	152.4	163.9	161.9	165.9	164.4
教育	Education	127.6	120.3	120.8	118.7	118.1
卫生和社会福利业	Human Health and Social Work Activities	71.8	69.4	73.3	67.2	65.7
其他服务	Other Services	106.9	136.0	142.0	144.5	152.8

5-4 续表 7 continued

单位：万人 (10 000 persons)

国家或地区	Country or Area	2010	2015	2017	2018	2019
越　南	**Viet Nam**					
按第四版ISIC分类	Isic-Rev.4					
总　计	Total	5068.4	5457.5	5541.0	5636.6	5613.9
农业、林业和渔业	Agriculture; Forestry and Fishing	2468.7	2402.3	2225.0	2181.5	2089.4
采掘业	Mining and Quarrying	28.6	23.5	21.7	22.4	22.2
制造业	Manufacturing	726.8	856.5	961.2	1006.5	1030.9
公用事业	Utilities	25.7	27.4	29.8	29.9	29.7
建筑业	Construction	317.6	333.8	415.6	442.4	457.7
批发和零售贸易；机动车辆和摩托车的修理	Wholesale and Retail Trade; Repair of Motor Vehicles and Motorcycles	584.1	690.9	712.7	728.0	728.3
运输、储存和通讯	Transport; Storage and Communication	173.9	202.5	215.7	223.4	227.6
住宿和餐饮业	Accommodation and Food Service Activities	188.1	252.1	256.5	272.4	284.5
金融和保险业	Financial and Insurance Activities	26.4	37.7	39.7	41.5	42.3
房地产业、企业管理业	Real Estate; Business and Administrative Activities	52.4	70.4	81.2	87.7	92.7
公共行政和国防；强制性社会保障	Public Administration and Defence; Compulsory Social Security	140.7	174.2	178.3	182.1	182.3
教育	Education	173.8	191.7	209.4	218.6	222.2
卫生和社会福利业	Human Health and Social Work Activities	45.4	55.7	55.4	57.5	58.1
其他服务	Other Services	116.2	138.8	138.7	142.8	145.9
埃　及	**Egypt**					
按第四版ISIC分类	Isic-Rev.4					
总　计	Total	2501.3	2568.6	2615.2	2640.3	2688.1
农业、林业和渔业	Agriculture; Forestry and Fishing	707.3	663.1	655.0	572.0	553.7
采掘业	Mining and Quarrying	4.9	4.0	3.9	3.7	4.0
制造业	Manufacturing	302.9	288.3	314.4	335.7	349.0
公用事业	Utilities	43.8	40.5	38.6	45.0	47.2
建筑业	Construction	283.2	311.5	337.8	342.3	342.8
批发和零售贸易；机动车辆和摩托车的修理	Wholesale and Retail Trade; Repair of Motor Vehicles and Motorcycles	283.2	304.3	330.0	358.7	371.8
运输、储存和通讯	Transport; Storage and Communication	176.8	218.6	219.4	238.6	247.1
住宿和餐饮业	Accommodation and Food Service Activities	55.6	67.1	68.5	79.3	85.8
金融和保险业	Financial and Insurance Activities	20.3	16.5	16.6	16.9	17.6
房地产业、企业管理业	Real Estate; Business and Administrative Activities	61.2	65.6	62.7	69.3	72.9
公共行政和国防；强制性社会保障	Public Administration and Defence; Compulsory Social Security	195.2	185.6	165.1	166.9	168.6
教育	Education	220.0	229.7	214.3	211.6	219.5
卫生和社会福利业	Human Health and Social Work Activities	64.3	77.4	78.4	81.2	85.1
其他服务	Other Services	82.6	96.3	110.5	119.1	123.1

5-4 续表 8 continued

单位：万人 (10 000 persons)

国家或地区	Country or Area	2010	2015	2017	2018	2019
南　非	**South Africa**					
按第四版ISIC分类	Isic-Rev.4					
总　计	Total	17525.6	18813.8	18906.0	19210.7	19467.9
农业、林业和渔业	Agriculture; Forestry and Fishing	2521.2	2354.4	2359.4	2408.8	2400.7
采掘业	Mining and Quarrying	143.3	146.1	126.2	130.4	133.6
制造业	Manufacturing	2244.0	2243.6	2120.9	2130.6	2121.5
公用事业	Utilities	128.2	149.0	146.0	146.7	149.2
建筑业	Construction	1259.0	1469.5	1374.7	1362.9	1369.7
批发和零售贸易；机动车辆和摩托车的修理	Wholesale and Retail Trade; Repair of Motor Vehicles and Motorcycles	3385.9	3593.7	3641.6	3681.3	3727.0
运输、储存和通讯	Transport; Storage and Communication	1128.7	1309.3	1339.6	1348.7	1374.4
住宿和餐饮业	Accommodation and Food Service Activities	822.7	971.4	1084.8	1130.5	1156.9
金融和保险业	Financial and Insurance Activities	231.0	255.3	254.0	259.1	264.2
房地产业、企业管理业	Real Estate; Business and Administrative Activities	1141.1	1377.0	1388.8	1399.7	1441.4
公共行政和国防；强制性社会保障	Public Administration and Defence; Compulsory Social Security	938.0	1038.6	997.6	995.6	986.5
教育	Education	1029.5	1182.5	1198.0	1243.8	1276.0
卫生和社会福利业	Human Health and Social Work Activities	670.9	787.0	850.4	883.3	911.2
其他服务	Other Services	1882.2	1936.5	2023.9	2089.5	2155.6
加拿大	**Canada**					
按第四版ISIC分类	Isic-Rev.4					
总　计	Total	1746.6	1848.6	1898.4	1916.7	1947.6
农业、林业和渔业	Agriculture; Forestry and Fishing	31.6	30.4	28.8	28.5	29.4
采掘业	Mining and Quarrying	27.9	30.4	28.9	30.2	29.4
制造业	Manufacturing	176.1	176.4	177.7	177.5	177.2
公用事业	Utilities	20.1	20.3	18.8	19.6	18.9
建筑业	Construction	127.9	141.2	145.5	147.9	150.0
批发和零售贸易；机动车辆和摩托车的修理	Wholesale and Retail Trade; Repair of Motor Vehicles and Motorcycles	260.5	277.9	284.7	285.3	290.1
运输、储存和通讯	Transport; Storage and Communication	104.4	111.7	117.2	119.0	122.8
住宿和餐饮业	Accommodation and Food Service Activities	102.3	110.9	117.0	119.3	123.5
金融和保险业	Financial and Insurance Activities	91.3	94.9	97.7	98.2	100.2
房地产业、企业管理业	Real Estate; Business and Administrative Activities	187.1	191.7	198.7	200.7	205.3
公共行政和国防；强制性社会保障	Public Administration and Defence; Compulsory Social Security	132.6	135.7	138.1	138.8	140.4
教育	Education	151.6	164.6	169.7	171.2	173.3
卫生和社会福利业	Human Health and Social Work Activities	216.0	239.2	250.0	254.5	260.1
其他服务	Other Services	117.3	123.4	125.6	126.1	126.9

5-4 续表 9 continued

单位：万人 (10 000 persons)

国家或地区	Country or Area	2010	2015	2017	2018	2019
墨西哥	**Mexico**					
按第四版ISIC分类	Isic-Rev.4					
总计	Total	4624.1	5126.4	5324.6	5440.7	5582.4
农业、林业和渔业	Agriculture; Forestry and Fishing	643.7	688.5	698.5	696.9	690.7
采掘业	Mining and Quarrying	18.7	23.4	20.6	20.8	20.4
制造业	Manufacturing	716.6	828.6	891.3	912.8	931.5
公用事业	Utilities	28.8	33.4	34.7	37.0	34.5
建筑业	Construction	364.3	404.4	438.4	450.9	434.5
批发和零售贸易；机动车辆和摩托车的修理	Wholesale and Retail Trade; Repair of Motor Vehicles and Motorcycles	1018.0	1090.3	1096.1	1129.9	1198.2
运输、储存和通讯	Transport; Storage and Communication	228.3	254.4	273.7	287.7	287.1
住宿和餐饮业	Accommodation and Food Service Activities	308.1	373.1	402.5	413.9	451.3
金融和保险业	Financial and Insurance Activities	43.4	52.7	52.4	54.3	56.9
房地产业、企业管理业	Real Estate; Business and Administrative Activities	239.0	293.0	309.6	324.6	328.5
公共行政和国防；强制性社会保障	Public Administration and Defence; Compulsory Social Security	235.3	230.5	226.1	229.1	237.9
教育	Education	250.0	258.9	271.6	273.3	272.3
卫生和社会福利业	Human Health and Social Work Activities	130.7	146.8	154.4	157.5	160.6
其他服务	Other Services	399.2	448.3	454.7	451.9	478.2
美国	**United States**					
按第四版ISIC分类	Isic-Rev.4					
总计	Total	14164.5	15223.1	15716.1	15923.5	16154.7
农业、林业和渔业	Agriculture; Forestry and Fishing	201.6	218.7	224.3	218.1	218.9
采掘业	Mining and Quarrying	61.0	70.6	62.4	62.7	61.2
制造业	Manufacturing	1551.1	1667.3	1678.1	1696.3	1719.4
公用事业	Utilities	191.2	200.2	210.3	204.1	211.6
建筑业	Construction	978.5	1085.6	1149.3	1201.2	1219.1
批发和零售贸易；机动车辆和摩托车的修理	Wholesale and Retail Trade; Repair of Motor Vehicles and Motorcycles	2005.3	2060.7	2069.1	2065.3	2014.7
运输、储存和通讯	Transport; Storage and Communication	1303.3	1413.0	1498.2	1566.6	1636.0
住宿和餐饮业	Accommodation and Food Service Activities	907.6	1015.2	1048.6	1050.7	1081.1
金融和保险业	Financial and Insurance Activities	689.5	757.3	785.3	789.5	799.3
房地产业、企业管理业	Real Estate; Business and Administrative Activities	1667.6	1834.5	1958.5	1954.6	1985.1
公共行政和国防；强制性社会保障	Public Administration and Defence; Compulsory Social Security	519.4	533.8	544.6	574.8	557.9
教育	Education	1340.0	1390.5	1410.1	1421.3	1456.4
卫生和社会福利业	Human Health and Social Work Activities	1968.1	2105.0	2179.5	2212.0	2286.2
其他服务	Other Services	780.5	870.6	897.7	906.2	907.6

5-4 续表 10 continued

单位：万人 (10 000 persons)

国家或地区	Country or Area	2010	2015	2017	2018	2019
阿根廷	**Argentina**					
按第四版ISIC分类	Isic-Rev.4					
总计	Total	1686.1	1786.4	1831.8	1860.1	1875.7
农业、林业和渔业	Agriculture; Forestry and Fishing	21.5	4.7	1.1	1.8	1.1
采掘业	Mining and Quarrying	6.9	4.3	1.3	1.5	0.8
制造业	Manufacturing	230.6	231.2	226.3	218.8	223.3
公用事业	Utilities	8.8	20.9	16.3	16.9	15.1
建筑业	Construction	147.2	166.2	167.1	170.4	169.1
批发和零售贸易；机动车辆和摩托车的修理	Wholesale and Retail Trade; Repair of Motor Vehicles and Motorcycles	327.8	318.8	327.3	338.2	341.1
运输、储存和通讯	Transport; Storage and Communication	116.2	140.8	135.8	136.9	142.4
住宿和餐饮业	Accommodation and Food Service Activities	62.9	68.2	73.2	76.6	72.3
金融和保险业	Financial and Insurance Activities	35.3	34.7	35.0	37.1	39.8
房地产业、企业管理业	Real Estate; Business and Administrative Activities	144.3	146.9	162.6	157.0	165.1
公共行政和国防；强制性社会保障	Public Administration and Defence; Compulsory Social Security	134.5	158.7	156.1	156.0	153.3
教育	Education	132.7	144.3	149.6	154.9	155.9
卫生和社会福利业	Human Health and Social Work Activities	94.6	100.8	110.6	112.5	118.7
其他服务	Other Services	222.7	246.0	269.4	281.5	277.7
巴西	**Brazil**					
按第四版ISIC分类	Isic-Rev.4					
总计	Total	8787.6	9303.9	9089.2	9252.5	9463.1
农业、林业和渔业	Agriculture; Forestry and Fishing	1112.2	949.2	859.4	856.7	856.4
采掘业	Mining and Quarrying	53.2	46.6	40.3	40.6	42.3
制造业	Manufacturing	1193.7	1168.1	1046.3	1060.7	1077.9
公用事业	Utilities	86.8	89.1	86.5	85.9	89.1
建筑业	Construction	648.9	759.3	688.1	675.1	677.3
批发和零售贸易；机动车辆和摩托车的修理	Wholesale and Retail Trade; Repair of Motor Vehicles and Motorcycles	1655.8	1775.4	1759.1	1770.4	1795.0
运输、储存和通讯	Transport; Storage and Communication	476.3	564.6	579.9	591.4	619.1
住宿和餐饮业	Accommodation and Food Service Activities	404.6	443.5	516.5	536.8	559.2
金融和保险业	Financial and Insurance Activities	117.8	125.8	124.3	125.3	130.1
房地产业、企业管理业	Real Estate; Business and Administrative Activities	647.6	793.0	758.0	774.7	808.6
公共行政和国防；强制性社会保障	Public Administration and Defence; Compulsory Social Security	487.2	534.6	505.2	509.4	508.8
教育	Education	508.3	616.1	604.6	640.3	662.2
卫生和社会福利业	Human Health and Social Work Activities	345.5	400.2	445.2	465.1	484.4
其他服务	Other Services	1049.8	1038.3	1075.8	1120.0	1152.6

5-4 续表 11 continued

单位：万人 (10 000 persons)

国家或地区	Country or Area	2010	2015	2017	2018	2019
委内瑞拉	**Venezuela**					
按第四版ISIC分类	ISIC-Rev.4					
总　计	Total	1181.2	1253.7	1205.5	1168.7	1113.7
农业、林业和渔业	Agriculture; forestry and fishing	97.8	92.1	90.1	88.6	89.9
采掘业	Mining and quarrying	11.5	13.3	12.6	11.9	11.0
制造业	Manufacturing	136.3	134.4	118.3	109.6	99.4
公用事业	Utilities	6.0	7.5	8.1	8.3	8.8
建筑业	Construction	101.7	93.6	75.4	65.8	54.3
批发和零售贸易；机动车辆和摩托车的修理	Wholesale and Retail Trade; Repair of Motor Vehicles and Motorcycles	236.8	255.0	251.7	246.5	237.5
运输、储存和通讯	Transport; storage and communication	105.5	113.8	101.4	94.3	84.3
住宿和餐饮业	Accommodation and food service activities	49.9	63.8	66.3	66.3	64.3
金融和保险业	Financial and insurance activities	14.7	16.2	15.3	14.6	13.5
房地产业、企业管理业	Real estate; business and administrative activities	49.0	56.7	51.2	47.9	43.6
公共行政和国防；强制性社会保障	Public Administration and Defence; Compulsory Social Security	92.0	85.1	70.1	61.0	50.8
教育	Education	87.8	99.5	104.0	104.9	101.5
卫生和社会福利业	Human health and social work activities	44.3	53.3	53.2	51.8	46.5
其他服务	Other services	148.0	169.3	187.8	197.3	208.3
捷　克	**Czech Rep.**					
按第四版ISIC分类	ISIC-Rev.4					
总　计	Total	488.9	509.5	528.6	534.9	534.1
农业、林业和渔业	Agriculture; forestry and fishing	15.1	14.9	14.8	15.0	14.2
采掘业	Mining and quarrying	4.8	3.8	3.3	3.4	3.0
制造业	Manufacturing	123.7	139.1	147.3	147.4	146.6
公用事业	Utilities	10.7	10.7	10.8	11.0	11.4
建筑业	Construction	46.5	40.0	39.7	38.8	38.0
批发和零售贸易；机动车辆和摩托车的修理	Wholesale and Retail Trade; Repair of Motor Vehicles and Motorcycles	59.4	62.2	60.8	62.2	60.0
运输、储存和通讯	Transport; storage and communication	46.6	44.4	48.4	50.3	52.6
住宿和餐饮业	Accommodation and food service activities	19.0	19.9	17.5	18.9	19.6
金融和保险业	Financial and insurance activities	11.5	11.9	11.6	11.9	12.0
房地产业、企业管理业	Real estate; business and administrative activities	35.5	41.6	44.5	44.8	44.1
公共行政和国防；强制性社会保障	Public Administration and Defence; Compulsory Social Security	33.0	32.0	34.6	34.7	33.6
教育	Education	29.6	32.6	34.9	35.4	35.2
卫生和社会福利业	Human health and social work activities	34.0	35.5	38.0	37.4	39.7
其他服务	Other services	19.4	20.7	22.4	23.6	23.9

5-4 续表 12 continued

单位：万人 (10 000 persons)

国家或地区	Country or Area	2010	2015	2017	2018	2019
法　国	**France**					
按第四版ISIC分类	Isic-Rev.4					
总　计	Total	2692.7	2691.0	2733.4	2758.3	2770.9
农业、林业和渔业	Agriculture; Forestry and Fishing	78.3	73.0	71.2	68.9	70.2
采掘业	Mining and Quarrying	2.7	2.8	2.2	2.1	2.5
制造业	Manufacturing	354.7	331.9	337.6	327.0	330.5
公用事业	Utilities	42.1	37.9	40.2	43.7	44.2
建筑业	Construction	199.8	174.2	177.9	185.5	188.6
批发和零售贸易；机动车辆和摩托车的修理	Wholesale and Retail Trade; Repair of Motor Vehicles and Motorcycles	353.3	347.9	354.8	355.1	351.5
运输、储存和通讯	Transport; Storage and Communication	218.9	229.0	231.1	232.6	236.4
住宿和餐饮业	Accommodation and Food Service Activities	102.0	102.9	106.9	109.1	105.8
金融和保险业	Financial and Insurance Activities	90.5	90.8	89.4	92.0	94.8
房地产业、企业管理业	Real Estate; Business and Administrative Activities	263.3	299.3	313.2	317.4	311.4
公共行政和国防；强制性社会保障	Public Administration and Defence; Compulsory Social Security	270.5	251.4	251.3	254.2	256.1
教育	Education	184.2	206.5	199.5	200.5	210.4
卫生和社会福利业	Human Health and Social Work Activities	354.3	399.4	408.5	409.4	410.7
其他服务	Other Services	178.1	144.0	149.7	160.9	157.8
德　国	**Germany**					
按第四版ISIC分类	Isic-Rev.4					
总　计	Total	3862.7	4067.3	4166.8	4219.7	4270.9
农业、林业和渔业	Agriculture; Forestry and Fishing	63.6	56.7	53.2	52.7	51.5
采掘业	Mining and Quarrying	9.5	8.3	7.9	7.2	6.9
制造业	Manufacturing	770.7	784.9	793.2	804.8	807.4
公用事业	Utilities	56.1	57.5	57.0	57.5	58.8
建筑业	Construction	257.2	275.6	283.8	284.1	288.2
批发和零售贸易；机动车辆和摩托车的修理	Wholesale and Retail Trade; Repair of Motor Vehicles and Motorcycles	524.8	573.6	582.3	587.8	582.3
运输、储存和通讯	Transport; Storage and Communication	304.3	319.4	335.1	346.4	353.5
住宿和餐饮业	Accommodation and Food Service Activities	144.8	156.6	157.5	158.4	159.7
金融和保险业	Financial and Insurance Activities	132.7	126.2	128.9	126.3	125.9
房地产业、企业管理业	Real Estate; Business and Administrative Activities	420.1	451.0	470.2	472.1	486.2
公共行政和国防；强制性社会保障	Public Administration and Defence; Compulsory Social Security	282.5	278.9	285.6	290.5	292.9
教育	Education	237.4	266.8	275.2	283.7	290.3
卫生和社会福利业	Human Health and Social Work Activities	469.0	516.5	537.3	549.0	565.6
其他服务	Other Services	190.0	195.3	199.7	199.2	201.8

5-4 续表 13 continued

单位：万人 (10 000 persons)

国家或地区	Country or Area	2010	2015	2017	2018	2019
意大利	**Italy**					
按第四版ISIC分类	Isic-Rev.4					
总计	Total	2243.3	2244.7	2312.5	2335.1	2353.9
农业、林业和渔业	Agriculture; Forestry and Fishing	84.6	84.2	87.5	87.7	91.5
采掘业	Mining and Quarrying	3.5	3.4	3.2	2.5	2.5
制造业	Manufacturing	417.8	411.9	420.6	429.5	435.1
公用事业	Utilities	32.3	35.1	35.2	36.0	35.9
建筑业	Construction	188.1	146.7	142.2	141.5	134.8
批发和零售贸易；机动车辆和摩托车的修理	Wholesale and Retail Trade; Repair of Motor Vehicles and Motorcycles	329.2	319.2	330.2	330.6	331.2
运输、储存和通讯	Transport; Storage and Communication	157.3	159.3	168.2	174.2	177.3
住宿和餐饮业	Accommodation and Food Service Activities	116.2	133.3	145.7	146.8	149.2
金融和保险业	Financial and Insurance Activities	65.4	64.3	64.0	64.6	64.1
房地产业、企业管理业	Real Estate; Business and Administrative Activities	237.6	251.5	257.9	265.4	273.0
公共行政和国防；强制性社会保障	Public Administration and Defence; Compulsory Social Security	140.0	129.2	126.6	125.0	125.2
教育	Education	153.1	150.7	162.1	159.6	160.4
卫生和社会福利业	Human Health and Social Work Activities	163.1	179.5	187.2	190.3	193.9
其他服务	Other Services	155.2	176.4	181.8	181.2	179.9
荷兰	**Netherlands**					
按第四版ISIC分类	Isic-Rev.4					
总计	Total	842.4	841.3	861.5	878.6	892.8
农业、林业和渔业	Agriculture; Forestry and Fishing	25.8	19.5	19.5	18.4	18.5
采掘业	Mining and Quarrying	1.0	1.5	0.9	1.0	0.9
制造业	Manufacturing	89.5	86.2	88.9	89.8	89.7
公用事业	Utilities	7.8	6.4	7.2	6.7	7.5
建筑业	Construction	50.8	44.1	45.4	44.5	45.5
批发和零售贸易；机动车辆和摩托车的修理	Wholesale and Retail Trade; Repair of Motor Vehicles and Motorcycles	121.3	135.2	138.9	137.6	138.1
运输、储存和通讯	Transport; Storage and Communication	76.7	67.1	73.0	75.8	76.7
住宿和餐饮业	Accommodation and Food Service Activities	37.2	38.6	40.3	43.1	42.8
金融和保险业	Financial and Insurance Activities	24.3	29.4	28.1	28.4	27.2
房地产业、企业管理业	Real Estate; Business and Administrative Activities	93.8	118.6	121.4	128.7	131.5
公共行政和国防；强制性社会保障	Public Administration and Defence; Compulsory Social Security	60.4	53.2	55.2	55.4	56.3
教育	Education	63.6	61.1	62.1	64.2	65.1
卫生和社会福利业	Human Health and Social Work Activities	150.9	141.6	141.1	145.1	151.4
其他服务	Other Services	39.3	38.9	39.6	39.8	41.4

5-4 续表 14 continued

单位：万人 (10 000 persons)

国家或地区	Country or Area	2010	2015	2017	2018	2019
波　兰	**Poland**					
按第四版ISIC分类	Isic-Rev.4					
总　计	Total	1642.1	1696.3	1753.2	1765.9	1768.3
农业、林业和渔业	Agriculture; Forestry and Fishing	214.4	195.7	179.2	169.9	161.9
采掘业	Mining and Quarrying	23.8	24.4	22.6	21.0	23.5
制造业	Manufacturing	305.4	328.7	366.5	372.9	366.8
公用事业	Utilities	34.9	37.3	35.0	34.0	37.4
建筑业	Construction	133.5	127.7	131.0	133.9	141.4
批发和零售贸易；机动车辆和摩托车的修理	Wholesale and Retail Trade; Repair of Motor Vehicles and Motorcycles	242.8	246.4	249.6	246.4	248.8
运输、储存和通讯	Transport; Storage and Communication	123.9	139.0	149.3	155.9	159.1
住宿和餐饮业	Accommodation and Food Service Activities	35.9	36.0	41.2	43.6	43.5
金融和保险业	Financial and Insurance Activities	37.6	41.7	42.2	43.9	43.6
房地产业、企业管理业	Real Estate; Business and Administrative Activities	110.7	124.1	128.4	127.3	130.0
公共行政和国防；强制性社会保障	Public Administration and Defence; Compulsory Social Security	107.2	113.7	116.6	117.2	113.7
教育	Education	128.1	130.4	131.6	136.9	138.3
卫生和社会福利业	Human Health and Social Work Activities	95.7	100.2	105.5	106.2	106.1
其他服务	Other Services	48.3	51.2	54.5	56.7	54.1
俄罗斯	**Russia**					
按第四版ISIC分类	Isic-Rev.4					
总　计	Total	7059.5	7127.2	7082.1	7085.9	7003.6
农业、林业和渔业	Agriculture; Forestry and Fishing	546.9	478.2	418.0	416.8	408.5
采掘业	Mining and Quarrying	141.9	148.2	153.3	162.0	160.7
制造业	Manufacturing	1050.2	996.7	1004.1	998.2	998.6
公用事业	Utilities	257.5	260.1	237.2	238.3	232.8
建筑业	Construction	510.1	539.6	515.5	501.1	483.2
批发和零售贸易；机动车辆和摩托车的修理	Wholesale and Retail Trade; Repair of Motor Vehicles and Motorcycles	1084.2	1117.0	1128.7	1125.9	1090.5
运输、储存和通讯	Transport; Storage and Communication	703.8	729.7	731.5	735.7	740.5
住宿和餐饮业	Accommodation and Food Service Activities	138.5	177.5	180.2	186.3	184.5
金融和保险业	Financial and Insurance Activities	134.5	155.1	158.6	160.5	158.4
房地产业、企业管理业	Real Estate; Business and Administrative Activities	448.5	503.7	506.6	516.7	523.1
公共行政和国防；强制性社会保障	Public Administration and Defence; Compulsory Social Security	572.3	525.2	509.9	501.8	488.9
教育	Education	664.2	657.0	672.5	673.6	666.3
卫生和社会福利业	Human Health and Social Work Activities	543.4	545.4	558.7	565.7	554.5
其他服务	Other Services	263.8	293.8	307.5	303.2	313.0

5-4 续表 15 continued

单位：万人 (10 000 persons)

国家或地区	Country or Area	2010	2015	2017	2018	2019
西 班 牙	**Spain**					
按第四版ISIC分类	Isic-Rev.4					
总 计	Total	1900.3	1810.5	1910.0	1950.3	1978.5
农业、林业和渔业	Agriculture; Forestry and Fishing	79.8	74.7	83.1	82.0	79.7
采掘业	Mining and Quarrying	4.6	3.4	3.4	3.4	3.3
制造业	Manufacturing	244.1	225.5	242.8	246.6	249.4
公用事业	Utilities	20.3	22.7	22.4	23.3	23.5
建筑业	Construction	167.6	108.8	114.5	123.3	127.6
批发和零售贸易；机动车辆和摩托车的修理	Wholesale and Retail Trade; Repair of Motor Vehicles and Motorcycles	298.0	296.0	303.7	303.4	307.5
运输、储存和通讯	Transport; Storage and Communication	147.5	141.9	154.4	158.0	163.3
住宿和餐饮业	Accommodation and Food Service Activities	140.4	152.5	166.1	172.3	171.6
金融和保险业	Financial and Insurance Activities	48.4	46.0	45.3	43.9	43.0
房地产业、企业管理业	Real Estate; Business and Administrative Activities	189.7	194.8	207.2	213.4	220.8
公共行政和国防；强制性社会保障	Public Administration and Defence; Compulsory Social Security	146.0	134.3	131.0	135.7	134.6
教育	Education	122.9	119.8	127.8	133.4	137.5
卫生和社会福利业	Human Health and Social Work Activities	141.8	146.1	158.8	162.9	168.4
其他服务	Other Services	149.1	143.9	149.5	148.7	148.3
土 耳 其	**Turkey**					
按第四版ISIC分类	Isic-Rev.4					
总 计	Total	2253.0	2673.2	2850.2	2925.8	2876.6
农业、林业和渔业	Agriculture; Forestry and Fishing	534.1	545.5	552.5	539.3	521.8
采掘业	Mining and Quarrying	11.4	11.9	13.9	15.3	12.7
制造业	Manufacturing	420.2	498.7	502.5	532.4	527.4
公用事业	Utilities	16.4	25.7	27.9	29.7	28.9
建筑业	Construction	142.8	191.5	212.0	202.8	158.1
批发和零售贸易；机动车辆和摩托车的修理	Wholesale and Retail Trade; Repair of Motor Vehicles and Motorcycles	331.7	370.9	397.7	410.9	401.3
运输、储存和通讯	Transport; Storage and Communication	121.0	136.9	150.8	151.4	152.3
住宿和餐饮业	Accommodation and Food Service Activities	108.1	145.2	154.1	165.9	174.2
金融和保险业	Financial and Insurance Activities	27.3	29.7	27.4	26.0	30.3
房地产业、企业管理业	Real Estate; Business and Administrative Activities	125.2	227.0	276.2	237.3	220.0
公共行政和国防；强制性社会保障	Public Administration and Defence; Compulsory Social Security	128.7	146.4	147.8	184.6	198.7
教育	Education	101.6	142.6	162.7	172.2	185.4
卫生和社会福利业	Human Health and Social Work Activities	58.9	106.0	119.9	145.3	153.5
其他服务	Other Services	125.6	95.2	104.8	112.8	111.9

5-4 续表 16 continued

单位：万人 (10 000 persons)

国家或地区	Country or Area	2010	2015	2017	2018	2019
乌 克 兰	**Ukraine**					
按第四版ISIC分类	Isic-Rev.4					
总　计	Total	1988.5	1894.0	1851.7	1846.3	1838.7
农业、林业和渔业	Agriculture; Forestry and Fishing	404.2	289.0	285.3	266.3	254.0
采掘业	Mining and Quarrying	60.7	45.9	45.9	46.6	45.8
制造业	Manufacturing	265.8	238.2	228.8	231.4	232.9
公用事业	Utilities	55.3	54.8	53.5	53.1	54.5
建筑业	Construction	128.7	128.5	121.6	123.1	125.2
批发和零售贸易；机动车辆和摩托车的修理	Wholesale and Retail Trade; Repair of Motor Vehicles and Motorcycles	326.4	339.5	342.4	346.7	344.3
运输、储存和通讯	Transport; Storage and Communication	145.2	155.3	151.4	152.9	154.8
住宿和餐饮业	Accommodation and Food Service Activities	32.5	38.8	38.9	39.6	40.8
金融和保险业	Financial and Insurance Activities	33.3	34.5	25.4	26.0	26.3
房地产业、企业管理业	Real Estate; Business and Administrative Activities	68.9	75.6	70.5	71.9	73.1
公共行政和国防；强制性社会保障	Public Administration and Defence; Compulsory Social Security	109.4	107.0	106.6	107.7	108.1
教育	Education	166.5	185.1	178.0	179.9	180.0
卫生和社会福利业	Human Health and Social Work Activities	132.3	130.7	126.9	125.2	122.6
其他服务	Other Services	59.5	71.0	76.5	75.9	76.2
英　　国	**United Kingdom**					
按第四版ISIC分类	Isic-Rev.4					
总　计	Total	2987.1	3207.0	3286.9	3329.5	3368.9
农业、林业和渔业	Agriculture; Forestry and Fishing	36.3	36.5	38.2	35.6	35.2
采掘业	Mining and Quarrying	10.7	16.0	12.5	13.7	13.0
制造业	Manufacturing	295.9	309.8	302.6	299.4	308.7
公用事业	Utilities	38.3	41.4	43.4	47.3	44.4
建筑业	Construction	228.9	231.3	241.6	243.2	243.0
批发和零售贸易；机动车辆和摩托车的修理	Wholesale and Retail Trade; Repair of Motor Vehicles and Motorcycles	414.3	420.9	433.9	432.1	417.9
运输、储存和通讯	Transport; Storage and Communication	254.8	291.8	296.4	301.2	305.7
住宿和餐饮业	Accommodation and Food Service Activities	147.5	169.4	180.6	179.6	180.6
金融和保险业	Financial and Insurance Activities	121.8	127.8	125.6	136.7	133.1
房地产业、企业管理业	Real Estate; Business and Administrative Activities	361.1	415.7	440.8	449.1	459.3
公共行政和国防；强制性社会保障	Public Administration and Defence; Compulsory Social Security	197.0	191.2	204.5	217.4	218.5
教育	Education	320.2	339.4	337.4	339.2	353.8
卫生和社会福利业	Human Health and Social Work Activities	395.9	429.3	434.5	442.3	456.5
其他服务	Other Services	164.5	186.6	195.0	192.8	199.2

5-4 续表 17 continued

单位：万人 (10 000 persons)

国家或地区	Country or Area	2010	2015	2017	2018	2019
澳大利亚	**Australia**					
按第四版ISIC分类	Isic-Rev.4					
总 计	Total	1115.5	1188.1	1225.4	1250.9	1272.1
农业、林业和渔业	Agriculture; Forestry and Fishing	36.0	31.4	31.8	32.7	32.5
采掘业	Mining and Quarrying	19.0	22.4	21.8	23.9	24.3
制造业	Manufacturing	99.3	89.7	88.7	92.8	87.2
公用事业	Utilities	14.3	14.5	14.0	15.3	15.2
建筑业	Construction	101.3	103.7	113.6	116.9	115.4
批发和零售贸易；机动车辆和摩托车的修理	Wholesale and Retail Trade; Repair of Motor Vehicles and Motorcycles	171.5	174.4	173.4	174.5	177.1
运输、储存和通讯	Transport; Storage and Communication	91.5	99.1	103.6	106.7	109.9
住宿和餐饮业	Accommodation and Food Service Activities	72.9	81.2	86.0	86.4	89.5
金融和保险业	Financial and Insurance Activities	39.0	41.3	42.2	43.1	44.0
房地产业、企业管理业	Real Estate; Business and Administrative Activities	124.9	139.8	137.2	139.6	143.1
公共行政和国防；强制性社会保障	Public Administration and Defence; Compulsory Social Security	74.2	77.8	80.3	81.4	83.4
教育	Education	90.7	100.1	106.1	107.1	110.5
卫生和社会福利业	Human Health and Social Work Activities	133.1	159.9	171.0	175.1	182.9
其他服务	Other Services	47.7	52.8	55.6	55.5	56.9
新 西 兰	**New Zealand**					
按第四版ISIC分类	Isic-Rev.4					
总 计	Total	218.2	238.9	252.2	255.3	256.9
农业、林业和渔业	Agriculture; Forestry and Fishing	14.7	14.7	16.0	15.1	15.0
采掘业	Mining and Quarrying	0.7	0.7	0.6	0.6	0.7
制造业	Manufacturing	24.8	26.0	24.8	24.3	23.2
公用事业	Utilities	1.7	2.3	2.1	2.0	2.1
建筑业	Construction	17.9	22.6	24.1	23.6	23.4
批发和零售贸易；机动车辆和摩托车的修理	Wholesale and Retail Trade; Repair of Motor Vehicles and Motorcycles	33.4	34.0	36.2	36.6	36.9
运输、储存和通讯	Transport; Storage and Communication	16.0	18.9	20.7	21.2	21.6
住宿和餐饮业	Accommodation and Food Service Activities	11.8	12.7	14.1	14.3	14.8
金融和保险业	Financial and Insurance Activities	6.1	6.7	7.2	7.3	7.4
房地产业、企业管理业	Real Estate; Business and Administrative Activities	24.1	25.7	28.1	28.8	29.3
公共行政和国防；强制性社会保障	Public Administration and Defence; Compulsory Social Security	12.3	12.6	13.0	13.5	13.5
教育	Education	20.4	22.0	22.8	23.7	23.9
卫生和社会福利业	Human Health and Social Work Activities	24.1	27.7	29.6	31.0	31.6
其他服务	Other Services	10.3	12.4	13.0	13.4	13.5

注：①指城镇非私营单位就业人员数。数据来源于《中国统计年鉴》。

Note:①Refer to Number of Employed Persons in Urban Non-private units.Data comes from China Statistical Yearbook.

5-5 失业人数
Unemployment

资料来源：联合国ILO数据库。
Source: ILO Database.
单位：万人 (10 000 persons)

国家或地区	Country or Area	2000	2005	2010	2015	2018	2019	2020
中国香港	Hong Kong SAR, China	16.7	19.8	15.7	12.9	11.2	11.6	22.7
中国澳门	Macao SAR, China	1.4	1.0	0.9	0.7	0.7	0.7	1.0
孟加拉国	Bangladesh	175.0	210.4	189.1				
文　莱	Brunei Darussalam				1.3	1.9	1.6	
柬埔寨	Cambodia	14.6		6.2	3.4		9.8	
印　度	India	918.1	901.4	925.9				
印度尼西亚	Indonesia	581.3	810.9	641.2	557.0	581.2	488.8	581.4
伊　朗	Iran		264.3	321.8	272.5	325.5	289.3	247.4
以色列	Israel	30.5	34.8	29.4	20.2	16.3	15.7	17.7
日　本	Japan	320.0	294.0	334.0	221.4	166.0	162.0	191.0
哈萨克斯坦	Kazakhstan		64.1	49.7	44.8	44.1	44.2	44.9
韩　国	Korea, Rep.	97.8	88.7	92.4	96.9	107.1	106.0	110.6
老　挝	Lao PDR			2.2				
马来西亚	Malaysia	28.7	36.8	39.6				
蒙　古	Mongolia	3.9	3.3	7.2	5.9	7.1	12.8	8.8
缅　甸	Myanmar				16.8	19.7	11.2	
巴基斯坦	Pakistan	312.7	356.6	32.5				
菲律宾	Philippines	345.9	127.5	134.8	123.9	98.5	97.1	101.9
新加坡	Singapore	9.4		8.4	8.5		7.3	9.6
斯里兰卡	Sri Lanka			38.7	37.1	36.2	41.1	
泰　国	Thailand	80.7	49.6	23.8	22.8	29.2	27.1	41.9
越　南	Viet Nam	88.6		55.7	99.5	63.7	105.3	121.9
埃　及	Egypt	169.8	245.0	228.7	372.0	284.5	222.6	225.9
尼日利亚	Nigeria			1394.7	323.7		387.9	
南　非	South Africa	441.3	446.9	456.9	535.2	611.4	659.5	629.6
加拿大	Canada	108.2	116.9	148.6	133.1	115.5	114.4	188.8
墨西哥	Mexico	97.9	155.2	258.3	228.1	182.3	198.4	237.3
美　国	United States	569.2	759.1	1482.5	829.6	631.4	600.1	1294.7
阿根廷	Argentina	146.1	123.9	88.0				
巴　西	Brazil		880.6		839.9	1277.0	1254.8	1344.0
委内瑞拉	Venezuela		124.2	92.0				
白俄罗斯	Belarus	9.6	6.8	3.3	4.2	24.5	21.3	20.6
捷　克	Czech Rep.	44.9	41.0	38.4	26.8	12.1	10.9	13.7
法　国	France	263.1	231.9	250.5	305.4	267.8	249.3	235.0
德　国	Germany	312.3	457.1	284.5	195.0	146.8	137.3	165.0
意大利	Italy	254.5	187.7	205.6	303.3	275.5	258.2	231.0
荷　兰	Netherlands	22.0	48.9	43.5	61.4	35.0	31.4	35.7
波　兰	Poland	283.0	304.5	165.0	130.4	65.9	55.8	53.7
俄罗斯	Russia	770.0	524.2	556.3	426.7	369.4	338.6	417.9
西班牙	Spain	246.9	193.4	464.0	505.6	347.9	324.8	353.1
土耳其	Turkey	149.9	238.8	269.6	303.5	351.2	444.5	404.5
乌克兰	Ukraine	265.6	160.1	178.6	167.3	157.9	148.8	167.4
英　国	United Kingdom	160.6	143.3	245.9	174.6	134.7	126.9	
澳大利亚	Australia	59.7	52.4	60.6	75.8	70.4	70.0	87.5
新西兰	New Zealand	11.8	8.2	15.1	13.5	12.0	11.5	13.2

5-6 失业率
Unemployment Rate

资料来源：联合国ILO数据库。
Source: ILO Database.
单位：%

(%)

国家或地区	Country or Area	2000	2005	2010	2015	2019	2020
中　国	China	3.3	4.5	4.5	4.6	4.6	5.0
中国香港	Hong Kong SAR, China	4.9	5.6	4.3	3.3	3.0	5.8
中国澳门	Macao SAR, China	6.8	4.1	2.8	1.8	1.7	2.5
中国台湾	Taiwan, China	3.0	4.1	5.2	3.8	3.7	4.5
阿尔巴尼亚	Albania	16.6	16.4	14.1	17.2	11.5	11.7
阿尔及利亚	Algeria	29.8	15.3	10.0	11.2	11.8	12.8
阿根廷	Argentina	15.0	11.5	7.7	7.6	9.8	11.7
亚美尼亚	Armenia	11.1	10.3	19.0	18.3	18.8	20.2
澳大利亚	Australia	6.3	5.0	5.2	6.1	5.2	6.6
奥地利	Austria	4.7	5.6	4.8	5.7	4.5	5.8
阿塞拜疆	Azerbaijan	11.8	7.3	5.6	5.0	4.8	6.3
孟加拉国	Bangladesh	3.3	4.3	3.4	4.4	4.2	5.3
巴巴多斯	Barbados	9.4	9.1	10.7	11.4	10.1	12.8
白俄罗斯	Belarus	12.0	8.4	6.1	5.9	4.7	5.3
比利时	Belgium	6.6	8.4	8.3	8.5	5.4	6.0
不　丹	Bhutan	1.6	3.1	3.3	2.5	2.3	3.7
波　黑	Bosnia and Herzegovinian	25.7	30.4	27.3	27.7	15.7	16.9
保加利亚	Bulgaria	16.2	10.1	10.3	9.1	4.2	5.7
柬埔寨	Cambodia	1.1	1.3	0.8	0.4	0.1	0.3
加拿大	Canada	6.8	6.8	8.1	6.9	5.7	9.5
智　利	Chile	10.5	9.3	8.4	6.5	7.3	11.5
哥伦比亚	Colombia	20.5	11.9	11.0	8.3	10.0	15.4
哥斯达黎加	Costa Rica	5.1	6.6	7.2	9.0	11.5	17.1
塞浦路斯	Cyprus	5.0	5.3	6.3	14.9	7.1	7.2
捷　克	Czech Rep.	8.8	7.9	7.3	5.1	2.0	2.9
丹　麦	Denmark	4.5	4.8	7.8	6.3	5.0	5.7
多米尼加	Dominican Rep.	6.4	6.6	5.2	7.6	6.4	8.9
厄瓜多尔	Ecuador	4.8	3.8	4.1	3.6	3.8	6.2
埃　及	Egypt	9.0	11.2	8.8	13.1	9.7	10.5
爱沙尼亚	Estonia	13.4	8.0	16.7	6.2	4.5	6.5
埃塞俄比亚	Ethiopia	3.5	2.5	2.3	2.2	2.0	2.8

5-6 续表 1 continued

单位：%　　　　(%)

国家或地区	Country or Area	2000	2005	2010	2015	2019	2020
芬　兰	Finland	11.1	8.4	8.4	9.4	6.7	7.8
法　国	France	10.2	8.5	8.9	10.4	8.4	8.6
法属波立尼西亚	French Polynesia	11.6	11.6	11.6	12.1	12.7	13.8
加　蓬	Gabon	17.4	16.9	20.4	20.2	19.6	20.5
冈比亚	Gambia	9.5	9.4	9.4	9.3	8.9	9.6
格鲁吉亚	Georgia	10.8	13.8	20.2	16.5	11.6	12.1
德　国	Germany	7.9	11.2	7.0	4.6	3.1	4.3
希　腊	Greece	11.3	10.0	12.7	24.9	17.3	16.9
关　岛	Guam	15.3	7.0	8.2	6.9	5.7	7.5
危地马拉	Guatemala	2.8	3.0	3.5	2.5	2.4	4.7
洪都拉斯	Honduras	3.9	4.9	4.1	6.2	5.6	9.4
匈牙利	Hungary	6.6	7.2	11.2	6.8	3.4	4.4
冰　岛	Iceland	1.9	2.6	7.6	4.0	3.5	5.0
印　度	India	5.8	5.7	5.7	5.6	5.3	7.1
印度尼西亚	Indonesia	6.1	8.0	5.6	4.5	3.6	4.1
伊　朗	Iran	11.5	12.1	13.5	11.1	11.1	11.0
爱尔兰	Ireland	4.3	4.3	14.5	9.9	5.0	5.9
以色列	Israel	11.1	11.3	8.5	5.3	3.8	4.6
意大利	Italy	10.8	7.7	8.4	11.9	10.0	9.3
牙买加	Jamaica	15.5	11.3	12.4	13.5	7.7	8.4
日　本	Japan	4.7	4.4	5.1	3.4	2.4	3.0
约　旦	Jordan	13.7	14.8	12.5	13.1	16.9	18.5
哈萨克斯坦	Kazakhstan	12.8	8.1	5.8	4.9	4.8	6.1
肯尼亚	Kenya	2.9	2.9	2.9	2.8	2.6	3.0
韩　国	Korea, Rep.	4.4	3.7	3.7	3.6	3.8	4.1
科威特	Kuwait	0.8	1.5	1.8	2.2	2.4	6.8
吉尔吉斯斯坦	Kyrgyzstan	7.5	8.1	8.6	7.6	6.7	7.9
拉脱维亚	Latvia	14.2	10.0	19.5	9.9	6.3	8.2
立陶宛	Lithuania	15.9	8.3	17.8	9.1	6.3	8.4
卢森堡	Luxemburg	2.4	4.5	4.4	6.7	5.6	7.0
马达加斯加	Madagascar	5.8	2.6	4.3	1.8	1.7	1.9
马耳他	Malta	6.3	6.9	6.9	5.4	3.4	4.1
毛里求斯	Mauritius	9.2	9.5	7.7	7.4	6.4	7.1
墨西哥	Mexico	2.7	3.6	5.3	4.3	3.5	4.7
摩尔多瓦	Moldova	8.5	7.3	7.5	3.7	5.1	4.7
蒙　古	Mongolia	6.2	7.1	6.6	4.9	5.3	4.3
黑　山	Montenegro	30.6	30.3	19.7	17.5	15.1	15.9
摩洛哥	Morocco	13.6	11.0	9.1	9.5	9.0	10.2
纳米比亚	Namibia	20.3	22.0	22.1	20.9	19.8	20.4

5-6 续表 2 continued

单位：% (%)

国家或地区	Country or Area	2000	2005	2010	2015	2019	2020
荷　兰	Netherlands	2.7	5.9	5.0	6.9	3.4	4.1
新 西 兰	New Zealand	6.1	3.8	6.6	5.4	4.1	4.6
尼加拉瓜	Nicaragua	7.6	5.4	7.8	4.7	5.1	5.8
北马其顿	North Macedonia	32.2	37.3	32.0	26.1	17.3	18.4
挪　威	Norway	3.5	4.4	3.5	4.3	3.7	4.6
巴基斯坦	Pakistan	0.6	0.6	0.7	3.6	4.0	4.7
巴 拿 马	Panama	3.8	3.7	3.7	3.0	4.7	10.2
巴布亚新几内亚	Papua New Guinea	2.9	2.4	2.0	2.6	2.4	2.7
巴 拉 圭	Paraguay	9.4	4.8	4.6	4.6	6.6	7.6
秘　鲁	Peru	5.8	4.9	3.3	2.9	3.0	6.2
菲 律 宾	Philippines	3.7	3.8	3.6	3.1	2.2	3.4
波　兰	Poland	16.3	17.8	9.6	7.5	3.3	3.6
葡 萄 牙	Portugal	3.8	7.6	10.8	12.4	6.5	7.2
波多黎各	Puerto Rico	10.1	11.4	16.1	12.0	8.3	11.2
卡 塔 尔	Qatar	0.6	0.8	0.5	0.2	0.1	3.5
罗马尼亚	Romania	7.0	7.2	7.0	6.8	3.9	4.8
俄 罗 斯	Russia	10.6	7.1	7.4	5.6	4.6	5.7
圣卢西亚	Saint Lucia	16.5	18.7	17.1	20.7	15.6	17.1
沙特阿拉伯	Saudi Arabia	4.6	6.1	5.6	5.6	6.1	8.2
塞尔维亚	Serbia	12.6	20.9	19.2	17.7	10.4	9.1
新 加 坡	Singapore	3.7	5.6	4.1	3.8	3.1	5.2
斯洛伐克	Slovakia	19.1	16.3	14.4	11.5	5.8	6.8
斯洛文尼亚	Slovenia	6.9	6.5	7.2	9.0	4.5	5.2
南　非	South Africa	29.9	29.1	24.7	25.2	28.5	28.7
西 班 牙	Spain	13.8	9.2	19.9	22.1	14.1	15.7
瑞　典	Sweden	5.5	7.5	8.6	7.4	6.8	8.5
瑞　士	Switzerland	2.7	4.4	4.8	4.8	4.4	4.9
叙 利 亚	Syrian Arab Republic	9.5	8.9	8.6	8.5	8.2	9.0
泰　国	Thailand	2.4	1.4	0.6	0.6	0.7	1.0
巴 哈 马	The Bahamas	7.2	10.2	14.3	12.0	10.1	14.4
特立尼达和多巴哥	Trinidad And Tobago	3.6	3.9	4.0	2.4	3.5	6.7
突 尼 斯	Tunisia	14.9	12.9	13.1	15.2	15.1	16.7
土 耳 其	Turkey	6.5	10.6	10.7	10.2	13.7	13.9
乌 干 达	Uganda	2.9	1.9	3.6	1.9	1.7	2.4
乌 克 兰	Ukraine	11.7	7.2	8.1	9.1	8.2	9.5
阿 联 酋	United Arab Emirates	2.3	3.1	2.4	1.7	2.3	5.0
英　国	United Kingdom	5.6	4.8	7.8	5.3	3.7	4.3
美　国	United States	4.0	5.1	9.6	5.3	3.7	8.3
乌 拉 圭	Uruguay	12.6	12.0	7.2	7.5	9.4	12.7
委内瑞拉	Venezuela	14.0	10.7	7.1	7.4	7.2	9.1
越　南	Viet Nam	2.3	2.1	1.1	1.9	2.0	2.3
也　门	Yemen	11.6	12.2	12.9	13.4	12.9	13.4
赞 比 亚	Zambia	12.9	15.9	13.2	10.1	11.9	12.2
津巴布韦	Zimbabwe	5.6	4.5	5.2	5.3	5.0	5.7

5-7 雇员每月平均工资
Mean Nominal Monthly Earnings of Employees

资料来源：联合国ILO数据库。
Source: ILO Database.

单位：本币 (local currency units)

国家或地区	Country or Area	2000	2005	2010	2015	2017	2018	2019
中　国①	China①	778	1517	3045	5169	6193	6868	7542
中国香港	Hong Kong SAR, China			11000	14200			
孟加拉国	Bangladesh					12016		
文　莱	Brunei Darussalam							
柬埔寨	Cambodia	155565		377112	668066	957890		1078595
印　度	India	3490	4247					
印度尼西亚	Indonesia	430197	853150		1818033			
伊　朗	Iran	201	109					
以色列	Israel	6791	7219		9503		10584	
日　本	Japan			296200	303500	303800	305300	306000
哈萨克斯坦	Kazakhstan	14374	33807	77611	10502	12569	13556	15568
韩　国	Korea, Rep.			2785030	3269000	3446000	3593000	3720000
老　挝	Lao PDR			1597120		2354377		
马来西亚	Malaysia				2312	2879	3087	
蒙　古	Mongolia	62300	101200	341459	807995	944539	1002878	1124300
缅　甸	Myanmar				125261	181860	203091	209712
巴基斯坦	Pakistan				15559	18827	19270	
菲律宾	Philippines		13919		11502	12647	13488	14693
新加坡	Singapore	3063	3444	4089	4892	4232	4437	4563
斯里兰卡	Sri Lanka	4445	6411		24139			
泰　国	Thailand				11107	12993	14944	15200
越　南	Viet Nam			2518605	5126699	5371754	5775919	6656672
埃　及	Egypt	701	896	804	1829	4547	4780	5555
南　非	South Africa	4990	6980					
加拿大	Canada	2839	3192					
墨西哥	Mexico	2938	4252	4928				6614
美　国	United States	2056		3389	3728	3955	4088	4233
阿根廷	Argentina		817			14492	18457	25563
巴　西	Brazil	767	713		1836	2174	2285	2380
委内瑞拉	Venezuela		504498					
捷　克	Czech Rep.	12831	17760	26881	27811	31109	33684	
法　国	France	1396	2516	2567	2962	3084	3137	3183
德　国	Germany			2882	3979	4149	4278	4400
意大利	Italy			2286	2123	2141	2186	2192
荷　兰	Netherlands	5220	2836				3076	
波　兰	Poland	1894	2361	3224	3908	4284	382	410
俄罗斯	Russia		8555			38609		44729
西班牙	Spain			1839	1894	1971	2001	
土耳其	Turkey				1695	2182	3960	4166
乌克兰	Ukraine	230	806		4195	7104	8865	10497
英　国	United Kingdom	1960	2240	2119	2208	2341	2411	2482
新西兰	New Zealand			3940	4522	4760		5120

注：①指城镇非私营单位就业人员平均工资。
Note:①Average Wage of Employed Persons in Urban Non-Private Units.

5-8 每个就业者创造的国内生产总值(购买力平价法，2017年不变价美元)
GDP per Person Employed (constant 2017 PPP $)

资料来源：世界银行WDI数据库。
Source: World Bank WDI Database.
单位：美元 (USD)

国家或地区	Country or Area	2000	2005	2010	2015	2019	2020
世　界	**World**	**26012**	**28919**	**32351**	**36263**	**39490**	**39549**
高收入国家	**High Income**	**86850**	**93635**	**96875**	**101091**	**103921**	**102179**
中等收入国家	**Middle Income**	**12462**	**15253**	**19531**	**23827**	**27416**	**27894**
中等偏上收入国家	**Upper Middle Income**	**14672**	**18538**	**24571**	**30446**	**35610**	**36529**
中等偏下收入国家	**Lower Middle Income**	**9776**	**11505**	**14027**	**16803**	**19162**	**19160**
中低收入国家	**Low and Middle Income**	**11820**	**14398**	**18352**	**22249**	**25422**	**25794**
东亚和太平洋	**East Asia and Pacific**	**13887**	**17415**	**22649**	**28537**	**33983**	**34506**
欧洲和中亚	**Europe and Central Asia**	**61083**	**67630**	**71070**	**75010**	**79376**	**77065**
拉丁美洲和加勒比	**Latin America and Caribbean**	**32025**	**31876**	**34534**	**35984**	**35820**	**36914**
中东和北非国家	**Middle East and North Africa**	**45879**	**47002**	**49334**	**52030**	**52721**	**52851**
南　亚	**South Asia**	**7481**	**8861**	**11557**	**14849**	**17868**	**17766**
撒哈拉以南非洲	**Sub-Saharan Africa**	**7357**	**8368**	**9601**	**10634**	**10473**	**10332**
低收入国家	**Low Income**	**3083**	**3511**	**4372**	**5056**	**5416**	**5499**
中　国	China	6134	9536	16051	23200	30074	31416
中国香港	Hong Kong SAR, China	74980	88665	103034	109632	116977	117127
中国澳门	Macao SAR, China	108598	151038	197209	194401	215529	92500
孟加拉国	Bangladesh	5512	6313	7710	9660	11535	12465
文　莱	Brunei Darussalam	154948	153444	147356	136819	133212	136815
柬埔寨	Cambodia	3254	4216	4818	6480	7774	7671
印　度	India	7285	8790	11966	15882	19575	19270
印度尼西亚	Indonesia	12999	16240	18359	22035	24426	24251
伊　朗	Iran	38948	39339	48992	44190	40975	43742
以色列	Israel	80284	79140	82933	85679	90531	89572
日　本	Japan	71458	76613	77070	80128	78965	74993
哈萨克斯坦	Kazakhstan	22769	34284	41213	49166	56561	57620
韩　国	Korea, Rep.	49481	58963	70030	74476	80407	80438
老　挝	Lao PDR	6435	7724	9844	12677	15001	14974
马来西亚	Malaysia	39899	44160	48806	52978	59390	56361
蒙　古	Mongolia	12289	15049	18584	26990	29853	27634
缅　甸	Myanmar	2253	4003	6689	9091	11413	10968
巴基斯坦	Pakistan	11019	12111	12245	13059	14324	14803
菲律宾	Philippines	12026	13487	14956	17878	21848	20630
新加坡	Singapore	108575	130864	137950	149189	164282	161287
斯里兰卡	Sri Lanka	15467	17928	23512	30222	34198	33767
泰　国	Thailand	18065	21847	25003	28929	33483	31680
越　南	Viet Nam	5763	7227	8833	10933	13817	14446
埃　及	Egypt	29217	30659	34214	38039	43930	46966
尼日利亚	Nigeria	9136	12336	15288	19133	17847	17898
南　非	South Africa	39296	42312	44791	43809	43799	43893
加拿大	Canada	75665	82167	87705	92613	94139	94188
墨西哥	Mexico	46269	44672	43890	45799	45024	44839
美　国	United States	100390	111270	118484	123399	127583	131047
阿根廷	Argentina	49516	48730	57052	57713	52675	52695
巴　西	Brazil	28672	28823	33123	33108	32929	34684
捷　克	Czech Rep.	54474	65049	72169	75266	82015	78922
法　国	France	98524	99889	101117	106690	111234	103891
德　国	Germany	95224	98888	98349	102881	105467	103013
意大利	Italy	118129	114160	112827	108604	109742	102101
荷　兰	Netherlands	95148	102250	103050	106648	108741	105232
波　兰	Poland	42919	50121	56012	62331	70962	69668
俄罗斯	Russia	32580	41775	48696	52679	57602	57175
西班牙	Spain	89495	85696	92169	96347	96381	89192
土耳其	Turkey	48739	62151	64300	76263	81789	86051
乌克兰	Ukraine	17318	25087	27122	25288	29019	29325
英　国	United Kingdom	81474	88360	89420	92092	93028	84206
澳大利亚	Australia	81602	85874	89366	95946	97976	99569
新西兰	New Zealand	69963	73560	75424	79374	79839	79299

5-9 每个就业者创造的国内生产总值(汇率法，2010年不变价美元)
GDP per Person Employed (constant 2010 US $)

资料来源：联合国ILO数据库。
Source: ILO Database.
单位：美元

(USD)

国家或地区	Country or Area	2000	2005	2010	2015	2018	2019
中　　国	China	3074	4785	8034	11581	14102	15038
中国香港	Hong Kong SAR, China	47944	56556	65842	70499	75886	75229
中国澳门	Macao SAR, China	47959	66787	87267	87043	98281	93411
孟加拉国	Bangladesh	1493	1710	2088	2617	2946	3125
文　　莱	Brunei Darussalam	80663	79883	76709	71221	67184	69345
柬 埔 寨	Cambodia	947	1219	1393	1872	2130	2248
印　　度	India	2335	2818	3836	5091	6113	6324
印度尼西亚	Indonesia	4897	6119	6918	8302	9048	9203
伊　　朗	Iran	18636	18804	23421	21125	21710	19771
以 色 列	Israel	74984	74071	75911	79245	83054	84866
日　　本	Japan	82521	88528	89770	92801	91995	92002
哈萨克斯坦	Kazakhstan	9927	14738	18092	21455	23683	24673
韩　　国	Korea, Rep.	32954	39159	47016	50179	53707	54353
老　　挝	Lao PDR	1513	1817	2315	2981	3412	3501
马来西亚	Malaysia	17566	19440	21485	23321	25458	26128
蒙　　古	Mongolia	4343	5318	6567	9539	10568	10544
缅　　甸	Myanmar	705	1252	2092	2844	3452	3612
巴基斯坦	Pakistan	2785	3061	3095	3300	3679	3620
菲 律 宾	Philippines	4506	5053	5603	6698	7944	8180
新 加 坡	Singapore	65494	78958	82340	89094	96908	96505
斯里兰卡	Sri Lanka	4745	5500	7212	9298	10492	10733
泰　　国	Thailand	6369	7702	8815	10198	11455	11799
越　　南	Viet Nam	1492	1871	2287	2831	3330	3578
埃　　及	Egypt	7474	7843	8751	9731	10838	11237
尼日利亚	Nigeria	4246	5733	7105	8893	8471	8295
南　　非	South Africa	23128	24905	26364	25782	25606	25780
加 拿 大	Canada	80281	87116	92376	97072	99523	99569
墨 西 哥	Mexico	24112	23280	22876	23859	24130	23483
美　　国	United States	89730	99472	105842	109770	112139	113114
阿 根 廷	Argentina	21866	21516	25124	25516	24025	23310
巴　　西	Brazil	21758	21873	25136	25122	25084	24804
委内瑞拉	Venezuela	33135	31676	33288	31521	19015	12970
捷　　克	Czech Rep.	32187	38382	42442	44261	46352	47614
法　　国	France	95556	96968	98141	103357	106143	107256
德　　国	Germany	84970	88315	87926	91022	93306	92708
意 大 利	Italy	100112	95818	95128	91883	91685	91227
荷　　兰	Netherlands	93171	99835	100498	104443	107911	108115
波　　兰	Poland	22332	26199	29190	32798	35897	37335
俄 罗 斯	Russia	14534	18592	21601	23326	24543	25165
西 班 牙	Spain	72682	69465	74763	78370	78938	79354
土 耳 其	Turkey	26016	33001	34261	40696	42397	43501
乌 克 兰	Ukraine	4391	6344	6840	6399	7111	7371
英　　国	United Kingdom	75890	83027	82864	85313	86478	86673
澳大利亚	Australia	95152	100360	102751	110406	113566	113795
新 西 兰	New Zealand	62521	65738	67201	70784	73493	74644

5-10 制造业每小时平均名义劳动成本
Mean Nominal Hourly Labor Cost per Employee in Manufacturing

资料来源：联合国ILO数据库。
Source: ILO Database.
单位：本币 (local currency units)

国家或地区	Country or Area	2000	2005	2010	2015	2017	2018	2019
以色列	Israel				106.0	143.6	114.0	120.6
中国香港	Hong Kong SAR, China			78.2	106.0			
哈萨克斯坦	Kazakhstan			640.9	1143.2	875.7		
韩国	Korea, Rep.							
新加坡	Singapore							
加拿大	Canada			32.4	37.4	38.1	39.2	40.6
墨西哥	Mexico							
美国	United States							
巴西	Brazil							
捷克	Czech Rep.			222.8		298.9	325.0	346.6
法国	France					36.9	37.8	38.6
德国	Germany			33.1		39.2	40.2	41.1
意大利	Italy					27.2	27.5	28.4
荷兰	Netherlands	22.5	26.3	29.9	33.4	36.7	37.6	38.5
波兰	Poland			21.5		36.1	39.0	41.7
俄罗斯	Russia					378.4		348.5
西班牙	Spain			25.0		22.8	22.9	23.4
土耳其	Turkey					22.3	27.0	
乌克兰	Ukraine						76.6	
英国	United Kingdom			16.7		22.4	23.0	23.2
新西兰	New Zealand			24.2	28.2	29.2	30.0	30.8

5-11 劳动力人口占同等教育程度劳动年龄人口比重
Labor Force as Percentage of Working-age Population with the Same Education

资料来源：世界银行WDI数据库。
Source: World Bank WDI Database.
单位：% (%)

国家或地区	Country or Area	初等教育 Basic Education		中等教育 Intermediate Education		高等教育 Advanced Education	
		2000	2019	2000	2019	2000	2019
中国香港①	Hong Kong SAR, China①		46.4		67.2		75.2
中国澳门①	Macao SAR, China①		64.5		74.1		90.8
孟加拉国②	Bangladesh②		61.4		47.6		79.6
文　　莱	Brunei Darussalam		55.5		67.3		81.4
柬埔寨	Cambodia	79.5		65.9		60.9	
印　　度	India	55.9	49.2	50.7	41.2	69.2	59.8
印度尼西亚	Indonesia	65.4	63.2	71.1	72.0	87.3	84.2
伊　　朗③	Iran③		46.1		40.5		57.5
以色列②	Israel②		31.9		70.9		81.3
日　　本	Japan				55.7		79.1
韩　　国	Korea, Rep.	23.3	47.8		62.7		72.3
老　　挝②	Lao PDR②		42.3		48.0		75.2
马来西亚①	Malaysia①		69.1		66.9		69.3
蒙　　古	Mongolia		46.9		61.0		68.4
缅　　甸	Myanmar		63.7		56.7		65.5
巴基斯坦③	Pakistan③		52.0		46.8		61.2
菲律宾①	Philippines①		63.1		74.6		63.3
斯里兰卡③	Sri Lanka③		52.3		50.5		83.3
泰　　国	Thailand		69.3		72.1		82.8
越　　南	Viet Nam		70.4		76.9		87.5
埃　　及③	Egypt③		27.4		48.3		70.3
尼日利亚	Nigeria		35.2		63.2		78.1
南　　非	South Africa	43.2	47.4	60.7	68.1	83.1	82.0
加拿大	Canada	51.8	43.8	70.1	62.0	78.6	74.7
墨西哥	Mexico		57.6		63.8		77.5
美　　国	United States	40.1	42.2	65.3	57.4	79.3	73.1
阿根廷	Argentina		48.8		66.4		80.4
巴　　西	Brazil		47.3		74.5		81.4
捷　　克	Czech Rep.	26.2	22.5	70.2	63.6	78.3	76.2
法　　国	France	37.3	28.6	70.0	59.2	77.6	76.6
德　　国	Germany	43.0	40.3	64.3	64.5	76.3	74.1
意大利	Italy	39.0	34.0	67.5	63.0	79.6	74.5
荷　　兰	Netherlands	47.2	44.2	72.9	69.7	80.0	80.4
波　　兰	Poland	27.2	17.7	70.0	57.4	81.0	80.3
俄罗斯	Russia		21.8		68.4		67.1
西班牙	Spain	44.3	47.4	61.5	64.9	80.5	79.7
土耳其	Turkey		50.1		59.2		79.2
乌克兰	Ukraine		34.3		65.7		67.7
英　　国	United Kingdom	69.1	60.5	82.7	74.8	89.7	84.5

注：①2016年数据。②2017年数据。③2018年数据。
Note:①Data refer to 2016.②Data refer to 2017.③Data refer to 2018.

5-12 失业人口占同等教育程度劳动力比重
Unemployment as Percentage of Labor Force with the Same Education

资料来源：世界银行WDI数据库。
Source: World Bank WDI Database.

单位：% (%)

国家或地区	Country or Area	初等教育 Basic Education		中等教育 Intermediate Education		高等教育 Advanced Education	
		2000	2019	2000	2019	2000	2019
中国香港①	Hong Kong SAR, China①		3.9		4.0		2.4
中国澳门	Macao SAR, China	7.3	2.3①	4.7	1.8①	3.5	1.5①
孟加拉国②	Bangladesh②		3.5		8.5		10.7
文　莱	Brunei Darussalam		8.9		6.9		6.2
柬埔寨	Cambodia	3.2	0.2②	3.1	1.3①	1.3	0.9①
印　度	India	3.9	3.8	9.3	10.0	10.3	15.1
印度尼西亚	Indonesia	5.1	2.4	13.7	6.3	10.4	4.4
伊　朗③	Iran③		8.8		12.7		18.4
以色列	Israel	14.3	6.8②	9.9	4.6②	5.2	2.8②
日　本	Japan				2.9		2.0
哈萨克斯坦②	Kazakhstan②		6.7		5.3		3.5
韩　国	Korea, Rep.		3.4		3.6		3.9
老　挝②	Lao PDR②		11.0		6.5		6.9
马来西亚①	Malaysia①		2.1		4.1		4.1
蒙　古	Mongolia		8.9		13.3		7.3
缅　甸	Myanmar		0.3		0.2		0.8
巴基斯坦③	Pakistan③		3.9		5.6		7.2
菲律宾①	Philippines①		4.5		9.0		7.5
新加坡②	Singapore②		3.5		4.6		4.1
斯里兰卡③	Sri Lanka③		2.8		6.9		8.5
泰　国	Thailand		0.6		1.0		1.5
越　南	Viet Nam		1.8		2.6		2.5
埃　及③	Egypt③		4.1		10.4		22.1
尼日利亚①	Nigeria①		8.4		10.4		15.3
南　非	South Africa	33.2	34.9	31.2	29.7	5.9	13.6
加拿大	Canada	12.5	11.6	7.0	7.2	4.7	4.4
墨西哥	Mexico	2.8	3.2		4.1	1.9	4.4
美　国	United States	8.7	5.4	4.8	4.8	1.9	2.4
阿根廷	Argentina		12.3		11.2		3.9
巴　西	Brazil		14.4		13.7		6.8
委内瑞拉②	Venezuela②		3.9		5.7		5.8
捷　克	Czech Rep.	22.6	10.7	7.8	1.8	3.0	1.0
法　国	France	15.3	15.6	9.1	9.2	5.6	5.1
德　国	Germany	12.5	7.9	7.9	2.7	4.3	1.8
意大利	Italy	12.1	13.7	10.6	9.4	6.1	5.7
荷　兰	Netherlands	4.4	5.7	2.0	3.2	1.7	2.3
波　兰	Poland	21.5	8.3	17.0	3.6	5.5	2.0
俄罗斯	Russia		10.9		4.0		4.4
西班牙	Spain	15.2	19.9	13.8	14.5	10.9	8.6
土耳其	Turkey		13.1		15.6		13.5
乌克兰	Ukraine		9.9		9.2		7.1
英　国	United Kingdom	8.7	6.5	5.0	4.0	2.5	2.5
澳大利亚	Australia	10.3		6.4		3.7	
新西兰	New Zealand	9.0		6.8		2.0	

注：①2016年数据。②2017年数据。③2018年数据。
Note:①Data refer to 2016.②Data refer to 2017.③Data refer to 2018.

主要统计指标解释

劳动力人口 即国际劳工组织定义的 15 岁及以上的经济活动人口。指在报告期内能提供商品生产和服务的人员。包括就业和失业人员。在不同国家，对军人、季节性就业和兼职就业者处理方法不同。通常，劳动力人口包括军人，失业人员和首次寻找工作者，不包括家务劳动者、和其他无偿护理者和在非正规部门的工作者。

就业人员 为一定年龄以上，在特定时期内（一星期或一天），属于下列类型的所有人：

（1）有酬从业人员，包括两类：① 正在工作的人，指在报告期内做某些工作以得到现金或实物形式工资或薪金的人员； ②有工作岗位但目前不工作的人，指现在有工作，却在短期内暂时不上班，但同时与工作单位有正式联系的人。这种正式联系，可以按照如下的一项或多项标准，根据各国的不同情况予以判断：1）持续领到工资或薪金；2）保证在暂时的不上班状态终止后返回该岗位，或对返回的时间有协议；3）在不工作的这段时间里，该从业者能得到补偿而无须接受其他工作。

（2）自营就业者，包括两类： ①正在工作，指在短期时间内以利润或家庭收入为目的，从事某些工作得到现金或实物的人； ②拥有企业而不工作的人，指自己拥有企业（如商业企业，农场，服务性企业），在一定时期内因特殊原因暂不工作的人。

失业人员 在报告期内，适龄劳动人口中的失业者分为:

(1)没有工作，即没有得到有报酬的工作，又没有自营就业的人；

(2)目前有工作能力，即在报告期内可从事有酬工作和自营就业的人；

(3)正在寻找工作，在最近特定时期已采取具体步骤寻求有酬工作或自营就业的人。这些具体步骤包括：在公共或私人职业介绍所登记；向雇主提出就业申请；在工地、农场、工厂大门外、市场或其他聚集地寻找工作；通过报纸刊登广告或应聘；寻求亲友帮助就业；寻找土地、厂房、机器或设备自己创业；筹集资金；申请许可证和执照等。

失业率 反映了失业的严重程度。失业率是参考期内（一般是特定的一天或一周）特定分组的失业人数和同一时间该组就业、失业人数之和相比得出的。

收入 定期以现金或以实物形式支付给雇员的报酬，包括对雇员工作时间、完成的工作量和未工作的有酬时间（如年休假，法定假日）支付的劳动报酬。收入不包括雇主为雇员支付的社会保险、养老金缴款以及雇员因此得到的收益，也不包括解雇和辞职时加发的工资。

劳动成本 指雇主在雇用劳动力过程中发生的成本。包括向雇员支付的工作报酬，为雇员未从事工作的时间支付的报酬，奖金和赏金，食品、饮料和其他实物费用，雇主负担的雇员住房费用、社会保障费、职业培训费、福利费及其他各项支出，如工人交通费、工作服费用、招工费和被作为人工成本的税金。

Explanatory Notes on Main Statistical Indicators

Total Labor Force comprises people ages 15 and older who meet the International Labour Organization definition of the economically active population: all people who supply labor for the production of goods and services during a specified period. It includes both the employed and the unemployed. While national practices vary in the treatment of such groups as the armed forces and seasonal or part-time workers, in general the labor force includes the armed forces, the unemployed, and first-time job-seekers, but excludes homemakers and other unpaid caregivers and workers in the informal sector.

Employment comprise all persons above a specific age who during a specified brief period, either one week or one day, were in the following categories:

(1)paid employment: ① at work: persons who during the reference period performed some work for wage or salary, in cash or in kind; ② with a job but not at work: persons who, having already worked in their present job, were temporarily not at work during the reference period and had a formal attachment to their job. This formal job attachment should be determined in the light of national circumstance, according to one or more of the following criteria: 1) the continued receipt of wage or salary; 2) an assurance of return to work following the end of the contingency, or an agreement as to the data of return; 3) the elapsed duration of absence from the job which, wherever relevant, may be that duration for which workers can receive compensation benefits without obligations to accept other jobs.

(2)self-employment: ① at work: person who during the reference period performed some work for profit or family gain, in cash or in kind; ② with an enterprise but not at work: persons with an enterprise, which may be a business enterprise, a farm or a service undertaking ,who were temporarily not at work during the reference period for any specific reason.

Unemployment comprises all persons above a specified age who during the reference period were: (1) Without works were not in paid employment or self-employment; (2) Currently available for work were available for paid employment or self-employment during the reference period; (3) Seeking work had taken specific steps in a specified reference period to seek paid employment or self-employment. The specific steps may include registration at a pubic or private employment exchange; application to employers; checking at worksites, farms, factory gates, market or other assembly places; placing or answering newspaper advertisement; seeking assistance of friends or relatives; looking for land, building, machinery or equipment to establish own enterprise; arranging for financial resources; applying for permits and licenses, etc.

Unemployment Rate illustrates the relative severity of unemployment. These rates are calculated by relating the number of persons in the given group who are unemployed during the reference period (usually a particular day or a given week) to the total of employed and unemployed persons in the group at the same date.

Earnings relates to remuneration in cash and in kind paid to employees, as a rule at regular intervals, for time worked or work done together with remuneration for time not worked, such as for annual vacation, other paid leave or holidays. Earnings exclude employers' contribution in respect of their employees paid to social security and pension schemes and also the benefits received by employees under these schemes. Earnings also exclude severance and termination pay.

Labour Cost is the cost incurred by the employer in the employment of labour. The statistical concept of labour cost comprises remuneration for work performed, payments in respect of time paid for but not worked, bonuses and gratuities, the cost of food, drink and other payments in kind, cost of workers' housing borne by employers, employers' social security expenditures, cost to the employer for vocational training, welfare services and miscellaneous items, such as transport of workers, work clothes and recruitment, together with taxes regarded as labour cost.

投资环境

Investment Environment

6-1 企业开业成本
Cost of Business Start-up

资料来源：世界银行WDI数据库。
Source: World Bank WDI Database.

国家或地区	Country or Area	开办企业所需手续数（个）Start-up Procedures to Register a Business (number)		开办企业需要的时间（天）Time Required to Start a Business (days)		开办企业成本占(%)人均国民总收入的比重 Cost of Business Start-up as Procedures (% of GNI per Capita	
		2005	2019	2005	2019	2005	2019
中　　国	China		5		9		1.1
中国香港	Hong Kong SAR, China	5	2	11	2	3.4	0.5
孟加拉国	Bangladesh		9		20		8.7
文　　莱	Brunei Darussalam		3		6		1.1
柬 埔 寨	Cambodia	10	9	87	99	276.1	53.4
印　　度	India		10		18		7.2
印度尼西亚	Indonesia		11		13		5.7
伊　　朗	Iran	10	10	81	73	6.3	1.1
以 色 列	Israel	5	3	18	11	5.3	2.7
日　　本	Japan		8		11		7.5
哈萨克斯坦	Kazakhstan	9	4	31	5	9.9	0.2
韩　　国	Korea, Rep.	10	3	17	8	15.7	14.6
老　　挝	Lao PDR	10	9	135	173	25.6	4.6
马来西亚	Malaysia	10	8	38	18	26.6	11.1
蒙　　古	Mongolia	8	8	17	12	9.6	1.2
缅　　甸	Myanmar		6		7		13.3
巴基斯坦	Pakistan		5		17		6.7
菲 律 宾	Philippines	17	13	35	33	33.2	23.3
新 加 坡	Singapore	6	2	6	2	0.9	0.4
斯里兰卡	Sri Lanka	9	7	46	8	50.0	8.7
泰　　国	Thailand	10	5	35	6	17.3	3.0
越　　南	Viet Nam	10	8	41	16	27.6	5.6
埃　　及	Egypt	11	5	27	13	131.7	20.3
尼日利亚	Nigeria		7		7		26.1
南　　非	South Africa	9	7	53	40	8.6	0.2
加 拿 大	Canada	3	2	4	2	0.9	0.3
墨 西 哥	Mexico		8		8		15.2
美　　国	United States		6		4		1.0
阿 根 廷	Argentina	13	12	30	12	15.9	5.0
巴　　西	Brazil		11		17		4.2
委内瑞拉	Venezuela	16	20	143	230	28.8	211.8
捷　　克	Czech Rep.	10	9	57	25	9.5	1.1
法　　国	France	5	5	7	4	1.2	0.7
德　　国	Germany	9	9	22	8	4.7	6.5
意 大 利	Italy	10	7	15	11	20.7	13.8
荷　　兰	Netherlands	7	4	9	4	13.0	4.0
波　　兰	Poland	11	5	52	37	19.9	11.6
俄 罗 斯	Russia		4		10		1.0
西 班 牙	Spain	10	7	70	13	16.5	3.9
土 耳 其	Turkey	10	7	11	7	28.7	6.0
乌 克 兰	Ukraine	16	6	35	7	13.4	0.5
英　　国	United Kingdom	6	4	12	5	0.7	
澳大利亚	Australia	3	3	3	2	1.9	0.7
新 西 兰	New Zealand	2	1	12	1	0.2	0.2

6-2 企业经营环境排名(2019年)
Ease of Doing Businesses Rank(2019)

资料来源：世界银行《全球营商环境报告》。
Source: World Bank Doing Business.

国家或地区	Country or Area	企业经营环境排名 Ease of Doing Business Rank	开办企业排名 Starting a Business Rank	申请建筑许可 Dealing with Construction Permits			注册财产 Registering Property			信贷融资便利度排名 Getting Credit Rank	缴纳税款排名 Paying Taxes Rank
				排名 Rank	手续(个) Procedures (number)	时间(天) Time (days)	排名 Rank	手续(个) Procedures (number)	时间(天) Time (days)		
新西兰	New Zealand	1	1	7	11	93	2	2	4	1	9
新加坡	Singapore	2	4	5	9	36	21	6	5	37	7
中国香港	Hong Kong SAR, China	3	5	1	8	69	51	5	28	37	2
丹麦	Denmark	4	45	4	7	64	11	3	4	48	8
韩国	Korea, Rep.	5	33	12	10	28	40	7	6	67	21
美国	United States	6	55	24	16	81	39	4	15	4	25
格鲁吉亚	Georgia	7	2	21	11	63	5	1	1	15	14
英国	United Kingdom	8	18	23	9	86	41	6	22	37	27
挪威	Norway	9	25	22	11	110	15	1	3	94	34
瑞典	Sweden	10	39	31	8	117	9	1	7	80	31
立陶宛	Lithuania	11	34	10	13	74	4	3	4	48	18
马来西亚	Malaysia	12	126	2	9	53	33	6	17	37	80
毛里求斯	Mauritius	13	20	8	12	96	23	5	17	67	5
澳大利亚	Australia	14	7	11	11	121	42	4	5	4	28
中国台湾	Taiwan, China	15	21	6	10	82	20	3	4	104	39
阿联酋	United Arab Emirates	16	17	3	11	48	10	2	2	48	30
北马其顿	North Macedonia	17	78	15	9	91	48	7	30	25	37
爱沙尼亚	Estonia	18	14	19	10	103	6	3	18	48	12
拉脱维亚	Latvia	19	26	56	14	192	25	4	17	15	16
芬兰	Finland	20	31	42	17	65	34	3	62	80	10
泰国	Thailand	21	47	34	14	113	67	5	9	48	68
德国	Germany	22	125	30	9	126	76	6	52	48	46
加拿大	Canada	23	3	64	12	249	36	5	4	15	19
爱尔兰	Ireland	24	23	36	10	164	60	5	32	48	4
哈萨克斯坦	Kazakhstan	25	22	37	17	103	24	4	5	25	64
冰岛	Iceland	26	64	72	17	84	16	3	4	94	42
奥地利	Austria	27	127	49	11	222	31	3	21	94	44
俄罗斯	Russia	28	40	26	13	165	12	4	14	25	58
日本	Japan	29	106	18	12	108	43	6	13	94	51
西班牙	Spain	30	97	79	13	147	59	6	13	80	35
中国	China	31	27	33	18	111	28	4	9	80	105
法国	France	32	37	52	9	213	99	8	42	104	61
土耳其	Turkey	33	77	53	18	100	27	6	5	37	26
阿塞拜疆	Azerbaijan	34	9	59	18	116	44	4	5	1	40
以色列	Israel	35	28	35	12	200	75	6	37	48	13
瑞士	Switzerland	36	81	71	13	156	18	4	16	67	20
斯洛文尼亚	Slovenia	37	41	119	17	248	54	7	51	119	45
卢旺达	Rwanda	38	35	81	15	97	3	3	7	4	38
葡萄牙	Portugal	39	63	60	14	160	35	1	10	119	43
波兰	Poland	40	128	39	12	137	92	6	135	37	77
捷克	Czech Rep.	41	134	157	21	246	32	4	28	48	53
荷兰	Netherlands	42	24	88	13	161	30	5	3	119	22
巴林	Bahrain	43	67	17	9	71	17	2	2	94	1
塞尔维亚	Serbia	44	73	9	11	100	58	6	33	67	85
斯洛伐克	Slovakia	45	118	146	14	300	8	3	17	48	55
比利时	Belgium	46	48	45	10	212	139	8	49	67	63
亚美尼亚	Armenia	47	10	62	20	99	13	3	8	48	52

6-2 续表 1 continued

国家或地区	Country or Area	中小投资者保护 Protecting Minority Investors			跨境贸易排名 Trading Across Borders Rank	合同执行 Enforcing Contracts		解决破产 Resolving Insolvency		
		排名 Rank	披露指数 disclosure index	中小投资者保护指数 Strength of minority investor protection index		排名 Rank	时间（天） Time (days)	排名 Rank	时间（年） Time (years)	收回率（美分/美元） Recovery rate (cents/dollar)
新西兰	New Zealand	3	10	43.0	63	23	216	36	1.3	79.7
新加坡	Singapore	3	10	43.0	47	1	164	27	0.8	88.7
中国香港	Hong Kong SAR, China	7	10	42.0	29	31	385	45	0.8	87.2
丹麦	Denmark	28	7	36.0	1	14	485	6	1.0	88.5
韩国	Korea, Rep.	25	8	37.0	36	2	290	11	1.5	84.3
美国	United States	36	7	36.0	39	17	444	2	1.0	81.0
格鲁吉亚	Georgia	7	9	42.0	45	12	285	64	2.0	40.5
英国	United Kingdom	7	10	42.0	33	34	437	14	1.0	85.4
挪威	Norway	21	7	38.0	22	3	400	5	0.9	91.9
瑞典	Sweden	28	8	36.0	18	39	483	17	2.0	78.1
立陶宛	Lithuania	37	7	35.0	19	7	370	89	2.3	40.3
马来西亚	Malaysia	2	10	44.0	49	35	425	40	1.0	81.0
毛里求斯	Mauritius	18	7	39.0	72	20	490	28	1.7	67.4
澳大利亚	Australia	57	8	32.0	106	6	402	20	1.0	82.7
中国台湾	Taiwan, China	21	9	38.0	61	11	510	23	1.9	82.2
阿联酋	United Arab Emirates	13	10	40.0	92	9	445	80	3.2	27.7
北马其顿	North Macedonia	12	10	41.0	32	47	634	30	1.5	48.0
爱沙尼亚	Estonia	79	8	29.0	17	8	455	54	3.0	36.1
拉脱维亚	Latvia	45	5	34.0	28	15	469	55	1.5	41.4
芬兰	Finland	61	6	31.0	37	45	485	1	0.9	88.0
泰国	Thailand	3	10	43.0	62	37	420	24	1.5	70.1
德国	Germany	61	5	31.0	42	13	499	4	1.2	79.8
加拿大	Canada	7	8	42.0	51	100	910	13	0.8	86.7
爱尔兰	Ireland	13	9	40.0	52	91	650	19	0.4	86.1
哈萨克斯坦	Kazakhstan	7	9	42.0	105	4	370	42	1.5	39.8
冰岛	Iceland	28	7	36.0	53	33	417	12	1.0	85.5
奥地利	Austria	37	5	35.0	1	10	397	22	1.1	79.9
俄罗斯	Russia	72	6	30.0	99	21	337	57	2.0	43.0
日本	Japan	57	7	32.0	57	50	360	3	0.6	92.1
西班牙	Spain	28	7	36.0	1	26	510	18	1.5	77.5
中国	China	28	10	36.0	56	5	496	51	1.7	36.9
法国	France	45	8	34.0	1	16	447	26	1.9	74.8
土耳其	Turkey	21	9	38.0	44	24	623	120	5.0	10.5
阿塞拜疆	Azerbaijan	105	10	25.0	83	28	277	47	1.5	39.7
以色列	Israel	18	7	39.0	67	85	975	29	2.0	62.6
瑞士	Switzerland	105		25.0	26	57	598	49	3.0	46.7
斯洛文尼亚	Slovenia	18	5	39.0	1	112	1160	8	0.8	90.0
卢旺达	Rwanda	114	8	22.0	88	32	230	62	2.5	19.3
葡萄牙	Portugal	61	6	31.0	1	38	755	15	3.0	64.8
波兰	Poland	51	7	33.0	1	55	685	25	3.0	60.9
捷克	Czech Rep.	61	2	31.0	1	103	678	16	2.1	67.5
荷兰	Netherlands	79	4	29.0	1	78	514	7	1.1	90.1
巴林	Bahrain	51	8	33.0	77	59	635	60	2.5	41.3
塞尔维亚	Serbia	37	6	35.0	23	65	622	41	2.0	34.5
斯洛伐克	Slovakia	88	3	28.0	1	46	775	46	4.0	46.1
比利时	Belgium	45	8	34.0	1	56	505	9	0.9	89.4
亚美尼亚	Armenia	120	7	21.0	43	30	570	95	1.9	39.2

6-2 续表 2 continued

国家或地区	Country or Area	企业经营环境排名 Ease of Doing Business Rank	开办企业排名 Starting a Business Rank	申请建筑许可 Dealing with Construction Permits			注册财产 Registering Property			信贷融资便利度排名 Getting Credit Rank	缴纳税款排名 Paying Taxes Rank
				排名 Rank	手续（个） Procedures (number)	时间（天） Time (days)	排名 Rank	手续（个） Procedures (number)	时间（天） Time (days)		
摩尔多瓦	Moldova	48	13	156	21	278	22	5	6	48	33
白俄罗斯	Belarus	49	30	48	15	158	14	4	5	104	99
黑　　山	Montenegro	50	101	40	9	102	83	6	69	15	75
克罗地亚	Croatia	51	114	150	22	146	38	5	33	104	49
匈 牙 利	Hungary	52	87	108	22	193	29	4	18	37	56
摩 洛 哥	Morocco	53	43	16	12	58	81	6	20	119	24
塞浦路斯	Cyprus	54	50	125	8	507	71	7	9	80	29
罗马尼亚	Romania	55	91	147	24	260	46	6	15	25	32
肯 尼 亚	Kenya	56	129	105	16	159	134	10	44	4	94
科索沃	Kosovo	57	12	160	18	237	37	6	32	15	48
意 大 利	Italy	58	98	97	14	190	26	4	16	119	128
智　　利	Chile	59	57	41	12	195	63	6	29	94	86
墨 西 哥	Mexico	60	107	93	15	82	105	8	39	11	120
保加利亚	Bulgaria	61	113	43	18	97	66	8	19	67	97
沙特阿拉伯	Saudi Arabia	62	38	28	14	100	19	2	2	80	57
印　　度	India	63	136	27	15	106	154	9	58	25	115
乌 克 兰	Ukraine	64	61	20	10	73	61	7	15	37	65
波多黎各	Puerto Rico	65	59	143	22	165	161	8	190	4	163
文　　莱	Brunei Darussalam	66	16	54	20	83	144	7	299	1	90
哥伦比亚	Colombia	67	95	89	13	132	62	7	15	11	148
阿　　曼	Oman	68	32	47	15	125	52	3	18	144	11
乌兹别克斯坦	Uzbekistan	69	8	132	17	246	72	9	43	67	69
越　　南	Viet Nam	70	115	25	10	166	64	5	54	25	109
牙 买 加	Jamaica	71	6	70	18	141	85	8	19	15	124
卢 森 堡	Luxemburg	72	76	14	11	155	93	7	27	176	23
印度尼西亚	Indonesia	73	140	110	18	200	106	6	31	48	81
哥斯达黎加	Costa Rica	74	144	78	17	138	49	5	11	15	66
约　　旦	Jordan	75	120	138	20	66	78	6	17	4	62
秘　　鲁	Peru	76	133	65	19	137	55	6	10	37	121
卡 塔 尔	Qatar	77	108	13	13	88	1	1	1	119	3
突 尼 斯	Tunisia	78	19	32	14	133	94	5	35	104	108
希　　腊	Greece	79	11	86	17	180	156	11	26	119	72
吉尔吉斯斯坦	Kyrgyzstan	80	42	90	17	167	7	3	4	15	117
蒙　　古	Mongolia	81	100	29	17	137	50	5	11	25	71
阿尔巴尼亚	Albania	82	53	166	19	324	98	5	19	48	123
科 威 特	Kuwait	83	82	68	19	103	45	7	17	119	6
南　　非	South Africa	84	139	98	20	155	108	7	23	80	54
赞 比 亚	Zambia	85	117	67	10	188	149	6	45	4	17
巴 拿 马	Panama	86	51	100	18	105	87	7	23	25	176
博茨瓦纳	Botswana	87	159	44	16	102	82	4	27	80	59
马 耳 他	Malta	88	86	57	16	179	152	7	17	144	78
不　　丹	Bhutan	89	103	91	21	150	53	3	77	94	15
波　　黑	Bosnia and Herzegovinian	90	184	173	17	180	96	7	35	67	141
萨尔瓦多	El Salvador	91	148	168	16	310	79	6	31	25	70
圣马力诺	San Marino	92	92	92	15	146	102	9	43	152	47
圣卢西亚	Saint Lucia	93	69	38	14	116	107	9	17	165	84
尼 泊 尔	Nepal	94	135	107	12	118	97	4	6	37	175
菲 律 宾	Philippines	95	171	85	22	120	120	9	35	132	95
危地马拉	Guatemala	96	99	118	11	226	89	7	24	15	104
多　　哥	Togo	97	15	127	12	169	56	3	35	48	174

6-2 续表 3 continued

国家或地区	Country or Area	中小投资者保护 Protecting Minority Investors			跨境贸易排名 Trading Across Borders Rank	合同执行 Enforcing Contracts		解决破产 Resolving Insolvency		
		排名 Rank	披露指数 disclosure index	中小投资者保护指数 Strength of minority investor protection index		排名 Rank	时间(天) Time (days)	排名 Rank	时间(年) Time (years)	收回率(美分/美元) Recovery rate (cents/dollar)
摩尔多瓦	Moldova	45	7	34.0	38	62	585	67	2.8	32.1
白俄罗斯	Belarus	79	6	29.0	24	40	275	74	1.5	40.2
黑　山	Montenegro	61	5	31.0	41	44	545	43	1.4	50.3
克罗地亚	Croatia	37	5	35.0	1	27	650	63	3.1	35.2
匈牙利	Hungary	97	2	27.0	1	25	605	66	2.0	44.2
摩洛哥	Morocco	37	9	35.0	58	60	510	73	3.5	28.7
塞浦路斯	Cyprus	21	9	38.0	50	142	1100	31	1.5	73.8
罗马尼亚	Romania	61	9	31.0	1	19	512	56	3.3	34.4
肯尼亚	Kenya	1	10	46.0	117	89	465	50	4.5	31.8
科索沃	Kosovo	128	9	20.0	31	53	330	48	2.0	39.6
意大利	Italy	51	7	33.0	1	122	1120	21	1.8	65.6
智　利	Chile	51	8	33.0	73	54	519	53	2.0	41.9
墨西哥	Mexico	61	8	31.0	69	43	341	33	1.8	63.9
保加利亚	Bulgaria	25	10	37.0	21	42	564	61	3.3	37.7
沙特阿拉伯	Saudi Arabia	3	9	43.0	86	51	575	168		
印　度	India	13	8	40.0	68	163	1445	52	1.6	71.6
乌克兰	Ukraine	45	9	34.0	74	63	378	146	2.9	9.0
波多黎各	Puerto Rico	88	7	28.0	70	70	630	10	2.5	67.7
文　莱	Brunei Darussalam	128	4	20.0	149	66	540	59	2.5	47.2
哥伦比亚	Colombia	13	9	40.0	133	177	1288	32	1.7	68.7
阿　曼	Oman	88	8	28.0	64	69	598	97	3.0	41.1
乌兹别克斯坦	Uzbekistan	37	8	35.0	152	22	225	100	2.0	34.4
越　南	Viet Nam	97	7	27.0	104	68	400	122	5.0	21.3
牙买加	Jamaica	61	4	31.0	136	119	550	34	1.1	66.4
卢森堡	Luxemburg	97	6	27.0	1	18	321	93	2.0	43.9
印度尼西亚	Indonesia	37	10	35.0	116	139	403	38	1.1	65.5
哥斯达黎加	Costa Rica	110	5	24.0	80	111	852	137	3.0	29.5
约　旦	Jordan	105	4	25.0	75	110	642	112	3.0	27.3
秘　鲁	Peru	45	9	34.0	102	83	478	90	3.1	31.3
卡塔尔	Qatar	157	2	14.0	101	115	570	123	2.8	30.0
突尼斯	Tunisia	61	6	31.0	90	88	565	69	1.3	51.3
希　腊	Greece	37	9	35.0	34	146	1711	72	3.5	32.0
吉尔吉斯斯坦	Kyrgyzstan	128	7	20.0	89	134	410	78	1.5	40.6
蒙　古	Mongolia	25	6	37.0	143	75	374	150	4.0	18.2
阿尔巴尼亚	Albania	111	9	23.0	25	120	525	39	2.0	44.6
科威特	Kuwait	51	5	33.0	162	74	566	115	4.2	32.2
南　非	South Africa	13	8	40.0	145	102	600	68	2.0	34.7
赞比亚	Zambia	72	4	30.0	155	130	611	79	1.0	51.0
巴拿马	Panama	88	4	28.0	59	141	790	113	2.5	27.0
博茨瓦纳	Botswana	72	7	30.0	55	137	660	84	1.7	66.3
马耳他	Malta	51	3	33.0	48	41	505	121	3.0	39.2
不　丹	Bhutan	111	4	23.0	30	29	225	168		
波　黑	Bosnia and Herzegovinian	88	3	28.0	27	93	595	37	3.3	39.7
萨尔瓦多	El Salvador	140	3	18.0	46	126	816	92	3.5	32.4
圣马力诺	San Marino	162	3	13.0	20	81	575	106	2.3	50.2
圣卢西亚	Saint Lucia	79	4	29.0	93	79	645	131	2.0	43.5
尼泊尔	Nepal	79	6	29.0	60	151	910	87	2.0	41.2
菲律宾	Philippines	72	9	30.0	113	152	962	65	2.7	21.1
危地马拉	Guatemala	153	3	15.0	82	176	1402	157	3.0	28.1
多　哥	Togo	120	7	21.0	131	140	488	88	3.0	35.1

6-2 续表 4 continued

国家或地区	Country or Area	企业经营环境排名 Ease of Doing Business Rank	开办企业排名 Starting a Business Rank	申请建筑许可 Dealing with Construction Permits			注册财产 Registering Property			信贷融资便利度排名 Getting Credit Rank	缴纳税款排名 Paying Taxes Rank
				排名 Rank	手续(个) Procedures (number)	时间(天) Time (days)	排名 Rank	手续(个) Procedures (number)	时间(天) Time (days)		
萨摩亚	Samoa	98	46	94	18	57	68	5	15	119	82
斯里兰卡	Sri Lanka	99	85	66	13	86	138	8	39	132	142
塞舌尔	Seychelles	100	147	106	16	113	65	4	33	144	36
乌拉圭	Uruguay	101	66	151	19	265	119	9	66	80	103
斐济	Fiji	102	163	102	15	141	57	4	69	165	101
汤加	Tonga	103	62	69	14	77	166	4	112	48	102
纳米比亚	Namibia	104	165	84	12	160	173	8	44	80	88
特立尼达和多巴哥	Trinidad and Tobago	105	79	126	16	254	158	9	77	67	160
塔吉克斯坦	Tajikistan	106	36	137	26	157	77	4	33	11	139
瓦努阿图	Vanuatu	107	137	163	15	123	84	4	58	37	67
巴基斯坦	Pakistan	108	72	112	17	125	151	8	105	119	161
马拉维	Malawi	109	153	128	13	153	90	6	47	11	135
科特迪瓦	Cote D'Ivoire	110	29	152	22	163	112	5	39	48	114
多米尼克	Dominica	111	71	83	11	191	179	5	125	152	83
吉布提	Djibouti	112	123	87	16	146	117	6	24	132	133
安提瓜和巴布达	Antigua and Barbuda	113	130	117	19	144	124	7	32	165	145
埃及	Egypt	114	90	74	20	173	130	9	76	67	156
多米尼加	Dominican Rep.	115	112	80	15	206	74	6	33	119	150
乌干达	Uganda	116	169	113	18	113	135	10	42	80	92
约旦河西岸和加沙	West Bank and Gaza	117	173	148	20	108	91	7	35	25	112
加纳	Ghana	118	116	104	16	170	111	5	33	80	152
巴哈马	The Bahamas	119	94	77	17	180	181	7	122	152	50
巴布亚新几内亚	Papua New Guinea	120	142	122	17	217	127	4	72	48	118
莱索托	Lesotho	122	84	165	10	183	114	4	43	94	110
塞内加尔	Senegal	123	60	131	14	177	116	5	41	67	166
巴西	Brazil	124	138	170	19	338	133	14	31	104	184
巴拉圭	Paraguay	125	160	75	14	121	80	6	46	132	126
阿根廷	Argentina	126	141	155	17	318	123	7	51.5	104	170
伊朗	Iran	127	178	73	16	130	70	6	31	104	144
巴巴多斯	Barbados	128	102	153	9	377	118	7	50	152	96
厄瓜多尔	Ecuador	129	177	114	17	132	73	8	26	119	147
圣文森特和格林纳丁斯	Saint Vincent and the Grenadines	130	93	51	14	92	168	7	47	165	100
尼日利亚	Nigeria	131	105	55	15	105	183	12	92	15	159
尼日尔	Niger	132	56	180	19	98	115	4	13	48	169
洪都拉斯	Honduras	133	170	158	17	132	101	6	28.5	25	167
圭亚那	Guyana	134	111	167	18	208	128	7	46	94	122
伯利兹	Belize	135	166	123	16	142	137	9	60	173	60
所罗门群岛	Solomon Islands	136	110	172	14	99	155	10	86.5	104	41
佛得角	Cape Verde	137	121	50	17	101	69	6	19	144	87
莫桑比克	Mozambique	138	176	61	11	118	136	8	43	165	127
圣基茨和尼维斯	Saint Kitts and Nevis	139	109	58	12	105	185	6	224	165	125
津巴布韦	Zimbabwe	140	167	140	10	178	109	5	29	67	146
坦桑尼亚	Tanzania	141	162	149	24	184	146	8	67	67	165
尼加拉瓜	Nicaragua	142	145	176	18	225	160	9	56	104	162
黎巴嫩	Lebanon	143	151	164	22	276	110	8	37	132	116
柬埔寨	Cambodia	144	187	178	20	652	129	7	55	25	138
帕劳	Palau	145	132	129	20	90	47	5	14	104	113
格林纳达	Grenada	146	89	130	15	146	147	8	32	152	143
马尔代夫	Maldives	147	74	63	10	140	176	6	57	144	119
马里	Mali	148	124	133	14	124	140	5	29	152	173
贝宁	Benin	149	65	82	14	88	126	4	120	152	171

6-2　续表 5　continued

国家或地区	Country or Area	中小投资者保护 Protecting Minority Investors			跨境贸易排名 Trading Across Borders Rank	合同执行 Enforcing Contracts		解决破产 Resolving Insolvency		
		排名 Rank	披露指数 disclosure index	中小投资者保护指数 Strength of minority investor protection index		排名 Rank	时间（天） Time (days)	排名 Rank	时间（年） Time (years)	收回率（美分/美元） Recovery rate (cents/dollar)
萨摩亚	Samoa	128	5	20.0	154	86	455	140	2.0	18.5
斯里兰卡	Sri Lanka	28	8	36.0	96	164	1318	94	1.7	43.0
塞舌尔	Seychelles	143	4	17.0	98	128	915	75	2.0	38.8
乌拉圭	Uruguay	153	3	15.0	150	104	725	70	1.8	44.4
斐济	Fiji	97	2	27.0	79	101	397	98	1.8	46.5
汤加	Tonga	153	3	15.0	97	98	350	138	2.7	28.2
纳米比亚	Namibia	88	5	28.0	138	64	460	127	2.5	33.8
特立尼达和多巴哥	Trinidad and Tobago	57	4	32.0	134	174	1340	83	2.5	26.1
塔吉克斯坦	Tajikistan	128	8	20.0	141	76	430	153	1.7	29.6
瓦努阿图	Vanuatu	147	5	16.0	148	138	430	101	2.6	45.8
巴基斯坦	Pakistan	28	6	36.0	111	156	1071	58	2.6	42.8
马拉维	Malawi	79	4	29.0	127	149	522	134	2.6	15.6
科特迪瓦	Cote D'Ivoire	120	7	21.0	163	94	525	85	2.2	36.8
多米尼克	Dominica	79	4	29.0	91	95	741	136	4.0	29.6
吉布提	Djibouti	103	8	26.0	147	144	695	44	1.5	44.0
安提瓜和巴布达	Antigua and Barbuda	79	4	29.0	112	36	476	132	3.0	37.1
埃及	Egypt	57	8	32.0	171	166	1010	104	2.5	23.3
多米尼加	Dominican Rep.	143	5	17.0	66	133	590	124	3.5	9.6
乌干达	Uganda	88	3	28.0	121	77	490	99	2.2	40.3
约旦河西岸和加沙	West Bank and Gaza	114	6	22.0	54	123	540	168		
加纳	Ghana	72	7	30.0	158	117	710	161	1.9	24.0
巴哈马	The Bahamas	88	3	28.0	161	82	545	71	3.0	64.4
巴布亚新几内亚	Papua New Guinea	72	5	30.0	125	173	591	144	3.0	24.9
莱索托	Lesotho	147	3	16.0	40	99	615	126	2.6	28.1
塞内加尔	Senegal	114	7	22.0	142	132	650	96	3.0	30.0
巴西	Brazil	61	5	31.0	108	58	801	77	4.0	18.2
巴拉圭	Paraguay	143	6	17.0	128	72	606	105	3.9	23.0
阿根廷	Argentina	61	7	31.0	119	97	995	111	2.4	19.2
伊朗	Iran	128	7	20.0	123	90	505	133	1.5	36.1
巴巴多斯	Barbados	136	2	19.0	132	170	1340	35	1.8	65.7
厄瓜多尔	Ecuador	114	2	22.0	103	96	523	160	5.3	18.3
圣文森特和格林纳丁斯	Saint Vincent and the Grenadines	79	4	29.0	81	61	595	168		
尼日利亚	Nigeria	28	7	36.0	179	73	399	148	2.0	27.8
尼日尔	Niger	120	7	21.0	126	114	380	114	5.0	20.9
洪都拉斯	Honduras	120	3	21.0	130	154	920	143	3.8	19.9
圭亚那	Guyana	88	5	28.0	151	92	581	163	3.0	18.4
伯利兹	Belize	157	3	14.0	114	135	892	91	2.0	56.7
所罗门群岛	Solomon Islands	136	3	19.0	160	157	497	145	1.0	24.4
佛得角	Cape Verde	170	1	12.0	109	52	425	168		
莫桑比克	Mozambique	147	5	16.0	94	168	950	86	1.5	30.8
圣基茨和尼维斯	Saint Kitts and Nevis	103	4	26.0	71	49	578	168		
津巴布韦	Zimbabwe	97	8	27.0	159	169	410	142	3.3	17.5
坦桑尼亚	Tanzania	105	2	25.0	182	71	515	116	3.0	20.4
尼加拉瓜	Nicaragua	170	1	12.0	84	87	490	107	2.2	35.7
黎巴嫩	Lebanon	114	9	22.0	153	131	721	151	3.0	30.8
柬埔寨	Cambodia	128	6	20.0	118	182	483	82	6.0	14.6
帕劳	Palau	188		7.0	139	125	810	166	2.0	30.4
格林纳达	Grenada	105	4	25.0	137	80	688	168		
马尔代夫	Maldives	147		16.0	157	124	760	141	1.5	50.2
马里	Mali	120	7	21.0	95	159	620	102	3.6	28.3
贝宁	Benin	120	7	21.0	110	162	595	108	4.0	23.9

6-2 续表 6 continued

国家或地区	Country or Area	企业经营环境排名 Ease of Doing Business Rank	开办企业排名 Starting a Business Rank	申请建筑许可 Dealing with Construction Permits			注册财产 Registering Property			信贷融资便利度排名 Getting Credit Rank	缴纳税款排名 Paying Taxes Rank
				排名 Rank	手续(个) Procedures (number)	时间(天) Time (days)	排名 Rank	手续(个) Procedures (number)	时间(天) Time (days)		
玻利维亚	Bolivia	150	175	139	15	235	148	7	90	144	186
布基纳法索	Burkina Faso	151	88	95	15	121	141	4	67	152	154
毛里塔尼亚	Mauritania	152	49	109	14	104	103	4	49	132	177
马绍尔群岛	Marshall Islands	153	83	76	7	38	187			104	79
老　挝	Lao PDR	154	181	99	12	92	88	6	28	80	157
冈比亚	Gambia	155	119	145	12	173	143	6	73	152	172
几内亚	Guinea	156	122	116	16	151	122	6	44	152	183
阿尔及利亚	Algeria	157	152	121	19	131	165	10	55	181	158
密克罗尼西亚	Micronesia, Fed.	158	174	136	14	85	187			104	111
埃塞俄比亚	Ethiopia	159	168	142	15	136	142	7	52	176	132
科摩罗	Comoros	160	158	101	11	107	113	4	30	132	168
马达加斯加	Madagascar	161	80	182	17	194	164	6	100	132	134
苏里南	Suriname	162	182	115	10	223	157	6	46	181	107
塞拉利昂	Sierra Leone	163	58	181	17	182	169	7	56	165	93
基里巴斯	Kiribati	164	149	169	16	185	150	5	513	173	98
缅　甸	Myanmar	165	70	46	16	88	125	6	65	181	129
布隆迪	Burundi	166	44	161	15	70	100	5	23	176	140
喀麦隆	Cameroon	167	104	154	16	126	175	5	81	80	181
孟加拉国	Bangladesh	168	131	135	16	274	184	8	271	119	151
加　蓬	Gabon	169	96	141	13	275	171	6	72	132	182
苏　丹	Sudan	171	157	124	16	255	95	6	11	176	164
伊拉克	Iraq	172	154	103	11	167	121	5	51	186	131
阿富汗	Afghanistan	173	52	183	13	199	186	9	250	104	178
几内亚比绍	Guinea-Bissau	174	161	177	13	143	132	5	48	152	155
利比里亚	Liberia	175	75	185	25	87	180	10	44	104	76
叙利亚	Syrian Arab Republic	176	143	186			162	4	48	176	91
安哥拉	Angola	177	146	120	12	184	167	6	190	185	106
赤道几内亚	Equatorial Guinea	178	183	162	13	144	163	6	23	132	179
海　地	Haiti	179	189	179	14	97	182	6	319	144	149
刚果(布)	Congo, Rep.	180	179	134	13	164	174	5	54	132	185
东帝汶	Timor-Leste	181	68	159	16	207	187			173	136
乍　得	Chad	182	186	174	14	226	131	6	29	152	188
刚果(金)	Congo, Dem. Rep.	183	54	144	13	122	159	8	38	152	180
中　非	Central African Rep.	184	180	184	17	219	170	5	75	144	187
南苏丹	South Sudan	185	172	171	23	131	177	7	48	181	74
利比亚	Libya	186	164	186			187			186	130
也　门	Yemen	187	156	186			86	6	19	186	89
委内瑞拉	Venezuela	188	190	175	11	434	145	10	53	132	189
厄立特里亚	Eritrea	189	185	186			178	11	78	186	153
索马里	Somalia	190	188	186			153	5	188	186	190

6-2 续表 7 continued

国家或地区	Country or Area	中小投资者保护 Protecting Minority Investors			跨境贸易排名 Trading Across Borders Rank	合同执行 Enforcing Contracts		解决破产 Resolving Insolvency		
		排名 Rank	披露指数 disclosure index	中小投资者保护指数 Strength of minority investor protection index		排名 Rank	时间(天) Time (days)	排名 Rank	时间(年) Time (years)	收回率(美分/美元) Recovery rate (cents/dollar)
玻利维亚	Bolivia	136	1	19.0	100	109	591	103	1.8	40.8
布基纳法索	Burkina Faso	120	7	21.0	122	165	446	109	4.0	23.6
毛里塔尼亚	Mauritania	147	6	16.0	144	48	370	168		
马绍尔群岛	Marshall Islands	179	2	10.0	76	106	616	167	2.0	17.1
老挝	Lao PDR	179	6	10.0	78	161	828	168		
冈比亚	Gambia	170	2	12.0	115	129	758	128	2.0	27.8
几内亚	Guinea	162	7	13.0	167	118	311	118	3.8	19.4
阿尔及利亚	Algeria	179	4	10.0	172	113	630	81	1.3	50.8
密克罗尼西亚	Micronesia, Fed.	185		8.0	65	184	885	125	5.3	3.4
埃塞俄比亚	Ethiopia	189	3	5.0	156	67	530	149	3.0	27.3
科摩罗	Comoros	162	7	13.0	120	179	506	168		
马达加斯加	Madagascar	140	7	18.0	140	136	811	135	3.0	12.4
苏里南	Suriname	157	1	14.0	87	188	1715	139	5.0	7.7
塞拉利昂	Sierra Leone	128	6	20.0	165	108	515	162	2.3	11.1
基里巴斯	Kiribati	136	6	19.0	135	121	660	168		
缅甸	Myanmar	176	4	11.0	168	187	1160	164	5.0	14.7
布隆迪	Burundi	143	8	17.0	169	158	832	147	5.0	7.5
喀麦隆	Cameroon	157	7	14.0	186	167	800	129	2.8	15.8
孟加拉国	Bangladesh	72	6	30.0	176	189	1442	154	4.0	29.1
加蓬	Gabon	170	7	12.0	170	180	1160	130	5.0	14.5
苏丹	Sudan	153	3	15.0	185	148	810	152	2.0	30.2
伊拉克	Iraq	111	4	23.0	181	147	520	168		
阿富汗	Afghanistan	140	8	18.0	177	181	1642	76	2.0	26.7
几内亚比绍	Guinea-Bissau	114	7	22.0	146	171	1785	168		
利比里亚	Liberia	176	4	11.0	184	175	1300	110	3.0	17.4
叙利亚	Syrian Arab Republic	97	7	27.0	178	160	872	158	4.1	21.1
安哥拉	Angola	147	4	16.0	174	186	1296	168		
赤道几内亚	Equatorial Guinea	162	7	13.0	175	105	475	168		
海地	Haiti	183	2	9.0	85	127	530	168		
刚果(布)	Congo, Rep.	162	7	13.0	183	155	560	119	3.3	19.4
东帝汶	Timor-Leste	157	5	14.0	107	190	1285	168		
乍得	Chad	170	7	12.0	173	153	743	155	4.0	
刚果(金)	Congo, Dem. Rep.	176	7	11.0	187	178	610	168		
中非	Central African Rep.	162	7	13.0	164	183	660	155	4.8	
南苏丹	South Sudan	185	2	8.0	180	84	228	168		
利比亚	Libya	183	4	9.0	129	145	690	168		
也门	Yemen	162	6	13.0	188	143	645	159	3.0	21.0
委内瑞拉	Venezuela	170	3	12.0	188	150	720	165	4.0	5.3
厄立特里亚	Eritrea	185	3	8.0	188	107	490	168		
索马里	Somalia	190			166	116	575	168		

6-3 新注册企业数
New Businesses Registered

资料来源：世界银行WDI数据库。
Source: World Bank WDI Database.
单位：个 (number)

国家或地区	Country or Area	2000	2005	2010	2012	2014	2016	2018
中国香港	Hong Kong SAR, China	38086	73359	139530	150165	167280	144883	151739
孟加拉国	Bangladesh		5157	8755	9193		8103	4473
柬埔寨	Cambodia		1509	2572	3385	3850	4238	7007
印度	India		38129	86645	103078	69841	93714	123942
印度尼西亚	Indonesia		23348	38106	47714	57926	58426	
以色列	Israel		14364	16276	14246	15409	17624	17456
日本	Japan		112201	7269	11031	19972	23944	29243
哈萨克斯坦	Kazakhstan		20431	707	15404	15072	21583	23464
韩国	Korea, Rep.		31879	60312	74162	84697	96155	
老挝	Lao PDR			78	97	75	114	178
马来西亚	Malaysia	33149	37672	44202	45441	49203	46555	51722
蒙古	Mongolia			9193	11244	12921	9986	11507
巴基斯坦	Pakistan	1051	3917	2956	4069	4808	6882	13229
菲律宾	Philippines	12802		11714	18515	21066	22306	19774
新加坡	Singapore			27483	31531	38306	35021	43046
斯里兰卡	Sri Lanka	2567	4754	6110	6975	6674	8060	10510
泰国	Thailand	18481		31707	40900	43589	48907	55589
埃及	Egypt		3867					
尼日利亚	Nigeria		28988	65074	81144	71941	75380	86309
南非	South Africa		227624	206826	220910	235602	376727	
加拿大	Canada	97000	20868		25723	30904	1564	4065
墨西哥	Mexico		40398	45321	31028	43617	45256	83903
美国	United States		676830					
阿根廷	Argentina	14500	14219	5400	4928	4699	5885	5667
巴西	Brazil	460602	246722	376746	295721	227368	175932	189076
捷克	Czech Rep.		14062	22456	21571	24366	27881	30336
法国	France	90787	117284	163650	159521	165722	188843	201087
德国	Germany		66923	73966	69332	67458	70720	72844
意大利	Italy	60132	84125	87415	75646	91583	102135	114360
荷兰	Netherlands		46514	33900	48680	64253	67127	71531
波兰	Poland			18120	24753	30155	43523	36879
俄罗斯	Russia	225317	380973	258327	397952	427388	433464	317468
西班牙	Spain	115870		79202	86591	93439	100456	94676
土耳其	Turkey	66236		50414	38823	53375	62674	85798
乌克兰	Ukraine	29777		31450	29619	33406	48138	
英国	United Kingdom	225600		400867	492754	585672	663616	664974
澳大利亚	Australia		121994	160615	185009	231920	246623	235654
新西兰	New Zealand		64818	45168	43860	48904	58130	56380

6-4 新注册企业密度
New Business Density

资料来源：世界银行WDI数据库。
Source: World Bank WDI Database.
单位：个/万人 (unit per 10000 persons)

国家或地区	Country or Area	2005	2010	2012	2014	2016	2018
世　　界	**World**					**14.6**	
高收入国家	**High Income**		**33.2**	**36.6**	**42.0**	**45.7**	**47.0**
中等收入国家	**Middle Income**					**8.6**	
中低收入国家	**Low and Middle Income**					**8.1**	
低收入国家	**Low Income**						**3.7**
中国香港	Hong Kong SAR, China	146.2	264.4	280.0	311.5	270.3	285.9
孟加拉国	Bangladesh	0.6	0.9	0.9		0.8	0.4
文　　莱	Brunei Darussalam			16.9	15.6	25.2	23.6
柬 埔 寨	Cambodia	1.8	2.9	3.6	3.9	4.2	6.7
印　　度	India	0.5	1.1	1.3	0.8	1.1	1.4
印度尼西亚	Indonesia	1.6	2.4	2.9	3.4	3.3	
以 色 列	Israel	33.4	34.3	29.2	30.7	34.0	32.7
日　　本	Japan	13.3	0.9	1.4	2.6	3.1	3.9
哈萨克斯坦	Kazakhstan	19.9	0.6	13.4	13.0	18.4	20.0
韩　　国	Korea, Rep.	9.3	16.6	20.1	22.7	25.7	
老　　挝	Lao PDR		0.2	0.3	0.2	0.3	0.4
马来西亚	Malaysia	22.3	23.4	23.0	24.0	22.0	23.7
巴基斯坦	Pakistan	0.4	0.3	0.4	0.4	0.6	1.0
菲 律 宾	Philippines		2.0	3.1	3.3	3.4	2.9
新 加 坡	Singapore		68.8	75.7	89.4	80.1	100.1
斯里兰卡	Sri Lanka	3.4	4.5	5.1	4.9	5.8	7.4
泰　　国	Thailand		6.6	8.4	8.9	9.9	11.3
埃及	Egypt	0.9					
尼日利亚	Nigeria	3.9	7.7	9.2	7.7	7.6	8.3
南　　非	South Africa	74.4	61.6	63.7	65.8	102.1	
加 拿 大	Canada	9.3		10.7	12.8	0.6	1.6
墨 西 哥	Mexico	5.9	6.2	4.1	5.5	5.6	10.0
阿 根 廷	Argentina	5.8	2.1	1.9	1.7	2.1	2.0
巴　　西	Brazil	20.0	28.2	21.5	16.2	12.3	12.9
捷　　克	Czech Rep.	19.3	30.5	29.7	34.2	39.8	43.9
法　　国	France	28.5	38.9	38.0	39.6	45.2	48.4
德　　国	Germany	12.2	13.7	13.1	12.7	13.1	13.5
意 大 利	Italy	21.7	22.5	19.5	23.4	26.3	29.6
荷　　兰	Netherlands	42.2	30.4	43.8	58.1	60.6	64.2
波　　兰	Poland		6.7	9.2	11.3	16.6	14.4
俄 罗 斯	Russia	37.5	25.1	39.0	42.4	43.6	32.6
西 班 牙	Spain		25.0	27.5	30.1	32.6	30.7
土 耳 其	Turkey		10.6	7.9	10.4	11.8	15.6
乌 克 兰	Ukraine		9.8	9.3	10.6	15.6	
英　　国	United Kingdom		96.9	118.4	140.0	157.5	156.5
澳大利亚	Australia	88.9	107.9	121.3	148.4	154.7	144.7
新 西 兰	New Zealand	236.0	156.2	150.8	165.3	190.0	178.4

注：新注册企业密度是指1万个15-64岁劳动人口中新注册企业数量。
Note: New registrations per 10,000 people ages 15-64.

6-5 私人部门贷款占国内生产总值比重
Domestic Credit to Private Sector (% of GDP)

资料来源：世界银行WDI数据库。
Source: World Bank WDI Database.

单位：% (%)

国家或地区	Country or Area	2000	2005	2010	2015	2019	2020
世　界	**World**	**133.2**	**120.6**	**109.1**	**123.3**	**131.5**	**147.6**
高收入国家	**High Income**	**155.4**	**142.2**	**144.3**	**140.5**	**147.4**	**164.9**
中等收入国家	**Middle Income**	**49.6**	**46.2**	**54.5**	**94.6**	**106.0**	**120.7**
中等偏上收入国家	**Upper Middle Income**	**61.8**	**62.9**	**81.5**	**111.6**	**125.9**	**143.6**
中等偏下收入国家	**Lower Middle Income**	**23.0**	**19.8**	**20.7**	**42.5**	**43.8**	**46.9**
中低收入国家	**Low and Middle Income**	**48.2**	**45.3**	**53.9**	**93.8**	**105.2**	**119.8**
东亚和太平洋	**East Asia and Pacific**	**86.3**	**64.4**	**63.4**	**140.1**	**151.4**	**167.7**
欧洲和中亚	**Europe and Central Asia**	**14.9**	**24.7**	**45.1**	**53.9**	**49.2**	**55.2**
拉丁美洲和加勒比	**Latin America and Caribbean**	**23.0**	**22.9**	**38.6**	**46.2**	**51.2**	**55.7**
中东和北非国家	**Middle East and North Africa**	**30.2**	**29.3**	**37.3**	**43.8**		
南　亚	**South Asia**	**26.7**	**37.5**	**46.5**	**47.0**	**47.2**	**50.9**
撒哈拉以南非洲	**Sub-Saharan Africa**	**51.6**	**53.7**	**51.4**	**41.3**	**39.9**	**37.9**
低收入国家	**Low Income**	**7.5**	**11.7**	**16.5**	**12.6**	**13.2**	
中　国	China	111.1	111.8	126.6	152.6	165.4	182.4
中国香港	Hong Kong SAR ,China	150.4	143.1	185.6	207.9	237.5	258.5
中国澳门	Macao SAR , China	72.0	43.9	56.9	108.3	119.4	266.6
孟加拉国	Bangladesh	21.8	29.3	41.0	44.4	45.3	45.3
文　莱	Brunei Darussalam	50.3	40.3	36.9	41.4	35.7	39.7
柬埔寨	Cambodia	6.4	9.0	27.6	74.3	114.2	139.9
印　度	India	28.3	40.1	50.6	51.9	50.1	54.8
印度尼西亚	Indonesia	19.9	26.4	27.3	39.1	37.8	38.7
伊　朗	Iran	26.3	38.3	52.0	59.8		
以色列	Israel	72.4	77.1	68.4	66.5	64.9	68.6
日　本	Japan	208.8	168.8	158.9	160.7	173.5	192.1
哈萨克斯坦	Kazakhstan	11.2	35.7	39.3	37.7	24.3	25.6
韩　国	Korea, Rep.	71.7	110.3	130.0	132.1	151.3	164.8
老　挝	Lao PDR	8.9	7.4	20.9			
马来西亚	Malaysia	135.0	106.5	107.1	123.1	120.7	134.0
蒙　古	Mongolia	6.9	27.6	34.2	54.5	48.9	45.8
缅　甸	Myanmar	10.2	5.4	5.1	19.1	28.5	27.4
巴基斯坦	Pakistan	20.1	26.1	21.4	15.4	18.0	17.2
菲律宾	Philippines	35.6	27.9	28.3	39.9	48.0	52.1
新加坡	Singapore	96.1	89.2	94.9	122.4	120.0	132.7
斯里兰卡	Sri Lanka	28.8	33.1	25.5	41.6	49.8	
泰　国	Thailand	105.1	93.8	115.7	149.4	143.3	160.3
越　南	Viet Nam	35.3	60.5	114.7	111.9	137.9	147.7
埃　及	Egypt	52.0	51.2	33.1	26.3	24.0	27.1
尼日利亚	Nigeria	8.2	8.4	13.5	13.1	11.2	12.1
南　非	South Africa	117.1	122.3	124.9	125.9	116.1	107.9
加拿大	Canada	74.0	121.7				
墨西哥	Mexico	15.0	16.0	23.3	31.9	36.6	38.7
美　国	United States	162.6	188.7	182.6	179.6	190.8	216.6
阿根廷	Argentina	23.9	10.7	12.7	14.4		
巴　西	Brazil	31.1	31.8	52.8	66.8	62.6	70.2
委内瑞拉	Venezuela	10.5	13.2	18.9			
捷　克	Czech Rep.	44.9	29.2	46.3	49.5	50.3	53.2
法　国	France	85.1	80.1	95.9	95.1	107.1	122.4
德　国	Germany	119.4	105.4	88.5	78.1	79.6	85.7
意大利	Italy	75.5	70.9	93.1	87.3	74.1	83.5
荷　兰	Netherlands	134.2	116.4	113.7	111.6	99.7	100.9
波　兰	Poland	26.4	27.1	48.7	53.6	50.7	50.0
俄罗斯	Russia	13.6	25.9	42.8	56.0	52.7	60.0
西班牙	Spain	97.8	136.0	172.0	119.3	94.7	108.5
土耳其	Turkey	17.3	21.4	44.4	66.5	65.4	75.1
乌克兰	Ukraine	11.2	32.2	75.8	56.7	30.0	28.4
英　国	United Kingdom	114.9	143.0	184.2	129.6	131.3	143.5
澳大利亚	Australia	87.7	108.5	125.3	136.4	136.3	142.0
新西兰	New Zealand	107.9	120.6	142.3	152.3	155.5	161.3

主要统计指标解释

企业开业所要办理的手续数 是开办一个企业所要求办理的手续数量，包括为获得许可证和执照，完成所有的登记、证明和开业通知书所进行的往来手续。数据是关于企业的所有权性质，规模和产品类型。

企业办理开业手续所需时间 为开办一个企业办理法律手续需要的日历天数。如果缴纳额外成本之后能加快手续办理速度，则选择办理速度最快的手续。

企业经营环境排名 是所有经济体按其企业经营环境的宽松程度排名，排名越高说明该国的政策法规环境越有利于企业经营。该指数是一国在开办企业、申请建筑许可、获得电力、注册财产、信贷融资便利程度、投资者保护、缴纳税款、跨境贸易、合同执行和解决破产这 10 类指标的百分等级的简单平均。每类指标由若干指标组成，每类指标的数值也是由其构成要素的百分等级的简单平均所得。

开办企业 反映了一个企业家在建立和登记新企业需要克服的行政和法规障碍。它调查了开办一家拥有 50 名员工、法定资本金相当于 10 倍人均国民收入的工商业企业所涉及的程序、时间和成本。

新注册企业数 是日历年度内登记注册的有限责任公司数量。

新注册企业密度 是日历年度内每万人新登记注册企业数。

申请建筑许可 以建造一幢库房为例，所需的步骤以及相应的时间和成本，包括获取必要的许可，完成所需的公示和检查以及接通公用设施。

注册财产 假定在一个标准化案例中，一名企业家想在最大的商业城市中购买土地和一幢建筑物（该物产已被登记在册并且不存在所有权争议），他在登记房地产物权时所涉及的步骤、时间和成本。

信贷融资便利程度 包含了两方面问题，信贷信息登记系统以及担保和破产法在促进信贷方面的效能。

缴纳税款 反映了一家中型企业在给定年份所需缴付的税负，以及纳税的行政成本。

跨境贸易 研究了有关进口和出口一个标准化集装箱所需的成本和程序。每一步正规程序都计算在内－－从两方达成合同协议到交接货物－－同时统计了完成整个过程所需的时间。

投资者权益保护 针对经理人滥用企业财产为己谋私方面，测量了对保护股东权益监测的力度。

执行合同 通过追踪一件付款纠纷的进展、查询从原告提起诉讼到最终获得赔偿的时间、成本和所需步骤数，研究合同强制执行的效率。

解决破产 研究现有破产法规的缺陷以及破产程序存在的主要程序上和行政上的障碍。

对私人部门的国内贷款 是提供给私营部门的应偿还的金融资源，例如，贷款、购买非股本证券、贸易信贷和其他应收账款。部分国家包括对国有企业的借贷。

Explanatory Notes on Main Statistical Indicators

Number of Procedures for Starting a Business is the number of procedures required to start a business, including interactions to obtain necessary permits and licenses and to complete all inscriptions, verifications, and notifications to start operations. Data are for businesses with specific characteristics of ownership, size, and type of production.

Time Required for Starting a Business is the number of calendar days to complete the procedures for legally operating a business. If a procedure can be expedited at additional cost, the fastest procedure, independent of cost, is chosen.

Ease of Doing Business Rank Economies are ranked on their ease of doing business, with first place being the best. A high ranking means that the regulatory environment is conducive to business operation. The index ranks the simple average of the country's percentile rankings on 10 topics (Starting a business,Dealing with construction permits, Getting electricity, Registering property, Getting credit, Protecting investors, Paying taxes, Trading across borders, Enforcing contracts, Resolving Insolvency). The ranking on each topic is the simple average of the percentile rankings on its component indicators.

Starting a Business identifies the bureaucratic and legal hurdles an entrepreneur must overcome to incorporate and register a new firm. It examines the procedures, time, and cost involved in launching a commercial or industrial firm with up to 50 employees and start-up capital of 10 times the economy's per-capita gross national income (GNI).

New Businesses Registered are the number of limited liability firms registered in the calendar year.

New Businesses Density are the number of new limited liability corporations registered per 10 thousand people in the calendar year.

Dealing with Construction Permits tracks the procedures, time, and costs to build a warehouse, including obtaining necessary licenses and permits, completing required notifications and inspections, and obtaining utility connections.

Registering Property examines the steps, time, and cost involved in registering property, assuming a standardized case of an entrepreneur who wants to purchase land and a building that is already registered and free of title dispute.

Getting Credit explores two sets of issues-credit information registries and the effectiveness of collateral and bankruptcy laws in facilitating lending.

Paying Taxes addresses the taxes and mandatory contributions that a medium-size company must pay or withhold in a given year, as well as measures of administrative burden in paying taxes.

Trading Across Borders looks at the procedural requirements for exporting and importing a standardized cargo of goods. Every official procedure is counted—from the contractual agreement between the 2 parties to the delivery of goods—along with the time necessary for completion.

Protecting Investors measures the strength of minority shareholder protections against misuse of corporate assets by directors for their personal gain.

Enforcing Contracts looks at the efficiency of contract enforcement by following the evolution of a sale of goods dispute and tracking the time, cost, and number of procedures involved from the moment the plaintiff files the lawsuit until actual payment.

Resolving Insolvency identifies weaknesses in existing bankruptcy law and the main procedural and administrative bottlenecks in the bankruptcy process.

Domestic Credit to Private Sector is financial resources provided to the private sector—such as through loans, purchases of non-equity securities, and trade credits and other accounts receivable-that establish a claim for repayment. For some countries these claims include credit to public enterprises.

能　源

Energy

7-1 石油主要指标
Main Oil Indicators

资料来源：美国能源署。
Source: US. Energy Information Administration .

国家和地区	Country or Area	原油探明储量(亿桶)(2020年) Crude Oil Including Lease Condensate Reserves (100 million barrels) (2020)	国家和地区	Country or Area	原油出口量(万桶/天)(2018年) Crude Oil Including Lease Condensate Exports (10 000 Barrels Per Day) (2018)
委内瑞拉	Venezuela	3028	沙特阿拉伯	Saudi Arabia	734
沙特阿拉伯	Saudi Arabia	2670	俄罗斯	Russia	520
加拿大	Canada	1699	伊拉克	Iraq	398
伊朗	Iran	1556	加拿大	Canada	318
伊拉克	Iraq	1450	阿联酋	United Arab Emirates	243
科威特	Kuwait	1015	伊朗	Iran	223
阿联酋	United Arab Emirates	978	美国	United States	205
俄罗斯	Russia	800	尼日利亚	Nigeria	189
利比亚	Libya	484	科威特	Kuwait	184
美国	United States	471	哈萨克斯坦	Kazakhstan	153
尼日利亚	Nigeria	370	安哥拉	Angola	137
哈萨克斯坦	Kazakhstan	300	墨西哥	Mexico	128
中国	China	262	卡塔尔	Qatar	126
卡塔尔	Qatar	252	挪威	Norway	124
巴西	Brazil	134	巴西	Brazil	112
阿尔及利亚	Algeria	122	利比亚	Libya	107
厄瓜多尔	Ecuador	83	委内瑞拉	Venezuela	100
挪威	Norway	82	英国	United Kingdom	82
安哥拉	Angola	82	阿曼	Oman	78
阿塞拜疆	Azerbaijan	70	阿塞拜疆	Azerbaijan	68
墨西哥	Mexico	58	阿尔及利亚	Algeria	63
阿曼	Oman	54	哥伦比亚	Colombia	48
苏丹	Sudan	50	厄瓜多尔	Ecuador	35
印度	India	44	刚果(布)	Congo, Rep.	33
越南	Viet Nam	44	马来西亚	Malaysia	30
马来西亚	Malaysia	36	埃及	Egypt	20
埃及	Egypt	33	印度尼西亚	Indonesia	20
印度尼西亚	Indonesia	32	澳大利亚	Australia	20
也门	Yemen	30	赤道几内亚	Equatorial Guinea	18
刚果(布)	Congo, Rep.	30	加蓬	Gabon	18
英国	United Kingdom	27	加纳	Ghana	18
叙利亚	Syrian Arab Republic	25	南苏丹	South Sudan	13

7-1 续表 continued

单位：万桶/天 (10 000 Barrels Per Day)

国家和地区	Country or Area	石油产量 (2020年) Petroleum and Other Liquids Production (2020)	国家和地区	Country or Area	石油消费量 (2019年) Petroleum and Other Liquids Consumption (2019)
美　国	United States	1861	美　国	United States	2054
沙特阿拉伯	Saudi Arabia	1081	中　国	China	1401
俄罗斯	Russia	1050	印　度	India	492
加拿大	Canada	523	日　本	Japan	374
中　国	China	486	俄罗斯	Russia	370
伊拉克	Iraq	416	沙特阿拉伯	Saudi Arabia	318
阿联酋	United Arab Emirates	378	巴　西	Brazil	314
巴　西	Brazil	377	韩　国	Korea, Rep.	260
伊　朗	Iran	301	加拿大	Canada	251
科威特	Kuwait	275	德　国	Germany	235
挪　威	Norway	201	伊　朗	Iran	193
墨西哥	Mexico	193	墨西哥	Mexico	193
尼日利亚	Nigeria	187	法　国	France	169
卡塔尔	Qatar	187	印度尼西亚	Indonesia	165
哈萨克斯坦	Kazakhstan	186	英　国	United Kingdom	158
阿尔及利亚	Algeria	140	新加坡	Singapore	145
安哥拉	Angola	132	西班牙	Spain	133
英　国	United Kingdom	108	泰　国	Thailand	128
阿　曼	Oman	96	意大利	Italy	126
印度尼西亚	Indonesia	89	澳大利亚	Australia	117
印　度	India	89	中国台湾	Taiwan, China	100
哥伦比亚	Colombia	81	土耳其	Turkey	99
阿塞拜疆	Azerbaijan	70	荷　兰	Netherlands	92
阿根廷	Argentina	66	阿联酋	United Arab Emirates	86
马来西亚	Malaysia	66	伊拉克	Iraq	86
埃　及	Egypt	60	埃　及	Egypt	81
委内瑞拉	Venezuela	55	马来西亚	Malaysia	72
泰　国	Thailand	49	波　兰	Poland	70
澳大利亚	Australia	49	阿根廷	Argentina	68
厄瓜多尔	Ecuador	48	比利时	Belgium	64
利比亚	Libya	42	南　非	South Africa	55
刚果(布)	Congo, Rep.	29	菲律宾	Philippines	53
土库曼斯坦	Turkmenistan	25	越　南	Viet Nam	50
越　南	Viet Nam	21	巴基斯坦	Pakistan	49

7-2 能源平衡表(2017年)
Energy Balance Sheet(2017)

资料来源：国际能源机构。
Source: International Energy Agency.
单位：万吨标准油 (10 000 TOE)

国家或地区	Country or Area	能源生产量 Energy Production				能源进口 Imports			
		总计 Total	煤和煤制品 Coal and Coal Products	原油,天然气凝析液和给料 Crude, NGL and Feedstocks	天然气 Natural Gas	总计 Total	煤和煤制品 Coal and Coal Products	原油,天然气凝析液和给料 Crude, NGL and Feedstocks	天然气 Natural Gas
世 界	**World**	**1397028**	**375779**	**446931**	**313853**	**573589**	**82422**	**247001**	**99319**
中 国	China	245242	178281	19173	12389	70913	15188	41946	7426
中国香港	Hong Kong SAR, China	11				3219	661		272
孟加拉国	Bangladesh	3239	58	42	2307	778	140	117	
文 莱	Brunei Darussalam	1562		567	995	47			
柬 埔 寨	Cambodia	363	2			338	90		
印 度	India	55088	26819	4120	2660	40371	11955	22528	2442
印度尼西亚	Indonesia	42604	26271	4085	6252	5745	305	2631	
伊 朗	Iran	41494	105	22549	18460	928	31	158	327
以 色 列	Israel	764		7	698	2238	507	1487	37
日 本	Japan	4072	77	44	256	42232	11899	15925	9821
哈萨克斯坦	Kazakhstan	16558	4593	8732	3128	843	61	4	552
朝 鲜	Korea, Dem.	1543	1330			150	56	54	
韩 国	Korea, Rep.	4909	69	75	31	31617	8167	15284	4363
马来西亚	Malaysia	9584	188	3472	5609	4965	1918	1021	700
蒙 古	Mongolia	2513	2392	105		145			
缅 甸	Myanmar	2852	29	60	1595	670	35		
巴基斯坦	Pakistan	6645	171	496	1894	4112	904	1076	712
菲 律 宾	Philippines	3042	630	67	325	3478	1196	1034	
新 加 坡	Singapore	65				19470	90	5855	888
斯里兰卡	Sri Lanka	500				771	177	154	
泰 国	Thailand	7462	411	1969	2362	8300	1477	4667	1239
越 南	Viet Nam	5753	2085	1366	828	2477	788	120	
埃 及	Egypt	8020		3222	4327	2763	172	613	657
尼日利亚	Nigeria	24680	3	9504	3684	1849			
南 非	South Africa	15926	14563	10	70	3275	43	1728	353
加 拿 大	Canada	51651	3090	24872	15994	8598	544	4534	2130
墨 西 哥	Mexico	16547	658	11277	2657	9408	687	62	3571
美 国	United States	199257	37318	59085	64168	59865	408	44293	7041
阿 根 廷	Argentina	7315	1	2858	3486	1640	105	115	952
巴 西	Brazil	29455	193	14018	2399	6435	1509	749	943
委内瑞拉	Venezuela	14898	37	12193	2090	837		255	
白俄罗斯	Belarus	397		175	12	3673	49	1871	1579
捷 克	Czech Rep.	2773	1527	23	19	2388	301	795	733
法 国	France	12907		90	1	15770	1012	5899	4316
德 国	Germany	11472	3944	353	603	26790	3380	9212	9574
意 大 利	Italy	3402		446	454	15793	959	7024	5704
荷 兰	Netherlands	4138		147	3262	20362	941	6166	3887
波 兰	Poland	6424	4979	100	351	5788	785	2570	1303
俄 罗 斯	Russia	142925	22202	54900	58095	2463	1500	62	722
西 班 牙	Spain	3364	113	12	2	13389	1115	6993	3013
土 耳 其	Turkey	3688	1568	270	29	12402	2491	2737	4549
乌 克 兰	Ukraine	5886	1358	221	1547	3509	1299	133	1126
英 国	United Kingdom	12025	192	4846	3598	14103	616	5501	4001
澳大利亚	Australia	40551	29292	1532	8828	4992	19	1666	444
新 西 兰	New Zealand	1547	165	166	418	835	23	549	

7-2 续表 1 continued

单位：万吨标准油 (10 000 TOE)

国家或地区	Country or Area	能源进口 Imports		能源出口 Exports					
		电力 Electricity	石油产品 Oil Products	总计 Total	煤和煤制品 Coal and Coal Products	原油,天然气凝析液和给料 Crude, NGL and Feedstocks	天然气 Natural Gas	电力 Electricity	石油产品 Oil Products
世 界	**World**	**6290**	**135785**	**-581986**	**-85525**	**-238576**	**-101648**	**-6334**	**-147730**
中 国	China	55	6297	-7723	-1039	-486	-296	-167	-5736
中国香港	Hong Kong SAR, China	108	2178	-42				-12	-31
孟加拉国	Bangladesh	40	480	-5					-4
文 莱	Brunei Darussalam		46	-1252		-545	-707		
柬埔寨	Cambodia	12	236						
印 度	India	48	3395	-7317	-65			-62	-7189
印度尼西亚	Indonesia	10	2799	-25989	-21738	-1393	-2377		-426
伊 朗	Iran	33	379	-15484	-8	-11865	-1119	-70	-2422
以色列	Israel		205	-635			-5	-49	-581
日 本	Japan		4469	-1852	-86				-1766
哈萨克斯坦	Kazakhstan	11	208	-10947	-1268	-6891	-2254	-49	-485
朝 鲜	Korea, Dem.		41	-170	-170				
韩 国	Korea, Rep.		3804	-6682		-37			-6646
马来西亚	Malaysia		1325	-5767	-38	-1497	-3088	-10	-1106
蒙 古	Mongolia	14	131	-2036	-1932	-104			
缅 甸	Myanmar		635	-1267		-25	-1230	-12	
巴基斯坦	Pakistan	5	1415	-126		-38			-87
菲律宾	Philippines		1232	-533	-326	-65			-142
新加坡	Singapore		12629	-10163		-79			-10084
斯里兰卡	Sri Lanka		439						
泰 国	Thailand	210	699	-1419	-3	-172		-10	-1233
越 南	Viet Nam	20	1548	-998	-127	-693		-14	-159
埃 及	Egypt	1	1320	-1406		-1073	-97	-4	-232
尼日利亚	Nigeria		1849	-11445		-9091	-2268		-86
南 非	South Africa	74	1078	-5318	-4740			-131	-434
加拿大	Canada	85	1156	-30028	-1850	-17837	-7177	-619	-2420
墨西哥	Mexico	18	5069	-7322	-7	-6506	-1	-16	-792
美 国	United States	565	7346	-42458	-5755	-7887	-7444	-81	-20945
阿根廷	Argentina	91	379	-542		-148	-6	-1	-240
巴 西	Brazil	314	2822	-6049		-5388		-1	-587
委内瑞拉	Venezuela		582	-10105	-28	-8847		-9	-1220
白俄罗斯	Belarus	52	123	-1511	-10	-162		-29	-1297
捷 克	Czech Rep.	130	384	-772	-254	-2		-242	-237
法 国	France	182	4180	-3211		-10	-542	-527	-2053
德 国	Germany	239	4177	-6068	-150		-2690	-690	-2342
意大利	Italy	369	1472	-3337	-23	-165	-22	-44	-3049
荷 兰	Netherlands	193	9107	-15693	-14	-88	-4022	-163	-11231
波 兰	Poland	114	941	-1757	-932	-21	-102	-94	-514
俄罗斯	Russia	55	122	-69117	-12083	-25405	-18756	-146	-12721
西班牙	Spain	204	1975	-3258	-24	-403	-251	-125	-2305
土耳其	Turkey	23	2602	-778	-17	-54	-52	-28	-627
乌克兰	Ukraine		947	-194	-56	-14		-45	-24
英 国	United Kingdom	156	3522	-7404	-37	-3977	-963	-29	-2359
澳大利亚	Australia		2863	-31924	-24477	-1075	-6144		-228
新西兰	New Zealand		258	-248	-83	-140			-24

7-2　续表 2　continued

单位：万吨标准油　　　　(10 000 TOE)

国家或地区	Country or Area	国际运输燃料 International Bunkers		能源库存变化 Stock Changes				
		海运 Marine	空运 Aviation	总计 Total	煤和煤制品 Coal and Coal Products	原油,天然气凝析液和给料 Crude, NGL and Feedstocks	天然气 Natural Gas	石油产品 Oil Products
世　界	**World**			**8711**	**5796**	**2445**	**-1217**	**1581**
中　国	China	-1018	-956	2829	3296	-642		175
中国香港	Hong Kong SAR, China	-1073	-691	-43	-34			-8
孟加拉国	Bangladesh	-12	-40					
文　莱	Brunei Darussalam		-8	14		8	8	-1
柬埔寨	Cambodia		-11					
印　度	India	-154	-404	686	690	-72		72
印度尼西亚	Indonesia	-26	-162	-53		-16		-34
伊　朗	Iran	-139	-68					
以色列	Israel	-23	-109	-79	-14	-46		-19
日　本	Japan	-425	-707	125	6	141	12	-34
哈萨克斯坦	Kazakhstan	-1	-49	109	114	4	-26	16
朝　鲜	Korea, Dem.							
韩　国	Korea, Rep.	-1021	-504	-94	24	-18	-72	-28
马来西亚	Malaysia	-39	-267	-6	6	-30		14
蒙　古	Mongolia		-3	-108	-108			
缅　甸	Myanmar		-8	3		3	-1	1
巴基斯坦	Pakistan	-4	-83	9			-2	11
菲律宾	Philippines	-10	-158	80	68	23		-18
新加坡	Singapore	-4877	-830	-84		-44	-8	-33
斯里兰卡	Sri Lanka	-57	-57	12	-26	-6		44
泰　国	Thailand	-118	-442	17	-246	636		-369
越　南	Viet Nam	-17	-96	-39	-6	-15		-18
埃　及	Egypt	-9	-68	3	3			
尼日利亚	Nigeria	-31	-54	-63		-73		10
南　非	South Africa	-198	-116	22		22		
加拿大	Canada	-37	-64	129	16	-33	181	-34
墨西哥	Mexico	-79	-398	-87	-70	-58	34	7
美　国	United States	-2341	-2480	3679	1104	1427	629	507
阿根廷	Argentina	-79	-103	4	9	-8	1	1
巴　西	Brazil	-334	-221	-54	-25	22		-27
委内瑞拉	Venezuela	-18	-29					
白俄罗斯	Belarus		-13	1	3	3	19	-24
捷　克	Czech Rep.		-35	-20	7	-3	-32	8
法　国	France	-172	-560	21	-19	-32	74	-1
德　国	Germany	-227	-957	94	-33	25	47	55
意大利	Italy	-230	-342	59	-2	88	19	-44
荷　兰	Netherlands	-1140	-397	182	-8	33	-22	188
波　兰	Poland	-27	-85	40	110	-28	-8	-33
俄罗斯	Russia	-1176	-539	-1924	-526	163	-1566	-10
西班牙	Spain	-662	-447	173	77	13	-38	111
土耳其	Turkey	-83	-355	-192	-33	-30	-103	-26
乌克兰	Ukraine		-25	-235	-37	-5	-218	32
英　国	United Kingdom	-224	-1165	320	208	33	91	-13
澳大利亚	Australia	-56	-448	-326	-363	3		34
新西兰	New Zealand	-29	-123	24	11	-10	7	17

7-2 续表 3 continued

单位：万吨标准油 (10 000 TOE)

国家或地区	Country or Area	一次能源供应量 Total Primary Energy Supply 总计 Total	煤和煤制品 Coal and Coal Products	原油,天然气凝析液和给料 Crude, NGL and Feedstocks	天然气 Natural Gas	电力 Electricity	石油产品 Oil Products
世　界	**World**	**1397342**	**378473**	**457802**	**310306**	**-43**	**-10364**
中　国	China	309286	195726	59991	19519	-112	-1238
中国香港	Hong Kong SAR, China	1381	627		272	97	375
孟加拉国	Bangladesh	3959	198	159	2307	40	424
文　莱	Brunei Darussalam	363		31	295		38
柬埔寨	Cambodia	690	92			12	225
印　度	India	88268	39399	26576	5102	-14	-4281
印度尼西亚	Indonesia	22119	4838	5306	3875	10	2151
伊　朗	Iran	26732	129	10842	17668	-37	-2250
以色列	Israel	2156	493	1448	729	-49	-528
日　本	Japan	43446	11896	16110	10089		1538
哈萨克斯坦	Kazakhstan	6511	3501	1849	1400	-38	-313
朝　鲜	Korea, Dem.	1523	1215	54			41
韩　国	Korea, Rep.	28225	8260	15304	4321		-4394
马来西亚	Malaysia	8470	2074	2966	3221	-10	-73
蒙　古	Mongolia	511	352	2		13	128
缅　甸	Myanmar	2249	63	38	364	-12	628
巴基斯坦	Pakistan	10553	1075	1534	2604	5	1252
菲律宾	Philippines	5900	1568	1060	325		905
新加坡	Singapore	3582	90	5733	881		-3194
斯里兰卡	Sri Lanka	1169	151	148			370
泰　国	Thailand	13799	1639	7100	3601	201	-1463
越　南	Viet Nam	7081	2740	778	828	6	1259
埃　及	Egypt	9302	175	2763	4887	-3	1011
尼日利亚	Nigeria	14937	3	340	1416		1689
南　非	South Africa	13591	9865	1759	423	-57	330
加拿大	Canada	30248	1801	11536	11128	-534	-1399
墨西哥	Mexico	18069	1269	4775	6260	3	3807
美　国	United States	215523	33075	96917	64393	484	-17889
阿根廷	Argentina	8235	115	2817	4432	90	-42
巴　西	Brazil	29233	1678	9402	3342	313	1653
委内瑞拉	Venezuela	5583	8	3600	2090	-9	-685
白俄罗斯	Belarus	2547	42	1887	1610	22	-1211
捷　克	Czech Rep.	4333	1581	812	720	-112	120
法　国	France	24755	992	5947	3849	-345	1394
德　国	Germany	31105	7141	9590	7534	-451	706
意大利	Italy	15345	934	7392	6155	325	-2192
荷　兰	Netherlands	7453	920	6258	3104	30	-3472
波　兰	Poland	10384	4942	2620	1544	20	282
俄罗斯	Russia	72633	11093	29720	38496	-91	-14323
西班牙	Spain	12560	1281	6614	2727	79	-1328
土耳其	Turkey	14681	4009	2922	4423	-5	1511
乌克兰	Ukraine	8941	2564	335	2455	-45	929
英　国	United Kingdom	17655	980	6404	6728	127	-238
澳大利亚	Australia	12788	4471	2125	3128		2165
新西兰	New Zealand	2006	116	565	425		98

7-2　续表 4　continued

单位：万吨标准油　　　　　　　　　　　　　　　　　(10 000 TOE)

国家或地区	Country or Area	能源最终消费量 Total Final Consumption					
		总计 Total	煤和煤制品 Coal and Coal Products	原油,天然气凝析液和给料 Crude, NGL and Feedstocks	天然气 Natural Gas	电力 Electricity	石油产品 Oil Products
世　界	**World**	**970016**	**100490**	**1103**	**151102**	**185204**	**396855**
中　国	China	199990	65054	67	13158	48441	51684
中国香港	Hong Kong SAR, China	814			62	377	374
孟加拉国	Bangladesh	3000	170		1003	580	442
文　莱	Brunei Darussalam	133			42	27	64
柬埔寨	Cambodia	589	8			58	216
印　度	India	59535	10462		3177	9834	19960
印度尼西亚	Indonesia	14777	1115	120	1475	1919	6714
伊　朗	Iran	19504	70		10294	2212	6877
以色列	Israel	1556			113	484	918
日　本	Japan	29198	2172	27	2959	8295	15028
哈萨克斯坦	Kazakhstan	4003	931	60	562	654	1197
朝　鲜	Korea, Dem.	1395	1154			93	59
韩　国	Korea, Rep.	18321	866		2217	4499	9734
马来西亚	Malaysia	6050	180		1684	1261	2887
蒙　古	Mongolia	353	72			51	119
缅　甸	Myanmar	1960	22		54	147	668
巴基斯坦	Pakistan	9112	750		1919	919	2075
菲律宾	Philippines	3531	310		5	669	1771
新加坡	Singapore	1914	60		129	427	1297
斯里兰卡	Sri Lanka	998	5			115	423
泰　国	Thailand	9893	748	64	703	1594	5318
越　南	Viet Nam	4961	819		72	1494	2028
埃　及	Egypt	5974	148		1342	1353	2974
尼日利亚	Nigeria	12996	3		347	223	1891
南　非	South Africa	7004	1851		184	1620	2734
加拿大	Canada	20111	269		5032	4417	9227
墨西哥	Mexico	12293	341		1513	2338	7298
美　国	United States	152201	1701	443	34631	32297	74319
阿根廷	Argentina	5701	51		2020	1109	2229
巴　西	Brazil	22907	770		1262	4290	10236
委内瑞拉	Venezuela	3018	8		608	593	1751
白俄罗斯	Belarus	1891	42		446	258	542
捷　克	Czech Rep.	2716	238		562	494	905
法　国	France	15499	203		3044	3778	6848
德　国	Germany	22689	716		5535	4462	9411
意大利	Italy	11887	71		3458	2510	4546
荷　兰	Netherlands	5881	87	215	1994	917	2327
波　兰	Poland	7509	1185		1136	1168	2789
俄罗斯	Russia	48795	2686	3	16530	6542	12080
西班牙	Spain	8395	87		1392	2056	4279
土耳其	Turkey	10504	1266		2515	2113	3988
乌克兰	Ukraine	4986	516	1	1497	1009	984
英　国	United Kingdom	12793	229		3838	2577	5615
澳大利亚	Australia	8207	283	1	1275	1815	4364
新西兰	New Zealand	1463	58		280	334	664

7-3 万美元国内生产总值能耗(2017年不变价,PPP)
Energy Use per Ten Thousand USD of GDP (constant 2017 PPP)

资料来源：世界银行WDI数据库。
Source: World Bank WDI Database.
单位：吨标准油/万美元 (ton of oil equivalent per 10 000 US$)

国家或地区	Country or Area	2000	2005	2010	2013	2014	2015
世　界	**World**	**1.43**	**1.38**	**1.31**	**1.24**	**1.21**	
高收入国家	**High Income**	**1.28**	**1.19**	**1.12**	**1.04**	**1.02**	**0.98**
中等收入国家	**Middle Income**	**1.70**	**1.64**	**1.52**	**1.43**	**1.39**	
中　国	China	2.60	2.61	2.20	1.99	1.88	
中国香港	Hong Kong SAR, China	0.56	0.42	0.38	0.35	0.35	
孟加拉国	Bangladesh	0.74	0.72	0.72	0.66	0.65	
文　莱	Brunei Darussalam	1.04	0.87	1.23	1.13	1.35	
柬埔寨	Cambodia	1.89	1.22	1.36	1.24	1.24	
印　度	India	1.62	1.39	1.33	1.26	1.24	
印度尼西亚	Indonesia	1.29	1.19	1.06	0.91	0.90	
伊　朗	Iran	1.86	2.06	2.01	2.29	2.35	
以色列	Israel	0.97	0.89	0.90	0.79	0.74	0.74
日　本	Japan	1.12	1.06	1.02	0.90	0.87	0.85
哈萨克斯坦	Kazakhstan	2.33	2.03	2.04	2.02	1.82	
韩　国	Korea, Rep.	1.74	1.52	1.47	1.41	1.39	1.39
马来西亚	Malaysia	1.32	1.41	1.27	1.30	1.26	
蒙　古	Mongolia	2.21	2.02	1.94	1.76	1.67	
缅　甸	Myanmar	2.90	1.83	1.00	0.96	1.03	
巴基斯坦	Pakistan	1.39	1.29	1.21	1.14	1.10	
菲律宾	Philippines	1.15	0.89	0.73	0.68	0.68	
新加坡	Singapore	0.83	0.75	0.64	0.57	0.58	
斯里兰卡	Sri Lanka	0.75	0.66	0.53	0.44	0.45	
泰　国	Thailand	1.17	1.23	1.22	1.26	1.24	
越　南	Viet Nam	1.22	1.25	1.32	1.14		
埃　及	Egypt	0.76	0.97	0.85	0.82	0.80	
尼日利亚	Nigeria	2.36	1.90	1.53	1.46	1.38	
南　非	South Africa	2.20	2.14	2.03	1.85	1.92	
加拿大	Canada	2.22	2.00	1.74	1.66	1.66	1.61
墨西哥	Mexico	0.85	0.95	0.86	0.87	0.83	0.80
美　国	United States	1.61	1.44	1.32	1.23	1.22	1.16
阿根廷	Argentina	0.90	0.89	0.82	0.81	0.86	
巴　西	Brazil	0.92	0.92	0.91	0.92	0.95	
捷　克	Czech Rep.	1.60	1.45	1.27	1.19	1.14	1.07
法　国	France	1.04	1.03	0.95	0.90	0.85	0.85
德　国	Germany	0.95	0.93	0.85	0.79	0.74	0.75
意大利	Italy	0.70	0.73	0.69	0.64	0.61	0.62
荷　兰	Netherlands	1.00	1.01	0.97	0.89	0.83	0.80
波　兰	Poland	1.43	1.27	1.10	1.00	0.93	0.90
俄罗斯	Russia	2.90	2.27	2.01	1.93	1.87	
西班牙	Spain	0.86	0.86	0.73	0.71	0.69	0.69
土耳其	Turkey	0.78	0.68	0.74	0.64	0.63	0.64
乌克兰	Ukraine	3.63	2.68	2.36	1.96	1.98	
英　国	United Kingdom	0.97	0.86	0.77	0.69	0.63	0.61
澳大利亚	Australia	1.48	1.32	1.29	1.17	1.13	1.15
新西兰	New Zealand	1.35	1.10	1.12	1.10	1.13	1.08

7-4 电力装机容量(2018年)
Net Installed Capacity of Electricity Generating Plants (2018)

资料来源：联合国ESD数据库。
Source: UN ESD Database.
单位：万千瓦 (10 000 kilowatts)

国家或地区	Country or Area	总装机容量 Main Activity and Autoproducer				
		总 计 Total	可燃燃料 Combustible Fuels	水 电 Hydro	核电 Nuclear	地热 Geothermal
中 国	China	195945	119486	36113	4466	
中国香港	Hong Kong SAR, China	1228	1228			
中国澳门	Macao SAR, China	45	45			
孟加拉国	Bangladesh	1529	1493	23		
文 莱	Brunei Darussalam	99	99			
柬 埔 寨	Cambodia	219	85	133		
印 度	India	41177	28235	4545	678	
印度尼西亚	Indonesia	6427	5638	574		198
伊 朗	Iran	7879	6524	1195	102	
以 色 列	Israel	1802	1662	1		
日 本	Japan	34737	19666	5004	3804	47
哈萨克斯坦	Kazakhstan	2466	2190	250		
韩 国	Korea, Rep.	12748	8901	649	2185	
马来西亚	Malaysia	3439	2643	617		
蒙 古	Mongolia	146	121	3		
缅 甸	Myanmar	583	239	344		
巴基斯坦	Pakistan	3488	2432	727	143	
菲 律 宾	Philippines	2395	1697	372		194
新 加 坡	Singapore	1361	1350			
斯里兰卡	Sri Lanka	412	207	179		
泰 国	Thailand	6405	5525	367		...
越 南	Viet Nam	4482	2613	1834		
埃 及	Egypt	5541	5142	283		
尼日利亚	Nigeria	1231	1014	215		
南 非	South Africa	5349	4550	76	194	
加 拿 大	Canada	14876	3732	8140	1403	
墨 西 哥	Mexico	7692	5439	1263	161	101
美 国	United States	111913	76701	10280	9943	244
阿 根 廷	Argentina	4213	2812	1131	176	
巴 西	Brazil	16351	4056	10420	199	
捷 克	Czech Rep.	2228	1333	226	429	
法 国	France	13346	1978	2579	6313	2
德 国	Germany	22920	10303	1094	1080	4
意 大 利	Italy	11522	6128	2250		77
荷 兰	Netherlands	3502	2555	4	49	
波 兰	Poland	4305	3431	239		
俄 罗 斯	Russia	27160	19021	5133	2914	7
西 班 牙	Spain	11109	5306	2028	712	
土 耳 其	Turkey	8855	4671	2829		128
乌 克 兰	Ukraine	5151	2975	624	1384	
英 国	United Kingdom	10828	5928	478	931	
澳大利亚	Australia	6927	4645	852		
新 西 兰	New Zealand	935	221	538		97

7-4 续表 continued

单位：万千瓦 (10 000 kilowatts)

国家或地区	Country or Area	自备电厂装机容量 Self-producers				
		总计 Total	可燃燃料 Combustible Fuels	水电 Hydro	风电 Wind	太阳能 Solar
中　国	China	5973	5119	854		
中国香港	Hong Kong SAR, China					
中国澳门	Macao SAR, China	4	4			
孟加拉国	Bangladesh	264	264			
文　莱	Brunei Darussalam	12	12			
柬埔寨	Cambodia					
印　度	India	5959	5607	5	320	28
印度尼西亚	Indonesia	2102	1886	216		
伊　朗	Iran	591	591			
以色列	Israel	202	65	1		136
日　本	Japan	7573	2519	46	33	4724
哈萨克斯坦	Kazakhstan	...				
韩　国	Korea, Rep.	986	888		1	97
马来西亚	Malaysia	268	195	...		10
蒙　古	Mongolia	4	1	3		
缅　甸	Myanmar	67	50	18		
巴基斯坦	Pakistan	87	49			
菲律宾	Philippines	14	12	2		
新加坡	Singapore	57	57			
斯里兰卡	Sri Lanka	48	3	39		6
泰　国	Thailand	1776	1576			200
越　南	Viet Nam	548	513	35	1	
埃　及	Egypt	89	89			
尼日利亚	Nigeria	323	318	4		1
南　非	South Africa	765	240	6	223	296
加拿大	Canada	1241	567	518	48	109
墨西哥	Mexico	1790	1277	23	385	99
美　国	United States	5120	2955	28	12	1993
阿根廷	Argentina	361	359	2	...	
巴　西	Brazil	2550	1993	506	1	50
捷　克	Czech Rep.	193	175	18		
法　国	France	921	372	18	61	469
德　国	Germany	1199	1173	3	...	
意大利	Italy	552	535	11		
荷　兰	Netherlands	1006	544		54	405
波　兰	Poland	367	309	...		56
俄罗斯	Russia	2562	2516	46		
西班牙	Spain	736	700	20	6	1
土耳其	Turkey	644	445	55	5	119
乌克兰	Ukraine	214	209	1		4
英　国	United Kingdom	2667	1322	41	371	930
澳大利亚	Australia	1243	519			724
新西兰	New Zealand	34	22	...		9

7-5 发电量(2018年)
Electricity Generation (2018)

资料来源：联合国ESD数据库。
Source: UN ESD Database.
单位：百万千瓦时 (million kilowatt hours)

国家或地区	Country or Area	总计 Gross production	热电 Thermal	水电 Hydro	核电 Nuclear	风电 Wind	太阳能电 Solar
中　国	China	7166133	5096318	1231787	294359	365971	177517
中国香港	Hong Kong SAR, China	36565	36565				
中国澳门	Macao SAR, China	653	653				
孟加拉国	Bangladesh	78612	77229	1086		6	291
文　莱	Brunei Darussalam	4294	4292				2
柬埔寨	Cambodia	8475	3581	4879			16
印　度	India	1521958	1244959	135164	37813	64294	39728
印度尼西亚	Indonesia	293203	260211	19774			7
伊　朗	Iran	307968	284508	15051	7514	585	286
以色列	Israel	68894	66978			183	1574
日　本	Japan	1068464	823457	88348	64929	7481	62668
哈萨克斯坦	Kazakhstan	107329	96187	10330		427	385
韩　国	Korea, Rep.	590111	435292	7270	133505	2465	9208
马来西亚	Malaysia	170578	143621	26325			632
蒙　古	Mongolia	6535	6055	81		340	59
缅　甸	Myanmar	22883	11641	11228			14
巴基斯坦	Pakistan	134982	93546	27729	9849	2124	714
菲律宾	Philippines	101223	78985	9401		1153	1249
新加坡	Singapore	53142	52905				237
斯里兰卡	Sri Lanka	15985	9072	6401		326	186
泰　国	Thailand	182288	168326	7783		1641	4537
越　南	Viet Nam	213199	128576	84205		312	106
埃　及	Egypt	202838	187341	12726		2234	537
尼日利亚	Nigeria	32446	25657	6758		3	28
南　非	South Africa	256064	228082	5694	11580	6467	4241
加拿大	Canada	653780	129889	385951	100731	33183	3796
墨西哥	Mexico	357593	279725	32526	13675	12877	1363
美　国	United States	4455439	2912041	317004	841329	275834	85184
阿根廷	Argentina	152224	102820	41430	6453	1413	108
巴　西	Brazil	601396	144815	388971	15674	48475	3461
捷　克	Czech Rep.	88032	52338	2679	29921	609	2359
法　国	France	581785	57647	70472	412942	28599	10891
德　国	Germany	642900	385552	23863	76005	109951	45784
意大利	Italy	289708	192129	50503		17716	22654
荷　兰	Netherlands	114103	95659	72	3515	10549	3709
波　兰	Poland	170039	154428	2387		12799	300
俄罗斯	Russia	1115093	716119	193027	204569	232	720
西班牙	Spain	274452	118149	36803	55766	50896	12744
土耳其	Turkey	304802	208733	59938		19949	7800
乌克兰	Ukraine	159833	61104	12007	84398	1188	1099
英　国	United Kingdom	332504	189847	7942	65064	56906	12736
澳大利亚	Australia	260998	219884	16021		15164	9929
新西兰	New Zealand	44412	7926	26290		2067	100

7-6 能源净进口占能源消费比重
Energy Imports, Net (% of Energy Use)

资料来源：世界银行WDI数据库。
Source: World Bank WDI Database.

单位：% (%)

国家或地区	Country or Area	2000	2005	2010	2012	2013	2014	2015
世　界	**World**	**-2.8**	**-3.2**	**-2.1**	**-2.7**	**-3.1**	**-2.5**	**21.0**
高收入国家	**High Income**	**16.4**	**17.2**	**15.1**	**9.8**	**8.2**	**5.1**	**20.5**
经合组织国家	**OECD Countries**	**29.4**	**32.3**	**29.4**	**26.8**	**25.3**		
非经合组织国家	**High Income: nonOECD**	**-108.4**	**-122.6**	**-98.6**	**-101.2**	**-105.7**		
中等收入国家	**Middle Income**	**-27.1**	**-24.8**	**-16.5**	**-12.3**	**-11.4**	**-8.2**	**28.0**
中等偏上收入国家	**Upper Middle Income**	**-33.7**	**-28.8**	**-19.9**	**-15.8**	**-15.0**	**-11.6**	**28.0**
中等偏下收入国家	**Lower Middle Income**	**-8.6**	**-12.1**	**-4.7**	**-0.5**	**0.9**	**4.2**	
中低收入国家	**Low and Middle Income**	**-27.3**	**-24.8**	**-16.6**	**-12.3**	**-11.5**	**-8.2**	**28.0**
东亚和太平洋	**East Asia and Pacific**	**-4.4**	**0.6**	**4.8**	**6.3**	**6.6**	**7.7**	
欧洲和中亚	**Europe and Central Asia**	**-28.8**	**-46.5**	**-50.8**	**-47.3**	**-52.8**	**-53.3**	**75.2**
拉丁美洲和加勒比	**Latin America and Caribbean**	**-47.5**	**-47.7**	**-30.8**	**-27.8**	**-25.2**	**-10.3**	**-4.7**
中东和北非国家	**Middle East and North Africa**	**-157.6**	**-116.4**	**-93.7**	**-71.6**	**-62.1**	**-54.8**	
南　亚	**South Asia**	**21.3**	**21.8**	**27.3**	**30.2**	**30.9**	**32.7**	
撒哈拉以南非洲	**Sub-Saharan Africa**	**-61.6**	**-61.3**	**-58.6**	**-51.9**	**-48.5**	**-49.2**	
低收入国家	**Low Income**	**-33.4**	**-22.7**	**-23.9**	**-12.6**	**-15.1**	**-9.1**	
中　国	China	0.5	6.1	11.4	14.4	14.8	15.0	
中国香港	Hong Kong SAR, China	99.6	99.6	99.3	99.3	99.2	98.7	
孟加拉国	Bangladesh	17.0	15.0	14.5	17.8	15.0	16.8	
文　莱	Brunei Darussalam	-725.5	-849.6	-473.2	-383.5	-458.4	-357.4	
柬埔寨	Cambodia	20.3	27.4	31.7	31.9	31.6	33.1	
印　度	India	20.4	22.1	28.3	31.5	32.5	34.3	
印度尼西亚	Indonesia	-52.6	-55.9	-79.0	-107.2	-112.3	-103.1	
伊　朗	Iran	-106.2	-79.9	-67.5	-37.2	-34.8	-33.4	
以色列	Israel	96.5	88.7	83.4	86.6	71.8	67.0	65.0
日　本	Japan	79.8	80.9	80.1	93.8	93.9	94.0	93.0
哈萨克斯坦	Kazakhstan	-120.2	-133.2	-127.0	-122.9	-107.3	-116.9	
韩　国	Korea, Rep.	81.7	79.6	82.0	82.4	83.5	81.7	81.4
马来西亚	Malaysia	-58.6	-45.4	-21.7	-11.9	-5.8	-5.5	
蒙　古	Mongolia	18.7	-28.5	-297.6	-248.4	-211.4	-168.1	
缅　甸	Myanmar	-20.1	-49.6	-60.9	-46.3	-39.8	-33.0	
巴基斯坦	Pakistan	26.8	20.3	23.6	22.8	23.4	24.1	
菲律宾	Philippines	51.1	44.9	41.7	41.8	45.3	45.8	
新加坡	Singapore	98.9	98.2	97.7	97.6	97.6	97.7	
斯里兰卡	Sri Lanka	43.0	45.3	43.1	47.3	45.9	50.3	
泰　国	Thailand	39.2	44.3	40.1	40.2	42.5	41.6	
越　南	Viet Nam	-38.9	-47.3	-12.7	-15.7	-15.1		
埃　及	Egypt	-30.8	-26.8	-16.5	-5.0	-6.9	-7.4	
尼日利亚	Nigeria	-130.0	-121.8	-111.9	-99.1	-90.6	-93.0	
南　非	South Africa	-33.5	-23.1	-15.6	-19.0	-18.6	-14.5	
加拿大	Canada	-47.8	-49.0	-51.4	-59.1	-64.4	-67.9	-72.5
墨西哥	Mexico	-51.5	-45.0	-22.7	-14.0	-12.7	-10.8	-4.7
美　国	United States	26.7	29.7	22.2	15.7	13.9	9.2	7.3
阿根廷	Argentina	-34.7	-26.5	-1.1	6.1	12.7	13.0	
巴　西	Brazil	21.2	9.6	7.2	10.6	13.9	11.9	
委内瑞拉	Venezuela	-321.1	-296.3	-173.4	-166.1	-178.8		
捷　克	Czech Rep.	25.3	26.7	28.7	23.4	28.1	29.0	31.6
德　国	Germany	59.8	59.5	60.7	60.7	62.1	60.9	61.4
意大利	Italy	83.6	83.8	81.0	78.3	76.3	75.0	76.4
荷　兰	Netherlands	23.3	23.2	16.3	16.9	10.4	19.8	35.0
波　兰	Poland	10.7	15.0	33.2	27.0	27.3	28.4	28.5
俄罗斯	Russia	-57.9	-84.6	-85.8	-77.9	-83.8	-83.7	
西班牙	Spain	74.1	78.8	73.1	73.3	70.3	69.4	71.4
土耳其	Turkey	66.0	71.6	69.6	74.0	73.1	74.2	75.2
乌克兰	Ukraine	42.9	43.3	40.4	30.3	25.7	27.2	
英　国	United Kingdom	-22.2	7.9	26.6	39.2	42.3	39.7	34.6
澳大利亚	Australia	-116.1	-133.7	-153.6	-153.2	-172.4	-192.0	-190.2
新西兰	New Zealand	16.4	24.0	8.1	16.5	16.4	17.1	19.5

7-7　世界能源价格
World Energy Price

资料来源：世界银行商品价格数据。
Source: World Bank Commodity Price Data.

年　份 year	三大市场平均原油价格（美元/桶） Crude Oil, Avg,Spot ($/bbl)	北海布伦特原油价格（美元/桶） Crude Oil, Brendt ($/bbl)	迪拜原油价格（美元/桶） Crude Oil, Dubai ($/bbl)	西德克萨斯原油价格（美元/桶） Crude Oil, WTI ($/bbl)	澳大利亚煤炭价格（美元/吨） Coal, Australia ($/mt)	日本液化天然气价格（美元/百万英制热量单位） Natural Gas LNG,Japan ($/mmbtu)	欧洲天然气价格（美元/百万英制热量单位） Natural Gas,Europe ($/mmbtu)	美国天然气价格（美元/百万英制热量单位） Natural Gas,US ($/mmbtu)
1980	36.87	37.89	35.85		40.14	5.70	4.22	1.59
1981	35.48	36.68	34.29		53.62	6.03	4.60	1.98
1982	32.65	33.42	31.76	32.77	54.77	6.05	4.45	2.47
1983	29.66	29.83	28.73	30.41	38.19	5.55	4.05	2.59
1984	28.56	28.80	27.49	29.38	30.96	5.24	3.76	2.66
1985	27.18	27.33	26.46	27.76	33.75	5.23	3.65	2.51
1986	14.35	14.77	13.20	15.08	31.13	4.10	3.65	1.94
1987	18.15	18.34	16.94	19.16	27.50	3.35	2.59	1.66
1988	14.72	14.97	13.22	15.97	34.88	3.34	2.36	1.68
1989	17.84	18.22	15.70	19.60	38.00	3.28	2.09	1.70
1990	22.88	23.68	20.46	24.49	39.67	3.64	2.82	1.70
1991	19.37	20.07	16.56	21.48	39.67	3.99	3.11	1.49
1992	19.02	19.31	17.19	20.56	38.56	3.60	2.56	1.77
1993	16.84	17.02	14.94	18.56	31.33	3.51	2.67	2.12
1994	15.89	15.83	14.67	17.16	32.30	3.18	2.44	1.92
1995	17.18	17.07	16.12	18.37	39.37	3.45	2.73	1.72
1996	20.42	20.65	18.54	22.07	38.07	3.67	2.84	2.73
1997	19.17	19.09	18.10	20.33	35.10	3.91	2.74	2.48
1998	13.06	12.72	12.13	14.35	29.23	3.02	2.42	2.09
1999	18.07	17.81	17.17	19.24	25.89	3.14	2.13	2.27
2000	28.23	28.27	26.08	30.33	26.25	4.71	3.86	4.31
2001	24.35	24.42	22.71	25.92	32.31	4.63	4.06	3.96
2002	24.93	24.97	23.72	26.09	25.31	4.28	3.05	3.36
2003	28.90	28.85	26.74	31.11	26.09	4.73	3.91	5.49
2004	37.73	38.30	33.46	41.44	52.95	5.13	4.28	5.89
2005	53.39	54.43	49.29	56.44	47.62	5.99	6.33	8.92
2006	64.29	65.39	61.43	66.04	49.09	7.08	8.47	6.72
2007	71.12	72.70	68.37	72.28	65.73	7.68	8.56	6.98
2008	96.99	97.64	93.78	99.56	127.10	12.53	13.41	8.86
2009	61.76	61.86	61.75	61.65	71.84	8.94	8.71	3.95
2010	79.04	79.64	78.06	79.43	98.97	10.85	8.29	4.39
2011	104.01	110.94	106.03	95.05	121.45	14.66	10.52	4.00
2012	105.01	111.97	108.90	94.16	96.36	16.55	11.47	2.75
2013	104.08	108.86	105.43	97.94	84.56	15.96	11.79	3.72
2014	96.24	98.94	96.66	93.11	70.13	16.04	10.05	4.37
2015	50.75	52.37	51.18	48.71	58.94	10.93	6.82	2.61
2016	42.81	44.05	41.20	43.19	66.12	7.37	4.56	2.49
2017	52.81	54.39	53.12	50.91	88.52	8.61	5.72	2.96
2018	68.35	71.07	69.15	64.82	107.02	10.67	7.68	3.16
2019	61.41	64.03	63.18	57.01	77.89	10.56	4.80	2.57
2020	41.26	42.30	42.17	39.31	60.79	8.31	3.24	2.01

7-8 核能及其他清洁能源消费占能源总消费比重
Alternative and Nuclear Energy (% of Total Energy Use)

资料来源：世界银行WDI数据库。
Source: World Bank WDI Database.
单位：% (%)

国家或地区	Country or Area	2000	2005	2010	2012	2013	2014	2015
中　　国	China	2.0	2.7	3.5	4.1	4.5	5.1	
中国香港	Hong Kong SAR, China			0.1	0.1	0.1	0.1	
孟加拉国	Bangladesh	0.3	0.2	0.2	0.2	0.2	0.2	
柬 埔 寨	Cambodia		0.1	0.1	1.7	2.9	3.3	
印　　度	India	2.0	2.2	2.4	2.5	2.7	2.7	
印度尼西亚	Indonesia	0.7	0.7	0.9	0.8	0.9	0.8	
伊　　朗	Iran	0.2	0.6	0.3	0.6	1.0	0.9	
以 色 列	Israel	3.3	3.9	4.9	4.7	5.0	5.2	5.2
日　　本	Japan	17.7	16.7	16.7	2.7	2.4	2.2	3.1
哈萨克斯坦	Kazakhstan	1.2	1.2	0.7	0.7	0.5	0.6	
韩　　国	Korea, Rep.	15.4	18.5	15.9	15.3	14.2	15.6	16.0
马来西亚	Malaysia	1.1	0.7	0.7	0.9	1.0	1.2	
蒙　　古	Mongolia					0.1	0.3	
缅　　甸	Myanmar	0.8	1.1	2.6	3.3	3.6	3.1	
巴基斯坦	Pakistan	2.5	3.4	3.7	3.7	4.0	4.0	
菲 律 宾	Philippines	3.4	3.2	3.1	3.3	3.1	2.9	
新 加 坡	Singapore	0.1	0.2	0.2	0.2	0.2	0.2	
斯里兰卡	Sri Lanka	2.3	2.2	4.3	2.3	5.4	3.4	
泰　　国	Thailand	0.7	0.5	0.4	1.1	0.9	1.1	
越　　南	Viet Nam	3.7	3.1	3.7	6.8	6.9		
埃　　及	Egypt	2.4	1.6	1.5	1.4	1.5	1.5	
尼日利亚	Nigeria	0.3	0.5	0.4	0.3	0.3	0.3	
南　　非	South Africa	3.2	2.4	2.4	2.4	2.8	2.7	
加 拿 大	Canada	17.2	18.3	18.6	19.3	19.9	19.7	19.8
墨 西 哥	Mexico	3.0	2.9	2.7	2.8	3.1	3.4	3.5
美　　国	United States	10.3	10.4	11.3	11.4	11.7	11.7	11.9
阿 根 廷	Argentina	6.0	6.4	5.7	5.6	5.7	5.5	
巴　　西	Brazil	13.7	13.3	12.7	12.7	11.5	10.8	
委内瑞拉	Venezuela	7.5	8.0	6.6	7.0	8.2		
捷　　克	Czech Rep.	9.0	14.9	17.3	19.9	20.8	20.8	19.0
法　　国	France	44.9	44.9	45.0	46.5	46.4	49.6	49.1
德　　国	Germany	14.0	14.2	13.9	12.3	12.2	13.0	12.9
意 大 利	Italy	2.7	2.3	3.7	4.9	6.1	7.1	6.3
荷　　兰	Netherlands	1.9	1.9	2.2	2.7	2.5	3.1	3.4
波　　兰	Poland	0.2	0.2	0.4	0.6	0.7	0.9	1.1
俄 罗 斯	Russia	7.1	7.6	8.0	7.6	7.7	8.2	
西 班 牙	Spain	15.4	12.7	18.4	18.7	20.8	21.6	20.0
土 耳 其	Turkey	3.9	4.8	5.3	5.7	6.1	5.0	6.7
乌 克 兰	Ukraine	15.5	16.7	18.3	19.9	19.6	22.5	
英　　国	United Kingdom	10.3	10.1	8.8	10.9	11.4	11.6	13.1
澳大利亚	Australia	1.2	1.1	1.3	1.7	2.1	2.4	2.2
新 西 兰	New Zealand	13.3	13.7	14.5	13.2	13.4	13.5	14.0

7-9 易燃的可再生能源及废弃物消费占能源总消费比重
Combustible Renewables and Waste (% of Total Energy)

资料来源：世界银行WDI数据库。
Source: World Bank WDI Database.
单位：% (%)

国家或地区	Country or Area	2000	2005	2010	2012	2013	2014	2015
中国	China	17.3	9.0	4.4	3.4	3.0	2.9	
中国香港	Hong Kong SAR, China	0.4	0.4	0.4	0.4	0.5	0.5	
孟加拉国	Bangladesh	40.9	35.7	28.3	26.6	26.4	25.6	
柬埔寨	Cambodia	70.0	63.2	58.6	57.5	57.3	55.2	
印度	India	32.8	29.9	24.1	22.6	22.4	21.4	
印度尼西亚	Indonesia	31.6	27.4	23.5	25.5	25.3	24.8	
伊朗	Iran	0.1	0.3	0.3	0.2	0.2	0.2	
日本	Japan	0.6	0.6	0.9	0.9	1.0	1.1	1.2
哈萨克斯坦	Kazakhstan	0.2		0.1	0.1	0.1		
韩国	Korea, Rep.	0.1	0.2	0.2	0.4	0.5	0.9	0.8
马来西亚	Malaysia	2.7	2.0	1.3	1.4	1.3	1.3	
蒙古	Mongolia	3.5	3.6	2.9	1.9	1.8	1.7	
缅甸	Myanmar	70.2	67.3	71.8	64.3	60.6	52.1	
巴基斯坦	Pakistan	36.7	34.1	34.0	34.8	34.7	35.0	
菲律宾	Philippines	17.2	15.1	13.7	13.6	13.6	13.0	
斯里兰卡	Sri Lanka	53.4	51.2	51.0	49.6	47.4	45.2	
泰国	Thailand	13.0	11.4	12.5	12.3	11.4	12.1	
越南	Viet Nam	46.7	33.8	23.5	23.6	23.8		
埃及	Egypt	3.2	2.3	2.2	2.1	2.2	2.3	
尼日利亚	Nigeria	77.9	73.2	75.9	74.2	74.9	74.3	
南非	South Africa	8.5	7.8	7.5	7.9	8.0	7.7	
加拿大	Canada	4.8	4.7	4.2	4.3	4.4	4.1	4.1
墨西哥	Mexico	5.5	4.4	4.1	3.7	4.0	3.8	3.8
美国	United States	2.2	2.3	3.2	3.6	3.7	3.7	3.6
阿根廷	Argentina	4.3	2.4	2.6	3.1	3.0	3.2	
巴西	Brazil	19.0	22.1	23.0	21.0	20.5	20.4	
委内瑞拉	Venezuela	1.3	1.3	1.1	1.0	1.1		
捷克	Czech Rep.	3.1	3.7	5.2	5.8	6.2	6.6	6.8
法国	France	3.4	3.4	4.5	4.5	4.9	4.6	4.8
德国	Germany	1.4	2.6	3.8	3.8	3.7	4.0	4.1
意大利	Italy	0.9	2.4	5.4	5.6	5.9	5.7	6.1
荷兰	Netherlands	0.6	1.0	1.4	1.6	1.5	1.6	1.6
波兰	Poland	4.0	4.3	5.7	6.4	6.5	6.4	6.5
俄罗斯	Russia	0.6	0.5	0.4	0.4	0.4	0.4	
西班牙	Spain	2.8	2.7	4.1	5.0	4.2	4.4	4.4
土耳其	Turkey	8.5	6.3	4.2	3.0	3.1	2.7	2.3
乌克兰	Ukraine	0.2	0.2	0.9	1.0	1.2	1.3	
英国	United Kingdom	0.2	0.3	1.5	1.6	2.0	2.5	2.8
澳大利亚	Australia	3.9	2.8	3.2	3.1	3.4	3.3	3.3
新西兰	New Zealand	5.9	7.1	5.8	5.6	5.3	5.0	5.1

主要统计指标解释

探明储量　是在现有和预期的本地经济条件和现有可用技术下，已探明的可开采的吨数。

能源最终消费量　指各不同经济部门终端能源消费量。

能源生产量　指一定时期内一次能源生产量的总和。

国际运输燃料　指供给国际运输的飞机或轮船的燃料，空运燃料包括航空汽油和喷气发动机燃料，海运燃料,包括硬煤、柴油等。

一次能源供应量　等于"产量＋进口－出口－国际运输燃料－库存变化"。

清洁能源　是指在发电时不产生二氧化碳的非碳能源。它包括水电、核电、地热和太阳能等。

易燃的可再生能源和废弃物　包括固态和液态的生物遗体、沼气、工业垃圾和城市垃圾。

Explanatory Notes on Main Statistical Indicators

Proved Reserves are the tonnage of the proved amount in place that can be recovered under present and expected local economic conditions with existing available technology.

Total Final Consumption refers to the sum of consumption by the different end-use sectors.

Energy Production is the production of primary energy.

Bunkers Airs bunkers refer to bunkers of aviation gasoline and jet fuel. Sea bunkers refer to bunkers of hard coal, gas-diesel oil and residual fuel oil.

Total Primary Energy Supply refers to Production +imports-Exports-Bunkers-Changes in stocks.

Clean energy refer to noncarbohydrate energy that does not produce carbon dioxide when generated. It includes hydropower and nuclear, geothermal, and solar power, among others.

Combustible renewables and waste comprise solid biomass, liquid biomass, biogas, industrial waste, and municipal waste.

财政和金融

Government Finance and Banking

8-1 中央政府财政收入占国内生产总值比重
Revenue, Excluding Grants (% of GDP)

资料来源：世界银行WDI数据库。
Source: World Bank WDI Database.
单位：%　　(%)

国家或地区	Country or Area	2000	2005	2010	2017	2018	2019
世　界	**World**	**26.4**	**23.9**	**23.7**	**25.2**	**25.0**	**26.5**
高收入国家	**High Income**	**28.1**	**26.5**	**26.0**	**27.6**	**27.0**	**27.0**
中等收入国家	**Middle Income**		**16.2**	**18.7**	**19.8**	**20.5**	
低收入国家	**Low Income**						
中　国	China		9.6	11.2	15.9	16.5	
中国香港	Hong Kong SAR, China						
中国澳门	Macao SAR, China	18.0	24.4	36.5	31.9	31.3	32.9
孟加拉国	Bangladesh		8.9	9.7			
柬埔寨	Cambodia		9.7	11.5	18.6	19.9	22.8
印　度	India	11.7	12.3	13.2	12.7	13.2	
印度尼西亚	Indonesia			14.5	12.2	13.0	12.3
伊　朗	Iran	21.6	30.9				
以色列	Israel	37.7	35.8	32.0	33.5	31.9	31.2
日　本	Japan						
哈萨克斯坦	Kazakhstan	11.3		21.4	16.2	16.0	14.9
韩　国	Korea, Rep.	20.7	19.7	20.1	26.2	27.4	28.0
老　挝	Lao PDR						
马来西亚	Malaysia	17.5	19.6	19.4	16.1	16.1	17.5
蒙　古	Mongolia	24.4		29.0	24.9	28.7	
缅　甸	Myanmar	5.3	6.7		15.4	6.7	14.2
巴基斯坦	Pakistan						
菲律宾	Philippines	14.0	13.8	12.8	14.9	15.5	16.1
新加坡	Singapore	25.7	18.2	16.8	20.2	18.2	21.0
斯里兰卡	Sri Lanka	16.8	15.5	12.7	13.7	13.4	12.6
泰　国	Thailand	15.5	19.7	19.0	19.1	19.5	19.3
越　南	Viet Nam						
埃　及	Egypt		24.3	24.8			
尼日利亚	Nigeria						
南　非	South Africa	25.7	28.8	28.1	31.1	31.3	32.4
加拿大	Canada	20.9	18.5	16.9	18.0	18.6	18.8
墨西哥	Mexico	12.1		18.0	20.0	18.8	18.6
美　国	United States	20.6	17.9	16.5	19.5	17.5	17.5
阿根廷	Argentina	14.2	16.6	21.2	19.3	17.9	18.8
巴　西	Brazil			29.0	27.8	28.6	29.1
委内瑞拉	Venezuela						
捷　克	Czech Rep.	30.7	31.2	30.5	31.7	32.2	32.2
法　国	France	42.8	42.1	42.9	44.6	44.3	43.5
德　国	Germany	29.9	28.1	28.0	28.6	29.0	29.4
意大利	Italy	37.1	35.7	38.7	39.5	39.4	40.2
荷　兰	Netherlands	37.9	36.5	37.7	39.1	39.2	39.4
波　兰	Poland	34.1	33.3	31.9	33.6	34.5	34.5
俄罗斯	Russia	24.6	30.3	26.1	24.5	27.5	27.6
西班牙	Spain				27.2	27.9	28.0
土耳其	Turkey			31.5	29.5	30.5	30.6
乌克兰	Ukraine	26.8	35.1	34.4	32.5	32.1	31.9
英　国	United Kingdom	33.9	34.9	34.3	35.5	35.4	35.3
澳大利亚	Australia	25.9	27.1	23.4	24.8	25.7	26.0
新西兰	New Zealand		36.2	32.4	32.1	32.0	32.8

8-2 中央政府财政收入
Revenue of Central Government

资料来源：国际货币基金组织GFS数据库。
Source: IMF GFS Database.

		柬埔寨 Cambodia 2019 (亿瑞尔) (100 Million Riel)	印度 India 2014 (亿卢比) (100 Million Rupee)	印度尼西亚 Indonesia 2019 (亿卢比) (100 Million Rupiah)	伊朗 Iran 2009 (亿里亚尔) (100 Million Rial)
财政总收入	**Total Revenue**	**282911**	**144173**	**19602733**	**10423000**
税收	Taxes	217080	124488	15439947	3022000
收入、利润和资本所得税	Taxes on Income, Profits, and Capital Gains	50453	68732	7722657	2017000
个人	Payable by Individuals	9901	25837	1597040	340720
公司和其他企业	Payable by Corporations and Other Enterprises	40552	42892	6125617	1675260
工资税	Taxes on Payroll and Workforce				
财产税	Taxes on Property		109	211459	11000
货物和服务税	Taxes on Goods and Services	137498	36846	7045379	366000
增加值、销售和交易税	General Value Added, Sales, or Turnover Taxes	72721	240	5315773	310150
货物税	Excises	64776	18957	1729606	19420
国际贸易税	Taxes on International Trade and Transactions	28970	18802	403716	626000
其他税	Other Taxes	160		56735	3000
社会缴款	Social Contributions	5573	135		1948000
社会保障缴款	Social Security Contributions	5573			1948000
其它社会缴款	Other Social Contributions		135		
捐赠收入	Grants	21941	160	51716	
来自外国政府捐赠收入	From Foreign Governments	2882	160	17902	
来自国际组织捐赠收入	From International Organizations	19059			
来自政府机构捐赠收入	From General Government Units			33814	
其它收入	Other Revenue	38317	19390	4111071	5453000

8-2 续表 1 continued

		以色列 Israel 2019 (亿新谢克尔) (100 Million New Sheqalim)	哈萨克斯坦 Kazakhstan 2019 (亿坚戈) (100 Million Tenge)	韩国 Korea,Rep. 2019 (亿韩元) (100 Million Won)	马来西亚 Malaysia 2013 (亿林吉特) (100 Million Ringgit)
财政总收入	**Total Revenue**	**4557**	**107839**	**5428551**	**2134**
税收	Taxes	3172	81958	2925154	1560
收入、利润和资本所得税	Taxes on Income, Profits, and Capital Gains	1449	33279	1594653	1110
个人	Payable by Individuals	895		866172	231
公司和其他企业	Payable by Corporations and Other Enterprises	433	33279	728481	879
工资税	Taxes on Payroll and Workforce	162			
财产税	Taxes on Property	0		114712	
货物和服务税	Taxes on Goods and Services	1530	28605	1080423	310
增加值、销售和交易税	General Value Added, Sales, or Turnover Taxes	1275	26931	805074	101
货物税	Excises	195	1065	275350	122
国际贸易税	Taxes on International Trade and Transactions	30	20069	77010	45
其他税	Other Taxes		5	58355	95
社会缴款	Social Contributions	822		1464389	
社会保障缴款	Social Security Contributions	744		1309336	
其它社会缴款	Other Social Contributions	77		155053	
捐赠收入	Grants	170	3967	63019	
来自外国政府捐赠收入	From Foreign Governments	104	19		
来自国际组织捐赠收入	From International Organizations			2	
来自政府机构捐赠收入	From General Government Units	66	3949	63018	
其它收入	Other Revenue	393	21914	975989	574

8-2 续表 2 continued

		蒙古 Mongolia 2018 (亿图格里克) (100 Million togrog)	缅甸 Myanmar 2019 (亿缅元) (100 Million Kyat)	巴基斯坦 Pakistan 2013 (亿卢比) (100 Million Rupee)	新加坡 Singapore 2019 (亿新加坡元) (100 Million Dollar)
财政总收入	**Total Revenue**	**96373**	**166171**	**33459**	**1075**
税收	Taxes	54376	67779	25036	676
收入、利润和资本所得税	Taxes on Income, Profits, and Capital Gains	16012	21981	9320	325
个人	Payable by Individuals			9140	124
公司和其他企业	Payable by Corporations and Other Enterprises	16012	646		201
工资税	Taxes on Payroll and Workforce				
财产税	Taxes on Property		9		48
货物和服务税	Taxes on Goods and Services	30493	40556	12012	195
增加值、销售和交易税	General Value Added, Sales, or Turnover Taxes	21950	22568	10765	112
货物税	Excises	7672	14291	1250	33
国际贸易税	Taxes on International Trade and Transactions	6843	4638	2475	
其他税	Other Taxes	1028	594	1226	109
社会缴款	Social Contributions	18108	1302		
社会保障缴款	Social Security Contributions	18074	1302		
其它社会缴款	Other Social Contributions	34			
捐赠收入	Grants	3490	4101	1120	
来自外国政府捐赠收入	From Foreign Governments	416		1120	
来自国际组织捐赠收入	From International Organizations		4035		
来自政府机构捐赠收入	From General Government Units	3074	66		
其它收入	Other Revenue	20400	92989	7303	398

8-2 续表 3 continued

		泰 国 Thailand 2019 (亿泰铢) (100 Million Baht)	南 非 South Africa 2019 (亿兰特) (100 Million Rand)	加拿大 Canada 2019 (亿加元) (100 Million Dollar)	墨西哥 Mexico 2019 (亿比索) (100 Million Peso)
财政总收入	**Total Revenue**	**32549**	**16473**	**4352**	**46525**
税收	Taxes	24752	13575	3066	32125
收入、利润和资本所得税	Taxes on Income, Profits, and Capital Gains	10319	7727	2427	16935
个人	Payable by Individuals	2984	5292		8295
公司和其他企业	Payable by Corporations and Other Enterprises	7335	2435		8036
工资税	Taxes on Payroll and Workforce		185		
财产税	Taxes on Property	4	26		
货物和服务税	Taxes on Goods and Services	13257	5084	584	14116
增加值、销售和交易税	General Value Added, Sales, or Turnover Taxes	5359	3601		9333
货物税	Excises	6216	1330		4710
国际贸易税	Taxes on International Trade and Transactions	980	552	55	663
其他税	Other Taxes	190	...		411
社会缴款	Social Contributions	1721	254	936	5521
社会保障缴款	Social Security Contributions	1721	254		5521
其它社会缴款	Other Social Contributions				
捐赠收入	Grants	16	19	12	2
来自外国政府捐赠收入	From Foreign Governments	16	17		
来自国际组织捐赠收入	From International Organizations	...			
来自政府机构捐赠收入	From General Government Units		1		2
其它收入	Other Revenue	6060	2625	338	8878

8-2 续表 4 continued

		美 国 United States 2019 (亿美元) (100 Million US Dollar)	阿根廷 Argentina 2019 (亿比索) (100 Million Peso)	巴 西 Brazil 2019 (亿雷亚尔) (100 Million Real)	白俄罗斯 Belarus 2019 (亿卢布) (100 Million Rubel)
财政总收入	**Total Revenue**	**37343**	**40444**	**21551**	**436**
税收	Taxes	21438	22840	10151	179
收入、利润和资本所得税	Taxes on Income, Profits, and Capital Gains	19529	3405	5356	13
个人	Payable by Individuals	17359	1032	2194	
公司和其他企业	Payable by Corporations and Other Enterprises	2170	2373	2075	13
工资税	Taxes on Payroll and Workforce		142	242	
财产税	Taxes on Property	162	147	17	
货物和服务税	Taxes on Goods and Services	970	12081	4107	118
增加值、销售和交易税	General Value Added, Sales, or Turnover Taxes		9902	3837	85
货物税	Excises	677	1109	28	28
国际贸易税	Taxes on International Trade and Transactions	778	5324	429	47
其他税	Other Taxes		1741	...	1
社会缴款	Social Contributions	14062	12130	6862	146
社会保障缴款	Social Security Contributions	13973		5300	146
其它社会缴款	Other Social Contributions	89		1562	
捐赠收入	Grants	13	52	11	37
来自外国政府捐赠收入	From Foreign Governments	13	...		18
来自国际组织捐赠收入	From International Organizations		39	...	...
来自政府机构捐赠收入	From General Government Units		12	11	20
其它收入	Other Revenue	1830	5422	4528	74

8-2 续表 5 continued

		捷 克 Czech Rep. 2019 (亿克朗) (100 Million koruna)	法 国 France 2019 (亿欧元) (100 Million Euro)	德 国 Germany 2019 (亿欧元) (100 Million Euro)	意大利 Italy 2019 (亿欧元) (100 Million Euro)
财政总收入	**Total Revenue**	**18943**	**10542**	**10208**	**7298**
税收	Taxes	8553	5985	3963	4416
收入、利润和资本所得税	Taxes on Income, Profits, and Capital Gains	3176	2976	1820	2319
个人	Payable by Individuals	1923	2287	1523	1967
公司和其他企业	Payable by Corporations and Other Enterprises	1253	685	243	352
工资税	Taxes on Payroll and Workforce		343		
财产税	Taxes on Property	1	184		70
货物和服务税	Taxes on Goods and Services	5367	2474	2143	1766
增加值、销售和交易税	General Value Added, Sales, or Turnover Taxes	3077	1721	1197	1118
货物税	Excises	1879	477	656	460
国际贸易税	Taxes on International Trade and Transactions		-1		
其他税	Other Taxes	10	9		261
社会缴款	Social Contributions	8939	4045	5681	2410
社会保障缴款	Social Security Contributions	8932	3532	5582	2380
其它社会缴款	Other Social Contributions	7	513	99	30
捐赠收入	Grants	398		73	96
来自外国政府捐赠收入	From Foreign Governments	16		...	5
来自国际组织捐赠收入	From International Organizations	366		9	9
来自政府机构捐赠收入	From General Government Units	15	45	63	83
其它收入	Other Revenue	1053		491	376

8-2 续表 6 continued

		荷 兰 Netherlands 2019 (亿欧元) (100 Million Euro)	波 兰 Poland 2019 (亿兹罗提) (100 Million Zloty)	俄罗斯 Russia 2019 (亿卢布) (100 Million Ruble)	西班牙 Spain 2019 (亿欧元) (100 Million Euro)
财政总收入	**Total Revenue**	**3217**	**7895**	**361761**	**3653**
税收	Taxes	1955	3967	119894	1713
收入、利润和资本所得税	Taxes on Income, Profits, and Capital Gains	990	1051	9454	707
个人	Payable by Individuals	690	654	-1401	466
公司和其他企业	Payable by Corporations and Other Enterprises	300	398	11332	241
工资税	Taxes on Payroll and Workforce	5	59		
财产税	Taxes on Property	35		...	3
货物和服务税	Taxes on Goods and Services	889	2857	80154	1003
增加值、销售和交易税	General Value Added, Sales, or Turnover Taxes	611	1821	70771	722
货物税	Excises	187	839	5913	218
国际贸易税	Taxes on International Trade and Transactions			30286	
其他税	Other Taxes	37		...	
社会缴款	Social Contributions	1116	3205	80965	1600
社会保障缴款	Social Security Contributions	1093	3024	80965	1500
其它社会缴款	Other Social Contributions	23	182		100
捐赠收入	Grants	17		60552	163
来自外国政府捐赠收入	From Foreign Governments	3			
来自国际组织捐赠收入	From International Organizations	5		3	18
来自政府机构捐赠收入	From General Government Units	9	37	60549	146
其它收入	Other Revenue	129		100349	177

8-2 续表 7 continued

		乌克兰 Ukraine 2019 (亿格里夫尼亚) (100 Million Hrywnia)	英 国 United Kingdom 2019 (亿英镑) (100 Million Pound)	澳大利亚 Australia 2019 (亿澳元) (100 Million Dollar)	新西兰 New Zealand 2019 (新西兰元) (100 Million Dollar)
财政总收入	**Total Revenue**	**12774**	**7508**	**5143**	**1063**
税收	Taxes	7635	5622	4558	910
收入、利润和资本所得税	Taxes on Income, Profits, and Capital Gains	2170	2565	3387	576
个人	Payable by Individuals	1100	2021	2297	391
公司和其他企业	Payable by Corporations and Other Enterprises	1071	544	1068	185
工资税	Taxes on Payroll and Workforce		28	11	
财产税	Taxes on Property		371		0
货物和服务税	Taxes on Goods and Services	5156	2618	1001	306
增加值、销售和交易税	General Value Added, Sales, or Turnover Taxes	3850	1710	668	231
货物税	Excises	1234	652	243	27
国际贸易税	Taxes on International Trade and Transactions	308	...	159	29
其他税	Other Taxes	...	40		0
社会缴款	Social Contributions	2790	1445		22
社会保障缴款	Social Security Contributions	2790	1433		22
其它社会缴款	Other Social Contributions		12		
捐赠收入	Grants	100	5	65	3
来自外国政府捐赠收入	From Foreign Governments	1	...		3
来自国际组织捐赠收入	From International Organizations	11	1		
来自政府机构捐赠收入	From General Government Units	87	4	65	
其它收入	Other Revenue	2249	436	520	128

8-3 中央政府财政支出
Expense of Central Government

资料来源：国际货币基金组织GFS数据库。
Source: IMF GFS Database.

		柬埔寨 Cambodia 2019 (亿瑞尔) (100 Million Riel)	印度 India 2013 (亿卢比) (100 Million Rupee)	印度尼西亚 Indonesia 2019 (亿卢比) (100 Million Rupiah)	伊朗 Iran 2009 (亿里亚尔) (100 Million Rial)
财政总支出	**Total Expense**	**181149**	**186910**	**22948944**	**8065990**
雇员报酬	Compensation of Employees	81064	15190	3726452	3210230
工资和薪金	Wages and Salaries	81064		2491957	2835570
社会缴款	Social Contributions			1234495	374652
商品和服务的使用	Use of Goods and Services	35391	16340	2509789	865086
固定资本消耗	Consumption of Fixed Capital			2394277	
利息	Interest	3666	36420	2751373	58967
补贴	Subsidies	6116	42220	2018565	770769
对国有企业补贴	To Public Corporations	6116		1868890	701753
对私人企业补贴	To Private Enterprises			149675	69016
捐赠	Grants	19268	75740	8204977	31225
对外国政府捐赠	To Foreign Governments			2343	1710
对国际组织捐赠	To International Organizations	1536	5910		2490
对政府机构捐赠	To General Government Units	17732	69830	8202634	27025
社会福利	Social Benefits	20292		1159093	1966020
社会保障福利	Social Security Benefits	3111			1898380
社会救助福利	Social Assistance Benefits	10398		1124803	67637
雇主社会福利	Employer Social Benefits	6782		34290	
其它支出	Other Expense	15352	996	184418	1163700
不含利息的财产支出	Property Expense Other Than Interest				
其它转移支出	Expense on Other Transfers	15337		184418	1163700

8-3 续表 1 continued

		以 色 列 Israel 2019 (亿新谢克尔) (100 Million New Sheqalim)	哈萨克斯坦 Kazakhstan 2019 (亿坚戈) (100 Million Tenge)	韩 国 Korea,Rep. 2019 (亿韩元) (100 Million Won)	马来西亚 Malaysia 2013 (亿林吉特) (100 Million Ringgit)
财政总支出	**Total Expense**	**5148**	**111699**	**5294766**	**2099**
雇员报酬	Compensation of Employees	1156	6530	509196	610
工资和薪金	Wages and Salaries	955	5503	486994	610
社会缴款	Social Contributions	201	1027	22202	
商品和服务的使用	Use of Goods and Services	988	22336	578588	339
固定资本消耗	Consumption of Fixed Capital	122		180859	
利息	Interest	306	6773	199205	208
补贴	Subsidies	140	1172	250680	433
对国有企业补贴	To Public Corporations	50	1172	118942	433
对私人企业补贴	To Private Enterprises	90		131738	
捐赠	Grants	351	34890	1851107	348
对外国政府捐赠	To Foreign Governments	11		4080	
对国际组织捐赠	To International Organizations	7	169	2728	
对政府机构捐赠	To General Government Units	334	34721	1844300	348
社会福利	Social Benefits	1651	38880	1556749	148
社会保障福利	Social Security Benefits	912		1555798	148
社会救助福利	Social Assistance Benefits	502	38880	951	
雇主社会福利	Employer Social Benefits	237			
其它支出	Other Expense	434	1118	168381	12
不含利息的财产支出	Property Expense Other Than Interest			817	
其它转移支出	Expense on Other Transfers	434	1118	167565	

8-3 续表 2 continued

		蒙 古 Mongolia 2018 (亿图格里克) (100 Million Togrog)	泰 国 Thailand 2020 (亿铢) (100 Million Baht)	巴基斯坦 Pakistan 2013 (亿卢比) ((100 Million Rupee)	加拿大 Canada 2020 (亿加元) ((100 Million Dollar)
财政总支出	**Total Expense**	**73313**	**34613**	**39907**	**6365**
雇员报酬	Compensation of Employees	12458	8236	1550	461
工资和薪金	Wages and Salaries	11585	8033	1550	
社会缴款	Social Contributions	872	203		
商品和服务的使用	Use of Goods and Services	10099	7350	8842	313
固定资本消耗	Consumption of Fixed Capital		1824		118
利息	Interest	10540	1512	11417	233
补贴	Subsidies	1271	1788	2086	761
对国有企业补贴	To Public Corporations	264	1521		
对私人企业补贴	To Private Enterprises	1007	267		
捐赠	Grants	13947	4075	3123	1399
对外国政府捐赠	To Foreign Governments	64	0		
对国际组织捐赠	To International Organizations		11		
对政府机构捐赠	To General Government Units	13884	4064		
社会福利	Social Benefits	24999	5052	1441	2928
社会保障福利	Social Security Benefits	24098	1261		
社会救助福利	Social Assistance Benefits	902	103		
雇主社会福利	Employer Social Benefits		3688		
其它支出	Other Expense		4777	11447	152
不含利息的财产支出	Property Expense Other Than Interest				
其它转移支出	Expense on Other Transfers		4777		

8-3 续表 3 continued

		美国 United States 2020 (亿美元) (100 Million Us Dollar)	阿根廷 Argentina 2019 (亿比索) (100 Million Peso)	委内瑞拉 Venezuela 2005 (亿博利瓦) (100 Million Bolivar)	白俄罗斯 Belarus 2020 (亿卢布) (100 Million Rubel)
财政总支出	**Total Expense**	**68815**	**47507**	**762**	**448**
雇员报酬	Compensation of Employees	4721	5522	121	59
工资和薪金	Wages and Salaries		4746	116	50
社会缴款	Social Contributions		776	6	10
商品和服务的使用	Use of Goods and Services	3934	1736	46	57
固定资本消耗	Consumption of Fixed Capital	2913			
利息	Interest	5342	7505	89	23
补贴	Subsidies	7608	6196		17
对国有企业补贴	To Public Corporations		1435		3
对私人企业补贴	To Private Enterprises		4762		15
捐赠	Grants	10140	1868	400	67
对外国政府捐赠	To Foreign Governments	537		1	
对国际组织捐赠	To International Organizations	39	58		1
对政府机构捐赠	To General Government Units	9565	1810	399	66
社会福利	Social Benefits	31302	22404	85	190
社会保障福利	Social Security Benefits	24873	18650		171
社会救助福利	Social Assistance Benefits	6429	3753		7
雇主社会福利	Employer Social Benefits		1		11
其它支出	Other Expense	2856	2276	21	35
不含利息的财产支出	Property Expense Other Than Interest		1		
其它转移支出	Expense on Other Transfers	2856	2275	21	35

8-3 续表 4 continued

		捷 克 Czech Rep. 2019 (亿克朗) (100 Million koruna)	法 国 France 2019 (亿欧元) (100 Million Erro)	德 国 Germany 2019 (亿欧元) (100 Million Erro)	意大利 Italy 2019 (亿欧元) (100 Million Euro)
财政总支出	**Total Expense**	**18868**	**11277**	**9855**	**7597**
雇员报酬	Compensation of Employees	2590	2041	574	1028
工资和薪金	Wages and Salaries	1888	1290		668
社会缴款	Social Contributions	702	751		360
商品和服务的使用	Use of Goods and Services	1550	628	513	257
固定资本消耗	Consumption of Fixed Capital	1071	353	213	198
利息	Interest	394	345	150	594
补贴	Subsidies	768	540	104	175
对国有企业补贴	To Public Corporations				
对私人企业补贴	To Private Enterprises				
捐赠	Grants			1005	
对外国政府捐赠	To Foreign Governments	132		151	31
对国际组织捐赠	To International Organizations			278	
对政府机构捐赠	To General Government Units	2572	602	577	1312
社会福利	Social Benefits	8720	5898	7064	3592
社会保障福利	Social Security Benefits				
社会救助福利	Social Assistance Benefits				
雇主社会福利	Employer Social Benefits				
其它支出	Other Expense			232	
不含利息的财产支出	Property Expense Other Than Interest	5			1
其它转移支出	Expense on Other Transfers	588		232	252

8-3 续表 5 continued

		荷 兰 Netherlands 2019 (亿欧元) (100 Million Euro)	波 兰 Poland 2019 (亿兹罗提) (100 Million Zloty)	俄罗斯 Russia 2019 (亿卢布) (100 Million Ruble)	西班牙 Spain 2019 (亿欧元) (100 Million Euro)
财政总支出	**Total Expense**	**3034**	**7814**	**324594**	**4014**
雇员报酬	Compensation of Employees	244	1095	42596	265
工资和薪金	Wages and Salaries	169		37412	205
社会缴款	Social Contributions	76		5184	61
商品和服务的使用	Use of Goods and Services	183	540	25733	98
固定资本消耗	Consumption of Fixed Capital	105	314	10497	104
利息	Interest	61	292	9472	250
补贴	Subsidies	78	116	17033	77
对国有企业补贴	To Public Corporations			11959	7
对私人企业补贴	To Private Enterprises			5074	71
捐赠	Grants	831		105584	1193
对外国政府捐赠	To Foreign Governments	37		836	
对国际组织捐赠	To International Organizations	57		1123	115
对政府机构捐赠	To General Government Units	737	1679	103625	1078
社会福利	Social Benefits	1500	3382	101489	1946
社会保障福利	Social Security Benefits			83924	1675
社会救助福利	Social Assistance Benefits			8835	93
雇主社会福利	Employer Social Benefits			8731	178
其它支出	Other Expense	32		12192	82
不含利息的财产支出	Property Expense Other Than Interest			6	0
其它转移支出	Expense on Other Transfers	32		12186	82

8-3 续表 6 continued

		乌克兰 Ukraine 2019 (亿格里夫尼亚) (100 Million Hrywnia)	英国 United Kingdom 2019 (亿英镑) (100 Million Pound)	澳大利亚 Australia 2019 (亿澳元) (100 Million Dollar)	新西兰 New Zealand 2019 (亿新西兰元) (100 Million Dollar)
财政总支出	**Total Expense**	**13148**	**8192**	**5086**	**972**
雇员报酬	Compensation of Employees	2182	1341	537	240
工资和薪金	Wages and Salaries	1831	1044	427	
社会缴款	Social Contributions	350	297	110	
商品和服务的使用	Use of Goods and Services	1833	1120	537	122
固定资本消耗	Consumption of Fixed Capital		294	110	48
利息	Interest	1199	488	180	35
补贴	Subsidies	134	195	130	7
对国有企业补贴	To Public Corporations	134	6	3	
对私人企业补贴	To Private Enterprises		190	126	
捐赠	Grants	2614	1465	1307	27
对外国政府捐赠	To Foreign Governments			38	
对国际组织捐赠	To International Organizations	11	225		8
对政府机构捐赠	To General Government Units	2603	1240	1269	19
社会福利	Social Benefits	4865	2431	1975	421
社会保障福利	Social Security Benefits	3271	1418		20
社会救助福利	Social Assistance Benefits	1594	1001	1975	401
雇主社会福利	Employer Social Benefits		11		
其它支出	Other Expense	321	858	310	72
不含利息的财产支出	Property Expense Other Than Interest		415	97	4
其它转移支出	Expense on Other Transfers	321	443	212	68

8-4 中央政府各项支出比重
Central Government Outlays by Function as Percentage of Total

资料来源：国际货币基金组织GFS数据库。
Source: IMF GFS Database.
单位：%　(%)

国家或地区	Country or Area	年份 Year	社会保障支出 Social Protection	公共服务支出 General Public Services	教育支出 Education	经济事务支出 Economic Affairs	环境保护支出 Environment Protection
中　国	China	2018	46.84	7.72	2.08	13.51	0.49
中国澳门	Macao SAR, China	2020	27.03	8.83	12.30	23.05	1.98
印度尼西亚	Indonesia	2019	8.24	52.50	6.72	15.53	0.70
伊　朗	Iran	2009	36.61	9.16	14.17	16.54	0.09
以色列	Israel	2019	29.39	9.73	17.32	6.81	0.21
哈萨克斯坦	Kazakhstan	2019	28.64	24.95	6.41	11.81	0.62
韩　国	Korea, Rep.	2010	22.76	21.99	15.24	18.92	2.18
蒙　古	Mongolia	2018	30.96	21.82	12.47	8.80	0.98
缅　甸	Myanmar	2019	4.70	20.43	10.13	39.33	0.12
新加坡	Singapore	2019	5.59	8.39	16.48	19.27	1.85
泰　国	Thailand	2020	23.69	27.16	13.00	15.43	0.29
埃　及	Egypt	2015	29.00	29.00	12.00	6.00	0.30
南　非	South Africa	2019	14.65	45.10	10.83	10.25	0.56
美　国	United States	2018	31.67	14.18	2.27	5.11	
阿根廷	Argentina	2019	47.14	20.33	4.96	12.78	0.61
巴　西	Brazil	2020	49.85	29.65	5.55	2.29	0.17
俄罗斯	Russia	2020	44.57	15.94	2.29	8.26	0.62
西班牙	Spain	2019	49.32	37.84	0.43	4.83	0.20
土耳其	Turkey	2020	29.95	17.48	9.89	12.65	0.07
乌克兰	Ukraine	2019	36.73	31.92	3.84	4.86	0.47
英　国	United Kingdom	2019	33.44	11.58	11.28	7.73	0.78
澳大利亚	Australia	2020	32.94	17.38	11.29	13.04	1.05
新西兰	New Zealand	2020	29.25	8.40	15.77	17.30	0.85

8-4 续表 continued

单位：% (%)

国家或地区	Country or Area	年份 Year	卫生保障支出 Health	文化、娱乐和宗教支出 Recreation, Culture and Religion	国防支出 Defense	住户和社区设施建设支出 Housing & Community Amenities	公共秩序与安全支出 Public Order and Safety
中　国	China	2018	13.36	0.33	12.84	0.46	2.36
中国澳门	Macao SAR, China	2020	10.48	2.59		1.28	12.45
印度尼西亚	Indonesia	2019	3.08	0.67	5.00	1.15	6.41
伊　朗	Iran	2009	6.88	2.50	7.91	1.96	4.20
以色列	Israel	2019	14.73	2.72	14.64	0.01	4.44
哈萨克斯坦	Kazakhstan	2019	10.33	1.13	9.25	3.07	3.80
韩　国	Korea, Rep.	2010	1.20	1.17	11.28	1.19	5.02
蒙　古	Mongolia	2018	11.33	1.40	3.13	0.09	9.03
缅　甸	Myanmar	2019	4.47	0.89	16.79	0.77	2.37
新加坡	Singapore	2019	13.94	3.08	17.88	6.13	7.39
泰　国	Thailand	2020	5.97	1.62	5.87	1.37	5.61
埃　及	Egypt	2015	5.00	4.00	6.00	3.00	6.00
南　非	South Africa	2019	3.30	0.71	2.77	3.78	8.05
美　国	United States	2018	29.59	0.12	14.27	1.40	1.37
阿根廷	Argentina	2019	7.19	0.11	1.46	1.24	4.17
巴　西	Brazil	2020	6.85	0.21	1.76	0.89	2.78
俄罗斯	Russia	2020	15.34	0.78	5.40	0.99	5.82
西班牙	Spain	2019	1.11	0.59	2.63	0.01	3.04
土耳其	Turkey	2020	16.21	1.51	5.27	0.91	6.05
乌克兰	Ukraine	2019	2.93	0.74	7.92	0.01	10.58
英　国	United Kingdom	2019	20.53	1.03	5.31	4.18	4.14
澳大利亚	Australia	2020	14.85	0.62	7.21	0.52	1.09
新西兰	New Zealand	2020	18.39	1.05	2.25	1.60	5.14

8-5 社会缴款占财政收入比重
Social Contributions(% of Revenue)

资料来源：世界银行WDI数据库。
Source: World Bank WDI Database.
单位：% (%)

国家或地区	Country or Area	2000	2005	2010	2015	2017	2018	2019
世　界	**World**		**11.87**	**8.75**	**6.65**	**6.86**	**7.09**	**8.25**
中国澳门	Macao SAR, China	0.85	0.50	0.19	0.17	0.30	0.28	0.33
印　度	India	0.05	0.18	0.25	0.10	0.13	0.11	
伊　朗	Iran	11.48	10.44					
以色列	Israel	14.79	16.57	17.68	17.05	16.89	17.75	18.03
哈萨克斯坦	Kazakhstan			2.67	4.18	3.10	3.26	
韩　国	Korea, Rep.	13.31	16.17	16.11	26.31	25.79	25.51	26.98
蒙　古	Mongolia	17.79		13.14	21.89	21.41	18.79	
缅　甸	Myanmar				0.44	0.56	0.78	0.78
斯里兰卡	Sri Lanka	1.67	1.19	1.33	1.04	1.25	1.30	1.53
泰　国	Thailand	3.43	4.89	6.44	5.13	5.18	5.07	5.29
南　非	South Africa	2.07	2.04	2.10	1.89	1.80	1.89	1.54
加拿大	Canada	18.87	21.43	23.02	23.26	21.81	21.20	21.51
墨西哥	Mexico	10.48		11.48	11.55	10.67	11.48	12.17
美　国	United States	31.26	36.49	39.30	34.23	33.69	37.30	37.47
阿根廷	Argentina	23.42	17.45	28.31	31.14	35.07	34.36	29.99
巴　西	Brazil			31.56	31.62	33.87	32.30	31.81
捷　克	Czech Rep.	46.62	46.40	45.98	43.91	45.85	46.85	47.30
法　国	France	40.38	41.59	41.88	42.02	41.63	40.26	38.37
德　国	Germany	57.09	58.52	55.54	54.68	55.49	55.42	55.63
意大利	Italy	31.38	33.86	33.85	32.59	32.19	32.94	33.01
荷　兰	Netherlands	38.70	34.14	34.96	37.37	35.88	36.16	34.77
波　兰	Poland	40.26	39.22	36.67	40.86	40.62	40.28	40.60
俄罗斯	Russia	28.80	17.72	20.29	21.42	22.92	21.93	22.38
西班牙	Spain					43.27	42.38	43.80
土耳其	Turkey			23.24	24.71	24.29	24.61	24.06
乌克兰	Ukraine	30.41	35.40	36.06	26.54	18.94	20.23	21.84
英　国	United Kingdom	19.39	20.98	21.68	21.19	21.53	21.57	22.62
新西兰	New Zealand		0.18	3.82	2.85	2.20	2.02	2.04

8-6 商品和服务税占财政收入比重
Taxes on Goods and Services(% of Revenue)

资料来源：世界银行WDI数据库。
Source: World Bank WDI Database.
单位：%　　(%)

国家或地区	Country or Area	2000	2005	2010	2015	2017	2018	2019
世　界	**World**		**34.29**	**31.86**	**33.72**	**33.04**	**33.35**	**32.23**
中　国	China		77.69	63.37	35.31	32.88	32.64	
中国香港	Hong Kong SAR, China							
中国澳门	Macao SAR, China	69.39	79.00	89.31	83.67	83.42	86.87	82.84
孟加拉国	Bangladesh		27.50	29.74	31.29			
柬埔寨	Cambodia		36.90	35.29	45.89	45.77	48.05	50.42
印　度	India	28.93	30.76	21.68	29.83	37.35	40.87	
印度尼西亚	Indonesia			30.63	37.77	38.11	35.90	35.94
伊　朗	Iran	7.50	3.02					
以色列	Israel	27.65	30.75	34.98	34.83	32.29	33.67	33.58
日　本	Japan							
哈萨克斯坦	Kazakhstan	40.10		14.74	18.10	19.63	21.44	26.53
韩　国	Korea, Rep.	30.27	29.58	28.11	21.25	21.74	21.13	19.90
老　挝	Lao PDR							
马来西亚	Malaysia	24.80	20.30	16.74	22.78	28.66	19.46	18.23
蒙　古	Mongolia	36.02		28.54	31.47	30.91	31.64	
缅　甸	Myanmar	32.84	30.73		15.28	19.66	23.73	24.41
菲律宾	Philippines	27.60	23.21	24.36	25.77	26.96	27.28	27.43
新加坡	Singapore	18.04	23.41	26.20	23.17	19.78	21.09	18.11
斯里兰卡	Sri Lanka	56.75	55.28	42.60	49.58	55.65	54.81	51.18
泰　国	Thailand	42.05	40.12	40.22	42.66	43.39	42.32	40.70
埃　及	Egypt		23.88	24.23	26.11			
南　非	South Africa	34.53	35.19	35.15	33.98	30.33	31.29	30.87
加拿大	Canada	15.50	17.12	15.27	13.77	13.95	13.50	13.42
墨西哥	Mexico	62.13		25.53	30.17	27.25	29.06	31.11
美　国	United States	3.18	3.17	2.76	2.94	2.43	3.04	2.56
阿根廷	Argentina	43.86	37.23	28.60	28.00	30.25	33.35	29.87
巴　西	Brazil			23.15	20.23	20.77	20.92	19.04
捷　克	Czech Rep.	31.90	27.43	28.51	30.32	30.09	28.48	28.43
法　国	France	25.82	24.53	22.12	22.28	22.69	22.89	23.47
德　国	Germany	21.61	22.79	24.66	23.18	21.97	21.33	21.01
意大利	Italy	24.63	23.77	22.76	23.91	24.44	24.46	24.26
荷　兰	Netherlands	27.25	29.71	26.90	26.12	26.55	26.86	27.70
波　兰	Poland	31.44	36.42	38.40	35.25	36.79	36.77	36.18
俄罗斯	Russia	30.94	23.62	21.12	19.42	22.26	21.71	22.16
西班牙	Spain					28.75	27.95	27.45
土耳其	Turkey			38.75	39.45	38.49	33.90	31.82
乌克兰	Ukraine	32.67	27.96	31.38	40.01	43.99	43.69	40.37
英　国	United Kingdom	33.49	30.93	31.88	34.18	33.37	33.41	33.23
澳大利亚	Australia	17.91	24.18	24.36	21.32	21.11	20.44	19.45
新西兰	New Zealand		27.26	26.63	29.03	29.11	29.38	28.76

8-7 所得税占财政收入比重
Taxes on Income, Profits and Capital Gains (% of Revenue)

资料来源：世界银行WDI数据库。
Source: World Bank WDI Database.
单位：% (%)

国家或地区	Country or Area	2000	2005	2010	2015	2017	2018	2019
世　界	**World**		**20.17**	**21.27**	**23.21**	**22.78**	**24.15**	**24.68**
中　国	China		23.80	23.11	20.64	19.10	20.11	
中国澳门	Macao SAR, China	8.58	4.42	3.89	6.97	6.18	5.60	6.55
孟加拉国	Bangladesh		12.34	20.06	26.86			
柬埔寨	Cambodia		7.09	10.30	18.18	20.67	18.49	18.50
印　度	India	27.01	35.93	43.38	42.86	45.77	45.65	
印度尼西亚	Indonesia			35.88	39.99	38.82	38.60	39.40
伊　朗	Iran	13.45	12.72					
以色列	Israel	34.41	30.77	27.40	29.82	34.28	31.63	31.80
哈萨克斯坦	Kazakhstan	23.59		35.83	32.47	26.36	30.67	30.86
韩　国	Korea, Rep.	26.28	28.88	28.12	26.20	28.34	30.42	29.38
马来西亚	Malaysia	43.37	46.66	45.59	46.36	47.72	51.17	46.60
蒙　古	Mongolia	11.82		27.12	12.69	13.34	16.61	
缅　甸	Myanmar	19.46	25.22		12.02	12.93	10.85	13.23
菲律宾	Philippines	39.09	39.64	40.50	41.34	41.47	36.53	37.13
新加坡	Singapore	29.03	30.17	33.99	32.65	33.46	33.28	30.25
斯里兰卡	Sri Lanka	12.69	12.74	16.26	17.98	14.93	16.06	22.52
泰　国	Thailand	29.85	32.81	33.22	31.69	30.16	30.50	31.68
埃　及	Egypt		23.75	25.26	24.11			
南　非	South Africa	51.71	48.76	49.09	47.14	49.07	48.40	46.91
加拿大	Canada	54.44	53.11	52.77	54.01	54.46	55.23	55.78
墨西哥	Mexico	34.12		28.28	34.72	35.76	37.70	37.35
美　国	United States	57.46	54.23	47.64	54.15	49.46	51.44	52.32
巴　西	Brazil			22.93	22.86	25.01	24.50	24.93
捷　克	Czech Rep.	12.80	18.21	14.77	14.90	16.14	16.61	16.54
法　国	France	25.30	24.37	23.25	25.49	25.68	27.47	28.23
德　国	Germany	17.11	14.75	14.96	16.79	17.70	17.96	17.83
意大利	Italy	35.27	33.14	33.20	32.70	32.04	31.27	31.62
荷　兰	Netherlands	25.15	26.09	26.22	26.74	29.56	29.12	30.83
波　兰	Poland	15.64	12.24	12.52	12.15	12.46	13.00	13.32
俄罗斯	Russia	11.52	5.73	2.16	1.90	2.07	2.27	2.61
西班牙	Spain					19.75	20.68	19.36
土耳其	Turkey			17.27	16.90	18.10	19.21	18.54
乌克兰	Ukraine	12.34	15.39	10.56	11.15	14.50	16.36	16.99
英　国	United Kingdom	38.71	37.46	36.22	32.78	33.29	33.22	32.79
澳大利亚	Australia	66.72	65.01	61.29	64.88	64.10	65.17	65.88
新西兰	New Zealand		54.93	50.96	51.56	52.81	53.31	54.17

8-8 政府负债总额占GDP比重
General government Gross Debt as Percentage of GDP

资料来源：国际货币基金组织IMF数据库。
Source: International Monetary Fund.
单位：%　　　　(%)

国家或地区	Country or Area	2000	2005	2010	2017	2018	2019	2020
中　国	China	22.99	26.31	33.92	51.73	53.85	57.12	66.33
中国香港	Hong Kong SAR, China		1.71	0.62	0.06	0.05	0.27	0.99
中国澳门	Macao SAR, China							
孟加拉国	Bangladesh		42.30	35.49	33.38	34.57	35.69	38.91
柬埔寨	Cambodia	35.24	35.56	28.74	29.97	28.46	28.59	34.24
印　度	India	73.65	81.01	66.40	69.68	70.44	74.09	89.61
印度尼西亚	Indonesia	87.44	42.61	24.53	29.40	30.42	30.56	36.62
伊　朗	Iran	11.13	17.46	13.98	36.92	38.47	47.86	39.53
以色列	Israel	79.51	88.03	70.42	60.16	60.36	59.50	71.98
日　本	Japan	135.61	174.29	205.69	231.42	232.51	235.45	254.13
哈萨克斯坦	Kazakhstan		8.10	10.68	19.87	20.26	19.94	26.33
韩　国	Korea, Rep.	16.68	25.90	29.49	40.05	40.02	42.13	47.88
老　挝	Lao PDR		73.20	49.32	57.20	59.65	61.12	68.18
马来西亚	Malaysia	32.52	40.78	51.21	54.40	55.65	57.07	67.43
蒙　古	Mongolia			30.98	84.37	74.28	68.44	76.95
缅　甸	Myanmar	158.70	114.78	52.48	38.47	40.42	38.75	39.30
巴基斯坦	Pakistan	76.98	58.91	60.72	67.06	72.08	85.30	87.56
菲律宾	Philippines	59.20	64.67	47.59	38.11	37.13	36.97	51.68
新加坡	Singapore	82.26	92.66	98.70	107.76	109.75	129.01	154.90
斯里兰卡	Sri Lanka	81.87	79.17	71.57	77.90	84.21	86.80	101.24
泰　国	Thailand	57.83	45.46	39.83	41.78	41.95	41.04	49.63
越　南	Viet Nam	24.76	28.67	36.85	46.31	43.71	43.58	46.30
埃　及	Egypt	71.69	98.26	69.59	103.04	92.48	84.21	89.84
尼日利亚	Nigeria	57.60	18.94	9.39	25.34	27.69	29.17	35.00
南　非	South Africa	37.93	29.64	31.19	48.59	51.59	56.30	69.45
加拿大	Canada	80.44	70.64	81.22	88.84	88.83	86.82	117.46
墨西哥	Mexico	40.31	38.52	41.96	53.96	53.65	53.32	61.03
美　国	United States		65.46	95.14	105.98	107.06	108.46	133.92
阿根廷	Argentina	40.83	80.28	43.45	57.03	85.25	88.73	102.79
巴　西	Brazil	65.56	68.59	63.05	83.63	85.64	87.66	98.94
委内瑞拉	Venezuela	19.09	24.45	25.00	26.00	180.79	232.79	304.13
捷　克	Czech Rep.	16.99	27.70	37.07	34.24	32.07	30.05	37.81
法　国	France	58.88	67.38	85.26	98.32	97.95	97.62	115.08
德　国	Germany	59.34	67.55	82.47	64.98	61.59	59.24	69.06
意大利	Italy	109.03	106.56	119.20	134.14	134.40	134.56	155.81
荷　兰	Netherlands	50.90	48.48	59.40	56.94	52.43	47.43	52.49
波　兰	Poland	36.38	46.60	53.55	50.62	48.82	45.60	57.47
俄罗斯	Russia	55.87	14.85	10.11	14.31	13.62	13.79	19.28
西班牙	Spain	57.82	42.43	60.52	98.56	97.51	95.54	119.92
土耳其	Turkey	51.32	50.22	39.72	28.03	30.17	32.66	39.77
乌克兰	Ukraine	43.79	17.74	40.63	71.62	60.42	50.49	60.78
英　国	United Kingdom	36.73	39.59	74.27	86.31	85.78	85.24	104.47
澳大利亚	Australia	19.55	10.89	20.40	41.07	41.64	46.61	57.33
新西兰	New Zealand	30.01	20.79	29.69	31.10	28.05	32.03	43.64

8-9 广义货币
Broad Money

资料来源：世界银行WDI数据库。
Source: World Bank WDI Database.
单位：亿本币 (100 million local currency units)

国家或地区	Country or Area	2000	2005	2010	2015	2018	2019	2020
中　国	China	135960	283012	725852	1392278	1792928	1952181	2147664
中国香港	Hong Kong SAR, China	30012	36389	56001	87678	109476	114744	121669
中国澳门	Macao SAR, China	849	1357	2431	4728	6515	6875	6924
孟加拉国	Bangladesh	8204	20252	46852	97779	144717	161946	183136
文　莱	Brunei Darussalam	89	92	126	144	149	156	155
柬埔寨	Cambodia	18305	49625	195747	531596	1002405	1184364	
印　度	India	116934	238079	593045	1074370	1400424	1547612	1740741
印度尼西亚	Indonesia	7488453	12027622	24712059	45488004	57600462	61365518	69000495
伊　朗	Iran	2333600	8430385	27251142	92911000			
以色列	Israel	4389	6241	6520	9778	11337	12207	
日　本	Japan	12265221	10403000	10892000	12565000	13823000	14116000	15168000
哈萨克斯坦	Kazakhstan	3970	20653	84828	171259	208134	213221	249178
韩　国	Korea, Rep.	4130489	10214486	16605300	22473750	27003624	29136096	31998357
老　挝	Lao PDR	22556	55603	213026				
马来西亚	Malaysia	4373	6793	10649	15631	18108	18593	19497
蒙　古	Mongolia							
缅　甸	Myanmar	8034	26504	93762	337193	546940	631959	746832
巴基斯坦	Pakistan	14767	32409	78071	146333	200743	224176	259221
菲律宾	Philippines	20652	30816	55281	98887	136103	149501	
新加坡	Singapore	1709	2198	4031	5202	6027	6325	7160
斯里兰卡	Sri Lanka	4834	10223	20914	57471	87340	94610	
泰　国	Thailand	56381	79269	117788	175546	201096	208410	
越　南	Viet Nam	1969944	6485737	24783102	57714365	87603905	99536698	
埃　及	Egypt	2610	5231	9743	19059	36287	41105	49205
尼日利亚	Nigeria	10361	26129	116629	212882	327396	348509	386274
南　非	South Africa	4988	10978	20830	29753	35470	37638	41186
加拿大	Canada	7865	21117					
墨西哥	Mexico	14986	25436	40938	67549	88220	92367	104781
美　国	United States	70234	94471	127689	162001	183423	198815	233010
阿根廷	Argentina	905	1670	4206	16459			
巴　西	Brazil	5574	13052	28841	52805	65638	70978	83062
委内瑞拉	Venezuela	158	720	3270				
波　兰	Poland	3022	4271	7836	11550	14457	15652	18223
俄罗斯	Russia		72134	238207	513701	614016	645355	752848
土耳其	Turkey	575	2631	6175	12329	19978	25377	34067
乌克兰	Ukraine	316	1941	5979	9941	12776	14383	18500
英　国	United Kingdom	10361	16252	26291	25698	31859	31425	34474
澳大利亚	Australia	4474	7242	13103	18390	20989	23940	27213
新西兰	New Zealand	945	1283	1885	2533	3114	3261	3658

8-10 广义货币占国内生产总值比重
Broad money (% of GDP)

资料来源：世界银行WDI数据库。
Source: World Bank WDI Database.
单位：%　　　　(%)

国家或地区	Country or Area	2000	2005	2010	2015	2018	2019	2020
中　国	China	135.58	151.09	176.13	202.11	195.04	197.89	211.39
中国香港	Hong Kong SAR, China	224.39	257.69	315.26	365.59	386.14	403.38	452.55
中国澳门	Macao SAR, China	156.19	139.26	107.55	131.41	145.93	154.46	356.16
孟加拉国	Bangladesh	30.55	47.42	58.75	64.51	64.30	63.70	66.68
文　莱	Brunei Darussalam	85.73	57.75	67.27	80.80	81.58	84.72	93.50
柬埔寨	Cambodia	13.00	19.27	41.61	72.40	100.70	107.66	
印　度	India	54.65	65.55	77.68	78.01	74.15	76.05	88.88
印度尼西亚	Indonesia	53.88	43.35	36.00	39.46	38.82	38.76	44.71
伊　朗	Iran	37.16	41.53	54.11	81.40			
以色列	Israel	81.11	97.48	74.52	83.82	85.23	86.78	
日　本	Japan	229.08	195.36	215.46	233.54	248.53	251.50	285.52
哈萨克斯坦	Kazakhstan	15.27	27.21	38.88	41.89	33.67	30.66	35.53
韩　国	Korea, Rep.	63.39	106.68	125.55	135.55	142.26	151.83	166.27
老　挝	Lao PDR	16.54	19.08	36.19				
马来西亚	Malaysia	122.70	124.96	129.64	132.81	125.10	123.07	137.77
蒙　古	Mongolia	21.14	37.49	47.95	43.41	60.09	55.88	65.53
缅　甸	Myanmar	31.47	21.57	23.57	45.43	51.96	55.39	68.61
巴基斯坦	Pakistan	34.80	45.48	52.51	53.32	57.99	59.04	62.12
菲律宾	Philippines	55.85	52.08	58.81	70.92	74.52	76.60	
新加坡	Singapore	103.18	103.33	123.28	122.86	118.85	123.85	152.63
斯里兰卡	Sri Lanka	38.44	41.68	32.61	52.48	61.12	63.02	
泰　国	Thailand	111.21	104.10	108.98	127.73	122.85	123.33	
越　南	Viet Nam	44.60	70.96	114.85	137.65	158.06	164.87	
埃　及	Egypt	76.74	97.14	80.75	77.99	81.77	77.23	84.55
尼日利亚	Nigeria	14.67	11.30	21.36	22.37	25.36	23.93	25.04
南　非	South Africa	52.71	66.97	75.80	73.47	72.78	74.12	82.80
加拿大	Canada	71.11	148.55					
墨西哥	Mexico	22.39	26.60	30.63	36.37	37.50	37.79	45.32
美　国	United States	68.50	72.47	85.17	88.82	88.99	92.76	111.29
阿根廷	Argentina	31.85	28.66	25.31	27.64			
巴　西	Brazil	46.49	60.13	74.22	88.07	93.71	95.83	111.52
委内瑞拉	Venezuela	19.84	23.69	32.16				
捷　克	Czech Rep.	60.58	55.23	69.12	77.73	83.07	82.54	92.28
波　兰	Poland	40.38	43.12	54.16	64.13	68.15	68.42	78.65
俄罗斯	Russia		33.38	51.44	61.83	59.12	59.08	70.38
土耳其	Turkey	33.53	38.68	52.88	52.44	53.16	58.74	67.49
乌克兰	Ukraine	18.59	44.00	55.39	49.99	35.88	36.15	44.11
英　国	United Kingdom	94.55	116.67	163.70	133.87	148.75	141.69	163.23
澳大利亚	Australia	67.68	78.52	100.70	113.20	113.54	122.60	137.06
新西兰	New Zealand	78.88	78.73	92.70	99.19	101.53	100.91	112.48

8-11 广义货币增长率
Broad Money Growth (Annual %)

资料来源：世界银行WDI数据库。
Source: World Bank WDI Database.
单位：% (%)

国家或地区	Country or Area	2000	2005	2010	2015	2018	2019	2020
中　　国	China	12.3	16.7	18.9	13.3	7.0	8.9	10.0
中国香港	Hong Kong SAR, China	9.3	5.1	6.9	6.8	3.9	4.8	6.0
中国澳门	Macao SAR, China	-1.4	12.2	14.5	-3.0	10.1	5.5	0.7
孟加拉国	Bangladesh	19.3	15.8	21.1	14.9	11.5	11.9	13.1
文　　莱	Brunei Darussalam	47.7	-4.5	4.8	-1.8	2.8	4.3	-0.4
柬 埔 寨	Cambodia	26.9	15.8	21.3	17.0	26.6	18.2	
印　　度	India	15.2	15.6	17.8	10.6	10.5	10.5	12.5
印度尼西亚	Indonesia	16.6	16.3	15.4	9.0	6.3	6.5	12.4
伊　　朗	Iran	35.4	32.8	24.6	24.4			
以 色 列	Israel	8.0	10.0	3.1	4.2	4.2	7.7	
日　　本	Japan	1.3	0.4	1.8	3.0	2.3	2.1	7.5
哈萨克斯坦	Kazakhstan	45.0	25.2	13.3	33.8	7.0	2.4	16.9
韩　　国	Korea, Rep.	25.4	7.0	6.0	8.2	6.7	7.9	9.8
老　　挝	Lao PDR	46.0	7.9	39.1				
马来西亚	Malaysia	10.0	8.8	7.3	3.0	7.7	2.7	4.9
蒙　　古	Mongolia	17.6	34.6	62.5	-5.5	22.8	7.0	16.3
缅　　甸	Myanmar	42.4	27.3	42.5	30.7	14.6	15.5	18.2
巴基斯坦	Pakistan	12.1	16.4	14.6	12.2	9.8	11.7	15.6
菲 律 宾	Philippines	8.1	6.8	10.9	9.2	9.0	9.8	
新 加 坡	Singapore	-2.0	6.2	8.6	1.5	3.9	5.0	13.2
斯里兰卡	Sri Lanka	12.9	19.1	15.8	17.0	11.4	8.3	
泰　　国	Thailand	4.9	6.1	10.9	4.4	4.7	3.6	
越　　南	Viet Nam	35.4	30.9	29.7	14.9	12.7	13.6	
埃　　及	Egypt	11.6	11.5	12.4	18.6	13.3	13.3	19.7
尼日利亚	Nigeria	48.1	22.6	6.7	4.1	15.0	6.4	10.8
南　　非	South Africa	7.2	20.7	6.9	10.3	5.6	6.1	9.4
加 拿 大	Canada	6.6	9.6					
墨 西 哥	Mexico	-4.5	10.0	12.8	12.2	4.5	4.7	13.4
美　　国	United States	8.1	8.1	-2.8	3.1	4.0	8.4	17.2
阿 根 廷	Argentina	1.5	21.5	33.1	39.6			
巴　　西	Brazil	19.7	18.4	13.7	11.6	7.1	8.1	17.0
委内瑞拉	Venezuela	33.7	47.4	23.5				
捷　　克	Czech Rep.	16.0	11.0	1.9	8.0	6.3	6.4	10.0
波　　兰	Poland	11.6	15.0	8.8	9.1	9.2	8.3	16.4
俄 罗 斯	Russia		36.1	24.5	19.7	12.3	5.1	16.7
土 耳 其	Turkey	40.7	36.0	18.5	16.5	18.4	27.0	34.2
乌 克 兰	Ukraine	44.5	54.4	22.7	3.9	5.7	12.6	28.6
英　　国	United Kingdom	11.1	13.8	4.0	2.0	5.3	-1.4	9.7
澳大利亚	Australia	3.7	8.5	10.1	6.0	2.4	14.1	13.7
新 西 兰	New Zealand	1.5	9.5	8.4	9.9	6.4	4.7	12.2

8-12 年平均存款利率和贷款利率
Annual Average Deposit Rate and Lending Rate

资料来源：世界银行WDI数据库。
Source: World Bank WDI Database.
单位：%　　(%)

国家或地区	Country or Area	存款利率 Deposit Interest Rate				贷款利率 Lending Interest Rate			
		2000	2005	2019	2020	2000	2005	2019	2020
中　国	China	2.25	2.25	1.50	1.50	5.85	5.58	4.35	4.35
中国香港	Hong Kong SAR, China	4.80	1.26	0.14	0.06	9.27	6.21	5.10	5.00
中国澳门	Macao SAR, China	5.33	1.58	0.24	0.21	9.89	7.05	5.36	5.26
孟加拉国	Bangladesh	8.69	5.53	6.78	6.07	12.76	10.62	9.56	8.30
文　莱	Brunei Darussalam		1.01	0.37	0.23	5.50	5.50	5.50	5.50
柬埔寨	Cambodia	6.83	1.92	1.44	1.49				
印　度	India					12.29	10.75	9.47	9.15
印度尼西亚	Indonesia	12.50	8.08	6.69	5.50	18.46	14.05	10.37	9.54
伊　朗	Iran		11.78				16.00		
以色列	Israel			0.65	0.59			3.53	3.40
日　本	Japan	0.07	0.27			2.07	1.68		
韩　国	Korea, Rep.	7.94	3.72	1.85	1.16	8.55	5.59	3.45	2.80
老　挝	Lao PDR	12.00	4.75			32.00	26.83		
马来西亚	Malaysia	3.36	3.00	2.98	1.95	7.67	5.95	4.88	3.94
蒙　古	Mongolia	16.80	13.00	10.96	10.26	36.95	30.57	17.00	16.93
缅　甸	Myanmar	9.75	9.50	8.00	5.83	18.77	18.46	16.00	14.83
巴基斯坦	Pakistan		2.60	9.13	7.47		9.07	12.23	10.76
菲律宾	Philippines	8.31	5.56	4.08		10.91	10.18	7.10	
新加坡	Singapore	1.71	0.44	0.20	0.18	5.83	5.30	5.25	5.25
斯里兰卡	Sri Lanka		5.64	8.71			10.76	11.24	
泰　国	Thailand	3.29	1.65	1.42	0.62	7.83	4.72	4.08	3.29
越　南	Viet Nam	3.65	7.15	4.98	4.12	10.55	11.03	7.71	7.65
埃　及	Egypt	9.46	7.23	10.95	7.78	13.22	13.14	16.12	11.37
尼日利亚	Nigeria	11.69	10.53	8.90	4.65	21.27	17.95	15.38	13.64
南　非	South Africa			7.01	4.88	14.50	10.63	10.13	7.71
加拿大	Canada	3.48	0.79			7.27	4.42		
墨西哥	Mexico	8.26	3.46	3.53	1.46	16.93	9.70	8.43	6.34
美　国	United States					9.23	6.19	5.28	3.54
阿根廷	Argentina			47.29	29.32			67.25	29.39
巴　西	Brazil	17.20	17.63	5.43	2.20	56.83	55.38	37.48	29.04
委内瑞拉	Venezuela	16.30	11.63			25.20	16.81		
捷　克	Czech Rep.	3.42	1.17	0.39	0.30	7.16	5.78	3.69	3.34
法　国	France	2.63	2.15						
意大利	Italy					7.02	5.31	2.60	2.33
荷　兰	Netherlands	2.89	2.34			4.79	2.77		
波　兰	Poland								
俄罗斯	Russia	6.51	3.99	5.40	3.77	24.43	10.68	8.75	6.78
土耳其	Turkey	47.16	20.40	25.41	13.36				
乌克兰	Ukraine	13.72	8.57	12.89	6.09	41.53	16.17	19.82	14.29
英　国	United Kingdom					5.96	4.65		
澳大利亚	Australia	4.91	3.89	1.56		7.72	7.26	5.10	
新西兰	New Zealand	6.36	6.68	3.00	1.68	7.81	7.76		

8-13 银行不良贷款占全部贷款比重
Bank Nonperforming Loans to Total Gross Loans (%)

资料来源：世界银行WDI数据库。
Source: World Bank WDI Database.
单位：%

(%)

国家或地区	Country or Area	2000	2005	2010	2015	2018	2019	2020
世　界	**World**	**9.7**	**3.9**	**3.9**	**4.2**	**3.9**	**3.7**	
中　国	China	22.4	8.6	1.1	1.7	1.8	1.9	1.8
中国香港	Hong Kong SAR, China	7.3	1.4	0.8	0.7	0.5	0.6	0.9
中国澳门	Macao SAR, China			0.4	0.1	0.2	0.2	0.3
孟加拉国	Bangladesh	34.9	13.2		8.4	9.9	8.9	7.7
文　莱	Brunei Darussalam			6.9	4.0	4.7	3.9	3.9
柬埔寨	Cambodia			3.1	1.6	2.0	1.6	1.8
印　度	India	12.8	5.2		5.9	9.5	9.2	7.9
印度尼西亚	Indonesia	34.4	7.3	2.5	2.4	2.3	2.4	2.8
以色列	Israel	6.9	2.3		1.8	1.2	1.4	1.5
日　本	Japan	5.3	1.8					
哈萨克斯坦	Kazakhstan		3.3	20.9	8.0	7.4	8.1	
韩　国	Korea, Rep.	8.9	1.2	0.6	0.5	0.3	0.3	
马来西亚	Malaysia	15.4	9.4	3.4	1.6	1.5	1.5	1.6
巴基斯坦	Pakistan	19.5	9.0	14.7	11.4	8.0	8.6	9.2
菲律宾	Philippines	24.0	10.0	3.4	1.9	1.7	2.0	3.5
新加坡	Singapore	3.4	3.8	1.4	0.9	1.3	1.3	
斯里兰卡	Sri Lanka	15.0	9.6	..	3.2	3.4	4.7	4.9
泰　国	Thailand	17.7	9.1	3.9	2.7	3.1	3.1	3.2
越　南	Viet Nam			2.1	2.3	1.8	1.5	
埃　及	Egypt	13.6	26.5					
尼日利亚	Nigeria	22.6	18.1	20.1	4.9	11.7	6.1	6.0
南　非	South Africa	4.3	1.8	5.8	3.1	3.7	3.9	5.2
加拿大	Canada	1.3	0.5	1.2	0.5	0.5	0.5	0.5
墨西哥	Mexico	5.8	1.5	2.0	2.5	2.1	2.1	2.4
美　国	United States	1.1	0.7	4.4	1.5	0.9	0.9	1.1
阿根廷	Argentina	16.0	7.6	2.1	1.7	3.1	5.7	3.9
巴　西	Brazil	8.3	3.5	3.1	3.3	3.1	3.1	2.2
委内瑞拉	Venezuela	6.6	1.1					
捷　克	Czech Rep.	29.3	3.9	5.4	5.5	3.1	2.7	3.0
法　国	France	5.0	3.5	3.8	4.0	2.7	2.5	2.7
德　国	Germany	4.7	4.1	3.2	2.0	1.2	1.1	
意大利	Italy	7.8	7.0	10.0	18.1	8.4	6.7	4.4
荷　兰	Netherlands	1.8	1.2	2.8	2.7	2.0	1.9	1.9
波　兰	Poland	15.5	11.0	4.9	4.3	3.9	3.8	3.7
俄罗斯	Russia	7.7	2.6	8.2	8.3	10.1	9.3	8.8
西班牙	Spain	1.2	0.8	4.7	6.2	3.7	3.2	2.9
土耳其	Turkey	9.2	4.3	3.5	3.0	3.7	5.0	3.9
乌克兰	Ukraine	29.6	58.0	15.3	28.0	52.8	48.4	41.0
英　国	United Kingdom	2.5	1.0	4.0	1.0	1.1	1.1	1.2
澳大利亚	Australia	0.5	0.6	2.1	0.9	0.9	1.0	1.1
新西兰	New Zealand			2.1	0.6			

8-14 标准普尔全球股票指数(年变化率)
S&P Global Equity Indices (Annual % Change)

资料来源：世界银行WDI数据库。
Source: World Bank WDI Database.
单位：%　(%)

国家或地区	Country or Area	2000	2005	2010	2015	2018	2019	2020
中　国	China	-9.8	13.3	6.9	-6.0	-20.5	19.3	27.9
中国香港	Hong Kong SAR, China	-12.6	8.1	21.3	-5.4	-11.5	5.1	5.1
孟加拉国	Bangladesh	28.5	-27.7	37.6	-5.4	-18.2	-18.2	23.5
印　度	India	-31.1	33.6	18.7	-3.9	-11.4	6.1	15.8
印度尼西亚	Indonesia	-61.0	9.1	37.9	-23.1	-9.5	7.1	-9.7
以色列	Israel	8.6	23.3	7.4	4.7	-3.8	18.4	17.4
日　本	Japan	-34.9	22.5	9.6	9.1	-12.1	18.2	16.0
哈萨克斯坦	Kazakhstan			-1.0	-47.6	-38.3	0.2	7.2
韩　国	Korea, Rep.	-57.1	58.8	25.3	-5.0	-21.9	7.2	44.1
马来西亚	Malaysia	-23.3	-2.9	35.1	-20.6	-12.7	-1.0	4.2
巴基斯坦	Pakistan	-16.7	58.5	15.3	-11.5	-33.4	-6.6	-7.5
菲律宾	Philippines	-43.6	21.3	56.7	-10.6	-17.0	7.7	-3.3
新加坡	Singapore	-25.9	10.0	18.4	-18.9	-14.4	13.5	5.4
斯里兰卡	Sri Lanka	-41.7	29.3	84.6	-19.3	-24.1	-4.0	-6.9
泰　国	Thailand	-54.1	3.8	52.1	-22.8	-12.1	11.9	-9.3
越　南	Viet Nam			0.5	-7.2	-6.1	3.6	17.7
埃　及	Egypt	-45.6	158.0	11.5	-27.5	-10.3	25.4	-22.4
尼日利亚	Nigeria		20.7	20.3	-26.8	-17.9	-19.7	8.5
南　非	South Africa	-17.3	24.8	32.1	-26.6	-25.9	8.6	-7.0
加拿大	Canada	4.0	26.0	22.0	-26.2	-19.4	25.3	4.5
墨西哥	Mexico	-21.5	43.9	26.6	-14.9	-16.1	9.9	-3.6
美　国	United States	-10.1	3.0	12.8	-0.7	-6.2	28.9	16.3
阿根廷	Argentina	-25.1	45.4	55.3	-10.2	-40.6	32.5	123.2
巴　西	Brazil	-10.3	47.6	6.5	-44.3	-4.5	26.0	-19.0
委内瑞拉	Venezuela	18.7	-22.0					
捷　克	Czech Rep.	-0.6	43.5	0.2	-13.1	-8.2	-0.8	-4.1
法　国	France	-6.9	7.7	-9.9	8.5	-11.0	26.4	-7.1
德　国	Germany	-13.5	10.3	7.4	9.6	-18.3	25.5	3.5
意大利	Italy	-2.0	-0.2	-17.4	3.2	-20.9	24.5	2.7
荷　兰	Netherlands	-6.7	10.8	1.2	0.5	-15.4	30.6	26.9
波　兰	Poland	-3.5	20.8	11.3	-23.4	-16.9	-5.6	-5.1
俄罗斯	Russia	-32.2	64.9	21.7	0.8	-9.4	41.8	-13.0
西班牙	Spain	-17.6	3.4	-24.5	-17.4	-18.6	8.6	-7.5
土耳其	Turkey	-51.2	49.5	21.4	-32.1	-43.9	12.0	-0.6
乌克兰	Ukraine	75.2	52.8	53.8	1.5	-16.8	-12.0	25.7
英　国	United Kingdom	-16.9	4.7	5.2	-4.9	-12.5	12.1	-14.3
澳大利亚	Australia	-8.7	11.7	12.5	-13.0	-15.8	18.3	9.7
新西兰	New Zealand	-26.6	-2.7	5.2	-4.6	-4.1	30.7	25.5

8-15 上市公司数和上市公司总市值占国内生产总值比重
Listed Domestic Companies and Market Capitalization of Listed Companies as Percentage of GDP

资料来源：世界银行WDI数据库。
Source: World Bank WDI Database.

国家或地区	Country or Area	上市公司数（个）Listed Domestic Companies, Total(number)			上市公司总市值占国内生产总值的比重(%) Market Capitalization of Listed Companies(% of GDP)(%)		
		2000	2005	2020	2000	2005	2020
世　界	**World**	**39892**	**39096**		**100.9**	**92.4**	**134.6**
高收入国家	**High Income**	**25668**	**25455**		**110.2**	**103.7**	**172.5**
中等收入国家	**Middle Income**	**14158**	**13590**	**17314**		**40.5**	**78.7**
中低收入国家	**Low and Middle Income**	**14158**	**13590**	**17314**		**40.5**	**78.7**
中　国	China	1086	1377	4154		17.6	83.0
中国香港	Hong Kong SAR, China	779	1126	2353	363.1	581.0	1768.8
孟加拉国	Bangladesh	364	195	628	4.1	4.8	27.7
印　度	India	5853	4763	5215	48.2	76.2	99.0
印度尼西亚	Indonesia	286	336	713	16.2	28.5	46.9
伊　朗	Iran	285	408	367	24.4	16.1	635.5
以色列	Israel	664	579	426	50.3	85.9	65.2
日　本	Japan	2055	2323	3754	63.5	94.6	135.0
哈萨克斯坦	Kazakhstan		62	94		18.4	26.6
韩　国	Korea, Rep.	1242	1616	2318	29.7	76.8	133.5
马来西亚	Malaysia	787	1015	927	120.6	125.8	129.7
蒙　古	Mongolia						
巴基斯坦	Pakistan	723	639		8.1	37.7	
菲律宾	Philippines	228	235	268	31.1	37.0	75.5
新加坡	Singapore	328	564	459	159.1	201.3	191.9
斯里兰卡	Sri Lanka	239	239	283	6.6	23.4	19.8
泰　国	Thailand	381	504	743	23.1	65.4	108.2
越　南	Viet Nam			745			68.6
埃　及	Egypt	1075	744	240			11.4
尼日利亚	Nigeria		215	177		12.6	13.1
南　非	South Africa	604	348	264	149.8	213.1	348.3
加拿大	Canada	1507	3719	3922	103.5	126.3	160.7
墨西哥	Mexico	175	150	140	17.7	27.3	37.1
美　国	United States	6917	5145		147.4	130.4	194.5
阿根廷	Argentina	122	100		16.1	23.9	
巴　西	Brazil	457	342	345	34.5	53.2	68.4
委内瑞拉	Venezuela	66	51		6.9		
捷　克	Czech Rep.	57	23	20	15.8	25.4	10.8
法　国	France	1185	749		106.2	80.1	
德　国	Germany	744	648	438	65.4	42.2	59.4
意大利	Italy	297	275		67.2	43.0	
荷　兰	Netherlands	392	237		153.8	86.5	
波　兰	Poland	225	234	782	18.2	30.7	29.9
俄罗斯	Russia	21	414	213			46.8
西班牙	Spain	1720		2711	84.5	83.2	59.2
土耳其	Turkey	315	257	371	25.4	31.6	33.0
乌克兰	Ukraine						
英　国	United Kingdom	2428	2757		155.4	120.7	
澳大利亚	Australia	1333	1643	1902	89.8	116.0	129.3
新西兰	New Zealand	131	153	122	35.4	35.4	62.7

8-16 股票交易额占国内生产总值的比重及股票交易周转率
Stocks Traded Value as Percentage of GDP and Turnover Ratio

资料来源：世界银行WDI数据库。
Source: World Bank WDI Database.
单位：% (%)

国家或地区	Country or Area	股票交易额占国内生产总值的比重 Stocks Traded, Total Value (% of GDP)			股票交易周转率 Stocks Traded, Turnover Ratio of Domestic Shares		
		2000	2005	2020	2000	2005	2020
世　界	**World**	**144.6**	**99.5**		**144.4**	**108.3**	
高收入国家	**High Income**	**164.5**	**117.8**		**146.6**	**112.5**	
中低收入国家	**Low and Middle Income**	**36.9**	**22.4**	**133.7**	**62.8**	**56.2**	**169.0**
低收入国家	**Low Income**						
中　国	China	62.1	17.2	214.5		97.6	258.6
中国香港	Hong Kong SAR, China	217.3	232.0	885.6	59.8	39.9	50.1
孟加拉国	Bangladesh	1.8	0.3	4.6	42.7	6.2	16.6
印　度	India	109.5	57.7	74.2	227.3	75.8	75.0
印度尼西亚	Indonesia	7.8	9.7	12.4	48.1	34.2	26.4
伊　朗	Iran	4.1	3.2	241.2	16.7	19.8	38.0
以色列	Israel	21.6	29.7	26.0	43.0	34.6	39.9
日　本	Japan	49.9	89.8	127.4	78.6	94.9	94.3
哈萨克斯坦	Kazakhstan		1.8	0.2		9.9	0.9
韩　国	Korea, Rep.	86.0	128.3	318.3	289.2	167.1	238.5
马来西亚	Malaysia	56.0	31.1	73.8	46.4	24.7	56.9
蒙　古	Mongolia						
巴基斯坦	Pakistan	37.8	116.1		467.9	307.7	
菲律宾	Philippines	8.8	5.0	9.1	28.4	13.5	12.0
新加坡	Singapore	99.0	91.2		62.3	45.3	
斯里兰卡	Sri Lanka	0.8	4.4	2.1	12.4	18.9	10.7
泰　国	Thailand	15.3	47.4	95.9	66.2	72.5	88.6
越　南	Viet Nam			21.0			30.6
埃　及	Egypt			4.4			38.9
尼日利亚	Nigeria		1.1	0.6		8.8	4.4
南　非	South Africa	51.7	43.2	97.3	34.5	20.3	27.9
加拿大	Canada	84.4	79.5	61.5	81.5	62.9	38.3
墨西哥	Mexico	6.3	6.2	7.7	35.7	22.8	20.7
美　国	United States	290.5	197.8		197.1	151.7	
阿根廷	Argentina	3.2	2.6	0.6	20.0	11.0	
巴　西	Brazil	14.3	19.2	95.1	41.6	36.0	
委内瑞拉	Venezuela	1.9			26.9		
捷　克	Czech Rep.	10.8	25.0	1.7	68.2	98.4	15.9
法　国	France	79.3	57.9		74.7	72.3	
德　国	Germany	94.0	45.3	47.2	143.8	107.1	79.4
意大利	Italy	86.5	56.8		128.8	132.2	
荷　兰	Netherlands	156.2	86.8		101.5	100.3	
波　兰	Poland	11.9	8.6	14.0	65.4	27.9	47.0
俄罗斯	Russia		19.4	18.6			39.8
西班牙	Spain	265.3	85.1	38.2	314.1	102.2	64.5
土耳其	Turkey	60.5	39.4	120.6	238.1	124.8	365.8
乌克兰	Ukraine						
英　国	United Kingdom	110.6	68.3		71.1	56.6	
澳大利亚	Australia	51.4	88.4	92.1	57.2	76.2	71.3
新西兰	New Zealand	19.0	4.8	10.5	53.6	13.4	16.8

8-17 银行资本充足率
Bank Capital to Assets Ratio

资料来源：世界银行WDI数据库。
Source: World Bank WDI Database.
单位：%

(%)

国家或地区	Country or Area	2000	2005	2010	2015	2018	2019	2020
中　国	China		4.4		8.4	9.1	9.3	9.2
中国香港	Hong Kong SAR, China	9.0	13.3		9.5	9.5	9.9	9.4
中国澳门	Macao, SAR China			4.2	4.3	4.5	4.6	4.5
孟加拉国	Bangladesh	3.5	4.7		5.5	4.7	5.2	4.8
文　莱	Brunei Darussalam			10.3	13.2	12.3	12.6	13.2
柬埔寨	Cambodia			20.1	14.2	13.9	13.6	14.2
印　度	India	5.7	6.4		7.2	7.5	8.1	8.1
印度尼西亚	Indonesia	6.0	8.7	10.7	13.6	15.1	15.6	14.8
以色列	Israel	7.3	5.5	6.7	7.1	7.4	7.6	6.7
日　本	Japan	4.6	4.9					
哈萨克斯坦	Kazakhstan	13.6	13.0	11.1	10.6	11.8	13.2	
韩　国	Korea, Rep.	4.6	9.3	7.6	8.0	8.0	7.8	
马来西亚	Malaysia	8.5	7.7	9.4	10.5	11.2	11.7	11.6
巴基斯坦	Pakistan	4.9	7.6		8.4	7.1	7.2	7.2
菲律宾	Philippines	13.6	12.0	10.2	10.0	10.7	11.0	11.1
新加坡	Singapore	10.0	9.6	9.0	9.0	9.0	9.3	
斯里兰卡	Sri Lanka				7.9	8.7	9.0	8.6
泰　国	Thailand	7.5	9.0	8.5	10.0	10.8	11.3	11.1
越　南	Viet Nam			8.9	8.3	7.7	7.8	
埃　及	Egypt	5.6	5.0					
尼日利亚	Nigeria	7.4	12.4	1.5	12.4	8.1	7.3	6.3
南　非	South Africa	8.7	7.9	7.0	7.0	8.4	8.5	7.9
加拿大	Canada	4.7	3.9	4.7	5.1	5.2	5.2	4.9
墨西哥	Mexico	9.6	8.8	10.4	10.4	10.7	11.0	10.7
美　国	United States	8.5	10.3	12.7	11.7	11.7	11.8	11.0
阿根廷	Argentina		12.1	11.3	12.3	11.0	13.5	15.5
巴　西	Brazil	12.1	10.2	10.3	8.5	10.1	10.2	10.1
委内瑞拉	Venezuela	13.0	11.1					
捷　克	Czech Rep.	5.4	5.4	6.5	7.5	6.5	6.8	7.4
法　国	France	6.7	4.4	4.9	5.8	6.5	6.6	6.2
德　国	Germany	4.2	4.1	4.3	5.9	6.5	6.3	5.9
意大利	Italy	7.0	4.6	5.0	6.2	6.3	6.7	6.6
荷　兰	Netherlands	5.1	3.1	4.4	5.6	6.2	6.2	5.9
波　兰	Poland	7.1	7.9	8.2	9.4	9.8	9.6	9.5
俄罗斯	Russia	12.1	12.8	12.9	8.9	10.0	10.4	10.0
西班牙	Spain	8.5	6.3	6.1	7.4	7.6	7.6	6.5
土耳其	Turkey	6.1	12.3	12.3	11.0	10.8	11.7	10.5
乌克兰	Ukraine	16.2	11.9	14.6	8.0	10.8	13.5	11.7
英　国	United Kingdom	6.5	6.1	5.4	6.8	6.8	6.8	6.9
澳大利亚	Australia	6.9	6.7	5.4	6.2	6.9	7.4	8.0

8-18 金融部门国内信贷占国内生产总值比重
Domestic Credit Provided by Financial Sector (% of GDP)

资料来源：世界银行WDI数据库。
Source: World Bank WDI Database.
单位：% (%)

国家或地区	Country or Area	2000	2005	2010	2015	2018	2019	2020
文　莱	Brunei Darussalam			22.66	39.95	27.74	29.51	66.04
印度尼西亚	Indonesia			34.18	46.77	47.23	46.52	53.71
日　本	Japan	290.20	292.28	311.27	339.25	348.79	358.43	395.21
哈萨克斯坦	Kazakhstan				45.69	36.33	34.96	40.48
菲律宾	Philippines					82.86	86.49	100.41
泰　国	Thailand			133.42	171.16	166.49	168.96	194.13
南　非	South Africa	148.57	178.16	176.73	166.99	162.49	163.48	
加拿大	Canada	110.69	195.89					
墨西哥	Mexico	28.01	31.01	43.64	52.48	54.41	58.30	64.17
美　国	United States	191.57	217.29	218.85	226.81	228.12	242.39	280.50
阿根廷	Argentina	34.45	34.94	25.33	40.43			
委内瑞拉	Venezuela	14.91	12.64	22.51				
俄罗斯	Russia					71.31	71.09	
土耳其	Turkey			67.60	77.14	82.13	82.65	98.26
乌克兰	Ukraine			94.17	85.19	57.33	48.60	
新西兰	New Zealand				160.15	163.30	167.95	

主要统计指标解释

中央政府 是全国范围内代表中央政府行使领土管辖权的所有单位。

收入 指由于交易导致的净值增加。政府部门有以下四个收入来源：（1）税收和其他由政府强制实施的转让；（2）来自所有权资产的财产收入；（3）商品和服务的销售收入；（4）来自其他部门的自愿转让。

捐赠 从其他政府和国际组织得到的无报酬的、无须偿还的非强制性的收入。

支出 指由于交易导致的净值减少。政府承担以下两方面的经济责任：(1)以非市场方式把部分商品和服务提供给公众；（2）通过转移支付手段重新分配收入和财富。

货币供应量 货币(Money)由流通中现金和除中央政府以外的常住机构活期存款构成；准货币(Quasi-Money)指除中央政府以外的外汇现汇与期汇存款和外汇现汇储蓄与期汇存款之和，即由常住居民的现汇、储蓄、与外汇存款构成。货币(Money)通称为 M_1，而货币和准货币之和通称为广义货币，相当于 M_2。

上市公司总市值 所有上市股价 × 总股数。

上市公司 是指年末在股票交易所的国内上市公司。不包括投资公司、共同 基金或其它集体投资工具。

股票交易额 是指在一定时期内股票交易总额。

股票交易周转率 是指一定时期内股票交易总额除以该时期上市公司平均市值。

资本充足率 是指银行资本和储备占总资产的比率。资本和储备包括股东投放的资金、未分配利润、一般和特殊储备、准备金、价值调整。资本包括缴款股票和一般股票等一级资本，以及监管资本。总资产包括所有金融资产和非金融资产。

金融部门国内信贷 是指除发放给中央政府外的其他部门的净贷款之和。金融机构包括货币当局、存款货币银行和其他金融机构。

标准普尔全球股票指数 标准普尔全球股票指数是由美国标准普尔公司编制的衡量股市中美元价格变化的股票指数。

Explanatory Notes on Main Statistical Indicators

Central Government includes all units representing the territorial jurisdiction of the central authority throughout a country.

Revenue is an increase in net worth resulting from a transaction. For general government units, there are four main sources of revenue: taxes and other compulsory transfers imposed by government units, property income derived from the ownership of assets, sales of goods and services, and voluntary transfers received from other units.

Grants are defined as unrequited, nonrepayable, noncompulsory receipts from other governments or international organizations.

Expenditure is a decrease in net worth resulting from a transaction. Governments have two broad economic responsibilities: to assume responsibility for the provision of selected goods and services to the community on a nonmarket basis and to redistribute income and wealth by means of transfer payments.

Money Supply equals the sum of currency outside deposit money banks and demand deposits other than those of the central government. Quasi-Money equals the sum of time & foreign currency outside banks and time, savings & foreign currency deposit, comprising time, savings, and foreign currency deposits of resident sectors other than central government. The data of Money is commonly called M_1,while the sum of Money and Quasi-Money gives a broader measure of money which is commonly called M_2.

Market Capitalization is the share price times the number of shares outstanding.

Listed Domestic Companies are the domestically incorporated companies listed on the country's stock exchanges at the end of the year. This indicator does not include investment companies, mutual funds, or other collective investment vehicles.

Stocks Traded refers to the total value of shares traded during the period.

Turnover Ratio is the total value of shares traded during the period divided by the average market capitalization for the period.

Bank capital to assets is the ratio of bank capital and reserves to total assets. Capital and reserves include funds contributed by owners, retained earnings, general and special reserves, provisions, and valuation adjustments. Capital includes tier 1 capital (paid-up shares and common stock), and total regulatory capital. Total assets include all nonfinancial and financial assets.

Domestic credit provided by financial sector includes all credit to various sectors on a gross basis, with the exception of credit to the central government, which is net. The banking sector includes monetary authorities and deposit money banks, as well as other financial corporations where data are available.

S&P Global Equity Indices measure the U.S. dollar price change in the stock markets.

价格指数

Price Indices

9-1 国内生产总值缩减指数
Gross Domestic Product Deflator Index

资料来源：国际货币基金组织IFS数据库。
Source: IMF IFS Database.

2010年=100 (2010=100)

国家或地区	Country or Area	2000	2015	2017	2018	2019	2020
中　国	China	66.8	116.0	121.6	125.8	128.8	
中国香港	Hong Kong SAR, China	112.2	116.8	122.1	126.6	129.1	130.0
中国澳门	Macao SAR, China	77.7	140.6	144.9	150.0	153.9	
孟加拉国	Bangladesh	58.4	139.9	158.7	167.6	175.0	
柬埔寨	Cambodia	64.6	110.3	118.0	121.7	125.7	
印度尼西亚	Indonesia	37.3	128.3	137.1	142.3	144.6	143.9
伊　朗	Iran	20.3	231.6	264.0	344.0	494.3	
以色列	Israel	83.7	112.7	114.0	115.3	118.0	119.3
日　本	Japan	112.2	101.0	101.4	101.4	102.0	103.0
哈萨克斯坦	Kazakhstan	26.4	149.0	188.3	205.6	221.3	
韩　国	Korea, Rep.	77.8	107.9	112.5	113.0	112.0	113.5
老　挝	Lao PDR	45.6	130.3	136.7	139.3	142.2	
马来西亚	Malaysia	72.9	109.2	115.2	115.9	116.0	
蒙　古	Mongolia	26.9	146.1	165.0	178.9	193.8	
缅　甸	Myanmar	22.7	131.1	139.7	147.3	156.5	
巴基斯坦	Pakistan	43.2	152.8	161.6	166.0	178.7	
菲律宾	Philippines	63.0	110.7	114.7	119.0	119.9	
新加坡	Singapore	89.1	103.9	107.5	110.8	110.9	
斯里兰卡	Sri Lanka	38.2	126.6	142.4	148.6	151.8	
泰　国	Thailand	73.7	112.4	117.5	119.5	120.0	118.2
越　南	Viet Nam	39.6	145.8	153.4	158.7	161.5	163.6
埃　及	Egypt	45.6	166.9	218.2	264.9	301.0	
尼日利亚	Nigeria	29.1	136.4	166.0	183.0	202.0	
南　非	South Africa	48.4	132.2	149.2	155.0	161.2	169.8
加拿大	Canada	79.8	107.4	111.0	113.0	114.8	115.7
墨西哥	Mexico	57.9	120.1	135.4	142.0	147.9	152.2
美　国	United States	81.2	108.9	112.1	114.8	116.8	118.2
阿根廷	Argentina	25.9	333.0	592.2	841.1	1269.4	1775.8
巴　西	Brazil	44.3	145.8	163.4	170.8	178.1	186.6
捷　克	Czech Rep.	81.8	106.5	109.1	111.9	116.3	121.1
法　国	France	83.9	104.7	105.8	106.8	108.2	110.9
德　国	Germany	89.6	108.5	111.5	113.3	115.8	117.6
意大利	Italy	79.5	106.3	108.3	109.4	110.3	111.6
荷　兰	Netherlands	81.0	104.0	105.8	108.4	111.7	114.2
波　兰	Poland	75.9	107.6	110.0	111.3	114.8	119.6
俄罗斯	Russia	25.3	153.8	166.7	185.2	192.2	
西班牙	Spain	74.5	100.6	102.2	103.4	104.9	106.0
土耳其	Turkey	21.8	143.1	171.7	200.0	227.8	261.6
乌克兰	Ukraine	29.6	206.7	295.6	340.9	369.2	405.5
英　国	United Kingdom	79.9	108.1	112.6	115.1	117.6	
澳大利亚	Australia	68.0	105.2	110.1	112.6	116.3	117.5
新西兰	New Zealand	77.0	108.5	114.2	115.6	118.2	120.6

9-2 生产者价格指数
Producer Price Indices

资料来源：联合国统计月报数据库。
Source: UN Monthly Bulletin of Statistics Database.

2010年=100 (2010=100)

国家或地区	Country or Area	2010	2015	2016	2017	2018	2019	2020
中国香港	**Hong Kong SAR, China**							
按供给组成分	by Components of Supply							
工业产品	Industrial Products	100.0	100.4	101.6	105.6	107.7	108.7	111.3
孟加拉国①	**Bangladesh①**							
按生产阶段分	by Stage of Processing							
中间产品	Intermediate Products	218.3						
按最终用途分	by End-Use							
消费品	Consumers' Goods	296.8						
投资用品	Capital Goods	280.8						
印　　度②	**India②**							
按供给组成分	by Components of Supply							
国内供应	Domestic Supply	100.0	110.8	108.0	114.1	119.0	121.2	121.7
农业产品	Agricultural Products	100.0	130.1	136.1	142.7	142.3	152.9	160.3
工业产品	Industrial Products	100.0	110.6	108.0	112.9	117.2	118.1	119.6
按生产阶段分	by Stage of Processing							
原材料	Raw Materials	100.0	120.8	124.3	130.2	133.0	141.2	144.5
印度尼西亚	**Indonesia**							
按供给组成分	by Components of Supply							
农业产品	Agricultural Products	100.0	129.8	133.0	136.4	140.7	143.2	146.6
工业产品	Industrial Products	100.0	134.6	137.7	141.1	144.8	147.5	149.6
伊　　朗	**Iran**							
按供给组成分	by Components of Supply							
国内生产	Domestic Production	63.9③	90.8⑧	95.3⑧	100.0⑧	110.0⑧		
农业产品	Agricultural Products	75.9③	92.4⑧	97.6⑧	100.0⑧	111.0⑧		
工业产品	Industrial Products	53.1③	96.9⑧	96.5⑧	100.0⑧	110.7⑧		
以 色 列	**Israel**							
按供给组成分	by Components of Supply							
工业产品	Industrial Products	100.0	104.8	101.0	102.5	105.9	104.7	99.5
日　　本④	**Japan④**							
按供给组成分	by Components of Supply							
国内供应	Domestic Supply	97.4	100.0	93.2	97.2	100.9	99.4	95.2
国内生产	Domestic Production	100.2	100.0	96.5	98.7	101.3	101.5	100.3
农业产品	Agricultural Products	93.4	100.0	102.5	107.6	109.8	108.9	107.9
工业产品	Industrial Products	99.1	100.0	97.0	98.9	101.1	101.3	100.4
进口产品	Import Products	88.1	100.0	83.6	92.7	99.7	94.4	84.7
按生产阶段分	by Stage of Processing							
原材料	Raw Materials	97.2	100.0	78.6	95.9	109.5	103.8	86.5
中间产品	Intermediate Products	96.3	100.0	93.4	97.4	101.6	100.6	97.2
按最终用途分	by End-Use							
消费品	Consumers' Goods	98.7	100.0	96.4	97.0	97.3	95.8	93.7
投资用品	Capital Goods	99.5	100.0	97.9	98.0	97.9	97.5	96.8

9-2 续表 1 continued

2010年=100 (2010=100)

国家或地区	Country or Area	2010	2015	2016	2017	2018	2019	2020
韩　　国④	**Korea, Rep.④**							
按供给组成分	by Components of Supply							
国内供应	Domestic Supply		100.0	97.3	101.4	104.5	104.7	102.3
国内生产	Domestic Production	101.8	100.0	96.8	101.1	103.3	102.5	100.8
农业产品	Agricultural Products	95.3	100.0	105.8	112.6	116.7	114.0	124.9
工业产品	Industrial Products	104.0	100.0	96.5	101.1	103.3	102.3	99.6
按生产阶段分	by Stage of Processing							
原材料	Raw Materials	126.4	100.0	84.7	104.0	119.4	118.8	99.3
中间产品	Intermediate Products	105.9	100.0	96.8	100.9	103.6	103.5	101.5
按最终用途分	by End-Use							
消费品	Consumers' Goods	98.0	100.0	99.2	100.1	100.3	100.5	99.7
投资用品	Capital Goods	100.2	100.0	101.5	100.4	100.2	102.6	103.8
马来西亚	**Malaysia**							
按供给组成分	by Components of Supply							
国内供应	Domestic Supply	100.0	104.0					
国内生产	Domestic Production	100.0	102.2	101.1	108.0	106.7	105.2	102.4
进口产品	Import Products	100.0	107.7					
巴基斯坦	**Pakistan**							
按供给组成分	by Components of Supply							
国内供应	Domestic Supply	100.0	140.1	142.5	147.4	159.6		
农业产品	Agricultural Products	100.0	138.6	148.3	156.6	165.8		
菲 律 宾	**Philippines**							
按供给组成分	by Components of Supply							
国内供应	Domestic Supply	100.0	107.0	108.0	110.1	112.2	114.0	116.8
工业产品	Industrial Products	100.0	85.8					
新 加 坡	**Singapore**							
按供给组成分	by Components of Supply							
国内供应	Domestic Supply	100.0	86.8	80.7	86.4	92.0	89.0	81.3
国内生产	Domestic Production	100.0	89.9	85.0	88.2	92.1	89.0	82.9
进口产品	Import Products	100.0	86.2	81.7	86.4	90.7	89.7	83.4
泰　　国	**Thailand**							
按供给组成分	by Components of Supply							
国内供应	Domestic Supply		100.0④	98.8④	99.5④	100.0④	99.3④	97.7④
按生产阶段分	by Stage of Processing							
原材料	Raw Materials	100.0	97.5	94.4	95.9	97.9	98.4	96.6
按最终用途分	by End-Use							
消费品	Consumers' Goods	100.0	109.5	109.7	106.2	105.1	109.3	110.7
投资用品	Capital Goods	100.0	101.1	100.5	99.6	97.8	95.6	93.6

9-2 续表 2 continued

2010年=100 (2010=100)

国家或地区	Country or Area	2010	2015	2016	2017	2018	2019	2020
埃　　及⑤	**Egypt⑤**							
按供给组成分	by Components of Supply							
国内生产	Domestic Production	156.1	207.6	220.5			203.8	
农业产品	Agricultural Products	202.1	299.5	339.8			171.7	
按生产阶段分	by Stage of Processing							
原材料	Raw Materials	152.4	180.4	140.6			158.3	
中间产品	Intermediate Products	129.7	161.5	178.4			250.9	
按最终用途分	by End-Use							
消费品	Consumers' Goods	110.2	124.7	142.8			183.0	
投资用品	Capital Goods	140.6	171.9	178.5			231.5	
南　　非⑥	**South Africa⑥**							
按供给组成分	by Components of Supply							
农业产品②	Agricultural Products②		113.1	131.6	132.2	134.0	131.6	137.8
工业产品	Industrial Products		118.0	126.3	132.5	139.7	146.2	149.9
按生产阶段分	by Stage of Processing							
中间产品	Intermediate Products		117.6	125.6	130.6	135.2	138.7	142.1
加 拿 大	**Canada**							
按供给组成分	by Components of Supply							
农业产品	Agricultural Products	100.0	130.2	124.8	125.9	124.3	125.1	128.0
工业产品	Industrial Products	100.0	110.3	93.5	96.4	100.2	100.0	99.6
按生产阶段分	by Stage of Processing							
原材料	Raw Materials	100.0	94.2	85.5	94.9	103.6	101.0	92.8
墨 西 哥	**Mexico**							
按供给组成分	by Components of Supply							
国内供应	Domestic Supply	100.0	119.2	125.9	136.2	144.6	149.8	155.2
国内生产	Domestic Production	100.0	117.9	124.6	133.2	140.5	144.8	150.6
农业产品	Agricultural Products	100.0	119.6	130.6	140.3	144.7	147.4	154.3
工业产品	Industrial Products	100.0	118.6	128.1	136.6	143.3	148.1	157.1
进口产品	Import Products	100.0	105.3	104.2	106.8	110.6	110.8	109.9
按生产阶段分	by Stage of Processing							
中间产品	Intermediate Products	100.0	118.1	123.9	135.1	144.1	147.2	150.7
按最终用途分	by End-Use							
消费品	Consumers' Goods	100.0	120.2	126.4	135.4	142.2		
投资用品	Capital Goods	100.0	118.0	125.4	137.4	148.0	152.7	157.7

9-2 续表 3 continued

2010年=100 (2010=100)

国家或地区	Country or Area	2010	2015	2016	2017	2018	2019	2020
美 国	**United States**							
按供给组成分	by Components of Supply							
国内生产	Domestic Production	100.0	103.1	100.4	104.8	109.4	108.2	105.3
农业产品	Agricultural Products	100.0	114.8	104.0	107.0	106.6	107.0	104.6
工业产品	Industrial Products	100.0	101.0	98.7	103.5	108.9	107.3	103.7
按生产阶段分	by Stage of Processing							
原材料	Raw Materials	100.0	89.1	81.7	89.8	94.3	87.6	79.0
中间产品	Intermediate Products	100.0	102.6	99.4	104.0	109.5	108.0	105.0
按最终用途分	by End-Use							
消费品	Consumers' Goods	100.0	108.1	106.5	110.6	114.7	115.0	112.4
投资用品	Capital Goods	100.0	107.1	107.6	108.6	110.4	112.8	114.0
阿 根 廷	**Argentina**							
按供给组成分	by Components of Supply							
国内供应	Domestic Supply	100.0						
国内生产	Domestic Production	100.0						
农业产品	Agricultural Products	100.0						
工业产品	Industrial Products	100.0						
进口产品	Import Products	100.0						
白俄罗斯	**Belarus**							
按供给组成分	by Components of Supply							
工业产品	Industrial Products	100.0	444.4	498.0	546.7	584.2	626.8	655.7
按生产阶段分	by Stage of Processing							
中间产品	Intermediate Products	100.0	478.1	533.8	593.2	639.1	689.3	732.4
按最终用途分	by End-Use							
消费品	Consumers' Goods	100.0	399.5	445.3	474.2	498.9	515.8	532.8
投资用品	Capital Goods	100.0	420.6	487.0	532.5	565.6	583.6	614.3
捷 克	**Czech Rep.**							
按供给组成分	by Components of Supply							
农业产品	Agricultural Products	100.0	118.9	113.1	122.0	100.8	106.5	103.0
工业产品	Industrial Products	100.0	104.4	101.0	102.8	104.9	107.7	107.8
进口产品	Import Products	100.0	108.3	103.9	105.0	104.2	104.5	103.4
按生产阶段分	by Stage of Processing							
中间产品	Intermediate Products	100.0	106.8	103.9	106.3	108.7	109.6	107.9
按最终用途分	by End-Use							
消费品	Consumers' Goods	100.0	108.3	106.6	109.2	109.1	112.7	115.2
投资用品	Capital Goods	100.0	103.7	102.8	102.5	102.4	104.1	106.8

9-2 续表 4 continued

2010年=100 (2010=100)

国家或地区	Country or Area	2010	2015	2016	2017	2018	2019	2020
法　国	**France**							
按供给组成分	by Components of Supply							
国内供应	Domestic Supply	100.0	102.1	99.2	101.8	104.6	104.8	101.6
农业产品	Agricultural Products	100.0	113.3	113.5	117.7	120.2	122.4	123.1
工业产品	Industrial Products	100.0	104.8	102.4	104.8	107.6	108.1	105.7
进口产品	Import Products	100.0	98.4	94.7	97.6	100.3	100.1	96.1
按生产阶段分	by Stage of Processing							
原材料	Raw Materials	100.0	98.6	88.2	96.6	108.8	107.7	91.0
中间产品	Intermediate Products	100.0	101.1	98.3	101.5	103.8	103.9	101.1
按最终用途分	by End-Use							
消费品	Consumers' Goods	100.0	105.5	104.9	105.5	105.1	105.5	106.1
投资用品	Capital Goods	100.0	101.4	100.8	101.2	101.7	102.7	103.7
德　国	**Germany**							
按供给组成分	by Components of Supply							
农业产品	Agricultural Products	100.0	105.3	103.9	114.3	114.6	117.5	114.1
工业产品	Industrial Products	100.0	103.9	102.2	105.0	107.8	108.9	107.9
进口产品	Import Products	100.0	100.7	97.5	101.2		101.8	
按生产阶段分	by Stage of Processing							
中间产品	Intermediate Products	100.0	102.1	100.6	104.6	107.4	107.1	105.5
按最终用途分	by End-Use							
消费品	Consumers' Goods	100.0	108.1	108.8	112.1	112.8	114.7	116.1
投资用品	Capital Goods	100.0	104.1	104.7	105.9	107.3	108.9	110.0
意大利	**Italy**							
按供给组成分	by Components of Supply							
工业产品	Industrial Products	100.0	102.6	100.3	102.9	107.0	107.0	102.4
按生产阶段分	by Stage of Processing							
中间产品	Intermediate Products	100.0	103.8	102.6	105.5	107.6	107.5	106.8
按最终用途分	by End-Use							
消费品	Consumers' Goods	100.0	107.1	106.9	108.2	108.9	109.6	110.2
投资用品	Capital Goods	100.0	104.0	104.4	105.3	105.9	107.3	107.7
荷　兰	**Netherlands**							
按供给组成分	by Components of Supply							
工业产品	Industrial Products	100.0	100.9	98.4	102.7	105.9	107.7	104.8
按生产阶段分	by Stage of Processing							
中间产品	Intermediate Products	100.0	103.5	100.8	106.4	110.0	110.0	105.8
按最终用途分	by End-Use							
消费品	Consumers' Goods	100.0	109.1	110.1	113.6	113.7	116.9	120.2
投资用品	Capital Goods	100.0	105.2	106.2	108.0	109.3	116.5	118.6
波　兰	**Poland**							
按供给组成分	by Components of Supply							
工业产品	Industrial Products	100.0	106.1	106.0	111.1	114.2	115.5	114.9
按生产阶段分	by Stage of Processing							
原材料	Raw Materials	100.0	106.4	103.4	111.6	112.1①	116.7①	111.6
中间产品	Intermediate Products	100.0	108.6	108.9	113.3	117.5	118.6	117.2
按最终用途分	by End-Use							
消费品	Consumers' Goods	100.0	106.5	107.7	111.8	112.5	114.4	116.8
投资用品	Capital Goods	100.0	101.0	104.3	105.9	105.0	104.3	104.9
俄罗斯	**Russia**							
按供给组成分	by Components of Supply							
农业产品	Agricultural Products	100.0	148.5	142.3	150.3	148.2	160.2	161.3
工业产品	Industrial Products	100.0	153.8	160.5	172.7	193.7	197.6	190.2

9-2 续表 5 continued

2010年=100 (2010=100)

国家或地区	Country or Area	2010	2015	2016	2017	2018	2019	2020
西 班 牙	**Spain**							
按供给组成分	by Components of Supply							
工业产品	Industrial Products	100.0	107.9	104.5	109.1	112.3	111.8	107.0
按生产阶段分	by Stage of Processing							
中间产品	Intermediate Products	100.0	105.8	104.3	107.8	110.6	110.3	108.3
按最终用途分	by End-Use							
消费品	Consumers' Goods	100.0	108.2	108.5	110.5	110.3	110.5	111.7
投资用品	Capital Goods	100.0	102.5	103.1	104.0	104.8	105.9	106.9
土 耳 其	**Turkey**							
按供给组成分	by Components of Supply							
农业产品	Agricultural Products	100.0	100.0④	103.0④	115.5④	128.9④	158.2④	181.66④
工业产品	Industrial Products	100.0	142.9	149.1	172.7	219.3	257.8	289.2
乌 克 兰⑦	**Ukraine⑦**							
按供给组成分	by Components of Supply							
农业产品	Agricultural Products		234.6	264.2		327.2	310.6	343.4
工业产品	Industrial Products		196.4	237.0	299.7	352.4	367.0	360.1
英 国	**United Kingdom**							
按供给组成分	by Components of Supply							
农业产品	Agricultural Products	100.0	104.1	102.9	116.6	119.8	117.0	120.1
工业产品	Industrial Products	100.0	106.6	100.2	104.1	107.7	109.2	108.2
进口产品	Import Products	100.0	98.6	105.1	112.1	114.5	116.1	114.7
按生产阶段分	by Stage of Processing							
原材料	Raw Materials	100.0	95.7	101.4	108.6	113.7	114.6	112.4
中间产品	Intermediate Products	100.0	106.3	100.1	103.6	108.2	110.4	110.5
按最终用途分	by End-Use							
消费品	Consumers' Goods	100.0	108.8	99.4	102.6	104.2	105.1	106.0
投资用品	Capital Goods	100.0	108.7	102.9	106.1	107.8	110.1	111.3
澳大利亚	**Australia**							
按供给组成分	by Components of Supply							
国内供应	Domestic Supply	100.0	109.2	110.2	111.8	113.9	115.9	116.1
国内生产	Domestic Production	100.0	109.3	110.4	112.6	114.5		
农业产品	Agricultural Products	100.0	127.1	131.4	133.3	134.9	144.4	155.3
工业产品	Industrial Products	100.0	107.4	106.8	110.2	116.0	119.9	121.1
进口产品	Import Products	100.0	110.5	110.7	108.5	111.3		
按生产阶段分	by Stage of Processing							
原材料	Raw Materials	100.0	110.6	111.0	113.8	118.8		
中间产品	Intermediate Products	100.0	110.7	111.3	114.2	118.9		
按最终用途分	by End-Use							
消费品	Consumers' Goods	100.0	110.9	111.9	113.9	115.7		
投资用品	Capital Goods	100.0	109.2	110.0	111.1	114.0		
新 西 兰	**New Zealand**							
按供给组成分	by Components of Supply							
农业产品	Agricultural Products	100.0	99.2	102.1	121.5	126.9	132.0	130.7
工业产品	Industrial Products	100.0	103.1	100.5	108.8	113.6	115.4	114.3
按生产阶段分	by Stage of Processing							
中间产品	Intermediate Products	100.0	105.1	105.6	110.4	114.3	117.5	117.5

注：①1988年7月1日至1989年6月30日为基期。②以2011-2012年为基期。③以2011财政年度(2011年3月21日—2012年3月20日)为基期。④以2015年为基期。⑤2004年7月1日至2005年6月30日为基期。⑥以2012年为基期。⑦以2005年为基期。⑧以2016财政年度(2016年3月21日—2017年3月20日)为基期。

Note: ①The base year is from 1 July 1988 to 30 June 1989.②The base year is 2011-2012.③The base year is fiscal year 2011(from 21 March 2011 to 20 March 2012).④The base year is 2015.⑤The base year is from 1 July 2004 to 30 June 2005.⑥The base year is 2012. ⑦The base year is 2005. ⑧The base year is fiscal year 2016(from 21 March 2016 to 20 March 2017).

9-3 居民消费价格指数
Consumer Price Index

资料来源：世界银行WDI数据库。
Source: World Bank WDI Database.

2010年=100 (2010=100)

国家和地区	Country or Area	2014	2015	2016	2017	2018	2019	2020
中国	China	113.3	114.9	117.2	119.1	121.6	125.1	128.1
中国香港	Hong Kong SAR, China	119.4	122.9	125.9	127.8	130.8	134.6	135.0
中国澳门	Macao SAR, China	125.6	131.3	134.4	136.1	140.2		
孟加拉国	Bangladesh	136.1	144.6	152.5	161.2	170.2	179.7	189.9
文莱	Brunei Darussalam	100.4	99.9	99.7	98.4	99.4	99.0	100.9
柬埔寨	Cambodia	116.1	117.5	121.1	124.6	127.6		
印度	India	140.9	147.9	155.2	160.3	166.7	172.9	184.3
印度尼西亚	Indonesia	124.4	132.3	137.0	142.2	146.7	151.2	154.1
伊朗	Iran	256.0	288.0	308.8	333.7	393.8	550.9	
以色列	Israel	107.4	106.7	106.1	106.4	107.3	108.2	107.5
日本	Japan	102.8	103.6	103.5	104.0	105.0	105.5	105.5
哈萨克斯坦	Kazakhstan	128.7	137.3	157.3	169.0	179.1	188.5	201.2
韩国	Korea, Rep.	109.1	109.8	110.9	113.1	114.7	115.2	115.8
老挝	Lao PDR	124.2	125.8	127.8	128.9	131.5	135.9	142.8
马来西亚	Malaysia	110.5	112.8	115.1	119.6	120.7	121.5	120.1
蒙古	Mongolia	153.7	162.5	163.7	170.8	182.4	195.8	203.0
缅甸	Myanmar	118.2	129.3	138.3	144.6	154.5	168.2	
巴基斯坦	Pakistan	141.7	145.3	150.8	156.9	164.9	182.3	200.1
菲律宾	Philippines	114.7	115.4	116.9	120.2	126.5	129.6	133.0
新加坡	Singapore	113.8	113.2	112.6	113.3	113.8	114.4	114.2
斯里兰卡	Sri Lanka	126.6	131.4	136.6	147.1	150.2	155.5	165.1
泰国	Thailand	111.3	110.3	110.6	111.3	112.5	113.3	112.3
越南	Viet Nam	143.6	144.6	148.4	153.6	159.1	163.5	168.8
埃及	Egypt	142.1	156.8	178.4	231.1	264.4	288.6	303.1
尼日利亚	Nigeria	145.8	158.9	183.9	214.2	240.1	267.5	
南非	South Africa	124.6	130.3	138.9	146.1	152.6	158.9	164.1
加拿大	Canada	107.5	108.7	110.2	112.0	114.5	116.8	117.6
墨西哥	Mexico	116.2	119.4	122.8	130.2	136.6	141.5	146.4
美国	United States	108.6	108.7	110.1	112.4	115.2	117.2	118.7
阿根廷	Argentina							
巴西	Brazil	126.9	138.4	150.5	155.7	161.4	167.4	172.8
委内瑞拉	Venezuela	348.2	772.0	2,740.3				
捷克	Czech Rep.	107.1	107.5	108.2	110.9	113.3	116.5	120.2
法国	France	105.5	105.6	105.8	106.9	108.8	110.0	110.6
德国	Germany	106.7	107.2	107.7	109.4	111.2	112.9	113.4
意大利	Italy	107.5	107.5	107.4	108.7	110.0	110.6	110.5
荷兰	Netherlands	108.5	109.2	109.5	111.0	112.9	115.9	117.4
波兰	Poland	109.1	108.1	107.4	109.6	111.6	114.1	118.0
俄罗斯	Russia	131.2	151.5	162.2	168.2	173.0	180.8	186.9
西班牙	Spain	107.0	106.5	106.3	108.4	110.2	111.0	110.6
土耳其	Turkey	135.7	146.1	157.4	175.0	203.5	234.4	263.2
乌克兰	Ukraine	121.4	180.5	205.6	235.3	261.1	281.7	289.4
英国	United Kingdom	110.6	111.0	112.1	114.9	117.6	119.6	120.8
澳大利亚	Australia	110.4	112.0	113.5	115.7	117.9	119.8	120.8
新西兰	New Zealand	107.6	107.9	108.6	110.7	112.4	114.2	116.2

9-4 初级产品市场价格指数和单位价值指数
Index of Primary Commodities Market Prices and Unit Values

资料来源：国际货币基金组织初级商品价格数据库。
Source: International Monetary Fund Primary Commodity Prices Database.

2016年=100 (2016=100)

商品	Commodities	2018	2019	2020
非燃料商品	**Non-Fuel Commodities**	**107.8**	**108.7**	**116.0**
工业投入	**Industrial Inputs**	**123.8**	**125.6**	**128.0**
食品	**Food**	**102.5**	**99.4**	**101.0**
谷物	Cereals	114.9	109.9	119.1
小麦	Wheat	130.0	114.0	129.5
玉米	Maize	103.3	106.9	104.0
大米	Rice	103.8	102.1	123.1
大麦	Barley	106.7	112.9	107.0
植物油和蛋白质粉	Vegetable Oils and Protein Meals	95.4	90.5	99.3
大豆	Soybeans	94.4	90.2	96.5
大豆粉	Soybean Meal	106.6	95.5	100.3
大豆油	Soybean Oil	91.3	89.5	95.7
棕榈油	Palm Oil	87.5	81.9	104.1
鱼粉	Fish Meal	95.2	88.2	90.9
葵花籽油	Sunflower Oil	89.2	87.5	104.6
橄榄油	Olive Oil	98.3	79.6	66.1
花生	Groundnuts	113.9	102.7	107.6
菜籽油	Rapeseed Oil	100.9	103.9	108.1
肉	Meat	106.5	111.9	102.8
牛肉	Beef	103.0	117.7	112.5
羊肉	Lamb	126.7	126.8	127.2
猪肉	Swine Meat	99.6	103.9	93.5
家禽	Poultry	117.8	107.1	88.5
海鲜	Seafood	103.2	95.0	85.6
鱼	Fish	105.4	96.9	85.4
虾	Shrimp	99.2	91.7	85.9
糖	Sugar	69.9	70.7	73.7
自由市场	Free Market	67.5	68.1	71.0
美国	United States	91.7	94.5	97.6
香蕉	Bananas	114.5	114.0	121.4
橘子	Oranges	88.7	62.7	67.8

9-4 续表 continued

2016年=100 (2016=100)

商品	Commodities	2018	2019	2020
饮料	**Beverages**	**87.5**	**84.2**	**87.1**
咖啡	Coffee	88.6	84.2	89.2
可可豆	Cocoa Beans	79.3	81.0	82.0
茶	Tea	103.8	93.3	88.3
农业原材料	**Agricultural Raw Materials**	**107.3**	**101.5**	**98.2**
木材	Timber	103.8	102.1	102.9
硬木	Hardwood	98.5	95.7	97.0
软木	Softwood	108.1	107.2	107.7
棉	Cotton	123.1	104.9	96.9
羊毛	Wool	149.4	132.6	86.6
精	Fine	149.5	128.3	87.7
粗	Coarse	149.4	137.0	85.5
橡胶	Rubber	94.5	100.5	107.3
兽皮	Hides	78.9	53.0	44.0
金属	**Metals**	**130.3**	**135.1**	**139.8**
铜	Copper	134.1	123.5	126.8
铝	Aluminum	131.4	111.9	106.2
铁矿	Iron Ore	119.8	159.9	184.5
锡	Tin	112.3	104.1	95.5
镍	Nickel	136.7	145.0	143.7
锌	Zinc	139.8	122.0	108.5
铅	Lead	120.0	107.0	97.8
铀	Uranium	92.7	97.8	111.1
能源	**Energy**	**157.7**	**130.4**	**91.4**
现货原油	Spot Crude	156.7	144.2	96.1
天然气	Natural Gas	146.7	92.8	70.8
荷兰TTF中心	Netherlands TTF	181.8	102.2	73.0
印尼出售给日本	Indonesian in Japan	131.7	73.2	58.7
美国	US, domestic market	126.6	103.0	80.6
煤炭	Coal	156.8	114.0	94.8
澳大利亚出口市场	Australian, Export Markets	161.6	117.3	88.4
南非出口市场	South African, Export Markets	152.0	110.6	101.2

主要统计指标解释

国内生产总值缩减指数 衡量在一定时期内整体经济中价格年度变化情况的指标。

生产者价格指数 生产者价格指生产者从购买者那里得到的某一单位货物和服务的价值，具体为总产出减去由购买者支付的增加税等可扣减税。它包括生产者发票上单独列支的运费。

消费者价格指数 是反映报告期经济体为消费目的而获取、使用和支付的货物和服务的价格总体水平随时间变化的指标。每个总指数是通过将大量要素加总指数加权平均而得到，每个要素加总指数是基于某一地区或其居民从某一指定出处或其他消费源获取指定货物和服务的价格的抽样调查数而进行的估算。

Explanatory Notes on Main Statistical Indicators

Gross Domestic Product Deflator measures the average annual rate of price change in the economy as whole for the periods shown.

Producer Price Indices The Amount receivable by the producer from the purchaser for a unit of a good or service produced as output minus any value-added tax, or similar deductible tax, invoiced to the purchaser. It includes any transport charges invoiced separately by the producer.

Consumer Price Indices measures the period-to-period proportional change in the prices of a fixed set of consumer goods and services of constant quantity and characteristics, acquired, used or paid for by the reference population. Each summary measure is constructed as a weighted average of a large number of elementary aggregate indices. Each of the elementary aggregate indices is estimated using a sample of prices for a defined set of goods and services obtained in, or by residents of, a specific region from a given set of outlets or other sources of consumption goods and services.

居民收支和贫困

Household Income and Expenditure and Poverty

10-1 居民消费支出
Households and NPISHs Final Consumption Expenditure

资料来源：世界银行WDI数据库。
Source: World Bank WDI Database.

国家或地区	Country or Area	居民最终消费支出(现价，亿美元) Household and NPISHs Final Consumption Expenditure (current 100 million US$)			人均居民最终消费支出(2010年价格，美元) Household and NPISHs final consumption expenditure per capita (constant 2010 US$)		
		2010	2015	2020	2010	2015	2020
世　界	**World**	**377737**	**425890**	**463829**	**5348**	**5803**	**5866**
高收入国家	**High Income**	**270676**	**284502**	**309855**	**22760**	**23962**	**24032**
中等收入国家	**Middle Income**	**102613**	**136900**		**1983**	**2472**	
低收入国家	**Low Income**	**2245**	**3199**	**3447**	**524**	**548**	**628**
中　国	China	20895	41783		1924	3047	
中国香港	Hong Kong SAR, China	1403	2055	2305	22893	28186	27808
中国澳门	Macao SAR, China	67	119		16127	19811	16748
孟加拉国	Bangladesh	854	1413	2230	746	904	1124
文　莱	Brunei Darussalam	20	26	29	5349	6166	7021
柬埔寨	Cambodia	91	139	180	716	893	1001
印　度	India	9170	12413	15489	720	947	1068
印度尼西亚	Indonesia	4245	4946	6241	1584	1914	2146
伊　朗	Iran	2089	1936	952	2661	2467	2180
以色列	Israel	1329	1640	2015	17884	19567	19119
日　本	Japan	32751	24790		18798	19498	
哈萨克斯坦	Kazakhstan	672	990		4315	5646	
韩　国	Korea, Rep.	5770	7115	7575	12936	13947	14449
老　挝	Lao PDR	53	103		1206	1521	
马来西亚	Malaysia	1227	1626	2050	4093	5372	6321
蒙　古	Mongolia	40	69	75	1469	2314	2753
缅　甸	Myanmar	291	333			632	
巴基斯坦	Pakistan	1412	2158	2071	987	1082	1201
菲律宾	Philippines	1463	2221	2716	1760	2175	2372
新加坡	Singapore	871	1144	1122	18665	20677	19765
斯里兰卡	Sri Lanka	388	543	571	1985	2589	2862
泰　国	Thailand	1780	2060	2653	2694	2999	3370
越　南	Viet Nam	772	1313	1854	1121	1417	1800
埃　及	Egypt	1633	2715	3115	2625	2937	3164
尼日利亚	Nigeria	2427	3825	3010	2014	2112	1845
南　非	South Africa	2215	1898	1808	3242	3427	3196
加拿大	Canada	9219	8998	9437	23571	25202	24575
墨西哥	Mexico	6913	7665	6853	5951	6290	5878
美　国	United States	102603	122635	140476	35722	38235	39527
阿根廷	Argentina	2721	3920	2436	8458	9088	7087
巴　西	Brazil	13302	11528	9061	5302	5638	5260
委内瑞拉	Venezuela	2198					
捷　克	Czech Rep.	1025	887	1118	8021	8408	8863
法　国	France	14628	13178	13977	19669	19802	19288
德　国	Germany	18717	17778	19508	20342	21764	21520
意大利	Italy	12959	11157	10932	19629	18370	17405
荷　兰	Netherlands	3848	3447	3829	20688	20349	19644
波　兰	Poland	2950	2799	3381	6684	7369	8451
俄罗斯	Russia	7851	7183	7339	5496	5977	5936
西班牙	Spain	8253	6990	7173	15653	15049	14113
土耳其	Turkey	4870	5188	4086	5307	6606	7124
乌克兰	Ukraine	867	617	1156	1891	1998	2821
英　国	United Kingdom	15885	18844	16471	27308	28940	26780
澳大利亚	Australia	6439	7731	7143	30713	32460	32108
新西兰	New Zealand	847	1021		19896	22158	

10-2 居民收入分配
Personal Income Distribution

资料来源：世界银行WDI数据库。
Source: World Bank WDI Database.

国家或地区	Country or Area	年份 Year	基尼系数 GINI Index	各组占全部收入或消费的比重(%) As Percentage of Total Income or Consumption(%) 最低的20% Lowest 20% (%)	第二个20% Second 20% (%)	第三个20% Third 20% (%)	第四个20% Fourth 20% (%)	最高的20% Highest 20% (%)
中　国	China	2016	0.39	6.5	10.7	15.3	22.2	45.3
孟加拉国	Bangladesh	2016	0.32	8.6	12.4	16.1	21.4	41.4
印　度	India	2011	0.36	8.1	11.7	15.2	20.5	44.4
印度尼西亚	Indonesia	2019	0.38	6.9	10.8	15.1	21.7	45.5
伊　朗	Iran	2018	0.42	5.8	10.0	14.3	21.3	48.5
以色列	Israel	2016	0.39	5.1	10.6	16.4	23.6	44.2
日　本	Japan	2013	0.33	7.7	12.8	16.6	21.7	41.1
哈萨克斯坦	Kazakhstan	2018	0.28	9.8	13.5	16.8	21.9	37.9
韩　国	Korea, Rep.	2016	0.31	7.5	13.0	17.4	23.0	39.1
老　挝	Lao PDR	2018	0.39	7.0	10.8	14.7	21.0	46.4
马来西亚	Malaysia	2015	0.41	5.8	10.1	14.8	22.0	47.3
蒙　古	Mongolia	2018	0.33	7.9	12.3	16.5	22.5	40.9
缅　甸	Myanmar	2017	0.31	8.9	13.0	16.6	21.6	40.0
巴基斯坦	Pakistan	2018	0.32	9.1	12.6	16.0	21.1	41.1
菲律宾	Philippines	2018	0.42	6.2	9.9	14.0	20.7	49.2
斯里兰卡	Sri Lanka	2016	0.39	7.1	10.8	14.6	20.3	47.2
泰　国	Thailand	2019	0.35	7.7	11.5	15.7	22.3	42.8
越　南	Viet Nam	2018	0.36	6.7	11.9	16.3	22.3	42.9
埃　及	Egypt	2017	0.32	9.0	12.8	16.2	21.0	41.0
尼日利亚	Nigeria	2018	0.35	7.1	11.6	16.2	22.7	42.4
南　非	South Africa	2014	0.63	2.4	4.8	8.2	16.5	68.2
加拿大	Canada	2017	0.33	7.1	12.4	17.0	22.9	40.6
墨西哥	Mexico	2018	0.45	5.4	9.5	13.5	20.0	51.7
美　国	United States	2018	0.41	5.2	10.3	15.3	22.4	46.9
阿根廷	Argentina	2019	0.43	4.7	9.5	15.0	22.9	47.9
巴　西	Brazil	2019	0.53	3.1	7.4	12.3	19.4	57.8
委内瑞拉	Venezuela	2006	0.45	4.2	9.6	14.6	22.1	49.5
捷　克	Czech Rep.	2018	0.25	10.2	14.7	17.6	22.0	35.5
法　国	France	2018	0.32	8.0	12.9	16.7	21.6	40.8
德　国	Germany	2016	0.32	7.6	12.8	17.1	22.8	39.6
意大利	Italy	2017	0.36	6.0	12.0	17.0	23.0	42.1
荷　兰	Netherlands	2018	0.28	8.9	13.8	17.6	22.4	37.2
波　兰	Poland	2018	0.30	8.2	13.3	17.4	22.5	38.6
俄罗斯	Russia	2018	0.38	7.1	11.2	15.2	21.4	45.1
西班牙	Spain	2018	0.35	6.2	12.2	17.1	23.5	41.0
土耳其	Turkey	2019	0.42	5.4	10.1	14.6	21.8	48.0
乌克兰	Ukraine	2019	0.27	9.7	14.0	17.5	22.2	36.5
英　国	United Kingdom	2018	0.41	5.2	10.3	15.3	22.8	42.1
澳大利亚	Australia	2014	0.34	7.4	12.2	16.1	22.4	46.9

10-3 国内贫困率
Poverty Headcount Ratio at National Poverty Lines

资料来源：世界银行WDI数据库。
Source: World Bank WDI Database.

单位：%　　(%)

国家或地区	Country or Area	2010	2015	2018	2019
中　国	China	17.2	5.7	1.7	0.6
安哥拉	Angola			32.3	
阿根廷	Argentina			32.0	35.5
亚美尼亚	Armenia				26.4
奥地利	Austria	14.5	14.1	13.3	
阿塞拜疆	Azerbaijan	9.1			
孟加拉国	Bangladesh	31.5			
白俄罗斯	Belarus	5.2	5.1	5.6	5.0
比利时	Belgium			14.8	
贝　宁	Benin	35.2	40.1		38.5
不　丹	Bhutan				
玻利维亚	Bolivia				37.2
波　黑	Bosnia and Herzegovinian		16.9		
巴　西	Brazil				
保加利亚	Bulgaria		22.9	22.6	23.8
布基纳法索	Burkina Faso			41.4	
柬埔寨	Cambodia				
佛得角	Cape Verde		35.0		
乍　得	Chad			42.3	
智　利	Chile		11.7		
哥伦比亚	Colombia				35.7
哥斯达黎加	Costa Rica		23.6	22.9	23.9
科特迪瓦	Cote D'Ivoire		44.4	39.5	
克罗地亚	Croatia	20.9	19.5	18.3	
塞浦路斯	Cyprus	14.8	16.1	14.7	
捷　克	Czech Rep.	22.1			
丹　麦	Denmark	12.1	11.9	12.5	
吉布提	Djibouti				
多米尼加	Dominican Rep.				
厄瓜多尔	Ecuador	32.8	23.3	23.2	25.0
埃　及	Egypt				
萨尔瓦多	El Salvador				
爱沙尼亚	Estonia	17.5	21.7	21.7	
埃塞俄比亚	Ethiopia	29.6	23.5		
芬　兰	Finland	13.7	11.6	11.6	12.2

10-3 续表 1 continued

单位：%　　　　(%)

国家或地区	Country or Area	2010	2015	2018	2019
法　　国	France	14	13.6	13.6	
加　　蓬	Gabon				
冈 比 亚	Gambia	48.1	48.6		
格鲁吉亚	Georgia	37.3	21.6	20.1	19.5
德　　国	Germany	15.8	16.5	14.8	
希　　腊	Greece	21.4	21.2	17.9	
几 内 亚	Guinea			43.7	
几内亚比绍	Guinea-Bissau	69.3			
洪都拉斯	Honduras		51.5	50.4	48.0
匈 牙 利	Hungary		14.5	12.3	
冰　　岛	Iceland	9.2	8.8		
印　　度	India				
印度尼西亚	Indonesia	13.3	11.2	9.8	9.4
爱 尔 兰	Ireland	15.2	16.8	13.1	
意 大 利	Italy	19.8	20.6	20.1	
牙 买 加	Jamaica	17.6			
约　　旦	Jordan			15.7	
哈萨克斯坦	Kazakhstan			4.3	
肯 尼 亚	Kenya		36.1		
吉尔吉斯斯坦	Kyrgyzstan	33.7	32.1	22.4	20.1
老　　挝	Lao PDR			18.3	
拉脱维亚	Latvia		21.8	22.9	
莱 索 托	Lesotho				
立 陶 宛	Lithuania		21.9	20.6	
卢 森 堡	Luxemburg		15.8	17.5	
马达加斯加	Madagascar	71.7			
马 拉 维	Malawi	50.7			
马来西亚	Malaysia		7.6	5.6	8.4
马　　里	Mali		47.2	43.8	42.3
马 耳 他	Malta	15.6	16.5	17.1	
毛里求斯	Mauritius				
墨 西 哥	Mexico			41.9	
密克罗尼西亚	Micronesia, Fed.				
摩尔多瓦	Moldova				25.2
摩 纳 哥	Monaco				
蒙　　古	Mongolia	38.8		28.4	
黑　　山	Montenegro		24.0	24.5	
缅　　甸	Myanmar	42.2	32.1		
纳米比亚	Namibia		17.4		
尼 泊 尔	Nepal	25.2			
荷　　兰	Netherlands		12.7	13.2	13.6
尼 日 尔	Niger			40.8	

10-3 续表 2 continued

单位：% (%)

国家或地区	Country or Area	2010	2015	2018	2019
尼日利亚	Nigeria			40.1	
北马其顿	North Macedonia	26.8	21.9	21.6	
挪　威	Norway	10.5	12.2	12.7	
巴基斯坦	Pakistan	36.8	24.3	21.9	
巴拿马	Panama	29.8	23.0		
巴拉圭	Paraguay	39	26.6	24.2	23.5
秘　鲁	Peru	30.8	21.8	20.5	20.2
菲律宾	Philippines		23.5	16.7	
波　兰	Poland	17.7	17.3	15.4	
葡萄牙	Portugal	18	19.0	17.2	
罗马尼亚	Romania	22.3	25.3	23.8	
俄罗斯	Russia	12.5	13.3	12.6	12.3
塞尔维亚	Serbia		25.9	23.2	
塞拉利昂	Sierra Leone			56.8	
斯洛伐克	Slovakia	13	12.7	11.9	
斯洛文尼亚	Slovenia		13.9	12.0	
南　非	South Africa	53.2			
西班牙	Spain	20.6	22.3	20.7	
瑞　典	Sweden	15.4	16.2	17.1	
瑞　士	Switzerland	15	14.7	16.0	
塔吉克斯坦	Tajikistan		31.3	27.4	26.3
泰　国	Thailand	16.4	7.2	9.9	6.2
多　哥	Togo		55.1		
突尼斯	Tunisia	20.5	15.2		
土耳其	Turkey	16.1	14.3	14.4	15.0
图瓦卢	Tuvalu	26.3			
乌克兰	Ukraine				1.1
委内瑞拉	Venezuela	26.8	33.1		
越　南	Viet Nam	20.7		6.7	
约旦河西岸和加沙	West Bank and Gaza	25.7			
赞比亚	Zambia	54.7	54.4		
津巴布韦	Zimbabwe				38.3
科索沃	Kosovo		17.6		

10-4 国际贫困率
International Poverty Ratio

资料来源：世界银行WDI数据库。
Source: World Bank WDI Database.
单位：%　　(%)

国家或地区	Country or Area	日均收入不足1.9美元的贫困人口占总人口比重 Poverty headcount ratio at $1.9 a day (2011PPP) (% of population)		日均收入不足3.2美元的贫困人口占总人口比重 Poverty headcount ratio at $3.2 a day (2011 PPP) (% of population)	
		2010	2019	2010	2019
中　国	China	11.2	0.5①	28.6	5.4①
阿尔巴尼亚③	Albania③		1.3		8.2
安哥拉	Angola		49.9②		71.5②
阿根廷	Argentina	1.4	1.5	4.9	4.9
荷　兰	Netherlands		0.2③	0.1	0.2②
亚美尼亚	Armenia	1.0	1.1	14.1	9.8
澳大利亚	Australia	0.3		0.7	
奥地利	Austria	0.5	0.6②	0.6	0.7②
孟加拉国	Bangladesh	19.2	14.3①	60.0	52.3①
比利时	Belgium	0.1	0.1③	0.2	0.1②
贝　宁④	Benin④		49.6		79.2
不　丹③	Bhutan③		1.5		12.2
玻利维亚	Bolivia		3.2		7.8
博茨瓦纳④	Botswana④		14.5		36.5
巴　西	Brazil		4.6		9.1
保加利亚	Bulgaria	2.0	1.4③	4.4	2.2②
加拿大	Canada	0.2	0.2③	0.2	0.5③
佛得角④	Cape Verde④		3.4		15.4
智　利③	Chile③		0.3		0.7
哥伦比亚	Colombia	7.8	4.9	18.5	12.7
哥斯达黎加	Costa Rica	1.6	1.0	4.2	3.2
科特迪瓦④	Cote D'Ivoire④		29.8		59.1
克罗地亚	Croatia	1.2	0.5③	2.3	0.7②
塞浦路斯	Cyprus			0.1	0.1②
捷　克	Czech Rep.			0.1	0.1③
丹　麦	Denmark	0.1	0.1③	0.1	0.2②
吉布提③	Djibouti③		17.0		39.8
多米尼加	Dominican Rep.	2.5		12.0	2.7
厄瓜多尔	Ecuador	5.7	3.6	14.9	9.8
埃　及	Egypt	2.2	3.8③	23.7	28.9③
萨尔瓦多	El Salvador	5.7	1.3	18.3	5.7
爱沙尼亚	Estonia	0.7	0.3③	1.6	0.5②
埃塞俄比亚	Ethiopia	35.6	30.8④	74.6	68.9④
法　国	France	0.1		0.1	0.1②
加　蓬③	Gabon③		3.4		11.2
冈比亚	Gambia	25.4	10.3④	53.5	38.4④
格鲁吉亚	Georgia	12.0	3.8	30.6	14.9
加　纳①	Ghana①		12.7		29.3
希　腊	Greece	1.0	0.9③	1.3	0.3②
几内亚比绍	Guinea-Bissau	68.4		85.4	
洪都拉斯	Honduras	15.6	14.8	29.9	29.0
匈牙利	Hungary	0.1	0.2②	0.3	0.5②
冰　岛	Iceland	0.1		0.2	
印度尼西亚	Indonesia	13.3	2.7	45.0	19.9
伊　朗	Iran		0.5②		3.1②
爱尔兰	Ireland	0.5	0.2③	0.8	0.3③
以色列	Israel	0.2	0.2①	1.0	0.7①
意大利	Italy	1.3	1.4③	1.6	1.8③
日　本	Japan			0.2	
约　旦	Jordan	0.1		2.0	
哈萨克斯坦	Kazakhstan	0.1		1.5	0.2②

10-4 续表 continued

单位：% (%)

国家或地区	Country or Area	日均收入不足1.9美元的贫困人口占总人口比重 Poverty headcount ratio at $1.9 a day (2011PPP) (% of population)		日均收入不足3.2美元的贫困人口占总人口比重 Poverty headcount ratio at $3.2 a day (2011 PPP) (% of population)	
		2010	2019	2010	2019
肯 尼 亚④	Kenya④		37.1		66.5
韩 国	Korea, Rep.	0.5		0.7	
科索沃	Kosovo	2.5	0.4③	16.0	3.6③
吉尔吉斯斯坦	Kyrgyzstan	2.8	0.6	19.0	9.7
拉脱维亚	Latvia	1.6	0.3②	3.6	0.9②
莱 索 托	Lesotho		27.2③		49.9③
利比里亚①	Liberia①		44.4		75.6
立 陶 宛	Lithuania	1.5	0.9②	3.1	1.3②
卢 森 堡③	Luxemburg③		0.3		0.4
马达加斯加	Madagascar	78.2		91.2	
马 拉 维	Malawi	71.1	69.2①	89.2	89.0①
马 耳 他	Malta	0.2	0.1②	0.3	0.2②
毛里求斯③	Mauritius③		0.2		
墨 西 哥	Mexico	4.5	1.7②	12.6	6.5②
摩尔多瓦	Moldova	0.5	0.1③	6.0	0.9②
蒙 古	Mongolia	0.7	0.5②	9.6	5.0②
黑 山④	Montenegro④		1.4	0.8	8.0
缅 甸③	Myanmar③		1.4		15.0
纳米比亚④	Namibia④		13.8		30.3
尼 泊 尔	Nepal	15.0		50.8	
尼日利亚	Nigeria		39.1②		71.0②
北马其顿	North Macedonia	10.4	3.4②	17.9	7.1②
挪 威	Norway	0.2	0.3②	0.2	0.3②
巴基斯坦	Pakistan	8.3	4.4②	48.0	35.7②
巴 拿 马	Panama	4.5	1.2	10.7	4.6
巴 拉 圭	Paraguay	5.2	0.9	12.7	4.5
秘 鲁	Peru	5.5	2.2	14.9	7.5
菲 律 宾②	Philippines②		2.7		17.0
波 兰	Poland	0.3	0.2②	1.0	0.4②
葡 萄 牙	Portugal	0.1	0.4②	0.4	0.7②
罗马尼亚	Romania	3.8	2.4②	10.2	5.1②
俄 罗 斯	Russia	0.1		0.8	0.4②
卢 旺 达	Rwanda	63.2	56.5①	84.0	80.2①
圣卢西亚①	Saint Lucia①		4.6		10.2
圣多美和普林西比	Sao Tome and Principe	34.6	35.6③	72.0	65.4③
塞尔维亚	Serbia		5.4③	2.1	8.9③
塞拉利昂	Sierra Leone		43.0②		76.0②
斯洛伐克	Slovakia	0.5	0.2②	0.8	1.0②
南 非	South Africa	16.2		35.6	
西 班 牙	Spain	0.7	0.9②	1.1	1.3②
斯里兰卡	Sri Lanka		0.9①		11.0①
瑞 典	Sweden	0.5	0.7②	0.7	0.9②
塔吉克斯坦④	Tajikistan④		4.1		17.8
坦桑尼亚③	Tanzania③		49.9		76.8
泰 国	Thailand	0.1	0.1	2.4	0.3
多 哥	Togo		51.1④		74.2④
汤 加④	Tonga④		1.0		7.5
突 尼 斯	Tunisia	2.0	0.2④	9.2	3.0④
土 耳 其	Turkey	0.8	0.4	4.3	2.2
图 瓦 卢	Tuvalu	3.3		17.6	
乌 干 达①	Uganda①		41.3		69.6
乌 克 兰	Ukraine			0.2	0.2
英 国	United Kingdom	0.1	0.3③	0.3	0.5③
美 国	United States	1.0	1.0②	1.2	1.2②
乌 拉 圭	Uruguay	0.2	0.1	1.3	0.5
瓦努阿图	Vanuatu	13.2		39.4	
越 南	Viet Nam	4.0	1.8②	16.8	6.6②
约旦河西岸和加沙	West Bank and Gaza	0.2	0.8①	3.2	4.5①
赞 比 亚	Zambia	65.8	58.7④	80.8	75.4④
津巴布韦③	Zimbabwe③		33.9		61.0

注：①2016年数据。②2018年数据。③2017年数据。④2015年数据。
Note:①Data refer to 2016.②Data refer to 2018.③Data refer to 2017.④Data refer to 2015.

10-5 贫困人口社会指标
Social Indicators of Poverty

资料来源：世界银行WDI数据库。
Source: World Bank WDI Database.

国家或地区	Country or Area	全部人口营养不良发生率(%) Prevalence of Undernourishment (% of population)	5岁以内儿童死亡率(‰) Mortality Rate, Under-5 (per 1000 live births)	12-23个月儿童麻疹疫苗免疫接种率(%) Immunization, measles (% of children ages 12-23 months)	在熟练医护人员护理下的分娩率(%) Births attended by skilled health staff (% of total)
		2019	2019	2019	2018
世　　界	**World**	**8.9**	**37.7**	**85.7**	**80.9**
中　　国	China	2.5	7.9	99.0	
阿 富 汗	Afghanistan	25.6	60.3	64.0	58.8
阿 根 廷	Argentina	3.9	9.3	94.0	
孟加拉国	Bangladesh	9.7	30.8	97.0	52.7
玻利维亚	Bolivia	12.6	26.0	79.0	71.5
巴　　西	Brazil	2.5	13.9	91.0	
保加利亚	Bulgaria	3.0	6.7	93.0	
柬 埔 寨	Cambodia	6.2	26.6	84.0	
古　　巴	Cuba	2.5	5.1	99.0	99.9
塞浦路斯	Cyprus	2.5	2.3	86.0	98.3
埃　　及	Egypt	5.4	20.3	95.0	
萨尔瓦多	El Salvador	8.5	13.3	82.0	99.9
加　　纳	Ghana	6.1	46.2	92.0	
几 内 亚	Guinea		98.8	47.0	55.3
印　　度	India	15.3	34.3	95.0	
印度尼西亚	Indonesia	6.5	23.9	88.0	93.6
伊　　朗	Iran	5.5	13.9	99.0	
伊 拉 克	Iraq	37.5	25.9	82.0	95.6
哈萨克斯坦	Kazakhstan	2.5	10.5	99.0	99.9
朝　　鲜	Korea, Dem.	42.4	17.3	98.0	
吉尔吉斯斯坦	Kyrgyzstan	7.2	18.3	96.0	99.8
老　　挝	Lao PDR	5.3	45.5	69.0	
利 比 亚	Libya		11.5	73.0	
马来西亚	Malaysia	3.2	8.6	97.0	
墨 西 哥	Mexico	7.2	14.2	73.0	
蒙　　古	Mongolia	4.3	15.6	98.0	99.3
缅　　甸	Myanmar	7.6	44.7	84.0	
尼 泊 尔	Nepal	4.8	30.8	92.0	
尼日利亚	Nigeria	14.6	117.2	54.0	43.3
巴基斯坦	Pakistan	12.9	67.2	75.0	69.3
巴 拿 马	Panama	7.5	14.9	97.0	92.9
巴 拉 圭	Paraguay	9.2	19.4	87.0	97.7
秘　　鲁	Peru	8.7	13.2	85.0	93.1
菲 律 宾	Philippines	9.4	27.3	67.0	
卢 旺 达	Rwanda	35.2	34.3	96.0	
塞拉利昂	Sierra Leone	26.2	109.2	93.0	
南　　非	South Africa	6.5	34.5	72.0	
泰　　国	Thailand	8.2	9.0	96.0	
土 耳 其	Turkey	2.5	10.0	97.0	98.0
乌 克 兰	Ukraine	2.5	8.4	93.0	
乌兹别克斯坦	Uzbekistan	2.5	17.4	98.0	100.0
越　　南	Viet Nam	6.7	19.9	95.0	

10-6 居民消费支出构成
Composition of Household Final Consumption Expenditure

资料来源：经合组织数据库。
Source:OECD Database.
单位：% (%)

国家或地区	Country or Area	年份 Year	食品、非酒精饮料 Food and Non-alcoholic Beverages	酒精饮料、烟草和麻醉品 Alcoholic Beverages,Tobacco and Narcotics	服装和鞋类 Clothing and Footwear	住房、水、电、天然气和其他燃料 Housing, Water, Electricity, Gas and other Fuels	家具、家用设备及住房日常维护 Furnishings, Households Equipment and Routine Maintenance of the House
澳大利亚	Australia	2020	10.49	4.44	3.66	24.04	5.19
奥地利	Austria	2020	11.33	3.62	4.83	25.27	7.14
比利时	Belgium	2020①	14.37	4.46	4.04	25.41	6.53
加拿大	Canada	2020	10.58	4.19	3.36	26.62	5.99
智利	Chile	2019	17.47	3.35	5.35	15.56	6.35
哥伦比亚	Colombia	2019①	17.95	3.33	6.22	16.10	4.12
捷克	Czech Rep.	2020	17.07	8.38	3.12	28.37	5.63
丹麦	Denmark	2020	12.33	3.64	4.08	28.85	6.00
爱沙尼亚	Estonia	2020	21.58	8.23	5.70	19.28	5.07
芬兰	Finland	2020	12.59	5.23	3.26	30.49	5.11
法国	France	2020①	15.04	4.35	3.14	28.33	4.86
德国	Germany	2020①	11.98	3.51	3.87	25.61	6.97
希腊	Greece	2020①	19.41	5.10	3.62	23.06	2.95
匈牙利	Hungary	2020①	18.74	8.04	3.15	22.67	5.47
冰岛	Iceland	2020	13.63	4.74	3.51	26.80	6.18
爱尔兰	Ireland	2020	9.78	6.00	4.23	28.61	4.34
以色列	Israel	2020	17.79	2.98	2.75	29.47	5.51
意大利	Italy	2020	16.74	4.65	5.44	25.38	6.50
日本	Japan	2018	15.39	2.21	3.42	24.93	4.13
韩国	Korea, Rep.	2020①	12.85	1.94	5.16	18.56	3.44
拉脱维亚	Latvia	2020	20.49	7.50	4.86	23.32	4.24
立陶宛	Lithuania	2020	21.70	6.10	5.09	15.54	7.66
卢森堡	Luxemburg	2020	9.53	8.18	4.42	24.49	7.11
墨西哥	Mexico	2020①	27.16	3.60	2.21	18.39	6.13
荷兰	Netherlands	2020①	12.86	3.51	4.84	26.30	6.51
新西兰	New Zealand	2019①	12.61	4.89	3.54	25.10	5.26
挪威	Norway	2020	13.32	0.43	4.80	22.86	6.89
波兰	Poland	2020	17.93	6.61	4.84	20.89	5.75
葡萄牙	Portugal	2020①	18.87	3.05	5.17	19.40	4.88
斯洛伐克	Slovakia	2020	19.39	5.32	4.05	30.69	6.14
斯洛文尼亚	Slovenia	2020	15.78	5.01	5.14	20.92	5.58
西班牙	Spain	2020	15.82	4.60	3.30	25.60	4.63
瑞典	Sweden	2020	13.24	3.66	3.53	27.03	6.49
瑞士	Switzerland	2019①	8.91	3.51	2.41	25.34	3.54
土耳其	Turkey	2020	24.16	3.58	6.44	15.09	8.48
英国	United Kingdom	2020	9.50	3.94	5.13	28.74	5.05
美国	United States	2020	7.24	2.00	2.78	19.84	4.77

10-6 续表 continued

单位：%　　(%)

国家或地区	Country or Area	年份 Year	医疗保健 Health	交通 Transport	通讯 Communications	休闲与文化 Recreation and Culture	教育 Education	饭店和旅馆 Restaurants and Hotels	其他 Others
澳大利亚	Australia	2020	7.26	7.67	2.06	10.15	5.31	5.63	14.12
奥地利	Austria	2020	4.09	10.87	2.10	8.72	0.96	10.66	10.40
比利时	Belgium	2020①	6.48	10.24	2.62	7.48	0.37	4.70	13.30
加拿大	Canada	2020	4.13	12.55	2.91	7.81	1.83	5.27	14.75
智利	Chile	2019	8.09	12.97	2.94	6.58	3.60	6.08	11.66
哥伦比亚	Colombia	2019①	8.12	8.04	3.35	6.09	4.27	11.62	10.78
捷克	Czech Rep.	2020	2.81	8.84	3.23	8.20	0.50	5.71	8.12
丹麦	Denmark	2020	3.07	11.64	2.00	10.94	0.88	4.92	11.64
爱沙尼亚	Estonia	2020	3.60	9.64	2.68	8.73	0.50	5.68	9.30
芬兰	Finland	2020	4.90	10.55	2.53	9.54	0.41	5.10	10.29
法国	France	2020①	3.99	11.70	2.53	7.61	0.48	5.53	12.44
德国	Germany	2020①	5.33	13.10	2.35	9.64	0.93	3.86	12.85
希腊	Greece	2020①	4.78	10.35	4.86	4.85	2.30	10.28	8.45
匈牙利	Hungary	2020①	4.21	11.33	3.01	6.73	1.77	6.31	8.57
冰岛	Iceland	2020	2.90	12.04	3.06	9.65	1.13	8.58	7.79
爱尔兰	Ireland	2020	4.99	11.28	2.93	5.81	2.03	10.83	9.17
以色列	Israel	2020	3.61	10.77	2.59	5.60	2.55	4.70	11.67
意大利	Italy	2020	3.75	10.85	2.33	5.88	0.94	7.05	10.49
日本	Japan	2018	3.72	10.23	3.57	7.64	2.08	7.78	14.41
韩国	Korea, Rep.	2020①	5.88	11.00	5.59	6.11	4.74	9.46	15.27
拉脱维亚	Latvia	2020	5.48	10.49	2.94	7.54	1.63	4.57	6.94
立陶宛	Lithuania	2020	5.28	13.89	2.88	7.39	0.58	3.51	10.39
卢森堡	Luxemburg	2020	3.51	12.54	1.51	5.39	0.95	6.12	16.27
墨西哥	Mexico	2020①	3.91	14.53	2.38	4.89	1.45	3.19	12.16
荷兰	Netherlands	2020①	3.28	11.05	2.60	8.75	0.70	6.12	13.49
新西兰	New Zealand	2019①	2.34	12.60	2.06	8.62	1.37	6.03	9.72
挪威	Norway	2020	3.15	14.14	2.61	10.73	0.45	5.62	10.81
波兰	Poland	2020	6.39	11.91	2.34	7.25	0.94	3.06	12.09
葡萄牙	Portugal	2020①	5.05	12.03	2.08	5.39	1.53	12.38	10.19
斯洛伐克	Slovakia	2020	2.39	5.31	3.10	8.04	1.34	5.43	8.80
斯洛文尼亚	Slovenia	2020	4.42	14.16	3.13	7.78	1.18	5.73	11.16
西班牙	Spain	2020	4.73	10.37	2.84	5.95	1.77	9.33	11.08
瑞典	Sweden	2020	3.13	11.95	2.99	11.11	0.32	5.27	11.28
瑞士	Switzerland	2019①	16.82	9.33	2.50	6.79	1.00	8.77	11.06
土耳其	Turkey	2020	2.16	15.31	3.15	6.07	1.48	6.46	7.64
英国	United Kingdom	2020	2.00	10.29	1.84	11.75	2.77	6.32	12.66
美国	United States	2020	21.82	8.37	2.03	8.77	2.09	5.92	14.36

注：①临时数据
Note:①Provisional value

主要统计指标解释

居民最终消费支出(私人消费) 是指由家庭购买的包括耐用消费品(比如小汽车、洗衣机和家用电脑)在内的各种产品和服务的市场价值。

基尼系数 反映个人或家庭收入分配(或消费)与完全平均收入分配之间差异程度的指标，介于“0”和“1”之间。“0”表示收入分配绝对平均，即每个家庭或每个人都得到同样份额的收入；“1”表示收入分配极端不平等，一个家庭或个人拥有全社会的收入。

国家贫困线 国家贫困线反映了当地消费或收入水平，它是衡量国民是否处于贫困的数量界限。贫困和非贫困线的界定是随着一个国家平均收入水平而变化的,到目前为止国家间贫困率的比较还没有一个统一的标准来衡量。然而国家贫困线的变化可以在一定程度上反映国家减贫政策及成效。几乎所有国家的贫困线的界定是基于大众化食品消费和非食品支出补助。但平均收入贫困线的提高主要取决于非食品构成，而不是来自于食品构成。

国家贫困率 是指生活在国家贫困线以下的人口的百分比。

城市贫困率 是指生活在国家城市贫困线以下的城市人口的百分比。

农村贫困率 是指生活在农村贫困线以下的农村人口的百分比。

Explanatory Notes on Main Statistical Indicators

Household Final Consumption Expenditure (Private Consumption) is the market value of all goods and services, including durable products (such as cars, washing machines, and home computers), purchased by households.

GINI Index measures the extent to which the distribution of income (or, in some cases, consumption expenditure) among individuals or households within an economy deviates from a perfectly equal distribution. Thus a GINI index of zero represents perfect equality, while an index of 1 implies perfect inequality.

National Poverty Lines The setting of national poverty lines reflects local perceptions of the level of consumption or income needed not to be poor. The perceived boundary between poor and not poor rises with the average income of a country and so does not provide a uniform measure for comparing poverty rates across countries. Nevertheless, national poverty estimates are clearly the appropriate measure for setting national policies for poverty reduction and for monitoring their results. Almost all the national poverty lines use a food bundle based on prevailing diets that attains predetermined nutritional requirements for good health and normal activity levels, plus an allowance for nonfood spending. The rise in poverty lines with average income is driven more by the gradient in the nonfood component of the poverty lines than in the food component, although there is still an appreciable share attributable to the gradient in food poverty lines.

National Poverty Rate is the percentage of the country's population living below the national poverty line.

Urban Poverty Rate is the percentage of the urban population living below the national urban poverty line.

Rural Poverty Rate is the percentage of the rural population living below the national rural poverty line.

农　业

Agriculture

11-1　农业和食品生产指数
Gross Agriculture and Food Production Indices

资料来源：联合国FAO数据库。
Source: FAO Database.
2014-2016年=100　　(2014-2016=100)

国家或地区	Country or Area	农业 Agriculture			食品 Food		
		2010	2015	2018	2010	2015	2018
世　界	**World**	**88.9**	**99.9**	**105.7**	**88.8**	**99.9**	**105.6**
中　国	China	89.2	100.8	104.2	88.9	100.8	104.3
中国香港	Hong Kong SAR, China	100.8	96.1	81.6	100.8	96.1	81.6
中国澳门	Macao SAR, China	106.1	86.0	87.2	106.1	86.0	87.2
孟加拉国	Bangladesh	89.6	101.0	107.9	90.2	101.0	107.5
文　莱	Brunei Darussalam	89.9	97.8	99.5	89.8	97.8	99.5
柬埔寨	Cambodia	78.8	99.0	117.9	79.6	98.9	116.6
印　度	India	86.3	98.1	113.0	85.5	98.3	114.5
印度尼西亚	Indonesia	90.3	100.3	117.7	93.5	100.7	114.4
伊　朗	Iran	89.6	98.5	89.3	89.5	98.2	89.5
以色列	Israel	91.3	99.1	96.3	91.7	99.0	96.6
日　本	Japan	96.1	99.8	99.5	95.9	99.8	99.4
哈萨克斯坦	Kazakhstan	77.3	99.0	114.8	77.8	99.1	113.8
韩　国	Korea, Rep.	93.7	99.6	99.1	93.6	99.6	99.1
老　挝	Lao PDR	61.8	104.3	98.1	61.2	104.5	97.2
马来西亚	Malaysia	89.0	104.1	102.5	82.6	102.4	100.8
蒙　古	Mongolia	65.8	110.5	131.2	64.9	110.9	132.4
缅　甸	Myanmar	94.6	100.7	107.5	94.4	100.6	107.6
巴基斯坦	Pakistan	86.9	98.6	115.7	85.7	99.7	118.6
菲律宾	Philippines	91.2	100.3	104.5	90.9	100.4	104.7
新加坡	Singapore	75.5	98.5	112.9	75.5	98.5	112.9
斯里兰卡	Sri Lanka	93.3	104.8	103.7	89.6	105.7	105.2
泰　国	Thailand	90.1	97.0	104.9	94.2	96.6	103.7
越　南	Viet Nam	84.0	100.8	105.8	84.6	100.8	105.0
埃　及	Egypt	90.4	101.4	97.2	90.2	101.4	96.8
尼日利亚	Nigeria	86.8	98.9	105.3	86.0	98.9	105.2
南　非	South Africa	90.4	100.7	103.8	90.5	100.7	103.7
加拿大	Canada	86.0	98.7	108.0	86.2	98.5	108.4
墨西哥	Mexico	88.5	98.4	111.1	88.5	98.4	110.5
美　国	United States	92.5	96.8	103.5	92.3	97.0	103.2
阿根廷	Argentina	88.3	103.9	97.2	88.0	104.1	97.2
巴　西	Brazil	89.1	101.7	108.0	88.8	101.8	107.3
委内瑞拉	Venezuela	103.8	101.3	90.5	103.4	101.4	90.2
捷　克	Czech Rep.	87.6	97.1	92.9	87.6	97.1	93.0
法　国	France	97.9	102.1	96.8	98.5	102.2	96.5
德　国	Germany	94.6	99.3	91.5	94.6	99.3	91.6
意大利	Italy	108.8	102.5	98.8	108.6	102.6	98.9
荷　兰	Netherlands	90.2	99.8	96.7	90.3	99.8	96.8
波　兰	Poland	91.2	96.5	103.0	91.2	96.5	103.0
俄罗斯	Russia	73.9	100.1	104.7	73.9	100.0	104.7
西班牙	Spain	95.4	99.4	117.2	95.5	99.4	117.9
土耳其	Turkey	85.6	101.9	106.4	85.2	102.2	105.9
乌克兰	Ukraine	77.6	96.8	107.7	77.6	96.8	107.7
英　国	United Kingdom	94.4	101.3	99.4	94.3	101.4	99.4
澳大利亚	Australia	85.2	99.9	96.6	85.8	100.6	94.2
新西兰	New Zealand	86.8	100.8	99.3	85.7	100.8	99.7

11-2 收获面积(2020年)

Harvest Areas of Major Farm Crops(2020)

资料来源：联合国FAO数据库。
Source: FAO Database.
单位：千公顷 (1 000 hectares)

国家或地区	Country or Area	谷物 Cereals,Total	稻谷 Rice, paddy	小麦 Wheat	玉米 Maize
世界	**World**	**736009.2**	**164192.2**	**219006.9**	**201983.6**
中国	China	97770.5	30341.8	23382.2	41292.0
孟加拉国	Bangladesh	12233.6	11417.7	332.3	471.7
文莱	Brunei Darussalam	0.9	0.9		
柬埔寨	Cambodia	3092.5	2917.4		175.1
印度	India	102057.2	45000.0	31357.0	9865.0
印度尼西亚	Indonesia	14612.6	10657.3		3955.3
伊朗	Iran	10282.6	422.7	7584.4	205.4
以色列	Israel	64.4		50.7	3.8
日本	Japan	1805.3	1462.0	212.6	0.1
哈萨克斯坦	Kazakhstan	15663.7	102.3	12057.1	162.8
朝鲜	Korea, Dem.	1341.3	470.3	72.4	583.3
韩国	Korea, Rep.	796.1	726.4	5.2	15.6
老挝	Lao PDR	1021.2	821.2		200.0
马来西亚	Malaysia	654.8	645.5		9.3
蒙古	Mongolia	353.1		328.8	
缅甸	Myanmar	7557.1	6655.8	59.2	527.6
巴基斯坦	Pakistan	14082.6	3335.1	8804.7	1417.8
菲律宾	Philippines	7272.8	4718.9		2553.8
斯里兰卡	Sri Lanka	1145.0	1066.4		78.2
泰国	Thailand	11774.4	10401.7	1.2	1100.9
越南	Viet Nam	8163.5	7222.6		939.6
埃及	Egypt	3607.1	554.2	1370.2	1458.9
尼日利亚	Nigeria	20191.6	5257.2	50.0	7534.5
南非	South Africa	3372.8	1.1	509.8	2610.8
加拿大	Canada	15937.0		10017.8	1408.2
墨西哥	Mexico	9556.0	47.6	561.3	7156.4
美国	United States	53195.6	1208.8	14870.7	33373.6
阿根廷	Argentina	16608.5	185.3	6729.8	7730.5
巴西	Brazil	23891.7	1677.7	2434.7	18253.8
委内瑞拉	Venezuela	580.5	122.4	0.2	444.6
白俄罗斯	Belarus	2374.0		722.7	213.6
捷克	Czech Rep.	1344.9		798.6	87.2
法国	France	8904.7	14.8	4512.4	1691.1
德国	Germany	6065.2		2835.5	419.3
意大利	Italy	3011.7	227.3	1711.2	602.9
荷兰	Netherlands	172.3		108.9	19.4
波兰	Poland	7410.5		2373.3	946.1
俄罗斯	Russia	44754.7	195.9	28864.3	2731.9
西班牙	Spain	6069.2	102.1	1914.7	343.8
土耳其	Turkey	11128.1	125.4	6914.6	690.6
乌克兰	Ukraine	14977.6	11.2	6564.5	5392.1
英国	United Kingdom	3038.3		1387.0	
澳大利亚	Australia	16124.6	5.0	9863.2	37.7
新西兰	New Zealand	112.8		45.7	15.6

11-2 续表 1 continued

单位：千公顷 (1 000 hectares)

国家或地区	Country or Area	大豆 Soybeans	根茎类作物 Roots and Tubers,Total	花生 Groundnuts, with shell	油菜籽 Rapeseed	籽棉 Seed Cotton
世　界	**World**	**126951.5**	**63537.7**	**31568.6**	**35496.5**	**31840.2**
中　国	China	9869.4	6857.2	4619.7	6800.0	3250.0
孟加拉国	Bangladesh	61.3	485.9	32.7	309.1	21.6
文　莱	Brunei Darussalam		0.7			
柬埔寨	Cambodia	110.0	267.0	18.0		0.2
印　度	India	12100.0	2438.0	6100.0	7500.0	12864.6
印度尼西亚	Indonesia	690.0	916.2	345.0		2.9
伊　朗	Iran	60.0	131.1	2.4	160.0	56.1
以色列	Israel		16.6	2.5		7.7
日　本	Japan	141.7	127.0	6.2	1.8	
哈萨克斯坦	Kazakhstan	125.1	193.8		124.2	125.9
朝　鲜	Korea, Dem.	163.7	187.6			19.9
韩　国	Korea, Rep.	55.0	45.9	3.7	1.0	
老　挝	Lao PDR	8.1	237.4	15.8		1.7
马来西亚	Malaysia		5.3	0.1		
蒙　古	Mongolia		17.6		50.0	
缅　甸	Myanmar	139.0	70.4	1132.4		180.0
巴基斯坦	Pakistan	0.1	209.2	136.3	403.2	2078.9
菲律宾	Philippines	0.4	334.2	24.0		
斯里兰卡	Sri Lanka	3.5	28.3	19.5		
泰　国	Thailand	17.4	1460.4	13.6		2.0
越　南	Viet Nam	41.6	652.0	169.6		0.1
埃　及	Egypt	17.0	196.2	64.0		65.0
尼日利亚	Nigeria	647.3	16681.5	4073.1		373.6
南　非	South Africa	705.0	98.6	37.5	74.1	43.0
加拿大	Canada	2041.2	143.6		8325.2	
墨西哥	Mexico	157.0	75.8	59.6	3.0	144.0
美　国	United States	33313.3	433.5	653.9	728.1	3521.4
阿根廷	Argentina	16721.4	118.0	367.4	16.6	413.6
巴　西	Brazil	37188.2	1416.2	178.8	35.0	1633.1
委内瑞拉	Venezuela	7.6	81.1	1.0		2.0
白俄罗斯	Belarus		253.4		355.1	
捷　克	Czech Rep.	14.2	23.9		368.2	
法　国	France	186.7	214.5		1113.9	
德　国	Germany	33.8	273.5		957.7	
意大利	Italy	256.1	47.4		16.9	
荷　兰	Netherlands		164.5		1.7	
波　兰	Poland	7.2	225.7		980.9	
俄罗斯	Russia		1178.1			
西班牙	Spain	1.5	65.4		71.5	
土耳其	Turkey	35.1	148.0	54.8	35.0	359.2
乌克兰	Ukraine	1364.3	1325.2		1112.5	
英　国	United Kingdom		142.0		380.0	
澳大利亚	Australia	9.8	29.0	4.5	2034.1	69.9
新西兰	New Zealand		12.1		1.1	

11-2 续表 2 continued

单位：千公顷 (1 000 hectares)

国家或地区	Country or Area	甘蔗 Sugar Cane	甜菜 Sugar Beet	茶叶 Tea	水果 Fruit Primary
世　界	**World**	**26466.9**	**4439.1**	**5310.3**	**64859.3**
中　国	China	1368.0	195.2	3365.7	14968.0
孟加拉国	Bangladesh	86.2	86.2	59.4	525.7
文　莱	Brunei Darussalam				1.8
柬埔寨	Cambodia	95.0			61.2
印　度	India	4790.1		629.8	7230.6
印度尼西亚	Indonesia	420.5		107.9	891.5
伊　朗	Iran	92.9	93.7	15.1	1172.8
以色列	Israel				75.0
日　本	Japan	21.7	56.8	39.1	179.3
哈萨克斯坦	Kazakhstan		14.4		165.6
朝　鲜	Korea, Dem.				241.8
韩　国	Korea, Rep.			2.3	178.3
老　挝	Lao PDR	22.8		5.9	67.3
马来西亚	Malaysia	1.3		1.9	85.2
蒙　古	Mongolia				3.3
缅　甸	Myanmar	179.9		90.0	475.8
巴基斯坦	Pakistan	1165.0	0.5		963.1
菲律宾	Philippines	399.1			1322.2
斯里兰卡	Sri Lanka	14.4		264.7	117.2
泰　国	Thailand	1834.4		19.5	987.2
越　南	Viet Nam	185.4		107.4	742.2
埃　及	Egypt	135.8	263.5		644.0
尼日利亚	Nigeria	86.3			1922.3
南　非	South Africa	282.6		1.1	316.0
加拿大	Canada		15.1		85.8
墨西哥	Mexico	777.1	0.1		1565.9
美　国	United States	383.5	462.3		1059.6
阿根廷	Argentina	501.5	501.5	33.0	462.8
巴　西	Brazil	10014.2		0.2	2082.2
委内瑞拉	Venezuela	50.9	1.1		233.0
白俄罗斯	Belarus		83.2		87.0
捷　克	Czech Rep.		59.7		30.9
法　国	France		420.9		906.3
德　国	Germany		386.0		172.2
意大利	Italy		27.3		1131.4
荷　兰	Netherlands		81.5		20.6
波　兰	Poland		245.9		331.4
俄罗斯	Russia		916.6	0.5	653.0
西班牙	Spain		27.6		1548.1
土耳其	Turkey		336.3	83.5	1348.6
乌克兰	Ukraine		220.0		279.3
英　国	United Kingdom		111.1		29.6
澳大利亚	Australia	366.4	366.4		267.8
新西兰	New Zealand				75.7

11-3 主要农产品产量
Production of Major Farm Crops

资料来源：联合国FAO数据库。
Source:FAO Database.
单位：万吨 (10 000 tons)

国家或地区	Country or Area	谷物 Cereals,Total 2010	谷物 Cereals,Total 2020	国家或地区	Country or Area	稻谷 Rice, paddy 2010	稻谷 Rice, paddy 2020
世　界	**World**	**245794.7**	**299614.2**	**世　界**	**World**	**69444.9**	**75674.4**
中　国	China	49634.3	61551.8	中　国	China	19576.1	21186.0
美　国	United States	40112.6	43487.5	印　度	India	14396.3	17830.5
印　度	India	26783.8	33503.5	孟加拉国	Bangladesh	5006.1	5490.6
俄罗斯	Russia	5961.9	13003.8	印度尼西亚	Indonesia	5928.3	5464.9
巴　西	Brazil	7516.0	12556.8	越　南	Viet Nam	4000.6	4275.9
阿根廷	Argentina	3976.9	8657.3	泰　国	Thailand	3570.3	3023.1
印度尼西亚	Indonesia	7761.1	7714.9	缅　甸	Myanmar	3206.5	2510.0
加拿大	Canada	4612.2	6501.4	菲律宾	Philippines	1577.2	1929.5
乌克兰	Ukraine	3868.6	6434.2	巴　西	Brazil	1123.6	1109.1
孟加拉国	Bangladesh	5186.3	5996.0	柬埔寨	Cambodia	824.5	1096.0
法　国	France	6583.9	5685.0	美　国	United States	1102.7	1032.3
越　南	Viet Nam	4461.4	4732.1	日　本	Japan	1069.2	970.6
德　国	Germany	4403.9	4326.5	巴基斯坦	Pakistan	723.5	841.9
巴基斯坦	Pakistan	3481.1	4254.1	尼日利亚	Nigeria	447.3	817.2
土耳其	Turkey	3276.5	3718.5	尼泊尔	Nepal	402.4	555.1
墨西哥	Mexico	3492.5	3637.5	斯里兰卡	Sri Lanka	430.1	512.1
泰　国	Thailand	4093.4	3550.8	埃　及	Egypt	433.0	489.4
波　兰	Poland	2722.8	3486.5	韩　国	Korea,Rep.	581.1	471.3
埃塞俄比亚	Ethiopia	1838.0	3024.9	坦桑尼亚	Tanzania	265.0	452.8
尼日利亚	Nigeria	2465.0	2867.3	马达加斯加	Madagascar	473.8	423.2
缅　甸	Myanmar	3404.3	2755.3	老　挝	Lao PDR	307.1	368.7
菲律宾	Philippines	2214.9	2741.4	秘　鲁	Peru	283.1	343.7
西班牙	Spain	1988.0	2732.1	哥伦比亚	Colombia	198.8	342.4
澳大利亚	Australia	3346.5	2661.4	马　里	Mali	129.6	301.0
埃　及	Egypt	1946.5	2232.0	几内亚	Guinea	161.4	291.6
伊　朗	Iran	1959.7	2201.3	马来西亚	Malaysia	246.5	232.2
哈萨克斯坦	Kazakhstan	1211.6	2017.9	朝　鲜	Korea,Dem.	242.6	211.3
罗马尼亚	Romania	1671.3	1937.4	伊　朗	Iran	249.0	200.0
英　国	United Kingdom	2094.6	1896.2	中国台湾	Taiwan,China	145.1	175.1
南　非	South Africa	1470.1	1823.7	意大利	Italy	151.6	150.7
意大利	Italy	1850.3	1694.5	科特迪瓦	Côte d'Ivoire	120.6	148.1
匈牙利	Hungary	1226.9	1556.7	刚果(金)	Congo, Dem. Rep.	75.5	137.9
坦桑尼亚	Tanzania	864.3	1249.3	塞内加尔	Senegal	60.4	135.0
柬埔寨	Cambodia	901.9	1191.0	厄瓜多尔	Ecuador	170.6	133.7
塞尔维亚	Serbia	929.5	1147.2	阿根廷	Argentina	124.3	122.3
尼泊尔	Nepal	777.1	1093.6	乌拉圭	Uruguay	114.9	120.9
日　本	Japan	1145.5	1092.3	巴拉圭	Paraguay	31.5	118.8
马　里	Mali	533.9	1035.2	俄罗斯	Russian	106.1	114.2
丹　麦	Denmark	886.3	946.8	塞拉利昂	Sierra Leone	102.7	105.0
伊拉克	Iraq	436.2	888.5	土耳其	Turkey	86.0	98.0
保加利亚	Bulgaria	713.6	859.8	加　纳	Ghana	49.2	97.3
巴拉圭	Paraguay	497.6	843.3	多米尼加	Dominican Rep.	85.0	94.3
白俄罗斯	Belarus	674.2	840.4	西班牙	Spain	92.8	73.9
捷　克	Czech Rep.	688.2	812.7	圭亚那	Guyana	55.6	68.8
乌兹别克斯坦	Uzbekistan	747.4	712.2	哈萨克斯坦	Kazakhstan	37.3	55.7
立陶宛	Lithuania	279.7	654.5	玻利维亚	Bolivia	44.2	48.7
阿富汗	Afghanistan	595.7	602.6	尼加拉瓜	Nicaragua	45.4	47.7
瑞　典	Sweden	428.0	595.5	伊拉克	Iraq	15.6	46.4
尼日尔	Niger	526.4	587.8	阿富汗	Afghanistan	67.2	44.0
奥地利	Austria	486.7	565.0	委内瑞拉	Venezuela	90.0	42.9

11-3 续表 1 continued

单位：万吨 (10 000 tons)

国家或地区	Country or Area	小麦 Wheat 2010	小麦 Wheat 2020	国家或地区	Country or Area	玉米 Maize 2010	玉米 Maize 2020
世界	**World**	**64040.0**	**76092.6**	**世界**	**World**	**85275.2**	**116235.3**
中国	China	11518.1	13425.0	美国	United States	31561.8	36025.2
印度	India	8080.4	10759.0	中国	China	17742.5	26067.0
俄罗斯	Russia	4150.8	8589.6	巴西	Brazil	5536.4	10396.4
美国	United States	6006.2	4969.1	阿根廷	Argentina	2266.3	5839.6
法国	France	2330.0	3518.3	乌克兰	Ukraine	1195.3	3029.0
加拿大	Canada	3820.7	3014.4	印度	India	2172.6	3016.0
乌克兰	Ukraine	2331.1	2524.8	墨西哥	Mexico	2330.2	2742.5
巴基斯坦	Pakistan	1685.1	2491.2	印度尼西亚	Indonesia	1832.8	2250.0
德国	Germany	2378.3	2217.2	南非	South Africa	1281.5	1530.0
阿根廷	Argentina	1967.4	2050.0	俄罗斯	Russia	308.4	1387.9
土耳其	Turkey	901.6	1977.7	加拿大	Canada	1204.3	1356.3
澳大利亚	Australia	1214.3	1500.0	法国	France	1397.5	1341.9
伊朗	Iran	2183.4	1448.0	尼日利亚	Nigeria	767.7	1200.0
英国	United Kingdom	963.8	1425.8	罗马尼亚	Romania	904.2	1094.2
哈萨克斯坦	Kazakhstan	940.8	1243.3	埃塞俄比亚	Ethiopia	548.1	1002.2
波兰	Poland	1487.8	965.8	巴基斯坦	Pakistan	370.7	846.5
罗马尼亚	Romania	717.7	900.0	匈牙利	Hungary	698.5	836.5
埃及	Egypt	594.1	814.4	菲律宾	Philippines	637.7	811.9
意大利	Italy	581.2	675.5	塞尔维亚	Serbia	720.7	787.3
保加利亚	Bulgaria	685.0	671.6	埃及	Egypt	704.1	750.0
乌兹别克斯坦	Uzbekistan	617.1	634.8	意大利	Italy	849.6	679.3
西班牙	Spain	274.9	623.8	坦桑尼亚	Tanzania	473.3	671.1
巴西	Brazil	674.5	615.8	波兰	Poland	199.4	669.5
匈牙利	Hungary	285.6	547.9	土耳其	Turkey	431.0	650.0
埃塞俄比亚	Ethiopia	453.2	518.5	巴拉圭	Paraguay	310.9	583.5
阿富汗	Afghanistan	374.5	512.1	泰国	Thailand	486.1	480.6
捷克	Czech Rep.	416.2	490.2	越南	Viet Nam	460.7	456.0
丹麦	Denmark	409.5	484.8	西班牙	Spain	332.5	421.4
伊拉克	Iraq	171.0	481.9	德国	Germany	421.2	402.0
摩洛哥	Morocco	506.0	407.0	孟加拉国	Bangladesh	88.7	401.5
阿尔及利亚	Algeria	214.3	321.4	肯尼亚	Kenya	346.5	378.9
立陶宛	Lithuania	260.5	310.7	马拉维	Malawi	341.9	369.2
瑞典	Sweden	367.7	298.7	马里	Mali	135.6	351.7
墨西哥	Mexico	163.0	287.4	赞比亚	Zambia	279.5	338.7
叙利亚	Syrian Arab Republic	308.3	284.8	加纳	Ghana	187.2	307.1
塞尔维亚	Serbia	173.9	284.8	保加利亚	Bulgaria	204.7	301.4
拉脱维亚	Latvia	98.9	266.0	尼泊尔	Nepal	185.5	283.6
白俄罗斯	Belarus	487.6	256.2	乌干达	Uganda	237.4	275.0
阿塞拜疆	Azerbaijan	155.7	218.5	克罗地亚	Croatia	206.8	243.1
尼泊尔	Nepal	118.5	213.3	奥地利	Austria	195.6	241.2
斯洛伐克	Slovakia	143.0	210.9	安哥拉	Angola	107.3	230.0
比利时	Belgium	127.2	181.9	朝鲜	Korea, Dem.	168.3	221.4
奥地利	Austria	185.0	174.1	刚果(金)	Congo, Dem. Rep.	178.2	211.2
南非	South Africa	151.8	165.3	喀麦隆	Cameroon	167.0	209.1
土库曼斯坦	Turkmenistan	147.7	132.0	缅甸	Myanmar	135.4	204.1
突尼斯	Tunisia	140.2	130.3	布基纳法索	Burkina Faso	113.3	192.0
智利	Chile	152.4	123.1	危地马拉	Guatemala	163.8	191.0
巴拉圭	Paraguay	192.1	109.5	斯洛伐克	Slovakia	92.1	164.3
摩尔多瓦	Moldova	82.2	104.2	莫桑比克	Mozambique	209.0	163.2
荷兰	Netherlands	90.1	102.9	贝宁	Benin	101.3	161.2

11-3 续表 2 continued

单位：万吨 (10 000 tons)

国家或地区	Country or Area	大豆 Soybeans 2010	2020	国家或地区	Country or Area	根茎类作物 Roots and Tubers,Total 2010	2020
世 界	**World**	**26508.8**	**35346.4**	**世 界**	**World**	**74571.3**	**84762.2**
巴 西	Brazil	6875.6	12179.8	中 国	China	14836.0	13394.7
美 国	United States	9066.3	11254.9	尼日利亚	Nigeria	8731.2	11832.7
阿根廷	Argentina	5267.5	4879.7	印 度	India	4573.2	5752.9
中 国	China	1508.3	1960.0	刚果(金)	Congo, Dem. Rep.	3256.8	4276.1
印 度	India	1273.6	1122.6	加 纳	Ghana	2094.0	3173.6
巴拉圭	Paraguay	746.0	1102.4	泰 国	Thailand	2245.7	2949.6
加拿大	Canada	444.5	635.9	巴 西	Brazil	2925.7	2307.1
俄罗斯	Russia	122.2	430.8	印度尼西亚	Indonesia	2739.5	2154.7
玻利维亚	Bolivia	169.3	282.9	乌克兰	Ukraine	1870.5	2083.8
乌克兰	Ukraine	168.0	279.8	美 国	United States	1943.3	2034.9
乌拉圭	Uruguay	179.3	199.0	俄罗斯	Russia	2114.1	1960.7
南 非	South Africa	56.6	124.6	科特迪瓦	Cote D'Ivoire	784.1	1428.6
印度尼西亚	Indonesia	90.7	104.0	马拉维	Malawi	767.5	1409.5
意大利	Italy	55.3	100.6	坦桑尼亚	Tanzania	845.6	1307.5
塞尔维亚	Serbia	54.1	75.2	越 南	Viet Nam	1026.7	1215.5
尼日利亚	Nigeria	36.5	60.0	德 国	Germany	1014.3	1171.5
法 国	France	14.0	40.7	安哥拉	Angola	1568.7	1095.6
罗马尼亚	Romania	15.0	35.4	孟加拉国	Bangladesh	823.7	985.2
赞比亚	Zambia	11.2	29.7	法 国	France	666.1	869.2
克罗地亚	Croatia	15.4	26.6	喀麦隆	Cameroon	629.5	829.9
哈萨克斯坦	Kazakhstan	11.4	26.1	波 兰	Poland	844.8	784.9
贝 宁	Benin	6.3	25.4	柬埔寨	Cambodia	436.1	774.5
墨西哥	Mexico	16.8	24.6	贝 宁	Benin	614.8	737.1
朝 鲜	Korea, Dem.	35.0	23.0	秘 鲁	Peru	560.2	734.1
日 本	Japan	22.3	21.9	荷 兰	Netherlands	684.4	702.0
埃塞俄比亚	Ethiopia	1.6	20.9	老 挝	Laos	132.8	693.8
奥地利	Austria	9.5	20.5	莫桑比克	Mozambique	676.1	625.1
柬埔寨	Cambodia	15.7	18.0	乌干达	Uganda	517.1	605.3
马拉维	Malawi	7.3	18.0	埃 及	Egypt	413.8	579.1
加 纳	Ghana	14.6	17.7	英 国	United Kingdom	605.6	552.0
匈牙利	Hungary	8.5	16.6	加拿大	Canada	544.1	529.5
土耳其	Turkey	8.7	15.5	白俄罗斯	Belarus	783.1	523.1
缅 甸	Myanmar	25.5	14.5	土耳其	Turkey	454.9	520.0
伊 朗	Iran	15.7	14.0	埃塞俄比亚	Ethiopia	236.1	511.4
斯洛伐克	Slovakia	2.4	13.2	巴基斯坦	Pakistan	361.3	493.7
哥伦比亚	Colombia	5.4	11.9	阿尔及利亚	Algeria	330.0	465.9
孟加拉国	Bangladesh	7.0	10.5	伊 朗	Iran	427.5	447.5
德 国	Germany	0.2	9.1	哥伦比亚	Colombia	439.8	433.2
韩 国	Korea, Rep.	10.5	8.1	马达加斯加	Madagascar	438.8	420.5
乌干达	Uganda	2.7	7.5	赞比亚	Zambia	142.8	415.7
莫桑比克	Mozambique		7.5	哈萨克斯坦	Kazakhstan	255.5	400.7
越 南	Viet Nam	29.9	6.5	布隆迪	Burundi	166.3	393.1
津巴布韦	Zimbabwe	5.7	6.0	比利时	Belgium	345.6	392.9
埃 及	Egypt	4.3	5.0	卢旺达	Rwanda	381.3	366.4
布基纳法索	Burkina Faso	2.2	4.8	几内亚	Guinea	148.5	347.9
危地马拉	Guatemala	4.4	4.1	肯尼亚	Kenya	389.7	347.2
安哥拉	Angola	0.6	4.1	菲律宾	Philippines	291.6	339.9
尼泊尔	Nepal	2.2	3.8	巴拉圭	Paraguay	266.8	338.5
波斯尼亚和黑塞哥维那	Bosnia and Herzegovina	0.8	3.7	日 本	Japan	355.5	332.4
摩尔多瓦	Moldova	11.1	3.3	尼泊尔	Nepal	267.5	329.1

11-3 续表 3 continued

单位：万吨 (10 000 tons)

国家或地区	Country or Area	花生 Groundnuts, with Shell 2010	花生 Groundnuts, with Shell 2020	国家或地区	Country or Area	油菜籽 Rapeseed 2010	油菜籽 Rapeseed 2020
世　界	**World**	**4278.7**	**5363.9**	**世　界**	**World**	**5986.1**	**7237.6**
中　国	China	1564.4	1799.3	加拿大	Canada	1278.9	1948.5
印　度	India	826.5	995.2	中　国	China	1308.2	1400.0
尼日利亚	Nigeria	379.9	449.3	印　度	India	660.8	912.4
美　国	United States	188.6	278.2	德　国	Germany	569.8	352.7
塞内加尔	Senegal	128.7	179.7	法　国	France	481.5	329.7
缅　甸	Myanmar	137.0	164.7	波　兰	Poland	222.9	298.7
阿根廷	Argentina	61.1	128.5	俄罗斯	Russia	67.0	257.2
几内亚	Guinea	33.2	107.4	乌克兰	Ukraine	147.0	255.7
印度尼西亚	Indonesia	136.7	86.0	澳大利亚	Australia	190.7	229.9
乍　得	Chad	110.3	84.0	美　国	United States	111.2	157.6
坦桑尼亚	Tanzania	46.5	69.0	捷　克	Czech Rep.	104.2	124.5
巴　西	Brazil	26.1	65.1	英　国	United Kingdom	223.0	103.8
尼日尔	Niger	40.6	59.4	立陶宛	Lithuania	41.7	97.2
喀麦隆	Cameroon	53.6	50.0	匈牙利	Hungary	53.1	87.7
加　纳	Ghana	53.1	45.0	罗马尼亚	Romania	94.3	78.0
越　南	Viet Nam	48.7	42.5	白俄罗斯	Belarus	37.5	73.1
马拉维	Malawi	29.7	35.0	巴基斯坦	Pakistan	16.2	56.6
乌干达	Uganda	27.6	33.6	丹　麦	Denmark	58.0	56.0
刚果(金)	Congo, Dem. Rep.	38.8	31.5	拉脱维亚	Latvia	22.6	45.6
布基纳法索	Burkina Faso	34.0	27.0	斯洛伐克	Slovakia	32.2	44.6
马　里	Mali	31.4	26.0	孟加拉国	Bangladesh	22.2	35.8
安哥拉	Angola	11.5	23.2	伊　朗	Iran	14.6	34.0
科特迪瓦	Cote D'Ivoire	9.0	22.8	瑞　典	Sweden	27.6	33.9
土耳其	Turkey	9.7	21.6	保加利亚	Bulgaria	54.5	27.9
埃　及	Egypt	20.3	21.4	爱沙尼亚	Estonia	13.1	20.3
埃塞俄比亚	Ethiopia	7.2	20.5	西班牙	Spain	3.6	19.6
尼加拉瓜	Nicaragua	18.0	18.4	南　非	South Africa	3.7	16.7
贝　宁	Benin	15.4	17.3	智　利	Chile	4.4	15.4
中　非	Central African Rep.	14.0	13.9	哈萨克斯坦	Kazakhstan	10.9	15.3
赞比亚	Zambia	16.4	12.7	土耳其	Turkey	10.6	12.2
巴基斯坦	Pakistan	6.8	12.2	克罗地亚	Croatia	3.3	12.0
冈比亚	Gambia	13.8	11.0	乌拉圭	Uruguay	0.9	11.3
莫桑比克	Mozambique	15.8	10.3	奥地利	Austria	17.1	10.0
墨西哥	Mexico	8.1	10.1	瑞　士	Switzerland	6.8	8.8
津巴布韦	Zimbabwe	13.7	7.7	塞尔维亚	Serbia	2.4	7.4
孟加拉国	Bangladesh	5.3	6.0	巴拉圭	Paraguay	10.2	6.7
马达加斯加	Madagascar	3.0	5.9	意大利	Italy	5.0	4.9
塞拉利昂	Sierra Leone	8.1	5.9	摩尔多瓦	Moldova	4.5	4.7
中国台湾	Taiwan, China	6.5	5.4	爱尔兰	Ireland	2.8	4.4
南　非	South Africa	8.8	5.0	巴　西	Brazil	7.0	4.4
多　哥	Togo	4.6	4.5	阿根廷	Argentina	1.7	3.3
几内亚比绍	Guinea-Bissau	3.6	4.3	芬　兰	Finland	17.9	3.1
老　挝	Laos	5.1	4.2	比利时	Belgium	4.6	3.0
斯里兰卡	Sri Lanka	1.4	3.8	阿尔及利亚	Algeria	2.5	2.3
摩洛哥	Morocco	5.0	3.7	蒙　古	Mongolia	1.1	2.3
加　蓬	Gabon	2.0	3.6	埃塞俄比亚	Ethiopia	1.9	1.3
乌兹别克斯坦	Uzbekistan	0.8	3.2	希　腊	Greece	2.5	1.2
菲律宾	Philippines	3.0	2.9	波斯尼亚和黑塞哥维那	Bosnia and Herzegovina	0.1	1.0
泰　国	Thailand	4.9	2.9	卢森堡	Luxembourg	1.6	0.9
玻利维亚	Bolivia	1.3	2.7	斯洛文尼亚	Slovenia	1.6	0.9

11-3 续表 4 continued

单位: 万吨 (10 000 tons)

国家或地区	Country or Area	芝麻 Sesame Seed 2010	芝麻 Sesame Seed 2020	国家或地区	Country or Area	籽棉 Seed Cotton 2010	籽棉 Seed Cotton 2020
世 界	**World**	**407.5**	**680.4**	**世 界**	**World**	**6917.8**	**8311.3**
苏 丹	Sudan	24.8	152.5	中 国	China	1791.0	2950.0
缅 甸	Myanmar	78.7	74.0	印 度	India	1776.0	1773.1
坦桑尼亚	Tanzania	14.4	71.0	美 国	United States	947.4	973.7
印 度	India	89.3	65.8	巴 西	Brazil	295.0	707.0
尼日利亚	Nigeria	14.9	49.0	巴基斯坦	Pakistan	561.4	345.4
中 国	China	58.7	44.7	乌兹别克斯坦	Uzbekistan	344.3	306.4
布基纳法索	Burkina Faso	9.1	27.0	土耳其	Turkey	215.0	177.4
埃塞俄比亚	Ethiopia	32.8	26.0	阿根廷	Argentina	75.4	104.6
乍 得	Chad	12.6	20.2	布基纳法索	Burkina Faso	53.0	78.3
乌干达	Uganda	11.9	14.6	贝 宁	Benin	13.7	72.8
莫桑比克	Mozambique	6.3	13.2	墨西哥	Mexico	44.0	67.5
巴 西	Brazil	0.5	11.1	土库曼斯坦	Turkmenistan	128.6	63.6
巴基斯坦	Pakistan	3.1	10.2	科特迪瓦	Cote D'Ivoire	17.5	49.0
尼日尔	Niger	8.6	8.8	喀麦隆	Cameroon	19.0	44.6
喀麦隆	Cameroon	1.3	7.0	塔吉克斯坦	Tajikistan	31.1	40.1
墨西哥	Mexico	3.7	5.2	澳大利亚	Australia	93.9	37.3
阿富汗	Afghanistan	3.2	4.2	阿塞拜疆	Azerbaijan	3.8	33.7
埃 及	Egypt	4.6	3.8	哈萨克斯坦	Kazakhstan	24.0	32.7
巴拉圭	Paraguay	4.0	3.7	缅 甸	Myanmar	50.5	30.9
塞内加尔	Senegal	0.5	3.6	坦桑尼亚	Tanzania	26.7	30.2
马 里	Mali	1.3	3.5	尼日利亚	Nigeria	60.2	28.2
危地马拉	Guatemala	5.0	3.5	埃 及	Egypt	37.8	21.5
索马里	Somalia	2.6	3.4	埃塞俄比亚	Ethiopia	5.8	18.8
孟加拉国	Bangladesh	3.2	3.2	马 里	Mali	24.4	14.7
泰 国	Thailand	4.8	3.1	乍 得	Chad	6.4	14.5
柬埔寨	Cambodia	3.0	3.0	伊 朗	Iran	16.7	14.5
伊 朗	Iran	4.5	2.9	乌干达	Uganda	8.4	12.8
越 南	Viet Nam	1.7	2.8	南 非	South Africa	2.1	11.8
也 门	Yemen	2.5	2.2	多 哥	Togo	4.3	10.2
土耳其	Turkey	2.3	1.9	津巴布韦	Zimbabwe	15.0	9.3
委内瑞拉	Venezuela	1.5	1.5	叙利亚	Syrian Arab Republic	47.2	9.0
乌兹别克斯坦	Uzbekistan	0.4	1.3	莫桑比克	Mozambique	6.2	8.9
叙利亚	Syrian Arab Republic	0.5	1.2	阿富汗	Afghanistan	3.3	7.4
肯尼亚	Kenya	1.1	1.2	孟加拉国	Bangladesh	4.3	7.3
老 挝	Laos	1.0	1.1	吉尔吉斯斯坦	Kyrgyzstan	7.4	7.3
贝 宁	Benin	1.0	1.0	几内亚	Guinea	3.7	4.4
玻利维亚	Bolivia	1.0	1.0	赞比亚	Zambia	10.7	4.1
斯里兰卡	Sri Lanka	1.7	0.8	朝 鲜	Korea, Dem.	3.5	4.0
韩 国	Korea, Rep.	1.3	0.7	刚果(金)	Congo, Dem. Rep.	2.6	2.9
中 非	Central African Rep.	2.9	0.7	巴拉圭	Paraguay	1.5	2.9
伊拉克	Iraq	1.3	0.6	加 纳	Ghana	1.0	2.8
厄立特里亚	Eritrea	0.4	0.5	塞内加尔	Senegal	2.6	2.0
刚果(金)	Congo, Dem. Rep.	0.5	0.5	马拉维	Malawi	2.9	2.0
尼加拉瓜	Nicaragua	0.4	0.4	秘 鲁	Peru	6.4	1.9
海 地	Haiti	0.4	0.4	中 非	Central African Rep.	1.0	1.6
沙特阿拉伯	Saudi Arabia	0.5	0.4	以色列	Israel	1.8	1.5
哥伦比亚	Colombia	0.2	0.4	马达加斯加	Madagascar	1.4	1.5
塞拉利昂	Sierra Leone	0.3	0.3	也 门	Yemen	2.5	1.0
安哥拉	Angola	0.3	0.3	尼日尔	Niger	0.4	1.0
科特迪瓦	Cote D'Ivoire	0.3	0.3	哥伦比亚	Colombia	8.9	0.8

11-3 续表 5 continued

单位：万吨 (10 000 tons)

国家或地区	Country or Area	甘蔗 Sugar Cane		国家或地区	Country or Area	甜菜 Sugar Beets	
		2010	2020			2010	2020
世　界	**World**	**166940.9**	**186971.5**	**世　界**	**World**	**22830.2**	**25296.9**
巴　西	Brazil	71746.4	75711.7	俄罗斯	Russia	2225.6	3391.5
印　度	India	29230.2	37050.0	美　国	United States	2906.1	3049.8
中　国	China	11078.9	10812.1	德　国	Germany	2343.2	2861.8
巴基斯坦	Pakistan	4937.3	8100.9	法　国	France	3187.5	2619.5
泰　国	Thailand	6880.8	7496.8	土耳其	Turkey	1794.2	2302.6
墨西哥	Mexico	5042.2	5395.3	波　兰	Poland	997.3	1417.2
美　国	United States	2482.1	3274.9	埃　及	Egypt	784.0	1304.4
澳大利亚	Australia	3123.5	3028.3	中　国	China	929.6	1159.8
印度尼西亚	Indonesia	2660.0	2891.4	乌克兰	Ukraine	1374.9	915.0
危地马拉	Guatemala	2231.4	2835.0	荷　兰	Netherlands	528.0	669.1
哥伦比亚	Colombia	3253.9	2465.0	伊　朗	Iran	386.6	622.6
菲律宾	Philippines	1792.9	2439.9	英　国	United Kingdom	652.7	598.0
南　非	South Africa	1601.6	1822.0	比利时	Belgium	446.5	478.4
阿根廷	Argentina	1889.0	1804.6	白俄罗斯	Belarus	377.3	401.1
埃　及	Egypt	1570.9	1491.4	日　本	Japan	309.0	391.2
古　巴	Cuba	1160.0	1389.5	捷　克	Czech Rep.	306.5	367.1
缅　甸	Myanmar	925.0	1188.6	摩洛哥	Morocco	243.6	363.2
越　南	Viet Nam	1616.2	1153.5	丹　麦	Denmark	240.9	255.9
厄瓜多尔	Ecuador	834.7	1101.6	西班牙	Spain	353.5	243.3
秘　鲁	Peru	985.5	1046.9	奥地利	Austria	313.2	209.2
玻利维亚	Bolivia	640.3	1009.4	瑞　典	Sweden	197.4	202.7
尼加拉瓜	Nicaragua	489.4	858.5	塞尔维亚	Serbia	332.5	201.8
伊　朗	Iran	564.8	782.7	意大利	Italy	355.0	183.1
萨尔瓦多	El Salvador	512.7	769.4	瑞　士	Switzerland	130.2	142.4
巴拉圭	Paraguay	513.1	743.1	斯洛伐克	Slovakia	97.8	127.3
肯尼亚	Kenya	571.0	680.0	智　利	Chile	142.0	125.9
乌干达	Uganda	332.0	577.8	加拿大	Canada	50.8	106.7
斯威士兰	Eswatini	511.0	569.9	立陶宛	Lithuania	70.7	94.8
多米尼加	Dominican Rep.	457.7	531.7	匈牙利	Hungary	81.9	78.0
洪都拉斯	Honduras	444.4	503.0	罗马尼亚	Romania	83.8	77.8
赞比亚	Zambia	370.0	482.7	克罗地亚	Croatia	124.9	77.4
哥斯达黎加	Costa Rica	373.5	419.5	哈萨克斯坦	Kazakhstan	15.2	46.6
孟加拉国	Bangladesh	449.1	368.3	吉尔吉斯斯坦	Kyrgyzstan	13.9	44.9
坦桑尼亚	Tanzania	280.1	362.0	摩尔多瓦	Moldova	83.8	42.3
津巴布韦	Zimbabwe	269.2	359.0	芬　兰	Finland	54.2	42.2
尼泊尔	Nepal	259.3	340.0	阿塞拜疆	Azerbaijan	25.2	23.4
马拉维	Malawi	270.0	305.9	土库曼斯坦	Turkmenistan	18.0	19.5
马达加斯加	Madagascar	290.6	301.7	希　腊	Greece	88.9	8.9
巴拿马	Panama	222.9	277.9	突尼斯	Tunisia		8.6
莫桑比克	Mozambique	272.0	273.8	亚美尼亚	Armenia	2.6	5.5
毛里求斯	Mauritius	436.6	262.1	伊拉克	Iraq	2.0	3.2
委内瑞拉	Venezuela	684.2	261.9	哥伦比亚	Colombia	1.5	3.0
刚果(金)	Congo, Dem. Rep.	207.9	213.6	阿尔巴尼亚	Albania	4.0	2.7
科特迪瓦	Cote D'Ivoire	180.0	213.4	委内瑞拉	Venezuela	2.0	2.3
柬埔寨	Cambodia	36.6	212.3	巴基斯坦	Pakistan		1.7
斐　济	Fiji	175.1	172.6	马　里	Mali	0.4	0.8
海　地	Haiti	122.0	155.0	斯洛文尼亚	Slovenia		0.7
伯利兹	Belize	112.3	153.7	黎巴嫩	Lebanon	0.2	0.5
尼日利亚	Nigeria	100.9	151.7	阿富汗	Afghanistan	1.5	0.5
老　挝	Lao PDR	81.9	145.0	厄瓜多尔	Ecuador	0.4	0.4

11-3　续表 6　continued

单位：万吨 (10 000 tons)

国家或地区	Country or Area	茶叶 Tea 2010	茶叶 Tea 2020	国家或地区	Country or Area	水果 Fruit Primary 2010	水果 Fruit Primary 2020
世　界	**World**	**461.1**	**702.4**	**世　界**	**World**	**73241.7**	**88702.7**
中　国	China	145.0	297.0	中　国	China	19510.0	24279.4
印　度	India	99.1	142.5	印　度	India	7640.9	10597.1
肯尼亚	Kenya	39.9	57.0	巴　西	Brazil	4155.7	3975.9
阿根廷	Argentina	9.2	33.5	土耳其	Turkey	1922.9	2415.3
斯里兰卡	Sri Lanka	33.1	27.8	墨西哥	Mexico	1705.9	2383.8
土耳其	Turkey	23.5	25.5	美　国	United States	2915.7	2374.8
越　南	Viet Nam	19.8	24.0	印度尼西亚	Indonesia	1563.5	2274.4
印度尼西亚	Indonesia	15.0	13.8	西班牙	Spain	1791.5	1947.1
缅　甸	Myanmar	9.5	12.6	伊　朗	Iran	1782.9	1896.4
泰　国	Thailand	6.7	9.8	意大利	Italy	1861.3	1782.8
孟加拉国	Bangladesh	6.0	9.0	菲律宾	Philippines	1618.9	1648.2
伊　朗	Iran	12.1	8.5	埃　及	Egypt	1231.3	1473.4
日　本	Japan	8.5	7.0	尼日利亚	Nigeria	1076.3	1153.0
乌干达	Uganda	4.9	6.3	越　南	Viet Nam	732.7	1061.7
马拉维	Malawi	5.2	4.8	哥伦比亚	Colombia	856.5	1052.2
坦桑尼亚	Tanzania	3.3	4.6	泰　国	Thailand	1039.5	1009.8
卢旺达	Rwanda	2.2	3.4	巴基斯坦	Pakistan	966.9	982.6
莫桑比克	Mozambique	2.9	3.4	法　国	France	904.4	888.7
尼泊尔	Nepal	1.7	2.4	厄瓜多尔	Ecuador	936.5	763.0
布隆迪	Burundi	3.8	1.6	乌干达	Uganda	474.9	745.8
中国台湾	Taiwan, China	1.7	1.4	南　非	South Africa	613.0	745.7
埃塞俄比亚	Ethiopia	0.8	1.0	阿根廷	Argentina	748.2	744.1
老　挝	Lao PDR	0.3	1.0	秘　鲁	Peru	494.1	737.6
马来西亚	Malaysia	2.0	0.9	阿尔及利亚	Algeria	444.8	705.5
巴布亚新几内亚	Papua New Guinea	0.6	0.6	危地马拉	Guatemala	432.9	689.9
喀麦隆	Cameroon	0.6	0.6	智　利	Chile	615.4	678.0
津巴布韦	Zimbabwe	1.1	0.4	刚果(金)	Congo, Dem. Rep.	406.9	674.8
刚果(金)	Congo, Dem. Rep.	0.2	0.3	喀麦隆	Cameroon	495.1	641.0
韩　国	Korea, Rep.	0.2	0.2	加　纳	Ghana	488.7	635.1
格鲁吉亚	Georgia	0.4	0.2	哥斯达黎加	Costa Rica	530.4	619.1
南　非	South Africa	0.2	0.2	俄罗斯	Russia	361.5	590.7
秘　鲁	Peru	0.3	0.2	乌兹别克斯坦	Uzbekistan	388.0	582.5
厄瓜多尔	Ecuador	0.2	0.1	多米尼加	Dominican Rep.	257.0	567.1
玻利维亚	Bolivia	0.1	0.1	坦桑尼亚	Tanzania	497.3	566.4
毛里求斯	Mauritius	0.1	0.1	摩洛哥	Morocco	429.7	558.7
赞比亚	Zambia	0.1	0.1	安哥拉	Angola	264.1	517.5
阿塞拜疆	Azerbaijan	0.1	0.1	孟加拉国	Bangladesh	391.8	502.7
萨尔瓦多	El Salvador	0.0	0.1	波　兰	Poland	278.9	450.0
危地马拉	Guatemala	0.1	0.1	希　腊	Greece	404.3	443.6
巴　西	Brazil	0.4	…	肯尼亚	Kenya	320.9	437.4
马达加斯加	Madagascar	…	…	马拉维	Malawi	113.0	371.4
俄罗斯	Russia	…	…	委内瑞拉	Venezuela	283.3	355.9
哥伦比亚	Colombia	…	…	澳大利亚	Australia	360.4	354.0
黑　山	Montenegro	…	…	阿富汗	Afghanistan	136.0	345.9
马　里	Mali	…	…	苏　丹	Sudan		326.3
塞舌尔	Seychelles	…	…	罗马尼亚	Romania	280.0	295.4
				日　本	Japan	345.5	293.0
				沙特阿拉伯	Saudi Arabia	215.5	291.4
				科特迪瓦	Côte d'Ivoire	217.1	289.1
				哈萨克斯坦	Kazakhstan	135.3	286.4

11-4 主要林产品产量
Production of Major Forest Products

资料来源：联合国FAO数据库。
Source: FAO Database.

单位：吨 (ton)

国家或地区	Country or Area	栗子 Chestnuts		榛子 Hazelnuts, with Shell		天然橡胶 Natural Rubber		核桃 Walnuts, with Shell	
		2010	2020	2010	2020	2010	2020	2010	2020
世　界	**World**	**1999714**	**2321780**	**854743**	**1072308**	**10839348**	**14844919**	**2778923**	**3323964**
中　国	China	1644717	1743354	19500	24263	690812	687600	1284351	1100000
孟加拉国	Bangladesh					5814	21900		
文　莱	Brunei Darussalam					240	263		
柬埔寨	Cambodia					42250	349300		
印　度	India					862000	962807	38000	
印度尼西亚	Indonesia					2734900	3366415		
伊　朗	Iran								
日　本	Japan	23500	16900						
哈萨克斯坦	Kazakhstan							1180	2817
朝　鲜	Korea, Dem.	10751	12363						
韩　国	Korea, Rep.	68630	54352						
马来西亚	Malaysia					939244	514702		
蒙　古	Mongolia			314	332				
缅　甸	Myanmar					126200	259500		
巴基斯坦	Pakistan							10838	14237
菲律宾	Philippines					395237	422407		
斯里兰卡	Sri Lanka					152990	78204		
泰　国	Thailand					3051781	4703171		
越　南	Viet Nam					751700	1226096		
埃　及	Egypt							20865	24116
尼日利亚	Nigeria					144912	148435		
墨西哥	Mexico					32097	92711	76627	164652
美　国	United States								
阿根廷	Argentina							10000	20591
巴　西	Brazil					133981	225622	5319	4179
白俄罗斯	Belarus			1200	1266			13500	16204
捷　克	Czech Rep.								
法　国	France	9464	8860	10073	9690			31594	35700
德　国	Germany							16997	
意大利	Italy	55240	49750	90270	140560			14000	15490
波　兰	Poland	363		2649	7600			9175	6100
西班牙	Spain	17900	188690	15086	5450			13525	17110
土耳其	Turkey	59171	76045	600000	665000			178142	286706
乌克兰	Ukraine	200	229	20	40			87400	113320
澳大利亚	Australia							1900	4928

11-5 牲畜饲养量(2019年)
Live Animals Stocks (2019)

资料来源：联合国FAO数据库。
Source: FAO Database.
单位：万头(只) (10 000 heads)

国家或地区	Country or Area	牛 Cattle	马 Horses	山羊 Goats	绵羊 Sheep	猪 Pigs
世 界	**World**	**151102.1**	**5904.2**	**109406.8**	**123872.0**	**85032.0**
中 国	China	6354.2	367.3	13736.7	16349.0	31606.9
孟加拉国	Bangladesh	2418.7		6110.7	233.2	
文 莱	Brunei Darussalam	0.1		0.6	0.5	0.1
柬埔寨	Cambodia	284.9	3.1			210.2
印 度	India	19346.3	34.2	14888.5	7426.1	905.5
印度尼西亚	Indonesia	1711.9	39.3	1897.6	1779.4	892.3
伊 朗	Iran	519.4	13.4	1503.4	4130.4	
以色列	Israel	55.3	0.4	10.7	51.9	16.6
日 本	Japan	383.5	1.4	1.5	1.6	915.6
哈萨克斯坦	Kazakhstan	743.6	285.2	224.3	1691.3	81.3
朝 鲜	Korea, Dem.	57.8	4.8	370.5	16.9	245.1
韩 国	Korea, Rep.	364.5	2.5	38.9	0.1	1128.0
老 挝	Lao PDR	209.2	2.4	64.0		379.6
马来西亚	Malaysia	68.4	0.4	37.2	12.8	195.2
蒙 古	Mongolia	475.3	421.5	2926.2	3226.7	2.1
缅 甸	Myanmar	1858.4	9.4	1094.0	130.9	2160.4
巴基斯坦	Pakistan	4782.1	37.1	7614.3	3085.9	
菲律宾	Philippines	253.5	25.2	375.6	3.0	1270.9
斯里兰卡	Sri Lanka	108.6	0.1	31.4	1.2	9.1
泰 国	Thailand	460.0	0.6	47.9	4.0	787.0
越 南	Viet Nam	606.0	5.1	260.9		1961.6
埃 及	Egypt	489.9	8.4	346.3	513.2	0.8
尼日利亚	Nigeria	2066.4	10.2	8187.9	4689.3	800.1
南 非	South Africa	1258.9	33.0	525.1	2208.5	139.0
加拿大	Canada	1150.0	39.9	3.0	82.8	1439.9
墨西哥	Mexico	3522.5	638.3	879.2	870.8	1836.5
美 国	United States	9480.5	1070.3	262.2	523.0	7865.8
阿根廷	Argentina	5446.1	254.4	463.9	1477.4	512.9
巴 西	Brazil	21466.0	585.0	1130.1	1971.6	4055.7
委内瑞拉	Venezuela	1604.9	52.6	151.7	60.6	290.3
白俄罗斯	Belarus	429.5	3.8	6.1	8.7	288.2
捷 克	Czech Rep.	136.7	3.2	2.9	21.3	150.9
法 国	France	1815.1		124.2	710.5	1351.0
德 国	Germany	1164.0		14.1	155.7	2605.3
意大利	Italy	637.7		105.9	700.1	851.0
荷 兰	Netherlands	372.1		55.1	75.8	1192.1
波 兰	Poland	626.2	18.5	4.4	27.3	1121.6
俄罗斯	Russia	1815.1	128.3	199.3	2113.6	2372.7
西班牙	Spain	660.0		265.9	1547.9	3124.6
土耳其	Turkey	1704.3	10.8	1092.2	3519.5	0.2
乌克兰	Ukraine	333.3	24.4	57.0	69.9	602.5
英 国	United Kingdom	973.9	41.9	10.4	3358.0	513.0
澳大利亚	Australia	2472.3	22.2	389.7	6575.5	231.9
新西兰	New Zealand	1015.1	3.8	9.4	2682.2	25.6

11-6 畜产品产量(2019年)
Crops and Livestock Products(2019)

资料来源：联合国FAO数据库。
Source: FAO Database.
单位：万吨 (10 000 tons)

国家或地区	Country or Area	肉类总产量 Meat Total	牛肉 Beef and Buffalo Meat	羊肉 Sheep and Goat Meat	猪肉 Pig Meat	禽肉 Poultry Meat
世　界	**World**	**33663.9**	**7260.4**	**1617.5**	**11011.0**	**13164.7**
中　国	China	7744.9	660.1	482.7	4348.1	2119.5
孟加拉国	Bangladesh	70.6	19.6	23.2		26.0
文　莱	Brunei Darussalam	2.6	0.2			2.5
柬埔寨	Cambodia	20.1	6.3		11.0	2.8
印　度	India	814.3	252.2	83.0	36.0	423.2
印度尼西亚	Indonesia	444.4	51.4	16.4	22.4	353.9
伊　朗	Iran	292.3	37.0	25.3		229.2
以色列	Israel	78.1	13.8	1.2	1.4	61.7
日　本	Japan	405.4	47.1		127.9	229.8
哈萨克斯坦	Kazakhstan	111.2	50.1	17.1	8.6	21.4
朝　鲜	Korea, Dem.	36.1	2.1	1.5	11.5	4.4
韩　国	Korea, Rep.	260.7	28.6	0.2	136.4	95.1
老　挝	Lao PDR	18.1	5.6	0.3	8.6	3.6
马来西亚	Malaysia	199.2	4.5	0.4	22.5	171.7
蒙　古	Mongolia	45.7	11.5	25.8		
缅　甸	Myanmar	368.7	49.0	14.0	123.5	182.3
巴基斯坦	Pakistan	450.0	222.1	73.2		152.3
菲律宾	Philippines	369.5	31.0	6.1	184.1	146.6
新加坡	Singapore	12.8			2.3	10.5
斯里兰卡	Sri Lanka	21.7	2.5	0.1	0.1	18.9
泰　国	Thailand	285.4	13.4	0.2	94.4	177.5
越　南	Viet Nam	491.7	45.0	2.1	332.9	108.9
埃　及	Egypt	235.6	74.7	8.5	0.1	145.5
尼日利亚	Nigeria	148.4	33.0	42.0	30.2	24.0
南　非	South Africa	336.1	103.3	17.2	27.9	181.6
加拿大	Canada	510.9	138.9	1.7	217.5	150.4
墨西哥	Mexico	732.4	202.8	10.4	160.0	351.5
美　国	United States	4811.3	1234.9	7.9	1254.3	2285.8
阿根廷	Argentina	615.2	313.6	6.1	63.0	224.8
巴　西	Brazil	2862.0	1020.0	13.3	412.6	1413.7
委内瑞拉	Venezuela	106.4	47.0	1.0	12.9	45.5
白俄罗斯	Belarus	118.0	32.8	0.1	38.3	46.7
捷　克	Czech Rep.	46.7	7.4	0.4	21.9	17.0
法　国	France	541.9	142.8	8.7	220.0	166.0
德　国	Germany	791.9	110.7	3.5	523.2	154.4
意大利	Italy	369.0	80.1	3.4	146.4	135.8
荷　兰	Netherlands	310.4	42.4	1.6	162.8	103.6
波　兰	Poland	512.1	56.1	0.1	198.9	255.8
俄罗斯	Russia	1086.6	162.5	21.7	393.7	460.6
西班牙	Spain	716.5	69.5	13.2	464.1	163.1
土耳其	Turkey	374.1	107.6	46.2		220.2
乌克兰	Ukraine	252.1	37.0	1.4	70.8	141.0
英　国	United Kingdom	409.2	91.4	30.7	96.0	190.2
澳大利亚	Australia	482.0	235.2	75.2	41.4	127.8
新西兰	New Zealand	144.4	68.4	45.1	4.4	24.0

11-6 续表 contunued

单位：万吨 (10 000 tons)

国家或地区	Country or Area	蛋类 Eggs Total	鸡蛋 Hen Eggs, in Shell	奶类总产量 Milk Total	牛奶 Cow Milk	羊毛 Wool Greasy	蜂蜜 Natural Honey
世　界	**World**	**8952.3**	**8348.4**	**88328.4**	**71592.3**	**172.0**	**185.3**
中　国	China	3354.7	2888.6	3679.3	3244.4	34.1	44.7
孟加拉国	Bangladesh	54.5	38.2	365.0	83.5	0.2	
文　莱	Brunei Darussalam	0.9	0.9				
柬埔寨	Cambodia	2.3	1.9	2.4	2.4		
印　度	India	577.5	577.5	18763.3	9000.0	3.8	6.7
印度尼西亚	Indonesia	513.5	475.3	161.9	99.6	2.5	
伊　朗	Iran	72.4	72.4	752.5	680.0	4.9	7.5
以色列	Israel	15.6	15.6	158.4	154.2	0.1	0.4
日　本	Japan	264.0	264.0	731.6	731.4		0.3
哈萨克斯坦	Kazakhstan	27.7	27.6	585.6	581.9	3.9	0.3
朝　鲜	Korea, Dem.	12.2	12.2	8.3	8.3		
韩　国	Korea, Rep.	76.7	73.5	181.7	180.7		3.0
老　挝	Lao PDR	1.7	1.6	0.9	0.9		
马来西亚	Malaysia	84.9	83.3	4.8	4.1		
蒙　古	Mongolia	0.9	0.9	96.2	62.8	1.5	0.0
缅　甸	Myanmar	63.5	58.0	253.3	230.0	0.1	0.5
巴基斯坦	Pakistan	90.7	89.5	5595.7	2060.6	4.5	0.4
菲律宾	Philippines	63.3	58.3	1.5	1.5		
新加坡	Singapore	2.9	2.7				
斯里兰卡	Sri Lanka	11.7	11.7	46.3	37.4		
泰　国	Thailand	110.4	70.4	120.0	120.0		1.2
越　南	Viet Nam	41.0	41.0	101.3	98.6		2.2
埃　及	Egypt	39.0	39.0	464.6	242.9	1.1	0.6
尼日利亚	Nigeria	64.0	64.0	52.4	52.4		
南　非	South Africa	56.4	56.4	287.3	287.3	4.2	0.1
加拿大	Canada	58.6	58.6	921.0	921.0	0.1	8.0
墨西哥	Mexico	295.0	295.0	1249.5	1227.6	0.4	6.2
美　国	United States	670.7	670.7	9908.2	9905.7	1.1	7.1
阿根廷	Argentina	83.0	83.0	1034.0	1034.0	4.2	7.9
巴　西	Brazil	334.8	315.8	3617.4	3589.0	0.8	4.6
委内瑞拉	Venezuela	18.6	18.6	177.8	177.8		
白俄罗斯	Belarus	20.4	20.2	739.4	737.9		0.3
捷　克	Czech Rep.	8.8	8.8	315.6	315.6		0.8
法　国	France	78.6	78.6	2590.9	2493.1		1.6
德　国	Germany	76.3	76.3	3310.3	3308.0		
意大利	Italy	71.7	71.7	1330.0	1249.4		
荷　兰	Netherlands		64.9	1494.4	1455.5		
波　兰	Poland	56.6	56.6	1451.1	1450.3		1.9
俄罗斯	Russia	251.5	249.2	3134.5	3109.1	5.0	6.4
西班牙	Spain	81.1	81.1	856.0	746.0		
土耳其	Turkey	124.4	124.4	2296.0	2078.2	6.5	10.9
乌克兰	Ukraine	96.9	95.4	987.9	966.3	0.2	7.0
英　国	United Kingdom	81.1	79.7	1555.2	1555.2	7.0	1.0
澳大利亚	Australia	25.6	25.6	686.4	686.4	32.9	1.1
新西兰	New Zealand	6.5	6.3	2187.2	2187.2	12.2	2.3

11-7 鱼类产量
Output of Total Fishes

资料来源：联合国FAO数据库。
Source: FAO Database.

单位：万吨 (10 000 tons)

国家或地区	Country or Area	鱼类产量 Output of Total Fishes		海域鱼类产量 Marine Areas		内陆水域鱼类产量 Inland Waters	
		2010	2019	2010	2019	2010	2019
中国	China	3104.2	3703.6	968.0	1017.2	2136.3	2686.4
印度	India	778.9	1161.8	278.4	301.1	500.6	860.7
印度尼西亚	Indonesia	677.5	1140.0	512.1	712.4	165.4	427.6
秘鲁	Peru	383.8	417.3	377.6	409.8	6.2	7.5
越南	Viet Nam	405.7	608.1	185.1	300.1	220.6	308.0
俄罗斯	Russia	403.8	490.8	366.4	447.5	37.4	43.3
美国	United States	353.1	432.8	326.7	412.7	26.4	20.1
孟加拉国	Bangladesh	276.0	413.2	62.9	75.0	213.2	338.2
挪威	Norway	354.7	348.8	354.7	348.8	0.1	0.1
缅甸	Myanmar	270.4	294.4	114.9	103.6	155.5	190.7
日本	Japan	348.3	286.6	342.0	282.3	6.4	4.3
智利	Chile	282.4	277.2	278.8	277.0	3.6	0.1
菲律宾	Philippines	292.3	258.5	249.8	216.3	42.4	42.2
埃及	Egypt	127.5	200.6	21.5	35.5	105.9	165.1
泰国	Thailand	195.3	171.5	134.1	120.3	61.2	51.3
墨西哥	Mexico	128.6	133.2	116.0	111.3	12.6	22.0
马来西亚	Malaysia	141.7	139.5	125.8	128.6	15.9	10.9
摩洛哥	Morocco	107.4	136.1	106.6	134.4	0.8	1.6
冰岛	Iceland	105.3	92.9	105.2	92.9		
伊朗	Iran	63.9	121.1	35.0	68.5	28.9	52.6
巴西	Brazil	103.4	117.2	46.6	42.3	56.8	74.9
韩国	Korea, Rep.	131.9	120.3	129.2	117.0	2.6	3.3
尼日利亚	Nigeria	78.5	105.4	29.1	39.1	49.4	66.3
西班牙	Spain	96.3	90.9	94.0	88.7	2.2	2.2
中国台湾	Taiwan, China	94.8	89.4	82.3	78.1	12.4	11.3
毛里塔尼亚	Mauritania	25.6	66.3	24.1	64.8	1.5	1.5
柬埔寨	Cambodia	52.7	92.0	6.4	10.7	46.2	81.4
丹麦	Denmark	81.9	60.2	79.5	57.7	2.3	2.4
英国	United Kingdom	62.9	68.0	61.4	67.0	1.5	1.0
法罗群岛	Faeroe Islands	43.0	73.8	43.0	73.8		
巴基斯坦	Pakistan	55.8	60.6	30.3	30.1	25.5	30.5
加拿大	Canada	61.6	52.2	58.1	48.5	3.6	3.7
厄瓜多尔	Ecuador	44.1	60.7	39.1	59.2	4.9	1.6
土耳其	Turkey	60.3	77.1	48.8	62.6	11.5	14.5
南非	South Africa	61.5	43.8	61.3	43.5	0.2	0.3
乌干达	Uganda	50.9	70.6			50.9	70.6
阿曼	Oman	15.3	56.4	15.3	56.4		0.0
法国	France	38.7	44.0	34.1	39.8	4.6	4.2
斯里兰卡	Sri Lanka	37.1	48.8	31.4	37.1	5.7	11.7
纳米比亚	Namibia	38.1	46.2	37.8	46.0	0.3	0.3
塞内加尔	Senegal	38.7	48.6	35.3	45.4	3.4	3.2
加纳	Ghana	35.3	44.2	25.3	29.9	10.0	14.2
阿根廷	Argentina	60.3	49.2	58.5	46.4	1.8	2.8
安哥拉	Angola	30.6	40.7	29.6	38.1	1.0	2.5
新西兰	New Zealand	40.8	37.3	40.6	37.1	0.2	0.2

11-8　化肥施用量(2019年)
Agricultural Use Fertilizers by Nutrient(2019)

资料来源：联合国FAO数据库。
Source: FAO Database.
单位：万吨 (10 000 tons)

国家或地区	Country or Area	化肥 Fertilizers by Nutrient	氮肥 Nutrient Nitrogen N (total)	磷肥 Nutrient Phosphate P_2O_5 (total)	钾肥 Nutrient Potash K_2O (total)
世　界	**World**	**18853.2**	**10773.6**	**4340.5**	**3739.1**
中　国	China	4720.4	2673.8	1022.1	1024.5
孟加拉国	Bangladesh	251.8	132.8	76.0	43.0
柬埔寨	Cambodia	17.4	11.2	5.3	0.8
印　度	India	2897.0	1886.4	746.5	264.1
印度尼西亚	Indonesia	550.1	292.8	84.0	173.3
伊　朗	Iran	69.8	56.5	9.8	3.5
以色列	Israel	8.7	4.5	0.7	3.5
日　本	Japan	97.8	36.9	33.8	27.0
哈萨克斯坦	Kazakhstan	8.6	5.5	2.9	0.2
韩　国	Korea, Rep.	50.0	21.2	14.4	14.4
马来西亚	Malaysia	161.2	38.7	17.3	105.3
蒙　古	Mongolia	4.7	4.6	0.0	0.0
缅　甸	Myanmar	69.9	35.3	18.1	16.4
巴基斯坦	Pakistan	465.2	350.5	110.0	4.7
菲律宾	Philippines	109.3	71.0	17.7	20.7
斯里兰卡	Sri Lanka	26.0	14.3	4.0	7.7
泰　国	Thailand	202.0	126.3	36.8	38.9
越　南	Viet Nam	273.7	149.4	73.1	51.1
埃　及	Egypt	159.3	124.5	22.3	12.5
尼日利亚	Nigeria	68.6	43.6	13.6	11.4
南　非	South Africa	76.2	38.1	24.9	13.2
加拿大	Canada	407.7	256.8	108.2	42.7
墨西哥	Mexico	215.9	133.2	57.8	24.9
美　国	United States	1995.1	1167.2	397.4	430.5
阿根廷	Argentina	207.6	127.8	75.9	3.9
巴　西	Brazil	1654.6	491.2	486.0	677.4
委内瑞拉	Venezuela	32.5	14.2	9.6	8.7
白俄罗斯	Belarus	87.9	40.7	8.8	38.4
捷　克	Czech Rep.	41.2	33.2	5.8	2.2
法　国	France	301.7	213.1	41.6	47.0
德　国	Germany	203.9	137.2	24.8	42.0
意大利	Italy	88.5	59.9	17.6	11.1
荷　兰	Netherlands	26.2	19.8	1.1	5.4
波　兰	Poland	196.1	104.6	34.6	56.9
俄罗斯	Russia	274.8	172.7	60.1	41.9
西班牙	Spain	186.0	101.1	48.0	36.9
土耳其	Turkey	246.6	168.3	66.7	11.7
乌克兰	Ukraine	214.2	146.8	36.7	30.8
英　国	United Kingdom	149.1	103.8	18.6	26.7
澳大利亚	Australia	258.3	133.8	95.8	28.8
新西兰	New Zealand	91.6	45.2	30.6	15.8

主要统计指标解释

农业生产指数 表明每年的农业生产总量与基期2004-2006年相比的相对水平。它根据不同农产品扣除种子和饲料用量后的价格加权数量之和计算得出，其中各种种子和饲料也采用同样方法加权汇总。因此，最后汇总结果代表除种子和饲料外各种用途的可支配产量。国家、地区和世界水平的指数用拉氏公式计算。各年份每种商品的生产量均以2004-2006年的国际平均商品价格作为权数进行加总，然后将某年得到的加总量除以基期2004-2006年三年总量的算术平均数，从而求得指数。

谷物 指收获用做干粒粮食的作物，不包括收获后用作干草或未成熟时收割用作食物、饲料或青贮饲料或作牧草用的农作物。

根茎类作物 包括其他的块根作物，如箭叶黄体芋和竹芋。主要用作饲料的根用作物，不包括芜菁、甜菜和甘蓝在内。

除瓜类外的水果总计 指新鲜水果的总产量，无论它们最终是被当作食物或饲料直接消费，还是被加工成干果、果汁、果酱、酒精等各种产品。

茶 指成品茶。

黄麻和麻类纤维 黄麻纤维从黄麻和长蒴黄麻中得到，同类纤维包括许多黄麻纤维的替代品，主要是洋麻纤维和玫瑰茄纤维（木槿属）以及刚果黄麻纤维。

牲畜 包括所有的家养动物，不管年龄、饲养地点和饲养目的。

肉 指不考虑动物的原产地，在一国境内屠宰的动物肉类产量。

牛奶 指全部鲜奶的总产量，不包括被幼畜吸吮的奶，但包括用来饲喂家畜的奶。

蛋 指农业和非农业方面的总产量，包括用于孵化的蛋。

羊毛 羊毛产量统计数字一般以带脂羊毛给出，它包含了 30-65%的杂质。为了便于数字比较，数据也按脱脂羊毛表示。

肥料 包含有机物肥,无机物肥或矿物肥。有机肥在农作物生产中发挥着重要作用，它来源于动物、植物和混合肥。矿物肥是以固体或液体形式提供给农民，并以散装、袋子或压缩容器等方式运送到农场。所有肥料应包含氮、磷、钾三种植物营养素中的至少一种营养物质。

Explanatory Notes on Main Statistical Indicators

Indices of Agricultural Production The indices of agricultural production show the relative level of the aggregate volume of agricultural production for each year in comparison with the base period 2004-2006. They are based on the sum of price-weighted quantities of different agricultural commodities produced after deductions of quantities used as seed and feed weighted in a similar manner. The resulting aggregate represents, therefore, disposable production for any use except as seed and feed. All the indices at the country, regional and world levels are calculated by the Laspeyres formula. Production quantities of each commodity are weighted by 2004-2006 average international commodity prices and summed for each year. To obtain the index, the aggregate for a given year is divided by the average aggregate for the base period 2004-2006.

Cereals Area and production data on cereals relate to crops harvested for dry grain only. Cereal crops harvested for hay or harvested green for food, feed or silage or used for grazing are therefore excluded.

Roots and Tubers, Total Includes other root crops such as yautia and arrowroot. Root crops grown principally for feed such as turnips, mangels and swedes are not included.

Fruit Excl. Melons Total Data refer to total production of fresh fruit, whether finally used for direct consumption for food or feed, or processed into different products: dry fruit, juice, jam, alcohol, etc.

Tea Production figures relate to made tea.

Jute and Jute-like Fibres are obtained from corchorus capsularis and corchorus olitorius. Allied fibres include a number of jute substitutes, the main ones being kenaf or mesta and roselle (hibiscus spp.) and congo jute or paka (urena lobata).

Live Animals The data on live animals are intended to cover all domestic animals irrespective of their age and the place or purpose of their breeding.

Meat Data relate to animals slaughtered within national boundaries, irrespective of their origin.

Cow Milk Data on cow milk production relate to total production of whole fresh milk, excluding the milk sucked by young animals but including amounts fed to livestock.

Eggs Data generally refer to total production, including eggs for hatching, in both agricultural and nonagricultural sectors.

Wool Wool production statistics are generally given for greasy wool, which contains from 30 to 65 percent impurities. In order to make figures comparable, data are given also on a degreased (scoured) basis.

Fertilizers may be organic, inorganic or mineral. Organic fertilizers play an important role in crop production and are derived from animal, plant and compost. Mineral fertilizers are available to the farmer in solid or liquid form, and are delivered to the farm either in bulk, in bags or in pressurized containers. All fertilizers contain at least one of the major plant nutrients: nitrogen (N), phosphorus (P) and potassium (K).

工业和建筑业

Industry and Construction

12-1 工业生产指数
Industrial Production General Index

资料来源：经合组织ONE数据库。
Source:OECD ONE Database.

2015年=100 (2015=100)

国家或地区	Country or Area	2015	2016	2017	2018	2019	2020
印　度	India	100.0	105.2	108.9	114.5	115.3	102.7
以色列	Israel	100.0	99.7	101.5	104.0	108.1	110.8
日　本	Japan	100.0	100.2	102.8	103.9	101.2	90.9
韩　国	Korea, Rep.	100.0	102.2	104.8	106.3	106.7	106.3
加拿大	Canada	100.0	100.1	104.9	108.9	108.8	100.7
美　国	United States	100.0	97.8	99.1	102.3	101.4	94.1
巴　西	Brazil	100.0	93.6	95.9	96.9	95.8	91.5
俄罗斯	Russia	100.0	101.9	105.7	109.4	113.1	110.8
捷　克	Czech Rep.	100.0	103.4	110.1	113.5	113.2	105.1
法　国	France	100.0	100.5	102.5	103.2	103.6	92.7
德　国	Germany	100.0	101.5	104.5	105.7	101.2	91.5
荷　兰	Netherlands	100.0	101.4	102.5	103.1	102.4	99.0
波　兰	Poland	100.0	102.8	109.6	116.1	120.9	119.4
西班牙	Spain	100.0	101.9	105.1	105.4	106.1	96.0
土耳其	Turkey	100.0	103.4	112.8	114.0	113.3	115.8
英　国	United Kingdom	100.0	100.2	100.3	103.8	107.5	98.7
澳大利亚	Australia	100.0	102.1	103.4	107.4	109.8	109.0
新西兰	New Zealand	100.0	101.6	102.9	104.7	105.3	102.4

12-2 制造业生产指数
Indices of Manufacturing Production

资料来源：联合国统计月报数据库。
Source: UN Monthly Bulletin of Statistics Database.

2010年=100 (2010=100)

国家或地区	Country or Area	2010	2012	2013	2014	2015
中国香港	Hong Kong SAR, China	100.0	99.9	100.1	99.6	98.1
中国澳门	Macao SAR, China	100.0	161.0	188.3	214.6	205.3
孟加拉国	Bangladesh	100.0	129.5	144.6	156.5	174.9
文　莱	Brunei Darussalam	100.0	104.2	106.1	98.9	101.3
印　度	India	100.0	104.3	103.5	105.9	108.0
以色列	Israel	100.0	107.1	106.0	106.6	109.1
日　本	Japan	100.0	97.8	97.0	99.0	97.8
韩　国	Korea, Rep.	100.0	107.5	108.2	108.5	107.8
马来西亚	Malaysia	100.0	111.3	116.0	123.0	128.9
蒙　古	Mongolia	100.0	124.7	129.3	133.3	
巴基斯坦	Pakistan	100.0	105.6	111.3	115.1	
菲律宾	Philippines	100.0	108.9	124.1	133.1	136.4
新加坡	Singapore	100.0	108.1	109.9	112.9	107.1
斯里兰卡	Sri Lanka	100.0	108.8	108.3	114.9	125.4
泰　国	Thailand	100.0	101.2	103.6	98.2	98.6
越　南	Viet Nam	100.0	110.9	121.1	132.4	155.0
埃　及	Egypt	100.0	96.9	96.8	100.2	100.4
尼日利亚	Nigeria	100.0	133.7	162.8	186.8	184.1
南　非	South Africa	100.0	105.1	106.5	106.6	106.5
加拿大	Canada	100.0	105.5	105.3	108.5	109.0
墨西哥	Mexico	100.0	108.5	110.1	114.5	117.7
美　国	United States	100.0	106.2	107.4	108.8	110.0
阿根廷	Argentina	100.0	115.6	119.7	118.6	
巴　西	Brazil	100.0	97.9	100.6	96.4	87.0
委内瑞拉	Venezuela	100.0	103.7			
捷　克	Czech Rep.	100.0	106.8	107.6	114.8	121.7
法　国	France	100.0	100.8	99.8	99.7	101.5
德　国	Germany	100.0	107.3	107.2	109.3	110.5
意大利	Italy	100.0	94.2	91.5	91.0	92.7
荷　兰	Netherlands	100.0	102.6	101.5	102.6	103.2
波　兰	Poland	100.0	110.0	112.5	117.7	124.5
俄罗斯	Russia	100.0	113.5	114.1	116.5	110.2
西班牙	Spain	100.0	91.0	89.7	91.7	95.4
土耳其	Turkey	100.0	113.0	117.5	121.3	125.7
乌克兰	Ukraine	100.0	107.5	99.6	90.4	79.0
英　国	United Kingdom	100.0	100.7	99.7	102.6	102.6
澳大利亚	Australia	100.0	100.5	97.1	96.0	94.6
新西兰	New Zealand	100.0	101.8	103.3	105.0	107.0

12-3 采矿业生产指数
Indices of Mining Production

资料来源：联合国统计月报数据库。
Source: UN Monthly Bulletin of Statistics Database.
2010年=100 (2010=100)

国家或地区	Country or Area	2010	2012	2013	2014	2015
孟加拉国	Bangladesh	100.0	104.5	112.3	119.2	126.8
文　莱	Brunei Darussalam	100.0	99.3	89.0	86.6	85.7
印　度	India	100.0	95.7	95.1	96.5	98.7
印度尼西亚	Indonesia	100.0	108.4	114.5	120.4	126.1
以色列	Israel	100.0	88.9	117.5	129.8	129.6
日　本	Japan	100.0	101.0	96.6	94.4	90.4
韩　国	Korea, Rep.	100.0	99.8	103.8	95.6	96.1
马来西亚	Malaysia	100.0	96.2	97.0	99.5	103.6
蒙　古	Mongolia	100.0	88.1	102.0	114.1	
巴基斯坦	Pakistan	100.0	106.4	109.3	110.3	
越　南	Viet Nam	100.0	108.0	107.1	104.1	112.1
尼日利亚	Nigeria	100.0	97.5	85.0	84.1	79.6
南　非	South Africa	100.0	96.0	99.5	98.1	101.2
加拿大	Canada	100.0	104.9	108.4	114.9	112.2
墨西哥	Mexico	100.0	100.5	100.4	98.8	93.1
美　国	United States	100.0	113.4	120.7	134.0	131.7
巴　西	Brazil	100.0	101.6	98.0	104.6	108.4
捷　克	Czech Rep.	100.0	96.8	85.9	83.3	81.3
法　国	France	100.0	95.5	94.2	90.3	92.7
德　国	Germany	100.0	94.3	83.4	82.1	78.1
意大利	Italy	100.0	103.2	94.4	92.0	88.4
荷　兰	Netherlands	100.0	91.3	97.6	81.5	65.6
波　兰	Poland	100.0	97.5	101.1	95.0	96.7
俄罗斯	Russia	100.0	102.8	103.9	105.4	105.7
西班牙	Spain	100.0	62.1	53.3	53.3	48.8
土耳其	Turkey	100.0	108.8	104.9	112.7	107.3
乌克兰	Ukraine	100.0	108.3	109.2	94.3	80.9
英　国	United Kingdom	100.0	76.4	74.3	74.8	81.4
澳大利亚	Australia	100.0	109.9	119.5	130.9	139.4
新西兰	New Zealand	100.0	81.6	81.1	88.5	91.2

12-4 制造业主要指标
Main Indicators of Manufacturing

资料来源：联合国工发组织数据库。
Source: United Nations Industrial Development Organization Database .

国家或地区	Country or Area	年份 Year	机构数 (个) Number of Establishments (number)	雇员数 (万人) Number of Employees (10 000 persons)	雇员工资和薪金 (亿本币) Wages and Salaries Paid to Employees (100 million LCU)	产出 (亿本币) Output (100 million LCU)	增加值 (亿本币) Value added (100 million LCU)
中国	China	2018		7084	45772	927104	219527
中国香港	Hong Kong SAR, China	2019		9	233		
中国澳门	Macao SAR, China	2017	926				
孟加拉国	Bangladesh	2018	46110	540	7604		
文莱	Brunei Darussalam	2017	663		2		
印度	India	2019		1583	46204		
印度尼西亚	Indonesia	2019		716	3541570		
伊朗	Iran	2018		186	6929429		
以色列	Israel	2019			785		
日本	Japan	2018			272559	3194736	1029107
哈萨克斯坦	Kazakhstan	2019		32	7086		
韩国	Korea, Rep.	2019		289	1328558	15682547	5614456
马来西亚	Malaysia	2019		236	825		
蒙古	Mongolia	2019		6	6634		
缅甸	Myanmar	2018		3			
菲律宾	Philippines	2019		119	3663		
新加坡	Singapore	2019			216		
斯里兰卡	Sri Lanka	2019		132	4622		
泰国	Thailand	2018		407	6124		
越南	Viet Nam	2019		787	7875998	81338777	
埃及	Egypt	2018		98	821		
南非	South Africa	2019		120	2850	23818	
加拿大	Canada	2019		162	969	7072	2602
墨西哥	Mexico	2019		432	6372		
美国	United States	2019		1171	7080	60605	26822
巴西	Brazil	2019		698	3025		
捷克	Czech Rep.	2019		117	4663		
法国	France	2019		305	1289		
德国	Germany	2019		760	3716		
意大利	Italy	2019		327	1046		
荷兰	Netherlands	2019		67	330		
波兰	Poland	2019		278	1509		
俄罗斯	Russia	2018		688	33622		
西班牙	Spain	2019		193	573		
土耳其	Turkey	2019		381	2130	24039	
乌克兰	Ukraine	2019		146	1674		
英国	United Kingdom	2019		252	774		
澳大利亚	Australia	2019			593	4051	1123
新西兰	New Zealand	2019			154	1052	304

12-5 制造业增加值及构成
Composition of Value Added in Manufacturing

资料来源：世界银行WDI数据库。
Source: World Bank WDI Database.

国家或地区	Country or Area	制造业增加值(亿美元) Value Added in Manufacturing (100 million USD)		主要行业所占比重(%) Major Industry of Value Added in Manufacturing(%)			
				食品、饮料和烟草 Food, Beverages and Tobacco		纺织和服装 Textiles and Clothing	
		2000	2020	2000	2018	2000	2018
中　国	China		38538.1	14.4	11.8	11.2	10.0
中国香港	Hong Kong SAR, China	78.8		7.2	31.9	19.9	3.3
中国澳门	Macao SAR, China	5.0		3.1	43.8	79.1	
孟加拉国	Bangladesh	74.9					56.8
文　莱	Brunei Darussalam	9.2	18.9				
柬埔寨	Cambodia	5.9	41.8	6.6		86.5	
印　度	India	746.0	3399.8	13.2	10.7	12.6	8.6
印度尼西亚	Indonesia	373.9	2104.0	18.0		16.7	12.6
伊　朗	Iran	182.4		10.4	12.2	5.9	3.4
以色列	Israel	222.1		11.6	12.5	5.0	1.9
日　本	Japan	11155.1		11.4	13.1	3.0	1.7
哈萨克斯坦	Kazakhstan	30.2	215.0		23.0		0.9
韩　国	Korea, Rep.	1523.9	4067.6	8.3	6.6	8.0	3.1
老　挝	Lao PDR	1.5	14.6	41.9		20.3	
马来西亚	Malaysia	289.5	751.0	8.0	12.5	4.1	2.1
蒙　古	Mongolia	0.8	14.0	49.4	28.9	39.6	9.4
缅　甸	Myanmar	3.3					42.0
巴基斯坦	Pakistan	83.8	304.5				
菲律宾	Philippines	211.5	638.8	28.0	35.6	6.8	3.4
新加坡	Singapore	248.5	698.2	2.5	5.0	1.0	0.2
斯里兰卡	Sri Lanka	24.6	130.8	38.6	31.4	31.3	31.6
泰　国	Thailand	358.6	1266.0	17.7	20.0	12.4	6.0
越　南	Viet Nam	57.5	452.7	30.2	13.7	21.0	16.0
埃　及	Egypt	179.7	587.9	15.8	16.1	16.3	3.7
尼日利亚	Nigeria	96.8	547.6				
南　非	South Africa	238.3	348.0	15.5	22.2	4.9	1.8
加拿大	Canada	1267.9		11.9	17.4	3.7	1.3
墨西哥	Mexico	1344.2	1850.8	25.4	22.3	3.9	2.6
美　国	United States	15498.3		13.0	15.9	3.4	1.1
阿根廷	Argentina	468.8	530.9	28.9	30.8	8.0	5.9
巴　西	Brazil	860.9	1411.5	16.7	23.1	6.9	6.2
委内瑞拉	Venezuela	217.1					
捷　克	Czech Rep.	144.5	537.5	11.8	7.6	6.2	2.3
法　国	France	1972.2	2470.3	12.9	19.3	4.3	2.7
德　国	Germany	3992.4	6972.9	8.2	7.5	2.3	1.1
意大利	Italy	2010.1	2804.4	8.5	11.0	12.5	9.0
荷　兰	Netherlands	556.1	983.9	17.1	17.9	2.3	1.6
波　兰	Poland	276.5		5.4	17.3	6.5	3.1
俄罗斯	Russia		1966.5	19.6	16.6	2.2	1.7
西班牙	Spain	968.9	1413.1	14.1	18.9	6.7	3.4
土耳其	Turkey	513.1	1356.0	17.8	11.4	15.7	16.3
乌克兰	Ukraine	51.0	157.7		29.7		3.1
英　国	United Kingdom	2234.3	2271.4	13.7	19.0	4.0	2.2
澳大利亚	Australia	481.4	761.2	21.1	24.6	4.7	2.3
新西兰	New Zealand	81.6		33.3	39.0		2.3

12-5 续表 continued

单位：% (%)

国家或地区	Country or Area	机器和运输设备 Machinery and Transport Equipment		化工 Chemicals		其他 Other	
		2000	2018	2000	2018	2000	2018
中　国	China	14.1	24.5	12.0	10.8	48.3	42.8
中国香港	Hong Kong SAR, China	11.7	25.9	3.7	12.6	57.5	26.0
中国澳门	Macao SAR, China					15.0	
孟加拉国	Bangladesh						21.1
文　莱	Brunei Darussalam						
柬埔寨	Cambodia	0.1		0.1		6.6	
印　度	India	15.6	19.4	21.1	18.0	37.5	43.3
印度尼西亚	Indonesia	20.2		10.5		34.5	35.9
伊　朗	Iran	19.7	17.7			45.5	43.1
以色列	Israel	31.9	37.8	10.3		41.3	46.1
日　本	Japan	33.9	45.2	10.4	11.4	41.2	28.7
哈萨克斯坦	Kazakhstan		6.8		6.4		63.9
韩　国	Korea, Rep.	41.3	48.3	9.5	10.7	32.9	31.2
老　挝	Lao PDR	7.6		2.5		27.7	
马来西亚	Malaysia	37.8	31.4	7.9	9.5	42.2	44.5
蒙　古	Mongolia	0.3	1.1	2.0	3.5	8.6	37.5
缅　甸	Myanmar						9.8
巴基斯坦	Pakistan						
菲律宾	Philippines	22.8	33.6	9.9	6.0	32.5	18.5
新加坡	Singapore	56.9	52.0	14.2	27.4	25.5	11.8
斯里兰卡	Sri Lanka	4.0	1.4	3.8	4.5	22.4	31.2
泰　国	Thailand	25.9	30.3	6.2	7.7	37.8	36.1
越　南	Viet Nam	11.8	32.9	6.3	4.6	30.8	35.6
埃　及	Egypt	11.9	5.5	20.8	12.4	35.2	62.4
尼日利亚	Nigeria						
南　非	South Africa	13.8	14.6	6.5	7.0	59.4	54.4
加拿大	Canada	31.7	24.9	7.6	10.0	45.1	47.8
墨西哥	Mexico	24.2	30.8	15.4	8.7	31.2	35.0
美　国	United States	29.7	28.6	11.8	16.4	42.0	39.2
阿根廷	Argentina	10.8	11.7	15.2	13.2	37.1	38.3
巴　西	Brazil	19.1	18.5	12.4	13.8	45.0	41.8
委内瑞拉	Venezuela						
捷　克	Czech, Rep.	23.9	39.5	6.7	5.8	51.4	45.7
法　国	France	26.3	32.4	11.8	13.0	44.7	49.7
德　国	Germany	32.7	44.5	9.8	10.3	47.1	37.4
意大利	Italy	22.7	30.3	7.9	9.2	48.5	40.9
荷　兰	Netherlands	21.0	29.8	13.7	16.7	45.9	33.2
波　兰	Poland	14.9	23.2	7.5	6.7	65.7	51.8
俄罗斯	Russia	19.5	8.5	8.6	15.1	50.1	62.8
西班牙	Spain	19.0	23.8	9.5	12.3	50.7	42.5
土耳其	Turkey	14.6	19.3	10.1	7.6	41.8	44.2
乌克兰	Ukraine		17.9		6.3		46.5
英　国	United Kingdom	25.3	34.5	9.9	7.0	47.2	41.8
澳大利亚	Australia	14.9	17.8	8.4	8.4	50.9	46.7
新西兰	New Zealand	9.2	12.1	3.2	5.1	54.3	40.7

12-6 主要工业产品产量
Output of Major Industrial Products

资料来源：联合国统计月报数据库、国际汽车制造协会、世界钢铁协会。
Source: UN Monthly Bulletin of Statistics Database,International Organization of Motor Vehicle Manufacturers,World Steel Association.

国家或地区	Country or Area	粗钢(万吨) Crude Steel (10 000 tons) 2010	2019
中　国	China	63874	99634
印　度	India	6898	11135
日　本	Japan	10960	9928
美　国	United States	8049	8776
俄罗斯	Russia	6694	7190
韩　国	South Korea	5891	7141
德　国	Germany	4383	3963
土耳其	Turkey	2914	3374
巴　西	Brazil	3295	3257
伊　朗	Iran	1200	2561
意大利	Italy	2575	2319
中国台湾	Taiwan, China	1975	2195
乌克兰	Ukraine	3343	2085
墨西哥	Mexico	1687	1839
越　南	Vietnam	431	1747
法　国	France	1541	1445
西班牙	Spain	1634	1359
加拿大	Canada	1301	1290
波　兰	Poland	799	896
沙特阿拉伯	Saudi Arabia	501	819
印度尼西亚	Indonesia	366	778
比利时	Belgium	797	776
奥地利	Austria	721	742
埃　及	Egypt	668	726
英　国	United Kingdom	971	722
马来西亚	Malaysia	569	682
荷　兰	Netherlands	665	666
南　非	South Africa	762	615
澳大利亚	Australia	730	549
孟加拉国	Bangladesh	190	510
瑞　典	Sweden	485	472
阿根廷	Argentina	514	464
捷　克	Czech Republic	518	444
泰　国	Thailand	414	425
哈萨克斯坦	Kazakhstan	422	413
斯洛伐克	Slovak Republic	458	360
芬　兰	Finland	403	347
罗马尼亚	Romania	372	345
阿联酋	United Arab Emirates	50	333
巴基斯坦	Pakistan	140	330
白俄罗斯	Belarus	253	262

国家或地区	Country or Area	煤(万吨) Coal(10 000 tons) 2010	2019
中　国	China	342800	384600
美　国	United States	98372	63980
澳大利亚	Australia	44900	58834
俄罗斯	Russia	32170	35701
南　非	South Africa	25416	25062
德　国	Germany	18222	16626①
波　兰	Poland	13299	6186
越　南	Viet Nam	4468	4136①
希　腊	Greece	5363	3615①
加拿大	Canada	6790	3095
保加利亚	Bulgaria	2933	2797
乌克兰	Ukraine	5444	2555
爱沙尼亚	Estonia	1789	2188①
泰　国	Thailand		1698③
墨西哥	Mexico	1124	701
捷　克	Czech Rep.	5509	343
斯洛文尼亚	Slovenia	443	322①
英　国	United Kingdom	1842	217
塔吉克斯坦	Tajikistan	29	199
土耳其	Turkey	7843	179
智　利	Chile	58	161
黑　山	Montenegro	184	148②
西班牙	Spain	799	53①
罗马尼亚	Romania	3077	41
塞尔维亚	Serbia	3791	10
赞比亚	Zambia		
中　国	China		
印　度	India	45632	
印度尼西亚	Indonesia	22468	
阿根廷	Argentina		
沙特阿拉伯	Saudi Arabia		
斯洛伐克	Slovakia	238	
法　国	France	26	
巴基斯坦	Pakistan	337	
瑞　典	Sweden		
哈萨克斯坦	Kazakhstan		
意大利	Italy		
芬　兰	Finland		
马来西亚	Malaysia		
奥地利	Austria		
阿联酋	United Arab Emirates		

12-6 续表 1 continued

国家或地区	Country or Area	原油(万吨) Crude Petroleum (10 000 tons)		国家或地区	Country or Area	发电量(亿千瓦小时) Electricity (100 million kwh)	
		2010	2019			2010	2019
美 国	United States	37658	61741	中 国	China	42072	75034
俄罗斯	Russia	50533	52754	美 国	United States	41251	41165
沙特阿拉伯	Saudi Arabia	40700	48887	俄罗斯	Russia	10380	11181
伊拉克	Iraq	11697	22480	日 本	Japan	9290	8771
加拿大	Canada	13388	20901	加拿大	Canada	5668	6404
中 国	China	20383	19127	法 国	France	5189	5508
伊 朗	Iran	17598	18182③	德 国	Germany	4995	3669
阿联酋	United Arab Emirates	11165	15572①	墨西哥	Mexico	2415	3394
巴 西	Brazil	10480	14190	土耳其	Turkey	2103	3008
科威特	Kuwait	11640	13481	意大利	Italy	2982	2847
尼日利亚	Nigeria	12008	9554	西班牙	Spain	2822	2604
墨西哥	Mexico	13392	8724	澳大利亚	Australia	2328	2457
哈萨克斯坦	Kazakhstan		7861	埃 及	Egypt		1984①
挪 威	Norway	9132	6976	瑞 典	Sweden	1443	1660
安哥拉	Angola	8459	6782	波 兰	Poland	1574	1640
委内瑞拉	Venezuela	14475	5280	乌克兰	Ukraine	1877	1513
英 国	United Kingdom	5805	4872	挪 威	Norway	1240	1346
阿尔及利亚	Algeria	5405	4672①	荷 兰	Netherlands	1182	1202
阿塞拜疆	Azerbaijan	5103	3754	捷 克	Czech Rep.	859	869
印度尼西亚	Indonesia	4600	3650	比利时	Belgium	931	866
印 度	India	3670	3260	智 利	Chile	583	771
埃 及	Egypt	3593	3228	奥地利	Austria	708	729
卡塔尔	Qatar	3568	2923①	瑞 士	Switzerland	663	719
厄瓜多尔	Ecuador	2489	2768	芬 兰	Finland	766	661
阿根廷	Argentina	3069	2742	罗马尼亚	Romania	598	595
澳大利亚	Australia	2373	2044	秘 鲁	Peru		526②
泰 国	Thailand	1207	1130	葡萄牙	Portugal	422	520
越 南	Viet Nam	1493	1084	新加坡	Singapore	454	516③
巴 林	Bahrain	159	976	希 腊	Greece	538	480
文 莱	Brunei Darussalam	762	544	保加利亚	Bulgaria	460	441
德 国	Germany	480	509	新西兰	New Zealand	425	439
丹 麦	Denmark	1212	502	白俄罗斯	Belarus	345	399
意大利	Italy	513	415	塞尔维亚	Serbia	381	369
特立尼达和多巴哥	Trinidad and Tobago	71	368③	中国香港	Hong Kong SAR, China	383	368
罗马尼亚	Romania	417	344	丹 麦	Denmark	368	285
土耳其	Turkey	260	308	斯洛伐克	Slovakia	275	250
乌克兰	Ukraine	349	243	匈牙利	Hungary	297	246
秘 鲁	Peru	841	233②	阿塞拜疆	Azerbaijan	184	241
白俄罗斯	Belarus	170	169	塔吉克斯坦	Tajikistan	164	207
突尼斯	Tunisia	373	169	突尼斯	Tunisia	148	201
新西兰	New Zealand	246	108	冰 岛	Iceland	167	191
波 兰	Poland	65	97	斯洛文尼亚	Slovenia	162	158
匈牙利	Hungary	72	88	克罗地亚	Croatia	147	126
塞尔维亚	Serbia	87	85	拉脱维亚	Latvia	66	64
荷 兰	Netherlands	102	76	北马其顿	North Macedonia	71	57

12-6 续表 2 continued

国家或地区	Country or Area	水泥（万吨）Cement (10 000 tons) 2010	2017	国家或地区	Country or Area	化肥（万吨）Fertilizer (10 000 tons) 2010	2018
中　国	China	186796	231625	中　国	China	5491	5204
越　南	Viet Nam	5640	9120	俄罗斯	Russia	1682	2296
美　国	United States	6436	8412	印　度	India	1639	1793
土耳其	Turkey	6035	7195③	美　国	United States	1528	1720
韩　国	Korea, Rep.	5070	6155③	加拿大	Canada	1393	1624
日　本	Japan	5153	5520	白俄罗斯	Belarus	618	843
俄罗斯	Russia	5039	5467	摩洛哥	Morocco	234	525
墨西哥	Mexico	3920	4612	印度尼西亚	Indonesia	404	470
泰　国	Thailand	3808	4056	德　国	Germany	379	433
巴基斯坦	Pakistan	2956	3890	埃　及	Egypt	318	411
波　兰	Poland	1538	1723	沙特阿拉伯	Saudi Arabia	225	410
摩洛哥	Morocco	1489	1415③	巴基斯坦	Pakistan	313	362
孟加拉国	Bangladesh	293	1402	卡塔尔	Qatar	138	294
加拿大	Canada	1243	1187③	波　兰	Poland	245	289
秘　鲁	Peru	833	1057	巴　西	Brazil	324	288
哈萨克斯坦	Kazakhstan	668	943	以色列	Israel	266	272
乌克兰	Ukraine	946	931	荷　兰	Netherlands	161	231
罗马尼亚	Romania	701	844	伊　朗	Iran	137	183
塞内加尔	Senegal	408	520	约　旦	Jordan	170	171
克罗地亚	Croatia	270	503	西班牙	Spain	146	164
白俄罗斯	Belarus	454	450	越　南	Viet Nam	91	160
智　利	Chile	366	400	阿　曼	Oman	151	160
斯洛伐克	Slovakia	302	384	土耳其	Turkey	130	145
玻利维亚	Bolivia	241	334②	比利时	Belgium	108	123
塔吉克斯坦	Tajikistan	29	322	智　利	Chile	99	120
阿塞拜疆	Azerbaijan	128	293	乌兹别克斯坦	Uzbekistan	106	117
保加利亚	Bulgaria	196	211	立陶宛	Lithuania	107	113
中国香港	Hong Kong SAR, China	146	194②	阿尔及利亚	Algeria	4	108
塞尔维亚	Serbia	214	191	挪　威	Norway	83	100
芬　兰	Finland	118	126②	乌克兰	Ukraine	217	99
塞浦路斯	Cyprus	133	102③	澳大利亚	Australia	70	94
立陶宛	Lithuania	84	102	阿联酋	United Arab Emirates	38	93
蒙　古	Mongolia	32	67	马来西亚	Malaysia	55	88
爱沙尼亚	Estonia	37	50	法　国	France	173	81
亚美尼亚	Armenia	49	36	日　本	Japan	91	74
卢旺达	Rwanda	10	23④	尼日利亚	Nigeria	4	73
斐　济	Fiji	17	20④	委内瑞拉	Venezuela	70	69
也　门	Yemen			特立尼达和多巴哥	Trinidad and Tobago	73	66
葡萄牙	Portugal			突尼斯	Tunisia	132	61
冰　岛	Iceland	805		英　国	United Kingdom	69	55
突尼斯	Tunisia			阿根廷	Argentina	43	52
斯洛文尼亚	Slovenia			科威特	Kuwait	44	51
吉尔吉斯斯坦	Kyrgyzstan	76		墨西哥	Mexico	99	49
新西兰	New Zealand			孟加拉国	Bangladesh	54	43
拉脱维亚	Latvia			克罗地亚	Croatia	43	42

12-6 续表 3 continued

国家或地区	Country or Area	汽车（万辆） Motor Vehicles (10 000 vehicles) 2010	2019	国家或地区	Country or Area	天然气产量(万亿焦耳) Natural Gas (terajoule) 2010	2019
中　国	China	1826	2572	美　国	United States	23155032	36637992
美　国	United States	774	1088	俄罗斯	Russia	21952212	24886380
日　本	Japan	963	968	中　国	China	3642768	6737004
德　国	Germany	591	466	加拿大	Canada	5565756	6610212
印　度	India	356	452	澳大利亚	Australia	1604112	5508912
墨西哥	Mexico	234	399	挪　威	Norway	4274952	4677696
韩　国	South Korea	427	395	印度尼西亚	Indonesia	2994708	2726100
巴　西	Brazil	338	294	墨西哥	Mexico	3228876	2238732
西班牙	Spain	239	282	埃　及	Egypt		1989876
法　国	France	223	220	英　国	United Kingdom	2391672	1585416
泰　国	Thailand	164	201	印　度	India		1244100
加拿大	Canada	207	192	泰　国	Thailand		1146036
俄罗斯	Russia	140	172	荷　兰	Netherlands	2632680	1121856
土耳其	Turkey	109	146	孟加拉国	Bangladesh	701352	968712②
捷　克	Czech Rep.	108	143	阿塞拜疆	Azerbaijan	650808	958056
英　国	United Kingdom	139	138	乌克兰	Ukraine	672240	688752
印度尼西亚	Indonesia	70	129	秘　鲁	Peru	279744	533796
斯洛伐克	Slovakia	56	110	文　莱	Brunei Darussalam	521220	517320
意大利	Italy	84	92	越　南	Viet Nam	364932	389592
伊　朗	Iran	160	82	罗马尼亚	Romania	371892	348768
波　兰	Poland	87	65	德　国	Germany	500448	201096
南　非	South Africa	47	63	意大利	Italy	316152	186120
马来西亚	Malaysia	57	57	新西兰	New Zealand	179340	185496
匈牙利	Hungary	21	50	菲律宾	Philippines	141828	167784
罗马尼亚	Romania	35	49	波　兰	Poland	171552	159456
摩洛哥	Morocco		39	日　本	Japan	139296	103200
葡萄牙	Portugal	16	35	爱尔兰	Ireland	15120	99240
阿根廷	Argentina	72	31	智　利	Chile	46188	72000
比利时	Belgium	56	29	突尼斯	Tunisia	121884	70020
乌兹别克斯坦	Uzbekistan	16	27	丹　麦	Denmark	177840	61620
中国台湾	Taiwan	30	25	匈牙利	Hungary	90192	61428
斯洛文尼亚	Slovenia	21	20	克罗地亚	Croatia	94836	42648
奥地利	Austria	10	18	南　非	South Africa	43860	21228①
芬　兰	Finland	1	11	塞尔维亚	Serbia	16368	18612
塞尔维亚	Serbia	2	4	韩　国	Korea, Rep.	22584	9996
埃　及	Egypt	12	2	白俄罗斯	Belarus	8328	8520
乌克兰	Ukraine	8	1	捷　克	Czech Rep.	7500	7368
				西班牙	Spain	2076	5712
				法　国	France	26532	4560
				斯洛伐克	Slovakia	4068	2820

注：①2018年数据。②2017年数据。③2016年数据。④2015年数据。
Note: ①Data refer to 2018.②Data refer to 2017.③Data refer to 2016.④Data refer to 2015.

12-7 竣工房屋建筑
Construction of New Buildings

资料来源：联合国统计月报数据库。
Source: UN Monthly Bulletin of Statistics Database.

国家或地区	Country or Area	2010	2013	2014	2015	2016	2017
竣工房屋建筑面积（万平方米）	**Constrction Area of New Buildings (10 000 sq.m.)**						
中　国	China	61216	78740	80868			
以色列	Israel	617	796	854	808	853	869
日　本	Japan	7690	9173	8021	7892	8221	8171
哈萨克斯坦	Kazakhstan	641	684	752	894	1051	1117
韩　国	Korea, Rep.	5147	5024	5710	8552	7842	7026
菲律宾	Philippines	1141	1259	1494	1448	1651	1513
南　非	South Africa	494	514	484	512		
法　国	France	3667	3304	2866	2780	3025	3504
德　国	Germany	1904	2906	2978	3218	3626	3440
波　兰	Poland	1386	1469	1397	1434	1499	1613
俄罗斯	Russia	5812	6940	8419	8536	8024	7859
土耳其	Turkey	9052	9416	11372	10788		
乌克兰	Ukraine	934	1122	974	1104	937	1021
新西兰	New Zealand	311	408	462	486	547	550
竣工房屋建筑（套）	**Number of New Buildings(unit)**						
以色列	Israel	33156	42564	44652	43560	45912	45600
日　本	Japan	815640	980028	892260	908304	967236	964644
韩　国	Korea, Rep.	81792	93048	101892	124788	130488	116364
菲律宾	Philippines	105228	107832	126876	124428	140388	140604
南　非	South Africa	39552	33864	38568	39672		
美　国	United States	648000	768000	885996	969000	1061004	
捷　克	Czech Rep.	36444	25248	23880	25092		
法　国	France	414900	376104	341604	335004	375000	430200
德　国	Germany	167784	270360	283128	305580	375588	348132
波　兰	Poland	135720	145140	143172	147708	163320	178344
俄罗斯	Russia	714120	912108	1117920	1195044	1167144	1131444
西班牙	Spain	257448	64632	46836	45636		
土耳其	Turkey	584280	688044	757176	714144		
乌克兰	Ukraine	76776	102288	105240	117444	112572	125520
英　国	United Kingdom	135948	135324	144984	170676	170988	194712
澳大利亚	Australia	156948	152304	175896	195912	212868	213084
新西兰	New Zealand	15600	21288	24684	27132	30072	31092

主要统计指标解释

工业生产指数 按国际标准产业分类的大类，包括矿业，制造业，电力、煤气、水，不包括建筑业。工业生产指数反映按美元不变价计算的增加值的变化趋势，采用拉氏公式计算，基期为2010年。

机构数 这里所用的机构的概念大部分情况下指的是经济活动单位，即能够单独核算的、在一个地点经营的、主要从事一种经济活动的单位。

雇员数 指所有在企业中工作的人，包括企业主本人、合伙人、不领工资的家庭成员和所有雇员，但不包括家务劳动者。

工资和薪金 指报告期内用现金或以货代款方式支付给企业雇员的所有款项。款项包括（1）直接工资和薪金；（2）非工作时间的报酬；（3）奖金和小费；（4）雇主直接支付的住房补贴和家庭补贴；（5）以货代款方式的支付。雇员的补偿相当于工资和薪金加雇主为雇员支付的社会保障、养老金缴款雇员因此而得到的收益、解雇和辞职时加发的工资。

产值 指企业的工业活动所产出的价值。它包括(1)企业创造的全部产品总值;(2)收到或发出的在产品期初期末差额价值或库存品价值;(3)为其他部门提供工业生产或服务价值;(4)收到或发出的商品价值减去支付这些商品的数额;(5)报告期内生产单位自己使用而生产的固定资产价值。发出的制成品库存的期初期末差额价值。

Explanatory Notes on Main Statistical Indicators

Industrial Production Indices are classified according to tabulation categories, division and combination of division of the revised version of the International Standard Industrial Classification of All Economic Activities (ISIC) for mining, manufacturing and electricity, gas and water, excluding construction. The indices indicate trends in value added in constant US dollars. Each series is compiled by use of the Laspeyres. The base year is 2010.

Establishment is ideally a unit that engages, under a single ownership or control, in one, or predominantly one, kind of activity at a single location.

Number of Employees is defined as the total number of persons who worked in or for the establishment during the reference year. However, home workers are excluded.

Wages and Salaries Estimates of wages and salaries include all payments in cash or in kind made to “employees” during the reference year in relation to work done for the establishment. Payment include: (a)direct wages and salaries;(b)remuneration for time not worked; (c)bonuses and gratuities;(d)housing allowances and family allowances paid directly by the employer, and (e)payments in kind.

Output The measure of output normally used in the tables is the census concept that covers only activities of an industrial nature. it include:(a)the value of all products of the establishment; (b)the net change between the beginning and the end of the reference period in the value of work in progress and stocks of goods to be shipped in the same condition as received;(c)the value of industrial work done or industrial services rendered to others; (d)the value of goods shipped in the same condition as received less the amount paid for these goods; and(e)the value of fixed assets produced during the period by the unit for its own use. In the case of estimates compiled on a shipment basis, the net change in the value of stocks of finished goods between the beginning and the end of the reference period is also included.

运输和通讯

Transportation and Communication

13-1 公路货运客运周转量
Freight Ton-km and Passenger-km of Road

资料来源：国际公路协会数据库。
Source: International Road Federation Datawarehouse

国家或地区	Country or Area	公路货运周转量(亿吨公里) Roads, Goods Transported (100 million ton-km)			公路客运周转量(亿人公里) Roads, Passengers Carried (100 million passenger-km)		
		2010	2015	2019	2010	2015	2019
中 国	China	43389.7	57955.7	59636.4	15020.8	10742.7	8857.1
孟加拉国	Bangladesh		712.2	959.6		902.6	1163.1
印 度	India	12873.0	18243.0		84090.0	134030.0	212228.1
日 本	Japan	2461.8	2043.2	2138.4	55559.0		
哈萨克斯坦	Kazakhstan	802.6	1618.6	1734.7	1261.5	2227.2	2609.1
韩 国	Korea, Rep.	1028.1	1323.8		3788.6	3728.9	
老 挝	Lao PDR			5.2	1046.7		39.8
蒙 古	Mongolia	18.3	23.7	62.0	14.8	19.4	29.3
缅 甸	Myanmar			1.6		0.2	0.1
巴基斯坦	Pakistan	1634.2			2976.9		
新 加 坡	Singapore				56.8		
斯里兰卡	Sri Lanka						120.1
泰 国	Thailand						7350.5
越 南	Viet Nam	361.8	515.1	765.3	692.0	1053.8	1440.6
埃 及	Egypt				1.3	3.2	
加 拿 大	Canada	1352.9	1681.8				
墨 西 哥	Mexico	2202.9	2451.0	2586.8	4520.3	5085.0	5357.0
美 国	United States	36680.8	29098.9		49993.5	85356.7	89787.3
阿 根 廷	Argentina				439.7		
巴 西	Brazil					338.4	246.4
捷 克	Czech Rep.	518.3	587.1	390.6	743.9	958.0	1102.5
法 国	France	1744.1	2813.2	3222.9	7641.6	7953.3	8593.7
德 国	Germany	3131.0	4645.7	4986.0	9628.9	1637.7	9959.0
意 大 利	Italy	1625.1	1168.2	1379.9	8006.1	8270.4	8492.0
荷 兰	Netherlands	301.1	320.7	349.9	1533.0		
波 兰	Poland	2142.0	2731.1		2304.6	2433.5	2853.4
俄 罗 斯	Russia	1993.4	2471.3	2754.3	1406.3	1262.7	1224.9
西 班 牙	Spain	2100.6	2548.8	2906.8	3925.3	3660.9	3780.5
土 耳 其	Turkey	1903.7	2443.3	2675.8	2269.1	2907.3	3396.0
乌 克 兰	Ukraine	343.9	366.8	441.5	514.6	339.2	314.8
英 国	United Kingdom	1538.3	1472.3	1537.9	6894.1	7045.2	7811.1
澳大利亚	Australia	1843.3	2073.5	2189.0	2820.2	3000.5	
新 西 兰	New Zealand	200.5	230.0	253.7	3202.3		

13-2 铁路运输
Railway Traffic

资料来源：世界银行WDI数据库。
Source: World Bank WDI Database.

国家或地区	Country or Area	铁路总长度(公里) Rail Lines (total route-km)		铁路货运周转量(亿吨公里) Railways, Goods Transported (100 million ton-km)		铁路客运周转量(亿人公里) Railways, Passengers Carried (100 million passenger-km)	
		2010	2019	2010	2019	2010	2019
中　国	China	66239	68141	27644.13	28821②	8762.18	6812.03
孟加拉国	Bangladesh	2835		7.10		73.04	
印　度	India	63974	68155	6257.23	6201.75①	9785.08	11498.35①
印度尼西亚	Indonesia	4816	6062.00②	65.59	155.73	203.40	290.66
伊　朗	Iran	8217	9146.00②	217.79	348.59②	176.11	152.39②
以色列	Israel	1034	1599	10.62	12.42	19.86	30.31②
日　本	Japan	20140	19122.50②	203.98	201.17	3934.66	14.10
哈萨克斯坦	Kazakhstan	14184	16060.80②	2131.74	2199.27②	154.48	191.10②
韩　国	Korea, Rep.	3618	4111	94.52	73.57	583.81	230.02
马来西亚	Malaysia	2210	2783.00②	14.83		24.15	23.17②
蒙　古	Mongolia	1814	1810.00①	205.74	173.84	24.40	9.73①
巴基斯坦	Pakistan	7791	7791.00②		80.8②		249.03②
泰　国	Thailand	4458		27.01		81.87	
越　南	Viet Nam	2577	2481	39.01	39.89②	43.78	35.42②
埃　及	Egypt	5195		15.92		408.37	
尼日利亚	Nigeria	3528					
南　非	South Africa		20953.00①			14.04	
加拿大	Canada		47687.40②	3326.35	4331.39	8.44	15.98②
墨西哥	Mexico		14388.00②	787.70	890.49	318.72	15.91②
美　国	United States	194431	150462.29②	24914.50	23641.44	88.18	319.62②
阿根廷	Argentina		17866.00②	121.12			
巴　西	Brazil						158.07①
捷　克	Czech Rep.	9469	9396	137.70	161.80	65.91	102.86②
法　国	France	29929	28241.00②	299.65	318.29	1021.67	1079.2②
德　国	Germany	33714	33422	1073.17	1131.14	838.86	980.0②
意大利	Italy	16704	16779	186.16	213.09	471.72	554.93②
荷　兰	Netherlands	3016	3200.00②	59.25	70.18	154.00	188.95②
波　兰	Poland	19702	18538	487.95	545.84	179.21	210.43②
俄罗斯	Russia	85292	85494	20113.08	26024.93	1388.85	1295.42②
西班牙	Spain	15590	15718	85.77	107.92②	224.56	284.34②
土耳其	Turkey	9594	10378	114.62	147.07	55.84	89.38②
乌克兰	Ukraine	21705	21626.00②	2180.91	1818.44	502.48	286.85②
英　国	United Kingdom	15888	16295.00②	185.76	172.05②	635.05	805.26②
澳大利亚	Australia	8615		2586.24		149.93	175.86②

注：①2017年数据。②2018年数据。
Note:①Data refer to 2017.②Data refer to 2018.

13-3 国际海运装货量和卸货量
International Maritime Freight Loaded and Unloaded

资料来源：联合国统计月报数据库。
Source: UN Monthly Bulletin of Statistics Database.
单位：万吨 (10 000 tons)

国家或地区	Country or Area	国际海运装货量 International Maritime Freight Loaded			国际海运卸货量 International Maritime Freight Unloaded		
		2000	2010	2019	2000	2010	2019
中国香港	Hong Kong SAR, China	6770	11346	9239	10693	15428	17093
孟加拉国	Bangladesh	89	466	710	1408	3860	9920
文　莱	Brunei Darussalam	10		139	102		1744
印度尼西亚	Indonesia	14153			4504		
伊　朗	Iran	3065	5942	8155	4486	7804	5639
以色列	Israel	1387	1927		2920	2414	1961
日　本	Japan	13010			80654		
韩　国	Korea, Rep.	15078			41882		
马来西亚	Malaysia	5483	11240		6922	13682	
巴基斯坦	Pakistan	617	1950		3080	4870	
新加坡	Singapore	32618					
斯里兰卡	Sri Lanka	919					
南　非	South Africa	2598					
美　国	United States	34334			83352		
阿根廷	Argentina	1550				2374	
法　国	France	6810	10421		20273	20746	
德　国	Germany	8602	10230		14725	17070	
荷　兰	Netherlands	9940			32507		
波　兰	Poland	3152	3017	2989	1582	2838	6190
俄罗斯	Russia	828	20152	10162	84	2353	314
西班牙	Spain	5627			19343		
乌克兰	Ukraine	4271	8371		684	1744	
澳大利亚	Australia	48750	88736	151106	5418	8896	9817
新西兰	New Zealand	2214	3040	4358	1379	1798	2458

13-4 空运货物周转量和客运量
Freight and Passengers Carried by Air

资料来源：世界银行WDI数据库。
Source: World Bank WDI Database.
单位：万吨公里 (10 000 ton-km)

国家或地区	Country or Area	空运货物周转量(万吨公里) Air Transport,Freight(10 000 ton-km)			航空客运量(万人) Air Transport,Passengers Carried(10 000 persons)		
		2000	2010	2020	2000	2010	2020
世　界	**World**	**11825721**	**18202563**	**18053080**	**167406**	**262826**	**180939**
高收入国家	**High Income**	**10105213**	**14339603**	**13557469**	**136142**	**175339**	**89786**
中等收入国家	**Middle Income**	**1688080**	**3799622**	**4201471**	**30357**	**85668**	**90350**
低收入国家	**Low Income**	**29118**	**63215**	**293851**	**478**	**1176**	**775**
中　国	China	390008	1719388	1926424	6189	26629	41726
中国香港	Hong Kong SAR, China	511151	1037343	808490	1438	2835	588
中国澳门	Macao SAR, China	2190	3671	899	153	133	54
孟加拉国	Bangladesh	19387	16442	11779	133	182	298
文　莱	Brunei Darussalam	14023	14852	4023	86	126	28
柬埔寨	Cambodia		2			28	61
印　度	India	54765	163096	87512	1730	6437	6896
印度尼西亚	Indonesia	40854	66566	67480	992	5938	3752
伊　朗	Iran	7372	9654	20211	872	1876	1274
以色列	Israel	88570	85643	81663	444	508	125
日　本	Japan	867205	769880	784151	10912	10962	5113
哈萨克斯坦	Kazakhstan	1175	4238	2354	46	310	528
韩　国	Korea, Rep.	765134	1294273	1245657	3433	3699	3003
老　挝	Lao PDR	167	12		21	44	39
马来西亚	Malaysia	186384	256466	81675	1656	3424	1589
蒙　古	Mongolia	844	390	137	25	39	14
缅　甸	Myanmar	77	206	124	44	92	151
巴基斯坦	Pakistan	34031	33296	9588	529	659	371
菲律宾	Philippines	28995	46019	36070	576	2258	1118
新加坡	Singapore	600489	712141	301993	1670	2486	788
斯里兰卡	Sri Lanka	25571	33905	22648	176	301	124
泰　国	Thailand	171288	293867	68421	1739	2878	2818
越　南	Viet Nam	11733	42692	57208	288	1438	3177
埃　及	Egypt	27806	41699	43891	452	952	464
尼日利亚	Nigeria	882		74	51	420	340
南　非	South Africa	68757	102556	10239	800	1578	830
加拿大	Canada	189611	195733	230617	4177	6328	2762
墨西哥	Mexico	30986	90895	73280	2089	3127	3413
美　国	United States	3017198	3935326	4079309	66533	72050	36950
阿根廷	Argentina	29665	19330	8112	892	903	368
巴　西	Brazil	172790	130247	120971	3129	7463	4541
委内瑞拉	Venezuela	3310	122	288	430	643	28
捷　克	Czech Rep.	3222	1799	432	223	515	136
法　国	France	522434	507972	246794	5258	6086	2496
德　国	Germany	712771	748748	545464	5796	9733	2576
意大利	Italy	174841	78497	97876	3042	3265	780
荷　兰	Netherlands	436734	644438	530543	2090	2698	1475
波　兰	Poland	7783	7661	14056	234	410	269
俄罗斯	Russia	104141	353158	431460	1769	4386	6245
西班牙	Spain	87950	123586	49426	3971	5285	2656
土耳其	Turkey	38504	114928	687047	1219	4567	4472
乌克兰	Ukraine	1220	6932	1334	95	396	179
英　国	United Kingdom	516087	608274	367524	7044	10152	3097
澳大利亚	Australia	173074	293831	120064	3258	6064	2363
新西兰	New Zealand	81714	46864	77395	1078	1330	852

13-5 机动车使用量
Vehicles in Use

资料来源：国际公路协会数据库。
Source: International Road Federation Datawarehouse

国家或地区	Country or Area	年份 Year	总计 (万辆) Total (10 000 units)	乘用车 (万辆) Passenger Cars (10 000 units)	公共汽车 (万辆) Buses and Motor Coaches (10 000 units)	卡车、货车和拖拉机 (万辆) Vans, Pickups, Lorries and Road Tractors (10 000 units)
中国	China	2019	25257.1	22241.6	232.7	2782.8
中国澳门	Macao SAR, China	2019	11.7	10.5	0.4	0.8
孟加拉国	Bangladesh	2019	114.3	63.2	7.8	43.3
文莱	Brunei Darussalam	2019	28.6	26.8	0.3	1.6
印度尼西亚	Indonesia	2019	2084.6	1559.2	23.2	502.2
以色列	Israel	2019	345.8	311.0	3.5	31.3
日本	Japan	2019	7814.0	6177.1	23.3	1613.6
哈萨克斯坦	Kazakhstan	2019	441.9	387.0	8.7	46.2
韩国	Korea, Rep.	2019	2358.2	1917.8	81.2	359.3
老挝	Lao PDR	2019	47.6	8.5	0.6	38.5
马来西亚	Malaysia	2019	61.5	53.1	0.1	8.2
蒙古	Mongolia	2019	60.5	45.1	1.1	14.3
缅甸	Myanmar	2019	100.7	56.4	3.1	41.2
巴基斯坦	Pakistan	2019	424.6	370.4	25.4	28.8
菲律宾	Philippines	2019	471.1	184.3	3.7	283.1
新加坡	Singapore	2019	80.9	64.9	1.9	14.1
斯里兰卡	Sri Lanka	2019	179.8	87.6	11.2	81.1
泰国	Thailand	2019	1785.8	998.6	42.2	745.1
埃及	Egypt	2019	734.3	561.8	16.0	156.5
南非	South Africa	2019	1095.0	753.9	41.1	300.0
加拿大	Canada	2019	2468.6	2347.2	9.2	112.3
墨西哥	Mexico	2019	4575.3	3471.1	45.9	1058.4
美国	United States	2019	26789.5	19434.9	99.5	7255.1
巴西	Brazil	2019	7659.7	5665.2	105.9	1888.5
白俄罗斯	Belarus	2019	368.5		4.4	41.2
捷克	Czech Rep.	2019	667.0	592.5	2.1	72.4
法国	France	2019	4520.4	3821.5	9.3	689.6
德国	Germany	2019	5333.9	4771.6	8.1	554.2
意大利	Italy	2019	4476.5	3954.5	10.0	511.9
荷兰	Netherlands	2019	977.2	867.8	1.0	108.4
波兰	Poland	2019	2836.7	2436.0	12.3	388.3
俄罗斯	Russia	2019	5583.8	4843.0	86.9	654.0
西班牙	Spain	2019	3082.8	2455.8	6.5	620.4
土耳其	Turkey	2019	1785.1	1250.3	70.7	464.1
英国	United Kingdom	2019	3781.4	3288.4	15.7	477.2
澳大利亚	Australia	2019	1854.1	1450.4	9.9	393.7
新西兰	New Zealand	2019	390.0	318.7	2.8	68.5

13-5 续表 continued

国家或地区	Country or Area	年 份 Year	摩托车(万辆) Motorcycles and Mopeds (10 000 units)	每千人拥有乘用车数量(辆) Passenger Cars per 1000 Persons (unit)	每千人拥有汽车数量(辆) Total Vehicles per 1000 Persons (unit)	每公里道路汽车数量（辆） Total Vehicles per km of Road (unit)
中　　国	China	2019	6765.6	159.1	180.7	50.4
中国澳门	Macao SAR, China	2019	12.4	164.5	182.5	257.5
孟加拉国	Bangladesh	2019	318.2	3.9	7.0	2.8
文　　莱	Brunei Darussalam	2019	0.4	617.7	660.2	77.1
印度尼西亚	Indonesia	2019	11277.1	57.6	77.0	38.3
以 色 列	Israel	2019	14.3	343.5	381.9	173.4
日　　本	Japan	2019	1054.0	489.2	618.9	61.0
哈萨克斯坦	Kazakhstan	2019	4.0	209.1	238.7	46.2
韩　　国	Korea, Rep.	2019	209.4	370.9	456.1	228.6
老　　挝	Lao PDR	2019	168.8	11.8	66.3	8.2
马来西亚	Malaysia	2019	59.6	16.6	19.2	2.4
蒙　　古	Mongolia	2019	1.3	139.9	187.5	5.4
缅　　甸	Myanmar	2019	618.3	10.4	18.6	23.9
巴基斯坦	Pakistan	2019	2197.1	17.1	19.6	15.7
菲 律 宾	Philippines	2019	801.4	17.1	43.6	142.0
新 加 坡	Singapore	2019	14.0	113.8	141.9	85.1
斯里兰卡	Sri Lanka	2019	584.3	40.2	82.5	57.6
泰　　国	Thailand	2019	2143.9	143.4	256.5	25.4
埃　　及	Egypt	2019	369.0	56.0	73.2	40.1
南　　非	South Africa	2019	34.3	128.8	187.0	14.6
加 拿 大	Canada	2019	73.6	624.4	656.7	21.9
墨 西 哥	Mexico	2019	484.1	272.1	358.6	115.2
美　　国	United States	2019	859.6	592.1	816.2	40.4
巴　　西	Brazil	2019	2818.8	268.4	362.9	48.5
白俄罗斯	Belarus	2019	43.0	343.0	391.3	35.9
捷　　克	Czech Rep.	2019	116.3	555.2	625.0	51.0
法　　国	France	2019	293.1	569.9	674.1	41.0
德　　国	Germany	2019	450.6	574.3	641.9	83.0
意 大 利	Italy	2019	985.7	655.8	742.3	190.1
荷　　兰	Netherlands	2019	192.9	500.3	563.4	52.5
波　　兰	Poland	2019	296.2	641.6	747.2	66.8
俄 罗 斯	Russia	2019	231.9	335.4	386.7	36.2
西 班 牙	Spain	2019	360.7	521.0	654.1	57.3
土 耳 其	Turkey	2019	333.1	149.9	214.0	71.2
英　　国	United Kingdom	2019	127.3	492.0	565.8	89.3
澳大利亚	Australia	2019	87.0	571.8	730.9	
新 西 兰	New Zealand	2019	9.8	640.1	783.3	40.3

13-6 汽车燃料价格
Motor Fuel Prices

资料来源：国际公路协会数据库。
Source: International Road Federation Datawarehouse

单位：美分/升 (USD cent/liter)

国家或地区	Country or Area	高级汽油价格 Super Gasoline Price				
		2010	2012	2014	2016	2018
中　国	China	111	137	117	96	118
中国香港	Hong Kong SAR, China	192	216	206	186	209
孟加拉国	Bangladesh	109	115	130	112	107
印　度	India	115	125	110	97	107
印度尼西亚	Indonesia	79	47	93	63	83
伊　朗	Iran	10	33	37	40	29
以色列	Israel	185	201	188	157	176
日　本	Japan	160	200	138	106	129
哈萨克斯坦	Kazakhstan	71	101	81	42	47
韩　国	Korea, Rep.	152	180	155	122	150
马来西亚	Malaysia	59	62	68	45	52
蒙　古	Mongolia	111	129	101	72	92
缅　甸	Myanmar	80	104	114	54	67
巴基斯坦	Pakistan	86	114	94	79	74
菲律宾	Philippines	105	125	105	86	98
新加坡	Singapore	142	168	158	125	150
斯里兰卡	Sri Lanka	119	129	127	88	96
泰　国	Thailand	141	156	129	71	109
越　南	Viet Nam	88	115	104	80	91
埃　及	Egypt	48	45	88	40	43
尼日利亚	Nigeria	44	62	56	46	40
南　非	South Africa	119	138	119	92	118
加拿大	Canada	121	132	117	81	100
墨西哥	Mexico	81	86	103	73	104
美　国	United States	76	97	76	71	88
阿根廷	Argentina	96	146	152	110	105
巴　西	Brazil	158	139	127	102	125
委内瑞拉	Venezuela	2	2	2		
捷　克	Czech Rep.	175	193	167	117	141
法　国	France	198	191	179	139	168
德　国	Germany	190	196	180	139	168
意大利	Italy	187	228	214	161	184
荷　兰	Netherlands	213	233	215	168	190
波　兰	Poland	157	174	142	107	133
俄罗斯	Russia	84	99	81	59	68
西班牙	Spain	156	175	163	126	147
土耳其	Turkey	252	254	206	142	122
乌克兰	Ukraine	101	135	117	83	116
英　国	United Kingdom	192	217	192	146	167
澳大利亚	Australia	127	139	123	93	116
新西兰	New Zealand	147	177	171	140	154

13-6 续表 continued

单位：美分/升 (USD cent/liter)

国家或地区	Country or Area	柴油价格 Diesel Price 2010	2012	2014	2016	2018
中国	China	104	128	109	81	106
中国香港	Hong Kong SAR, China	132	157	156	142	175
孟加拉国	Bangladesh	63	76	90	84	78
印度	India	82	86	91	81	100
印度尼西亚	Indonesia	51	47	62	61	66
伊朗	Iran	2	12	19	22	7
以色列	Israel	187	212	208		168
日本	Japan	137	161	110	88	110
哈萨克斯坦	Kazakhstan	51	67	64	40	51
韩国	Korea, Rep.	135	163	137	105	128
马来西亚	Malaysia	56	59	65	44	52
蒙古	Mongolia	104	122	96	67	94
缅甸	Myanmar	80		93	51	68
巴基斯坦	Pakistan	92	120	101	70	85
菲律宾	Philippines	84	101	82	58	85
新加坡	Singapore	104	126	116	77	121
斯里兰卡	Sri Lanka	66	93	90	65	66
泰国	Thailand	95	97	90	68	100
越南	Viet Nam	77	106	91	59	80
埃及	Egypt	19	18	25	15	31
尼日利亚	Nigeria	77	109	84	64	57
南非	South Africa	114	142	117	90	119
加拿大	Canada	108	123	116	73	100
墨西哥	Mexico	72	85	102	72	102
美国	United States	84	105	97	65	88
阿根廷	Argentina	105	133	133	100	94
巴西	Brazil	114	102	102	95	101
委内瑞拉	Venezuela	1	1	1		
捷克	Czech Rep.	169	187	160	111	140
法国	France	172	178	163	120	168
德国	Germany	168	188	158	120	156
意大利	Italy	169	218	201	144	175
荷兰	Netherlands	171	195	180	134	166
波兰	Poland	150	173	139	104	139
俄罗斯	Russia	72	100	75	55	65
西班牙	Spain	147	175	155	113	142
土耳其	Turkey	203	233	190	123	118
乌克兰	Ukraine	92	125	116	73	114
英国	United Kingdom	198	227	199	149	177
澳大利亚	Australia	123	157	128	92	119
新西兰	New Zealand	97	124	111	79	111

13-7 港口集装箱吞吐量
Container Port Traffic

资料来源：世界银行WDI数据库。
Source: World Bank WDI Database.
单位：万标准集装箱 (10 000 TEUs)

国家或地区	Country or Area	2000	2010	2015	2016	2017	2018	2019
世　界	**World**	**22477**	**54397**	**69275**	**70360**	**75693**	**79539**	**79595**
高收入国家	**High Income**	**14426**	**27782**	**32212**	**32665**	**34339**	**35794**	**34446**
中等收入国家	**Middle Income**	**7960**	**26219**	**36745**	**37362**	**40949**	**43325**	**44733**
中　国	China	4100	13199	19373	19785	22216	23320	24203
中国香港	Hong Kong SAR, China		2360	2011	1958	2076	1964	1836
孟加拉国	Bangladesh	46	135	204	237	259	273	266
文　莱	Brunei Darussalam		9	13	12	13	43	28
柬埔寨	Cambodia		29	47	48	64	74	78
印　度	India	245	889	1188	1208	1543	1695	1705
印度尼西亚	Indonesia	380	901	1203	1243	1283	1406	1476
伊　朗	Iran		273	217	245	309	238	152
以色列	Israel		228	252	252	287	295	292
日　本	Japan	1310	1897	2014	2032	2196	2261	2171
韩　国	Korea, Rep.	903	1852	2548	2637	2742	2887	2896
马来西亚	Malaysia	464	1684	2401	2457	2378	2496	2622
缅　甸	Myanmar		34	83	103	120	104	112
巴基斯坦	Pakistan		215	276	276	328	346	337
菲律宾	Philippines	303	559	721	742	810	865	898
新加坡	Singapore	1710	2915	3171	3169	3367	3739	3798
斯里兰卡	Sri Lanka	173	410	519	555	620	700	723
泰　国	Thailand	318	682	946	998	994	1024	1076
越　南	Viet Nam	119	643	1109	1109	1197	1301	1366
埃　及	Egypt	163	683	719	728	610	637	631
尼日利亚	Nigeria		123	140	140	141	156	148
南　非	South Africa	185	396	466	435	456	489	477
加拿大	Canada	293	469	579	574	638	677	700
墨西哥	Mexico	132	370	541	566	637	698	709
美　国	United States	2830	4203	4789	4844	5213	5478	5552
阿根廷	Argentina	114	199	170	159	181	219	200
巴　西	Brazil	241	696	970	929	966	1034	1098
委内瑞拉	Venezuela	67	107	73	72	41	32	27
法　国	France	292	519	538	545	586	596	587
德　国	Germany	770	1467	1924	1942	1972	1971	1960
意大利	Italy	692	802	944	977	989	992	1001
荷　兰	Netherlands	641	1141	1241	1256	1391	1470	1499
波　兰	Poland		105	186	203	239	283	305
俄罗斯	Russia	32	324	391	392	452	506	531
西班牙	Spain	579	1255	1425	1494	1598	1715	1737
土耳其	Turkey	159	566	830	885	1009	1089	1168
乌克兰	Ukraine		65	48	59	70	118	134
英　国	United Kingdom	643	822	977	1020	1024	1031	1028
澳大利亚	Australia	354	637	762	763	800	857	828
新西兰	New Zealand	107	233	312	316	320	333	344

13-8 公路线路长度
Length of Road

资料来源：国际公路协会数据库。
Source: International Road Federation Datawarehouse

国家或地区	Country or Area	公路网长度(公里) Total Road Network (km)		有路面公路所占比重(%) Road paved (% of total roads)		公路密度(公里)(每百平方公里土地公路长度) Road Density(km of road per 100 sq.km of land area)	
		2005	2019	2005	2019	2005	2019
中　国	China	3345187	5012496	40.8	85.6		53.0
中国香港	Hong Kong SAR, China	1955	2127	100.0			203.0
中国澳门	Macao SAR, China		454		100.0		1380.0
孟加拉国	Bangladesh		416311				320.0
文　莱	Brunei Darussalam	3650	3709	77.2	86.9		70.0
印度尼西亚	Indonesia	391009	544474	55.4	59.8		29.0
伊　朗	Iran	172027	219430		88.6		13.0
以色列	Israel	17589	19946	100.0	100.0	81.3	92.0
日　本	Japan	1192400	1281000	79.0	27.7	327.3	351.0
哈萨克斯坦	Kazakhstan	90845	95629	91.2	88.7		4.0
韩　国	Korea, Rep.	102293	103142	76.8	93.5	103.5	106.0
老　挝	Lao PDR	33861	58264	13.4	21.7		25.0
马来西亚	Malaysia	93109	254479	79.8	74.8		77.0
蒙　古	Mongolia		111917		10.1		7.0
缅　甸	Myanmar	27000	42178	11.9	73.2		6.0
巴基斯坦	Pakistan		270972		74.2		35.0
菲律宾	Philippines		33175		97.2		11.0
新加坡	Singapore	3234	9509	100.0	100.0		1341.0
斯里兰卡	Sri Lanka		31246		39.8		51.0
泰　国	Thailand		701847		58.1		137.0
埃　及	Egypt		182949				18.0
南　非	South Africa		750000		21.8		62.0
加拿大	Canada		1126600		40.1		13.0
墨西哥	Mexico	355796	397312	37.0	44.1		20.0
美　国	United States	6544257	6638329	65.3	70.5	70.2	73.0
巴　西	Brazil		1580287		13.5		19.0
白俄罗斯	Belarus		102776		86.7		51.0
捷　克	Czech Rep.	127810	130687		100.0	71.8	169.0
法　国	France	950985	1103454	100.0	100.0	183.9	202.0
德　国	Germany	231480	642776			184.8	184.0
意大利	Italy	487700	235492			59.6	79.0
荷　兰	Netherlands	126100	186019		75.5	397.6	552.0
波　兰	Poland		424915		72.3	124.5	139.0
俄罗斯	Russia	859000	1542196	84.4	70.6		9.0
西班牙	Spain		538496			133.6	108.0
土耳其	Turkey	426914	250731		92.2	45.4	33.0
乌克兰	Ukraine	169323	161912	97.4	97.9		28.0
英　国	United Kingdom	388008	423331	100.0	100.0	170.8	175.0
澳大利亚	Australia					10.6	
新西兰	New Zealand	93460	96682	64.9	66.4	35.4	37.0

13-9 公路交通事故
Road Accidents

资料来源：国际公路协会数据库。
Source: International Road Federation Datawarehouse

国家或地区	Country or Area	年份 Year	事故发生数(起) Number Of Accidents (case)	受伤人数 Persons Injured (person)	死亡人数 Persons Killed (person)
中　国	China	2019	247646	256101	62763
中国香港	Hong Kong SAR, China	2019	16102		
中国澳门	Macao SAR, China	2019	3867	4504	8
孟加拉国	Bangladesh	2019	2747	1750	2312
文　莱	Brunei Darussalam	2019		357	16
印　度	India	2019	421663	451361	151113
印度尼西亚	Indonesia	2019	116411	149817	25671
伊　朗	Iran	2019	316962	395922	16677
以色列	Israel	2019	12670	22631	355
日　本	Japan	2019	381237	457855	3920
哈萨克斯坦	Kazakhstan	2019	24585	22180	2405
韩　国	Korea, Rep.	2019	229600	341712	3349
马来西亚	Malaysia	2019	15044	8877	6167
蒙　古	Mongolia	2019	4351	3790	561
缅　甸	Myanmar	2019	14346	24034	5213
巴基斯坦	Pakistan	2019	10779	13219	5932
菲律宾	Philippines	2019	12871	10919	1460
新加坡	Singapore	2019	7782	9833	118
泰　国	Thailand	2019		61101	8648
越　南	Viet Nam	2019	17626	13624	7624
埃　及	Egypt	2019	9992		3484
尼日利亚	Nigeria	2019	8176	35981	5483
加拿大	Canada	2019		140801	1761
墨西哥	Mexico	2019	5644	8501	3044
美　国	United States	2019	1949244	2740000	36096
巴　西	Brazil	2019	55775	79073	5317
白俄罗斯	Belarus	2019	3567	3818	505
捷　克	Czech Rep.	2019	20806	25975	617
法　国	France	2019	56016	70490	3244
德　国	Germany	2019	300143	384230	3046
意大利	Italy	2019	172183	241384	3173
荷　兰	Netherlands	2019		21400	661
波　兰	Poland	2019	30288	35477	2909
俄罗斯	Russia	2019	164358	210877	16981
西班牙	Spain	2019	104080	139358	1755
土耳其	Turkey	2019	174896	283234	5473
英　国	United Kingdom	2019	117536	151406	1752
澳大利亚	Australia	2019			1189
新西兰	New Zealand	2019	11749	14742	352

13-9 续表 continued

国家或地区	Country or Area	年 份 Year	每十万人口交通事故伤亡人数(人) Persons Killed Rate per 100 000 Persons (person)	每十万人口交通事故受伤人数(起) Injury Accidents per 100 000 Persons (person)	每亿公里车程交通事故数(起) Injury Accident Density per 100 Million km road (person)
中 国	China	2019	4	18	49
中国香港	Hong Kong SAR, China	2019		214	7570
中国澳门	Macao SAR, China	2019	1	604	8516
孟加拉国	Bangladesh	2019	1	2	7
文 莱	Brunei Darussalam	2019	4		
印 度	India	2019	11	31	
印度尼西亚	Indonesia	2019	9	43	214
伊 朗	Iran	2019	20	382	1444
以 色 列	Israel	2019	4	140	635
日 本	Japan	2019	3	302	298
哈萨克斯坦	Kazakhstan	2019	13	133	257
韩 国	Korea, Rep.	2019	6	444	2226
马来西亚	Malaysia	2019	19	47	59
蒙 古	Mongolia	2019	17	135	39
缅 甸	Myanmar	2019	10	27	340
巴基斯坦	Pakistan	2019	3	5	40
菲 律 宾	Philippines	2019	1	12	388
新 加 坡	Singapore	2019	2	136	818
泰 国	Thailand	2019	12		
越 南	Viet Nam	2019	8	18	
埃 及	Egypt	2019	3	10	55
尼日利亚	Nigeria	2019	3	4	
加 拿 大	Canada	2019	5		
墨 西 哥	Mexico	2019	2	4	14
美 国	United States	2019	11	594	294
巴 西	Brazil	2019	3	26	35
白俄罗斯	Belarus	2019	5	38	35
捷 克	Czech Rep.	2019	6	195	159
法 国	France	2019	5	84	51
德 国	Germany	2019	4	361	467
意 大 利	Italy	2019	5	286	731
荷 兰	Netherlands	2019	4		
波 兰	Poland	2019	8	80	71
俄 罗 斯	Russia	2019	12	114	107
西 班 牙	Spain	2019	4	221	193
土 耳 其	Turkey	2019	7	210	698
英 国	United Kingdom	2019	3	176	278
澳大利亚	Australia	2019	5		
新 西 兰	New Zealand	2019	7	236	122

13-10 公路支出
Road Expenditure

资料来源：国际公路协会数据库。
Source: International Road Federation Datawarehouse
单位：万美元 (10 000 US$)

国家或地区	Country or Area	年 份 Year	支出总计 Total Expenditure	公路支出构成－按行政管理级别分 Road Expenditure by Administration Levels		
				中央政府 Central Government	地方政府 Local Government	私 人 Private
中国澳门	China SAR, Macao	2019	29604	29730		
孟加拉国	Bangladesh	2019	431247	234861	196387	
文 莱	Brunei Darussalam	2019	25342			
以色列	Israel	2019	249624			
韩 国	Korea, Rep.	2019	1498385	548402	939444	10539
缅 甸	Myanmar	2019	78434	11916	39412	27106
南 非	South Africa	2019	488352	253644	234708	
加拿大	Canada	2019	1478727	234788	1243939	
墨西哥	Mexico	2019	260557	236874		23682
美 国	United States	2019	10452800	386700	10066100	
巴 西	Brazil	2019	291383	163915		127468
白俄罗斯	Belarus	2019	70660	51008	19653	
捷 克	Czech Republic	2019	268433			
法 国	France	2019	2207627	246139	1359570	601918
波 兰	Poland	2019	745372	326224	419148	
西班牙	Spain	2019	380410	192881	169574	17956
英 国	United Kingdom	2019	1428652	735868	692782	
澳大利亚	Australia	2019	2859221	438704	1585103	377904
新西兰	New Zealand	2019	313865	238655	75211	

13-10 续表 continued

单位：万美元 (10 000 US$)

国家或地区	Country or Area	年 份 Year	公路支出构成－按支出性质分 Road Expenditure-by Nature 建 设 Construction	维 护 Maintenance	其 它 Others
中国澳门	China SAR, Macao	2019	29604		
孟加拉国	Bangladesh	2019	366427	64820	
文 莱	Brunei Darussalam	2019			
以色列	Israel	2019	249624		
韩 国	Korea, Rep.	2019	1173895	324489	
缅 甸	Myanmar	2019	56642	16777	5014
南 非	South Africa	2019	239798		248554
加拿大	Canada	2019	858075	500145	120507
墨西哥	Mexico	2019	114174	146382	
美 国	United States	2019	2242000	6150300	2060500
巴 西	Brazil	2019	129356	92730	69297
白俄罗斯	Belarus	2019	19931	29922	20808
捷 克	Czech Republic	2019	156945	111488	
法 国	France	2019	1146855	1060772	
波 兰	Poland	2019	745372		
西班牙	Spain	2019			
英 国	United Kingdom	2019	1140453	288199	
澳大利亚	Australia	2019			
新西兰	New Zealand	2019	113487	124927	75451

13-11 电话主线和移动电话普及率
Telephone Mainlines and Mobile Phones

资料来源：世界银行WDI数据库。
Source:World Bank WDI Database.

国家或地区	Country or Area	电话主线(条/千人) Fixed Telephone Subscriptions (lines per 1000 persons)			移动电话(部/千人) Mobile Cellular Subscriptions (sets per 1000 persons)		
		2000	2010	2020	2000	2010	2020
世　界	**World**	**159.1**	**176.8**	**122.6**	**120.4**	**761.6**	**1075.2**
高收入国家	**High Income**	**548.4**	**474.9**	**363.3**	**492.8**	**1091.0**	**1283.2**
中等收入国家	**Middle Income**	**82.0**	**126.6**	**76.0**	**43.9**	**735.8**	**1070.2**
低收入国家	**Low Income**	**9.8**	**18.1**	**8.6①**	**1.8**	**275.7**	**604.7①**
中　国	China	112.2	215.1	126.4	66.1	627.6	1178.6
中国香港	Hong Kong SAR, China	594.3	626.1	524.8	824.6	1980.1	2916.5
中国澳门	Macao SAR, China	413.4	312.8	195.5①	329.7	2085.1	3453.2①
孟加拉国	Bangladesh	3.8	8.7	8.8	2.2	460.3	1033.1
文　莱	Brunei Darussalam	241.6	205.6	237.5	285.1	1119.5	1204.0
柬埔寨	Cambodia	2.5	25.1	3.4②	10.7	569.5	1299.2②
印　度	India	30.7	28.4	14.5	3.4	609.4	836.0
印度尼西亚	Indonesia	31.5	169.3	33.6	17.3	873.7	1300.6
伊　朗	Iran	144.6	350.0	346.4	14.7	732.8	1519.5
以色列	Israel	500.2	463.9	355.8	740.0	1240.2	1317.1
日　本	Japan	485.8	510.5	492.2	523.7	959.1	1520.3
哈萨克斯坦	Kazakhstan	122.9	249.7	165.5	13.2	1193.8	1340.9
韩　国	Korea, Rep.	545.9	576.1	465.4	566.0	1024.7	1375.4
老　挝	Lao PDR	7.7	16.5	207.9②	2.4	640.6	608.4②
马来西亚	Malaysia	199.5	163.4	230.7	220.8	1200.3	1350.9
蒙　古	Mongolia	49.0	71.0	48.9	64.5	923.0	1331.2
缅　甸	Myanmar	5.8	9.7	9.7①	0.3	11.7	1138.4①
巴基斯坦	Pakistan	21.5	33.9	13.0	2.2	552.8	795.1
菲律宾	Philippines	39.3	35.5	39.4②	82.8	884.9	1547.6②
新加坡	Singapore	483.0	389.0	323.3	681.9	1439.2	1440.5
斯里兰卡	Sri Lanka	40.9	176.6	113.4	22.9	856.8	1388.4
泰　国	Thailand	88.8	101.7	71.7	48.5	1067.4	1666.1
越　南	Viet Nam	31.8	163.4	32.9	9.9	1268.3	1427.3
埃　及	Egypt	79.7	116.2	96.3	19.8	853.8	931.8
尼日利亚	Nigeria	4.5	6.6	0.5	0.2	550.8	990.7
南　非	South Africa	110.3	94.9	35.4	185.4	983.5	1618.0
加拿大	Canada	681.3	538.7	369.0	285.3	756.3	956.3
墨西哥	Mexico	124.7	174.6	184.6	142.3	801.0	934.5
美　国	United States	683.4	484.3	311.3	388.6	922.7	1344.6②
阿根廷	Argentina	214.1	242.4	162.8	176.0	1395.8	1211.7
巴　西	Brazil	176.9	215.3	144.2	132.7	1006.2	968.4
委内瑞拉	Venezuela	104.8	249.0	185.5	225.2	980.3	634.0
捷　克	Czech Rep.	376.3	224.7	122.9	422.4	1227.5	1213.9
法　国	France	575.9	646.0	578.5	492.3	919.0	1114.6
德　国	Germany	616.9	654.5	457.1	592.2	1093.7	1283.1
意大利	Italy	479.0	379.9	321.4	745.2	1578.9	1286.7
荷　兰	Netherlands	620.9	433.5	288.1	675.3	1149.6	1249.8
波　兰	Poland	283.9	200.0	152.7	175.0	1225.0	1304.0
俄罗斯	Russia	219.1	313.0	189.7②	22.3	1656.6	1635.9
西班牙	Spain	419.0	430.0	416.1	594.4	1095.0	1190.1
土耳其	Turkey	290.9	224.0	147.6	255.1	854.0	973.8
乌克兰	Ukraine	213.3	282.6	79.4	16.8	1177.7	1293.4
英　国	United Kingdom	597.9	526.5	472.5	737.4	1209.1	1163.8
澳大利亚	Australia	529.2	479.6	243.1	450.8	1015.6	1076.6
新西兰	New Zealand	474.5	430.2	371.1①	399.6	1077.8	1349.3①

注：①2018年数据。②2019年数据。
Note:①Data refer to 2018.②Data refer to 2019.

13-12 互联网网民占总人口比重
Individuals Using the Internet (% of Population)

资料来源：世界银行WDI数据库。
Source: World Bank WDI Database.
单位：% (%)

国家或地区	Country or Area	2010	2015	2016	2017	2018	2019	2020
世　界	**World**	**28.9**	**40.9**	**43.8**	**46.3**	**49.9**	**56.7**	
高收入国家	**High Income**	**72.2**	**79.9**	**84.3**	**85.9**	**87.5**	**89.1**	
中等收入国家	**Middle Income**	**21.5**	**35.1**	**37.9**	**40.5**	**44.2**	**52.7**	
低收入国家	**Low Income**	**4.3**	**9.5**	**11.4**	**14.1**			
中　国	China	34.3	50.3	53.2	54.3	59.2	64.6	70.6
中国香港	Hong Kong SAR, China	72.0	84.9	87.5	89.4	90.5	91.7	92.4
中国澳门	Macao SAR, China	55.2	77.6	81.6	83.2	83.8	86.5	
孟加拉国	Bangladesh	3.7	8.3	9.2	10.3	11.5	12.9	
文　莱	Brunei Darussalam	53.0	71.2	90.0	94.9	95.0	95.0	
柬埔寨	Cambodia	1.3	18.0	32.4	32.9	65.0	78.3	78.8
印　度	India	7.5	14.9	16.5	18.2	20.1	41.0	
印度尼西亚	Indonesia	10.9	22.1	25.4	32.3	39.9	47.7	53.7
伊　朗	Iran	15.9	45.3	53.2	64.0	70.2	77.8	84.1
以色列	Israel	67.5	77.4	79.7	81.6	83.7	86.8	
日　本	Japan	78.2	91.1	93.2	91.7	91.3	92.7	
哈萨克斯坦	Kazakhstan	31.6	70.8	74.6	76.4	78.9	81.9	85.9
韩　国	Korea, Rep.	83.7	89.9	92.8	95.1	96.0	96.2	96.5
老　挝	Lao PDR	7.0	18.2	21.9	25.5			
马来西亚	Malaysia	56.3	71.1	78.8	80.1	81.2	84.2	89.6
蒙　古	Mongolia	10.2	22.5	22.3	23.7	47.1	51.1	62.5
缅　甸	Myanmar	0.3			23.6			
巴基斯坦	Pakistan	8.0	11.0	12.4	13.8	15.3	17.1	
菲律宾	Philippines	25.0					46.9	
新加坡	Singapore	71.0	79.0	84.5	84.5	88.2	88.9	75.9
斯里兰卡	Sri Lanka		12.1	15.1	21.3	26.0	29.0	35.0
泰　国	Thailand	22.4	39.3	47.5	52.9	56.8	66.7	77.8
越　南	Viet Nam	30.7	45.0	53.0	58.1	69.8	68.7	70.3
埃　及	Egypt	21.6	37.8	41.2	45.0	46.9	57.3	71.9
尼日利亚	Nigeria	11.5	24.5	25.7	28.0	31.9	33.6	
南　非	South Africa	24.0	51.9	54.0	56.2	62.4	68.2	
加拿大	Canada	80.3	90.0	91.2	92.7	94.6	96.5	
墨西哥	Mexico	31.1	57.4	59.5	63.9	65.8	70.1	72.0
美　国	United States	71.7	74.6	85.5	87.3	88.5	89.4	
阿根廷	Argentina	45.0	68.0	71.0	74.3			
巴　西	Brazil	40.7	58.3	60.9	67.5	70.4	73.9	
委内瑞拉	Venezuela	37.4						
捷　克	Czech Rep.	68.8	75.7	76.5	78.7	80.7	80.9	81.3
法　国	France	77.3	78.0	79.3	80.5	82.0	83.3	
德　国	Germany	82.0	87.6	84.2	84.4	87.0	88.1	89.8
意大利	Italy	53.7	58.1	61.3	63.1	74.4	76.1	
荷　兰	Netherlands	90.7	91.7	90.4	93.2	91.9	93.3	91.3
波　兰	Poland	62.3	68.0	73.3	76.0	77.5	80.4	86.8
俄罗斯	Russia	43.0	70.1	73.1	76.0	80.9	82.6	85.0
西班牙	Spain	65.8	78.7	80.6	84.6	86.1	90.7	93.2
土耳其	Turkey	39.8	53.7	58.3	64.7	71.0	74.0	77.7
乌克兰	Ukraine	23.3	48.9	53.0	58.9	62.6	70.1	
英　国	United Kingdom	85.0	92.0	94.8	90.4	90.7	92.5	94.8
澳大利亚	Australia	76.0	84.6	86.5	86.5			
新西兰	New Zealand	80.5	88.2	88.5	90.8			

13-13 互联网服务商
Secure Internet Servers

资料来源：世界银行WDI数据库。
Source: World Bank WDI Database.
单位：个/百万人 (per 1 000 000 persons)

国家或地区	Country or Area	2010	2015	2017	2018	2019	2020
世　界	**World**	**187.3**	**573.4**	**3518.8**	**6171.4**	**9989.0**	**11515.6**
高收入国家	**High Income**	**1092.2**	**3325.0**	**18796.9**	**34309.6**	**56877.0**	**65723.8**
中等收入国家	**Middle Income**	**6.2**	**44.0**	**679.1**	**918.2**	**1297.7**	**1594.2**
低收入国家	**Low Income**	**0.2**	**1.5**	**7.6**	**9.5**	**9.9**	**13.2**
中　国	China	1.2	19.7	209.1	446.7	735.0	954.5
中国香港	Hong Kong SAR, China	447.5	2331.8	10484.9	19403.6	60546.1	70622.0
中国澳门	Macao SAR, China	210.0	752.4	1779.7	2650.3	4167.4	6036.9
孟加拉国	Bangladesh	0.2	2.0	65.2	116.0	100.2	140.2
文　莱	Brunei Darussalam	41.2	573.6	1620.8	1988.5	10720.2	15749.2
柬埔寨	Cambodia	0.7	10.2	55.2	81.1	159.3	188.5
印　度	India	1.7	11.7	123.1	187.8	389.2	479.9
印度尼西亚	Indonesia	1.6	17.7	1280.6	1283.0	1683.8	1877.6
伊　朗	Iran	1.2	12.3	225.7	494.6	1035.1	2422.0
以色列	Israel	444.4	1305.0	6967.6	9611.9	11114.9	12349.4
日　本	Japan	552.9	1504.3	5980.2	11670.8	18701.4	22925.9
哈萨克斯坦	Kazakhstan	3.5	48.2	1232.2	1374.2	2359.0	3307.6
韩　国	Korea, Rep.	175.3	557.7	1198.9	2065.1	4543.8	5945.4
老　挝	Lao PDR	0.5	4.2	16.4	20.4	31.2	52.8
马来西亚	Malaysia	44.9	233.9	4917.8	5713.1	6723.9	7494.4
蒙　古	Mongolia	9.2	75.0	1527.1	1689.8	1690.5	1734.7
缅　甸	Myanmar	0.0	1.0	9.9	9.2	12.3	14.1
巴基斯坦	Pakistan	0.6	3.4	115.1	109.1	62.6	73.8
菲律宾	Philippines	5.0	20.9	87.8	92.9	111.3	113.6
新加坡	Singapore	531.6	3585.2	58690.3	84713.9	122481.4	128377.7
斯里兰卡	Sri Lanka	3.6	20.9	305.2	412.4	328.4	384.2
泰　国	Thailand	11.2	69.4	578.3	953.9	1403.8	1908.1
越　南	Viet Nam	2.3	32.7	1348.7	1769.4	2597.0	3105.8
埃　及	Egypt	2.5	10.5	36.2	35.1	35.3	44.0
尼日利亚	Nigeria	0.6	3.5	222.8	184.2	74.8	73.9
南　非	South Africa	52.1	272.8	9429.2	12031.6	14353.1	14421.8
加拿大	Canada	1282.7	3386.9	26565.2	30947.0	35896.9	39883.3
墨西哥	Mexico	13.4	57.9	185.5	225.7	271.5	322.8
美　国	United States	2481.7	6358.9	30338.0	65833.8	123980.0	141670.3
阿根廷	Argentina	25.2	123.3	1628.6	1872.6	3018.5	3685.8
巴　西	Brazil	28.3	159.0	1581.6	2036.4	2740.9	3087.2
委内瑞拉	Venezuela	7.1	21.4	293.4	275.4	217.1	194.5
捷　克	Czech Rep.	305.5	2048.8	25419.9	42344.6	56186.9	67595.2
法　国	France	278.1	1898.5	14819.5	20380.1	29313.6	36220.1
德　国	Germany	1049.3	4297.9	34181.3	56406.6	77970.0	97424.3
意大利	Italy	127.1	628.0	7744.1	12258.0	15313.2	20637.2
荷　兰	Netherlands	2084.8	9728.9	70412.1	100581.5	130279.5	136865.8
波　兰	Poland	155.0	955.8	6534.9	16227.1	20606.1	25147.1
俄罗斯	Russia	17.1	321.4	3541.1	5190.6	9336.9	13344.8
西班牙	Spain	207.1	889.6	7247.0	11302.8	17695.0	21593.0
土耳其	Turkey	86.3	363.5	3351.3	4334.1	5438.2	6759.7
乌克兰	Ukraine	12.4	141.8	3948.3	6027.8	7867.0	8952.0
英　国	United Kingdom	1315.4	4386.3	21195.9	27261.8	35988.5	36379.7
澳大利亚	Australia	1402.8	4574.1	21544.8	32903.6	36718.8	39804.1
新西兰	New Zealand	1388.7	3921.1	14919.2	17618.0	20120.5	20533.2

13-14 宽带用户
Fixed Broadband Subscribers

资料来源：世界银行WDI数据库。
Source:World Bank WDI Database.

国家或地区	Country or Area	宽带用户(个) Fixed Broadband Subscribers (number)			每千人宽带用户（个/千人） Broadband Subscribers (per 1 000 persons)		
		2000	2010	2020	2000	2010	2020
世　界	**World**		**531768684**	**1202466901**		**78.5**	**171.2**
高收入国家	**High Income**	**15733382**	**303523691**	**430179655**	**16.8**	**263.5**	**358.1**
中等收入国家	**Middle Income**		**226304164**	**767894967**		**44.1**	**138.7**
低收入国家	**Low Income**		**267753**			**0.6**	
中　国	China	22660	126337000	483550000	...	92.3	336.0
中国香港	Hong Kong SAR, China	444450	2167714	2871081	67.3	311.2	383.0
中国澳门	Macao SAR, China	3731	132081		8.7	245.4	
孟加拉国	Bangladesh		414569	9521970		2.8	57.8
文　莱	Brunei Darussalam		21699	71078		55.8	162.5
柬埔寨	Cambodia		35666			2.5	
印　度	India		10990000	22290000		8.9	16.2
印度尼西亚	Indonesia	4000	2280316	10713107	...	9.4	39.2
伊　朗	Iran	176	987549	9564195	...	13.4	113.9
以色列	Israel		1762000	2602079		239.8	300.6
日　本	Japan	854655	34101778	43633244	6.7	265.3	345.0
哈萨克斯坦	Kazakhstan		869600	2616500		53.5	139.3
韩　国	Korea, Rep.	3870000	17194272	22330182	81.7	347.0	435.5
老　挝	Lao PDR		5885			0.9	
马来西亚	Malaysia		2097800	3358800		74.4	103.8
蒙　古	Mongolia		76754	307166		28.2	93.7
缅　甸	Myanmar		22950			0.5	
巴基斯坦	Pakistan		789487	2423057		4.4	11.0
菲律宾	Philippines						
新加坡	Singapore	69000	1338400	1517600	17.1	260.8	259.4
斯里兰卡	Sri Lanka		228316	1992429		11.3	93.0
泰　国	Thailand		3251851	11599513		48.4	166.2
越　南	Viet Nam		3669321	16699249		41.7	171.6
埃　及	Egypt		1451628	9349469		17.5	91.4
尼日利亚	Nigeria		99108	65313		0.6	0.3
南　非	South Africa		743000	1303057		14.5	22.0
加拿大	Canada	1410932	10817103	15776602	46.1	316.8	418.0
墨西哥	Mexico	15000	10582865	21206911	0.2	92.8	164.5
美　国	United States	7069874	84522000	120531000	25.1	273.5	364.1
阿根廷	Argentina		4028238	9571562		98.5	211.8
巴　西	Brazil	100000	14100890	36344670	0.6	72.0	171.0
委内瑞拉	Venezuela	4473	1673076	2407187	0.2	58.8	84.7
捷　克	Czech Rep.	2500	2261179	3802644	0.2	214.6	355.1
法　国	France	196601	21337000	30627000	3.3	339.3	469.2
德　国	Germany	265000	26161950	36040739	3.3	323.7	430.2
意大利	Italy	115000	13098028	17855620	2.0	220.8	295.3
荷　兰	Netherlands	260000	6329000	7525016	16.3	379.4	439.2
波　兰	Poland		5858498	8212601		152.8	217.0
俄罗斯	Russia		15700000	33872758		109.4	232.1
西班牙	Spain	76358	10652372	15850358	1.9	227.0	339.0
土耳其	Turkey		7098163	16734853		98.1	198.4
乌克兰	Ukraine		2955862	7769401		64.5	186.2
英　国	United Kingdom	52890	19151508	27490258	0.9	301.8	404.9
澳大利亚	Australia		5510000	8937550		248.7	350.5
新西兰	New Zealand	4658	1092000		1.2	249.9	

主要统计指标解释

空运货物周转量 指承载的每个航班的货物、快递和邮包重量之和乘以飞机从起飞到降落的飞行距离。该指标按航空承运商登记国统计。

航空客运量 指承载的国内或国际飞机乘客人数。该指标按航空承运商登记国统计。

宽带用户 指互联网的使用者以订购或付费方式以高速率接入公共网络。高速接入是至少以一个或二个方向每秒速率在 256kbits.

港口集装箱吞吐量 港口集装箱吞吐量反映的是从陆地到海上或者从海上到陆地流动运输的集装箱数量，一个标准集装箱单位为 20 英尺当量单位。数据包括沿海和国际航运。转运集装箱在中转港作两次计算（一次卸下和再次出境），其中包括空集装箱。

移动电话 指手提式电话用户。利用蜂窝技术，这些用户被接入公共交换电话网的自动公共移动电话服务系统。

电话主线 是指将客户的设备接入公共交换电话网的电话线。

公路货运周转量 指利用公路交通工具进行货物运输。用重量乘以里程，以亿吨公里来衡量。

互联网网民 指过去三个月自任何地址通过计算机、移动电话、PDA、游戏机、数字电视等使用过互联网的个人。

Explanatory Notes on Main Statistical Indicators

Air Freight is the sum of the metric tons of freight, express, and diplomatic bags carried on each flight stage (the operation of an aircraft from takeoff to its next landing) multiplied by the stage distance of air carriers registered in the country.

Air Transport, Passengers Carried Air passengers carried include both domestic and international aircraft passengers of air carriers registered in the country.

Broadband Subscribers are users of the Internet who subscribe to paid high-speed access to the public Internet. High-speed access is at least 256 kilobits per second in one or both directions.

Container Port Traffic Port container traffic measures the flow of containers from land to sea transport modes and vice versa, in twenty-foot equivalent units (TEUs), a standard-size container. Data refer to coastal shipping as well as international journeys. Transshipment traffic is counted as two lifts at the intermediate port (once to off-load and again as an outbound lift) and includes empty units.

Mobile Phones Mobile phones refers to users of portable telephones subscribing to an automatic public mobile telephone service using cellular technology that provides access to the public switched telephone network.

Telephone Mainlines Telephone mainlines are telephone lines connecting a customer's equipment to the public switched telephone network.

Roads, Goods Transported Goods transported by road are the volume of goods transported by road vehicles, measured in 100 millions of metric tons times kilometers traveled.

Individuals using the Internet are individuals who have used the Internet (from any location) in the last 3 months. The Internet can be used via a computer, mobile phone, personal digital assistant, games machine, digital TV etc.

对外贸易和旅游

External Trade and Tourism

14-1 世界货物进出口总额
Merchandise Imports and Exports

资料来源：世界贸易组织数据库。
Source: WTO Database.
单位：亿美元 (100 million USD)

	世界 World	北美洲 North America	拉丁美洲和加勒比地区 South and Central America and the Caribbean	欧洲 Europe	亚洲 Asia	非洲 Africa
出口 Exports						
1996	54061	9228	1644	24211	14654	1254
1997	55923	10141	1797	24130	15472	1275
1998	55031	10140	1681	25132	14510	1061
1999	57194	10707	1687	25218	15484	1168
2000	64540	12250	2016	26463	18355	1472
2001	61964	11475	1947	26740	16739	1384
2002	65007	11062	1964	28586	18077	1449
2003	75908	11630	2255	34126	21383	1776
2004	92226	13197	2932	40860	26534	2366
2005	105103	14758	3722	44422	30608	3085
2006	121314	16641	4498	50213	35761	3679
2007	140320	18407	5151	58605	41412	4371
2008	161705	20352	6182	65604	47247	5629
2009	125651	16019	4752	50691	38907	3957
2010	153040	19643	5933	57071	50760	5192
2011	183436	22834	7614	67262	59751	6127
2012	185145	23721	7519	65386	61200	6371
2013	189699	24179	7384	68570	62936	5945
2014	190111	24938	6867	68758	64442	5647
2015	165581	22932	5421	60095	59671	3943
2016	160452	22150	5168	59914	57596	3619
2017	177429	23764	5852	65552	63816	4294
2018	195504	25655	6351	71814	69046	4983
2019	190147	25505	5952	69867	67740	4710
2020	175829	22400	5358	65257	66800	3753
进口 Imports						
1996	55473	10898	1853	24155	14743	1256
1997	57387	12137	2154	24186	14952	1324
1998	56826	12802	2165	25592	12479	1329
1999	59263	14265	1879	25965	13655	1280
2000	66475	16843	2092	27115	16778	1297
2001	64069	15803	2067	26726	15587	1349
2002	66565	16016	1823	28061	16594	1359
2003	77711	17240	1931	33869	19773	1655
2004	94734	20089	2465	40925	24883	2125
2005	107853	22844	3090	45331	28895	2565
2006	123688	25417	3743	52088	33337	3027
2007	142688	27021	4682	60996	38193	3770
2008	164970	29081	6091	68862	45747	4809
2009	127147	21779	4523	51731	36776	4160
2010	154381	26832	5853	58711	48619	4812
2011	184384	30917	7357	69148	59650	5727
2012	186573	31943	7501	66244	62185	6212
2013	189661	31969	7754	67226	63447	6468
2014	190608	33005	7476	67699	63328	6491
2015	167335	31517	6267	58684	54524	5637
2016	162112	30617	5372	58939	52138	4988
2017	179859	32855	5838	65008	60047	5214
2018	198363	35624	6521	71460	67580	5864
2019	192842	34998	6136	69396	65001	5837
2020	178121	32154	5253	64782	60670	5106

14-2 世界主要国家和地区货物进出口总额
Merchandise Imports and Exports by Country or Area

资料来源：世界贸易组织数据库。
Source: WTO Database.
单位：亿美元　　(100 million USD)

国家或地区	Country or Area	2000	2005	2010	2015	2019	2020
世　界	**World**	**131015**	**212956**	**307421**	**332917**	**382988**	**353950**
中　国	China	4743	14219	29740	39530	45778	46469
中国香港	Hong Kong SAR, China	4167	5923	8421	10693	11127	11185
中国澳门	Macao SAR, China	52	70	65	119	128	129
孟加拉国	Bangladesh	153	232	470	744	984	860
文　莱	Brunei Darussalam	50	77	114	96	121	114
柬埔寨	Cambodia	33	70	119	218	351	362
印　度	India	939	2425	5766	6621	8104	6481
印度尼西亚	Indonesia	1090	1627	2934	2931	3390	3049
伊　朗	Iran	426	963	1667	1152	1075	930
以色列	Israel	691	877	1171	1261	1351	1195
日　本	Japan	8588	11108	14638	12730	14265	12759
哈萨克斯坦	Kazakhstan	139	452	911	765	951	837
韩　国	Korea, Rep.	3327	5457	8916	9633	10456	9801
老　挝	Lao PDR	9	14	38	93	121	113
马来西亚	Malaysia	1802	2560	3632	3759	4432	4240
蒙　古	Mongolia	12	22	62	85	137	129
缅　甸	Myanmar	40	57	134	283	367	347
巴基斯坦	Pakistan	199	414	592	663	737	678
菲律宾	Philippines	751	907	1100	1336	1883	1544
新加坡	Singapore	2723	4297	6627	6487	7500	6924
斯里兰卡	Sri Lanka	117	152	221	295	319	261
泰　国	Thailand	1309	2291	3762	4170	4825	4385
越　南	Viet Nam	301	692	1571	3277	5177	5454
埃　及	Egypt	199	354	794	849	999	868
尼日利亚	Nigeria	297	712	1282	949	1178	912
南　非	South Africa	597	1139	1882	1857	1976	1699
加拿大	Canada	5214	6829	7902	8402	9104	8044
墨西哥	Mexico	3458	4424	6085	7858	9280	8109
美　国	United States	20412	26338	32477	38179	42106	38392
阿根廷	Argentina	515	690	1250	1170	1142	972
巴　西	Brazil	1138	1962	3935	3702	4098	3762
委内瑞拉	Venezuela	497	797	1047	706	231	116
捷　克	Czech Rep.	611	1546	2596	2992	3782	3618
法　国	France	6666	9676	11348	10770	12256	10707
德　国	Germany	10490	17480	23137	23773	27234	25508
意大利	Italy	4793	7579	9344	8679	10127	9190
荷　兰	Netherlands	4514	7702	10907	10825	13443	12712
波　兰	Poland	808	1911	3378	3956	5319	5282
俄罗斯	Russia	1499	3692	6493	5344	6744	5715
西班牙	Spain	2714	4814	5814	5941	7068	6320
土耳其	Turkey	823	1903	2994	3646	3912	3889
乌克兰	Ukraine	285	704	1124	756	1107	1031
英　国	United Kingdom	6228	9154	10125	10959	11655	10380
澳大利亚	Australia	1354	2314	4143	3962	4926	4588
新西兰	New Zealand	272	479	620	709	819	761

14-3 货物出口总额
Merchandise Exports

资料来源：世界贸易组织数据库。
Source: WTO Database.
单位：亿美元 (100 million USD)

国家或地区	Country or Area	2000	2005	2010	2015	2019	2020
世　界	**World**	**64540**	**105103**	**153040**	**165581**	**190147**	**175829**
中　国	China	2492	7620	15778	22735	24995	25911
中国香港	Hong Kong SAR, China	2027	2921	4007	5105	5349	5488
中国澳门	Macao SAR, China	25	25	9	13	16	14
孟加拉国	Bangladesh	64	93	192	324	393	336
文　莱	Brunei Darussalam	39	62	89	64	70	65
柬埔寨	Cambodia	14	31	51	85	148	171
印　度	India	424	996	2264	2680	3243	2762
印度尼西亚	Indonesia	654	870	1578	1504	1677	1633
伊　朗	Iran	287	563	1013	703	657	542
以色列	Israel	314	428	584	641	585	496
日　本	Japan	4792	5949	7698	6249	7056	6414
哈萨克斯坦	Kazakhstan	88	278	600	460	573	464
韩　国	Korea, Rep.	1723	2844	4664	5268	5422	5125
老　挝	Lao PDR	3	6	17	37	58	61
马来西亚	Malaysia	982	1416	1986	2000	2382	2341
蒙　古	Mongolia	5	11	29	47	76	76
缅　甸	Myanmar	16	38	87	114	181	168
巴基斯坦	Pakistan	90	161	214	221	233	220
菲律宾	Philippines	381	413	515	588	709	638
新加坡	Singapore	1378	2296	3519	3516	3908	3625
斯里兰卡	Sri Lanka	54	63	86	105	119	101
泰　国	Thailand	690	1109	1933	2143	2463	2315
越　南	Viet Nam	145	324	722	1621	2643	2827
埃　及	Egypt	53	129	264	213	290	261
尼日利亚	Nigeria	210	505	840	502	625	345
南　非	South Africa	300	516	913	810	900	858
加拿大	Canada	2766	3605	3875	4101	4466	3907
墨西哥	Mexico	1664	2142	2983	3806	4607	4177
美　国	United States	7819	9011	12785	15026	16432	14316
阿根廷	Argentina	263	404	682	568	651	549
巴　西	Brazil	551	1185	2019	1911	2254	2099
委内瑞拉	Venezuela	335	557	657	373	172	50
捷　克	Czech Rep.	291	781	1330	1579	1991	1917
法　国	France	3276	4634	5238	5063	5710	4883
德　国	Germany	5518	9709	12589	13262	14894	13800
意大利	Italy	2405	3731	4473	4570	5377	4961
荷　兰	Netherlands	2331	4064	5743	5704	7086	6745
波　兰	Poland	317	894	1597	1991	2666	2711
俄罗斯	Russia	1050	2438	4006	3414	4199	3317
西班牙	Spain	1153	1926	2544	2823	3340	3070
土耳其	Turkey	278	735	1139	1510	1808	1695
乌克兰	Ukraine	146	342	515	381	501	492
英　国	United Kingdom	2832	3935	4202	4659	4697	4033
澳大利亚	Australia	639	1061	2126	1877	2710	2504
新西兰	New Zealand	133	217	314	344	395	389

14-4 货物进口总额
Merchandise Imports

资料来源：世界贸易组织数据库。
Source: WTO Database.
单位：亿美元 (100 million USD)

国家或地区	Country or Area	2000	2005	2010	2015	2019	2020
世　界	**World**	**66475**	**107853**	**154381**	**167335**	**192842**	**178121**
中　国	China	2251	6600	13962	16796	20784	20558
中国香港	Hong Kong SAR, China	2140	3002	4414	5588	5778	5698
中国澳门	Macao SAR, China	26	45	56	106	112	116
孟加拉国	Bangladesh	89	139	278	420	591	524
文　莱	Brunei Darussalam	11	15	25	32	51	49
柬埔寨	Cambodia	19	39	68	133	203	192
印　度	India	515	1429	3502	3941	4861	3719
印度尼西亚	Indonesia	436	757	1357	1427	1713	1416
伊　朗	Iran	139	400	654	449	418	388
以色列	Israel	377	449	587	621	766	699
日　本	Japan	3795	5159	6941	6481	7210	6345
哈萨克斯坦	Kazakhstan	50	174	311	306	378	372
韩　国	Korea, Rep.	1605	2612	4252	4365	5033	4676
老　挝	Lao PDR	5	9	21	57	63	52
马来西亚	Malaysia	820	1143	1646	1760	2050	1899
蒙　古	Mongolia	6	12	33	38	61	53
缅　甸	Myanmar	24	19	48	169	186	180
巴基斯坦	Pakistan	109	254	378	442	503	458
菲律宾	Philippines	370	495	585	748	1174	907
新加坡	Singapore	1345	2000	3108	2971	3593	3298
斯里兰卡	Sri Lanka	63	88	135	189	199	160
泰　国	Thailand	619	1182	1829	2027	2363	2070
越　南	Viet Nam	156	368	848	1656	2534	2627
埃　及	Egypt	146	224	529	636	709	607
尼日利亚	Nigeria	87	208	442	447	553	566
南　非	South Africa	297	623	968	1047	1075	841
加拿大	Canada	2448	3224	4027	4301	4638	4137
墨西哥	Mexico	1795	2282	3102	4053	4673	3932
美　国	United States	12593	17327	19692	23153	25674	24075
阿根廷	Argentina	252	287	568	602	491	424
巴　西	Brazil	586	776	1915	1791	1844	1663
委内瑞拉	Venezuela	162	240	390	333	59	66
捷　克	Czech Rep.	320	765	1267	1414	1790	1701
法　国	France	3389	5041	6111	5708	6547	5824
德　国	Germany	4972	7771	10548	10511	12340	11708
意大利	Italy	2388	3848	4870	4109	4750	4229
荷　兰	Netherlands	2183	3638	5164	5121	6357	5967
波　兰	Poland	490	1016	1780	1965	2653	2572
俄罗斯	Russia	449	1254	2486	1930	2546	2397
西班牙	Spain	1561	2888	3270	3119	3728	3250
土耳其	Turkey	545	1168	1855	2136	2103	2194
乌克兰	Ukraine	140	361	609	375	606	539
英　国	United Kingdom	3396	5219	5923	6300	6958	6347
澳大利亚	Australia	715	1253	2016	2085	2216	2084
新西兰	New Zealand	139	262	306	366	424	372

14-5 世界主要国家和地区服务贸易进出口总额
Commercial Service Imports and Exports by Country or Area

资料来源：世界贸易组织数据库。
Source:WTO Database.
单位：亿美元 (100 million USD)

国家或地区	Country or Area	2000	2005	2010	2015	2019	2020
世　界	**World**	**29551**	**51795**	**76683**	**97221**	**120015**	**95102**
中　国	China	660	1613	3696	6505	7786	6556
中国香港	Hong Kong SAR, China	650	1034	1507	1782	1826	1147
中国澳门	Macao SAR, China	41	93	262	373	484	136
孟加拉国	Bangladesh	18	29	54	91	125	115
文　莱	Brunei Darussalam	10	16	15	23	24	15
柬埔寨	Cambodia	7	17	29	60	91	39
印　度	India	349	1120	2308	2784	3925	3555
印度尼西亚	Indonesia	204	346	423	523	701	387
伊　朗	Iran	36	153	268	260	240	113
以色列	Israel	275	314	439	614	875	776
日　本	Japan	1822	2371	2948	3349	4073	3391
哈萨克斯坦	Kazakhstan	27	94	151	166	188	128
韩　国	Korea, Rep.	639	1084	1779	2072	2230	1877
老　挝	Lao PDR	1	2	7	19	24	8
马来西亚	Malaysia	304	414	670	748	843	548
蒙　古	Mongolia	2	8	13	21	44	27
缅　甸	Myanmar	8	7	11	61	100	78
巴基斯坦	Pakistan	34	93	95	117	144	117
菲律宾	Philippines	86	150	295	524	689	491
新加坡	Singapore	584	1003	2004	3144	4248	3597
斯里兰卡	Sri Lanka	25	44	67	123	140	69
泰　国	Thailand	291	464	752	999	1373	780
越　南	Viet Nam	60	87	171	269	460	356
埃　及	Egypt	168	240	366	348	447	315
尼日利亚	Nigeria	50	78	225	210	429	231
南　非	South Africa	105	234	348	298	297	168
加拿大	Canada	829	1254	1760	1875	2237	1746
墨西哥	Mexico	295	380	421	552	684	418
美　国	United States	4874	6477	9673	12253	14210	11197
阿根廷	Argentina	137	136	269	317	331	208
巴　西	Brazil	245	353	870	1020	1013	752
委内瑞拉	Venezuela	53	64	155	148		
捷　克	Czech Rep.	121	238	396	430	561	476
法　国	France	1397	2892	3824	4883	5635	4766
德　国	Germany	2163	3673	4826	5761	7104	6123
意大利	Italy	1103	1839	2118	1990	2421	1782
荷　兰	Netherlands	1033		2964	4091	5391	3550
波　兰	Poland	193	327	643	760	1133	1071
俄罗斯	Russia	258	681	1219	1380	1595	1101
西班牙	Spain	851	1515	1791	1828	2420	1499
土耳其	Turkey	287	383	545	788	897	593
乌克兰	Ukraine	64	170	299	226	321	253
英　国	United Kingdom	2149	4204	4700	5957	6741	5400
澳大利亚	Australia	380	642	1081	1169	1409	851
新西兰	New Zealand	94	183	215	266	327	227

14-6 服务贸易出口总额
Commercial Service Exports

资料来源：世界贸易组织数据库。
Source: WTO Database.
单位：亿美元　　(100 million USD)

国家或地区	Country or Area	2000	2005	2010	2015	2019	2020
世　界	**World**	**14913**	**26286**	**39032**	**49279**	**61502**	**49138**
中　国	China	301	780	1774	2176	2817	2781
中国香港	Hong Kong SAR, China	404	473	805	1043	1019	637
中国澳门	Macao SAR, China	33	78	237	334	435	106
孟加拉国	Bangladesh	3	7	12	17	32	35
文　莱	Brunei Darussalam	2	6	5	6	6	3
柬埔寨	Cambodia	4	11	19	38	59	18
印　度	India	160	519	1166	1557	2141	2026
印度尼西亚	Indonesia	51	126	163	216	309	143
伊　朗	Iran	14	49	87	108	99	45
以色列	Israel	156	173	254	374	555	525
日　本	Japan	683	997	1318	1583	2029	1564
哈萨克斯坦	Kazakhstan	9	20	39	59	75	48
韩　国	Korea, Rep.	308	493	819	964	979	861
老　挝	Lao PDR	1	2	5	8	12	3
马来西亚	Malaysia	138	196	346	348	409	218
蒙　古	Mongolia	1	4	5	7	12	7
缅　甸	Myanmar	5	3	3	37	65	43
巴基斯坦	Pakistan	13	20	29	35	47	44
菲律宾	Philippines	34	86	178	290	412	314
新加坡	Singapore	284	454	1001	1529	2169	1873
斯里兰卡	Sri Lanka	9	15	25	64	75	30
泰　国	Thailand	138	198	341	577	808	314
越　南	Viet Nam	27	42	74	111	274	187
埃　及	Egypt	97	144	236	181	243	144
尼日利亚	Nigeria	18	14	26	27	45	35
南　非	South Africa	49	116	157	147	144	72
加拿大	Canada	393	601	771	837	1037	844
墨西哥	Mexico	133	157	154	227	313	168
美　国	United States	2824	3629	5628	7486	8538	6840
阿根廷	Argentina	48	63	126	130	139	92
巴　西	Brazil	90	141	291	330	336	279
委内瑞拉	Venezuela	11	13	16	15		
捷　克	Czech Rep.	67	131	219	233	303	261
法　国	France	800	1559	2013	2549	2936	2450
德　国	Germany	796	1597	2203	2756	3411	3052
意大利	Italy	559	908	1002	975	1205	865
荷　兰	Netherlands	514		1606	1959	2738	1860
波　兰	Poland	104	180	347	441	699	670
俄罗斯	Russia	96	286	486	508	618	467
西班牙	Spain	522	922	1138	1209	1567	896
土耳其	Turkey	202	275	360	546	628	346
乌克兰	Ukraine	38	100	177	122	172	152
英　国	United Kingdom	1184	2434	2862	3652	4014	3388
澳大利亚	Australia	194	317	511	541	701	479
新西兰	New Zealand	50	100	114	148	172	116

14-7 服务贸易进口总额
Commercial Service Imports

资料来源：世界贸易组织数据库。
Source: WTO Database.
单位：亿美元 (100 million USD)

国家或地区	Country or Area	2000	2005	2010	2015	2019	2020
世　界	**World**	**14637**	**25509**	**37652**	**47942**	**58513**	**45964**
中　国	China	359	833	1923	4330	4970	3775
中国香港	Hong Kong SAR, China	246	561	702	739	808	509
中国澳门	Macao SAR, China	8	15	25	39	49	30
孟加拉国	Bangladesh	15	22	41	74	93	80
文　莱	Brunei Darussalam	8	9	11	16	18	12
柬埔寨	Cambodia	3	6	10	22	32	20
印　度	India	189	602	1142	1227	1783	1529
印度尼西亚	Indonesia	154	220	260	308	392	245
伊　朗	Iran	22	104	182	151	141	68
以色列	Israel	119	141	185	240	319	250
日　本	Japan	1139	1374	1629	1766	2044	1827
哈萨克斯坦	Kazakhstan	18	74	112	107	113	80
韩　国	Korea, Rep.	332	591	960	1108	1250	1016
老　挝	Lao PDR			3	11	12	4
马来西亚	Malaysia	166	218	324	399	434	331
蒙　古	Mongolia	2	4	8	14	32	21
缅　甸	Myanmar	3	5	8	24	36	34
巴基斯坦	Pakistan	21	73	66	82	97	73
菲律宾	Philippines	52	64	117	234	277	177
新加坡	Singapore	300	549	1003	1615	2080	1725
斯里兰卡	Sri Lanka	16	28	43	59	65	39
泰　国	Thailand	153	267	411	422	566	466
越　南	Viet Nam	33	44	98	158	186	169
埃　及	Egypt	72	95	130	167	204	171
尼日利亚	Nigeria	31	64	199	183	385	196
南　非	South Africa	57	119	192	151	153	96
加拿大	Canada	436	653	989	1038	1200	902
墨西哥	Mexico	163	223	267	324	370	250
美　国	United States	2050	2848	4045	4767	5671	4357
阿根廷	Argentina	90	72	143	187	192	116
巴　西	Brazil	156	212	579	690	677	474
委内瑞拉	Venezuela	42	52	138	133		
捷　克	Czech Rep.	53	107	177	197	257	215
法　国	France	597	1333	1811	2334	2699	2316
德　国	Germany	1367	2076	2624	3005	3694	3071
意大利	Italy	544	931	1116	1015	1216	916
荷　兰	Netherlands	518		1358	2132	2653	1690
波　兰	Poland	89	147	296	319	433	401
俄罗斯	Russia	162	395	732	872	977	634
西班牙	Spain	329	593	652	619	853	603
土耳其	Turkey	85	108	185	243	269	248
乌克兰	Ukraine	26	70	122	104	149	100
英　国	United Kingdom	965	1771	1838	2305	2727	2012
澳大利亚	Australia	186	325	569	628	707	372
新西兰	New Zealand	44	83	101	119	155	111

14-8 出口和进口单位价值指数
Index of Export Unit Value and Import Unit Value

资料来源：国际货币基金组织IFS数据库。
Source: IMF IFS Database.

2010年=100 (2010=100)

国家或地区	Country or Area	进口单位价值指数 Import Unit Values Index			出口单位价值指数 Export Unit Values Index		
		2015	2019	2020	2015	2019	2020
中国香港	Hong Kong, China	115.9	118.9	119.3	114.8	118.1	118.5
中国澳门	Macao, China	106.9			108.6		
荷兰	Netherlands	85.4			84.4		
奥地利	Austria	102.3	104.0	103.0			
巴西	Brazil	78.1	22.0	15.3	88.3	22.0	16.1
智利	Chile	79.2			92.4		
哥斯达黎加	Costa Rica	99.5	92.8		99.2	91.6	
捷克	Czech Rep.						
丹麦	Denmark	88.0	91.1		88.2	91.8	
萨尔瓦多	El Salvador						
芬兰	Finland						
德国	Germany	91.7			91.7		
希腊	Greece						
冰岛	Iceland	105.3			104.9		
印度	India	104.7			156.4		
爱尔兰	Ireland	88.7			82.9		
意大利	Italy	97.7			89.0		
日本	Japan	90.6			90.8		
约旦	Jordan	108.5			117.2		
拉脱维亚	Latvia	98.1			93.4		
马耳他	Malta	89.8			96.9		
挪威	Norway	80.6			89.5		
巴基斯坦	Pakistan	113.9	88.0		122.3	86.0	
巴布亚新几内亚	Papua New Guinea	78.0					
波兰	Poland	91.1	95.4				
塞内加尔	Senegal	97.9			78.2		
新加坡	Singapore						
西班牙	Spain	89.0			86.5		
瑞士	Switzerland						
泰国	Thailand	100.1			95.9		
乌干达	Uganda						
乌克兰	Ukraine	65.3	79.4	83.0	76.0	84.8	84.3
美国	United States						
委内瑞拉	Venezuela						

14-9 货物和服务进出口占国内生产总值比重

Exports and Imports of Goods and Services (% of GDP)

资料来源：世界银行WDI数据库。
Source: World Bank WDI Database.

单位：% (%)

国家或地区	Country or Area	货物和服务出口占国内生产总值比重 Exports of Goods and Services (% of GDP)			货物和服务进口占国内生产总值比重 Imports of Goods and Services (% of GDP)		
		2000	2010	2020	2000	2010	2020
世界	**World**	**25.9**	**29.0**	**26.7**	**24.8**	**28.0**	**26.1**
中国	China	20.9	27.2	18.5	18.5	23.5	16.0
中国香港	Hong Kong SAR, China	126.0	205.3	176.7	121.6	199.4	174.9
中国澳门	Macao SAR, China	89.3	87.4	62.3	58.5	32.5	64.4
孟加拉国	Bangladesh	12.3	16.0	12.2	17.0	21.8	18.6
文莱	Brunei Darussalam	67.4	67.4	57.3	35.8	28.0	52.9
柬埔寨	Cambodia	49.8	54.1	62.4	61.8	59.5	63.9
印度	India	13.0	22.4	18.1	13.9	26.9	18.4
印度尼西亚	Indonesia	41.0	24.3	17.2	30.5	22.4	16.0
伊朗	Iran	21.5	24.4	15.0	19.8	19.4	21.1
以色列	Israel	35.5	34.8	28.4	35.6	32.9	23.7
日本	Japan	10.5	14.9		9.1	13.6	
哈萨克斯坦	Kazakhstan	56.6	44.2		49.1	29.9	
韩国	Korea, Rep.	33.9	47.1	36.9	32.2	44.3	33.2
老挝	Lao PDR	30.7	35.4		38.2	49.3	
马来西亚	Malaysia	119.8	86.9	61.5	100.6	71.0	55.0
蒙古	Mongolia	54.0	46.7	59.0	67.9	56.7	54.6
缅甸	Myanmar	0.5	19.6	29.0	0.6	15.1	27.5
巴基斯坦	Pakistan	12.1	13.5	9.6	13.2	19.4	16.6
菲律宾	Philippines	43.3	32.9	25.2	41.8	33.2	33.0
新加坡	Singapore	188.4	198.0	176.2	176.0	171.7	144.3
斯里兰卡	Sri Lanka	39.0	19.6	16.6	49.6	26.8	22.9
泰国	Thailand	64.8	66.5	51.4	56.5	60.8	46.5
越南	Viet Nam	53.9	72.0	106.1	57.5	80.2	103.2
埃及	Egypt	16.2	21.3	13.2	22.8	26.6	20.8
尼日利亚	Nigeria	36.0	25.7	8.8	13.0	17.7	16.6
南非	South Africa	27.2	28.6	30.5	24.3	27.4	25.5
加拿大	Canada	44.2	29.2	29.0	38.6	31.0	31.0
墨西哥	Mexico	25.4	29.7	40.1	27.0	31.1	37.9
美国	United States	10.7	12.4	10.1	14.4	15.9	13.3
阿根廷	Argentina	11.0	18.9	16.6	11.6	16.0	13.9
巴西	Brazil	10.2	10.9	16.9	12.5	11.9	15.5
委内瑞拉	Venezuela	29.7	28.5		18.1	17.6	
捷克	Czech Rep.	48.1	65.5	71.0	50.0	62.5	64.2
法国	France	28.6	26.8	27.9	27.3	28.1	29.9
德国	Germany	30.8	42.6	43.4	30.7	37.3	37.7
意大利	Italy	25.6	25.1	29.5	24.8	26.9	25.8
荷兰	Netherlands	66.0	69.8	77.9	59.5	61.7	67.4
波兰	Poland	27.2	39.9	55.6	33.7	42.1	48.9
俄罗斯	Russia	44.1	29.2	25.5	24.0	21.1	20.6
西班牙	Spain	28.6	26.0	30.6	31.5	27.0	29.1
土耳其	Turkey	19.9	21.2	28.6	22.5	25.5	32.3
乌克兰	Ukraine	62.4	47.1	39.0	57.4	51.1	40.1
英国	United Kingdom	25.2	28.3	27.4	27.0	30.2	27.7
澳大利亚	Australia	19.4	19.8	23.9	21.6	20.8	20.1
新西兰	New Zealand	35.7	30.3		32.8	28.0	

14-10 出口货物构成(2020年)
Exports by Commodity Groups(2020)

资料来源：世界银行WDI数据库。
Source: World Bank WDI Database.

单位：% (%)

国家或地区	Country or Area	农业原材料 Agricultural Raw Materials	食品 Food	燃料 Fuel	矿物和金属 Ores and Metals	制成品 Manufactures	其它 Others
世　界①	**World①**	**1.4**	**8.6**	**11.7**	**3.9**	**68.2**	**6.3**
高收入国家①	**High Income①**	**1.3**	**7.8**	**10.8**	**3.7**	**68.9**	**7.5**
中等收入国家①	**Middle Income①**	**1.5**	**10.2**	**13.8**	**4.5**	**66.6**	**3.4**
中　国①	China①	0.4	2.9	1.9	1.3	93.1	0.5
中国香港	Hong Kong SAR, China	0.1	1.5	0.1	1.5	88.5	8.3
中国澳门	Macao SAR, China	0.9	3.9		17.9	72.1	5.3
文　莱①	Brunei Darussalam①		0.2	91.1	0.3	8.3	0.1
柬埔寨①	Cambodia①	1.7	4.6		0.5	90.6	2.6
印　度①	India①	1.1	10.4	13.8	3.5	71.0	0.1
印度尼西亚①	Indonesia①	5.5	20.3	20.3	5.4	46.3	2.2
伊　朗②	Iran②	0.3	6.3	68.7	2.8	21.9	
以色列	Israel	0.7	3.6		1.3	92.2	2.2
日　本	Japan	0.6	1.2	1.2	3.1	86.1	7.7
哈萨克斯坦①	Kazakhstan①	0.3	5.6	67.1	13.9	13.1	
韩　国①	Korea, Rep.①	0.9	1.5	7.8	2.3	87.4	0.2
老　挝①	Lao PDR①	10.8	13.5	27.1	22.5	22.4	3.9
马来西亚①	Malaysia①	1.7	9.2	14.5	3.9	70.1	0.6
蒙　古①	Mongolia①	5.0	2.1	45.7	38.9	2.7	5.5
巴基斯坦	Pakistan	1.9	19.3	0.9	3.3	74.7	
菲律宾①	Philippines①	1.1	9.1	1.5	5.1	81.1	2.1
新加坡①	Singapore①	0.5	3.5	12.3	0.7	74.2	8.8
泰　国①	Thailand①	3.9	14.5	3.6	1.6	73.0	3.4
越　南①	Viet Nam①	1.9	9.4	1.4	1.1	84.5	1.7
埃　及①	Egypt①	1.7	16.6	26.5	3.4	45.2	6.7
尼日利亚①	Nigeria①	0.1	1.8	87.0	0.3	10.7	
南　非	South Africa	2.0	11.8	8.1	31.4	38.4	8.2
加拿大①	Canada①	3.7	11.9	24.0	7.0	47.9	5.4
墨西哥①	Mexico①	0.2	7.8	5.3	2.2	80.0	4.4
美　国	United States	2.1	11.5	12.7	3.2	60.2	10.3
阿根廷①	Argentina①	0.9	58.8	3.6	0.4	16.6	19.8
巴　西①	Brazil①	5.7	33.9	13.4	13.9	31.5	1.6
捷　克①	Czech Rep.①	1.3	4.2	1.7	1.2	91.2	0.4
法　国①	France①	0.9	12.4	2.8	2.0	80.5	1.5
德　国	Germany	0.8	5.9	1.8	2.8	84.3	4.4
意大利①	Italy①	0.7	9.4	3.0	2.1	81.7	3.1
荷　兰①	Netherlands①	2.8	15.2	10.7	2.3	65.5	3.6
波　兰①	Poland①	1.0	13.3	2.2	3.2	79.9	0.3
俄罗斯①	Russia①	2.1	5.8	52.0	6.2	19.6	14.4
西班牙	Spain	1.1	19.0	4.0	3.2	66.0	6.7
土耳其①	Turkey①	0.5	10.7	4.5	3.7	78.2	2.4
乌克兰②	Ukraine②	2.0	39.1	1.8	9.4	47.2	0.4
英　国	United Kingdom	0.4	7.1	6.6	6.2	70.1	9.6
澳大利亚①	Australia①	2.1	11.1	18.9	32.8	11.2	23.9
新西兰	New Zealand	10.5	67.5	0.8	2.4	15.6	3.3

注：①2019年数据。②2018年数据。
Note:①Data refer to 2019.②Data refer to 2018.

14-11 进口货物构成(2020年)
Imports by Commodity Groups(2020)

资料来源：世界银行WDI数据库。
Source: World Bank WDI Database.
单位：%

(%)

国家或地区	Country or Area	农业原材料 Agricultural Raw Materials	食品 Food	燃料 Fuel	矿物和金属 Ores and Metals	制成品 Manufactures	其它 Others
世　界①	**World①**	**1.4**	**8.0**	**12.3**	**4.1**	**70.3**	**3.9**
高收入国家	**High Income**	**1.1**	**8.2**	**11.2**	**3.2**	**72.3**	**4.0**
中等收入国家①	**Middle Income①**	**2.1**	**7.9**	**15.0**	**6.3**	**65.3**	**3.4**
中　国①	China①	3.0	6.6	16.6	11.2	59.9	2.6
中国香港	Hong Kong SAR, China	0.1	4.3	1.5	1.7	88.2	4.2
中国澳门	Macao SAR, China	0.1	14.2	4.0	0.5	76.5	4.7
文　莱①	Brunei Darussalam①	0.1	10.0	33.7	0.6	55.5	0.1
柬埔寨①	Cambodia①	1.9	7.0	11.6	1.7	77.3	0.5
印　度①	India①	1.9	4.0	31.9	5.2	50.2	6.9
印度尼西亚①	Indonesia①	2.7	10.6	13.7	3.6	68.0	1.3
伊　朗②	Iran②		25.6	1.0	1.7	62.1	
以色列	Israel	0.9	9.9	7.9	1.4	78.1	1.7
日　本	Japan	1.5	10.6	16.6	7.2	62.3	1.8
哈萨克斯坦①	Kazakhstan①	0.5	9.9	4.1	2.7	81.1	1.7
韩　国①	Korea, Rep.①	1.2	6.2	25.3	6.7	60.3	0.3
老　挝①	Lao PDR①	2.2	15.7	16.0	1.2	64.9	
马来西亚①	Malaysia①	1.9	7.7	14.6	6.2	67.9	1.7
蒙　古①	Mongolia①	0.3	10.4	22.2	0.4	66.7	
巴基斯坦	Pakistan	5.9	15.0	22.5	4.9	51.6	0.1
菲律宾①	Philippines①	0.7	12.0	12.0	1.7	73.5	0.1
新加坡①	Singapore①	0.3	3.7	21.0	1.1	69.1	4.8
泰　国①	Thailand①	1.5	6.5	16.2	4.0	68.6	3.2
越　南①	Viet Nam①	2.7	7.5	6.1	3.9	78.2	1.5
埃　及①	Egypt①	2.6	20.7	13.8	5.1	57.7	0.1
尼日利亚①	Nigeria①	0.8	9.9	15.5	1.1	72.7	
南　非	South Africa	1.1	8.4	14.0	2.7	65.8	8.1
加拿大①	Canada①	0.8	8.2	7.3	2.8	77.3	3.6
墨西哥①	Mexico①	0.9	5.6	8.8	2.4	76.9	5.4
美　国	United States	1.0	6.8	5.4	2.3	78.8	5.7
阿根廷①	Argentina①	1.0	6.5	8.5	3.2	79.6	1.2
巴　西①	Brazil①	1.1	5.8	14.1	3.6	75.4	
捷　克①	Czech Rep.①	1.1	5.7	5.3	2.8	84.8	0.4
法　国①	France①	1.1	9.3	10.3	2.3	76.7	0.3
德　国	Germany	1.2	8.6	6.3	4.2	73.9	5.9
意大利①	Italy①	1.9	10.2	12.4	4.7	68.8	2.1
荷　兰①	Netherlands①	1.6	12.2	14.3	2.5	66.8	2.6
波　兰①	Poland①	1.4	8.9	8.1	3.4	76.5	1.7
俄罗斯①	Russia①	0.9	11.7	0.8	3.1	82.0	1.5
西班牙	Spain	1.1	11.9	9.4	3.4	68.8	5.4
土耳其①	Turkey①	2.6	6.8	7.2	7.2	58.1	18.1
乌克兰②	Ukraine②	1.1	8.6	23.4	2.4	63.5	1.0
英　国	United Kingdom	1.2	10.0	5.4	3.7	63.4	16.2
澳大利亚①	Australia①	0.7	7.2	12.6	1.3	73.5	4.8
新西兰	New Zealand	0.8	13.4	8.8	1.8	73.8	1.4

注：①2019年数据。②2018年数据。
Note:①Data refer to 2019.②Data refer to 2018.

14-12 农产品进出口额
Imports and Exports of Agriculture Products

资料来源：世界贸易组织数据库。
Source: WTO Database.
单位：亿美元 (100 million USD)

国家或地区	Country or Area	农产品进口额 Imports			农产品出口额 Exports		
		2000	2010	2019	2000	2010	2019
世　界	**World**	**5939.83**	**13915.29**	**18231.05**	**5498.47**	**13544.29**	**17836.48**
中　国	China	195.44	1082.60	1993.97	163.84	516.07	816.76
中国香港	Hong Kong SAR, China	117.28	206.22	280.63	56.93	80.28	114.61
中国澳门	Macao SAR, China	2.89	9.60	20.18	0.45	0.75	0.53
孟加拉国	Bangladesh	17.16	59.92	104.19	4.98	10.13	12.08
文　莱	Brunei Darussalam		4.35	5.13		0.05	0.13
柬埔寨	Cambodia	1.89	4.24	18.14	0.53	2.08	9.30
印　度	India	39.93	178.64	279.31	59.51	231.06	373.71
印度尼西亚	Indonesia	57.27	156.44	228.41	77.64	359.57	429.53
伊　朗	Iran	29.43	94.14	136.47	9.32	49.92	59.50
以色列	Israel	22.88	50.56	73.60	11.82	23.06	22.29
日　本	Japan	621.93	775.59	826.15	43.95	101.66	116.11
哈萨克斯坦	Kazakhstan	5.06	24.28	39.93	7.25	20.40	34.21
韩　国	Korea, Rep.	128.37	266.14	373.81	42.98	93.46	129.40
老　挝	Lao PDR		2.12	10.36		5.03	18.51
马来西亚	Malaysia	46.10	160.53	197.09	80.15	288.69	260.07
蒙　古	Mongolia	1.06	3.26	6.59	1.48	1.49	5.45
缅　甸	Myanmar		3.64	22.76		23.06	47.32
巴基斯坦	Pakistan	18.82	67.37	74.91	12.34	39.40	50.55
菲律宾	Philippines	31.04	68.23	149.04	20.26	41.29	72.25
新加坡	Singapore	48.90	108.71	144.23	37.23	78.89	157.34
斯里兰卡	Sri Lanka	9.34	20.63	26.37	10.93	25.61	30.87
泰　国	Thailand	44.84	119.85	171.12	122.20	351.36	429.82
越　南	Viet Nam	12.69	102.72	260.23	39.54	168.35	299.43
埃　及	Egypt	41.95	118.50	162.60	6.10	51.22	55.92
尼日利亚	Nigeria	12.12	48.82	50.56	0.39	43.03	10.25
南　非	South Africa	16.50	63.07	72.04	32.70	99.32	112.85
加拿大	Canada	152.72	319.69	406.78	347.89	521.28	650.45
墨西哥	Mexico	109.89	235.31	312.72	91.00	187.91	397.46
美　国	United States	691.15	1164.81	1810.83	714.08	1425.74	1648.03
阿根廷	Argentina	16.44	21.33	37.17	119.54	346.50	389.99
巴　西	Brazil	47.62	107.68	117.62	154.64	686.55	890.98
委内瑞拉	Venezuela	19.70	53.88	13.34	5.22	1.48	0.30
捷　克	Czech Rep.	22.50	88.01	120.90	19.08	72.71	110.16
法　国	France	301.42	601.64	685.14	369.39	667.85	752.36
德　国	Germany	450.24	991.27	1161.55	292.75	802.75	934.04
意大利	Italy	299.05	564.04	572.06	163.57	386.27	516.62
荷　兰	Netherlands	263.63	611.25	765.76	420.10	940.51	1100.28
波　兰	Poland	39.50	167.42	262.47	30.99	193.05	375.47
俄罗斯	Russia	75.61	364.73	312.26	44.84	158.42	337.22
西班牙	Spain	171.37	386.65	466.26	174.66	420.89	615.87
土耳其	Turkey	41.33	128.78	197.98	38.28	123.70	202.84
乌克兰	Ukraine	10.92	62.45	61.51	15.85	104.75	229.00
英　国	United Kingdom	345.65	634.70	708.42	169.61	286.92	331.46
澳大利亚	Australia	42.34	110.85	173.14	164.46	270.48	351.84
新西兰	New Zealand	12.04	33.76	52.53	76.65	195.65	293.43

14-13 按行业划分的服务出口额(2020年)
Exports of Services by Sector(2020)

资料来源：联合国贸发会议统计手册。
Source: UNCTAD Handbook of Statistics.
单位：亿美元

(100 million USD)

国家或地区	Country or Area	服务总额 Services	交通运输 Transport	旅游 Travel	其他服务 Other Services	建筑 Construction	保险 Insurance and Pension Service
中国	China	2806.3	576.2	170.7	1808.5	239.3	54.5
中国香港	Hong Kong SAR, China	637.9	209.4	28.1	398.2		11.9
中国澳门	Macao SAR, China	106.1	1.2	87.2	17.6		
孟加拉国	Bangladesh	63.1	6.9	2.2	46.6	3.6	0.0
文莱	Brunei Darussalam	3.5	1.5	0.4	1.7	1.4	0.0
柬埔寨	Cambodia	19.5	4.6	10.2	4.6	0.5	0.0
印度	India	2032.5	208.0	130.4	1690.1	28.0	23.5
印度尼西亚	Indonesia	149.1	24.4	33.1	83.6	3.6	2.4
伊朗	Iran	46.2					
以色列	Israel	525.7	40.9	29.1	443.7		0.4
日本	Japan	1602.9	208.4	106.0	1263.4	74.2	21.9
哈萨克斯坦	Kazakhstan	50.3	33.6	4.6	11.0	0.8	1.4
韩国	Korea, Rep.	872.7	249.0	86.9	514.0	64.0	7.8
老挝	Lao PDR	3.5					
马来西亚	Malaysia	218.6	32.0	29.9	122.4	7.7	4.0
蒙古	Mongolia	6.5	3.8	0.3	2.4	0.4	
缅甸	Myanmar	44.3	3.6	5.4	21.7	3.3	
巴基斯坦	Pakistan	53.5	6.1	4.4	43.1	1.3	0.5
菲律宾	Philippines	314.1	16.8	20.1	236.1	0.9	0.7
新加坡	Singapore	1875.6	531.2	51.9	1237.0	8.1	66.6
斯里兰卡	Sri Lanka	30.4	11.7	6.8	11.8	0.1	0.4
泰国	Thailand	317.0	33.8	142.0	141.3	1.8	1.5
越南	Viet Nam	187.5					
埃及	Egypt	150.5	71.3	44.0	35.2	4.7	3.1
尼日利亚	Nigeria	39.9	20.5	3.1	16.3		3.9
南非	South Africa	75.3	12.6	26.1	36.1	0.1	1.8
加拿大	Canada	855.1	101.9	112.5	623.4	1.7	17.1
墨西哥	Mexico	169.7	19.2	110.2	40.3		31.4
美国	United States	7056.4	567.1	728.1	5628.5	23.5	204.3
阿根廷	Argentina	94.0	12.6	16.2	64.4	0.0	0.4
巴西	Brazil	284.7	50.6	30.4	191.7	0.2	5.8
捷克	Czech Rep.	260.8	64.2	36.6	131.7	4.8	2.9
法国	France	2455.8	430.2	327.9	1487.8	26.8	61.2
德国	Germany	3106.6	543.3	220.8	2121.5	20.4	128.1
意大利	Italy	873.5	105.7	199.3	500.1	3.2	10.4
荷兰	Netherlands	1866.4	363.5	89.7	1320.4	43.9	8.8
波兰	Poland	670.1	190.6	77.6	334.8	17.6	4.6
俄罗斯	Russia	474.5	164.4	28.5	261.5	47.0	4.7
西班牙	Spain	899.8	161.0	184.8	554.0	8.8	14.2
土耳其	Turkey	348.8	142.7	102.2	88.1	2.7	25.0
乌克兰	Ukraine	155.1	50.3	3.7	85.3	0.9	0.2
英国	UnitedKingdom	3424.4	204.2	189.3	2963.5	36.7	265.9
澳大利亚	Australia	485.3	31.8	254.9	198.4	4.7	4.6
新西兰	New Zealand	117.1	12.5	62.0	40.7		0.4

14-13 续表 continued

单位：亿美元 (100 million USD)

国家或地区	Country or Area	金融服务 Financial Services	版税和许可证费用 Charges for the Use of Intellectual Property n.i.e	其他商务服务 Other Business Services	个人、文化和休闲服务 Personal,Cultural and Recreational Services	政府服务及其他 Government Goods and Services n.i.e.	通讯、计算机和信息服务 Telecommunications, Computer, and Information Services
中　国	China	42.7	88.8	754.5	13.0	25.4	590.3
中国香港	Hong Kong SAR, China	215.7				0.6	
中国澳门	Macao SAR, China						0.2
孟加拉国	Bangladesh	1.0		9.1	0.2	28.6	4.1
文　莱	Brunei Darussalam			0.1		0.2	0.1
柬埔寨	Cambodia	0.5	0.1	1.4		1.3	0.8
印　度	India	41.0	12.5	780.4	22.0	6.5	682.5
印度尼西亚	Indonesia	5.3	0.8	51.1	1.2	6.5	12.8
伊　朗	Iran						
以色列	Israel					0.2	
日　本	Japan	157.1	428.0	439.4	6.2	39.4	97.2
哈萨克斯坦	Kazakhstan	1.2		4.2		2.0	1.4
韩　国	Korea, Rep.	39.8	68.6	244.8	11.5	11.3	66.2
老　挝	Lao PDR						
马来西亚	Malaysia	6.3	2.3	64.0	5.4	0.8	31.9
蒙　古	Mongolia	0.1		1.6			0.3
缅　甸	Myanmar	0.3	0.1	15.7	0.8	1.0	0.6
巴基斯坦	Pakistan	0.9	0.1	13.3	0.1	9.8	17.2
菲律宾	Philippines	0.9	0.2	176.2	1.4	0.2	55.7
新加坡	Singapore	316.1	82.8	597.5	9.5	3.0	153.4
斯里兰卡	Sri Lanka	1.0		0.2		0.3	9.9
泰　国	Thailand	7.8	2.3	119.8	0.5	2.8	4.8
越　南	Viet Nam					0.7	
埃　及	Egypt	1.6		7.4	0.9	6.8	10.7
尼日利亚	Nigeria	5.6		0.5		4.6	1.6
南　非	South Africa	7.5	1.0	16.1	1.6	2.9	5.1
加拿大	Canada	99.1	60.2	293.4	44.1	10.7	97.1
墨西哥	Mexico	6.0	0.1	0.3	0.1	1.7	0.6
美　国	United States	1443.4	1137.8	1831.8	204.4	216.4	566.8
阿根廷	Argentina	1.7	2.1	36.9	3.5	1.7	18.2
巴　西	Brazil	8.3	6.3	135.6	4.1	6.1	25.2
捷　克	Czech Rep.	4.3	6.9	57.8	2.6	0.1	52.4
法　国	France	166.1	146.9	843.3	46.0	5.8	191.8
德　国	Germany	291.4	358.9	893.3	28.4	54.9	346.0
意大利	Italy	75.5	42.3	271.7	3.2	8.1	85.7
荷　兰	Netherlands	54.5	466.5	544.8	7.8	6.6	187.4
波　兰	Poland	11.3	11.3	186.4	9.0	0.1	94.5
俄罗斯	Russia	11.7	11.6	115.5	4.3	7.5	59.4
西班牙	Spain	40.7	29.3	277.4	16.9		115.9
土耳其	Turkey	6.1	1.3	32.5	1.7	3.0	15.8
乌克兰	Ukraine	1.3	0.7	26.8	0.7	2.9	51.8
英　国	UnitedKingdom	785.5	224.0	1284.7	51.4	36.3	279.0
澳大利亚	Australia	32.2	8.6	76.6	26.4	6.6	38.8
新西兰	New Zealand	4.4	8.3	13.6	2.7	1.3	9.7

14-14 官方汇率(年平均价)
Official Exchange Rate (Period Average)

资料来源：世界银行WDI数据库。
Source: World Bank WDI Database.
单位：1美元合本币数 (local currency unit per US dollar)

国家或地区	Country or Area	2000	2005	2010	2015	2019	2020
中　国	China	8.28	8.19	6.77	6.23	6.91	6.90
中国香港	Hong Kong SAR, China	7.79	7.78	7.77	7.75	7.84	7.76
中国澳门	Macao SAR, China	8.03	8.01	8.00	7.98	8.07	7.99
孟加拉国	Bangladesh	52.14	64.33	69.65	77.95	84.45	84.87
文　莱	Brunei Darussalam	1.72	1.66	1.36	1.37	1.36	1.38
柬埔寨	Cambodia	3840.75	4092.50	4184.92	4067.75	4061.15	4092.78
印　度	India	44.94	44.10	45.73	64.15	70.42	74.10
印度尼西亚	Indonesia	8421.78	9704.74	9090.43	13389.41	14147.67	14582.20
伊　朗	Iran	1764.86	8963.96	10254.18	29011.49	42000.00	42000.00
以色列	Israel	4.08	4.49	3.74	3.89	3.56	3.44
日　本	Japan	107.77	110.22	87.78	121.04	109.01	106.77
哈萨克斯坦	Kazakhstan	142.13	132.88	147.36	221.73	382.75	412.95
韩　国	Korea, Rep.	1130.36	1024.33	1156.46	1130.95	1165.36	1180.27
老　挝	Lao PDR	7887.64	10655.17	8254.16	8127.61	8679.41	9045.79
马来西亚	Malaysia	3.80	3.79	3.22	3.91	4.14	4.20
蒙　古	Mongolia	1076.67	1205.25	1357.06	1970.31	2663.54	2813.29
缅　甸	Myanmar	6.52	5.82	5.63	1162.62	1518.26	1381.62
巴基斯坦	Pakistan	53.65	59.51	85.19	102.77	150.04	161.84
菲律宾	Philippines	44.19	55.09	45.11	45.50	51.80	49.62
新加坡	Singapore	1.72	1.66	1.36	1.37	1.36	1.38
斯里兰卡	Sri Lanka	77.01	100.50	113.06	135.86	178.74	185.59
泰　国	Thailand	40.11	40.22	31.69	34.25	31.05	31.29
越　南	Viet Nam	14167.75	15858.92	18612.92	21697.57	23050.24	23208.37
埃　及	Egypt	3.47	5.78	5.62	7.69	16.77	15.76
尼日利亚	Nigeria	101.70	131.27	150.30	192.44	306.92	358.81
南　非	South Africa	6.94	6.36	7.32	12.76	14.45	16.46
加拿大	Canada	1.49	1.21	1.03	1.28	1.33	1.34
墨西哥	Mexico	9.46	10.90	12.64	15.85	19.26	21.49
美　国	United States	1.00	1.00	1.00	1.00	1.00	1.00
阿根廷	Argentina	1.00	2.90	3.90	9.23	48.15	70.54
巴　西	Brazil	1.83	2.43	1.76	3.33	3.94	5.16
委内瑞拉	Venezuela	0.68	2.09	2.58	6.28		
捷　克	Czech Rep.	38.60	23.96	19.10	24.60	22.93	23.21
法　国	France	1.09	0.80	0.75	0.90	0.89	0.88
德　国	Germany	1.09	0.80	0.75	0.90	0.89	0.88
意大利	Italy	1.09	0.80	0.75	0.90	0.89	0.88
荷　兰	Netherlands	1.09	0.80	0.75	0.90	0.89	0.88
波　兰	Poland	4.35	3.24	3.02	3.77	3.84	3.90
俄罗斯	Russia	28.13	28.28	30.37	60.94	64.74	72.10
西班牙	Spain	1.09	0.80	0.75	0.90	0.89	0.88
土耳其	Turkey	0.63	1.34	1.50	2.72	5.67	7.01
乌克兰	Ukraine	5.44	5.12	7.94	21.84	25.85	26.96
英　国	United Kingdom	0.66	0.55	0.65	0.65	0.78	0.78
澳大利亚	Australia	1.72	1.31	1.09	1.33	1.44	1.45
新西兰	New Zealand	2.20	1.42	1.39	1.43	1.52	1.54

14-15 国际旅游收支
Expenditures and Receipts of International Tourism

资料来源：世界银行WDI数据库。
Source: World Bank WDI Database.
单位：亿美元 (100 million USD)

国家或地区	Country or Area	国际旅游支出 International Tourism Expenditures			国际旅游收入 International Tourism Receipts		
		2000	2010	2019	2000	2010	2019
世　　界	**World**	**5774.6**	**10794.6**	**15496.2**	**5815.9**	**11379.8**	**18151.9**
中　　国	China	141.7			173.2		
中国香港	Hong Kong SAR, China	125.0	173.6		82.0	272.1	327.0
中国澳门	Macao SAR, China		8.8	14.7	32.1	226.9	397.1
孟加拉国	Bangladesh	4.7	8.4	13.9		1.0	3.9
柬 埔 寨	Cambodia	0.5	1.3	11.6	3.5	16.7	53.1
印　　度	India	36.9		286.0	36.0		316.6
印度尼西亚	Indonesia		84.3	144.6		76.2	184.0
伊　　朗	Iran	6.7	105.7		6.8	26.3	
以 色 列	Israel	37.3	46.8	103.9	46.1	56.4	84.4
日　　本	Japan	426.4	393.1	291.5	59.7	153.6	492.1
哈萨克斯坦	Kazakhstan	4.8	14.9	29.6	4.0	12.4	29.2
韩　　国	Korea, Rep.	79.5	207.9	348.4	85.3	143.2	262.2
老　　挝	Lao PDR		2.2	10.3		3.9	9.7
马来西亚	Malaysia	25.4	92.6	136.9	58.7	196.2	222.0
蒙　　古	Mongolia	0.5	3.2	10.4	0.4	2.9	6.1
缅　　甸	Myanmar	0.3		2.1	2.0	0.9	25.0
巴基斯坦	Pakistan	5.7	13.7	30.0	5.5	10.0	9.5
菲 律 宾	Philippines	18.4	59.6	128.5	23.3	34.4	114.8
新 加 坡	Singapore	45.4	187.0		51.4	141.8	
斯里兰卡	Sri Lanka	3.8	8.3	24.4	3.9	10.4	46.6
泰　　国	Thailand	32.2	71.6	168.5	99.4	238.0	650.8
越　　南	Viet Nam		14.7	61.5		44.5	118.3
埃　　及	Egypt	12.1	27.0	37.2	46.6	136.3	142.6
尼日利亚	Nigeria	6.1	83.5	164.1	1.9	7.4	14.7
南　　非	South Africa	26.8	81.4	58.7	33.4	103.1	90.6
加 拿 大	Canada	151.3	372.3		130.4	184.4	
墨 西 哥	Mexico	63.7	90.0	123.0	91.3	126.3	258.5
美　　国	United States	854.9	1238.3	1823.7	1183.2	1618.2	2334.6
阿 根 廷	Argentina	54.6	64.5	98.3	32.0	56.1	56.5
巴　　西	Brazil	45.5	188.8	211.8	19.7	55.2	61.3
委内瑞拉	Venezuela	16.5	29.4		4.7	8.9	
捷　　克	Czech Rep.		43.5	60.4		80.7	79.7
法　　国	France	290.2	467.0	607.3	387.1	561.8	710.1
德　　国	Germany	576.1	908.7	998.7	249.4	491.2	582.0
意 大 利	Italy	181.7		379.1	287.1		519.1
荷　　兰	Netherlands	136.5			112.9		
波　　兰	Poland	34.2	88.9	101.6	61.3	98.8	157.1
俄 罗 斯	Russia		301.7	406.1		132.4	176.7
西 班 牙	Spain						
土 耳 其	Turkey		58.2	49.0		263.2	423.5
乌 克 兰	Ukraine	5.6	41.3	89.1	5.6	47.0	25.9
英　　国	United Kingdom						
澳大利亚	Australia	90.7	278.5	414.3	115.9	310.6	479.5
新 西 兰	New Zealand	12.4	30.4		22.7	65.2	

14-16 国际旅游人数
Number of Arrivals and Departures of International Tourism

资料来源：世界银行WDI数据库。
Source: World Bank WDI Database.

单位：万人 (10 000 persons)

国家或地区	Country or Area	入境(过夜)旅游人数 Number of Arrivals			出境旅游人数 Number of Departures		
		2000	2010	2018	2000	2010	2018
世　界	**World**	**126241**	**166762**	**228013**	**107944**	**141635**	**197913**
高收入国家	**High Income**	**90811**	**110288**	**148740**	**63654**	**79894**	**103094**
中等收入国家	**Middle Income**	**35405**	**53476**	**75708**	**29349**	**40701**	**66951**
低收入国家	**Low Income**	**707**	**2301**				
中　国	China	8344	13376	16254	1047	5739	15463
中国香港	Hong Kong SAR, China	1306	3603	5591	5890	8444	9472
中国澳门	Macao SAR, China	916	2497	3941		75	177
孟加拉国	Bangladesh	20	14	32	113	191	
文　莱	Brunei Darussalam		21	33			
柬埔寨	Cambodia	47	251	661	4	51	204
印　度	India	265	578	1791	442	1299	2692
印度尼西亚	Indonesia	506	700	1611	221	624	1169
伊　朗	Iran	134	294	911			
以色列	Israel	267	344	491	353	427	918
日　本	Japan	476	861	3188	1782	1664	2008
哈萨克斯坦	Kazakhstan	168	410	852		602	1071
韩　国	Korea, Rep.	532	880	1750	551	1249	2871
老　挝	Lao PDR	74	251	479		169	269
马来西亚	Malaysia	1022	2458	2610	3053		
蒙　古	Mongolia	16	56	64			
缅　甸	Myanmar	42	79	436			
巴基斯坦	Pakistan	56	91				
菲律宾	Philippines	199	352	826	167		
新加坡	Singapore	769	1164	1912	444	734	1071
斯里兰卡	Sri Lanka	45	77	203	52	112	144
泰　国	Thailand	958	1594	3992	191	545	1045
越　南	Viet Nam	214	505	1801			
埃　及	Egypt	551	1473	1303		462	
尼日利亚	Nigeria	149	611				
南　非	South Africa	600	1130	1480			
加拿大	Canada	4864	2562	3243		5362	3785
墨西哥	Mexico	10567	8195	9741	12727	9166	8275
美　国	United States	7834	16228	16601	8797	12157	
阿根廷	Argentina	291	680	740		608	1535
巴　西	Brazil	531	516	635	323	646	
委内瑞拉	Venezuela	60	54		95	148	
捷　克	Czech Rep.		2194			867	735
法　国	France		18983			2997	4928
德　国	Germany	1898	2688	3956	8051	8587	
意大利	Italy	6270	7323	9540	4463	5530	6221
荷　兰	Netherlands	1000	1088	2013	1390	1837	
波　兰	Poland	8452	5834	8852	5668	4276	5060
俄罗斯	Russia	2117	2228	2442	1837	3932	4533
西班牙	Spain	7458	9374	12617		1425	2282
土耳其	Turkey	1043	3300	5175	528	656	965
乌克兰	Ukraine	1169	2411	1371		1774	2935
英　国	United Kingdom	2521	3040	4086	5684	6465	9309
澳大利亚	Australia	493	579	947	350	710	1162
新西兰	New Zealand	179	253	389	128	203	323

主要统计指标解释

出口 即货物离开一国的统计疆界。在通常的贸易体系中，一国的统计疆界与它的经济领土是一致的。在特殊的贸易体系中，一国的统计疆界只包括一部分经济领土，一般这部分与货物自由贸易区是一致的。自由贸易地区是一国经济疆界的一部分，在此间货物可以无进口税限制地流通。

进口 货物进入一国统计疆界。

服务贸易 服务(原为非要素服务)指无形商品的经济产出。它可以在同一时间产生、转让和消费。商品服务的出口（贷方和收入）和进口（借方和支付）来自于国际收支统计中的国际服务交易统计，其概念、定义和分类与国际货币基金组织 1993 年《国际收支手册》第五版一致。

官方汇率 是指由国家机关或货币金融机构公布的汇率。年平均汇率是以月均价为基础计算的。

国际旅游支出 是指出境游客在他国的旅游消费，包括在国际旅行时，搭乘他国运输工具所支付的交通费（有些国家不包括这项交通费）。除非特别声明外，国际旅游支出包括境外一日游客（不过夜游客）在访问地的消费。

国际旅游收入 是指入境游客（过夜旅客）在本国的旅游消费，包括国际旅行时，入境游客搭乘本国运输工具所付给本国的交通费（有些国家不包括这项交通费）。国际旅游收入包括目的地国接受的所有商品和服务的支付。除特别声明外，国际旅游收入可以包括入境一日游游客（不过夜游客）在本国的消费。

Explanatory Notes on Main Statistical Indicators

Exports Goods leaving the statistical territory of a country. In the general trade system, the definition of the statistical territory of a country coincides with its economic territory. In the special trade system, the definition of the statistical territory comprises only a particular part of the economic territory, mainly that part which coincides with the free circulation area for goods. The free circulation area is a part of the economic territory of a country within which goods may be disposed of without customs restrictions.

Imports Goods entering the statistical territory of a country.

Commercial Service Exports/Commercial Service Imports Services(previously no factor services) refer to economic output of intangible commodities that may be produced, transferred, and consumed at the same time. Exports (credits or receipts) and imports (debits or payments) of commercial services derived from statistics on international service transactions are included in the balance of payments statistics, in conformity with the concepts, definitions and classification of the fifth (1993) edition of the IMF Balance of Payments Manual.

Official Exchange Rate refers to the exchange rate determined by national authorities or to the rate determined in the legally sanctioned exchange market. It is calculated as an annual average based on monthly averages (local currency units relative to the U.S. dollar).

International Tourism Expenditures are expenditures of international outbound visitors in other countries, including payments to foreign carriers for international transport. These expenditures may include those by residents traveling abroad as same-day visitors, except in cases where these are important enough to justify separate classification. For some countries they do not include expenditures for passenger transport items.

International Tourism Receipts are expenditures by international inbound visitors, including payments to national carriers for international transport. These receipts include any other prepayment made for goods or services received in the destination country. They also may include receipts from same-day visitors, except when these are important enough to justify separate classification. For some countries they do not include receipts for passenger transport items..

国际收支和外债

Balance of Payments and External Debts

15-1 世界国际收支
Summary of International Transactions

资料来源：国际货币基金组织BOP数据库。
Source: IMF BOP Database.

单位：亿美元 (100 million USD)

		2010	2017	2018	2019	2020
经常帐户差额	**Current Account Balances**	**2893.0**	**4935.1**	**3612.9**	**3925.9**	**4506.4**
货物差额	Goods balance	3731.1	3887.9	2720.2	2287.9	3202.6
贷方	Credits	149034.1	174693.8	191368.3	185767.1	172068.1
借方	Debits	145303.1	170805.9	188648.1	183479.2	168865.4
服务差额	Services Balance	963.6	2249.3	3016.7	2863.6	2556.4
贷方	Credits	39195.3	54681.8	59874.5	61175.1	49937.7
借方	Debits	38231.7	52432.5	56857.8	58311.5	47381.3
初次收入差额	Primary Income Balance	-727.6	-33.6	-968.8	-463.9	-409.5
贷方	Credits	35678.3	44112.6	49095.6	49159.8	42775.2
借方	Debits	36405.9	44146.2	50064.3	49623.7	43184.7
二次收入差额	Secondary Income Balance	-1074.2	-1168.5	-1155.3	-761.6	-843.1
贷方	Credits	8086.8	10717.8	11349.1	11928.3	12198.3
借方	Debits	9160.9	11886.3	12504.3	12689.9	13041.3
资本帐户差额	**Capital Account Balances**	**666.4**	**133.4**	**-78.3**	**-99.3**	**277.0**
金融帐户差额	**Financial Account Balances**	**357.9**	**2271.9**	**2127.3**	**1355.2**	**1624.6**
直接投资净值	Direct Investment net	-1289.4	454.5	-4117.8	-3010.0	-2827.2
资产	Assets	19338.9	20994.9	82.0	7805.6	7682.1
负债	Liabilities	20628.4	20540.4	4199.8	10815.6	10509.3
证券投资净值	Portfolio Investment Net	-12017.4	-1962.3	3711.7	450.9	3107.8
资产	Assets	11934.2	25605.5	15237.9	19901.5	25168.2
负债	Liabilities	23951.7	27567.9	11526.1	19450.6	22060.3
金融衍生工具和股票期权净值	Finan. Deriv.& ESOs Net	-980.9	1096.6	719.5	163.4	1249.0
资产	Assets	-5709.9	-6623.8	-7415.4	-6647.8	-7982.4
负债	Liabilities	-4729.0	-7720.3	-8135.0	-6811.1	-9231.3
其它投资净值	Other Investment Net	2768.4	-1488.6	-563.5	1278.3	-4622.5
资产	Assets	22557.7	16602.5	17175.0	9668.8	25432.2
负债	Liabilities	19789.2	18091.1	17738.4	8390.4	30054.6
储备资产	Reserve Assets	11877.0	4171.8	2377.2	2472.7	4717.5
净误差与遗漏	**Net Errors and Omissions**	**-3201.5**	**-2796.6**	**-1407.4**	**-2471.4**	**-3158.9**

15-2 分国别(地区)的国际收支(2019年)

资料来源：国际货币基金组织BOP数据库。
Source: IMF BOP Database.
单位：亿美元

国家或地区	Country or Area	经常账户 Current Account	货物 Goods 贷方 Credit	货物 Goods 借方 Debit	服务 Services 贷方 Credit	服务 Services 借方 Debit
中　国	China	1029.1	23866.4	19936.5	2443.6	5055.1
中国澳门	Macao SAR, China	185.6	18.6	122.6	435.0	50.9
孟加拉国	Bangladesh	-29.5	387.5	546.8	62.1	95.6
文　莱	Brunei Darussalam	8.9	72.1	50.0	6.2	18.1
柬埔寨	Cambodia	-40.6	149.9	222.4	60.9	32.7
印　度	India	-297.6	3312.7	4889.5	2147.6	1305.4
印度尼西亚	Indonesia	-302.8	1684.6	1649.5	316.4	392.8
以色列	Israel	124.9	599.4	761.1	553.8	321.4
日　本	Japan	1768.1	6951.8	6938.2	2094.5	2194.3
哈萨克斯坦	Kazakhstan	-73.0	581.6	400.3	77.5	114.6
韩　国	Korea, Rep.	596.8	5566.7	4768.6	1038.4	1306.8
老　挝	Lao PDR	-9.5	58.1	62.7	11.8	12.5
马来西亚	Malaysia	123.0	1968.4	1670.6	409.9	436.2
蒙　古	Mongolia	-21.6	71.8	60.2	12.3	32.2
缅　甸	Myanmar	0.7	108.4	136.9	66.8	36.6
巴基斯坦	Pakistan	-85.6	248.0	476.8	58.7	103.0
菲律宾	Philippines	-30.5	534.8	1027.9	412.6	282.2
中国香港	Hong Kong SAR, China	212.3	5430.6	5584.2	1019.5	809.4
新加坡	Singapore	534.0	4413.5	3445.1	2171.9	2082.0
斯里兰卡	Sri Lanka	-18.1	119.4	199.4	74.7	46.2
泰　国	Thailand	382.1	2427.0	2159.8	811.8	568.5
越　南	Viet Nam	131.0	2641.9	2426.9	166.4	189.9
埃　及	Egypt	-102.2	284.7	577.6	250.5	211.9
尼日利亚	Nigeria	-146.3	649.8	621.1	49.5	387.1
南　非	South Africa	-106.7	901.2	874.4	147.3	156.7
加拿大	Canada	-356.9	4508.0	4623.8	1050.2	1212.2
墨西哥	Mexico	-42.4	4610.4	4558.3	317.0	399.7
美　国	United States	-4802.3	16524.4	25167.7	8758.3	5883.6
阿根廷	Argentina	-40.0	651.6	469.3	141.3	193.5
巴　西	Brazil	-650.3	2258.0	1992.5	342.8	697.6
捷　克	Czech Rep.	9.0	1561.0	1456.2	304.4	258.1
法　国	France	-184.2	5971.5	6497.2	2940.3	2699.2
德　国	Germany	2896.0	14609.1	12184.3	3522.8	3752.9
意大利	Italy	640.1	5138.4	4465.4	1221.7	1231.7
荷　兰	Netherlands	902.1	5529.5	4765.9	2028.2	1845.9
波　兰	Poland	29.3	2607.8	2594.4	699.0	434.3
俄罗斯	Russia	648.1	4198.5	2546.0	619.1	986.5
西班牙	Spain	296.1	3290.5	3587.0	1571.0	856.1
土耳其	Turkey	67.6	1822.5	1990.0	635.9	280.6
乌克兰	Ukraine	-41.2	460.9	603.5	174.7	157.2
英　国	United Kingdom	-875.4	4762.7	6435.6	4036.5	2714.0
澳大利亚	Australia	80.3	2714.4	2234.3	709.9	720.4
新西兰	New Zealand	-68.4	396.9	421.0	174.7	156.4

Balance of Payments by Country or Area(2019)

初次收入 Primary income		资本账户 Capital Account	非生产非金融资产的处置贷方 Gross Disposals of Nonproduced, Nonfinancial Assets, Credit	非生产非金融资产的取得借方 Gross Acquisitions of Nonproduced, Nonfinancial Assets, Debit	资本转移贷方 Capital Transfers, Credit	资本转移借方 Capital Transfers, Debit
贷方 Credit	借方 Debit					
2735.1	3127.0	-3.3				
86.2	149.4	-0.3	0.0	0.1		0.2
1.8	27.3	2.3			2.3	
10.3	6.7					
7.3	23.0	3.6			3.6	
233.5	527.3	-11.6	0.5	11.2	3.2	4.0
73.7	411.5	0.4			0.4	
144.4	169.0	3.9			3.9	
3136.7	1156.4	-38.1	33.1	53.4	0.9	18.7
25.1	252.6	1.9		0.0	2.2	0.2
413.7	285.2	-1.7	0.7	2.4	0.1	0.1
0.9	8.1	0.1			0.1	
156.5	253.7	0.8	0.9	0.0	0.1	0.2
3.9	19.6	1.6			1.6	0.0
13.6	39.0					
4.9	66.1	2.9	0.0		2.9	
134.0	81.3	1.3	0.2	0.2	1.3	0.0
2136.1	1952.7	-0.9				
1089.9	1537.2					
2.5	26.8	0.2			0.5	0.3
111.8	312.0	0.0			0.0	
22.4	175.2					
10.5	126.4	-1.7			0.1	1.8
23.2	124.2					
80.9	180.2	0.2			0.3	0.1
1124.8	1185.5	-0.7				
146.2	514.7	-0.6				
11356.9	8993.5	-62.4				
63.4	241.7	1.3	1.7	0.5	0.0	
251.3	824.0	3.7	3.6	0.8	1.6	0.7
133.0	260.0	10.6	25.6	34.4	19.7	0.3
2120.8	1516.7	21.8	2.8	0.0	27.5	8.5
2601.4	1357.4	-5.6	482.4	451.6	47.5	83.8
862.2	692.9	-19.7	10.5	39.5	30.5	21.1
3396.2	3360.7	-2.4	5.0	3.5	11.4	15.2
142.3	370.6	117.6	3.0	11.7	126.3	
538.8	1074.0	-6.8	1.1	2.1	2.4	8.2
689.9	669.3	47.0				
63.3	191.7	0.3	1.2	0.9		
133.0	113.7	0.4	0.6	0.4	0.1	0.0
2778.0	2965.1	-14.0	17.1	18.3	15.5	28.3
498.7	880.7	-5.5	0.1	0.2		5.5
60.6	119.3	0.5				

15-2 续表

单位：亿美元

国家或地区	Country or Area	金融账户 Financial Account	直接投资 Direct Investment		证券投资 Portfolio Investment	
			资产 Assets	负债 Liabilities	资产 Assets	负债 Liabilities
中　国	China	-266.0	1369.1	1871.7	894.2	1473.7
中国澳门	Macao SAR, China	112.8	9.9	64.8	247.3	90.3
孟加拉国	Bangladesh	-47.1	0.2	19.1	4.7	0.8
文　莱	Brunei Darussalam	3.6		3.7	14.0	
柬埔寨	Cambodia	-37.0	1.0	36.6	0.1	
印　度	India	-303.6	131.4	506.1	21.8	267.6
印度尼西亚	Indonesia	-318.9	44.6	249.9	-4.1	215.8
以色列	Israel	49.5	86.9	173.6	64.4	-0.3
日　本	Japan	2272.7	2584.6	399.3	1848.9	982.5
哈萨克斯坦	Kazakhstan	-49.9	-21.8	33.2	49.0	-2.3
韩　国	Korea, Rep.	590.3	352.4	96.3	596.4	172.6
老　挝	Lao PDR	-19.0		7.6	0.4	0.0
马来西亚	Malaysia	65.3	77.1	91.0	100.4	31.0
蒙　古	Mongolia	-22.2	1.3	24.4	0.1	3.9
缅　甸	Myanmar	-24.2		17.4	-0.2	0.2
巴基斯坦	Pakistan	-80.6	-0.9	22.3	-1.5	-5.3
菲律宾	Philippines	-1.9	33.5	86.7	24.0	48.8
中国香港	Hong Kong SAR, China	302.2	377.7	583.0	281.2	6.2
新加坡	Singapore	534.2	505.8	1204.4	1106.7	42.2
斯里兰卡	Sri Lanka	-24.3	0.8	7.6		23.0
泰　国	Thailand	292.4	101.4	48.2	77.0	-9.5
越　南	Viet Nam	38.8	4.9	161.2	0.0	30.0
埃　及	Egypt	-150.3	4.1	90.1	-0.6	103.9
尼日利亚	Nigeria	-214.4	2.9	23.1	0.9	31.8
南　非	South Africa	-71.9	31.4	51.2	-28.4	60.8
加拿大	Canada	-384.3	761.7	450.9	249.0	272.4
墨西哥	Mexico	-148.7	62.6	293.8	35.2	95.9
美　国	United States	-3955.4	1884.7	3516.3	465.7	1799.8
阿根廷	Argentina	-51.2	15.4	66.6	21.0	-50.2
巴　西	Brazil	-643.6	228.2	691.7	90.0	-102.2
捷　克	Czech Rep.	4.1	47.8	107.5	-1.8	45.0
法　国	France	-324.8	557.2	510.4	612.9	1642.1
德　国	Germany	2278.0	1531.5	676.2	1533.4	721.4
意大利	Italy	518.5	328.7	311.9	765.8	1363.2
荷　兰	Netherlands	931.0	782.1	356.9	541.0	-65.8
波　兰	Poland	87.6	47.7	144.0	-2.9	-125.6
俄罗斯	Russia	626.2	219.2	319.7	48.1	174.9
西班牙	Spain	277.3	259.1	148.1	409.9	982.4
土耳其	Turkey	13.1	29.4	92.7	47.0	32.6
乌克兰	Ukraine	-28.9	6.2	58.3	4.1	55.5
英　国	United Kingdom	-1049.4	-482.3	22.4	1360.5	878.5
澳大利亚	Australia	56.2	98.6	399.0	616.3	272.9
新西兰	New Zealand	-44.0	-15.3	29.4	47.7	9.6

continued

(100 million USD)

金融衍生工具 Financial Derivatives,n.i.e		其他投资 Other Investment		储备资产 Reserves Assets	净误差和遗漏 Net Errors and Omissions
资产 Assets	负债 Liabilities	资产 Assets	负债 Liabilities		
-13.9	-37.5	548.9	-436.6	-192.9	-1291.8
-5.9		97.7	96.1	15.0	-72.4
		17.2	54.6	5.2	-19.9
		2.8	17.2	7.6	-5.4
		-1.9	26.3	26.7	0.1
252.0	278.5	599.3	813.5	557.7	5.6
-9.2	-7.3	122.0	60.6	46.7	-16.5
-12.2		59.2	40.2	64.8	-79.3
-5511.5	-5545.5	-94.6	965.3	247.0	542.7
-0.5	0.3	34.3	13.7	-66.0	21.1
		-47.1	119.5	14.7	-4.8
		-1.1	12.0	1.2	-9.7
-4.1	-5.3	46.5	21.3	-16.6	-58.5
0.1	0.0	0.4	0.4	4.5	-2.2
		4.7	12.4	1.3	-24.9
0.0		5.3	109.4	42.9	2.1
-8.7	-7.0	24.2	24.8	78.4	27.3
-621.8	-620.2	-107.4	-352.9	-11.5	90.8
110.0	15.5	578.5	421.2	-83.5	0.2
		1.0	-1.1	3.4	-6.5
-50.8	-42.6	39.8	14.8	135.8	-89.7
		77.9	85.3	232.6	-92.2
		126.0	106.5	20.8	-46.4
		-74.0	44.4	-44.9	-68.1
-112.4	-116.2	-3.6	-20.7	16.1	34.6
		998.7	1658.0	-12.4	-26.7
		129.6	29.3	26.4	-105.8
		2010.5	2663.5	46.6	909.3
	0.3	311.8	169.0	-213.7	-12.5
-279.5	-296.3	-25.6	102.7	-260.6	3.0
-12.4	-12.9	-10.4	-72.8	47.8	-15.5
1541.7	1502.3	2490.9	1904.3	31.6	-162.3
275.6		-534.1	-875.1	-5.9	-612.4
		169.3	-865.0	36.4	-102.0
		104.7	151.8	8.6	31.3
		9.4	39.3	101.8	-59.3
-112.9	-139.1	93.9	-68.6	664.8	-15.1
		828.5	5.2	7.6	-65.8
		87.8	89.2	63.2	-54.9
		59.2	28.5	43.9	11.9
		-2899.1	-1784.6	-11.6	-160.0
-683.2	-731.0	32.9	97.9	30.3	-18.6
-45.6	-32.8	-17.6	3.8	-3.3	23.9

15-3 经常账户余额占 GDP 的比例
Current Account Balance (% of GDP)

资料来源：世界银行WDI数据库。
Source: World Bank WDI Database.
单位：% (%)

国家或地区	Country or Area	2000	2005	2010	2015	2018	2019	2020
中　国	China	1.7	5.8	3.9	2.6	0.2	0.7	1.9
中国香港	Hong Kong SAR, China	4.4	11.9	7.0	3.3	3.7	6.0	6.7
中国澳门	Macao SAR, China		23.7	38.9	23.3	33.1	33.6	
孟加拉国	Bangladesh	-0.6	-0.3	1.8	1.3	-2.6	-1.0	0.3
文　莱	Brunei Darussalam		42.3	36.6	16.7	6.9	6.6	
柬埔寨	Cambodia	-3.7	-4.9	-8.7	-8.9	-11.8	-15.0	-12.2
印　度	India	-1.0	-1.3	-3.3	-1.1	-2.4	-1.0	1.3
印度尼西亚	Indonesia	4.8	0.1	0.7	-2.0	-2.9	-2.7	-0.4
以色列	Israel	-1.5	3.2	3.5	5.4	2.6	3.3	4.9
日　本	Japan	2.7	3.6	3.9	3.1	3.6	3.5	
哈萨克斯坦	Kazakhstan	2.0	-1.8	0.9	-3.3	-0.1	-4.0	-3.7
韩　国	Korea, Rep.	1.8	1.3	2.4	7.2	4.5	3.6	4.6
老　挝	Lao PDR	-0.5	-6.4	0.4	-15.8	-9.2	-5.2	
马来西亚	Malaysia	9.0	13.9	10.1	3.0	2.2	3.4	4.4
蒙　古	Mongolia	-6.1	3.5	-12.3	-8.1	-14.5	-15.4	-5.1
缅　甸	Myanmar	-4.5	5.5	3.1	-5.2	-3.7	0.1	
巴基斯坦	Pakistan	-0.1	-3.0	-0.8	-1.0	-6.0	-3.1	0.1
菲律宾	Philippines	-2.7	1.9	3.4	2.4	-2.6	-0.8	3.6
新加坡	Singapore	11.1	23.3	22.9	18.7	15.4	14.3	17.6
斯里兰卡	Sri Lanka	-6.4	-2.7	-1.9	-2.3	-3.2	-2.2	
泰　国	Thailand	7.4	-4.0	3.4	6.9	5.6	7.0	3.2
越　南	Viet Nam	3.5	-1.0	-3.7	-1.1	2.4	5.0	
埃　及	Egypt	-1.0	2.3	-2.1	-5.2	-3.1	-3.4	-3.9
尼日利亚	Nigeria	10.7	20.7	3.6	-3.2	1.6	-3.3	-3.9
南　非	South Africa	-0.1	-3.1	-1.5	-4.6	-3.6	-3.0	2.2
加拿大	Canada	2.5	1.9	-3.6	-3.5	-2.3	-2.0	-1.9
墨西哥	Mexico	-2.6	-1.0	-0.5	-2.7	-2.1	-0.3	2.5
美　国	United States	-3.9	-5.7	-2.9	-2.2	-2.2	-2.2	-3.1
阿根廷	Argentina	-3.2	2.7	-0.4	-3.0	-5.2	-0.9	0.8
巴　西	Brazil	-3.8	1.6	-3.6	-3.0	-2.7	-3.5	-1.7
委内瑞拉	Venezuela	10.1	17.5	1.4				
捷　克	Czech Rep.	-4.4	-2.0	-3.5	0.4	0.5	0.4	3.6
法　国	France	1.2	0.0	-0.8	-0.4	-0.6	-0.7	-1.9
德　国	Germany	-1.7	4.7	5.8	8.6	7.9	7.5	7.0
意大利	Italy	-0.3	-0.9	-3.3	1.4	2.5	3.2	3.7
荷　兰	Netherlands	1.7	6.1	7.3	6.3	10.8	9.9	7.8
波　兰	Poland	-6.0	-2.9	-5.6	-0.9	-1.3	0.5	3.5
俄罗斯	Russia	17.5	11.0	4.4	5.0	7.0	3.8	2.3
西班牙	Spain	-4.3	-7.3	-3.7	2.0	1.9	2.1	0.7
土耳其	Turkey	-3.6	-4.1	-5.7	-3.2	-2.8	0.9	-5.2
乌克兰	Ukraine	4.3	2.9	-2.2	5.5	-4.9	-2.7	4.0
英　国	UnitedKingdom	-2.3	-2.0	-3.1	-5.0	-3.7	-3.1	-3.5
澳大利亚	Australia	-3.7	-6.3	-3.9	-4.2	-2.1	0.6	2.5
新西兰	New Zealand	-3.3	-7.0	-2.3	-2.7	-4.1	-3.3	-0.9

15-4 外商直接投资
Foreign Dirct Investment

资料来源：联合国贸发会议FDI数据库。
Source: UNCTAD FDI Database .

单位：亿美元 (100 million USD)

国家或地区	Country or Area	外商直接投资 FDI Inflows			对外直接投资 FDI Outflows		
		2000	2010	2020	2000	2010	2020
世　界	**World**	**13566.5**	**13937.3**	**9988.9**	**11624.9**	**13921.8**	**7398.7**
中　国	China	407.1	1147.3	1493.4	9.2	688.1	1329.4
中国香港	Hong Kong SAR, China	545.8	705.4	1192.3	540.8	862.5	1022.2
中国澳门	Macao SAR, China	0.0	28.3	35.1		-4.4	5.1
孟加拉国	Bangladesh	5.8	9.1	25.6		0.2	0.1
文　莱	Brunei Darussalam	5.5	4.8	5.8			
柬埔寨	Cambodia	1.5	14.0	36.2	0.1	0.2	1.3
印　度	India	35.9	274.2	640.6	5.1	159.5	115.6
印度尼西亚	Indonesia		137.7	185.8		26.6	44.7
伊　朗	Iran	1.9	36.5	13.4	0.1	2.4	0.8
以色列	Israel	69.6	69.8	247.6	33.4	80.0	58.6
日　本	Japan	83.2	-12.5	102.5	315.6	562.6	1157.0
哈萨克斯坦	Kazakhstan	12.8	115.5	38.8	0.0	78.9	-20.3
韩　国	Korea, Rep.	115.1	95.0	92.2	48.4	282.2	324.8
老　挝	Lao PDR	0.3	2.8	9.7	0.1	0.3	
马来西亚	Malaysia	37.9	90.6	34.8	20.3	134.0	28.3
蒙　古	Mongolia	0.5	16.9	17.2		0.6	0.3
缅　甸	Myanmar	0.9	66.7	18.3			
巴基斯坦	Pakistan	3.1	20.2	21.1	0.1	0.5	0.3
菲律宾	Philippines	22.4	13.0	65.4	1.3	29.4	35.3
新加坡	Singapore	147.5	574.6	905.6	68.5	354.1	323.8
斯里兰卡	Sri Lanka	1.8	4.8	4.3	0.0	0.4	0.1
泰　国	Thailand	34.1	145.5	-61.0	-0.2	79.4	167.2
越　南	Viet Nam	12.9	80.0	158.0		9.0	3.8
埃　及	Egypt	12.4	63.9	58.5	0.5	11.8	3.3
尼日利亚	Nigeria	13.1	61.0	23.9	1.7	9.2	-3.4
南　非	South Africa	8.9	36.4	31.1	2.7	-0.8	-19.7
加拿大	Canada	668.0	284.0	238.2	446.8	347.2	486.6
墨西哥	Mexico	182.5	271.4	290.8		145.6	65.3
美　国	United States	3140.1	1980.5	1563.2	1426.3	2777.8	928.1
阿根廷	Argentina	104.2	113.3	41.2	9.0	9.6	12.3
巴　西	Brazil	327.8	776.9	247.8	22.8	220.6	-258.1
委内瑞拉	Venezuela	47.0	15.7	9.6	5.2	24.9	-0.8
捷　克	Czech Rep.	49.9	61.4	62.9	0.4	11.7	31.4
法　国	France	275.0	138.9	179.3	1619.5	481.5	442.0
德　国	Germany	1982.8	656.4	356.5	570.9	1254.5	349.5
意大利	Italy	133.7	91.8	-3.9	66.9	326.9	103.6
荷　兰	Netherlands	638.5	-71.8	-1153.0			
波　兰	Poland	94.5	128.0	100.8	0.2	61.5	18.2
俄罗斯	Russia	26.5	316.7	96.8	31.5	411.2	63.1
西班牙	Spain	395.8	398.7	89.3	582.1	378.4	214.2
土耳其	Turkey	9.8	90.9	78.8	8.7	14.7	32.4
乌克兰	Ukraine	6.0	65.0	-8.7	0.0	7.4	0.8
英　国	United Kingdom	1153.0	582.0	197.2	2327.4	480.9	-334.1
澳大利亚	Australia	141.9	368.0	201.5	28.6	198.0	91.7
新西兰	New Zealand	13.5	-0.6	42.2	6.1	7.2	8.8

15-5 外汇储备与黄金储备
International Reserves on Foreign Exchagne and Gold

资料来源：国际货币基金组织IFS数据库。
Source: IMF IFS Database.

国家或地区	Country or Area	外汇储备(亿美元) Foreign Exchange(100 million USD)			黄金储备(万盎司) Gold Reserves(10000 fine troy ounces)		
		2000	2010	2020	2000	2010	2020
中　国	China	1655.7	28473.4	32165.2	1270.0	3389.0	6264.0
中国香港	Hong Kong SAR, China	1075.4	2686.5	4916.3	6.7	6.7	6.7
中国澳门	Macao SAR, China	33.2	237.3	251.4			
孟加拉国	Bangladesh	14.9	99.0	410.4	10.9	43.4	44.9
文　莱	Brunei Darussalam	3.6	12.1	33.6			14.6
柬埔寨	Cambodia	5.0	31.5	184.0	40.0	40.0	146.2
印　度	India	372.6	2678.1	5421.6	1150.2	1793.2	2175.5
印度尼西亚	Indonesia	282.8	899.7	1284.0	310.1	235.0	252.6
以色列	Israel	231.6	692.7	1712.4			
日　本	Japan	3472.1	10362.6	13127.9	2454.7	2460.2	2460.2
哈萨克斯坦	Kazakhstan	15.9	246.9	112.6	184.0	216.4	1247.0
韩　国	Korea, Rep.	958.6	2869.3	4301.2	43.9	46.4	335.8
老　挝	Lao PDR	1.4	7.3	13.2	1.7	28.5	
马来西亚	Malaysia	274.3	1023.2	1026.4	117.0	117.0	125.0
蒙　古	Mongolia	1.8	21.2	40.0	8.5	6.5	26.2
缅　甸	Myanmar	2.2	57.1	72.2	23.1	23.4	23.4
巴基斯坦	Pakistan	15.0	131.2	144.9	209.1	207.0	207.8
菲律宾	Philippines	129.7	539.9	964.7	722.8	495.4	607.0
新加坡	Singapore	795.1	2236.8	3593.4	409.6	409.6	409.6
斯里兰卡	Sri Lanka	9.8	66.3	51.9	33.6	34.6	21.5
泰　国	Thailand	319.3	1656.6	2460.3	236.7	320.0	495.0
越　南	Viet Nam	34.2	120.5	944.4			
埃　及	Egypt	129.1	323.5	334.2	243.2	243.1	257.9
尼日利亚	Nigeria	99.1	323.4	343.6	68.7	68.7	
南　非	South Africa	57.9	354.2	442.7	590.0	401.6	403.0
加拿大	Canada	290.2	448.9	768.2	118.4	10.9	
墨西哥	Mexico	351.4	1148.8	1841.8	24.9	22.7	386.0
美　国	United States	312.4	520.8	445.4	26161.1	26149.9	26149.9
阿根廷	Argentina	244.1	466.2	339.1	1.9	176.0	198.5
巴　西	Brazil	324.3	2805.7	3427.1	211.8	108.0	216.6
委内瑞拉	Venezuela	126.3	91.9		1024.0	1176.0	
捷　克	Czech Rep.	130.2	403.4	1641.3	44.6	40.8	30.5
法　国	France	321.1	362.1	551.6	9724.5	7830.1	7832.6
德　国	Germany	496.7	373.6	368.9	11151.9	10934.4	10810.6
意大利	Italy	224.2	356.8	465.9	7882.9	7882.9	7882.9
荷　兰	Netherlands	70.0	89.0	59.1	2931.5	1969.1	1969.1
波　兰	Poland	263.2	863.2	1385.1	330.6	330.9	735.2
俄罗斯	Russia	242.6	4329.5	4444.9	1235.9	2535.5	7390.0
西班牙	Spain	295.2	133.1	567.3	1682.9	905.4	905.3
土耳其	Turkey	223.1	790.5	483.9	373.9	373.3	2303.1
乌克兰	Ukraine	11.0	333.2	275.4	45.4	88.5	84.0
英　国	United Kingdom	341.6	493.3	1396.0	1567.3	997.5	997.6
澳大利亚	Australia	167.8	327.9	326.0	256.3	256.7	179.4
新西兰	New Zealand	36.2	151.3	120.1			

15-6 外债及其构成(2020年)
External Debts by Type(2020)

资料来源：世界银行WDI数据库。
Source: World Bank WDI Database.
单位：亿美元 (100 million USD)

国家或地区	Country or Area	外债总额 Total External Debt	长期外债 Long-term Debt	私人非担保外债 Private Nonguaranteed Debt	政府及政府担保外债 Public and Publicly Guaranteed Debt	国际货币基金组织贷款 Use of IMF Credit
中等收入国家	**Middle Income**	**85205.90**	**61242.79**	**28092.24**	**33203.99**	**2100.65**
低收入国家	**Low Income**	**1662.91**	**1383.14**	**145.02**	**1238.32**	**135.82**
中　国	China	23493.89	11030.90	6882.52	4148.38	100.67
孟加拉国	Bangladesh	677.49	546.54	56.25	490.29	21.09
柬埔寨	Cambodia	175.62	136.59	49.02	87.58	1.21
印　度	India	5641.79	4549.16	2621.31	1927.85	57.30
印度尼西亚	Indonesia	4175.32	3701.92	1217.73	2484.19	28.52
伊　朗	Iran	54.51	13.13	8.94	4.19	20.54
哈萨克斯坦	Kazakhstan	1629.74	1524.45	1270.15	254.30	4.95
老　挝	Lao PDR	171.64	161.06	57.14	103.93	0.73
蒙　古	Mongolia	332.36	297.17	199.89	97.28	4.01
缅　甸	Myanmar	133.48	125.54	0.35	125.19	7.26
巴基斯坦	Pakistan	1085.30	925.40	136.47	787.51	89.02
菲律宾	Philippines	984.80	830.64	268.44	562.20	12.07
斯里兰卡	Sri Lanka	563.42	460.19	88.52	371.67	19.27
泰　国	Thailand	2041.47	1279.35	883.95	395.40	13.97
越　南	Viet Nam	1250.45	979.88	458.08	521.80	4.53
埃　及	Egypt	1315.80	992.59	4.02	988.57	203.62
尼日利亚	Nigeria	705.71	646.22	348.73	297.50	59.48
南　非	South Africa	1707.67	1360.13	366.49	993.63	69.66
墨西哥	Mexico	4675.12	4136.96	1051.64	3085.32	41.06
阿根廷	Argentina	2537.60	1622.79	430.97	1191.82	488.74
巴　西	Brazil	5492.34	4760.93	2818.56	1942.37	41.58
委内瑞拉	Venezuela	1893.06	1270.71	577.30	693.41	36.63
俄罗斯	Russia	4755.18	4099.80	1975.15	2124.65	81.69
土耳其	Turkey	4358.89	2959.08	1635.17	1323.92	15.43
乌克兰	Ukraine	1298.99	929.97	514.78	415.19	128.24

15-7 外债风险指标(2020年)
Risk Indicators on Foreign Debts(2020)

资料来源：世界银行WDI数据库。
Source: World Bank WDI Database.
单位：% (%)

国家或地区	Country or Area	政府及政府担保外债占出口比重 Public and Publicly Guaranteed Debt Service (% of Exports of Goods, Services and Primary Income)	债务率 Present Value of External Debt (% of Exports of Goods, Services and Primary Income)	短期债务比重 Short-term Debt (% of Total External Debt)	偿债率 Total Debt Service (% of Exports of Goods, Services and Primary Income)	外债本息占GNI比重 Total Debt Service (% of GNI)
中等收入国家	**Middle Income**	**5.42**		**25.60**	**16.78**	**3.99**
低收入国家	**Low Income**	**8.80**		**8.65**		**1.90**
中　国	China	1.12	13.11	52.62	9.21	1.87
孟加拉国	Bangladesh	5.04	112.82	16.22	9.91	1.14
柬埔寨	Cambodia	1.79	36.26	21.53	7.41	6.13
印　度	India	5.09	35.48	18.35	15.03	2.93
印度尼西亚	Indonesia	15.17	130.80	10.65	36.74	6.55
伊　朗	Iran	0.28	0.70	38.24	0.86	0.17
哈萨克斯坦	Kazakhstan	3.91	42.28	6.16	56.89	19.76
老　挝	Lao PDR	15.06	146.70	5.74	15.80	5.71
蒙　古	Mongolia	9.63	115.19	9.38	23.81	16.02
缅　甸	Myanmar			0.51		0.79
巴基斯坦	Pakistan	27.09	280.64	6.66	32.83	3.54
菲律宾	Philippines	6.21	58.01	14.43	10.23	2.38
斯里兰卡	Sri Lanka	33.03	278.59	14.90	39.33	6.65
泰　国	Thailand	0.51	13.29	36.65	6.26	3.45
越　南	Viet Nam	1.57	16.11	21.28	5.63	6.37
埃　及	Egypt	27.88	228.80	9.09	29.47	3.41
尼日利亚	Nigeria	3.80	74.71		13.35	1.33
南　非	South Africa	11.61	59.80	16.27	28.58	9.70
墨西哥	Mexico	9.47	67.66	10.63	15.53	6.63
阿根廷	Argentina	15.63	146.23	16.79	41.09	7.54
巴　西	Brazil	12.43	65.54	12.56	50.64	9.27
委内瑞拉	Venezuela			30.94		
俄罗斯	Russia	11.29	49.39	12.06	22.96	6.74
土耳其	Turkey	8.58	61.72	31.76	41.45	12.24
乌克兰	Ukraine	11.17	64.49	18.54	24.54	11.31

主要统计指标解释

经常账户 为货物、服务、收入差额与经常转移的贷方、借方之和。

货物进口FOB和货物出口FOB 是指以出口国离岸价格计算的货物进口值或出口值。货物项目包括：一般货物、用于加工的货物、用于维修的货物、各种运输工具在港口购买的货物和非货币用黄金。

贸易差额 出口FOB与进口FOB的差额。贸易差额为正表示货物出口大于进口。反之，差额为负表示进口大于出口。

服务 包括运输、旅游、通讯服务、建筑服务、保险服务、金融服务、计算机和信息服务、专有权力使用费和特许费、体育、文化和娱乐服务、别处未提及的政府服务和其它商业服务。

货物和服务差额 为货物差额与服务借方、贷方之和。

收入 包括投资收益 （包括直接投资收益、证券投资收益和其他投资收益）和职工报酬。

货物、服务、收入差额 货物和服务差额与收入借方、贷方之和。

经常转移 经常转移包括政府间的经常转移和其他转移如雇员汇款等。贷方是指报告经济体接受的所有经常转移。借方是指由报告经济体提供的经常转移。

资本账户 资本账户贷方、借方之和。资本账户贷方包括：固定资产的获取，非生产、非金融资产的出让（但不包括债务减免）。资本账户借方包括：固定资产的出让，非生产、非金融资产的购买。

金融账户 为直接投资、证券投资、金融衍生工具和其他投资之和。

证券投资 包括股本证券和债务证券投资。

股本证券 包括股票和可以表明股本所有权的类似文件（如美国的存股证）。

债务证券 包括短期、中期和长期债券以及货币市场工具（一种期限为一年获一年以下的债券），以及各种可兑现的债券工具。

金融衍生工具 是同其他金融工具、指数、商品挂钩的一种金融工具。通过金融衍生工具，可以在金融市场中就具体的金融风险（如利率风险、外汇风险、股票和商品风险、信贷风险等）本身进行交易。

经常项目差额占GDP的比重 经常帐户差额是货物和服务的净出口，净收入，净经常转移的总和。

黄金储备（货币黄金） 一国当局拥有的、作为储备资产的黄金。参见国际储备。

外债总额 指欠非本地居民的，可用外币、货物或服务偿还的债务。它是长期公共债务、公共担保债务和私人非担保长期债务、IMF贷款和短期外债的总和。

长期债务 指初始到期日或宽限期在一年以上的债务。它有三个构成部分：公共债务、公共担保债务和私人非担保债务。用现价美元表示。

短期债务 包括初始到期日为一年及一年期以下的所有债务和长期债务到期未付的利息。用现价美元表示。

Explanatory Notes on Main Statistical Indicators

Current Account is the sum of the balance on goods, services, and income, plus current transfers: credit, plus current transferse: debit.

Goods: Exports f.o.b. and Goods: Imports f.o.b. are both measured on the "free-on-board" (f.o.b.) basis—that is, by the value of the goods at the border of the exporting economy. The goods item covers general merchandise, goods for processing, repairs on goods, goods procured in ports by carriers, and nonmonetary gold.

Trade Balance is the balance of exports f.o.b. and imports f.o.b. A positive trade balance shows that merchandise exports are larger than merchandise imports, whereas a negative trade balance shows that merchandise imports are larger than merchandise exports.

Services comprise services in transportation, travel, communication, construction, insurance, finance, computer and information, royalties and license fees, other business, personal, cultural and recreational, and government, n.i.e.

Balance on Goods and Services is the sum of the balance on goods, plus services: credit, plus services: debit.

Income comprise (1) investment income (consisting of direct investment income, portfolio investment income, and other investment income), and (2) compensation of employees.

Balance on Goods, Services, and Income is the sum of the balance on goods and services, plus income: credit, plus income: debit.

Current Transfers. Credit comprise all current transfers received by the reporting economy. Current transfers comprise (1) general government transfers and (2) other sector transfers, including workers' remittances.

Current Transfers, Debit comprise all current transfers paid by the reporting economy.

Capital Account, n.i.e is the balance on the capital account (capital account, n.i.e.: credit, plus capital account: debit). Capital account, n.i.e.: credit covers (1) transfers linked to the acquisition of a fixed asset and (2) the disposal of nonproduced, nonfinancial assets. Capital account: debit covers (1) transfers linked to the disposal of fixed assets, and (2) acquisition of nonproduced, nonfinancial assets.

Financial Account, n.i.e. is the net sum of direct investment, portfolio investment, financial derivatives, and other investment.

Portfolio Investment includes Equity Securities and Debt Securities.

Equity Securities include shares, stocks, participation, and similar documents (such as American depository receipts) that usually denote ownership of equity.

Debt Securities covers (1) bonds, debentures, notes, etc., and (2) money market or negotiable debt instruments.

Financial Derivatives cover financial instruments that are linked to other specific financial instruments, indicators, or commodities, and through which specific financial risks (such as interest rate risk, foreign exchange risk, equity and commodity price risks, credit risk, etc.) can, in their own right, be traded in financial markets.

Current Account Blance as percentage of GDP Current account balance is the sum of net exports of goods, services, net income, and net current transfers.

Gold Reserves (Monetary Gold) Gold owned by the authorities and held as a reserve asset. See also international reserves.

External Debt Total Total external debt is debt owed to nonresidents repayable in foreign currency, goods, or services. Total external debt is the sum of public, publicly guaranteed, and private no guaranteed long-term debt, use of IMF credit, and short-term debt.

Long-term Debt Long-term debt is debt that has an original or extended maturity of more than one year. It has three components: public, publicly guaranteed, and private no guaranteed debt. Data are in current U.S. dollars.

Short-term Debt includes all debt having an original maturity of one year or less and interest in arrears on long-term debt. Data are in current U.S. dollars.

教育、科技、文化和卫生

Education, Science and Technology, Culture and Health

16-1 15岁及以上成人识字率
Adult Literacy Rate(% of People Ages 15 and Above)

资料来源：世界银行WDI数据库。
Source: World Bank WDI Database.
单位：% (%)

国家或地区	Country or Area	总计 Total		男性 Male		女性 Female	
		2000	2019	2000	2019	2000	2019
中　　国	China	90.9		95.1		86.5	
中国澳门②	Macao SAR, China②		96.5		98.2		95.0
孟加拉国	Bangladesh		74.7		77.4		71.9
柬 埔 寨①	Cambodia①		80.5		86.5		75.0
伊　　朗②	Iran②		85.5		90.4		80.8
老　　挝	Lao PDR	69.6	84.7①	81.4	90.0①	58.5	79.4①
马来西亚	Malaysia	88.7		92.0	96.2	85.4	93.6
蒙　　古	Mongolia	97.8		98.0		97.5	
缅　　甸	Myanmar	89.9	89.1	93.9	92.4	86.4	86.3
巴基斯坦	Pakistan		58.0		69.3		46.5
菲 律 宾	Philippines	92.6	96.3	92.5	95.7	92.7	96.9
新 加 坡	Singapore	92.5	97.5	96.6	99.0	88.6	96.1
斯里兰卡	Sri Lanka		92.3		93.0		91.6
泰　　国	Thailand	92.6		94.9		90.5	
越　　南	Viet Nam	90.2	95.8	93.9	97.0	86.6	94.6
埃　　及③	Egypt③		71.2		76.5		65.5
南　　非	South Africa		95.0		95.5		94.5
墨 西 哥	Mexico	90.5		92.6		88.7	
巴　　西	Brazil	86.4		86.2		86.5	
委内瑞拉	Venezuela		97.1		97.0		97.2
捷　　克	Czech Rep.		99.8		99.8		99.9
波　　兰①	Poland①				99.9		99.7
土 耳 其	Turkey		96.7		99.1		94.4
乌 克 兰②	Ukraine②		99.8		99.8		99.7

注：①2015年数据。②2016年数据。③2017年数据。
Note:①Data refer to 2015.②Data refer to 2016.③Data refer to 2017.

16-2 大中小学生入学率
Tertiary,Secondary and Primary School Enrollment Ratio

资料来源：世界银行WDI数据库。
Source: World Bank WDI Database.
单位：% (%)

国家或地区	Country or Area	高等教育粗入学率 School Enrollment,Tertiary (% Gross)		中等教育粗入学率 School Enrollment, Secondary (% Gross)		初等教育粗入学率 School Enrollment, Primary (% Gross)	
		2005	2019	2005	2019	2005	2019
世　界	**World**	**24.3**	**39.4**	**64.1**	**76.2**	**102.2**	**101.7**
高收入国家	**High Income**	**65.5**	**79.2**	**100.9**	**106.4**	**101.6**	**101.2**
中等收入国家	**Middle Income**	**19.3**	**36.9**	**62.0**	**77.3**	**104.1**	**101.5**
低收入国家	**Low Income**	**6.1**	**9.4**	**30.6**	**39.7**	**88.9**	**103.6**
中　国	China	19.1	53.8				101.9
中国香港	Hong Kong SAR, China	33.5	81.0	82.3	107.7		109.3
中国澳门	Macao SAR, China	54.4	100.1	86.3	101.0	100.0	101.3
孟加拉国	Bangladesh	6.4	24.0	47.0	72.6	101.6	116.47①
文　莱	Brunei Darussalam	14.6	31.5	96.6	92.1	110.6	100.1
柬 埔 寨	Cambodia	3.4	14.7			130.9	106.5
印　度	India	10.7	28.6	54.0	73.8		96.8
印度尼西亚	Indonesia	17.2	36.31①	60.2	88.91①	108.0	106.41①
伊　朗	Iran	23.8	60.4	77.2		99.2	
以 色 列	Israel	58.7	60.3	106.0	105.0	104.8	104.5
日　本	Japan		64.10①		101.95①		97.59①
哈萨克斯坦	Kazakhstan		61.7		113.2	102.5	104.4
韩　国	Korea, Rep.	91.7	98.4	97.1	95.9	101.1	101.0
老　挝	Lao PDR	7.8	14.5	43.6	65.8	112.4	100.0
马来西亚	Malaysia	27.9	43.1	80.7	83.7	100.0	104.4
蒙　古	Mongolia	44.7	68.8	90.3	91.5	98.0	103.4
缅　甸	Myanmar		18.82①	44.3	68.44①	98.1	112.31①
巴基斯坦	Pakistan	4.9	12.2	25.6	44.9	81.3	95.5
菲 律 宾	Philippines	27.5		82.9	89.8	106.0	99.1
新 加 坡	Singapore		91.1		104.7		100.7
斯里兰卡	Sri Lanka		21.1		100.34①	99.6	100.2
泰　国	Thailand	44.6		73.6	115.2	101.9	101.1
越　南	Viet Nam	16.2	28.6			97.7	115.4
埃　及	Egypt	30.1			89.5	95.7	106.4
尼日利亚	Nigeria	10.5		35.0	43.51①	101.4	87.45①
南　非	South Africa		23.9	87.4	102.6	105.9	98.4
加 拿 大	Canada		75.7	101.4	114.3	97.4	101.0
墨 西 哥	Mexico	24.2	42.8	82.3	104.6	108.6	104.7
美　国	United States	80.6	87.9	95.1	100.1	101.9	101.0
阿 根 廷	Argentina	64.0	95.4	92.8	108.2	115.3	109.5
巴　西	Brazil	26.0	55.1	101.3	104.0	133.3	112.0
委内瑞拉	Venezuela			74.6		104.2	
捷　克	Czech Rep.	48.3	65.6	95.7	101.3	99.2	100.3
法　国	France	53.9	68.4	106.8	104.3	104.6	102.5
德　国	Germany		73.5	102.3	97.5	103.1	102.5
意 大 利	Italy	64.4	66.1	99.3	101.2	102.3	101.0
荷　兰	Netherlands	58.7	87.10①	118.4	134.4	106.7	106.1
波　兰	Poland	63.6	69.2	99.6	111.8	94.5	97.2
俄 罗 斯	Russia	72.6	86.4	82.9	103.6	95.2	104.2
西 班 牙	Spain	67.2	92.9	117.3	125.9	103.1	102.4
土 耳 其	Turkey	33.1	115.0	83.9	104.1	103.2	97.1
乌 克 兰	Ukraine	70.3		95.6		106.4	
英　国	United Kingdom	59.0	65.8	105.4	118.7	106.4	100.5
澳大利亚	Australia	72.3	116.0		140.6	102.7	99.7
新 西 兰	New Zealand	80.6	80.3	120.2	123.1	99.7	101.7

注：①2018年数据。
Note:①Data refer to 2018.

16-3 每个学生教育支出占人均国内生产总值比重
Goverment Expenditure per Student (% of GDP per Capita)

资料来源：世界银行WDI数据库。
Source: World Bank WDI Database.
单位：% (%)

国家或地区	Country or Area	大学生 Tertiary School Student		中学生 Secondary School Student		小学生 Primary School Student	
		2000	2018	2000	2018	2000	2018
高收入国家	**High Income**	**29.6⑤**					
中国香港	Hong Kong SAR, China		24.2		22.0		14.8
孟加拉国	Bangladesh	37.0	29.9①	9.3	9.9①		
柬 埔 寨	Cambodia			10.8③	23.2①	5.6	23.5①
印　度	India	96.9	12.4①	25.3		14.8	
伊　朗	Iran		24.2⑥		17.5⑥		11.1⑥
以 色 列	Israel	27.5		17.8	21.1①	20.2	
日　本	Japan	17.0					23.4⑥
哈萨克斯坦	Kazakhstan		7.5	22.0②	9.3①	14.7⑤	0.2
老　挝	Lao PDR	69.7	20.3④	18.2②	12.5④		9.1④
马来西亚	Malaysia	80.9	23.8	21.7	22.8	12.4	17.9
菲 律 宾	Philippines	14.5	18.5②	10.3	10.7②	12.1	11.7⑥
泰　国	Thailand	35.3	14.9①	15.7②	18.8③	17.5	
南　非	South Africa		48.0	17.8	21.4	14.0	17.9
加 拿 大	Canada	42.9③			21.2①		36.2①
墨 西 哥	Mexico	38.7⑤		11.5⑤	16.6①	10.8	15.7⑥
美　国	United States					12.3⑤	31.6①
阿 根 廷	Argentina	17.3	16.9⑥	15.7	20.6⑥	12.3	15.0⑥
巴　西	Brazil	54.8	33.0⑦		21.5⑦	10.5	20.1⑦
白俄罗斯	Belarus		17.9⑥		35.7⑥	10.6⑤	
捷　克	Czech Rep.	28.0	20.3①	19.4	22.3①	10.6	13.9①
法　国	France	29.5		28.4		17.5	
德　国	Germany			20.1③			43.5①
意 大 利	Italy	25.6		25.6	25.9①	22.3	17.1①
荷　兰	Netherlands	44.7③		20.0③		9.0①	24.0①
波　兰	Poland	17.5		10.8③		12.5②	13.9①
俄 罗 斯	Russia	11.0					
西 班 牙	Spain	20.2	21.8①	22.8	18.9①	17.2	17.1①
土 耳 其	Turkey	34.2⑤			10.4①	14.4①	
乌 克 兰	Ukraine	36.5	34.5⑥		30.3⑥		30.3⑥
英　国	United Kingdom	20.7		21.9		12.7	26.3①
澳大利亚	Australia		17.8①			16.7	
新 西 兰	New Zealand			21.6②			15.8①

注：①2016年数据。②1997年数据。③1998年数据。④2014年数据。⑤1999年数据。⑥2017年数据。⑦2015年数据。
Note: ①Data refer to 2016.②Data refer to 1997.③Data refer to 1998.④Data refer to 2014.⑤Data refer to 1999.⑥Data refer to 2017.⑦Data refer to 2015.

16-4 研究与开发经费支出和公共教育经费支出占国内生产总值比重
Research and Development Expenditure and Public Spending on Education (% of GDP)

资料来源：世界银行WDI数据库。
Source: World Bank WDI Database.

单位：%　　　　(%)

国家或地区	Country or Area	研究与开发经费支出占国内生产总值比重 Research and Development Expenditure (% of GDP)			公共教育经费支出占国内生产总值比重 Public Spending on Education, Total (% of GDP)		
		2000	2010	2018	2000	2010	2019
世　界	**World**	**2.1**	**2.0**	**2.2**	**3.9**	**4.5**	**3.7**
高收入国家	**High Income**	**2.3**	**2.4**	**2.6**	**4.8**	**5.4**	**4.9②**
中等收入国家	**Middle Income**	**0.6**	**1.1**	**1.5**	**3.6**	**3.9**	**3.9**
中　国	China	0.9	1.7	2.1		3.8	
中国香港	Hong Kong SAR, China	0.5	0.7	0.9		3.5	3.8
中国澳门	Macao SAR, China		0.1	0.2	3.3	2.6	3.1
孟加拉国	Bangladesh				2.1	1.9①	1.3
文　莱	Brunei Darussalam			0.3	3.7	2.0	4.4④
柬埔寨	Cambodia			0.1③	1.7	1.5	2.2⑥
印　度	India	0.8	0.8	0.7	4.3	3.4	
印度尼西亚	Indonesia	0.1	0.1①	0.2		2.8	2.8
伊　朗	Iran		0.3	0.8②	4.0	3.7	3.7
以色列	Israel	3.9	3.9	4.9	6.1	5.5	6.1②
日　本	Japan	2.9	3.1	3.3			3.2②
哈萨克斯坦	Kazakhstan	0.2	0.2	0.1	3.3	3.5	2.9
韩　国	Korea, Rep.	2.1	3.3	4.5		4.7①	4.3④
老　挝	Lao PDR				1.5	1.7	
马来西亚	Malaysia	0.5	1.0	1.0	6.0	5.0	4.2
蒙　古	Mongolia	0.2	0.2	0.1	5.6	4.6	4.9
缅　甸	Myanmar	0.1		0.0②		0.9	2.0
巴基斯坦	Pakistan	0.1	0.4①	0.2②	1.8	2.3	2.5
菲律宾	Philippines		0.1①	0.2③	3.2	2.3	3.2
新加坡	Singapore	1.8	1.9	1.9②	3.3	3.1	2.6
斯里兰卡	Sri Lanka	0.1	0.1	0.1③		1.7	2.1⑥
泰　国	Thailand	0.2	0.2①	1.0②	5.3	3.5	3.0
越　南	Viet Nam			0.5②		5.1	4.1
埃　及	Egypt	0.2	0.4	0.7		3.5	
尼日利亚	Nigeria						
南　非	South Africa		0.7	0.8②	5.4	5.7	6.5
加拿大	Canada	1.9	1.8	1.6	5.4	5.4	1.5
墨西哥	Mexico	0.3	0.5	0.3	4.0	5.2	4.5②
美　国	United States	2.6	2.7	2.8		5.4①	
阿根廷	Argentina	0.4	0.6	0.5	4.6	5.0	4.8
巴　西	Brazil	1.0	1.2	1.2	3.9	5.6	6.3②
委内瑞拉	Venezuela		0.2	0.1④		6.9①	
捷　克	Czech Rep.	1.1	1.3	1.9	3.6	4.0	3.9②
法　国	France	2.1	2.2	2.2		5.7①	5.5②
德　国	Germany	2.4	2.7	3.1		4.9	4.9②
意大利	Italy	1.0	1.2	1.4	4.3	4.3	4.0②
荷　兰	Netherlands	1.8	1.7	2.2	4.6	5.5	5.2②
波　兰	Poland	0.6	0.7	1.2	5.0	5.1	4.6②
俄罗斯	Russia	1.0	1.1	1.0	2.9	4.1⑤	4.7②
西班牙	Spain	0.9	1.4	1.2	4.2	4.9	4.2②
土耳其	Turkey	0.5	0.8	1.0②	2.5		
乌克兰	Ukraine	1.0	0.8	0.5	4.2	7.4	5.4
英　国	United Kingdom	1.6	1.6	1.7	4.0	5.7	5.4②
澳大利亚	Australia	1.6	2.4	1.9②	4.9	5.6	5.1②
新西兰	New Zealand		1.3①	1.4②		7.0	6.3②

注：①2009年数据。②2017年数据。③2015年数据。④2016年数据。⑤2008年数据。⑥2018年数据。
Note:①Data refer to 2009.②Data refer to 2017.③Data refer to 2015.④Data refer to 2016.⑤Data refer to 2008.⑥Data refer to 2018.

16-5 每百万人中研究人员和技术人员
Researchers and Technicians in R&D (per Million People)

资料来源：世界银行WDI数据库。
Source: World Bank WDI Database.
单位：人

国家或地区	Country or Area	每百万人中研究人员数 Researchers in R&D (per million people)			每百万人中技术人员数 Technicians in R&D (per million people)		
		2000	2010	2018	2000	2010	2018
高收入国家	**High Income**	**3035.5**	**3776.1**				
中等收入国家	**Middle Income**	**483.2**	**652.4**				
中　国	China	547.3	903.0	1307.1			
中国香港	Hong Kong SAR, China	1139.2	2943.0	4026.6	202.6	308.7	315.8
印　度	India	110.1	156.6	252.7	85.5	100.9	73.1
印度尼西亚	Indonesia	212.6		216.0			34.7
日　本	Japan	5151.1	5152.6	5331.2	628.0	587.9	524.3
哈萨克斯坦	Kazakhstan		369.2	666.9		27.8	123.9
韩　国	Korea, Rep.	2345.4	5380.3	7980.4	458.9	968.8	1311.4
马来西亚	Malaysia	274.2	1467.1	2184.7	39.3	130.7	233.4
新加坡	Singapore	4245.0	6306.5		347.1	461.0	
斯里兰卡	Sri Lanka	135.1	105.9			91.6	
南　非	South Africa		362.6			104.8	
加拿大	Canada	3514.4	4649.2		1236.1	1521.7	
墨西哥	Mexico	216.2	311.8		91.6	182.0	
美　国	United States	3475.5	3867.0				
阿根廷	Argentina	712.9	1120.7	1211.4	157.5	246.1	398.1
巴　西	Brazil	420.3	698.1		336.4	644.7	
委内瑞拉	Venezuela	61.1	200.1		7.3		
捷　克	Czech Rep.	1349.7	2781.9	3862.7	713.1	1520.1	2186.4
法　国	France	2897.4	3868.0	4715.3		1879.9	
德　国	Germany	3148.8	4077.8	5211.9		1407.5	
意大利	Italy	1156.8	1735.7	2306.8			
荷　兰	Netherlands	2654.7	3229.0	5604.5	1517.4	1330.5	
波　兰	Poland	1433.6	1672.4	3106.1	354.6	283.6	
俄罗斯	Russia	3459.1	3088.0	2784.3	570.3	475.3	437.8
西班牙	Spain	1881.5	2889.5	3000.9	628.8	1302.5	
土耳其	Turkey	365.0	889.8		37.3	143.2	
英　国	United Kingdom	2897.3	4091.2	4603.3		945.4	
澳大利亚	Australia	3454.3	4530.7		819.5		

16-6 高技术产品出口额占制成品出口额的比重
High-technology Exports (% of Manufactured Exports)

资料来源：世界银行WDI数据库。
Source: World Bank WDI Database.
单位：%　　(%)

国家或地区	Country or Area	2000	2005	2010	2015	2019	2020
世　界	**World**	**24.4**	**19.7**	**19.5**	**19.9**	**20.7**	**22.2**
高收入国家	**High Income**	**25.6**	**20.0**	**20.6**	**19.5**	**20.2**	**21.7**
中等收入国家	**Middle Income**	**19.7**	**19.0**	**17.5**	**20.9**	**22.1**	**23.4**
低收入国家	**Low Income**	**5.5**	**3.8**	**1.5**	**4.9**	**5.4**	
中　国	China	19.0	30.8	32.1	30.4	30.8	31.3
中国香港	Hong Kong SAR, China	23.4	15.6	36.8	12.3	65.6	69.6
中国澳门	Macao SAR, China	0.9	0.7				
孟加拉国	Bangladesh	0.2	0.3	0.2	0.3		
文　莱	Brunei Darussalam			27.0	19.1	8.1	1.3
柬埔寨	Cambodia	0.1	0.1	0.2	1.5	1.2	2.3
印　度	India	6.3	5.8	7.7	8.0	10.2	11.0
印度尼西亚	Indonesia	16.4	16.5	12.1	8.9	8.1	8.4
伊　朗	Iran	0.6	2.5		1.4		
以色列	Israel	19.4	14.0	19.4	22.9	23.1	28.2
日　本	Japan	28.7	23.0	19.1	18.0	17.0	18.6
哈萨克斯坦	Kazakhstan	0.9	11.3	35.4	43.4	29.7	33.0
韩　国	Korea, Rep.	35.1	32.5	32.1	31.2	32.4	35.7
老　挝	Lao PDR			6.3	35.2	20.6	
马来西亚	Malaysia	59.6	54.6	49.3	48.5	51.8	53.8
蒙　古	Mongolia	0.5	0.1		4.2	18.9	
缅　甸	Myanmar				0.5	2.8	2.9
巴基斯坦	Pakistan	0.4	1.4	1.7	1.6	2.3	1.9
菲律宾	Philippines	72.6	70.8			62.2	64.4
新加坡	Singapore	62.8	34.7	52.3	52.2	51.8	55.3
斯里兰卡	Sri Lanka	3.1	2.3	1.1	0.9	1.1	1.3
泰　国	Thailand	33.4	26.7	26.3	23.9	23.5	27.7
越　南	Viet Nam	11.1	5.4	13.1	36.4	40.4	41.7
埃　及	Egypt	0.3	0.4	1.0	0.8	2.3	2.7
尼日利亚	Nigeria	0.6		1.1	11.9	1.5	6.9
南　非	South Africa	7.0	6.7	6.2	7.4	4.9	5.6
加拿大	Canada	17.7	13.1	15.5	14.8	16.3	15.3
墨西哥	Mexico	22.5	19.6	22.1	19.6	20.4	21.5
美　国	United States	33.8	25.0	22.6	21.4	18.7	19.5
阿根廷	Argentina	9.4	6.8	7.7	9.2	5.2	6.9
巴　西	Brazil	18.7	12.8	12.6	14.5	14.1	11.4
委内瑞拉	Venezuela	2.9	2.3				
捷　克	Czech Rep.	8.5	13.0	17.9	17.7	20.7	22.6
法　国	France	24.6	20.3	26.3	28.2	26.9	23.1
德　国	Germany	18.6	17.4	16.9	17.8	16.4	15.5
意大利	Italy	9.5	8.0	8.0	8.2	7.8	8.9
荷　兰	Netherlands	35.8	30.9	27.8	24.0	23.0	23.1
波　兰	Poland	3.4	3.8	7.7	10.8	9.9	9.9
俄罗斯	Russia	16.1	8.4	9.4	16.0	12.9	9.2
西班牙	Spain	8.0	7.3	6.6	6.9	6.8	7.8
土耳其	Turkey	4.8	1.5	2.2	3.4	3.0	3.2
乌克兰	Ukraine	5.2	3.7		8.0	5.5	5.9
英　国	United Kingdom	32.4	28.0	23.3	22.3	23.1	23.0
澳大利亚	Australia	15.4	12.8	16.5	19.7	21.3	21.5
新西兰	New Zealand	9.7	10.2	9.7	10.1	9.9	10.1

16-7 专利申请数量
Patent Applications

资料来源：世界银行WDI数据库。
Source: World Bank WDI Database.
单位：件 (unit)

国家或地区	Country or Area	居民专利申请数量 Residents 2000	2010	2019	非居民专利申请数量 Non-residents 2000	2010	2019
世　界	**World**	**823163**	**1160899**	**2144825**	**447470**	**674530**	**885152**
高收入国家	**High Income**	**752483**	**786527**	**816804**	**334971**	**452686**	**590468**
中等收入国家	**Middle Income**	**70349**	**365986**	**1327579**	**110039**	**219916**	**294560**
低收入国家	**Low Income**	**928**			**1559**		
中　国	China	25346	293066	1243568	26560	98111	157093
中国香港	Hong Kong SAR, China	51	133	346	8244	11569	16186
中国澳门	Macao SAR, China		4			58	38
孟加拉国	Bangladesh	70	66	68	248	276	345
文　莱	Brunei Darussalam			7	21		134
柬埔寨	Cambodia					26	
印　度	India	2206	8853	19454	6332	30909	34173
印度尼西亚	Indonesia	157	508	3093	3733	5122	8388
伊　朗	Iran	410	11108	11569	206	528	578
以色列	Israel	1599	1450	1368	5203	5856	6370
日　本	Japan	384201	290081	245372	35342	54517	62597
哈萨克斯坦	Kazakhstan	1399	1691		116	273	
韩　国	Korea, Rep.	72831	131805	171603	29179	38296	47372
马来西亚	Malaysia	206	1231	1071	6021	5152	6480
蒙　古	Mongolia		110	84		69	86
巴基斯坦	Pakistan	46	114	313	1149	980	561
菲律宾	Philippines	154	170	501	3482	3223	3879
新加坡	Singapore	516	895	1727	7720	8878	12409
斯里兰卡	Sri Lanka	71	225	356	250	235	255
泰　国	Thailand	561	1214	821	4488	723	7351
越　南	Viet Nam	34	306	720	1205	3276	6800
埃　及	Egypt	534	605	1027	1081	1625	1156
南　非	South Africa	895	821	567	2400	5562	6347
加拿大	Canada	4187	4550	4238	35435	30899	32250
墨西哥	Mexico	431	951	1305	12630	13625	14636
美　国	United States	164795	241977	285113	131100	248249	336340
阿根廷	Argentina	1062	552	442	5574	4165	3260
巴　西	Brazil	3179	4228	5464	14104	20771	19932
委内瑞拉	Venezuela	56	70		2292	1773	
捷　克	Czech Rep.	555	868	765	4384	114	48
法　国	France	13870	14748	14103	3483	1832	1766
德　国	Germany	51736	47047	46632	10406	12198	20802
意大利	Italy	7877	8877	9229	1396	846	898
荷　兰	Netherlands	2465	2527	2228	529	240	449
波　兰	Poland	2404	3203	3887	4899	227	112
俄罗斯	Russia	23377	28722	23337	8960	13778	12174
西班牙	Spain	2710	3566	1288	484	213	159
土耳其	Turkey	277	3180	7871	3156	177	217
乌克兰	Ukraine	5620	2556	2097	1604	2756	1755
英　国	United Kingdom	22050	15490	12061	10697	6439	7189
澳大利亚	Australia	1928	2409	2637	20073	22478	27121
新西兰	New Zealand	1463	1585	324	5585	5051	5690

16-8 享有基本卫生服务和基本饮用服务人口占总人口比重
People Using at least Basic Sanitation and Drinking Water Services (% of Population)

资料来源：世界银行WDI数据库。
Source: World Bank WDI Database.
单位：% (%)

国家或地区	Country or Area	享有基本卫生服务的人口占总人口比重 People Using at least Basic Sanitation Services (% of Population)			享有基本饮用水服务的人口占总人口比重 People Using at least Basic Drinking Water Services (% of Population)		
		2000	2010	2020	2000	2010	2020
世　界	**World**	**55.5**	**67.1**	**78.0**	**80.6**	**86.2**	**90.0**
高收入国家	**High Income**	**98.8**	**99.2**	**99.4**		**99.3**	**99.8**
中等收入国家	**Middle Income**	**48.3**	**63.9**	**79.1**	**81.1**	**86.8**	**91.6**
低收入国家	**Low Income**	**19.8**	**26.6**	**29.4**	**40.9**	**49.9**	**58.7**
中　国	China	57.0	75.7	92.4	80.5	88.6	94.3
孟加拉国	Bangladesh	23.7	39.0	54.2	94.7	96.4	97.7
文　莱	Brunei Darussalam		96.3		99.9	99.5	99.9
柬埔寨	Cambodia	9.8	37.8	68.8	52.6	64.7	71.2
印　度	India	15.0	42.4	71.3	80.5	85.7	90.5
印度尼西亚	Indonesia	38.0	61.2	86.5	75.3	84.4	92.4
伊　朗	Iran	78.0	85.3	90.3	94.1	96.0	97.5
以色列	Israel	100.0	100.0	99.9	100.0	100.0	100.0
日　本	Japan	100.0	100.0	99.9	98.5	98.7	99.1
哈萨克斯坦	Kazakhstan	96.8	97.4	97.9	90.1	93.7	95.4
韩　国	Korea, Rep.	100.0	100.0	99.9		99.0	99.9
老　挝	Lao PDR	28.2	56.5	79.5	46.1	67.9	85.2
马来西亚	Malaysia	96.8	98.8		96.9	97.0	97.1
蒙　古	Mongolia	45.0	56.5	67.7	62.0	76.2	85.5
缅　甸	Myanmar	63.5	68.8	73.6	47.0	64.1	83.7
巴基斯坦	Pakistan	29.6	49.7	68.4	87.2	88.7	90.1
菲律宾	Philippines	61.1	68.5	82.3	86.0	89.9	94.1
新加坡	Singapore	100.0	100.0	100.0	100.0	100.0	100.0
斯里兰卡	Sri Lanka	76.7	85.9	93.7	80.0	86.7	92.2
泰　国	Thailand	92.4	95.4	98.7	93.9	97.7	100.0
越　南	Viet Nam	51.9	71.3	89.2	80.5	88.9	96.9
埃　及	Egypt	91.3	94.3	97.3	97.9	98.7	99.4
尼日利亚	Nigeria	28.6	34.5	42.7	43.2	60.0	77.6
南　非	South Africa	58.8	69.1	78.5	84.5	89.6	93.9
加拿大	Canada	99.9	99.5	99.0	99.2	99.2	99.2
墨西哥	Mexico	77.1	85.2	92.4	90.0	95.8	99.7
美　国	United States	99.9	99.9	99.7		99.0	99.9
阿根廷	Argentina	87.2	92.5		96.3	98.4	
巴　西	Brazil	73.1	81.9	90.1	93.5	96.5	99.3
委内瑞拉	Venezuela	..	93.9	95.8	97.2	95.5	93.7
捷　克	Czech Rep.	99.1	99.1	99.1	99.8	99.9	99.9
法　国	France	98.7	98.7	98.6	99.9	100.0	100.0
德　国	Germany	99.2	99.2	99.2	100.0	100.0	100.0
意大利	Italy	99.9	99.9	99.9	99.6	99.8	99.9
荷　兰	Netherlands	98.1	97.8	97.7	100.0	100.0	100.0
波　兰	Poland	88.5	95.3	100.0		98.3	100.0
俄罗斯	Russia	84.4	86.8	89.4	95.3	96.1	97.0
西班牙	Spain	99.9	99.9	99.9	100.0	100.0	99.9
土耳其	Turkey	86.5	93.3	99.2	93.6	95.4	97.0
乌克兰	Ukraine	94.2	96.3	97.7	98.0	95.1	93.9
英　国	United Kingdom	99.1	99.1	99.1	100.0	100.0	100.0
澳大利亚	Australia	100.0	100.0	100.0	99.7	99.9	100.0
新西兰	New Zealand	100.0	100.0	100.0	100.0	100.0	100.0

16-9 医疗支出占国内生产总值比重及人均医疗支出
Current Health Expenditure as Percentage of GDP and Per Capita Health Expenditure

资料来源：世界银行WDI数据库。
Source: World Bank WDI Database.

国家或地区	Country or Area	医疗支出占国内生产总值的比重(%) Current Health Expenditure (% of GDP)			人均医疗支出（美元） Current Health Expenditure Per Capita (current US$)		
		2000	2010	2018	2000	2010	2018
世　界	**World**	**8.7**	**9.6**	**9.9**	**479.8**	**914.2**	**1111.1**
高收入国家	**High Income**	**9.5**	**11.6**	**12.5**	**2463.4**	**4648.0**	**5665.2**
中等收入国家	**Middle Income**	**5.1**	**5.0**	**5.4**	**63.9**	**192.7**	**286.1**
低收入国家	**Low Income**	**4.1**	**6.0**	**5.2**	**15.2**	**38.1**	**34.6**
中　国	China	4.5	4.2	5.4	42.1	186.5	501.1
孟加拉国	Bangladesh	2.0	2.5	2.3	8.6	20.8	41.9
文　莱	Brunei Darussalam	2.5	2.3	2.4	508.5	803.5	763.2
柬埔寨	Cambodia	6.5	6.9	6.0	19.7	54.3	90.6
印　度	India	4.0	3.3	3.5	18.5	45.1	72.8
印度尼西亚	Indonesia	1.9	3.0	2.9	16.2	92.5	111.7
伊　朗	Iran	4.7	6.8	8.7	80.9	445.7	484.3
以色列	Israel	6.8	7.0	7.5	1513.9	2234.9	3323.7
日　本	Japan	7.2	9.2	11.0	2740.7	4060.5	4266.6
哈萨克斯坦	Kazakhstan	4.2	2.7	2.9	51.0	249.3	275.9
韩　国	Korea, Rep.	3.9	5.9	7.6	474.0	1366.4	2542.8
老　挝	Lao PDR	4.3	2.9	2.2	14.4	35.0	57.1
马来西亚	Malaysia	2.5	3.2	3.8	111.3	292.0	427.2
蒙　古	Mongolia	4.9	3.7	3.8	27.0	98.8	155.1
缅　甸	Myanmar	1.7	1.9	4.8	4.3	19.6	59.2
巴基斯坦	Pakistan	2.9	2.6	3.2	15.6	25.3	42.9
菲律宾	Philippines	3.2	4.3	4.4	32.8	91.6	136.5
新加坡	Singapore	3.3	3.2	4.5	797.3	1496.8	2823.6
斯里兰卡	Sri Lanka	4.2	3.9	3.8	43.7	108.3	157.5
泰　国	Thailand	3.1	3.4	3.8	62.3	172.1	275.9
越　南	Viet Nam	4.8	6.0	5.9	18.9	78.6	151.7
埃　及	Egypt	4.9	4.2	4.9	73.7	113.2	125.5
尼日利亚	Nigeria	3.2	3.3	3.9	17.7	76.8	83.8
南　非	South Africa	7.4	7.4	8.3	225.5	543.4	526.0
加拿大	Canada	8.3	10.7	10.8	2007.9	5048.3	4994.9
墨西哥	Mexico	4.4	6.0	5.4	318.5	554.0	519.6
美　国	United States	12.5	16.3	16.9	4564.5	7930.2	10623.8
阿根廷	Argentina	8.5	9.4	9.6	708.8	985.0	1127.9
巴　西	Brazil	8.3	7.9	9.5	312.5	896.7	848.4
委内瑞拉	Venezuela	7.3	6.8	3.6	355.1	945.9	256.9
捷　克	Czech Rep.	5.7	6.9	7.6	342.9	1373.9	1765.6
法　国	France	9.6	11.2	11.3	2161.9	4598.3	4690.1
德　国	Germany	9.9	11.1	11.4	2344.4	4611.8	5472.2
意大利	Italy	7.6	8.9	8.7	1524.2	3217.7	2989.0
荷　兰	Netherlands	7.7	10.2	10.0	2028.2	5191.7	5306.5
波　兰	Poland	5.3	6.4	6.3	238.0	809.2	978.7
俄罗斯	Russia	5.0	5.0	5.3	95.4	566.1	609.0
西班牙	Spain	6.8	9.1	9.0	1005.3	2789.5	2736.3
土耳其	Turkey	4.6	5.0	4.1	199.5	539.3	389.9
乌克兰	Ukraine	5.3	6.8	7.7	35.1	202.3	228.4
英　国	United Kingdom	7.3	10.0	10.0	2054.2	3955.5	4315.4
澳大利亚	Australia	7.6	8.4	9.3	1638.8	4945.0	5425.3
新西兰	New Zealand	7.5	9.6	9.2	1053.9	3216.2	4037.5

16-10 每千人口医生数和病床数
Physician and Hospital Bed per 1000 Persons

资料来源：世界银行WDI数据库。
Source: World Bank WDI Database.
单位：人

国家或地区	Country or Area	每千人口医生数(人) Physicians (per 1000 Persons)			每千人口病床数(张) Hospital Beds (per 1000 Persons)		
		2000	2010	2018	2000	2010	2018
高收入国家	**High Income**	**2.6**	**2.8**		**6.1**	**5.4**	
中等收入国家	**Middle Income**	**1.0**	**1.1**		**2.1**	**2.0**	
中　　国	China	1.2	1.5		1.7	2.5	
孟加拉国	Bangladesh		0.4	0.6			
文　　莱	Brunei Darussalam	1.0	1.4		2.5	2.5	
柬 埔 寨	Cambodia	0.2	0.2			0.8	
印　　度	India	0.5	0.7	0.9	0.7	0.5	
印度尼西亚	Indonesia	0.2	0.1	0.4		0.6	
伊　　朗	Iran		0.9	1.6	1.6	1.7	
以 色 列	Israel	3.8	3.5	4.6	3.9	3.2	3.0
日　　本	Japan	2.0	2.2		14.7	13.5	13.0
哈萨克斯坦	Kazakhstan	3.3	3.9		7.2	7.3	
韩　　国	Korea, Rep.	1.3	2.0		4.7	8.7	12.4
老　　挝	Lao PDR	0.3	0.8			0.7	
马来西亚	Malaysia	0.7	1.2			1.8	
蒙　　古	Mongolia		2.8			6.0	
缅　　甸	Myanmar	0.3	0.5	0.7	0.7		
巴基斯坦	Pakistan	0.6	0.8	1.0	0.7	0.6	
菲 律 宾	Philippines	1.2	1.3			1.1	
新 加 坡	Singapore		1.7				
斯里兰卡	Sri Lanka	0.4	0.7	1.0	2.9	3.5	
泰　　国	Thailand	0.4	0.4	0.8	2.2	2.1	
越　　南	Viet Nam		0.7		2.3	2.9	
埃　　及	Egypt	2.1	2.8	0.5	2.1	1.7	
尼日利亚	Nigeria	0.3	0.2	0.4	1.2		
南　　非	South Africa		0.7			2.3	
加 拿 大	Canada		2.0		3.8	2.8	2.6
墨 西 哥	Mexico	2.0	2.2		1.1	1.1	1.0
美　　国	United States	2.6	2.4		3.5	3.1	
阿 根 廷	Argentina		3.2		4.1	4.5	
巴　　西	Brazil	1.1	1.8	2.2	2.8	2.4	
委内瑞拉	Venezuela						
捷　　克	Czech Rep.	3.4	3.5	4.1	7.8	7.3	6.6
法　　国	France	3.4	3.4	3.3	8.0	6.4	5.9
德　　国	Germany	3.3	3.8		9.1	8.3	
意 大 利	Italy	3.5	3.8	4.0	4.7	3.6	3.1
荷　　兰	Netherlands	2.4	3.0		4.9	4.1	3.2
波　　兰	Poland	2.2	2.2		4.9	6.6	6.5
俄 罗 斯	Russia	2.3	2.4		11.4	9.4	7.1
西 班 牙	Spain	3.1	3.0		3.7	3.1	3.0
土 耳 其	Turkey	1.3	1.7		2.1	2.7	2.9
乌 克 兰	Ukraine	3.0	3.5		8.8	9.4	
英　　国	United Kingdom	2.0	2.6	2.8	4.1	2.9	2.5
澳大利亚	Australia	2.5	3.3		4.0	3.8	
新 西 兰	New Zealand		3.1	3.6		2.8	2.6

主要统计指标解释

成人识字率 是指15岁及以上人口中有一定理解、阅读、使用文字能力的人口占总人口的百分比。

粗入学率 是指入学总人数(不考虑年龄)与适龄人数之比。

研究与发展经费支出 是经常性和资本性支出（包括超前支出）,目的在于增加知识存量的创造性、系统性活动。具体包括基础研究、应用研究和目的在于寻求新型设备，产品和工艺的科学实验活动。

研究与发展技术人员 是指专门从事研究与发展活动，在知识或技术某一分支领域接受过职业或技术培训的人员。

高技术出口产品 是指技术含量密集的出口产品。它包括的高技术产品有：航空、计算机、医药、科学仪器和电气设备等。

Explanatory Notes on Main Statistical Indicators

Adult Literacy Rate is the percentage of people ages 15 and above who can, with understanding, read and write a short, simple statement on their everyday life.

Gross Enrollment Ratio is the ratio of total enrollment, regardless of age, to the population of the age group.

Expenditures for Research and Development are current and capital expenditures (including overhead) on creative, systematic activity intended to increase the stock of knowledge. Included are fundamental and applied research and experimental development work leading to new devices, products, or processes.

Technicians in R&D are people engaged in professional R&D activity who have received vocational or technical training in any branch of knowledge or technology.

High-technology Exports are products with high R&D intensity. They include high-technology products such as in aerospace, computers, pharmaceuticals, scientific instruments, and electrical machinery.

经济社会综合评价指标

Comprehensive Evaluation Indicators

17-1 人类发展指数(2019年)
Human Development Index(2019)

资料来源：联合国开发计划署《人类发展报告2019》。
Source: UNDP Human Development Report2019.

排名 Rank	国家或地区	Country or Area	人类发展指数 Human Development Index (HDI)	出生时预期寿命(岁) Life Expectancy at Birth (years)	预期受教育年限(年) Expected Years of Schooling (years)	平均受教育年限(年) Mean Years of Schooling (years)	人均国民总收入(美元，2011年PPP) Gross National Income per Capita (2011 PPP $)
	世　界	**World**	**0.737**	**72.8**	**12.7**	**8.5**	**16734**
	超高人类发展水平	**Very high human development**	**0.898**	**79.6**	**16.3**	**12.2**	**44566**
1	挪　威	Norway	0.957	82.4	18.1	12.9	66494
2	爱尔兰	Ireland	0.955	82.3	18.7	12.7	68371
2	瑞　士	Switzerland	0.955	83.8	16.3	13.4	69394
4	中国香港	Hong Kong SAR, China	0.949	84.9	16.9	12.3	62985
4	冰　岛	Iceland	0.949	83.0	19.1	12.8	54682
6	德　国	Germany	0.947	81.3	17.0	14.2	55314
7	瑞　典	Sweden	0.945	82.8	19.5	12.5	54508
8	澳大利亚	Australia	0.944	83.4	22.0	12.7	48085
8	荷　兰	Netherlands	0.944	82.3	18.5	12.4	57707
10	丹　麦	Denmark	0.940	80.9	18.9	12.6	58662
11	芬　兰	Finland	0.938	81.9	19.4	12.8	48511
11	新加坡	Singapore	0.938	83.6	16.4	11.6	88155
13	英　国	United Kingdom	0.932	81.3	17.5	13.2	46071
14	比利时	Belgium	0.931	81.6	19.8	12.1	52085
14	新西兰	New Zealand	0.931	82.3	18.8	12.8	40799
16	加拿大	Canada	0.929	82.4	16.2	13.4	48527
17	美　国	United States	0.926	78.9	16.3	13.4	63826
18	奥地利	Austria	0.922	81.5	16.1	12.5	56197
19	以色列	Israel	0.919	83.0	16.2	13.0	40187
19	日　本	Japan	0.919	84.6	15.2	12.9	42932
19	列支敦士登	Liechtenstein	0.919	80.7	14.9	12.5	131032
22	斯洛文尼亚	Slovenia	0.917	81.3	17.6	12.7	38080
23	韩　国	Korea	0.916	83.0	16.5	12.2	43044
23	卢森堡	Luxembourg	0.916	82.3	14.3	12.3	72712
25	西班牙	Spain	0.904	83.6	17.6	10.3	40975
26	法　国	France	0.901	82.7	15.6	11.5	47173
27	捷　克	Czechia	0.900	79.4	16.8	12.7	38109
28	马耳他	Malta	0.895	82.5	16.1	11.3	39555
29	爱沙尼亚	Estonia	0.892	78.8	16.0	13.1	36019
29	意大利	Italy	0.892	83.5	16.1	10.4	42776
31	阿联酋	United Arab Emirates	0.890	78.0	14.3	12.1	67462
32	希　腊	Greece	0.888	82.2	17.9	10.6	30155
33	塞浦路斯	Cyprus	0.887	81.0	15.2	12.2	38207
34	立陶宛	Lithuania	0.882	75.9	16.6	13.1	35799
35	波　兰	Poland	0.880	78.7	16.3	12.5	31623
36	安道尔	Andorra	0.868	81.9	13.3	10.5	56000
37	拉脱维亚	Latvia	0.866	75.3	16.2	13.0	30282
38	葡萄牙	Portugal	0.864	82.1	16.5	9.3	33967
39	斯洛伐克	Slovakia	0.860	77.5	14.5	12.7	32113
40	匈牙利	Hungary	0.854	76.9	15.2	12.0	31329
40	沙特阿拉伯	Saudi Arabia	0.854	75.1	16.1	10.2	47495

17-1 续表 1 continued

排名 Rank	国家或地区	Country or Area	人类发展指数 Human Development Index (HDI)	出生时预期寿命(岁) Life Expectancy at Birth (years)	预期受教育年限(年) Expected Years of Schooling (years)	平均受教育年限(年) Mean Years of Schooling (years)	人均国民总收入(美元，2011年PPP) Gross National Income per Capita (2011 PPP $)
42	巴　林	Bahrain	0.852	77.3	16.3	9.5	42522
43	智　利	Chile	0.851	80.2	16.4	10.6	23261
43	克罗地亚	Croatia	0.851	78.5	15.2	11.4	28070
45	卡塔尔	Qatar	0.848	80.2	12.0	9.7	92418
46	阿根廷	Argentina	0.845	76.7	17.7	10.9	21190
47	文　莱	Brunei Darussalam	0.838	75.9	14.3	9.1	63965
48	黑　山	Montenegro	0.829	76.9	15.0	11.6	21399
49	罗马尼亚	Romania	0.828	76.1	14.3	11.1	29497
50	帕　劳	Palau	0.826	73.9	15.8	12.5	19317
51	哈萨克斯坦	Kazakhstan	0.825	73.6	15.6	11.9	22857
52	俄罗斯	Russia	0.824	72.6	15.0	12.2	26157
53	白俄罗斯	Belarus	0.823	74.8	15.4	12.3	18546
54	土耳其	Turkey	0.820	77.7	16.6	8.1	27701
55	乌拉圭	Uruguay	0.817	77.9	16.8	8.9	20064
56	保加利亚	Bulgaria	0.816	75.1	14.4	11.4	23325
57	巴拿马	Panama	0.815	78.5	12.9	10.2	29558
58	巴哈马	The Bahamas	0.814	73.9	12.9	11.4	33747
58	巴巴多斯	Barbados	0.814	79.2	15.4	10.6	14936
60	阿　曼	Oman	0.813	77.9	14.2	9.7	25944
61	格鲁吉亚	Georgia	0.812	73.8	15.3	13.1	14429
62	哥斯达黎加	Costa Rica	0.810	80.3	15.7	8.7	18486
62	马来西亚	Malaysia	0.810	76.2	13.7	10.4	27534
64	科威特	Kuwait	0.806	75.5	14.2	7.3	58590
64	塞尔维亚	Serbia	0.806	76.0	14.7	11.2	17192
66	毛里求斯	Mauritius	0.804	75.0	15.1	9.5	25266
高人类发展水平		**High human development**	**0.753**	**75.3**	**14.0**	**8.4**	**14255**
67	塞舌尔	Seychelles	0.796	73.4	14.1	10.0	26903
67	特立尼达和多巴哥	Trinidad and Tobago	0.796	73.5	13.0	11.0	26231
69	阿尔巴尼亚	Albania	0.795	78.6	14.7	10.1	13998
70	古　巴	Cuba	0.783	78.8	14.3	11.8	8621
70	伊　朗	Iran	0.783	76.7	14.8	10.3	12447
72	斯里兰卡	Sri Lanka	0.782	77.0	14.1	10.6	12707
73	波　黑	Bosnia and Herzegovina	0.780	77.4	13.8	9.8	14872
74	格林纳达	Grenada	0.779	72.4	16.9	9.0	15641
74	墨西哥	Mexico	0.779	75.1	14.8	8.8	19160
74	圣基茨和尼维斯	Saint Kitts and Nevis	0.779	74.8	13.8	8.7	25038
74	乌克兰	Ukraine	0.779	72.1	15.1	11.4	13216
78	安提瓜和巴布达	Antigua and Barbuda	0.778	77.0	12.8	9.3	20895
79	秘　鲁	Peru	0.777	76.7	15.0	9.7	12252
79	泰　国	Thailand	0.777	77.2	15.0	7.9	17781
81	亚美尼亚	Armenia	0.776	75.1	13.1	11.3	13894
82	北马其顿	North Macedonia	0.774	75.8	13.6	9.8	15865
83	哥伦比亚	Colombia	0.767	77.3	14.4	8.5	14257
84	巴　西	Brazil	0.765	75.9	15.4	8.0	14263
85	中　国	China	0.761	76.9	14.0	8.1	16057
86	厄瓜多尔	Ecuador	0.759	77.0	14.6	8.9	11044
86	圣卢西亚	Saint Lucia	0.759	76.2	14.0	8.5	14616
88	阿塞拜疆	Azerbaijan	0.756	73.0	12.9	10.6	13784
88	多米尼加	Dominican, Rep.	0.756	74.1	14.2	8.1	17591
90	摩尔多瓦	Moldova	0.750	71.9	11.5	11.7	13664
91	阿尔及利亚	Algeria	0.748	76.9	14.6	8.0	11174
92	黎巴嫩	Lebanon	0.744	78.9	11.3	8.7	14655

17-1 续表 2 continued

排名 Rank	国家或地区	Country or Area	人类发展指数 Human Development Index (HDI)	出生时预期寿命(岁) Life Expectancy at Birth (years)	预期受教育年限(年) Expected Years of Schooling (years)	平均受教育年限(年) Mean Years of Schooling (years)	人均国民总收入(美元，2011年PPP) Gross National Income per Capita (2011 PPP $)
93	斐　济	Fiji	0.743	67.4	14.4	10.9	13009
94	多米尼克	Dominica	0.742	78.2	13.0	8.1	11884
95	马尔代夫	Maldives	0.740	78.9	12.2	7.0	17417
95	突尼斯	Tunisia	0.740	76.7	15.1	7.2	10414
97	圣文森特和格林纳丁斯	Saint Vincent and the Grenadines	0.738	72.5	14.1	8.8	12378
97	苏里南	Suriname	0.738	71.7	13.2	9.3	14324
99	蒙　古	Mongolia	0.737	69.9	14.2	10.3	10839
100	博茨瓦纳	Botswana	0.735	69.6	12.8	9.6	16437
101	牙买加	Jamaica	0.734	74.5	13.1	9.7	9319
102	约　旦	Jordan	0.729	74.5	11.4	10.5	9858
103	巴拉圭	Paraguay	0.728	74.3	12.7	8.5	12224
104	汤　加	Tonga	0.725	70.9	14.4	11.2	6365
105	利比亚	Libya	0.724	72.9	12.9	7.6	15688
106	乌兹别克斯坦	Uzbekistan	0.720	71.7	12.1	11.8	7142
107	玻利维亚	Bolivia	0.718	71.5	14.2	9.0	8554
107	印度尼西亚	Indonesia	0.718	71.7	13.6	8.2	11459
107	菲律宾	Philippines	0.718	71.2	13.1	9.4	9778
110	伯利兹	Belize	0.716	74.6	13.1	9.9	6382
111	萨摩亚	Samoa	0.715	73.3	12.7	10.8	6309
111	土库曼斯坦	Turkmenistan	0.715	68.2	11.2	10.3	14909
113	委内瑞拉	Venezuela	0.711	72.1	12.8	10.3	7045
114	南　非	South Africa	0.709	64.1	13.8	10.2	12129
115	巴勒斯坦	Palestine, State of	0.708	74.1	13.4	9.2	6417
116	埃　及	Egypt	0.707	72.0	13.3	7.4	11466
117	马绍尔群岛	Marshall Islands	0.704	74.1	12.4	10.9	5039
117	越　南	Viet Nam	0.704	75.4	12.7	8.3	7433
119	加　蓬	Gabon	0.703	66.5	13.0	8.7	13930
中等人类发展水平		**Medium human development**	**0.631**	**69.3**	**11.5**	**6.3**	**6153**
120	吉尔吉斯斯坦	Kyrgyzstan	0.697	71.5	13.0	11.1	4864
121	摩洛哥	Morocco	0.686	76.7	13.7	5.6	7368
122	圭亚那	Guyana	0.682	69.9	11.4	8.5	9455
123	伊拉克	Iraq	0.674	70.6	11.3	7.3	10801
124	萨尔瓦多	El Salvador	0.673	73.3	11.7	6.9	8359
125	塔吉克斯坦	Tajikistan	0.668	71.1	11.7	10.7	3954
126	佛得角	Cabo Verde	0.665	73.0	12.7	6.3	7019
127	危地马拉	Guatemala	0.663	74.3	10.8	6.6	8494
128	尼加拉瓜	Nicaragua	0.660	74.5	12.3	6.9	5284
129	不　丹	Bhutan	0.654	71.8	13.0	4.1	10746
130	纳米比亚	Namibia	0.646	63.7	12.6	7.0	9357
131	印　度	India	0.645	69.7	12.2	6.5	6681
132	洪都拉斯	Honduras	0.634	75.3	10.1	6.6	5308
133	孟加拉国	Bangladesh	0.632	72.6	11.6	6.2	4976
134	基里巴斯	Kiribati	0.630	68.4	11.8	8.0	4260
135	圣多美和普林西比	Sao Tome and Principe	0.625	70.4	12.7	6.4	3952
136	密克罗尼西亚	Micronesia	0.620	67.9	11.5	7.8	3983
137	老　挝	Lao PDR	0.613	67.9	11.0	5.3	7413
138	史瓦帝尼	Eswatini	0.611	60.2	11.8	6.9	7919
138	加　纳	Ghana	0.611	64.1	11.5	7.3	5269

17-1 续表 3 continued

排名 Rank	国家或地区	Country or Area	人类发展指数 Human Development Index (HDI)	出生时预期寿命(岁) Life Expectancy at Birth (years)	预期受教育年限(年) Expected Years of Schooling (years)	平均受教育年限(年) Mean Years of Schooling (years)	人均国民总收入(美元，2011年PPP) Gross National Income per Capita (2011 PPP $)
140	瓦努阿图	Vanuatu	0.609	70.5	11.7	7.1	3105
141	东帝汶	Timor-Leste	0.606	69.5	12.6	4.8	4440
142	尼泊尔	Nepal	0.602	70.8	12.8	5.0	3457
143	肯尼亚	Kenya	0.601	66.7	11.3	6.6	4244
144	柬埔寨	Cambodia	0.594	69.8	11.5	5.0	4246
145	赤道几内亚	Equatorial Guinea	0.592	58.7	9.7	5.9	13944
146	赞比亚	Zambia	0.584	63.9	11.5	7.2	3326
147	缅甸	Myanmar	0.583	67.1	10.7	5.0	4961
148	安哥拉	Angola	0.581	61.2	11.8	5.2	6104
149	刚果(布)	Congo, Rep.	0.574	64.6	11.7	6.5	2879
150	津巴布韦	Zimbabwe	0.571	61.5	11.0	8.5	2666
151	所罗门群岛	Solomon Islands	0.567	73.0	10.2	5.7	2253
151	叙利亚	Syrian Arab Republic	0.567	72.7	8.9	5.1	3613
153	喀麦隆	Cameroon	0.563	59.3	12.1	6.3	3581
154	巴基斯坦	Pakistan	0.557	67.3	8.3	5.2	5005
155	巴布亚新几内亚	Papua New Guinea	0.555	64.5	10.2	4.7	4301
156	科摩罗	Comoros	0.554	64.3	11.2	5.1	3099
低人类发展水平		**Low human development**	**0.513**	**61.4**	**9.4**	**4.9**	**2745**
157	毛里塔尼亚	Mauritania	0.546	64.9	8.6	4.7	5135
158	贝宁	Benin	0.545	61.8	12.6	3.8	3254
159	乌干达	Uganda	0.544	63.4	11.4	6.2	2123
160	卢旺达	Rwanda	0.543	69.0	11.2	4.4	2155
161	尼日利亚	Nigeria	0.539	54.7	10.0	6.7	4910
162	科特迪瓦	Côte d'Ivoire	0.538	57.8	10.0	5.3	5069
163	坦桑尼亚	Tanzania	0.529	65.5	8.1	6.1	2600
164	马达加斯加	Madagascar	0.528	67.0	10.2	6.1	1596
165	莱索托	Lesotho	0.527	54.3	11.3	6.5	3151
166	吉布提	Djibouti	0.524	67.1	6.8	4.1	5689
167	多哥	Togo	0.515	61.0	12.7	4.9	1602
168	塞内加尔	Senegal	0.512	67.9	8.6	3.2	3309
169	阿富汗	Afghanistan	0.511	64.8	10.2	3.9	2229
170	海地	Haiti	0.510	64.0	9.7	5.6	1709
170	苏丹	Sudan	0.510	65.3	7.9	3.8	3829
172	冈比亚	Gambia	0.496	62.1	9.9	3.9	2168
173	埃塞俄比亚	Ethiopia	0.485	66.6	8.8	2.9	2207
174	马拉维	Malawi	0.483	64.3	11.2	4.7	1035
175	刚果(金)	Congo, Dem.Rep.	0.480	60.7	9.7	6.8	1063
175	几内亚比绍	Guinea-Bissau	0.480	58.3	10.6	3.6	1996
175	利比里亚	Liberia	0.480	64.1	9.6	4.8	1258
178	几内亚	Guinea	0.477	61.6	9.4	2.8	2405
179	也门	Yemen	0.470	66.1	8.8	3.2	1594
180	厄立特里亚	Eritrea	0.459	66.3	5.0	3.9	2793
181	莫桑比克	Mozambique	0.456	60.9	10.0	3.5	1250
182	布基纳法索	Burkina Faso	0.452	61.6	9.3	1.6	2133
182	塞拉利昂	Sierra Leone	0.452	54.7	10.2	3.7	1668
184	马里	Mali	0.434	59.3	7.5	2.4	2269
185	布隆迪	Burundi	0.433	61.6	11.1	3.3	754
185	南苏丹	South Sudan	0.433	57.9	5.3	4.8	2003
187	乍得	Chad	0.398	54.2	7.3	2.5	1555
188	中非	Central African Republic	0.397	53.3	7.6	4.3	993
189	尼日尔	Niger	0.394	62.4	6.5	2.1	1201

17-2 世界主要国家和地区全球化指数排名(2019年)

资料来源：KOF瑞士经济学会于2021年发布。
Source: Be Published by KOF Swiss Economic Institute in 2021.

排名 Rank	全球化指数 Globalization Index 国家或地区	Country or Area	数值 Score	经济全球化 Economic Globalization 国家或地区	Country or Area	数值 Score
1	荷兰	Netherlands	90.91	新加坡	Singapore	94.28
2	瑞士	Switzerland	90.45	荷兰	Netherlands	90.12
3	比利时	Belgium	90.33	比利时	Belgium	88.75
4	瑞典	Sweden	89.44	爱尔兰	Ireland	88.14
5	英国	United Kingdom	89.31	卢森堡	Luxembourg	87.77
6	德国	Germany	88.73	马耳他	Malta	87.18
7	奥地利	Austria	88.61	阿联酋	United Arab Emirates	86.55
8	丹麦	Denmark	87.80	瑞士	Switzerland	86.33
9	芬兰	Finland	87.68	爱沙尼亚	Estonia	86.13
10	法国	France	87.63	丹麦	Denmark	84.53
11	西班牙	Spain	85.87	瑞典	Sweden	84.41
12	爱尔兰	Ireland	85.75	中国香港	Hong Kong SAR, China	84.29
13	挪威	Norway	85.40	芬兰	Finland	83.86
14	葡萄牙	Portugal	85.22	塞浦路斯	Cyprus	83.55
15	捷克	Czech Republic	84.85	奥地利	Austria	83.03
16	加拿大	Canada	84.25	捷克	Czech Republic	82.67
17	匈牙利	Hungary	83.83	斯洛伐克	Slovak Republic	82.26
18	希腊	Greece	83.65	毛里求斯	Mauritius	82.21
19	新加坡	Singapore	83.47	匈牙利	Hungary	81.95
20	卢森堡	Luxembourg	82.98	巴林	Bahrain	81.87
21	意大利	Italy	82.92	英国	United Kingdom	81.58
22	斯洛伐克	Slovak Republic	82.71	格鲁吉亚	Georgia	81.48
23	爱沙尼亚	Estonia	82.58	德国	Germany	81.16
24	美国	United States	82.28	拉脱维亚	Latvia	81.10
25	立陶宛	Lithuania	81.83	立陶宛	Lithuania	80.89
26	塞浦路斯	Cyprus	81.64	葡萄牙	Portugal	80.38
27	克罗地亚	Croatia	81.49	法国	France	79.46
28	澳大利亚	Australia	81.38	斯洛文尼亚	Slovenia	78.55
29	马来西亚	Malaysia	81.30	西班牙	Spain	77.87
30	斯洛文尼亚	Slovenia	80.22	挪威	Norway	77.75
31	拉脱维亚	Latvia	80.19	黑山	Montenegro	77.33
32	波兰	Poland	80.02	卡塔尔	Qatar	76.79
33	保加利亚	Bulgaria	79.56	马来西亚	Malaysia	76.14
34	罗马尼亚	Romania	79.44	塞舌尔	Seychelles	75.91
35	韩国	Korea,Rep	78.76	希腊	Greece	75.74
36	日本	Japan	78.45	保加利亚	Bulgaria	75.67
37	塞尔维亚	Serbia	78.11	克罗地亚	Croatia	75.37
38	马耳他	Malta	78.03	开曼群岛	Cayman Islands	73.52
39	新西兰	New Zealand	77.09	塞尔维亚	Serbia	73.45
40	以色列	Israel	76.58	波兰	Poland	72.97
41	智利	Chile	75.84	巴拿马	Panama	72.12
42	阿联酋	United Arab Emirates	75.78	科威特	Kuwait	71.82
43	卡塔尔	Qatar	75.73	意大利	Italy	71.59
44	乌克兰	Ukraine	73.93	罗马尼亚	Romania	71.58
45	约旦	Jordan	73.49	加拿大	Canada	71.44
46	乌拉圭	Uruguay	73.41	阿塞拜疆	Azerbaijan	70.97
47	泰国	Thailand	73.30	文莱	Brunei Darussalam	70.28
48	毛里求斯	Mauritius	72.11	以色列	Israel	70.12
49	俄罗斯	Russian	72.03	北马其顿	North Macedonia	70.05
50	哥斯达黎加	Costa Rica	71.85	亚美尼亚	Armenia	69.61

The Ranking of Globalization Index in 2019

排名	社会全球化 Social Globalization			政治全球化 Political Globalization		
Rank	国家或地区	Country or Area	数值 Score	国家或地区	Country or Area	数值 Score
1	卢森堡	Luxembourg	90.97	法国	France	97.99
2	摩纳哥	Monaco	90.55	德国	Germany	97.72
3	列支敦士登	Liechtenstein	90.16	意大利	Italy	97.68
4	瑞士	Switzerland	89.58	英国	United Kingdom	97.65
5	加拿大	Canada	89.35	西班牙	Spain	96.85
6	挪威	Norway	89.34	比利时	Belgium	96.63
7	英国	United Kingdom	88.71	荷兰	Netherlands	96.59
8	圣马力诺	San Marino	88.62	瑞典	Sweden	96.43
9	新加坡	Singapore	88.30	瑞士	Switzerland	95.44
10	中国香港	Hong Kong SAR, China	88.02	奥地利	Austria	95.27
11	澳大利亚	Australia	87.99	芬兰	Finland	93.27
12	安道尔	Andorra	87.80	葡萄牙	Portugal	93.25
13	奥地利	Austria	87.53	土耳其	Turkey	92.58
14	瑞典	Sweden	87.48	美国	United States	92.51
15	德国	Germany	87.30	俄罗斯	Russian	92.39
16	爱尔兰	Ireland	87.16	加拿大	Canada	92.14
17	美国	United States	86.91	丹麦	Denmark	92.10
18	丹麦	Denmark	86.78	印度	India	92.01
19	冰岛	Iceland	86.66	希腊	Greece	91.76
20	新西兰	New Zealand	86.41	埃及	Egypt	91.48
21	中国澳门	Macao SAR, China	86.13	波兰	Poland	90.78
22	荷兰	Netherlands	86.01	阿根廷	Argentina	90.69
23	巴哈马	The Bahamas	85.85	匈牙利	Hungary	90.69
24	芬兰	Finland	85.84	罗马尼亚	Romania	90.45
25	立陶宛	Lithuania	85.76	韩国	Korea, Rep	90.44
26	以色列	Israel	85.60	中国	China	90.18
27	比利时	Belgium	85.60	巴西	Brazil	90.15
28	法国	France	85.45	捷克	Czech Republic	89.19
29	马耳他	Malta	85.22	挪威	Norway	89.13
30	阿鲁巴	Aruba	85.03	南非	South Africa	89.04
31	法罗群岛	Faroe Islands	83.74	澳大利亚	Australia	88.60
32	希腊	Greece	83.46	乌克兰	Ukraine	88.35
33	克罗地亚	Croatia	83.30	墨西哥	Mexico	87.61
34	塞浦路斯	Cyprus	83.24	印度尼西亚	Indonesia	87.46
35	马来西亚	Malaysia	83.23	日本	Japan	87.20
36	爱沙尼亚	Estonia	83.13	摩洛哥	Morocco	87.09
37	西班牙	Spain	82.90	智利	Chile	86.17
38	捷克	Czech Republic	82.69	保加利亚	Bulgaria	86.11
39	韩国	Korea, Rep	82.26	克罗地亚	Croatia	85.79
40	拉脱维亚	Latvia	82.22	塞尔维亚	Serbia	85.52
41	葡萄牙	Portugal	82.02	尼日利亚	Nigeria	84.78
42	新喀里多尼亚	New Caledonia	81.48	马来西亚	Malaysia	84.54
43	斯洛伐克	Slovak Republic	81.39	巴基斯坦	Pakistan	84.48
44	百慕大	Bermuda	81.35	斯洛伐克	Slovak Republic	84.47
45	日本	Japan	80.54	秘鲁	Peru	83.82
46	卡塔尔	Qatar	80.45	突尼斯	Tunisia	83.40
47	斯洛文尼亚	Slovenia	80.20	塞内加尔	Senegal	82.85
48	意大利	Italy	79.50	加纳	Ghana	82.01
49	巴巴多斯	Barbados	79.48	爱尔兰	Ireland	81.94
50	法属波利尼西亚	French Polynesia	78.94	斯洛文尼亚	Slovenia	81.89

17-2 续表 1

排名 Rank	全球化指数 Globalization Index			经济全球化 Economic Globalization		
	国家或地区	Country or Area	数值 Score	国家或地区	Country or Area	数值 Score
51	冰岛	Iceland	71.71	密克罗尼西亚	Micronesia,Fed Sts	69.30
52	墨西哥	Mexico	71.45	阿曼	Oman	69.20
53	格鲁吉亚	Georgia	71.36	黎巴嫩	Lebanon	69.09
54	巴拿马	Panama	71.03	泰国	Thailand	68.84
55	黑山	Montenegro	70.95	阿尔巴尼亚	Albania	68.62
56	土耳其	Turkey	70.64	约旦	Jordan	68.61
57	摩洛哥	Morocco	70.47	基里巴斯	Kiribati	68.60
58	南非	South Africa	70.20	冰岛	Iceland	68.48
59	阿根廷	Argentina	70.10	吉布提	Djibouti	68.28
60	北马其顿	North Macedonia	69.92	澳大利亚	Australia	67.77
61	科威特	Kuwait	69.74	日本	Japan	67.63
62	巴林	Bahrain	68.83	智利	Chile	67.43
63	秘鲁	Peru	68.65	美国	United States	67.43
64	亚美尼亚	Armenia	68.36	新西兰	New Zealand	67.31
65	波黑	Bosnia and Herz.	68.19	柬埔寨	Cambodia	67.20
66	埃及	Egypt	68.05	中国澳门	Macao SAR,China	65.68
67	突尼斯	Tunisia	67.80	马尔代夫	Maldives	64.63
68	黎巴嫩	Lebanon	67.60	乌克兰	Ukraine	64.39
69	沙特阿拉伯	Saudi Arabia	67.60	哥斯达黎加	Costa Rica	63.99
70	摩尔多瓦	Moldova	67.55	百慕大群岛	Bermuda	63.75
71	白俄罗斯	Belarus	67.25	沙特阿拉伯	Saudi Arabia	63.70
72	阿塞拜疆	Azerbaijan	67.20	韩国	Korea, Rep	63.57
73	中国香港	Hong Kong SAR, China	66.83	马绍尔群岛	Marshall Islands	63.54
74	阿尔巴尼亚	Albania	66.34	瓦努阿图	Vanuatu	63.35
75	菲律宾	Philippines	66.08	摩尔多瓦	Moldova	63.28
76	越南	Vietnam	65.26	蒙古国	Mongolia	62.91
77	多米尼亚	Dominican Republic	65.14	尼加拉瓜	Nicaragua	62.49
78	萨尔瓦多	El Salvador	64.92	莫桑比克	Mozambique	62.13
79	蒙古	Mongolia	64.86	乌拉圭	Uruguay	61.90
80	巴西	Brazil	64.78	赤道几内亚	Equatorial Guinea	61.76
81	哈萨克斯坦	Kazakhstan	64.64	白俄罗斯	Belarus	61.40
82	中国	China	64.57	安提瓜和巴布达	Antigua and Barbuda	61.30
83	哥伦比亚	Colombia	63.92	吉尔吉斯斯坦	Kyrgyz Republic	60.62
84	文莱	Brunei Darussalam	63.90	秘鲁	Peru	60.54
85	阿曼	Oman	63.45	越南	Vietnam	60.50
86	巴巴多斯	Barbados	63.37	波黑	Bosnia and Herzegovina	59.94
87	印度尼西亚	Indonesia	63.03	阿鲁巴	Aruba	59.85
88	古巴	Cuba	62.87	墨西哥	Mexico	59.50
89	特立尼达和多巴哥	Trinidad and Tobago	62.80	圣卢西亚	St Lucia	59.13
90	塞舌尔	Seychelles	62.74	摩洛哥	Morocco	59.02
91	吉尔吉斯斯坦	Kyrgyz Republic	62.53	特立尼达和多巴哥	Trinidad and Tobago	58.90
92	印度	India	62.48	牙买加	Jamaica	58.37
93	塞内加尔	Senegal	61.63	萨尔瓦多	El Salvador	58.27
94	巴拉圭	Paraguay	61.59	突尼斯	Tunisia	57.83
95	危地马拉	Guatemala	61.51	巴巴多斯	Barbados	57.83
96	牙买加	Jamaica	61.05	东帝汶	Timor-Leste	57.26
97	加纳	Ghana	61.03	佛得角	Cabo Verde	57.03
98	洪都拉斯	Honduras	60.22	帕劳	Palau	56.98
99	尼加拉瓜	Nicaragua	59.97	伯利兹	Belize	56.85
100	厄瓜多尔	Ecuador	59.24	乌兹别克斯坦	Uzbekistan	56.80

continued

排名 Rank	社会全球化 Social Globalization			政治全球化 Political Globalization		
	国家或地区	Country or Area	数值 Score	国家或地区	Country or Area	数值 Score
51	匈牙利	Hungary	78.84	乌拉圭	Uruguay	81.65
52	黑山	Montenegro	78.79	约旦	Jordan	81.40
53	毛里求斯	Mauritius	78.35	菲律宾	Philippines	81.23
54	阿联酋	United Arab Emirates	77.82	泰国	Thailand	81.01
55	哥斯达黎加	Costa Rica	77.27	阿尔及利亚	Algeria	79.99
56	开曼群岛	Cayman Islands	77.24	哥伦比亚	Colombia	79.19
57	圣卢西亚	St Lucia	77.10	立陶宛	Lithuania	78.85
58	安提瓜和巴布达	Antigua and Barbuda	76.91	肯尼亚	Kenya	78.84
59	保加利亚	Bulgaria	76.89	伊朗	Iran	78.50
60	乌拉圭	Uruguay	76.69	爱沙尼亚	Estonia	78.49
61	帕劳	Palau	76.32	古巴	Cuba	78.32
62	波兰	Poland	76.31	塞浦路斯	Cyprus	78.14
63	罗马尼亚	Romania	76.31	新西兰	New Zealand	77.55
64	圣基茨和尼维斯	St Kitts and Nevis	76.04	厄瓜多尔	Ecuador	77.40
65	文莱	Brunei Darussalam	75.36	拉脱维亚	Latvia	77.26
66	巴拿马	Panama	74.92	埃塞俄比亚	Ethiopia	76.96
67	塞尔维亚	Serbia	74.91	危地马拉	Guatemala	76.88
68	塞舌尔	Seychelles	74.44	斯里兰卡	Sri Lanka	76.84
69	波多黎各	Puerto Rico	74.40	坦桑尼亚	Tanzania	76.74
70	格陵兰岛	Greenland	74.21	波黑	Bosnia and Herzegovina	74.66
71	巴林	Bahrain	74.16	哥斯达黎加	Costa Rica	74.29
72	特立尼达和多巴哥	Trinidad and Tobago	74.09	白俄罗斯	Belarus	74.09
73	智利	Chile	73.92	以色列	Israel	74.01
74	圣文森特和格林纳丁斯	St Vincent and the Grenadines	73.64	越南	Vietnam	73.86
75	格鲁吉亚	Georgia	73.37	孟加拉国	Bangladesh	73.85
76	多米尼加	Dominica	73.22	萨尔瓦多	El Salvador	73.35
77	沙特阿拉伯	Saudi Arabia	72.88	科特迪瓦	Cote d'Ivoire	72.70
78	多米尼加	Dominican Republic	72.75	喀麦隆	Cameroon	72.66
79	阿曼	Oman	71.90	阿塞拜疆	Azerbaijan	72.57
80	阿根廷	Argentina	71.76	玻利维亚	Bolivia	72.46
81	萨摩亚	Samoa	71.47	巴拉圭	Paraguay	72.24
82	科威特	Kuwait	70.97	哈萨克斯坦	Kazakhstan	71.15
83	格林纳达	Grenada	70.90	委内瑞拉	Venezuela	71.12
84	约旦	Jordan	70.48	布基纳法索	Burkina Faso	70.92
85	波黑	Bosnia and Herzegovina	70.18	北马其顿	North Macedonia	70.79
86	泰国	Thailand	70.05	乌干达	Uganda	70.78
87	马绍尔群岛	Marshall Islands	69.74	多米尼加	Dominican Republic	70.68
88	汤加	Tonga	69.33	卢森堡	Luxembourg	70.66
89	伯利兹	Belize	69.25	赞比亚	Zambia	70.19
90	牙买加	Jamaica	69.23	摩尔多瓦	Moldova	70.17
91	摩尔多瓦	Moldova	69.21	卡塔尔	Qatar	69.95
92	乌克兰	Ukraine	69.04	贝宁	Benin	69.88
93	斐济	Fiji	68.87	马里	Mali	69.59
94	北马其顿	North Macedonia	68.85	几内亚	Guinea	69.51
95	俄罗斯	Russian	68.51	亚美尼亚	Armenia	69.32
96	马尔代夫	Maldives	67.50	津巴布韦	Zimbabwe	68.98
97	苏里南	Suriname	67.26	蒙古	Mongolia	68.49
98	墨西哥	Mexico	67.09	刚果（布）	Congo, Dem Rep	68.30
99	阿尔巴尼亚	Albania	67.08	新加坡	Singapore	67.82
100	维尔京群岛（美国）	Virgin Islands (US)	66.88	黎巴嫩	Lebanon	67.60

17-2 续表 2

排名 Rank	全球化指数 Globalization Index			经济全球化 Economic Globalization		
	国家或地区	Country or Area	数值 Score	国家或地区	Country or Area	数值 Score
101	斯里兰卡	Sri Lanka	59.11	多米尼加	Dominica	56.50
102	柬埔寨	Cambodia	58.32	哈萨克斯坦	Kazakhstan	56.25
103	玻利维亚	Bolivia	58.22	博茨瓦纳	Botswana	55.98
104	纳米比亚	Namibia	57.98	巴布新几内亚	Papua New Guinea	55.89
105	赞比亚	Zambia	57.60	赞比亚	Zambia	55.80
106	圣马力诺	San Marino	56.99	菲律宾	Philippines	55.71
107	斐济	Fiji	56.93	莱索托	Lesotho	55.30
108	吉布提	Djibouti	56.78	土耳其	Turkey	55.29
109	安提瓜岛和巴布达	Antigua and Barbuda	56.53	俄罗斯	Russian	55.19
110	伯利兹	Belize	55.95	南非	South Africa	54.94
111	巴哈马	The Bahamas	55.81	苏里南	Suriname	54.75
112	阿尔及利亚	Algeria	55.57	圣基茨和尼维斯	St Kitts and Nevis	54.59
113	圣卢西亚	St Lucia	55.45	利比亚	Libya	54.44
114	肯尼亚	Kenya	55.40	格林纳达	Grenada	54.37
115	博茨瓦纳	Botswana	55.40	洪都拉斯	Honduras	54.21
116	尼日利亚	Nigeria	55.29	圭亚那	Guyana	53.42
117	利比亚	Libya	55.06	纳米比亚	Namibia	52.98
118	佛得角	Cabo Verde	55.01	萨摩亚	Samoa	52.76
119	伊朗	Iran	54.60	斐济	Fiji	52.07
120	列支敦士登	Liechtenstein	53.82	约旦西岸和加沙	West Bank and Gaza	52.02
121	巴基斯坦	Pakistan	53.59	多米尼加	Dominican Republic	51.98
122	科特迪瓦	Cote d'Ivoire	53.39	卢旺达	Rwanda	51.56
123	津巴布韦	Zimbabwe	53.02	汤加	Tonga	51.23
124	加蓬	Gabon	52.89	加纳	Ghana	50.71
125	乌干达	Uganda	52.88	老挝	Lao PDR	50.45
126	圭亚那	Guyana	52.82	巴拉圭	Paraguay	49.58
127	多米尼加	Dominica	52.76	圣文森特和格林纳丁斯	St Vincent and the Grenadines	49.55
128	中国澳门	Macao SAR, China	52.63	埃及	Egypt	49.43
129	委内瑞拉	Venezuela	52.59	哥伦比亚	Colombia	49.31
130	冈比亚	The Gambia	52.57	危地马拉	Guatemala	49.29
131	刚果（布）	Congo, Rep	52.50	印度尼西亚	Indonesia	48.88
132	乌兹别克斯坦	Uzbekistan	52.49	塞内加尔	Senegal	48.72
133	苏里南	Suriname	52.37	冈比亚	The Gambia	48.35
134	布基纳法索	Burkina Faso	52.04	阿根廷	Argentina	47.83
135	莫桑比克	Mozambique	51.81	马达加斯加	Madagascar	47.73
136	多哥	Togo	51.69	巴哈马	The Bahamas	47.65
137	萨摩亚	Samoa	51.69	刚果（布）	Congo, Rep	47.11
138	卢旺达	Rwanda	51.68	乌干达	Uganda	46.87
139	格林纳达	Grenada	51.61	斯威士兰	Eswatini	46.47
140	马尔代夫	Maldives	51.49	圣多美和普林西比	Sao Tome and Principe	46.39
141	毛里塔尼亚	Mauritania	51.12	所罗门群岛	Solomon Islands	46.12
142	安道尔	Andorra	50.73	中国	China	45.56
143	贝宁	Benin	50.53	塔吉克斯坦	Tajikistan	45.54
144	喀麦隆	Cameroon	50.41	多哥	Togo	45.25
145	巴布新几内亚	Papua New Guinea	50.32	伊拉克	Iraq	45.05
146	叙利亚	Syrian Arab Republic	50.20	斯里兰卡	Sri Lanka	44.40
147	圣基茨和尼维斯	St Kitts and Nevis	50.01	尼日利亚	Nigeria	44.18
148	坦桑尼亚	Tanzania	49.90	玻利维亚	Bolivia	43.57
149	圣文森特	St Vincent	49.77	叙利亚	Syrian Arab Republic	43.13
150	塔吉克斯坦	Tajikistan	49.64	苏丹	Sudan	43.11

continued

排名 Rank	社会全球化 Social Globalization			政治全球化 Political Globalization		
	国家或地区	Country or Area	数值 Score	国家或地区	Country or Area	数值 Score
101	南非	South Africa	66.61	科威特	Kuwait	66.48
102	哈萨克斯坦	Kazakhstan	66.51	沙特阿拉伯	Saudi Arabia	66.42
103	亚美尼亚	Armenia	66.15	洪都拉斯	Honduras	66.17
104	黎巴嫩	Lebanon	65.99	巴拿马	Panama	66.06
105	白俄罗斯	Belarus	65.73	阿联酋	United Arab Emirates	65.04
106	摩洛哥	Morocco	65.30	卢旺达	Rwanda	64.96
107	吉尔吉斯斯坦	Kyrgyz Republic	65.19	尼泊尔	Nepal	64.89
108	约旦西岸和加沙	West Bank and Gaza	64.62	也门	Yemen, Rep	64.32
109	博茨瓦纳	Botswana	64.15	多哥	Togo	64.01
110	土耳其	Turkey	64.04	阿尔巴尼亚	Albania	63.32
111	哥伦比亚	Colombia	63.24	尼日尔	Niger	63.19
112	埃及	Egypt	63.23	毛里塔尼亚	Mauritania	63.18
113	佛得角	Cabo Verde	63.20	加蓬	Gabon	63.01
114	蒙古国	Mongolia	63.18	纳米比亚	Namibia	62.23
115	萨尔瓦多	El Salvador	63.14	吉尔吉斯斯坦	Kyrgyz Republic	61.77
116	巴拉圭	Paraguay	62.95	马耳他	Malta	61.70
117	密克罗尼西亚联邦政府	Micronesia, Fed Sts	62.78	利比亚	Libya	61.52
118	巴西	Brazil	62.45	马拉维	Malawi	60.10
119	突尼斯	Tunisia	62.17	冰岛	Iceland	59.99
120	瓦努阿图	Vanuatu	62.10	刚果（布）	Congo, Rep	59.84
121	秘鲁	Peru	61.60	柬埔寨	Cambodia	59.55
122	越南	Vietnam	61.24	马达加斯加	Madagascar	59.48
123	菲律宾	Philippines	61.13	格鲁吉亚	Georgia	59.36
124	厄瓜多尔	Ecuador	60.90	苏丹	Sudan	59.20
125	圭亚那	Guyana	60.33	乍得	Chad	59.17
126	洪都拉斯	Honduras	60.28	尼加拉瓜	Nicaragua	58.59
127	基里巴斯	Kiribati	60.12	黑山	Montenegro	58.34
128	尼加拉瓜	Nicaragua	58.77	叙利亚	Syrian Arab Republic	57.77
129	纳米比亚	Namibia	58.73	冈比亚	The Gambia	57.61
130	玻利维亚	Bolivia	58.62	莫桑比克	Mozambique	57.15
131	危地马拉	Guatemala	58.37	塞拉利昂	Sierra Leone	56.87
132	中国	China	57.96	布隆迪	Burundi	56.46
133	阿塞拜疆	Azerbaijan	57.39	泰国	Tajikistan	56.34
134	不丹	Bhutan	57.29	毛里求斯	Mauritius	55.78
135	加蓬	Gabon	56.79	牙买加	Jamaica	55.57
136	伊朗	Iran	56.50	特立尼达和多巴哥	Trinidad and Tobago	55.40
137	斯里兰卡	Sri Lanka	55.96	伊拉克	Iraq	54.74
138	圣多美和普林西比	Sao Tome and Principe	54.02	吉布提	Djibouti	54.54
139	斯威士兰	Eswatini	53.66	利比里亚	Liberia	54.39
140	印度	India	53.47	巴布新几内亚	Papua New Guinea	53.65
141	委内瑞拉	Venezuela	53.47	缅甸	Myanmar	52.87
142	塞内加尔	Senegal	52.77	巴巴多斯	Barbados	52.79
143	所罗门群岛	Solomon Islands	52.77	安哥拉	Angola	51.13
144	印度尼西亚	Indonesia	52.75	斐济	Fiji	50.90
145	冈比亚	The Gambia	51.71	巴林	Bahrain	50.66
146	科摩罗	Comoros	51.63	阿曼	Oman	50.19
147	乌兹别克斯坦	Uzbekistan	51.60	乌兹别克斯坦	Uzbekistan	49.92
148	古巴	Cuba	50.92	中非	Central African Republic	49.32
149	莱索托	Lesotho	50.64	海地	Haiti	47.80
150	阿尔及利亚	Algeria	50.56	文莱	Brunei Darussalam	47.54

17-2 续表 3

排名 Rank	全球化指数 Globalization Index 国家或地区	Country or Area	数值 Score	经济全球化 Economic Globalization 国家或地区	Country or Area	数值 Score
151	摩纳哥	Monaco	49.47	毛里塔尼亚	Mauritania	42.97
152	孟加拉国	Bangladesh	49.33	也门	Yemen, Rep	42.89
153	瓦努阿图	Vanuatu	49.13	利比里亚	Liberia	42.69
154	马里	Mali	48.83	科特迪瓦	Cote d'Ivoire	42.40
155	几尼	Guinea	48.56	安哥拉	Angola	42.05
156	也门	Yemen, Rep	48.33	布基纳法索	Burkina Faso	42.02
157	马达加斯加	Madagascar	48.23	印度	India	41.95
158	莱索托	Lesotho	48.04	巴西	Brazil	41.74
159	马拉维	Malawi	47.10	津巴布韦	Zimbabwe	41.22
160	尼泊尔	Nepal	47.02	不丹	Bhutan	40.44
161	利比里亚	Liberia	46.89	肯尼亚	Kenya	40.29
162	汤加	Tonga	46.47	缅甸	Myanmar	40.26
163	斯威士兰	Eswatini	46.40	厄瓜多尔	Ecuador	39.42
164	伊拉克	Iraq	46.38	加蓬	Gabon	39.11
165	尼日尔	Niger	45.68	塞拉利昂	Sierra Leone	38.54
166	苏丹	Sudan	45.46	马拉维	Malawi	38.53
167	埃塞俄比亚	Ethiopia	45.39	喀麦隆	Cameroon	38.35
168	老挝	Lao PDR	45.34	马里	Mali	38.24
169	塞拉利昂	Sierra Leone	45.33	土库曼斯坦	Turkmenistan	38.14
170	阿鲁巴	Aruba	45.26	尼日尔	Niger	38.03
171	基里巴斯	Kiribati	45.18	厄立特里亚	Eritrea	37.46
172	赤道几内亚	Equatorial Guinea	45.15	贝宁	Benin	37.44
173	马绍尔群岛	Marshall Islands	45.04	坦桑尼亚	Tanzania	37.23
174	密克罗尼西亚	Micronesia, Fed Sts	45.02	几内亚比绍	Guinea-Bissau	37.23
175	开曼群岛	Cayman Islands	44.81	海地	Haiti	36.68
176	帕劳	Palau	44.60	阿尔及利亚	Algeria	36.16
177	缅甸	Myanmar	44.58	几尼	Guinea	36.01
178	百慕大	Bermuda	44.28	巴基斯坦	Pakistan	35.36
179	东帝汶	Timor-Leste	43.91	科摩罗	Comoros	33.84
180	刚果（金）	Congo, Dem Rep	43.74	委内瑞拉	Venezuela, RB	33.19
181	圣多美和普林西比	Sao Tome and Principe	43.23	中非	Central African Republic	32.48
182	安哥拉	Angola	42.30	乍得	Chad	32.41
183	海地	Haiti	42.22	刚果（金）	Congo, Dem Rep	32.18
184	法罗群岛	Faroe Islands	42.04	索马里	Somalia	31.81
185	乍得	Chad	41.80	埃塞俄比亚	Ethiopia	31.30
186	所罗门群岛	Solomon Islands	41.72	阿富汗	Afghanistan	31.11
187	土库曼斯坦	Turkmenistan	41.23	布隆迪	Burundi	30.98
188	不丹	Bhutan	41.02	孟加拉国	Bangladesh	29.14
189	科摩罗	Comoros	40.55	尼泊尔	Nepal	28.97
190	几内亚比绍	Guinea-Bissau	39.68	伊朗	Iran	28.80
191	布隆迪	Burundi	39.55	古巴	Cuba	
192	约旦河西岸和加沙	West Bank and Gaza	39.54	圣马力诺	San Marino	
193	阿富汗	Afghanistan	38.39	列支敦士登	Liechtenstein	
194	中非	Central African Rep.	38.32	摩纳哥	Monaco	
195	厄立特里亚	Eritrea	30.88	安道尔	Andorra	
196	索马里	Somalia	30.49	朝鲜	Korea, Dem People's Rep	
197	格陵兰岛	Greenland		法罗群岛	Faroe Islands	
198	关岛	Guam		维尔京群岛（美国）	Virgin Islands (US)	
199	新喀里多尼亚	New Caledonia		波多黎各	Puerto Rico	
200	波多黎各	Puerto Rico		新喀里多尼亚	New Caledonia	
201	朝鲜	Korea, Dem P. Rep		法属波利尼西亚	French Polynesia	
202	法属波利尼西亚	French Polynesia		格陵兰岛	Greenland	
203	维尔京群岛（美国）	Virgin Islands (US)		关岛	Guam	

continued

排名 Rank	社会全球化 Social Globalization			政治全球化 Political Globalization		
	国家或地区	Country or Area	数值 Score	国家或地区	Country or Area	数值 Score
151	刚果（布）	Congo, Rep	50.51	博茨瓦纳	Botswana	46.07
152	加纳	Ghana	50.39	阿富汗	Afghanistan	45.82
153	吉布提	Djibouti	50.00	佛得角	Cabo Verde	45.38
154	东帝汶	Timor-Leste	49.91	圭亚那	Guyana	45.06
155	叙利亚	Syrian Arab Republic	49.71	伯利兹	Belize	41.76
156	津巴布韦	Zimbabwe	48.86	老挝	Lao PDR	41.11
157	利比亚	Libya	48.32	几内亚比绍	Guinea-Bissau	39.19
158	柬埔寨	Cambodia	48.20	塞舌尔	Seychelles	39.17
159	尼泊尔	Nepal	47.21	埃斯瓦蒂尼	Eswatini	39.07
160	肯尼亚	Kenya	47.08	土库曼斯坦	Turkmenistan	38.92
161	塔吉克斯坦	Tajikistan	46.95	莱索托	Lesotho	38.30
162	赞比亚	Zambia	46.81	苏里南	Suriname	36.87
163	毛里塔尼亚	Mauritania	46.32	科摩罗	Comoros	35.75
164	土库曼斯坦	Turkmenistan	46.11	巴哈马	The Bahamas	35.39
165	多哥	Togo	45.40	圣卢西亚	St Lucia	34.45
166	孟加拉国	Bangladesh	45.00	赤道几内亚	Equatorial Guinea	34.42
167	科特迪瓦	Cote d'Ivoire	44.95	安提瓜和巴布达	Antigua and Barbuda	33.80
168	老挝	Lao PDR	44.43	萨摩亚	Samoa	33.50
169	贝宁	Benin	43.86	索马里	Somalia	32.09
170	利比里亚	Liberia	43.08	圣马力诺	San Marino	32.01
171	几内亚比绍	Guinea-Bissau	43.05	多米尼加	Dominica	31.62
172	马拉维	Malawi	42.67	格林纳达	Grenada	31.47
173	布基纳法索	Burkina Faso	42.59	圣多美和普林西比	Sao Tome and Principe	30.70
174	海地	Haiti	41.79	中国香港	Hong Kong SAR, China	29.45
175	赤道几内亚	Equatorial Guinea	41.54	圣文森特和格林纳丁斯	St Vincent and the Grenadines	29.03
176	乌干达	Uganda	40.99	所罗门群岛	Solomon Islands	28.56
177	巴基斯坦	Pakistan	40.94	厄立特里亚	Eritrea	28.52
178	塞拉利昂	Sierra Leone	40.56	瓦努阿图	Vanuatu	27.35
179	缅甸	Myanmar	40.40	不丹	Bhutan	27.12
180	巴布新几内亚	Papua New Guinea	40.38	东帝汶	Timor-Leste	26.91
181	喀麦隆	Cameroon	39.54	马尔代夫	Maldives	26.10
182	伊拉克	Iraq	39.15	摩尼黑	Monaco	25.90
183	几尼	Guinea	38.89	汤加	Tonga	23.81
184	马里	Mali	38.67	圣基茨和尼维斯	St Kitts and Nevis	23.58
185	卢旺达	Rwanda	38.51	列支敦士登	Liechtenstein	23.09
186	马达加斯加	Madagascar	37.49	安道尔	Andorra	21.84
187	也门	Yemen, Rep	37.33	马绍尔群岛	Marshall Islands	16.90
188	尼日利亚	Nigeria	36.90	约旦西岸和加沙	West Bank and Gaza	15.38
189	阿富汗	Afghanistan	36.22	基里巴斯	Kiribati	13.61
190	莫桑比克	Mozambique	36.15	中国澳门	Macao SAR, China	13.16
191	坦桑尼亚	Tanzania	35.72	波多黎各	Puerto Rico	12.95
192	尼日尔	Niger	35.17	密克罗尼西亚联邦政府	Micronesia, Fed Sts	12.87
193	苏丹	Sudan	33.90	帕劳	Palau	11.51
194	安哥拉	Angola	33.72	百慕大	Bermuda	6.65
195	中非	Central African Republic	32.56	开曼群岛	Cayman Islands	5.99
196	布隆迪	Burundi	31.22	阿鲁巴	Aruba	4.73
197	乍得	Chad	30.67	法罗群岛	Faroe Islands	4.00
198	刚果（金）	Congo, Dem Rep	29.35	新喀里多尼亚	New Caledonia	3.68
199	厄立特里亚	Eritrea	28.14	法属波利尼西亚	French Polynesia	3.46
200	埃塞俄比亚	Ethiopia	27.92	维尔京群岛（美国）	Virgin Islands (US)	3.00
201	索马里	Somalia	27.17	格陵兰岛	Greenland	2.10
202	朝鲜	Korea, Dem People's Rep		朝鲜	Korea, Dem People's Rep	
203	关岛	Guam		关岛	Guam	

17-3 世界主要国家和地区全球竞争力指数排名(2019年)
The Ranking of the Global Competitiveness Index (2019)

资料来源：世界经济论坛《全球竞争力报告 2019》。
Source: World Economic Forum The Global Competitiveness Report 2019.

排名 Rank	国家或地区	Country or Area	全球竞争力指数4.0	排名 Rank	国家或地区	Country or Area	全球竞争力指数4.0
1	新加坡	Singapore	84.8	36	沙特阿拉伯	Saudi Arabia	70.0
2	美国	United States	83.7	37	波兰	Poland	68.9
3	中国香港	Hong Kong SAR, China	83.1	38	马耳他	Malta	68.5
4	荷兰	Netherlands	82.4	39	立陶宛	Lithuania	68.4
5	日本	Japan	82.3	40	泰国	Thailand	68.1
6	瑞士	Switzerland	82.3	41	拉脱维亚	Latvia	67.0
7	德国	Germany	81.8	42	斯洛伐克	Slovakia	66.8
8	丹麦	Denmark	81.2	43	俄罗斯	Russia	66.7
9	瑞典	Sweden	81.2	44	塞浦路斯	Cyprus	66.4
10	英国	United Kingdom	81.2	45	巴林	Bahrain	65.4
11	芬兰	Finland	80.2	46	匈牙利	Hungary	65.1
12	中国台湾	Taiwan, China	80.2	47	科威特	Kuwait	65.1
13	加拿大	Canada	79.6	48	保加利亚	Bulgaria	64.9
14	韩国	Korea, Rep.	79.6	49	墨西哥	Mexico	64.9
15	法国	France	78.8	50	印度尼西亚	Indonesia	64.6
16	澳大利亚	Australia	78.7	51	罗马尼亚	Romania	64.4
17	挪威	Norway	78.1	52	毛里求斯	Mauritius	64.3
18	卢森堡	Luxemburg	77.0	53	阿曼	Oman	63.6
19	以色列	Israel	76.7	54	乌拉圭	Uruguay	63.5
20	新西兰	New Zealand	76.7	55	哈萨克斯坦	Kazakhstan	62.9
21	奥地利	Austria	76.6	56	文莱	Brunei Darussalam	62.8
22	比利时	Belgium	76.4	57	阿塞拜疆	Azerbaijan	62.7
23	西班牙	Spain	75.3	58	哥伦比亚	Colombia	62.7
24	爱尔兰	Ireland	75.1	59	希腊	Greece	62.6
25	阿联酋	United Arab Emirates	75.0	60	南非	South Africa	62.4
26	冰岛	Iceland	74.7	61	土耳其	Turkey	62.1
27	马来西亚	Malaysia	74.6	62	哥斯达黎加	Costa Rica	62.0
28	中国	China	73.9	63	克罗地亚	Croatia	61.9
29	卡塔尔	Qatar	72.9	64	菲律宾	Philippines	61.9
30	意大利	Italy	71.5	65	秘鲁	Peru	61.7
31	捷克	Czech Rep.	70.9	66	巴拿马	Panama	61.6
32	爱沙尼亚	Estonia	70.9	67	越南	Viet Nam	61.5
33	智利	Chile	70.5	68	印度	India	61.4
34	葡萄牙	Portugal	70.4	69	亚美尼亚	Armenia	61.3
35	斯洛文尼亚	Slovenia	70.2	70	巴西	Brazil	60.9

17-3 续表 continued

排名 Rank	国家或地区	Country or Area	全球竞争力指数4.0	排名 Rank	国家或地区	Country or Area	全球竞争力指数4.0
71	约 旦	Jordan	60.9	107	玻利维亚	Bolivia	51.8
72	塞尔维亚	Serbia	60.9	108	尼泊尔	Nepal	51.6
73	黑 山	Montenegro	60.8	109	尼加拉瓜	Nicaragua	51.5
74	格鲁吉亚	Georgia	60.6	110	巴基斯坦	Pakistan	51.4
75	摩洛哥	Morocco	60.0	111	加 纳	Ghana	51.2
76	塞舌尔	Seychelles	59.6	112	佛得角	Cape Verde	50.8
77	巴巴多斯	Barbados	58.9	113	老 挝	Lao PDR	50.1
78	多米尼加	Dominican Rep.	58.3	114	塞内加尔	Senegal	49.7
79	特立尼达和多巴哥	Trinidad and Tobago	58.3	115	乌干达	Uganda	48.9
80	牙买加	Jamaica	58.3	116	尼日利亚	Nigeria	48.3
81	阿尔巴尼亚	Albania	57.6	117	坦桑尼亚	Tanzania	48.2
82	北马其顿	North Macedonia	57.3	118	科特迪瓦	Cote D'Ivoire	48.1
83	阿根廷	Argentina	57.2	119	加 蓬	Gabon	47.5
84	斯里兰卡	Sri Lanka	57.1	120	赞比亚	Zambia	46.5
85	乌克兰	Ukraine	57.0	121	史瓦帝尼	Eswatini	46.4
86	摩尔多瓦	Moldova	56.7	122	几内亚	Guinea	46.1
87	突尼斯	Tunisia	56.4	123	喀麦隆	Cameroon	46.0
88	阿尔及利亚	Algeria	56.3	124	冈比亚	Gambia	45.9
89	黎巴嫩	Lebanon	56.3	125	贝 宁	Benin	45.8
90	厄瓜多尔	Ecuador	55.7	126	埃塞俄比亚	Ethiopia	44.4
91	博茨瓦纳	Botswana	55.5	127	津巴布韦	Zimbabwe	44.2
92	波 黑	Bosnia and Herzegovinian	54.7	128	马拉维	Malawi	43.7
93	埃 及	Egypt	54.5	129	马 里	Mali	43.6
94	纳米比亚	Namibia	54.5	130	布基纳法索	Burkina Faso	43.4
95	肯尼亚	Kenya	54.1	131	莱索托	Lesotho	42.9
96	吉尔吉斯斯坦	Kyrgyzstan	54.0	132	马达加斯加	Madagascar	42.9
97	巴拉圭	Paraguay	53.6	133	委内瑞拉	Venezuela	41.8
98	危地马拉	Guatemala	53.5	134	毛里塔尼亚	Mauritania	40.9
99	伊 朗	Iran	53.0	135	布隆迪	Burundi	40.3
100	卢旺达	Rwanda	52.8	136	安哥拉	Angola	38.1
101	洪都拉斯	Honduras	52.7	137	莫桑比克	Mozambique	38.1
102	萨尔瓦多	El Salvador	52.6	138	海 地	Haiti	36.3
103	蒙 古	Mongolia	52.6	139	刚果(金)	Congo, Dem. Rep.	36.1
104	塔吉克斯坦	Tajikistan	52.4	140	也 门	Yemen	35.5
105	孟加拉国	Bangladesh	52.1	141	乍 得	Chad	35.1
106	柬埔寨	Cambodia	52.1				

17-4 世界主要国家和地区幸福指数排名(2018-2020年)
The Ranking of Happiness Index in 2018-2020

资料来源：联合国《2021年世界幸福指数报告》。
Source: UN World Happiness Index Report in 2021.

排名 Rank	国家或地区	Country or Area	幸福指数 Happiness Index	排名 Rank	国家或地区	Country or Area	幸福指数 Happiness Index
1	芬兰	Finland	7.842	40	爱沙尼亚	Estonia	6.189
2	丹麦	Denmark	7.620	41	巴拿马	Panama	6.180
3	瑞士	Switzerland	7.571	42	乌兹别克斯坦	Uzbekistan	6.179
4	冰岛	Iceland	7.554	43	智利	Chile	6.172
5	荷兰	Netherlands	7.464	44	波兰	Poland	6.166
6	挪威	Norway	7.392	45	哈萨克斯坦	Kazakhstan	6.152
7	瑞典	Sweden	7.363	46	罗马尼亚	Romania	6.140
8	卢森堡	Luxembourg	7.324	47	科威特	Kuwait	6.106
9	新西兰	New Zealand	7.277	48	塞尔维亚	Serbia	6.078
10	奥地利	Austria	7.268	49	萨尔瓦多	El Salvador	6.061
11	澳大利亚	Australia	7.183	50	毛里求斯	Mauritius	6.049
12	以色列	Israel	7.157	51	拉脱维亚	Latvia	6.032
13	德国	Germany	7.155	52	哥伦比亚	Colombia	6.012
14	加拿大	Canada	7.103	53	匈牙利	Hungary	5.992
15	爱尔兰	Ireland	7.085	54	泰国	Thailand	5.985
16	哥斯达黎加	Costa Rica	7.069	55	尼加拉瓜	Nicaragua	5.972
17	英国	United Kingdom	7.064	56	日本	Japan	5.940
18	捷克	Czech Rep.	6.965	57	阿根廷	Argentina	5.929
19	美国	United States	6.951	58	葡萄牙	Portugal	5.929
20	比利时	Belgium	6.834	59	洪都拉斯	Honduras	5.919
21	法国	France	6.690	60	克罗地亚	Croatia	5.882
22	巴林	Bahrain	6.647	61	菲律宾	Philippines	5.880
23	马耳他	Malta	6.602	62	韩国	Korea,Rep.	5.845
24	中国台湾	Taiwan, China	6.584	63	秘鲁	Peru	5.840
25	阿联酋	United Arab Emirates	6.561	64	波黑	Bosnia and Herzegovina	5.813
26	沙特阿拉伯	Saudi Arabia	6.494	65	摩尔多瓦	Moldova	5.766
27	西班牙	Spain	6.491	66	厄瓜多尔	Ecuador	5.764
28	意大利	Italy	6.483	67	吉尔吉斯斯坦	Kyrgyzstan	5.744
29	斯洛文尼亚	Slovenia	6.461	68	希腊	Greece	5.723
30	危地马拉	Guatemala	6.435	69	玻利维亚	Bolivia	5.716
31	乌拉圭	Uruguay	6.431	70	蒙古	Mongolia	5.677
32	新加坡	Singapore	6.377	71	巴拉圭	Paraguay	5.653
33	科索沃	Kosovo	6.372	72	黑山	Montenegro	5.581
34	斯洛伐克	Slovakia	6.331	73	多米尼加	Dominican Republic	5.545
35	巴西	Brazil	6.330	74	北塞浦路斯	North Cyprus	5.536
36	墨西哥	Mexico	6.317	75	白俄罗斯	Belarus	5.534
37	牙买加	Jamaica	6.309	76	俄罗斯	Russia	5.477
38	立陶宛	Lithuania	6.255	77	中国香港	Hong Kong SAR, China	5.477
39	塞浦路斯	Cyprus	6.223	78	塔吉克斯坦	Tajikistan	5.466

17-4 续表 continued

排名 Rank	国家或地区	Country or Area	幸福指数 Happiness Index	排名 Rank	国家或地区	Country or Area	幸福指数 Happiness Index
79	越南	Vietnam	5.411	115	莫桑比克	Mozambique	4.794
80	利比亚	Libya	5.410	116	尼日利亚	Nigeria	4.759
81	马来西亚	Malaysia	5.384	117	马里	Mali	4.723
82	印度尼西亚	Indonesia	5.345	118	伊朗	Iran	4.721
83	刚果(布)	Congo,Rep.	5.342	119	乌干达	Uganda	4.636
84	中国	China	5.339	120	利比里亚	Liberia	4.625
85	象牙海岸	Ivory Coast	5.306	121	肯尼亚	Kenya	4.607
86	亚美尼亚	Armenia	5.283	122	突尼斯	Tunisia	4.596
87	尼泊尔	Nepal	5.269	123	黎巴嫩	Lebanon	4.584
88	保加利亚	Bulgaria	5.266	124	纳米比亚	Namibia	4.574
89	马尔代夫	Maldives	5.198	125	巴勒斯坦	Palestinian Territories	4.517
90	阿塞拜疆	Azerbaijan	5.171	126	缅甸	Myanmar	4.426
91	喀麦隆	Cameroon	5.142	127	约旦	Jordan	4.395
92	塞内加尔	Senegal	5.132	128	乍得	Chad	4.355
93	阿尔巴尼亚	Albania	5.117	129	斯里兰卡	Sri Lanka	4.325
94	北马其顿	North Macedonia	5.101	130	斯威士兰	Swaziland	4.308
95	加纳	Ghana	5.088	131	科摩罗	Comoros	4.289
96	尼日尔	Niger	5.074	132	埃及	Egypt	4.283
97	土库曼斯坦	Turkmenistan	5.066	133	埃塞俄比亚	Ethiopia	4.275
98	冈比亚	Gambia	5.051	134	毛里塔尼亚	Mauritania	4.227
99	贝宁	Benin	5.045	135	马达加斯加	Madagascar	4.208
100	老挝	Lao PDR	5.030	136	多哥	Togo	4.107
101	孟加拉国	Bangladesh	5.025	137	赞比亚	Zambia	4.073
102	几内亚	Guinea	4.984	138	塞拉利昂	Sierra Leone	3.849
103	南非	South Africa	4.956	139	印度	India	3.819
104	土耳其	Turkey	4.948	140	布隆迪	Burundi	3.775
105	巴基斯坦	Pakistan	4.934	141	也门	Yemen	3.658
106	摩洛哥	Morocco	4.918	142	坦桑尼亚	Tanzania	3.623
107	委内瑞拉	Venezuela	4.892	143	海地	Haiti	3.615
108	格鲁吉亚	Georgia	4.891	144	马拉维	Malawi	3.600
109	阿尔及利亚	Algeria	4.887	145	莱索托	Lesotho	3.512
110	乌克兰	Ukraine	4.875	146	博茨瓦纳	Botswana	3.467
111	伊拉克	Iraq	4.854	147	卢旺达	Rwanda	3.415
112	加蓬	Gabon	4.852	148	津巴布韦	Zimbabwe	3.145
113	布基纳法索	Burkina Faso	4.834	149	阿富汗	Afghanistan	2.523
114	柬埔寨	Cambodia	4.830				

17-5 世界主要国家和地区全球创新指数(GII)排名(2021年)
The Ranking of Global Innovation Index(GII) in 2021

资料来源：《全球创新指数2021》。
Source:The Global Innovation Index 2021.

排名 Rank	全球创新指数 Global Innovation Index		创新投入分指数 Innovation Input Sub-Index		创新产出分指数 Innovation Output Sub-Index	
	国家或地区	Country or Area	国家或地区	Country or Area	国家或地区	Country or Area
1	瑞　士	Switzerland	新加坡	Singapore	瑞　士	Switzerland
2	瑞　典	Sweden	瑞　典	Sweden	瑞　典	Sweden
3	美　国	United States	美　国	United States	荷　兰	Netherlands
4	英　国	United Kingdom	瑞　士	Switzerland	美　国	United States
5	韩　国	Korea, Rep.	丹　麦	Denmark	韩　国	Korea, Rep.
6	荷　兰	Netherlands	芬　兰	Finland	英　国	United Kingdom
7	芬　兰	Finland	英　国	United Kingdom	中　国	China
8	新加坡	Singapore	加拿大	Canada	德　国	Germany
9	丹　麦	Denmark	韩　国	Korea, Rep.	芬　兰	Finland
10	德　国	Germany	中国香港	Hong Kong SAR, China	法　国	France
11	法　国	France	日　本	Japan	丹　麦	Denmark
12	中　国	China	荷　兰	Netherlands	以色列	Israel
13	日　本	Japan	挪　威	Norway	新加坡	Singapore
14	中国香港	Hong Kong SAR, China	德　国	Germany	日　本	Japan
15	以色列	Israel	澳大利亚	Australia	捷　克	Czech Rep.
16	加拿大	Canada	奥地利	Austria	冰　岛	Iceland
17	冰　岛	Iceland	法　国	France	中国香港	Hong Kong SAR, China
18	奥地利	Austria	以色列	Israel	卢森堡	Luxembourg
19	爱尔兰	Ireland	新西兰	New Zealand	爱尔兰	Ireland
20	挪　威	Norway	冰　岛	Iceland	爱沙尼亚	Estonia
21	爱沙尼亚	Estonia	比利时	Belgium	塞浦路斯	Cyprus
22	比利时	Belgium	爱尔兰	Ireland	马耳他	Malta
23	卢森堡	Luxembourg	爱尔兰	United Arab Emirates	加拿大	Canada
24	捷　克	Czech Rep.	爱沙尼亚	Estonia	奥地利	Austria
25	澳大利亚	Australia	中　国	China	意大利	Italy
26	新西兰	New Zealand	卢森堡	Luxembourg	比利时	Belgium
27	马耳他	Malta	斯洛文尼亚	Slovenia	保加利亚	Bulgaria
28	塞浦路斯	Cyprus	西班牙	Spain	挪　威	Norway
29	意大利	Italy	马耳他	Malta	西班牙	Spain
30	西班牙	Spain	捷　克	Czech Rep.	葡萄牙	Portugal
31	葡萄牙	Portugal	塞浦路斯	Cyprus	匈牙利	Hungary
32	斯洛文尼亚	Slovenia	葡萄牙	Portugal	新西兰	New Zealand
33	阿联酋	United Arab Emirates	意大利	Italy	澳大利亚	Australia

17-5 续表 1 continued

排名 Rank	全球创新指数 Global Innovation Index 国家或地区	Country or Area	创新投入分指数 Innovation Input Sub-Index 国家或地区	Country or Area	创新产出分指数 Innovation Output Sub-Index 国家或地区	Country or Area
34	匈牙利	Hungary	匈牙利	Hungary	马来西亚	Malaysia
35	保加利亚	Bulgaria	立陶宛	Lithuania	斯洛伐克	Slovakia
36	马来西亚	Malaysia	马来西亚	Malaysia	斯洛文尼亚	Slovenia
37	斯洛伐克	Slovakia	波兰	Poland	乌克兰	Ukraine
38	拉脱维亚	Latvia	拉脱维亚	Latvia	越南	Viet Nam
39	立陶宛	Lithuania	希腊	Greece	拉脱维亚	Latvia
40	波兰	Poland	北马其顿	North Macedonia	菲律宾	Philippines
41	土耳其	Turkey	克罗地亚	Croatia	土耳其	Turkey
42	克罗地亚	Croatia	斯洛伐克	Slovakia	波兰	Poland
43	泰国	Thailand	俄罗斯	Russia	立陶宛	Lithuania
44	越南	Viet Nam	智利	Chile	伊朗	Iran
45	俄罗斯	Russia	土耳其	Turkey	印度	India
46	印度	India	保加利亚	Bulgaria	泰国	Thailand
47	希腊	Greece	泰国	Thailand	阿联酋	United Arab Emirates
48	罗马尼亚	Romania	毛里求斯	Mauritius	克罗地亚	Croatia
49	乌克兰	Ukraine	格鲁吉亚	Georgia	哥斯达黎加	Costa Rica
50	黑山	Montenegro	塞尔维亚	Serbia	罗马尼亚	Romania
51	菲律宾	Philippines	文莱	Brunei Darussalam	墨西哥	Mexico
52	毛里求斯	Mauritius	秘鲁	Peru	俄罗斯	Russia
53	智利	Chile	黑山	Montenegro	黑山	Montenegro
54	塞尔维亚	Serbia	罗马尼亚	Romania	摩尔多瓦	Moldova
55	墨西哥	Mexico	南非	South Africa	蒙古	Mongolia
56	哥斯达黎加	Costa Rica	巴西	Brazil	亚美尼亚	Armenia
57	巴西	Brazil	印度	India	塞尔维亚	Serbia
58	蒙古	Mongolia	哥伦比亚	Colombia	毛里求斯	Mauritius
59	北马其顿	North Macedonia	沙特阿拉伯	Saudi Arabia	巴西	Brazil
60	伊朗	Iran	越南	Viet Nam	希腊	Greece
61	南非	South Africa	哈萨克斯坦	Kazakhstan	智利	Chile
62	白俄罗斯	Belarus	墨西哥	Mexico	白俄罗斯	Belarus
63	格鲁吉亚	Georgia	巴林	Bahrain	乌拉圭	Uruguay
64	摩尔多瓦	Moldova	卡塔尔	Qatar	突尼斯	Tunisia
65	乌拉圭	Uruguay	蒙古	Mongolia	坦桑尼亚	Tanzania
66	沙特阿拉伯	Saudi Arabia	哥斯达黎加	Costa Rica	牙买加	Jamaica

17-5 续表 2 continued

排名 Rank	全球创新指数 Global Innovation Index 国家或地区	Country or Area	创新投入分指数 Innovation Input Sub-Index 国家或地区	Country or Area	创新产出分指数 Innovation Output Sub-Index 国家或地区	Country or Area
67	哥伦比亚	Colombia	阿　曼	Oman	摩洛哥	Morocco
68	卡塔尔	Qatar	白俄罗斯	Belarus	南　非	South Africa
69	亚美尼亚	Armenia	乌拉圭	Uruguay	北马其顿	North Macedonia
70	秘　鲁	Peru	波　黑	Bosnia and Herzegovinian	卡塔尔	Qatar
71	突尼斯	Tunisia	阿尔巴尼亚	Albania	阿根廷	Argentina
72	科威特	Kuwait	菲律宾	Philippines	沙特阿拉伯	Saudi Arabia
73	阿根廷	Argentina	科威特	Kuwait	科威特	Kuwait
74	牙买加	Jamaica	阿塞拜疆	Azerbaijan	格鲁吉亚	Georgia
75	波　黑	Bosnia and Herzegovinian	乌兹别克斯坦	Uzbekistan	哥伦比亚	Colombia
76	阿　曼	Oman	乌克兰	Ukraine	肯尼亚	Kenya
77	摩洛哥	Morocco	阿根廷	Argentina	巴基斯坦	Pakistan
78	巴　林	Bahrain	突尼斯	Tunisia	马达加斯加	Madagascar
79	哈萨克斯坦	Kazakhstan	约　旦	Jordan	巴拿马	Panama
80	阿塞拜疆	Azerbaijan	摩尔多瓦	Moldova	波　黑	Bosnia and Herzegovinian
81	约　旦	Jordan	吉尔吉斯斯坦	Kyrgyzstan	约　旦	Jordan
82	文　莱	Brunei Darussalam	牙买加	Jamaica	秘　鲁	Peru
83	巴拿马	Panama	巴拿马	Panama	危地马拉	Guatemala
84	阿尔巴尼亚	Albania	摩洛哥	Morocco	印度尼西亚	Indonesia
85	肯尼亚	Kenya	亚美尼亚	Armenia	斯里兰卡	Sri Lanka
86	乌兹别克斯坦	Uzbekistan	伊　朗	Iran	埃　及	Egypt
87	印度尼西亚	Indonesia	印度尼西亚	Indonesia	巴拉圭	Paraguay
88	巴拉圭	Paraguay	纳米比亚	Namibia	佛得角	Cabo Verde
89	佛得角	Cabo Verde	肯尼亚	Kenya	萨尔瓦多	El Salvador
90	坦桑尼亚	Tanzania	巴拉圭	Paraguay	阿　曼	Oman
91	厄瓜多尔	Ecuador	卢旺达	Rwanda	阿塞拜疆	Azerbaijan
92	黎巴嫩	Lebanon	厄瓜多尔	Ecuador	阿尔巴尼亚	Albania
93	多米尼加	Dominican Rep.	多米尼加	Dominican Rep.	马拉维	Malawi
94	埃　及	Egypt	黎巴嫩	Lebanon	厄瓜多尔	Ecuador
95	斯里兰卡	Sri Lanka	玻利维亚	Bolivia	特立尼达和多巴哥	Trinidad and Tobago
96	萨尔瓦多	El Salvador	佛得角	Cabo Verde	塔吉克斯坦	Tajikistan
97	特立尼达和多巴哥	Trinidad and Tobago	特立尼达和多巴哥	Trinidad and Tobago	黎巴嫩	Lebanon
98	吉尔吉斯斯坦	Kyrgyzstan	博茨瓦纳	Botswana	多米尼加	Dominican Rep.
99	巴基斯坦	Pakistan	尼泊尔	Nepal	巴　林	Bahrain

17-5 续表 3 continued

排名	全球创新指数 Global Innovation Index		创新投入分指数 Innovation Input Sub-Index		创新产出分指数 Innovation Output Sub-Index	
Rank	国家或地区	Country or Area	国家或地区	Country or Area	国家或地区	Country or Area
100	纳米比亚	Namibia	萨尔瓦多	El Salvador	乌兹别克斯坦	Uzbekistan
101	危地马拉	Guatemala	洪都拉斯	Honduras	哈萨克斯坦	Kazakhstan
102	卢 旺 达	Rwanda	埃 及	Egypt	塞内加尔	Senegal
103	塔吉克斯坦	Tajikistan	斯里兰卡	Sri Lanka	加 纳	Ghana
104	玻利维亚	Bolivia	塔吉克斯坦	Tajikistan	柬 埔 寨	Cambodia
105	塞内加尔	Senegal	塞内加尔	Senegal	津巴布韦	Zimbabwe
106	博茨瓦纳	Botswana	柬 埔 寨	Cambodia	洪都拉斯	Honduras
107	马 拉 维	Malawi	科特迪瓦	Côte d'Ivoire	埃塞俄比亚	Ethiopia
108	洪都拉斯	Honduras	布基纳法索	Burkina Faso	卢 旺 达	Rwanda
109	柬 埔 寨	Cambodia	阿尔及利亚	Algeria	博茨瓦纳	Botswana
110	马达加斯加	Madagascar	多 哥	Togo	纳米比亚	Namibia
111	尼 泊 尔	Nepal	赞 比 亚	Zambia	玻利维亚	Bolivia
112	加 纳	Ghana	危地马拉	Guatemala	老 挝	Lao PDR
113	津巴布韦	Zimbabwe	贝 宁	Benin	孟加拉国	Bangladesh
114	科特迪瓦	Côte d'Ivoire	加 纳	Ghana	马 里	Mali
115	布基纳法索	Burkina Faso	尼日利亚	Nigeria	文 莱	Brunei Darussalam
116	孟加拉国	Bangladesh	津巴布韦	Zimbabwe	尼 泊 尔	Nepal
117	老 挝	Lao PDR	巴基斯坦	Pakistan	喀 麦 隆	Cameroon
118	尼日利亚	Nigeria	马 拉 维	Malawi	莫桑比克	Mozambique
119	乌 干 达	Uganda	乌 干 达	Uganda	吉尔吉斯斯坦	Kyrgyzstan
120	阿尔及利亚	Algeria	坦桑尼亚	Tanzania	缅 甸	Myanmar
121	赞 比 亚	Zambia	孟加拉国	Bangladesh	科特迪瓦	Côte d'Ivoire
122	莫桑比克	Mozambique	莫桑比克	Mozambique	乌 干 达	Uganda
123	喀 麦 隆	Cameroon	老 挝	Lao PDR	布基纳法索	Burkina Faso
124	马 里	Mali	喀 麦 隆	Cameroon	尼日利亚	Nigeria
125	多 哥	Togo	尼 日 尔	Niger	也 门	Yemen
126	埃塞俄比亚	Ethiopia	马 里	Mali	几 内 亚	Guinea
127	缅 甸	Myanmar	马达加斯加	Madagascar	赞 比 亚	Zambia
128	贝 宁	Benin	缅 甸	Myanmar	阿尔及利亚	Algeria
129	尼 日 尔	Niger	埃塞俄比亚	Ethiopia	多 哥	Togo
130	几 内 亚	Guinea	几 内 亚	Guinea	尼 日 尔	Niger
131	也 门	Yemen	安 哥 拉	Angola	安 哥 拉	Angola
132	安 哥 拉	Angola	也 门	Yemen	贝 宁	Benin

17-6 按营业额排序的世界500强企业(2020年)

资料来源：美国《财富》杂志2021年。
Source: United States Fortune, 2021.

排名 Rank 2020	2019	企业名称	Company Name	国家	Country
1	1	沃尔玛	Walmart	美国	U.S.
2	3	国家电网有限公司	State Grid	中国	China
3	9	亚马逊	Amazon.Com	美国	U.S.
4	4	中国石油天然气集团有限公司	China National Petroleum	中国	China
5	2	中国石油化工集团有限公司	Sinopec Group	中国	China
6	12	苹果公司	Apple	美国	U.S.
7	13	CVSHealth公司	Cvs Health	美国	U.S.
8	15	联合健康集团	Unitedhealth Group	美国	U.S.
9	10	丰田汽车公司	Toyota Motor	日本	Japan
10	7	大众公司	Volkswagen	德国	Germany
11	14	伯克希尔－哈撒韦公司	Berkshire Hathaway	美国	U.S.
12	16	麦克森公司	Mckesson	美国	U.S.
13	18	中国建筑集团有限公司	China State Construction Engineering	中国	China
14	6	沙特阿美公司	Saudi Aramco	沙特阿拉伯	Saudi Arabia
15	19	三星电子	Samsung Electronics	韩国	South Korea
16	21	中国平安保险(集团)股份有限公司	Ping an Insurance	中国	China
17	23	美源伯根公司	Amerisourcebergen	美国	U.S.
18	8	英国石油公司	Bp	英国	Britain
19	5	荷兰皇家壳牌石油公司	Royal Dutch Shell	荷兰	Netherlands
20	24	中国工商银行股份有限公司	Industrial & Commercial Bank of China	中国	China
21	29	Alphabet公司	Alphabet	美国	U.S.
22	26	鸿海精密工业股份有限公司	Hon Hai Precision Industry	中国	China
23	11	埃克森美孚	Exxon Mobil	美国	U.S.
24	20	戴姆勒股份公司	Daimler	德国	Germany
25	30	中国建设银行股份有限公司	China Construction Bank	中国	China
26	22	美国电话电报公司	At&T	美国	U.S.
27	33	开市客	Costco Wholesale	美国	U.S.
28	32	信诺	Cigna	美国	U.S.
29	35	中国农业银行股份有限公司	Agricultural Bank of China	中国	China
30	37	嘉德诺	Cardinal Health	美国	U.S.
31	27	托克集团	Trafigura Group	新加坡	Singapore
32	45	中国人寿保险(集团)公司	China Life Insurance	中国	China
33	47	微软	Microsoft	美国	U.S.
34	17	嘉能可	Glencore	瑞士	Switzerland
35	50	中国铁路工程集团有限公司	China Railway Engineering Group	中国	China
36	41	沃博联	Walgreens Boots Alliance	美国	U.S.
37	28	EXOR集团	Exor Group	荷兰	Netherlands
38	46	安联保险集团	Allianz	德国	Germany
39	43	中国银行股份有限公司	Bank of China	中国	China
40	51	克罗格	Kroger	美国	U.S.
41	59	家得宝	Home Depot	美国	U.S.
42	54	中国铁道建筑集团有限公司	China Railway Construction	中国	China
43	38	摩根大通公司	Jpmorgan Chase	美国	U.S.
44	49	华为投资控股有限公司	Huawei Investment & Holding	中国	China
45	44	威瑞森电信	Verizon Communications	美国	U.S.
46	34	安盛	Axa	法国	France
47	31	福特汽车公司	Ford Motor	美国	U.S.
48	39	本田汽车	Honda Motor	日本	Japan
49	40	通用汽车公司	General Motors	美国	U.S.
50	68	Anthem公司	Anthem	美国	U.S.

The 500 Largest Companies in the World Sorted by Revenue in 2020

营业额 Revenues		利润额 Profits		资产额（百万美元）Assets (mil.USD)	雇员人数（人）Employees (person)
百万美元 (mil.USD)	比上年增长% % Change from 2018	百万美元 (mil.USD)	比上年增长% % Change from 2018		
559151.0	6.7	13510.0	-9.2	252496.0	2300000
386617.7	0.7	5580.4	-30.0	666088.5	896360
386064.0	37.6	21331.0	84.1	321195.0	1298000
283957.6	-25.1	4575.2	3.0	626616.7	1242245
283727.6	-30.3	6205.2	-8.7	343289.0	553833
274515.0	5.5	57411.0	3.9	323888.0	147000
268706.0	4.6	7179.0	8.2	230715.0	256500
257141.0	6.2	15403.0	11.3	197289.0	330000
256721.7	-6.5	21180.1	13.1	562994.0	366283
253965.0	-10.2	10103.5	-35.0	608368.1	662575
245510.0	-3.6	42521.0	-47.8	873729.0	360000
238228.0	3.1	-4539.0	-604.3	65015.0	67500
234425.0	13.9	3578.4	7.4	338033.2	356864
229766.2	-30.3	49286.8	-44.1	510265.5	79800
200734.4	1.5	22116.4	19.9	347991.8	267937
191509.4	3.9	20738.9	-4.1	1460210.0	362035
189893.9	5.7	-3408.7	-498.5	44274.8	21500
183500.0	-35.1	-20305.0	-604.3	267654.0	68100
183195.0	-48.0	-21680.0	-236.9	379268.0	87000
182794.4	3.2	45783.4	1.3	5110353.7	439787
182527.0	12.8	40269.0	17.3	319616.0	135301
181945.4	5.3	3456.7	-7.3	130845.6	878429
181502.0	-31.5	-22440.0	-256.5	332750.0	72000
175827.3	-9.1	4132.8	55.3	349684.9	288481
172000.2	8.3	39282.5	1.7	4311456.6	373814
171760.0	-5.2	-5176.0	-137.2	525761.0	230760
166761.0	9.2	4002.0	9.4	55556.0	214500
160401.0	4.5	8458.0	65.7	155451.0	72963
153884.6	4.5	31293.4	1.9	4169355.9	462592
152922.0	5.1	-3696.0	-371.2	40766.0	48000
146994.3	-14.3	1699.2	94.9	56985.6	8619
144589.1	10.2	4648.1	-0.3	776308.8	183417
143015.0	13.6	44281.0	12.8	301311.0	163000
142338.0	-33.8	-1903.0	-	118000.0	87822
141383.6	14.6	1638.8	6.7	185315.7	308483
139537.0	2.0	456.0	-88.5	87174.0	277000
136185.9	-16.3	-34.2	-101.0	211650.1	263284
136173.3	4.5	7756.2	-12.4	1297242.7	150269
134045.6	-0.8	27952.1	3.0	3739871.1	309084
132498.0	8.4	2585.0	55.8	48662.0	465000
132110.0	19.9	12866.0	14.4	70581.0	504800
131992.3	9.7	1485.5	9.3	190916.1	364632
129503.0	-9.1	29131.0	-20.0	3386071.0	255351
129183.5	3.9	9361.6	3.3	134383.8	197000
128292.0	-2.7	17801.0	-7.6	316481.0	132200
128011.4	-14.1	3605.2	-16.5	984656.0	96595
127144.0	-18.4	-1279.0	-2821.3	267261.0	186000
124240.6	-9.5	6201.6	47.9	198201.0	211374
122485.0	-10.7	6427.0	-4.5	235194.0	155000
121867.0	16.9	4572.0	-4.9	86615.0	83400

17-6 续表 1

排名 Rank		企业名称	Company Name	国家	Country
2020	2019				
51	42	三菱商事株式会社	Mitsubishi	日本	Japan
52	25	道达尔能源公司	Totalenergies	法国	France
53	86	德国电信	Deutsche Telekom	德国	Germany
54	56	宝马集团	Bmw Group	德国	Germany
55	62	日本电报电话公司	Nippon Telegraph and Telephone	日本	Japan
56	65	中国移动通信集团有限公司	China Mobile Communications	中国	China
57	127	Centene公司	Centene	美国	U.S.
58	60	日本邮政控股公司	Japan Post Holdings	日本	Japan
59	102	京东集团股份有限公司	Jd.Com	中国	China
60	52	上海汽车集团股份有限公司	Saic Motor	中国	China
61	78	中国交通建设集团有限公司	China Communications Construction	中国	China
62	53	房利美	Fannie Mae	美国	U.S.
63	132	阿里巴巴集团控股有限公司	Alibaba Group Holding	中国	China
64	63	美国康卡斯特电信公司	Comcast	美国	U.S.
65	92	中国五矿集团有限公司	China Minmetals	中国	China
66	89	中国第一汽车集团有限公司	China Faw Group	中国	China
67	107	恒力集团有限公司	Hengli Group	中国	China
68	91	正威国际集团有限公司	Amer International Group	中国	China
69	79	中国华润有限公司	China Resources	中国	China
70	295	山东能源集团有限公司	Shandong Energy Group	中国	China
71	72	日本伊藤忠商事株式会社	Itochu	日本	Japan
72	111	中国宝武钢铁集团有限公司	China Baowu Steel Group	中国	China
73	66	意大利忠利保险公司	Assicurazioni Generali	意大利	Italy
74	90	中国邮政集团有限公司	China Post Group	中国	China
75	36	雪佛龙	Chevron	美国	U.S.
76	81	戴尔科技公司	Dell Technologies	美国	U.S.
77	58	美国银行	Bank of America	美国	U.S.
78	117	塔吉特公司	Target	美国	U.S.
79	82	雀巢公司	Nestlé	瑞士	Switzerland
80	137	美国劳氏公司	Lowe'S	美国	U.S.
81	48	马拉松原油公司	Marathon Petroleum	美国	U.S.
82	70	花旗集团	Citigroup	美国	U.S.
83	84	现代汽车	Hyundai Motor	韩国	South Korea
84	55	俄罗斯天然气工业股份公司	Gazprom	俄罗斯	Russia
85	100	东风汽车公司集团有限公司	Dongfeng Motor	中国	China
86	144	Facebook公司	Facebook	美国	U.S.
87	128	皇家阿霍德德尔海兹集团	Royal Ahold Delhaize	荷兰	Netherlands
88	122	索尼	Sony	日本	Japan
89	129	联合包裹速递服务公司	United Parcel Service	美国	U.S.
90	112	中国人民保险集团股份有限公司	People'S Insurance Co. of China	中国	China
91	105	中国南方电网有限责任公司	China Southern Power Grid	中国	China
92	64	中国海洋石油集团有限公司	China National Offshore Oil	中国	China
93	67	法国农业信贷银行	Crédit Agricole	法国	France
94	104	强生	Johnson & Johnson	美国	U.S.
95	106	日立	Hitachi	日本	Japan
96	98	家乐福	Carrefour	法国	France
97	99	法国巴黎银行	Bnp Paribas	法国	France
98	95	博世集团	Bosch Group	德国	Germany
99	103	乐购	Tesco	英国	Britain
100	115	日本永旺集团	Aeon	日本	Japan

continued

营业额 Revenues		利润额 Profits		资产额 (百万美元) Assets (mil.USD)	雇员人数 (人) Employees (person)
百万美元 (mil.USD)	比上年增长% % Change from 2018	百万美元 (mil.USD)	比上年增长% % Change from 2018		
121542.7	-10.6	1627.7	-66.9	168489.8	82997
119704.0	-32.1	-7242.0	-164.3	266132.0	105476
115083.2	27.7	4737.8	9.5	324205.4	226291
112794.1	-3.3	4301.4	-21.8	265146.1	120726
112670.3	2.9	8642.6	9.9	207644.6	324667
111825.5	3.0	12920.1	6.4	304527.8	455721
111115.0	48.9	1808.0	36.9	68719.0	71300
110561.3	0.6	3945.3	-11.3	2692026.5	243612
108087.0	29.4	7160.2	306.0	64718.4	314906
107555.2	-11.9	2961.0	-20.1	140906.5	143261
106867.7	12.4	1165.0	-12.6	306555.0	213438
106437.0	-11.5	11805.0	-16.6	3985749.0	7700
105865.7	44.7	22224.0	3.6	257977.7	251462
103564.0	-4.9	10534.0	-19.3	273869.0	168000
102014.8	15.5	491.1	113.4	150651.9	205015
101075.8	13.0	2866.5	0.7	74933.4	121002
100773.1	25.0	2372.7	14.2	40747.7	118496
100280.5	12.8	1851.7	2.5	31046.8	20180
99437.6	4.9	4330.2	21.2	275691.9	370955
97860.6	136.8	1161.9	322.6	104996.6	244832
97753.1	-3.2	3786.8	-17.9	101070.8	148887
97643.1	22.2	3628.7	25.1	155413.2	234570
97128.9	-8.3	1987.2	-33.5	666616.1	72644
96304.1	7.8	4698.4	5.8	1811048.3	827231
94692.0	-35.4	-5543.0	-289.6	239790.0	47736
94224.0	2.2	3250.0	-29.6	123415.0	158000
93753.0	-17.5	17894.0	-34.8	2819627.0	212505
93561.0	19.8	4368.0	33.1	51248.0	409000
89852.9	-3.6	13031.1	2.7	140366.7	273000
89597.0	24.2	5835.0	36.3	46735.0	280000
88952.0	-28.7	-9826.0	-472.6	85158.0	57900
88839.0	-14.1	11047.0	-43.1	2260090.0	210153
88155.7	-2.8	1207.5	-52.8	192604.9	122814
87870.4	-25.5	1872.0	-89.9	315933.4	467000
86856.3	3.3	1115.5	-16.0	85096.0	145756
85965.0	21.6	29146.0	57.7	159316.0	58604
85157.9	14.8	1591.8	-19.5	49798.9	249000
84893.1	11.7	11053.6	106.4	238289.7	109700
84628.0	14.2	1343.0	-69.8	62408.0	408255
84290.4	5.6	2903.8	-9.4	192500.2	193494
83699.0	2.1	998.6	-45.5	155171.8	288974
83296.3	-23.4	4802.4	-31.0	193366.2	80058
82958.8	-21.0	3067.4	-43.4	2399947.7	73817
82584.0	0.6	14714.0	-2.7	174894.0	134500
82344.6	2.1	4731.8	487.3	107168.7	350864
82211.3	-4.3	730.4	-42.2	58238.2	322164
81632.4	-4.0	8052.5	-12.0	3045415.3	193319
81463.8	-6.4	360.1	-79.8	111817.4	395034
81248.0	-1.8	7948.4	541.0	63983.9	242911
81227.8	2.9	-670.5	-372.4	107764.9	282073

17-6 续表 2

排名 Rank 2020	2019	企业名称	Company Name	国家	Country
101	108	国家能源投资集团有限责任公司	China Energy Investment	中国	China
102	73	汇丰银行控股公司	Hsbc Holdings	英国	Britain
103	69	美国富国银行	Wells Fargo	美国	U.S.
104	77	通用电气公司	General Electric	美国	U.S.
105	110	法国电力公司	Electricité De France	法国	France
106	114	州立农业保险公司	State Farm Insurance	美国	U.S.
107	157	中国电力建设集团有限公司	Powerchina	中国	China
108	138	英特尔公司	Intel	美国	U.S.
109	145	中国医药集团有限公司	Sinopharm	中国	China
110	166	哈门那公司	Humana	美国	U.S.
111	130	日本生命保险公司	Nippon Life Insurance	日本	Japan
112	136	中粮集团有限公司	Cofco	中国	China
113	142	德国邮政敦豪集团	Deutsche Post Dhl Group	德国	Germany
114	172	三井物产株式会社	Mitsui	日本	Japan
115	126	中国中信集团有限公司	Citic Group	中国	China
116	83	日产汽车	Nissan Motor	日本	Japan
117	135	慕尼黑再保险集团	Munich Re Group	德国	Germany
118	87	意大利国家电力公司	Enel	意大利	Italy
119	165	第一生命控股有限公司	Dai-Ichi Life Holdings	日本	Japan
120	93	西班牙国家银行	Banco Santander	西班牙	Spain
121	118	国际商业机器公司	International Business Machines	美国	U.S.
122	152	中国恒大集团	China Evergrande Group	中国	China
123	141	美国邮政	U.S. Postal Service	美国	U.S.
124	134	北京汽车集团有限公司	Beijing Automotive Group	中国	China
125	57	卢克石油公司	Lukoil	俄罗斯	Russia
126	158	中国电信集团有限公司	China Telecommunications	中国	China
127	154	中国兵器工业集团有限公司	China North Industries Group	中国	China
128	156	宝洁公司	Procter & Gamble	美国	U.S.
129	97	SK集团	Sk	韩国	South Korea
130	255	意昂集团	E.On	德国	Germany
131	160	百事公司	Pepsico	美国	U.S.
132	197	腾讯控股有限公司	Tencent Holdings	中国	China
133	174	艾伯森公司	Albertsons	美国	U.S.
134	143	巴斯夫公司	Basf	德国	Germany
135	148	联邦快递	Fedex	美国	U.S.
136	149	大都会人寿	Metlife	美国	U.S.
137	162	交通银行股份有限公司	Bank of Communications	中国	China
138	463	晋能控股集团有限公司	Jinneng Holding Group	中国	China
139	147	碧桂园控股有限公司	Country Garden Holdings	中国	China
140	163	中国航空工业集团有限公司	Aviation Industry Corp. of China	中国	China
141	125	房地美	Freddie Mac	美国	U.S.
142	176	绿地控股集团股份有限公司	Greenland Holding Group	中国	China
143	61	Phillips66公司	Phillips 66	美国	U.S.
144	182	洛克希德－马丁	Lockheed Martin	美国	U.S.
145	150	华特迪士尼公司	Walt Disney	美国	U.S.
146	168	ADM公司	Archer Daniels Midland	美国	U.S.
147	171	瑞士罗氏公司	Roche Group	瑞士	Switzerland
148	234	厦门建发集团有限公司	Xiamen C&D	中国	China
149	75	太平洋建设集团有限公司	Pacific Construction Group	中国	China
150	74	西门子	Siemens	德国	Germany

continued

营业额 Revenues		利润额 Profits		资产额（百万美元）Assets (mil.USD)	雇员人数（人）Employees (person)
百万美元 (mil.USD)	比上年增长% % Change from 2018	百万美元 (mil.USD)	比上年增长% % Change from 2018		
80716.2	0.3	4102.1	-3.8	274035.0	326641
80429.0	-18.5	5229.0	-29.2	2984164.0	226059
80303.0	-22.7	3301.0	-83.1	1955163.0	268531
79619.0	-16.4	5704.0	-	253452.0	184000
78903.5	-1.7	740.6	-87.2	374349.4	161203
78898.0	-0.6	3738.9	-33.1	299104.5	57582
78486.5	16.5	688.6	-10.9	161989.2	180883
77867.0	8.2	20899.0	-0.7	153091.0	110600
77278.2	9.3	1258.7	38.0	70865.3	176686
77155.0	18.9	3367.0	24.4	34969.0	48700
76984.3	4.0	3127.2	77.0	773869.4	95352
76855.6	6.5	1377.6	232.6	102649.4	109839
76122.1	7.4	3394.4	15.6	67684.7	526896
75562.4	19.3	3164.5	-12.1	113163.2	44509
74689.2	-0.6	3842.5	5.4	1265205.7	148283
74169.5	-18.4	-4232.7	-	148752.9	139507
74074.5	2.1	1379.9	-54.7	364626.3	39642
74047.1	-17.6	2974.0	22.2	200033.8	66717
73841.5	12.8	3431.6	1050.3	574988.3	64823
73630.1	-16.6	-9994.1	-237.1	1845796.4	184720
73620.0	-4.6	5590.0	-40.7	155971.0	364800
73514.0	6.3	1170.4	-53.2	352668.0	123276
73133.0	2.8	-9176.0	-	35904.0	569987
72147.3	-0.6	339.8	-54.5	81894.4	110000
71856.2	-37.3	209.9	-97.9	81060.5	100769
71400.9	6.0	1886.1	4.6	139128.5	400945
71017.5	3.4	1510.9	17.7	67419.7	212960
70950.0	4.8	13027.0	234.3	120700.0	99000
70839.2	-17.8	160.5	-73.9	126632.7	114842
70381.5	50.2	1158.8	-33.9	116732.2	78126
70372.0	4.8	7120.0	-2.7	92918.0	291000
69864.2	27.9	23166.2	71.5	204356.3	85858
69690.4	11.6	850.2	82.3	26598.0	300000
69464.3	-1.8	-1207.8	-112.8	98261.3	110302
69217.0	-0.7	1286.0	138.1	73537.0	499718
67842.0	-2.6	5407.0	-8.3	795146.0	46500
67605.5	1.6	11409.3	2.0	1639481.4	90716
67534.8	145.1	8.2	-	157497.6	472860
67080.4	-4.6	5075.6	-11.3	308936.2	93899
66964.1	1.6	915.7	58.4	161220.8	407344
66228.0	-11.8	7326.0	1.6	2627415.0	6922
66095.8	6.7	2173.6	1.9	214151.2	86251
65494.0	-40.2	-3975.0	-229.2	54721.0	14300
65398.0	9.3	6833.0	9.7	50710.0	114000
65388.0	-6.0	-2864.0	-125.9	201549.0	203000
64355.0	-0.5	1772.0	28.5	49719.0	38332
64285.0	0.2	15228.8	12.1	97485.3	101465
64111.8	30.4	952.6	42.8	66968.3	28928
64037.7	-34.3	2218.1	-35.8	44740.8	295281
63935.5	-34.7	4509.4	-22.7	145207.3	293000

17-6 续表 3

排名 Rank 2020	2019	企业名称	Company Name	国家	Country
151	109	中国中化集团有限公司	Sinochem	中国	China
152	159	Engie集团	Engie	法国	France
153	85	英国法通保险公司	Legal & General Group	英国	Britain
154	153	松下	Panasonic	日本	Japan
155	96	信实工业公司	Reliance Industries	印度	India
156	155	布鲁克菲尔德资产管理公司	Brookfield Asset Management	加拿大	Canada
157	88	英杰华集团	Aviva	英国	Britain
158	193	中国太平洋保险(集团)股份有限公司)	Group	中国	China
159	224	联想集团有限公司	Lenovo Group	中国	China
160	208	万科企业股份有限公司	China Vanke	中国	China
161	164	中国化工集团有限公司	Chemchina	中国	China
162	189	招商银行股份有限公司	China Merchants Bank	中国	China
163	235	招商局集团有限公司	China Merchants Group	中国	China
164	71	瓦莱罗能源公司	Valero Energy	美国	U.S.
165	173	丸红株式会社	Marubeni	日本	Japan
166	123	引能仕控股株式会社	Eneos Holdings	日本	Japan
167	177	丰田通商公司	Toyota Tsusho	日本	Japan
168	139	苏黎世保险集团	Zurich Insurance Group	瑞士	Switzerland
169	181	宏利金融	Manulife Financial	加拿大	Canada
170	210	物产中大集团股份有限公司	Wuchan Zhongda Group	中国	China
171	284	厦门国贸控股集团有限公司	Xiamen Itg Holding Group	中国	China
172	124	荷兰全球保险集团	Aegon	荷兰	Netherlands
173	121	波音	Boeing	美国	U.S.
174	191	中国保利集团有限公司	China Poly Group	中国	China
175	185	联合利华	Unilever	英国	Britain
176	206	广州汽车工业集团有限公司	Guangzhou Automobile Industry Group	中国	China
177	187	中国建材集团有限公司	China National Building Material Group	中国	China
178	167	保德信金融集团	Prudential Financial	美国	U.S.
179	116	空中客车公司	Airbus	荷兰	Netherlands
180	161	三菱日联金融集团	Mitsubishi Ufj Financial Group	日本	Japan
181	120	巴西国家石油公司	Petrobras	巴西	Brazil
182	184	惠普公司	Hp	美国	U.S.
183	119	雷神技术公司	Raytheon Technologies	美国	U.S.
184	94	软银集团	Softbank Group	日本	Japan
185	80	英国保诚集团	Prudential	英国	Britain
186	–	富腾公司	Fortum	芬兰	Finland
187	188	东京电力公司	Tokyo Electric Power	日本	Japan
188	178	Seven&I控股公司	Seven & I Holdings	日本	Japan
189	298	厦门象屿集团有限公司	Xmxyg	中国	China
190	383	StoneX集团	Stonex Group	美国	U.S.
191	183	AlimentationCouche-Tard公司	Alimentation Couche-Tard	加拿大	Canada
192	207	LG电子	Lg Electronics	韩国	South Korea
193	202	高盛	Goldman Sachs Group	美国	U.S.
194	253	中国光大集团股份公司	China Everbright Group	中国	China
195	76	俄罗斯石油公司	Rosneft Oil	俄罗斯	Russia
196	222	兴业银行股份有限公司	Industrial Bank	中国	China
197	146	安赛乐米塔尔	Arcelormittal	卢森堡	Luxembourg
198	217	中国铝业集团有限公司	Aluminum Corp. of China	中国	China
199	179	西斯科公司	Sysco	美国	U.S.
200	218	河钢集团有限公司	Hbis Group	中国	China

continued

营业额 Revenues		利润额 Profits		资产额（百万美元）Assets (mil.USD)	雇员人数（人）Employees (person)
百万美元 (mil.USD)	比上年增长% % Change from 2018	百万美元 (mil.USD)	比上年增长% % Change from 2018		
63544.0	-20.9	809.1	70.9	97620.3	72237
63525.4	-5.5	-1750.2	-258.9	187464.1	172703
63324.5	-30.1	2061.0	-11.9	779962.4	10099
63191.3	-8.3	1557.2	-25.0	61908.4	243540
62912.1	-25.3	6619.4	19.3	180648.9	236334
62752.0	-7.5	-134.0	-104.8	343696.0	151000
62579.3	-30.2	3588.4	10.4	655964.5	28930
61185.7	9.7	3562.9	-11.3	271418.2	110940
60742.3	19.8	1178.3	77.2	37990.6	71500
60740.7	14.1	6016.7	6.9	286473.7	140565
60491.9	-8.0	-815.6	-	131406.4	141250
60433.2	5.6	14107.5	4.9	1281448.0	90867
60280.7	22.7	5919.4	13.1	340740.9	246002
60115.0	-41.5	-1421.0	-158.7	51774.0	9964
59735.2	-4.9	2125.7	-	62739.2	49265
59540.0	-21.6	1075.4	-	72864.5	40753
59517.1	-3.3	1269.7	1.8	47269.5	64402
59001.0	-17.8	3834.0	-7.5	439299.0	52930
58840.4	-1.9	4377.9	3.7	691283.1	37000
58545.7	12.7	397.9	0.6	16345.2	18549
58279.0	36.2	285.8	583.8	23533.5	21374
58211.1	-22.7	-166.4	-112.0	543139.6	22322
58158.0	-24.0	-11873.0	-	152136.0	141000
58072.3	1.6	1949.4	-4.0	240687.3	106403
57797.4	-0.7	6359.3	1.0	82801.1	148949
57723.9	7.6	576.2	2.1	51344.8	103688
57115.3	-0.9	103.0	-	91973.3	202844
57033.0	-12.0	-374.0	-108.9	940722.0	41671
56872.2	-27.9	-1291.0	-	134734.3	131349
56838.4	-15.3	7329.8	50.9	3250212.6	137997
56683.0	-26.0	1141.0	-88.8	190010.0	49050
56639.0	-3.6	2844.0	-9.8	34681.0	53000
56587.0	-26.6	-3519.0	-163.6	162153.0	181000
56213.6	-35.7	47052.6	-	413656.9	58786
55973.0	-40.3	2118.0	170.5	516097.0	18687
55850.1	816.1	2077.2	25.2	70747.9	19933
55343.1	-3.6	1706.4	265.9	109341.4	37891
54442.4	-10.7	1692.4	-15.4	65204.0	97154
54323.9	32.1	279.0	26.8	26057.5	11671
54139.6	64.6	169.6	99.3	13474.9	2950
54132.4	-8.4	2353.6	28.3	25679.5	131000
53625.4	0.3	1668.5	6115.2	44349.8	75000
53498.0	-0.8	9459.0	11.7	1163028.0	40500
53429.0	13.8	2570.9	29.2	907878.6	78600
53375.8	-44.6	2033.2	-81.4	207671.3	356000
53313.9	4.6	9655.9	1.3	1209808.4	59630
53270.0	-24.6	-733.0	-	82052.0	167743
53191.2	3.0	320.9	17.4	96920.2	152681
52893.3	-12.0	215.5	-87.1	22628.3	57000
52760.7	2.8	5.7	-	74410.7	121247

17-6 续表 4

排名 Rank		企业名称	Company Name	国家	Country
2020	2019				
201	220	上海浦东发展银行股份有限公司	Shanghai Pudong Development Bank	中国	China
202	213	巴西JBS公司	Jbs	巴西	Brazil
203	192	法国兴业银行	Société Générale	法国	France
204	203	摩根士丹利	Morgan Stanley	美国	U.S.
205	221	印度国家银行	State Bank of India	印度	India
206	140	泰国国家石油有限公司	Ptt	泰国	Thailand
207	219	HCA医疗保健公司	Hca Healthcare	美国	U.S.
208	226	东京海上日动火灾保险公司	Tokio Marine Holdings	日本	Japan
209	228	沃达丰集团	Vodafone Group	英国	Britain
210	180	迪奥公司	Christian Dior	法国	France
211	285	丰益国际	Wilmar International	新加坡	Singapore
212	151	印度石油公司	Indian Oil	印度	India
213	250	友邦保险集团有限公司	Aia Group	中国	China
214	195	万喜集团	Vinci	法国	France
215	229	起亚公司	Kia	韩国	South Korea
216	113	埃尼石油公司	Eni	意大利	Italy
217	241	日本KDDI电信公司	Kddi	日本	Japan
218	225	诺华公司	Novartis	瑞士	Switzerland
219	175	雷诺	Renault	法国	France
220	273	陕西煤业化工集团有限责任公司	Shaanxi Coal & Chemical Industry	中国	China
221	211	思科公司	Cisco Systems	美国	U.S.
222	227	韩国电力公司	Korea Electric Power	韩国	South Korea
223	201	西班牙电话公司	Telefónica	西班牙	Spain
224	239	中国民生银行股份有限公司	China Minsheng Banking	中国	China
225	343	江西铜业集团有限公司	Jiangxi Copper	中国	China
226	194	韩国浦项制铁公司	Posco	韩国	South Korea
227	214	拜耳集团	Bayer	德国	Germany
228	346	加拿大鲍尔集团	Power Corp. of Canada	加拿大	Canada
229	249	Orange公司	Orange	法国	France
230	258	特许通讯公司	Charter Communications	美国	U.S.
231	264	中国远洋海运集团有限公司	China Cosco Shipping	中国	China
232	256	默沙东	Merck	美国	U.S.
233	196	ELO集团	Elo Group	法国	France
234	265	陕西延长石油(集团)有限责任公司)	Shaanxi Yanchang Petroleum (Group)	中国	China
235	269	和硕	Pegatron	中国	China
236	205	百威英博	Anheuser-Busch Inbev	比利时	Belgium
237	209	美洲电信	América Móvil	墨西哥	Mexico
238	275	百思买	Best Buy	美国	U.S.
239	243	浙江吉利控股集团有限公司	Zhejiang Geely Holding Group	中国	China
240	-	中国船舶集团有限公司	China State Shipbuilding	中国	China
241	271	Talanx公司	Talanx	德国	Germany
242	270	美国纽约人寿保险公司	New York Life Insurance	美国	U.S.
243	190	印度石油天然气公司	Oil & Natural Gas	印度	India
244	247	电装公司	Denso	日本	Japan
245	246	MS&AD保险集团控股有限公司	Ms&Ad Insurance Group Holdings	日本	Japan
246	169	Equinor公司	Equinor	挪威	Norway
247	378	艾伯维	Abbvie	美国	U.S.
248	266	中国华能集团有限公司	China Huaneng Group	中国	China
249	198	日本制铁集团公司	Nippon Steel Corporation	日本	Japan
250	223	加拿大皇家银行	Royal Bank of Canada	加拿大	Canada

continued

营业额 Revenues		利润额 Profits		资产额（百万美元）Assets (mil.USD)	雇员人数（人）Employees (person)
百万美元 (mil.USD)	比上年增长% % Change from 2018	百万美元 (mil.USD)	比上年增长% % Change from 2018		
52628.3	2.6	8443.6	-0.7	1219640.9	61686
52429.0	1.1	892.2	-42.0	31538.6	250000
52068.3	-8.4	-294.0	-108.1	1789136.9	126391
52047.0	-3.3	10996.0	21.6	1115862.0	68097
51919.4		3018.9	8.3	662540.0	245652
51647.5	-27.8	1207.2	-59.7	84834.4	29421
51533.0	0.4	3754.0	7.1	47490.0	235000
51516.7	2.5	1526.3	-36.1	232959.9	43257
51054.5	2.2	130.5	-	182044.0	96506
50877.6	-15.3	2202.6	-33.0	129743.6	139409
50526.8	18.5	1534.1	18.6	51020.0	100000
50433.0	-27.2	2915.5	-	48527.5	33439
50359.0	6.6	5779.0	-13.1	326121.0	23397
50270.2	-8.2	1415.2	-61.2	111567.7	217731
50155.1	0.5	1261.0	-19.6	55653.6	51899
50121.0	-37.0	-9839.1	-6039.7	134187.2	31495
50115.0	4.0	6145.7	4.4	95256.1	47320
49898.0	-1.2	8072.0	-31.2	132059.0	105794
49536.4	-20.3	-9124.7	-	141638.9	170158
49314.3	12.6	120.8	1.1	91350.2	126707
49301.0	-5.0	11214.0	-3.5	94853.0	77500
49102.0	-2.3	1688.0	-	186898.8	48519
49082.9	-9.4	1802.6	41.0	128561.4	112797
49076.0	1.1	4972.3	-36.2	1065169.8	59262
48820.1	32.0	194.7	14.9	25944.9	24528
48712.8	-12.4	1340.3	-16.2	73312.1	35393
48483.6	-6.4	-11958.5	-361.2	143240.9	99538
48183.1	30.9	1525.7	74.5	493996.1	30000
48164.5	1.9	5494.4	63.3	131843.6	142150
48097.0	5.1	3222.0	93.2	144206.0	96100
47998.3	7.5	1471.2	35.4	130251.3	110338
47994.0	2.5	7067.0	-28.2	91588.0	73500
47607.3	-12.9	772.5	-	28282.0	160606
47529.1	6.7	160.7	-25.3	68054.2	131093
47517.9	7.5	686.2	9.8	24370.5	169083
47358.0	-11.8	1405.0	-84.7	226410.0	163695
47326.0	-9.6	2180.5	-38.0	81591.0	186851
47262.0	8.3	1798.0	16.7	19067.0	81600
47191.0	-1.5	1352.3	9.8	74391.4	125764
46844.6	-15.5	1874.6	56.7	132019.3	218956
46788.1	6.3	766.8	-25.8	221553.1	23527
46712.4	5.9	-822.3	-181.9	359312.5	11506
46597.1	-18.5	2189.3	42.3	74280.4	30105
46569.3	-1.8	1179.7	88.3	61190.6	168391
46149.7	-2.9	1362.1	3.5	218287.2	41501
45818.0	-28.8	-5510.0	-399.0	121972.0	21245
45804.0	37.7	4616.0	-41.4	150565.0	47000
45750.4	2.8	312.4	67.5	181995.3	128560
45555.7	-16.4	-305.9	-	68480.5	115632
45508.8	-10.5	8496.9	-12.2	1218350.1	83842

17-6 续表 5

排名 Rank 2020	2019	企业名称	Company Name	国家	Country
251	362	台积电公司	Taiwan Semiconductor Manufacturing	中国	China
252	232	德国联邦铁路公司	Deutsche Bahn	德国	Germany
253	325	大众超级市场公司	Publix Super Markets	美国	U.S.
254	263	好事达	Allstate	美国	U.S.
255	-	浙江荣盛控股集团有限公司	Zhejiang Rongsheng Holding Group	中国	China
256	280	力拓集团	Rio Tinto Group	英国	Britain
257	133	墨西哥石油公司	Pemex	墨西哥	Mexico
258	279	埃森哲	Accenture	爱尔兰	Ireland
259	312	德国艾德卡公司	Edeka Zentrale	德国	Germany
260	290	中国联合网络通信股份有限公司	China United Network Communications	中国	China
261	238	住友商事	Sumitomo	日本	Japan
262	278	美国利宝互助保险集团	Liberty Mutual Insurance Group	美国	U.S.
263	231	美国国际集团	American International Group	美国	U.S.
264	282	英国葛兰素史克公司	Glaxosmithkline	英国	Britain
265	242	法国BPCE银行集团	Groupe Bpce	法国	France
266	244	圣戈班集团	Saint-Gobain	法国	France
267	170	英国劳埃德银行集团	Lloyds Banking Group	英国	Britain
268	233	瑞士再保险股份有限公司	Swiss Re	瑞士	Switzerland
269	240	俄罗斯联邦储蓄银行	Sberbank	俄罗斯	Russia
270	287	泰森食品	Tyson Foods	美国	U.S.
271	277	韩华集团	Hanwha	韩国	South Korea
272	230	德国大陆集团	Continental	德国	Germany
273	261	必和必拓集团	Bhp Group	澳大利亚	Australia
274	260	伍尔沃斯集团	Woolworths Group	澳大利亚	Australia
275	323	前进保险公司	Progressive	美国	U.S.
276	289	赛诺菲	Sanofi	法国	France
277	186	马来西亚国家石油公司	Petronas	马来西亚	Malaysia
278	487	百时美施贵宝公司	Bristol-Myers Squibb	美国	U.S.
279	329	青山控股集团有限公司	Tsingshan Holding Group	中国	China
280	272	美国全国保险公司	Nationwide	美国	U.S.
281	215	辉瑞制药有限公司	Pfizer	美国	U.S.
282	308	山东魏桥创业集团有限公司	Shandong Weiqiao Pioneering Group	中国	China
283	204	卡特彼勒	Caterpillar	美国	U.S.
284	281	中国机械工业集团有限公司	Sinomach	中国	China
285	306	美国教师退休基金会	Tiaa	美国	U.S.
286	-	英格卡集团	Ingka Group	荷兰	Netherlands
287	-	印尼国家石油公司	Pertamina	印度尼西亚	Indonesia
288	307	美的集团股份有限公司	Midea Group	中国	China
289	297	邦吉公司	Bunge	美国	U.S.
290	313	费森尤斯集团	Fresenius	德国	Germany
291	310	意大利联合圣保罗银行	Intesa Sanpaolo	意大利	Italy
292	330	乔治威斯顿公司	George Weston	加拿大	Canada
293	316	国家电力投资集团有限公司	State Power Investment	中国	China
294	333	巴西淡水河谷公司	Vale	巴西	Brazil
295	274	西班牙ACS集团	Acs	西班牙	Spain
296	267	多伦多道明银行	Toronto-Dominion Bank	加拿大	Canada
297	320	马士基集团	Maersk Group	丹麦	Denmark
298	248	蒂森克虏伯	Thyssenkrupp	德国	Germany
299	286	法国布伊格集团	Bouygues	法国	France
300	300	三菱电机股份有限公司	Mitsubishi Electric	日本	Japan

continued

营业额 Revenues		利润额 Profits		资产额 (百万美元) Assets (mil.USD)	雇员人数 (人) Employees (person)
百万美元 (mil.USD)	比上年增长% % Change from 2018	百万美元 (mil.USD)	比上年增长% % Change from 2018		
45477.8	31.4	17343.6	51.4	98308.5	56831
45465.2	-8.6	-6476.6	-967.5	80079.4	322768
45204.0	17.5	3971.8	32.2	28094.1	227000
44791.0	0.3	5576.0	15.0	125987.0	42010
44725.9	50.3	626.5	254.9	40749.4	20493
44611.0	3.3	9769.0	22.0	97390.0	47474
44383.6	-39.1	-23683.3	-	96826.2	123899
44327.0	2.6	5107.8	6.9	37078.6	506000
44158.6	10.9	315.4	-17.2	10567.4	402000
44034.4	4.7	800.2	11.0	89268.3	242121
43817.9	-10.1	-1443.9	-191.6	73055.9	74920
43796.0	1.3	758.0	-27.4	145377.0	45000
43736.0	-12.1	-5944.0	-277.5	586481.0	45000
43731.8	1.5	7373.1	24.4	109949.2	94066
43475.7	-9.3	1834.5	-45.9	1769944.0	98790
43444.9	-8.8	519.6	-67.0	59508.5	167552
43440.7	-32.4	1690.3	-54.7	1191024.7	61576
43338.0	-12.1	-878.0	-220.8	182622.0	13189
43263.6	-10.5	10527.2	-19.4	487263.1	285555
43185.0	1.8	2061.0	4.1	34456.0	139000
43168.9	-0.2	181.2	134.8	175891.6	53801
42982.7	-13.7	-1096.0	-	48509.0	236386
42931.0	-4.9	7956.0	-4.2	104783.0	31589
42677.8	-6.3	780.8	-59.4	26503.4	215000
42658.1	9.3	5704.6	43.7	64098.3	43326
42580.1	1.1	14031.2	346.8	140160.6	99412
42562.5	-26.7	-5679.5	-171.2	142803.7	48679
42518.0	62.6	-9015.0	-362.1	118481.0	30250
42448.1	11.7	1129.3	36.7	13204.5	75102
41929.8	-4.7	-138.4	-116.7	256589.3	25391
41908.0	-19.0	9616.0	-40.9	154229.0	78500
41878.8	3.6	1236.0	56.0	37715.8	100395
41748.0	-22.4	2998.0	-50.8	78324.0	97300
41712.0	-3.3	570.9	26.2	54390.5	139453
41619.3	2.9	558.1	-77.3	654252.0	14953
41580.4	-6.1	1323.0	-35.7	62380.9	166350
41469.5	-24.0	1051.1	-58.4	69143.8	34564
41407.1	2.4	3945.3	12.6	55231.1	149239
41404.0	0.6	1145.0	-	23655.0	23000
41335.8	4.3	1945.0	-7.7	81561.4	277822
41258.3	2.2	3734.0	-20.2	1226999.0	105615
40792.6	8.0	718.1	293.7	37750.3	220000
40322.8	2.3	343.8	91.5	202932.9	123727
40018.0	6.5	4881.0	-	92007.0	74316
39967.2	-8.6	654.0	-39.3	45689.0	150265
39899.5	-10.3	8841.0	0.7	1286834.4	89598
39740.0	1.4	2850.0	-	56117.0	83624
39658.8	-16.3	10725.1	-	42766.3	103598
39607.3	-6.9	793.1	-40.2	49714.4	129018
39538.8	-3.7	1821.9	-10.7	43380.8	145653

17-6 续表 6

排名 Rank		企业名称	Company Name	国家	Country
2020	2019				
301	353	中国能源建设集团有限公司	China Energy Engineering Group	中国	China
302	293	瑞银集团	Ubs Group	瑞士	Switzerland
303	262	Finatis公司	Finatis	法国	France
304	314	甲骨文公司	Oracle	美国	U.S.
305	200	EnergyTransfer公司	Energy Transfer	美国	U.S.
306	311	大和房建	Daiwa House Industry	日本	Japan
307	352	中国航天科技集团有限公司	China Aerospace Science & Technology	中国	China
308	351	江苏沙钢集团有限公司	Jiangsu Shagang Group	中国	China
309	–	浙江恒逸集团有限公司	Zhejiang Hengyi Group	中国	China
310	283	陶氏公司	Dow	美国	U.S.
311	455	盛虹控股集团有限公司	Shenghong Holding Group	中国	China
312	251	美国运通公司	American Express	美国	U.S.
313	334	日本明治安田生命保险公司	Meiji Yasuda Life Insurance	日本	Japan
314	344	森宝利公司	J. Sainsbury	英国	Britain
315	367	安徽海螺集团有限责任公司	Anhui Conch Group	中国	China
316	317	通用动力	General Dynamics	美国	U.S.
317	291	德意志银行	Deutsche Bank	德国	Germany
318	236	日本出光兴产株式会社	Idemitsu Kosan	日本	Japan
319	303	Iberdrola公司	Iberdrola	西班牙	Spain
320	332	中国航天科工集团有限公司	China Aerospace Science & Industry	中国	China
321	322	耐克公司	Nike	美国	U.S.
322	216	伊塔乌联合银行控股公司	Itaú Unibanco Holding	巴西	Brazil
323	302	采埃孚	Zf Friedrichshafen	德国	Germany
324	377	广达电脑公司	Quanta Computer	中国	China
325	237	日本三井住友金融集团	Sumitomo Mitsui Financial Group	日本	Japan
326	368	美国诺斯洛普格拉曼公司	Northrop Grumman	美国	U.S.
327	259	沃尔沃集团	Volvo	瑞典	Sweden
328	324	苏宁易购集团股份有限公司	Suning.Com Group	中国	China
329	294	麦德龙	Metro	德国	Germany
330	355	联合服务汽车协会	United Services Automobile Assn.	美国	U.S.
331	363	损保控股有限公司	Sompo Holdings	日本	Japan
332	354	阳光龙净集团有限公司	Yango Longking Group	中国	China
333	366	安达保险公司	Chubb	瑞士	Switzerland
334	386	中国电子信息产业集团有限公司	China Electronics	中国	China
335	–	贺利氏控股集团	Heraeus Holding	德国	Germany
336	369	金川集团股份有限公司	Jinchuan Group	中国	China
337	254	西班牙对外银行	Banco Bilbao Vizcaya Argentaria	西班牙	Spain
338	422	小米集团	Xiaomi	中国	China
339	396	仁宝电脑	Compal Electronics	中国	China
340	319	迪尔公司	Deere	美国	U.S.
341	433	法国邮政	La Poste	法国	France
342	321	德国中央合作银行	Dz Bank	德国	Germany
343	424	泰康保险集团股份有限公司	Taikang Insurance Group	中国	China
344	392	中国太平保险集团有限责任公司	China Taiping Insurance Group	中国	China
345	327	巴克莱	Barclays	英国	Britain
346	374	国泰金融控股股份有限公司	Cathay Financial Holding	中国	China
347	339	日本三菱重工业股份有限公司	Mitsubishi Heavy Industries	日本	Japan
348	462	RajeshExports公司	Rajesh Exports	印度	India
349	361	中国中车集团有限公司	Crrc Group	中国	China
350	393	雅培公司	Abbott Laboratories	美国	U.S.

continued

营业额 Revenues		利润额 Profits		资产额（百万美元）Assets (mil.USD)	雇员人数（人）Employees (person)
百万美元 (mil.USD)	比上年增长% % Change from 2018	百万美元 (mil.USD)	比上年增长% % Change from 2018		
39439.0	9.2	507.6	28.4	73015.0	120963
39298.0	-5.3	6557.0	52.3	1125765.0	71551
39197.1	-13.0	-211.9	-	39314.6	203002
39068.0	-1.1	10135.0	-8.6	115438.0	135000
38954.0	-28.1	-648.0	-118.0	95144.0	11421
38928.8	-3.4	1840.2	-14.4	45687.6	48807
38741.9	7.0	2735.1	4.1	79504.3	179085
38664.5	6.0	1144.5	59.5	46318.1	45060
38561.7	16.5	152.0	-22.8	17406.1	22019
38542.0	-10.3	1225.0	-	61470.0	35700
38440.0	37.9	519.8	6.9	17638.6	32272
38185.0	-18.8	3135.0	-53.6	191367.0	63700
38003.6	1.4	1780.4	-6.9	415712.5	46928
37943.5	3.0	-365.7	-289.4	34703.4	117000
37929.8	11.8	1878.4	5.9	37624.1	59823
37925.0	-3.6	3167.0	-9.1	51308.0	100700
37852.5	-9.4	550.4	-	1621487.3	84659
37792.3	-22.7	329.4	-	35754.5	16560
37767.0	-7.4	4114.6	7.9	149937.5	35637
37697.0	0.2	1955.0	-0.2	58851.6	145148
37403.0	-4.4	2539.0	-37.0	31342.0	75400
37279.7	-27.9	3666.5	-46.7	388788.5	96540
37158.6	-9.1	-940.0	-340.0	44950.2	153522
37042.9	11.2	860.1	66.7	23640.8	90895
36811.4	-24.7	4837.5	-25.3	2193348.2	86781
36799.0	8.7	3189.0	41.9	44469.0	97000
36754.3	-19.6	2097.9	-44.7	62266.4	91843
36564.5	-6.2	-619.5	-143.5	32501.9	69398
36524.7	-11.7	514.7	-	15461.0	95779
36296.2	1.9	3906.9	-2.5	200348.4	35935
36283.3	4.9	1344.1	19.3	118613.5	48115
36263.9	1.0	540.2	-12.0	72575.7	28670
35994.0	5.3	3533.0	-20.7	190774.0	31000
35930.9	10.7	-97.2	-170.6	53587.7	180822
35929.1	43.3		-	7055.2	14809
35907.1	6.2	360.4	20.9	17602.1	29220
35872.1	-23.5	1487.0	-62.2	900932.2	123174
35632.6	19.6	2950.1	102.9	38878.1	22074
35619.1	12.3	317.9	41.3	16627.8	112761
35540.0	-9.5	2751.0	-15.4	75091.0	69634
35533.7	22.2	2374.6	158.1	927801.9	219625
35498.4	-9.3	993.6	-47.6	727638.4	28061
35475.6	20.2	3483.6	8.5	173121.2	56899
35460.5	11.1	415.1	-29.1	150763.8	65900
35404.6	-7.6	3056.2	-26.8	1844785.6	83000
35123.5	4.8	2532.5	24.7	389960.2	57848
34902.5	-6.1	383.4	-52.2	43496.6	79974
34804.8	26.2	113.9	-33.0	3209.4	377
34778.2	0.2	748.0	43.0	66931.8	179374
34608.0	8.5	4495.0	21.9	72548.0	109000

17-6 续表 7

排名 Rank		企业名称	Company Name	国家	Country
2020	2019				
351	434	中国兵器装备集团有限公司	China South Industries Group	中国	China
352	370	中国华电集团有限公司	China Huadian	中国	China
353	328	长江和记实业有限公司	Ck Hutchison Holdings	中国	China
354	381	中国电子科技集团有限公司	China Electronics Technology Group	中国	China
355	350	意大利邮政集团	Poste Italiane	意大利	Italy
356	318	法国国营铁路集团	Sncf Group	法国	France
357	337	印度塔塔汽车公司	Tata Motors	印度	India
358	356	富士通	Fujitsu	日本	Japan
359	296	雪松控股集团有限公司	Cedar Holdings Group	中国	China
360	388	西北互助人寿保险公司	Northwestern Mutual	美国	U.S.
361	460	DollarGeneral公司	Dollar General	美国	U.S.
362	371	路易达孚集团	Louis Dreyfus	荷兰	Netherlands
363	423	上海建工集团股份有限公司	Shanghai Construction Group	中国	China
364	–	融创中国控股有限公司	Sunac China Holdings	中国	China
365	359	爱信	Aisin	日本	Japan
366	426	KB金融集团	Kb Financial Group	韩国	South Korea
367	391	住友生命保险公司	Sumitomo Life Insurance	日本	Japan
368	379	英美烟草集团	British American Tobacco	英国	Britain
369	364	Exelon公司	Exelon	美国	U.S.
370	335	可口可乐公司	Coca-Cola	美国	U.S.
371	493	中国核工业集团有限公司	China National Nuclear	中国	China
372	301	怡和集团	Jardine Matheson	中国	China
372	315	麦格纳国际	Magna International	加拿大	Canada
374	347	霍尼韦尔国际公司	Honeywell International	美国	U.S.
375	–	敬业集团有限公司	Jingye Group	中国	China
376	358	加拿大丰业银行	Bank of Nova Scotia	加拿大	Canada
377	410	菲尼克斯医药公司	Phoenix Pharma	德国	Germany
378	357	瑞士信贷	Credit Suisse Group	瑞士	Switzerland
379	418	加拿大永明金融集团	Sun Life Financial	加拿大	Canada
380	498	赛默飞世尔科技公司	Thermo Fisher Scientific	美国	U.S.
381	245	雷普索尔公司	Repsol	西班牙	Spain
382	389	3M公司	3M	美国	U.S.
383	292	TJX公司	Tjx	美国	U.S.
384	459	山东钢铁集团有限公司	Shandong Iron & Steel Group	中国	China
385	399	Travelers公司	Travelers	美国	U.S.
386	448	Migros集团	Migros Group	瑞士	Switzerland
387	375	欧莱雅	L'Oréal	法国	France
388	403	富邦金融控股股份有限公司	Fubon Financial Holding	中国	China
389	372	第一资本金融公司	Capital One Financial	美国	U.S.
390	–	新希望控股集团有限公司	New Hope Holding Group	中国	China
391	342	荷兰国际集团	Ing Group	荷兰	Netherlands
392	–	特斯拉	Tesla	美国	U.S.
393	415	法国达飞海运集团	Cma Cgm	法国	France
394	309	巴拉特石油公司	Bharat Petroleum	印度	India
395	404	SAP公司	Sap	德国	Germany
396	442	深圳市投资控股有限公司	Shenzhen Investment Holdings	中国	China
397	425	Coop集团	Coop Group	瑞士	Switzerland
398	385	现代摩比斯公司	Hyundai Mobis	韩国	South Korea
399	419	英美资源集团	Anglo American	英国	Britain
400	401	鞍钢集团有限公司	Ansteel Group	中国	China

continued

营业额 Revenues		利润额 Profits		资产额（百万美元）Assets (mil.USD)	雇员人数（人）Employees (person)
百万美元 (mil.USD)	比上年增长% % Change from 2018	百万美元 (mil.USD)	比上年增长% % Change from 2018		
34454.6	18.6	852.6	-13.7	54926.3	164918
34440.0	1.9	584.8	88.4	131960.5	93331
34347.1	-10.0	3757.5	-26.1	161804.0	300000
34311.4	4.1	1879.6	7.9	69212.3	179390
34205.1	-6.7	1375.3	-8.4	333310.5	123583
34155.0	-13.1	-3452.5	-	156584.0	271509
34012.8	-8.7	-1812.4	-	46915.5	75278
33862.5	-4.6	1912.1	29.9	28844.5	126371
33837.0	-18.0	49.6	-59.4	18875.2	23856
33782.1	4.6	425.0	-66.5	308767.0	6641
33746.8	21.6	2655.1	55.0	25862.6	158000
33564.0	-0.7	382.0	66.1	23253.0	15708
33525.6	12.7	485.6	-14.6	49250.1	48609
33418.4	36.4	5165.8	37.1	169870.5	64436
33259.7	-4.5	996.5	350.3	36411.4	118359
33201.2	12.7	2928.8	3.1	561842.5	26948
33183.4	3.5	254.4	431.1	371555.9	42954
33057.6	0.1	8208.0	12.8	188222.2	55329
33039.0	-4.1	1963.0	-33.1	129317.0	32340
33014.0	-11.4	7747.0	-13.2	87296.0	80300
32662.8	25.7	1188.3	7.6	139809.5	183400
32647.0	-20.2	-394.0	-113.9	93526.0	403000
32647.0	-17.2	757.0	-57.1	28605.0	158000
32637.0	-11.1	4779.0	-22.2	64586.0	103000
32528.2	76.4	607.3	-6.9	10708.7	31000
32501.1	-7.4	5037.8	-20.2	852306.9	92001
32386.9	6.2	221.3	3337.1	12566.5	33090
32343.3	-9.9	2843.4	-17.4	911976.0	48770
32315.7	8.1	1862.7	-8.9	253640.4	23816
32218.0	26.1	6375.0	72.5	69052.0	84362
32188.3	-32.3	-3747.6	-	60335.8	23203
32184.0	0.1	5384.0	17.8	47344.0	94987
32137.0	-23.0	90.5	-97.2	30813.6	320000
31990.3	15.3	129.4	496.6	57269.8	50131
31981.0	1.3	2697.0	2.9	116764.0	30294
31903.3	10.5	1882.4	434.3	82368.7	85226
31895.6	-4.6	4060.3	-3.3	53366.1	85392
31837.8	2.7	3065.4	62.0	329206.7	44369
31643.0	-6.3	2714.0	-51.1	421602.0	51985
31605.7	184.7	515.4	-	48435.3	140757
31604.9	-14.6	2563.8	-41.3	1142895.8	57527
31536.0	28.3	721.0	-	52148.0	70757
31445.1	3.9	1755.3	-	32899.8	90792
31315.1	-22.5	2178.0	405.4	22012.4	9257
31150.3	1.0	5862.5	57.7	71558.0	102430
31143.6	7.9	1661.0	4.2	129558.2	75102
31057.5	4.1	574.2	7.4	23365.8	78578
31047.2	-4.9	1296.2	-34.1	44619.8	35087
30902.0	3.5	2089.0	-41.1	62534.0	64000
30885.6	-1.9	258.5	-	52135.4	119331

17-6 续表 8

排名 Rank		企业名称	Company Name	国家	Country
2020	2019				
401	376	三菱化学控股	Mitsubishi Chemical Holdings	日本	Japan
402	-	西门子能源	Siemens Energy	德国	Germany
403	485	山西焦煤集团有限责任公司	Shanxi Coking Coal Group	中国	China
404	365	日本钢铁工程控股公司	Jfe Holdings	日本	Japan
405	435	海尔智家股份有限公司	Haier Smart Home	中国	China
406	349	日本瑞穗金融集团	Mizuho Financial Group	日本	Japan
407	456	铜陵有色金属集团控股有限公司	Tongling Nonferrous Metals Group	中国	China
408	417	Medipal控股公司	Medipal Holdings	日本	Japan
409	414	武田药品公司	Takeda Pharmaceutical	日本	Japan
410	340	瑞士ABB集团	Abb	瑞士	Switzerland
411	429	首钢集团有限公司	Shougang Group	中国	China
412	390	铃木汽车	Suzuki Motor	日本	Japan
413	412	法国威立雅环境集团	Vcolia Environncmcnt	法国	France
414	380	佳能	Canon	日本	Japan
415	-	新华人寿保险股份有限公司	New China Life Insurance	中国	China
416	467	三星人寿保险	Samsung Life Insurance	韩国	South Korea
417	428	关西电力	Kansai Electric Power	日本	Japan
418	331	Enbridge公司	Enbridge	加拿大	Canada
419	408	美敦力公司	Medtronic	爱尔兰	Ireland
420	402	东芝	Toshiba	日本	Japan
421	452	纬创集团	Wistron	中国	China
422	421	菲利普-莫里斯国际公司	Philip Morris International	美国	U.S.
423	441	艾睿电子	Arrow Electronics	美国	U.S.
424	413	施耐德电气	Schneider Electric	法国	France
425	-	潍柴动力股份有限公司	Weichai Power	中国	China
426	268	巴西布拉德斯科银行	Banco Bradesco	巴西	Brazil
427	338	菲尼克斯集团控股公司	Phoenix Group Holdings	英国	Britain
428	468	海亮集团有限公司	Hailiang Group	中国	China
429	394	CHS公司	Chs	美国	U.S.
430	477	中国通用技术(集团)控股有限责任公司	China General Technology	中国	China
431	-	北京建龙重工集团有限公司	Beijing Jianlong Heavy Industry Group	中国	China
432	450	日本电气公司	Nec	日本	Japan
433	-	浙江省交通投资集团有限公司	Zhejiang Communications Investment Group	中国	China
434	387	普利司通	Bridgestone	日本	Japan
435	465	中国大唐集团有限公司	China Datang	中国	China
436	432	英国电信集团	Bt Group	英国	Britain
437	473	上海医药集团股份有限公司	Shanghai Pharmaceuticals Holding	中国	China
438	360	利安德巴塞尔工业公司	Lyondellbasell Industries	荷兰	Netherlands
439	490	广西投资集团有限公司	Guangxi Investment Group	中国	China
440	454	日本中部电力	Chubu Electric Power	日本	Japan
441	397	CRH公司	Crh	爱尔兰	Ireland
442	445	住友电工	Sumitomo Electric Industries	日本	Japan
443	458	Financièredel'Odet公司	Financière De L'Odet	法国	France
444	443	新疆广汇实业投资(集团)有限责任公司	Xinjiang Guanghui Industry Investment	中国	China
445	475	X5零售集团	X5 Retail Group	荷兰	Netherlands
446	-	捷普公司	Jabil	美国	U.S.
447	444	林德集团	Linde	英国	Britain
448	384	EnterpriseProductsPartners公司	Enterprise Products Partners	美国	U.S.
449	400	马自达汽车株式会社	Mazda Motor	日本	Japan
450	437	CJ集团	Cj Corp.	韩国	South Korea

continued

营业额 Revenues 百万美元 (mil.USD)	营业额 Revenues 比上年增长% % Change from 2018	利润额 Profits 百万美元 (mil.USD)	利润额 Profits 比上年增长% % Change from 2018	资产额 (百万美元) Assets (mil.USD)	雇员人数 (人) Employees (person)
30729.1	-8.0	-71.3	-114.3	47805.0	69607
30722.9		-1797.0	-	50433.5	92000
30453.7	16.3	159.9	-24.4	67852.8	212698
30443.7	-11.3	-206.3	-	42088.4	64371
30395.0	4.6	1286.5	8.3	31181.5	99299
30357.1	-17.2	4443.2	7.7	2039658.3	54492
30301.1	8.9	-25.8	-	14266.4	22501
30291.3	1.2	225.7	-35.4	15189.3	14614
30165.7	-0.3	3546.9	771.7	116747.7	47099
30142.0	-18.6	5146.0	257.6	41088.0	105600
30053.7	2.7	42.5	6.2	78468.5	97235
29980.8	-6.6	1381.2	11.9	36495.1	68739
29637.0	-2.6	101.2	-85.5	55516.3	171450
29598.9	-10.2	780.4	-32.0	44813.2	181897
29544.6	18.6	2071.6	-1.7	153927.4	36309
29273.8	7.3	1073.0	27.9	309657.0	5273
29171.3	-0.4	1028.0	-14.0	73017.7	31933
29146.5	-22.8	2507.7	-41.7	125854.7	12100
28913.0	-5.4	4789.0	3.4	90689.0	104950
28812.6	-7.6	1075.2	-	31651.3	117300
28694.5	1.0	294.8	34.0	15270.9	69506
28694.0	-3.7	8056.0	12.1	44815.0	71000
28673.4	-0.8	584.4	-	17053.9	19600
28667.4	-5.7	2422.5	-10.3	60556.1	126328
28621.8	13.4	1334.4	1.2	41494.3	81600
28539.3	-35.9	3072.9	-42.4	308961.6	80170
28493.2	-23.4	1023.4	843.5	457022.3	7653
28466.7	4.6	117.3	-33.0	9348.1	20176
28406.4	-11.0	422.4	-49.1	15993.9	10493
28379.3	6.9	558.3	14.1	34592.7	52945
28361.5	28.9	494.0	-12.4	23685.4	61300
28243.3	-0.8	1411.3	53.5	33169.7	114714
28168.2	29.3	706.7	-5.2	91171.4	38466
28046.8	-12.8	-218.2	-109.9	40586.4	138036
27928.3	1.7	317.2	-25.7	122078.6	100721
27863.3	-4.2	1922.8	-12.7	70169.6	99700
27812.9	3.0	651.6	10.3	22863.7	48136
27753.0	-20.1	1420.0	-58.1	35403.0	19200
27707.9	6.3	41.3	-47.2	91594.9	33005
27690.4	-1.8	1388.6	-7.6	51413.6	28238
27587.0	-12.9	1122.0	-48.0	44944.0	77100
27531.7	-3.7	531.5	-20.5	30577.9	286784
27470.1	-1.2	244.0	78.8	68530.8	79207
27448.3	-4.4	59.2	-34.1	42635.0	73963
27359.1	2.1	392.0	30.0	15872.7	339716
27266.4	7.8	53.9	-81.2	14397.4	240000
27250.0	-5.0	2501.0	9.5	88229.0	74207
27199.7	-17.0	3775.6	-17.8	64106.7	7130
27187.2	-13.8	-298.6	-367.6	26378.1	49786
27124.7	-6.4	73.5	-68.0	36824.5	62756

17-6 续表 9

排名 Rank		企业名称	Company Name	国家	Country
2020	2019				
451	496	中国中煤能源集团有限公司	China National Coal Group	中国	China
452	–	SK海力士公司	Sk Hynix	韩国	South Korea
453	431	慧与公司	Hewlett Packard Enterprise	美国	U.S.
454	453	达能	Danone	法国	France
455	461	Achmea公司	Achmea	荷兰	Netherlands
456	–	龙湖集团控股有限公司	Longfor Group Holdings	中国	China
457	–	UnitedNaturalFoods公司	United Natural Foods	美国	U.S.
458	440	英国森特理克集团	Centrica	英国	Britain
459	405	斯巴鲁公司	Subaru	日本	Japan
460	–	广州市建筑集团有限公司	Guangzhou Municipal Construction Group	中国	China
461	–	LG化学公司	Lg Chem	韩国	South Korea
462	–	阿斯利康	Astrazeneca	英国	Britain
463	495	亿滋国际	Mondelez International	美国	U.S.
464	–	德国勃林格殷格翰公司	Boehringer Ingelheim	德国	Germany
465	457	维亚康姆CBS公司	Viacomcbs	美国	U.S.
466	–	卡夫亨氏公司	Kraft Heinz	美国	U.S.
467	471	KOC集团	Koç Holding	土耳其	Turkey
468	–	广州医药集团有限公司	Guangzhou Pharmaceutical Holdings	中国	China
469	–	新加坡奥兰国际有限公司	Olam International	新加坡	Singapore
470	–	华润置地有限公司	China Resources Land	中国	China
471	–	云南省投资控股集团有限公司	Yunnan Provincial Investment Holding Group	中国	China
472	430	蒙特利尔银行	Bank of Montreal	加拿大	Canada
473	481	三星C&T公司	Samsung C&T	韩国	South Korea
474	–	万洲国际有限公司	Wh Group	中国	China
475	–	DollarTree公司	Dollar Tree	美国	U.S.
476	–	安进	Amgen	美国	U.S.
477	395	康帕斯集团	Compass Group	英国	Britain
478	407	Coles集团	Coles Group	澳大利亚	Australia
479	466	美国合众银行	U.S. Bancorp	美国	U.S.
480	–	爱立信公司	Ericsson	瑞典	Sweden
481	499	华阳新材料科技集团有限公司	Huayang New Material Technology Group	中国	China
482	288	巴西银行	Banco Do Brasil	巴西	Brazil
483	–	PerformanceFoodGroup公司	Performance Food Group	美国	U.S.
484	–	Netflix公司	Netflix	美国	U.S.
485	488	诺基亚	Nokia	芬兰	Finland
486	–	紫金矿业集团股份有限公司	Zijin Mining Group	中国	China
487	–	BAE系统公司	Bae Systems	英国	Britain
488	436	珠海格力电器股份有限公司	Gree Electric Appliances	中国	China
489	–	吉利德科学公司	Gilead Sciences	美国	U.S.
490	–	Synnex公司	Synnex	美国	U.S.
491	469	联合信贷集团	Unicredit Group	意大利	Italy
492	476	霍尔希姆公司	Holcim	瑞士	Switzerland
493	464	曼福集团	Mapfre Group	西班牙	Spain
494	–	阿弗瑞萨控股公司	Alfresa Holdings	日本	Japan
495	–	美国礼来公司	Eli Lilly	美国	U.S.
496	–	TruistFinancial公司	Truist Financial	美国	U.S.
497	–	中国再保险(集团)股份有限公司	China Reinsurance (Group)	中国	China
498	416	澳洲联邦银行	Commonwealth Bank of Australia	澳大利亚	Australia
499	–	伟创力公司	Flex	新加坡	Singapore
500	–	来德爱	Rite Aid	美国	U.S.

continued

营业额 Revenues 百万美元 (mil.USD)	比上年增长% % Change from 2018	利润额 Profits 百万美元 (mil.USD)	比上年增长% % Change from 2018	资产额 (百万美元) Assets (mil.USD)	雇员人数 (人) Employees (person)
27104.9	4.9	484.5	57.4	63259.2	131121
27041.1	16.8	4030.8	133.3	65482.7	36854
26982.0	-7.4	-322.0	-130.7	54015.0	59400
26913.8	-4.9	2228.8	3.2	52349.3	101911
26843.1	-2.7	731.5	36.2	114615.0	13921
26745.9	22.3	2898.8	9.2	117265.7	35426
26742.8	13.9	-274.1	-	7587.0	28300
26701.5	-7.7	52.6	-	23401.7	25753
26698.0	-13.2	721.7	-48.6	30847.3	36070
26682.4	36.6	126.8	26.8	23703.1	38367
26644.8	8.5	434.5	61.6	38079.4	40234
26617.0	9.2	3196.0	139.4	66729.0	76100
26581.0	2.8	3555.0	-8.1	67810.0	79000
26496.8	11.3	3489.0	14.6	45142.3	51944
26186.0	-5.8	2422.0	-26.8	52663.0	24225
26185.0	4.8	356.0	-81.6	99830.0	38000
26179.2	-3.2	1320.9	70.7	84825.5	100641
26070.1	9.0	299.0	6.4	9132.8	34371
26067.8	7.6	178.1	-56.9	20206.3	60425
26027.1	21.7	4352.2	3.8	133186.4	48414
25886.9	39.4	278.6	172.9	72723.6	51442
25664.6	-12.0	3788.4	-12.6	711910.2	43360
25613.3	-3.0	877.8	-2.6	49987.3	16075
25589.0	6.2	828.0	-43.5	18715.0	107000
25509.3	8.0	1341.9	62.3	20696.0	129772
25424.0	8.8	7264.0	-7.4	62948.0	24300
25413.4	-19.9	169.5	-88.0	19030.4	548143
25324.5	-17.2	655.5	-36.1	12640.6	118000
25241.0	-7.6	4959.0	-28.3	553905.0	68108
25236.9	5.0	1898.6	707.5	33098.1	101129
25187.9	-1.2	-172.7	-	39670.2	99487
25149.6	-40.4	2299.6	-44.7	326124.7	91673
25086.3	27.1	-114.1	-168.4	7719.7	20000
24996.1	24.0	2761.4	47.9	39280.4	9400
24899.2	-4.6	-2874.8	-36793.1	44290.5	92039
24855.2	26.2	943.3	52.1	27940.7	36860
24722.7	5.8	1666.0	-11.5	37633.5	81000
24709.7	-14.9	3213.8	-10.1	42792.0	83952
24689.0	10.0	123.0	-97.7	68407.0	13600
24675.6	3.9	529.2	5.7	13468.6	277900
24664.5	-9.2	-3173.4	-184.1	1139915.9	82107
24653.8	-8.3	1807.9	-20.0	60235.4	67409
24641.5	-10.5	599.9	-12.0	84629.0	33730
24556.3	-1.1	231.1	-37.6	11904.7	12045
24539.8	9.9	6193.7	-25.5	46633.1	35000
24427.0	66.6	4482.0	39.0	509228.0	53638
24376.0	18.1	827.6	-5.5	69513.7	63914
24362.0	-18.7	6457.1	5.4	698585.9	43585
24124.0	-0.4	613.0	599.9	15836.0	167201
24043.4	9.6	-90.9	-	9335.4	50000

主要统计指标解释

人类发展指数 是人类发展的一项综合指标，它测量了人类发展的三个方面的平均成就：寿命，教育程度以及体面的生活。人类发展指数是对这三个方面的指标标准化后的几何平均值。

期望受教育年限 是指在现有入学率保持不变的情况下适龄儿童预期获得的受教育年限。

平均受教育年限 是指25岁及以上人口已经获得的文化程度转换成理论教育年限的平均值。

KOF 全球化指数 包括经济，社会和政治三个方面的全球化，是 23 个具体指标标准化后的加权平均值。全球化被定义为突破国家的界限，融合国家的经济、文化、技术和管理，并产生相互依存的复杂关系的过程。经济全球化是指商品、资本和服务以及伴随着市场交流的信息与观念的长途流动；政治全球化是指政府政策的扩散；社会全球化是指思想、信息、图像和人的传播。

全球竞争力指数 4.0（GCI 4.0），通过测算一个国家的基础设施设置、政策及生产力水平决定因素等各方面情况来评价国家竞争力。全球竞争力的指标体系由三个层次构成：第一层次包括支撑环境、市场、人力资本以及创新生态系统四大板块；第二层次是 12 个竞争力“支柱”，包括制度、基础设施、信息通讯技术的应用、宏观经济的稳定性、医疗卫生、技能、产品市场、劳动力市场、金融制度、市场规模、商业活力和创新能力等；第三层次是具体指标。

幸福指数 是衡量一国幸福感的综合指标，由联合国可持续发展解决方案网络（SDSN）与哥伦比亚大学地球研究所自 2012 起开始计算和发布。幸福感调查以盖洛普全球民意调查为基础，通过人均 GDP、健康期望寿命、社会支持度、慷慨指数、自由度和贪污腐败程度六个方面作为评判基础和标准。幸福指数是对这六个方面的加权平均值，幸福指数在 0 和 10 之间，指数越大表明幸福程度越高，指数越小表明幸福程度越低。

全球创新指数（GII） 是通过对创新的制度与政策、人力资本与研究、基础设施、市场成熟度、企业成熟度、知识与技术产出以及创新产出等方面的综合评价来衡量一个国家的经济创新能力。

Explanatory Notes on Main Statistical Indicators

The Human Development Index (HDI) is a summary measure of human development. It measures the average achievements in a country in three basic dimensions of human development: a long and healthy life, access to knowledge and a decent standard of living. The HDI is the geometric mean of normalized indices measuring achievements in each dimension.

Expected years of schooling Number of years of schooling that a child of school entrance age can expect to receive if prevailing patterns of age-specific enrolment rates were to stay the same throughout the child's life.

Mean years of schooling Average number of years of education received by people ages 25 and older in their lifetime based on education attainment levels of the population converted into years of schooling based on theoretical durations of each level of education attended.

The KOF Index of Globalization covers the economic, social and political dimensions of globalization and is the weighted average value of standardized twenty-three indicators. Globalization is conceptualized as a process that erodes national boundaries, integrates national economies, cultures, technologies and governance and produces complex relations of mutual interdependence. economic globalization, characterized as long distance flows of goods, capital and services as well as information and perceptions that accompany market exchanges; political globalization, characterized by a diffusion of government policies; and social globalization, expressed as the spread of ideas, information, images and people

Global Competitiveness Index 4.0(GCI 4.0) assess national competitiveness by measuring a country's Infrastructure, policy, factors that determine productivity and other aspects. GCI system consists of three layers: The first level includes four plates of Enabling environment, Markets,Human capital and Innovation ecosystem; The second level is the competitiveness of 12 major "pillars", including Institutions; Infrastructure; ICT adoption; Macroeconomic stability; Health; Skills; Product market; Labour market; Financial system; Market size; Business dynamism; and Innovation capability; The third level is the specific indicators.

Happiness Index is a summary measure the degree of happiness of a country. It is designed and published by UN Sustainable Development Solutions Network (SDSN) and the Earth Institute at Columbia University from 2012. The Happiness survey is based on the Gallup World Pull through six factors as the foundation and standard. The six factors are GDP per capita, healthy years of life expectancy, social support, generosity, perceived freedom to make life decisions, corruption in government and business. The Happiness Index is the weighted average of the above six factors, it is between 0-10. The bigger data shows the higher level happiness, the smaller shows the lower level happiness.

Global Innovation Index(GII) evaluates a country's economic innovation ability based on measuring innovation institutions, human capital and research, infrastructure, market sophistication, business sophistication, knowledge and technology outputs, and creative outputs.

Explanatory Notes on Main Statistical Indicators

The Human Development Index (HDI) is a summary measure of human development. It measures the average achievements in a country in three basic dimensions of human development: a long and healthy life, access to knowledge and a decent standard of living. The HDI is the geometric mean of normalized indices measuring achievements in each dimension.

Expected years of schooling: Number of years of schooling that a child of school entrance age can expect to receive if prevailing patterns of age-specific enrollment rates were to stay the same throughout the child's life.

Mean years of schooling: Average number of years of education received by people ages 25 and older in their lifetime based on education attainment levels of the population converted into years of schooling based on theoretical durations of each level of education attended.

The KOF Index of Globalization covers the economic, social and political dimensions of globalization and is the weighted average value of [illegible] twenty-three indicators. Globalization is conceptualized as a process that erodes national boundaries, integrates national economies, cultures, technologies and governance and produces complex relations of mutual interdependence. Economic globalization is characterized as long distance flows of goods, capital and services as well as information and perceptions that accompany market exchanges. Political globalization is characterized by a diffusion of government policies, and social globalization is expressed as the spread of ideas, information, images and people.

Global Competitiveness Index (GCI) [illegible] assesses national competitiveness by measuring a country's infrastructure, policy, factor that determine productivity and other aspects. GCI system consists of three levels. The first level includes four pillars of Enabling environment, Human capital, Market and Innovation ecosystem. The second level is the composite indexes of 12 major "pillars", including Institutions, Infrastructure, ICT adoption, Macroeconomic stability, Health, Skills, Product market, Labour market, Financial system, Market size, Business dynamism and Innovation capability. The third level is the specific indicators.

Happiness Index is a summary measure of the degree of happiness of a country. It is designed and published by the Sustainable Development Solutions Network (SDSN) and the Earth Institute at Columbia University (from 2012). The Happiness survey is based on the Gallup World Poll through six factors as the common standard. The six factors are GDP per capita, healthy years of life expectancy, social support, generosity, perceived freedom to make life decisions, corruption in government and business. The Happiness Index is the weighted average of the above six factors, it is between 0-10. The bigger data shows the higher level happiness, the smaller shows the lower level happiness.

Global Innovation Index (GII) [illegible] a country's economic innovation ability based on measuring innovation institutions, human capital and research, infrastructure, market sophistication, business sophistication, knowledge and technology outputs and creative outputs.

附 录

Appendix

附录1　主要国际组织及缩写

一、主要国际组织及其组成成员

经济合作与发展组织（经合组织，OECD），成员国有38个：澳大利亚、奥地利、比利时、加拿大、智利、捷克、丹麦、爱沙尼亚、芬兰、法国、德国、希腊、匈牙利、冰岛、爱尔兰、以色列、意大利、日本、韩国、拉脱维亚、立陶宛、卢森堡、墨西哥、荷兰、新西兰、挪威、波兰、葡萄牙、斯洛伐克、斯洛文尼亚、西班牙、瑞典、瑞士、土耳其、英国、美国、哥伦比亚、哥斯达黎加。

欧洲联盟（欧盟，EU），成员国有27个：法国、德国、意大利、荷兰、比利时、卢森堡、丹麦、爱尔兰、希腊、西班牙、葡萄牙、奥地利、芬兰、瑞典、塞浦路斯、捷克、爱沙尼亚、匈牙利、拉脱维亚、立陶宛、马耳他、波兰、斯洛伐克、斯洛文尼亚、保加利亚、罗马尼亚和克罗地亚。

欧洲货币联盟（欧元区，Euro Area），成员国有19个：德国、比利时、奥地利、荷兰、法国、意大利、西班牙、葡萄牙、卢森堡、爱尔兰、芬兰、希腊、斯洛文尼亚、塞浦路斯、马耳他、斯洛伐克、爱沙尼亚、拉脱维亚和立陶宛。

东南亚国家联盟（东盟，ASEAN），成员国有10个：菲律宾、马来西亚、泰国、新加坡、印度尼西亚、文莱（1984年）、越南（1995年）、缅甸（1997年）、老挝（1997年）和柬埔寨（1999年）。

北美自由贸易区（NAFTA）：成立于1994年1月1日，成员国有3个，加拿大、墨西哥和美国。

西方七国（G7）：包括美国、日本、英国、德国、法国、意大利和加拿大。

二、主要国家(地区)分类

按收入分组国家：按照世界银行2021年分组标准，高收入国家指按图表集法计算的人均国民总收入12696美元及以上的国家，中等偏上收入国家指人均国民总收入4096美元至12695美元的国家，中等偏下收入国家指人均国民总收入1046美元至4095美元的国家，低收入国家指人均国民总收入1045美元及以下的国家。

发达国家或地区与发展中国家或地区：联合国统计司对“发达国家或地区”及“发展中国家或地区”没有一个明确的划分标准。通常是把亚洲的日本、塞浦路斯和以色列，北美的加拿大、美国、百慕大、格陵兰、圣皮埃尔和密克隆，大洋洲的澳大利亚、新西兰、赫德岛和麦克唐纳岛、诺福克岛、科科斯（基林）群岛、圣诞岛，欧洲，都列入发达国家或地区。国际货币基金组织指出“发达经济体”包括39个国家或地区，他们是：澳大利亚、奥地利、比利时、加拿大、塞浦路斯、捷克、丹麦、爱沙尼亚、芬兰、法国、德国、希腊、中国香港、冰岛、爱尔兰、以色列、意大利、日本、韩国、拉脱维亚、立陶宛、卢森堡、中国澳门、马耳他、荷兰、新西兰、挪威、葡萄牙、波多黎各、圣马力诺、新加坡、斯洛伐克、斯洛文尼亚、西班牙、瑞典、瑞士、中国台湾、英国及美国。其他为新兴市场及发展中经济体。

三、本年鉴中使用的缩写及含义如下:

sq.km（square kilometer）＝平方公里
ha（hectare）＝公顷
kwh（kilowatt-hour）＝千瓦时
g（gram）＝克
kg（kilogram）＝千克
TJ（terojoule）＝10^{12}焦耳
TCE（ton of standard coal equivalent）＝吨标准煤当量
TOE（ton of standard oil equivalent）＝吨标准油当量
UNSD（Statistics Division of the United Nations）＝联合国统计司
IMF（International Monetary Fund）＝国际货币基金组织
FAO（Food and Agriculture Organization of the United Nations）＝联合国粮食及农业组织
UNCTAD（United Nations Conference on Trade and Development）＝联合国贸易和发展会议
UNDP（United Nations Development Program）＝联合国开发计划署
ILO（International Labor Organization）＝国际劳工组织
WHO（World Health Organization）＝世界卫生组织

Appendix1 International Organizations and Abbreviations

I.Some international organizations and the members included are as following,

Organization for Economic Co-operation and Development (OECD), has 38 members, i.e., Australia, Austria, Belgium, Canada, Chile, Czech Republic, Denmark, Estonia, Finland, France, Germany, Greece, Hungary, Iceland, Ireland, Israel, Italy, Japan, Korea, Latvia, Lithuania, Luxembourg, Mexico, Netherlands, New Zealand, Norway, Poland, Portugal, Slovak Republic, Slovenia, Spain, Sweden, Switzerland, Turkey, United Kingdom, United States, Columbia, Costa Rica.

European Union (EU), it expanded to 27 members, i.e., France, Germany, Italy, Netherlands, Belgium, Luxembourg, Denmark, Ireland, Greece, Spain, Portugal, Austria, Finland, Sweden, Cyprus, the Czech Republic, Estonia, Hungary, Latvia, Lithuania, Malta, Poland, Slovakia , Slovenia, Bulgaria, Romania and Croatia.

European Monetary Union (Euro Area), it has 19 members and member countries are Germany, Belgium, Austria, Netherlands, France, Italy, Spain, Portugal, Luxembourg, Ireland, Finland, Greece, Slovenia, Cyprus, Malta, Slovak, Estonia, Latvia and Lithuania.

Association of South East Asian Countries (ASEAN), it has 10 members, i.e., the Philippines, Malaysia, Thailand, Singapore, Indonesia, Brunei Darussalam (1984), Viet Nam (1995), Myanmar (1997), Lao People's Democratic Republic (1997) and Cambodia (1999).

North American Free Trade Area(NAFTA), was founded on January 1, 1994, with members unchanged hitherto, i.e., Canada, Mexico and the United States.

Group 7, includes the United States, Japan, the United Kingdom, Germany, France, Italy and Canada.

II. Countries (territory) groups and their meanings are as following,

Countries by Income Group According to the criteria by the World Bank, countries and territories (referred to as economies) are classified into high income (higher than \$12696), higher middle income (between \$4096 and \$12695), lower middle income (between \$1046 and \$4095) and low income (\$1045 and below) groups by their per capita GNI (calculated by Atlas method)in the year 2021.

Developed and Developing Countries or Areas There is no established convention for the designation of "developed" and "developing" countries or areas in the United Nations system. In common practice, Japan, Cyprus, Israelin Asia, Canada, the United States, Bermuda, Greenland, Saint Pierre and Miquelon in northern America, Australia, New Zealand, Heard Island and McDonald Islands, Norfolk Island, Cocos (Keeling) Islands, Christmas Island in Oceania, and Europe are considered "developed" regions or areas. Advanced economies in International Monetary Fund (IMF) are composed of 39 countries: Australia, Austria, Belgium, Canada, Cyprus, Czech Republic, Denmark, Estonia, Finland, France, Germany, Greece, Hong Kong SAR, Iceland, Ireland, Israel, Italy, Japan, Korea, Latvia, Lithuania, Luxembourg, Macao SAR, Malta, Netherlands, New Zealand, Norway, Portugal, Puerto Rico, San Marino, Singapore, Slovak Republic, Slovenia, Spain, Sweden, Switzerland, Taiwan Province of China, United Kingdom, and United States. Others are emerging market and developing economies.

III. The abbreviations used in this book and their meanings are as following,

Sq.km=square kilometer
ha = hectare
kwh = kilowatt-hour
g = gram
kg = kilogram
TJ = terojoule (10^{12} joule)
TCE = ton of standard coal equivalent
TOE = ton of standard oil equivalent
UNSD = Statistics Division of the United Nations
IMF = International Monetary Funds
FAO = Food and Agriculture Organization of the United Nations
UNCTAD = United Nations Conference on Trade and Development
UNDP = United Nations Development Program
ILO = International Labor Organization
WHO = World Health Organization